U0807815

考研专业课辅导系列

西方经济学（宏观部分）

考研真题与典型题详解

（第17版）

主编：圣才考研网

www.100xuexi.com

中国石化出版社

内 容 提 要

本书是详解考研基础专业课“西方经济学(宏观部分)”历年考研真题与典型题的一本复习资料，是参考宏观经济学权威教材和全国各大院校考研真题的结构和内容来编写的。本书共分11章，每章由三部分组成：第一部分为本章考点难点归纳；第二部分为考研真题与典型题，按名词解释、简答题、计算题、论述题等题型对各章的考研真题与典型题进行了整理；第三部分为考研真题与典型题详解，对第二部分的所有考研真题与典型题进行了详细的解答。

圣才考研网(www.100xuexi.com)提供经济类国内外经典教材名师讲堂、全国各高校经济类专业考研考博辅导班、电子书、题库等。购书即可享受大礼包增值服务【本书电子书(手机版、电脑版)+宏观重点名词解释大全电子书+宏观经济学考研全真模拟试卷及详解电子书】。手机扫码(本书封底二维码)领取本书大礼包。

图书在版编目(CIP)数据

西方经济学(宏观部分)考研真题与典型题详解(第17版)/圣才考研网主编．—北京:中国石化出版社,2022.7
考研专业课辅导系列
ISBN 978-7-5114-6783-6

Ⅰ.①西… Ⅱ.①圣… Ⅲ.①西方经济学-研究生-入学考试-题解②宏观经济学-研究生-入学考试-题解 Ⅳ.①F091.3-44

中国版本图书馆CIP数据核字(2022)第120269号

中国石化出版社出版发行
地址:北京市东城区安定门外大街58号
邮编:100011 电话:(010)57512500
发行部电话:(010)57512575
http://www.sinopec-press.com
E-mail:press@sinopec.com
武汉市盛宏源印务有限公司印刷
全国各地新华书店经销

*

787×1092毫米16开本26印张656千字
2022年8月第1版 2022年8月第1次印刷
定价:72.00元

序　言

高校考研专业课的历年试题一般没有提供答案，虽然各校所用参考教材各异，但万变不离其宗，很多考题也是大同小异。我们参考西方经济学权威教材和相关资料，收集和整理了众多高校历年考研真题、典型试题，并进行了详细的分析和解答。

作为一本详解高校历年考研真题与典型题的复习资料，本书具有如下特点：

1. 难点归纳，简明扼要。每章前面均对本章的重点难点进行了整理。综合众多参考教材，归纳了本章几乎所有的考点，便于读者复习。

2. 题量较大，来源广泛。主要选自100余所高校的历年考研真题、名校题库以及众多教材和相关资料编写而成。可以说，本书所有的试题都经过了精心挑选，极具有参考性和指导性。

3. 解答详尽，条理清晰。有些题有相当的难度(特别是名校的考题)，对每道题(包括名词解释)都尽可能给出详细的参考答案，条理分明，便于记忆。

4. 凸显热点，联系实际。许多试题涉及当前或将来可能突出的热点问题或现象，这类试题的解答都经过精心设计，分析透彻，条理分明。

要深深牢记：考研不同一般考试，概念题(名词解释)要当作简答题来回答，简答题要当作论述题来解答，而论述题的答案要像论文，多答不扣分。本书有的论述题的答案简直就是一份优秀的论文(其实很多考研真题就是选自一篇专题论文，完全需要当作论文来回答)！

圣才考研网编辑部

目　录

第1章　国民收入核算

1.1　考点难点归纳

考点一：宏观经济学

1．宏观经济学的研究对象

宏观经济学以整个国民经济为考察对象，研究经济中各有关总量的决定及其变动，以解决失业、通货膨胀、经济波动、国际收支等问题，实现经济长期稳定的发展。

2．宏观经济学与微观经济学的异同(见表1－1)

表1－1　宏观经济学与微观经济学的异同

<table>
<tr><th colspan="2">范畴
异同点</th><th>宏观经济学</th><th>微观经济学</th></tr>
<tr><td rowspan="4">不同点</td><td>研究对象</td><td>社会总体的经济行为及其后果</td><td>个体经济活动参与者的行为及其后果</td></tr>
<tr><td>解决问题</td><td>资源利用问题</td><td>资源配置问题</td></tr>
<tr><td>研究方法</td><td>总量分析</td><td>个量分析</td></tr>
<tr><td>中心理论</td><td>国民收入决定理论</td><td>价格理论</td></tr>
<tr><td>相同点</td><td colspan="3">①在经济理论方面，具有相同的供求曲线形状，供求曲线的交点决定价格和产量；
②在经济政策方面，都是政府通过采取一定经济手段对微观经济主体的行为进行引导和规范，以改善社会福利</td></tr>
</table>

3．宏观经济学的加总法

(1)宏观分析中有些总变量可以从微观分析的个量中直接加总而得到。

(2)微观经济学中的一些个体变量尽管可以加总，但是这种加总却达不到研究整个社会经济行为的目的。

(3)一些微观个体的行为根本不能直接加总。

考点二：国内生产总值

1．重要概念

(1)最终产品与中间产品：

最终产品是指在一定时期内生产的并由其最后使用者所购买的产品和劳务；中间产品是指为了再加工或者转卖用于供别种产品生产使用的产品。

(2)国内生产总值和国民生产总值：

国内生产总值(GDP)是指一个国家或地区在一定时期内所生产的全部最终产品和劳务的市场价值。

国民生产总值(GNP)是指一国居民在一定时期内所生产的全部最终产品和劳务的市场价值总额。

国内生产总值以国土原则作为统计原则，而国民生产总值以国民原则作为统计原则。两者之间的差额称为国外净要素支付(NFP)，即本国生产要素在其他国家获得的收入减去本国付给外国生产要素在本国获得的收入，则 GDP = GNP - NFP，或者 GNP = GDP + NFP。

(3)名义国内生产总值和实际国内生产总值：

名义 GDP 是指用生产产品和劳务的当年价格计算的全部最终产品的市场价值。实际 GDP 是指用从前某一年的价格作为基期价格计算出来的全部最终产品的市场价值。

GDP 折算指数(国内生产总值平减指数)是指名义 GDP 和实际 GDP 的比率。如果已知 GDP 折算指数，就可以将名义 GDP 折算为实际 GDP，其公式为：

实际 GDP = 名义 GDP ÷ GDP 折算指数

(4)流量与存量：

流量是指一定时期内发生的变量，存量是指一定时点上存在的变量。

(5)潜在国内生产总值：

潜在国内生产总值是指利用现有一切可利用资源所能生产的产品和劳务的最大值。它不是一个实际产出量。一般认为只有在充分就业时，才有可能实现潜在国内生产总值。而实际产出和潜在国内生产总值的差额，称为国内生产总值缺口。

(6)绿色 GDP：

绿色 GDP 是指各国用以衡量扣除了自然资产(包括自然资源和环境)损失之后新创造的真实的国民财富总量核算指标。大体上，绿色 GDP = GDP - 自然资源消耗和环境退化损失 - (预防环境损害的支出 + 资源环境恢复费用的支出 + 由于优化利用资源而进行调整计算的部分)。绿色 GDP 指标，实质上代表了国民经济增长的净的正效应。绿色 GDP 占 GDP 的比重越高，表明国民经济增长的正面效应越高，负面效应越低；反之亦然。

2. 两种核算方法：支出法和收入法

对国民收入(以 GDP 为例)的核算可用生产法、支出法和收入法，后两者较为常用。其核算的理论基础是总产出等于总收入，总产出等于总支出。

(1)支出法：

支出法是指从最终产品的使用出发，把一定时期内(通常为一年)购买各项最终产品的支出进行加总来计量 GDP 的一种方法。支出法的核算项目及公式具体如表 1-2 所示。

表 1-2 支出法的核算项目及公式

要点	具体内容	
核算项目	消费支出(C)	包括对耐用消费品、非耐用消费品以及劳务的支出，但不包括购买住宅的支出(计入“投资”)
	投资支出(I)	①投资是指由于增加或更换资本资产所产生的支出，即能形成物质资本的企业支出，不包括对金融资本的投资； ②用支出法核算 GDP 时，投资是指总投资，包括固定资产投资(厂房、设备、住房)与存货投资(可正可负)
	政府购买支出(G)	指各级政府部门对产品和劳务的购买支出，政府转移支付、公债利息等不包括在内
	净出口(NX)	指出口(X)与进口(M)的差额($X-M$)
公式	$GDP = C + I + G + (X - M)$	

(2)收入法：

收入法是指从收入角度出发，把生产要素在生产中所得到的各种收入加总来计量 GDP

的一种方法。收入法的核算项目及公式具体如表 1－3 所示。

表 1－3 收入法的核算项目及公式

要点	具体内容	
核算项目	工资、利息和租金等生产要素的报酬	①工资是指税前工资，包括薪金、津贴和福利费； ②利息是指银行存款和企业债券利息，不包括政府公债利息和消费信贷利息； ③租金包括地租、房租和专利版权收入等
	非公司企业主收入	如小农场、夫妻店和合伙企业等非公司型企业的收入
	公司税前利润	包括公司所得税、社会保险税、股东红利及公司未分配利润等
	企业转移支付及企业间接税	企业转移支付包括对非营利组织的捐款或捐赠，以及非企业雇员的人身伤害赔偿等。企业间接税包括货物税或销售税、周转税
	资本折旧	包括在应回收的投资成本中，故计入 GDP
公式	国民总收入＝工资＋利息＋利润＋租金＋间接税和企业转移支付＋折旧＋统计误差	

考点三：从国内生产总值到个人可支配收入

1. 国内生产总值(GDP)

GDP 是指一个国家或地区在一定时期内所生产的全部最终产品和劳务的市场价值，可使用支出法、收入法、生产法进行计算。

2. 国内生产净值(NDP)

NDP 是指一国在一定时期内以货币表现的最终产品和劳务价值扣除固定资产折旧后的余额，即 GDP 扣除资本消耗或重置(折旧)的余额。

公式：NDP＝GDP－折旧。

3. 国民生产净值(NNP)

NNP 是指一个国家的全部国民在一定时期内，国民经济各部门生产的最终产品和劳务价值的净值，即 GNP 扣除资本消耗或重置(折旧)的余额。

公式：NNP＝GNP－折旧。

4. 国民收入(NI)

NI 是指一国生产要素所有者在一定时期内，因从事生产和提供劳务，按生产要素所得的报酬，即劳动、资本和土地等生产要素所获得的全部收入。

公式：NI＝NDP－间接税－企业转移支付＋政府补助金＝NNP－统计误差。

5. 个人收入(PI)

PI 是指一国要素所有者在国民收入核算期间实际获得的收入，是个人从各种不同来源取得的实际收入的总和。

公式：PI＝NI－公司未分配利润－公司所得税－社会保险税(费)＋政府给个人的转移支付。

6. 个人可支配收入(DPI)

DPI 是指一国在一定时期内个人可以支配的全部收入，即从个人收入(PI)中扣除个人向政府缴纳的税金得到的最终金额。

公式：DPI＝PI－个人所得税－非税支付。

考点四：国民收入的基本公式(见表1－4)

表1－4　国民收入的基本公式

	两部门经济	三部门经济	四部门经济
原理	总支出＝总收入		
假设	经济社会中只存在厂商和居民户	经济社会中存在厂商、居民户和政府	经济社会中存在厂商、居民户、政府和国外部门
储蓄—投资恒等式	$I=S$	$I=S+T-G$	$I=S+(T-G)+(M-X+K_r)$
含义	事后投资＝事后储蓄	投资＝私人储蓄＋政府储蓄	投资＝私人储蓄＋政府储蓄＋外国对本国的储蓄

注意：上述的Y可以表示不同的含义，如GNP、NDP、NI等等，适用于不同情况的分析，但不论Y代表哪一种国民收入概念，只要其他变量的意义和Y一致，储蓄—投资恒等式总成立。

1.2　考研真题与典型题

一、名词解释

1. 宏观经济学(macroeconomics)(中南财大2003研)

2. 国内生产总值(GDP)(广东外语外贸大学2022研；安徽师范大学2021研；南昌大学2020研；浙江大学2019研；暨南大学2017研；厦门大学2014研；北大2011研)

3. 名义GDP和实际GDP(国际关系学院2014研；中央民族大学2014研)

4. 潜在产出(潜在GDP)(广东外语外贸大学2016研；南京财经大学2015研；浙江大学2013研)

5. GDP平减指数(厦门大学2019研；南京大学2018研；山东财经大学2013研)与消费物价指数(武汉大学2006研；南开大学2006研)

6. 国民生产总值(gross national product, GNP)(广东外语外贸大学2022研；华东师范大学2020研；中国人民大学2019研；四川师范大学2015研；武汉理工大学2013研；北京理工大学2012研)

7. 个人可支配收入(东北大学2004研；武汉大学2002研)

8. 存量与流量

9. GNP缺口(四川大学2008研)

10. 转移支付(北师大2013研；北邮2010研)

11. 最终产品与中间产品(东北财大2012研)

12. 绿色GDP(南京财经大学2022研)

二、简答题

1. 宏观经济学与微观经济学有什么区别？(中南大学2022研；广西民族大学2021研)

2. 宏观经济学常用的分析方法是什么？(西安交大2004研)

3. 请分析GNP与GDP的不同。(武汉理工大学2006研；南开大学2005研)

4. 简述两部门经济的收入流量循环模型。(四川大学2008研)

5. 说明在证券市场购买债券和股票不能看作是经济学意义上的投资活动。(浙江理工大学2015研)

6. 请指出以下各项交易是否能计入我国的GDP；如果能，请说明其分别是GDP中的消费、投资、政府购买及净出口中的哪一部分；如果不能，请说明原因：

(1)国内消费者购买一台二手的海信电视机；

(2)国内投资者购买2000股海信电器股票；

(3)海信电器库存电视机增加一万台；

(4)也门政府购买1000台新的海信电视机；

(5)政府向海信公司的下岗工人提供失业救济金。(南开大学2010研)

7. 关于国民收入核算：

(1)利用GDP将中国与美国的实际生产或福利进行比较时，会高估还是低估中国的总产出或总福利？

(2)利用GDP体系说明中国在改革开放以来经济增长取得的巨大成绩时，会高估还是低估？(武汉大学2008研)

8. 解释“$GDP = C + I + G + (X - M)$”的内涵。(武汉大学2002研)

9. 储蓄—投资恒等式为什么并不意味着计划储蓄总等于计划投资？

10. 试述GDP、GNP、NDP、NNP、NI、DI和NT几者之间的关系。(华东理工大学2006研)

11. 请推导四部门经济中总储蓄和投资的恒等式。

12. 如果甲乙两国并成一个国家，对GDP总和会有什么影响(假定两国产出不变)？

13. 请说明CPI与GDP平减指数的区别(拉斯派尔指数与帕氏指数的影响)。这两种价格指数哪一个倾向于高估通胀，原因是什么？(湖南大学2022研；南开大学2009研)

14. 支出法GDP由哪些部分构成？什么是最终消费率？中国最终消费率为什么偏低？(华南理工大学2012研)

三、计算题

1. 假设某政府花10000元修路，其中给工人支付工资5000元，给水泥厂支付5000元，水泥厂用5000元来购买设备，而工人用2000元来买大米，用2000元来买电脑，另外1000元存入银行。电脑店用收入获得的2000元中的1000元还之前电脑厂家货款的欠款，又从银行借了1000元，加上剩下的1000元总共2000元从电脑厂进了2000元的电脑(就是说作为存货)。给出下表中的GDP、个人消费支出、个人耐用品消费支出、个人非耐用品消费支出、个人服务支出、国民投资、国民投资中的存货投资和固定资产投资支出以及政府采购支出，并给出计算过程。(上海财大2011研)

项目	金额
GDP	
消费支出	
耐用品消费支出	
非耐用品消费支出	
服务	
投资支出	
存货投资支出	
固定资产投资支出	
政府采购	

2. 某地区居民总是把相当于 GDP 60% 的部分存起来，并且不用缴税也不购买外地商品。今年该地区将总值 2000 万元的汽车销往邻省，这对该地区的 GDP 产生影响，请回答：

(1) 该地区的 GDP 增加了多少？

(2) 假如当地政府增加同样 2000 万元购买本地汽车，是否会产生与(1)相同的结果？为什么？

(3) 假如政府将 2000 万元以补贴形式发给居民，该地 GDP 是否会增加？与(1)相比如何？为什么？

3. 假设有 A、B、C 三厂商，A 年产 5000 万美元，卖给 B、C 和消费者，其中 B 买 200 万美元，C 买 2000 万美元，其余 2800 万美元卖给消费者。B 年产 500 万美元，直接卖给消费者。C 年产 6000 万美元，其中 3000 万美元由 A 购买，其余由消费者购买。

(1) 假定投放在生产上的都用光，计算价值增加。

(2) 计算 GDP 为多少。

(3) 如果只有 C 有 500 万美元折旧，计算国民收入。

(4) 如果 A 厂商有 1000 万美元的进口值，C 厂商有 1500 万美元的出口值，其他条件不变，GDP 是多少？贸易差额是多少？

4. 假设某国某年有下列国民收入统计资料。

单位：亿美元

资本消耗补偿	356.4
雇员酬金	1866.3
企业支付的利息	264.9
间接税	266.3
个人租金收入	34.1
公司利润	164.8
非公司企业主收入	120.3
红利	66.4
社会保险税	253.0
个人所得税	402.1
消费者支付的利息	64.4
政府支付的利息	105.1
政府转移支付	347.5
个人消费支出	1991.9

请计算：

(1) 国民收入；

(2) 国内生产净值；

(3) 国内生产总值；

(4) 个人收入；

(5) 个人可支配收入；

(6) 个人储蓄。

5. 假定一国国民收入统计资料如下表所示。

单位：亿美元

国民生产总值	4800
总投资	800
净投资	300
消费	3000
政府购买	960
政府预算盈余	30

试计算：

(1)国民生产净值；

(2)净出口；

(3)政府税收减去政府转移支付后的收入；

(4)个人可支配收入；

(5)个人储蓄。(深圳大学2007研)

6. 假设某经济体只生产两种最终产品，分别是手机和蔬菜。2017年，手机产量为10部，价格为100元，蔬菜产量为20吨，价格为100元；2018年，手机产量为20部，价格为50元，蔬菜产量为25吨，价格为200元。请回答以下问题：

(1)分别计算两年的GDP；以2017年为基期，分别计算两年的GDP平减指数。

(2)如果消费者商品篮子包含1部手机和2吨蔬菜，以2017年为基期，分别计算两年的CPI。(中国海洋大学2020研)

7. 某经济体国民收入统计资料显示(单位：亿美元)：净出口150、净投资1250、储蓄1600、资本折旧500、政府转移支付1000、企业间接税750、政府购买支出2000、社会保险金1500、个人消费支出5000、公司未分配利润1000、公司所得税为500、个人所得税为800。请计算：GDP、NDP、NI、PI和DPI。(武汉大学2014研)

8. 假设一个橘子岛国只有两个公司：橘子公司生产橘子；橘子汁公司生产橘子汁。这两家公司在2013年收支表如下：

	橘子公司	橘子汁公司
员工支出	¥1000000	¥200000
利息支出	¥50000	¥80000
缴纳税额	¥100000	¥200000
原材料支出		¥2000000
销售额	卖给消费者：¥1000000 卖给橘子汁公司：¥2000000	卖给消费者：¥3500000

(1)请用产出法来计算橘子岛国2013年的国内生产总值；

(2)请用支出法来计算橘子岛国2013年的国内生产总值；

(3)请用收入法来计算橘子岛国2013年的国内生产总值；

(4)假设在以上经济活动之外，橘子公司还从中国进口了¥10000的橘子，通过产出法、支出法、收入法三个方法来计算该国新的国内生产总值是多少？(清华大学2015研)

9. 假定某国某年发生了以下经济活动：(a)矿业公司开采矿石1亿吨，支付矿工工资50亿元(假定没有其他成本)，铁矿石卖给炼钢厂，售价100亿元；(b)炼钢厂用这些铁矿石炼制钢材1000万吨，支付工人工资300亿元(假定没有其他成本)，钢材卖给钢轨加工厂，售价420亿元；(c)钢轨加工厂用这些钢材制造了一批钢轨，支付工人工资30亿元(假定没有其他成本)，钢轨卖给铁路公司用于修建铁路，售价500亿元。试求：

(1)用增值法计算该项经济活动的GDP；

(2)用收入法计算该项经济活动的GDP；

(3)用最终产品支出法计算该项经济活动的GDP。(山东大学2014研)

10. 假定GDP是6000美元，个人可支配收入是5100美元，政府的预算赤字是200美元，消费是3800美元，对外贸易赤字是100美元。

(1)储蓄(S)有多大？

(2)投资(I)的规模是多少？

(3)政府支出(G)有多大？

11. 假设在某封闭经济中，GDP为8万亿美元，税收是1.5万亿美元，私人储蓄是0.5万亿美元，而公共储蓄是0.2万亿美元。计算消费、政府购买支出、国民储蓄和投资。(武汉大学2015研)

12. 假设在一个简单的经济体里，消费者只购买三种产品：大米、水和衣服。居民消费价格指数(CPI)篮子里有50斤大米，20件衣服和80桶水，2010年设为基期年。

	大米	衣服	水
2010价格	4元/斤	100元/件	2元/桶
2011价格	5元/斤	150元/件	3元/桶
2012价格	6元/斤	300元/件	2元/桶

(1)2010年、2011年、2012年三年的居民消费价格指数各是多少？

(2)这三年以来的通胀率各为多少？(从2010年到2011年到2012年)

(3)这三类商品的价格变化里，哪个对消费者影响最大？为什么？

(4)假设在2010年该经济体的人民居住免费的公有房；在2011年进行房改，一半人住私有房，房价为5000/年/人。到2012年所有人住私有房，且私有房租为10000/年/人。请问在这种情况下的居民消费指数在这三年各为多少？

(5)请谈谈居民消费指数在反映真实生活费用上的弊端。(清华大学2015研)

四、论述题

试评述国民收入核算理论，为什么要用绿色GDP替代GDP？(北师大2006研)

1.3 考研真题与典型题详解

一、名词解释

1. 宏观经济学(macroeconomics)(中南财大2003研)

答：相对“微观经济学”而言，“宏观经济学”是一门以一国(或地区)的宏观经济运行作为主要研究对象的经济学科。它以国民经济总体作为考察对象，研究经济生活中有关总量的决定与变动，解释失业、通货膨胀、经济增长与波动、国际收支与汇率的决定和变动等经济中的宏观整体问题，所以又称之为总量经济学。宏观经济学的中心和基础是总供给—总需求模型。具体来说，宏观经济学主要包括总需求理论、总供给理论、失业与通货膨胀理论、经济周期与经济增长理论、开放经济理论、宏观经济政策等内容。对宏观经济问题进行分析与研究的历史十分悠久，但现代意义上的宏观经济学直到20世纪30年代才得以形成和发展起来。宏观经济学诞生的标志是凯恩斯于1936年出版的《就业、利息和货币通论》。宏观经济学在20世纪30年代奠定基础，二战后逐步走向成熟并得到广泛应用，60年代后的“滞胀”问题使凯恩斯主义的统治地位受到严重挑战，并形成了货币主义学派、供给学派、理性预期学派对立争论的局面，90年代新凯恩斯主义的形成又使国家干预思想占据主流。宏观经济学是当代发展最为迅猛，应用最为广泛，因而也是最为重要的经济学学科。

2. 国内生产总值(GDP)(广东外语外贸大学2022研；安徽师范大学2021研；南昌大学2020研；浙江大学2019研；暨南大学2017研；厦门大学2014研；北大2011研)

答：国内生产总值是指经济社会(即一国或一地区)在一定时期内运用生产要素所生产的全部最终产品(物品和劳务)的市场价值。GDP一般通过支出法和收入法两种方法进行核算。其中，用支出法计算的国内生产总值等于消费、投资、政府购买和净出口之和；用收入法计算的国内生产总值等于工资、利息、租金、利润、间接税和企业转移支付和折旧之和。GDP是一国范围内生产的最终产品的市场价值，因此是一个地域概念；而与此相联系的国民生产总值(GNP)则是一个国民概念，是指某国国民所拥有的全部生产要素在一定时期内所生产和提供的最终产品和劳务的市场价值。

3. 名义GDP和实际GDP(国际关系学院2014研；中央民族大学2014研)

答：名义GDP是指用生产物品和劳务的当年价格计算的全部最终产品的市场价值，它没有考虑通货膨胀因素。由于通货膨胀等原因，价格可能会发生强烈变化，故为方便比较而引入实际GDP的概念。实际GDP是指用从前某一年的价格作为基期价格计算出来的当年全部最终产品的市场价值。二者之间的关系式为：实际GDP = 名义GDP ÷ GDP折算指数。

4. 潜在产出(潜在GDP)(广东外语外贸大学2016研；南京财经大学2015研；浙江大学2013研)

答：潜在产出是经济中实现了充分就业时所达到的产量水平。它不是一个实际产出量，一般认为只有在充分就业时，才有可能实现潜在国内生产总值。而实际产出和潜在国内生产总值的差额，称为国内生产总值缺口。增加潜在产出的途径是增加劳动、资本等生产要素投入，实现技术进步。

5. GDP平减指数(厦门大学2019研；南京大学2018研；山东财经大学2013研)**与消费物价指数**(武汉大学2006研；南开大学2006研)

答：GDP平减指数(GDP deflator)是指按当年价格计算的国内生产总值和按基期价格计算的国内生产总值的比率。用公式表示为：$\text{GDP平减指数}=\dfrac{\text{报告期价格计算的当期国内生产总值}}{\text{基期价格计算的当期国内生产总值}}$。GDP平减指数的优点是范围广泛，能比较准确地反映一般物价水平的变动趋向。缺点是资料较难搜集，需要对未在市场上发生交易的商品和劳务进行换算，并且可能受到价格结构因素的影响。

消费物价指数(consumer price index，CPI)也称零售物价指数、生活费用指数和消费价格指数，是反映消费品(包括劳务)价格水平变动状况的一种价格指数，一般用加权平均法来编制。它根据若干种主要日用消费品的零售价格以及服务费用而编制，用公式来表示即为：

$$CPI=\frac{\text{一组固定商品按当期价格计算的价值}}{\text{一组固定商品按基期价格计算的价值}}\times 100\%$$

消费物价指数的优点是能及时反映消费品供给与需求的对比关系，资料容易搜集，能够迅速直接地反映影响居民生活的价格趋势；其缺点是范围较窄，只包括社会最终产品中的居民消费品的这一部分，因而不足以说明全面的情况。例如，品质的改善可能带来一部分消费品价格而非商品劳务价格总水平的提高，但消费价格指数不能准确地表明这一点，因而有夸大物价上涨幅度的可能。消费物价指数是用来衡量通货膨胀和通货紧缩程度的指标之一。

6. 国民生产总值(gross national product，GNP)(广东外语外贸大学2022研；华东师范大学2020研；中国人民大学2019研；四川师范大学2015研；武汉理工大学2013研；北京理工大学2012研)

答：国民生产总值是指某国国民所拥有的全部生产要素在一定时期内所生产的最终产品和劳务的市场价值，是本国常住居民生产的最终产品市场价值的总和，即无论劳动力和其他生产要素处于国内还是国外，只要是本国国民生产的产品和劳务的价值都计入国民生产总值。这项综合经济指标未扣除生产过程中资本损耗的折旧费用，所以称为“总值”。国民生产总值包含的只是最终产品和劳务，不计算生产中耗费掉的中间产品的价值。国民生产总值可以用当年的全部支出总和计算或用全部收入总和计算。从支出方面计算，国民生产总值包括以下四项：①个人消费支出总额；②私人国内投资总额；③政府购买产品和劳务总额；④货物与劳务输出净额。从收入方面计算，主要包括：工资、利息、地租、利润和折旧。国民生产总值是衡量一个国家的物质产品和劳务的生产总值的综合经济指标，是测定一国经济发展状况的尺度，也是衡量一国经济增长程度的标准。国内生产总值是指在本国领土内生产的最终产品的市场价值总和，以领土作为统计标准，即无论劳动力和其他生产要素是属于本国还是属于外国，只要在本国领土上生产的产品和劳务的价值，都计入该国的国内生产总值。国民生产总值 = 国内生产总值 + 暂住国外的本国公民的资本和劳动创造的价值 − 暂住本国的外国公民的资本和劳务创造的价值。

7. 个人可支配收入(东北大学2004研；武汉大学2002研)

答：个人可支配收入(Disposable Personal Income，简称为DPI)是一个国家所有个人(包括私人非营利性机构)在一定时期(通常为一年)内实际得到的可用于个人消费或储蓄的那一部分收入。

个人收入不能全归个人支配，因为还要缴纳个人所得税，因此，税后的个人收入才是个人可支配收入，即人们可随意用来消费和储蓄的收入。个人可支配收入被认为是消费开支的最重要的决定性因素。因而，个人可支配收入常被用来衡量一国国民的生活水平。

8. 存量与流量

答：存量与流量是国民经济核算体系中记录经济信息的两种基本形式。存量是指在一定时点上测算的量，如某一时点的资产和负债的状况或持有的资产和负债数量。存量具有时点的基本特征。流量是一定时期内发生的变量，反映一定时期内经济价值的产生、转换、交换、转移或消失，它涉及机构单位的资产负债的数量、构成或价值的变化。大多数流量是交易流量，如总消费；另一类是非交易流量或称其他流量，主要包括资产数量的非交易变化，如自然灾害等非生产性因素引起的资产变动量；以及市场价格变动所引起的价值变化，即重估价反映的资产、负债、净值变化的流量。流量具有时期特征，即流量的数值大小与时期的长短有关。有存量就一定有流量与之对应，而有流量并非一定有存量，如工资、利息、进口、出口等，作为反映经济多样化的流量，就没有与之相对应的存量。

9. GNP缺口(四川大学2008研)

答：GNP缺口是指潜在GNP与实际GNP之间的差距，反映了一国由于没有充分利用其生产资源而损失掉的最终产品的价值。潜在 GNP 是指一个国家在正常的强度下，充分利用生产资源(即充分就业)后所能够生产的 GNP，也称为充分就业的 GNP。

10. 转移支付(北师大 2013 研；北邮 2010 研)

答：转移支付是指政府或企业的一种并非购买本年的商品和劳务而做的支付，它包括对非营利组织的慈善捐款、消费者呆账、农产品价格补贴、公债利息等政府与企业支出的款项。转移支付不计算在国民生产总值中，其原因在于转移支付不是为了购买商品和劳务。转移支付是政府财政预算的一个组成部分。财政盈余等于税收减去政府在物品与劳务上的开支与转移支付之和后的余额。

转移支付分为政府的转移支付和企业的转移支付。其中，政府的转移支付大多数带有福利支出性质，等于把政府的财政收入又通过上述支付还给本人，因而也有人认为政府的转移支付是负税收。政府转移支付的作用是重新分配收入，即把收入的一部分由就业者转向失业者、从城市居民转向农民等；企业的转移支付通常是通过捐款与赠款进行的，如公司对于下属非营利组织的赠款。由于它也不是直接用来购买当年的商品和劳务，因此，这种款项也被认为是转移支付。

有时，政府的某些支付不是从一些居民收入中征收上来的，如用增发货币、卖出债券所得来支付福利、救济金，它显然不带有从一些居民转移到另一些居民手中的特点。但在西方经济学家看来，尽管它与前述支付款项的来源不同，但有一点是相同的，即它同样不是政府直接用来购买商品和劳务，这种支付仍然被看作是转移支付。

11. 最终产品与中间产品(东北财大 2012 研)

答：最终产品是指在核算期内不需要再继续加工、直接可供社会投资和消费的产品和劳务。可供投资的产品包括机械设备、型钢等；可供消费的产品包括食品、服装、日用品等。中间产品是指在核算期间需进一步加工、目前还不能作为社会投资和消费的产品和劳务，包括各种原材料、燃料和动力。例如服装是最终产品，可以直接消费，但用于服装生产的原材料，如棉布、棉纱等产品就不是最终产品而是中间产品。必须说明的是，某些产品，如煤炭、棉纱等，在核算期间没有参与生产而是以库存形式滞留在生产环节以外，这些产品也应理解为社会最终产品。

12. 绿色 GDP(南京财经大学 2022 研)

答：绿色 GDP 是指各国用以衡量扣除了自然资产(包括自然资源和环境)损失之后新创造的真实的国民财富总量核算指标。大体上，绿色 GDP = GDP - 自然资源消耗和环境退化损失 -(预防环境损害的支出 + 资源环境恢复费用的支出 + 由于优化利用资源而进行调整计算的部分)。绿色 GDP 指标，实质上代表了国民经济增长的净的正效应。绿色 GDP 占 GDP 的比重越高，表明国民经济增长的正面效应越高，负面效应越低；反之亦然。绿色 GDP 揭示了经济增长过程中的资源环境成本，成为新的发展观指引下经济增长模式转变的一个重要概念和指标。但目前绿色 GDP 在核算上还存在不少技术难题。

二、简答题

1. 宏观经济学与微观经济学有什么区别?(中南大学 2022 研；广西民族大学 2021 研)

答：宏观经济学和微观经济学的区别主要体现在以下几个方面：

(1)研究对象不同。微观经济学的研究对象是单个经济单位，如家庭、厂商等。而宏观经济学的研究对象则是整个经济，研究的是整个经济的运行方式与规律，是从总量上分析经济问题。

(2)解决的问题不同。微观经济学要解决的是资源配置问题，即生产什么、如何生产和为谁生产的问题，并最终实现个体效益的最大化。宏观经济学则把资源配置作为既定的前提，通过研究社会范围内的资源利用问题，来实现社会福利的最大化。

(3)研究方法不同。微观经济学的研究方法是个量分析，即研究经济变量的单项数值如何决定。而宏观经济学的研究方法则是总量分析，即对能够反映整个经济运行情况的经济变量的决定、变动及其相互关系进行分析。因此，宏观经济学又称为总量经济学。

(4)中心理论和基本内容不同。微观经济学的中心理论是价格理论，其所有的分析都是围绕价格机制的运行展开的。宏观经济学的中心理论则是国民收入(产出)理论，其所有的分析都是围绕国民收入(产出)的决定展开的。

2. 宏观经济学常用的分析方法是什么？(西安交大2004研)

答：与“微观经济学”相对而言，宏观经济学是一种现代的经济分析方法。它以国民经济总体作为考察对象，研究经济生活中有关总量的决定与变动，解释失业、通货膨胀、经济增长与波动、国际收支与汇率的决定和变动等经济中的宏观整体问题，所以又称之为总量经济学。具体而言，宏观经济学主要采用以下分析方法：

(1)实证分析方法。

实证分析方法的实质就是揭示经济现象之间的因果联系，分为经验实证和逻辑实证两种方法。作为理论经济学，宏观经济学主要采用逻辑实证的研究方法。逻辑实证的方法也被称为演绎的方法，或抽象分析的方法。逻辑实证对因果联系的把握是从建立假设开始的。排除一切无关和次要的因素，保留少数有关的重要因素，从而能够在一种“纯粹”的环境中观察现象之间的因果联系。逻辑实证的第二步是在建立假设的基础上，利用数学等手段合乎逻辑地推导出有关结论，以描述宏观经济现象之间的因果联系。

(2)均衡分析方法。

现代经济学对经济现象的研究着重刻画经济现象的均衡状态。均衡概念是经济学从自然科学中借鉴来的。在力学中，均衡可以指在大小相同方向相反的两个力的作用下，物体的位置保持不变。在经济中，均衡的这层意思基本上保留下来了。对均衡状态的研究实际上就是对经济现象运动趋势的研究。这种研究对于揭示经济现象发生的前因后果是很有益的。

(3)静态、比较静态和动态分析方法。

现代经济学对经济均衡的研究有静态、比较静态和动态这三个角度。静态分析方法是一种初步的，也是比较简单的分析方法。它着重刻画均衡状态的特征以及形成均衡状态的条件。它假设经济变量从非均衡到均衡的调整是在一瞬间完成的；比较静态分析是从静态分析发展而来的。它着重研究两个均衡状态之间的联系，揭示一个均衡状态必定沿着哪个方向过渡到另一个均衡状态；动态分析把经济变量的调整放到时间这一维度中考察。在宏观经济学中，对通货膨胀、经济周期、经济增长等经济现象的研究都是按动态的视角展开的。随着现代宏观经济学的发展，动态的方法显得越来越重要，现代高级宏观经济学几乎完全建立在动态分析的基础之上。

(4)总量分析与结构分析。

总量分析是宏观经济学特有的分析方法。总量分析就是研究一国总需求、总产出、价格总水平等经济总量水平的决定及其变化规律。显然，宏观经济学采用总量分析方法，是与宏观经济学对市场经济运行的认识的基本倾向分不开的。这些总量分析能够较好地解释经济萧条、通货膨胀等一类宏观经济现象。

结构分析是指对经济系统中各组成部分及其对比关系变动规律的分析，如国内生产总值中三次产业的结构分析、消费和投资的结构分析、经济增长中各因素作用的结构分析等。结构分析主要是一种静态分析，即对一定时间内经济系统中各组成部分变动规律的分析。如果对不同时期经济结构变动进行分析，则属于动态分析。

(5)需求分析与供给分析。

研究宏观经济离不开需求分析和供给分析。需要注意的是，宏观经济学并不是在所有情况下都并列地使用这两种方法的。例如对总产出的研究，在萧条经济场合，侧重于需求分析；在膨胀经济场合，侧重于供给分析。在短期，侧重于需求分析；在长期，侧重于供给分析。

(6)存量分析与流量分析。

存量和流量是对经济变量的一种区分。在一定时点上取值的经济变量称为存量，在一定时期内取值的经济变量称为流量。宏观经济学侧重于流量分析。例如，宏观经济学不研究一国总财富的决定，而着重研究一国一年新增财富即国民收入的决定。宏观经济学在研究上的这种侧重是由其基本的理论观点决定的。

3. 请分析 GNP 与 GDP 的不同。(武汉理工大学 2006 研；南开大学 2005 研)

答：GNP(国民生产总值)是指某国国民所拥有的全部生产要素在一定时期内所生产的最终产品(物品和劳务)的市场价值。GDP(国内生产总值)是一国或地区范围内所拥有的生产要素在一定时期内(通常为一年)生产的全部最终产品(物品和劳务)的市场价值。两者的不同主要有以下几点：

(1)范围不同。

GNP 是本国国民生产的最终产品(物品和劳务)市场价值的总和，是一个国民概念，即无论劳动力和其他生产要素处于国内还是国外，只要是本国国民生产的产品(物品和劳务)的价值都计入国民生产总值。GDP 是指一国或地区一定时期(通常为一年)所有常住单位运用生产要素所生产的全部最终产品的市场价值。它是一国范围内生产的最终产品，是一个地域概念。“常住单位”，其内涵与“常住居民”相同。一国的“常住居民”包括：①居住在本国的本国公民；②暂居(一年以内)外国的本国公民；③长期(一年及一年以上)居住在本国的外国居民。也就是说，在一国领土范围内，其居民无论国籍如何，只要符合本国常住居民定义，在一定时期内所生产的最终产品(物品和劳务)价值都可算作本国的国内生产总值。国内生产总值的价值形态是指国民经济各部门增加值之和，增加值等于国民经济各部门的总产出减去中间产品和劳务价值后的余额。

(2)衡量方法不同。

GNP 是按国民原则核算的，只要是本国(或地区)居民，无论是否在本国境内(或地区内)居住，其生产和经营活动新创造的增加值都应该计算在内。GDP 是按国土原则核算的生产经营的最终成果。比方说，外资企业在中国境内创造的增加值就应该计算在 GDP 中。

(3)内容不同。

国内生产总值是“生产”概念，而国民生产总值是“收入”概念。

(4)两者的数值不一定相等。

在经济封闭的国家或地区，国民生产总值等于国内生产总值；在经济开放的国家或地区，国民生产总值等于国内生产总值加上国外净要素收入。国外净要素收入是指从国外得到的生产要素收入减去支付给国外的要素收入。可见，国民生产总值与国内生产总值之间的区别就在于国外净要素收入。生产要素的提供者不一定都是本国居民，有时也有外国居民，本国居民也有向外国的经济活动提供要素的。国内经济活动所创造的收入，作为要素收入，既分配给本国居民，也分配给外国居民；相反，国外的经济活动所创造的收入也分配给本国居民，这两项的差额就是国外净要素收入。

4. 简述两部门经济的收入流量循环模型。(四川大学2008研)

答：(1)两部门经济是指由居民户和企业两个部门构成的简单经济，即假设没有政府和对外贸易部门，居民户和企业部门通过产品市场和要素市场联系起来。

如图1-1所示，通过产品市场，最终产品从企业流向居民户，对最终产品的支付从居民户流向企业，企业获得收入。通过要素市场，生产要素从居民户流向企业，企业则向居民户支付生产要素成本，居民户获得收入。居民户以全部收入购买消费品，企业所有收入用于生产，需求与供给恰好相等，国民收入在既定水平上循环。

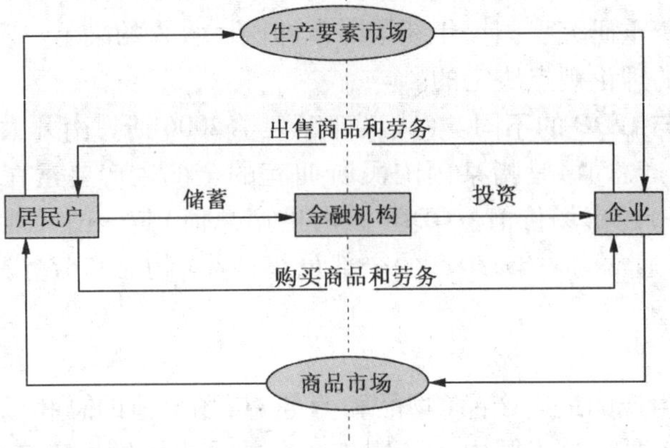

图1-1　两部门经济的收入流量循环模型

(2)如果引入金融机构，居民户则以部分收入向企业购买商品和劳务，其余作为储蓄存入金融机构，而企业在居民户购买支付之外还获得了金融机构的投资。金融机构把居民户的全部储蓄转化为企业的投资，国民收入在既定规模上循环。储蓄行为使居民户对最终产品的支出减少，即“漏出”，投资使企业对最终产品的支出增加，即“注入”，只要储蓄=投资(漏出=注入)，国民收入循环就可以正常进行。

5. 说明在证券市场购买债券和股票不能看作是经济学意义上的投资活动。(浙江理工大学2015研)

答：(1)虽然购买债券和股票对购买者而言可以称为一种“投资”，但经济学上规定的投资与通常意义上的投资不一样。经济学上的投资是指增加或更换资本资产(包括厂房、住宅、机械设备及存货)的支出。经济学上的投资是固定资产投资和存货投资。固定资产投资包括新厂房、新设备、新商业用房和新住宅的增加；存货投资是指存货价值的增加(也存在减少的可能性)，投资是一定时期内增加到资本中的资本流量。

人们购买债券和股票只是一种证券交易活动，并不是实际的生产经营活动。人们购买债券或股票，是一种产权转移活动，因而不属于经济学意义的投资活动，也不能计入GDP。当公司从人们手里取得了出售债券或股票的货币资金再去购买厂房或机器设备时，才是投资活动。

(2)国民收入核算中核算的是运用生产要素所生产的全部最终产品和劳务的市场价值。

购买股票和债券的资金，在购买时还没有用于生产，不能产生最终产品，更谈不上价值。但是如果购买股票和债券时支付了一定的佣金和未来可能产生的股息和利息，则应该归入国民收入的核算。因为前者为经纪人的劳务，而后者则是资金利用后的增值。

6. 请指出以下各项交易是否能计入我国的 GDP；如果能，请说明其分别是 GDP 中的消费、投资、政府购买及净出口中的哪一部分；如果不能，请说明原因：

(1) 国内消费者购买一台二手的海信电视机；

(2) 国内投资者购买 2000 股海信电器股票；

(3) 海信电器库存电视机增加一万台；

(4) 也门政府购买 1000 台新的海信电视机；

(5) 政府向海信公司的下岗工人提供失业救济金。(南开大学 2010 研)

答：(1)国内消费者购买一台二手的海信电视机不计入我国的 GDP。理由如下：GDP 是计算期内生产的最终产品价值。消费者购买的这台二手海信电视机在生产时已计入当年 GDP，不能再计入当期 GDP。

(2)国内投资者购买 2000 股海信电器股票不能计入我国的 GDP。理由如下：购买股票只是一种证券交易活动，是一种产权转移活动，并不是实际的生产经营活动。购买股票对个人而言是一种投资，但不是经济学意义上的投资活动，因为经济学意义上的投资是增加或减少资本资产的支出，即购买厂房、设备和存货的行为。

(3)海信电器库存电视机增加一万台需要计入我国的 GDP，属于投资的增加。理由如下：GDP 是一定时期内(通常为一年)所生产而不是所卖掉的最终产品价值。库存的电视机可看作是海信公司自己买下来的存货投资，应计入 GDP。

(4)也门政府购买 1000 台新的海信电视机需要计入我国的 GDP，是 GDP 中净出口的一部分。理由如下：净出口指进出口的差额，其中出口应加进本国总购买量之中，因为出口表示收入从外国流入，是用于购买本国产品的支出。

(5)政府向海信公司的下岗工人提供失业救济金属于政府转移支付，不能计入我国的 GDP。理由如下：政府转移支付只是简单地把收入从一些人或一些组织转移到另一些人或另一些组织，并没有相应的物品或劳务的交换发生，因此不计入 GDP。

7. 关于国民收入核算：

(1) 利用 GDP 将中国与美国的实际生产或福利进行比较时，会高估还是低估中国的总产出或总福利？

(2) 利用 GDP 体系说明中国在改革开放以来经济增长取得的巨大成绩时，会高估还是低估？(武汉大学 2008 研)

答：(1)利用 GDP 将中国与美国的实际生产或福利进行比较时，会低估中国的总产出或总福利。这是因为 GDP 不能反映某些重要的非市场活动。有些非市场经济活动在人们的日常生活中占有很重要的位置，比如家庭妇女做饭、照顾老人、养育儿童等等，这些活动不发生支付行为，按照国际标准，GDP 不反映这些活动。但是，如果这些工作由雇佣的保姆来承担，雇主就要向保姆支付报酬，按照国际标准，相应的活动就必须反映在 GDP 中。可见，由于 GDP 不能反映某些非市场经济活动，使得它在某种程度上损失了客观性和可比性。在发达的市场经济国家，如美国，家务劳动的市场化程度比较高，比如大多数家庭都把孩子送到幼儿园去育养，许多老人被送到养老院去照顾等等。而在发展中国家，如中国，家务劳动市场化程度比较低，大部分家务劳动都由家庭成员自己来承担。同样的家务劳动，发达的市场经济国家市场化程度高，对 GDP 的贡献就大；发展中国家市场化程度低，对 GDP 的贡献就小。因此，利用 GDP 将中国与美国的实际生产或福利进行比较时，会低估中国的总产出或总福利。

(2)利用 GDP 体系说明中国在改革开放以来经济增长取得的巨大成绩时，会高估成绩。这是因为：

①GDP 不能反映经济发展对资源环境所造成的负面影响。比如，采伐树木，GDP 就会增加，但过量采伐后会造成森林资源的减少，GDP 却不考虑相应的代价。再比如，某些产品的生产会向空气或水中排放有害物质，GDP 会随着产品产量的增加而增加，却不考虑对环境造成的损害。显然，GDP 在反映经济增长的同时，没有反映它所带来的资源耗减和环境损失的代价。在中国改革开放的过程中，资源环境不断恶化，这没有反映在 GDP 中。

②GDP 不能反映经济增长的效率和效益。例如，如果为了经济增长有高速度，而拼命消耗资源，对资源采取低效的、掠夺式的利用，那么，可能经济一时上去了，以后经济持续增长的后劲和潜力却丧失了。目前，中国就面临着这种低效率的经济增长，使经济增长难以为继。

③GDP 并不能全面地反映人们的福利状况。人均 GDP 的增加代表一个国家人民平均收入水平的增加，从而当一个国家的人均 GDP 增加时，这个国家的福利状况将得到改善。但是，由于收入分配的不平等，一小部分人得到了更多的收入，大多数人的收入水平没有增加，或增加得较少，因此他们的福利状况并没有得到改善，或没有得到明显的改善。从人均 GDP 中就看不出这种由于收入分配的差异状况而产生的福利的差异状况。而在我国改革开放的过程中，就面临着这种收入分配差距不断扩大的状况。

8. 解释"$GDP=C+I+G+(X-M)$"的内涵。(武汉大学 2002 研)

答：$GDP=C+I+G+(X-M)$是用支出法核算四部门经济的国内生产总值的计算公式。它表示四部门经济的国内生产总值等于经济社会(一个国家或一个地区)在一定时期内消费、投资、政府购买以及净出口四方面支出的总和。

(1)国内生产总值(GDP)是指经济社会(即一国或一个地区)在一定时期内运用生产要素所生产的全部最终产品(物品和劳务)的市场价值。这项综合经济指标未扣除生产过程资本损耗的折旧费用，所以称为"总值"。国内生产总值包含的只是最终产品(物品和劳务)的市场价值，不计算生产中耗费掉的中间产品的价值。

(2)消费 C 包括耐用消费品(如家电、家具等)、非耐用消费品(如食物、衣服等)和劳务(如理发、旅游等)，但不包括个人建筑住宅的支付。

(3)投资 I 是指增加或更换资本资产(厂房、设备、住宅和存货)的支出。资本产品和中间产品虽然都用于生产别的产品，但不一样的是，前者在生产别的物品的过程中是部分被消耗，而后者则是完全转化。在资本产品的损耗中，一方面包括实际的物质损耗，另一方面还包括精神损耗(指由于技术进步或者出现了更高效的新设备而导致原设备贬值)。投资包括固定资产投资和存货投资两大类。固定资产投资指新厂房、新设备、新商业用房以及新住宅的增加。存货投资是指存货价值的增加(或减少)，可为正值也可为负值，即期末存货大于或小于期初存货。公式中的 I 为总投资，而净投资 $=I-$重置投资。其中，重置投资是指当年以前资本产品的折旧消耗。

(4)政府购买 G 为各级政府购买物品和劳务的支出，如政府花钱设立法院、提供国防、建筑道路和开办学校等方面支出。政府购买只是政府支出的一部分，政府支出的另一些部分如转移支付、公债利息等都不计入 GDP。

(5)净出口($X-M$)是指进出口的差额。其中，X 表示出口，M 表示进口。进口应从本国总购买中减去，因为进口表示收入流到国外，同时，也不是用于购买本国产品的支出；出口应加进本国总购买量之中，因为出口表示收入从外国流入，是用于购买本国产品的支出。因此，净出口应计入总支出，它可能是正值，也可能是负值。

9. 储蓄—投资恒等式为什么并不意味着计划储蓄总等于计划投资？

答：(1)在国民收入核算体系中，存在的储蓄—投资恒等式完全是根据储蓄和投资的定义得出的。根据定义，国内生产总值总等于消费加投资，国民总收入则等于消费加储蓄，国内生产总值又总等于国民总收入，这样才有了储蓄恒等于投资的关系。这种恒等关系就是两部门经济的总供给($C+S$)和总需求($C+I$)的恒等关系。只要遵循储蓄和投资的定义，储蓄和投资一定相等，而不管经济是否充分就业或存在通货膨胀，即是否均衡。

(2)但这一恒等式并不意味着人们意愿的或者说事前计划的储蓄总会等于企业想要有的投资。在实际经济生活中，储蓄和投资的主体及动机都不一样，这就会引起计划投资和计划储蓄的不一致，形成总需求和总供给不平衡，引起经济扩张和收缩。分析宏观经济均衡时所讲的投资要等于储蓄，是指只有计划投资等于计划储蓄时，才能形成经济的均衡状态。这和国民收入核算中的实际发生的投资总等于实际发生的储蓄这种恒等关系并不是一回事。

10. 试述 GDP、GNP、NDP、NNP、NI、DI 和 NT 几者之间的关系。(华东理工大学 2006 研)

答：(1)GDP(Gross Domestic Product)，即国内生产总值的简称，是指经济社会(即一国或一地区)在一定时期内运用生产要素所生产的全部最终产品(物品和劳务)的市场价值。

(2)GNP(Gross National Product)，即国民生产总值的简称，是指一国国民在一定时期内所生产的最终产品(包括产品与劳务)的市场价值总和。GNP 是按照国民原则来计算的，而 GDP 是按国土原则来计算的。两者的关系是：GDP = GNP - 国外净要素收入。

(3)NDP(Net Domestic Product)，即国内生产净值的简称，是指 GDP 扣除折旧的部分，即 NDP = GDP - 折旧。

(4)NNP(Net National Product)，即国民生产净值的简称。在实物形态上，国民生产净值是社会总产品扣除已消耗掉的生产资料后的全部消费资料和用于扩大再生产及增加后备的那部分生产资料。在价值形态上，国民生产净值等于国民生产总值(GNP)与资本折旧之差。

(5)NI(National Income)，即国民收入的简称，是指一个国家一年内用于生产的各种生产要素等所得到的全部收入，即工资、利润、利息和地租的货币值之和。它与 GDP 的关系为：GDP - 折旧 -(企业转移支付 + 间接税)+ 政府补助金 = NI。

(6)DI(Disposable Income)，即可支配收入。NI 概括了一个社会所有人的总收入，但总收入并不等于可支配收入。某人一个月的总收入中要扣除住房公积金、医疗保险金和个人所得税；此外，他也会有一些额外的收入，比如国家发给的住房和国家的特殊津贴等，进行了这些加减之后的钱才是这个人可以自由支配的收入。全社会可支配收入 DI 就是从 NI 中扣除相应的项目，即 DI = NI - 社会保险费 - 经营利润 - 企业留利 - 个人所得税 + 国家的转移支付 + 企业的转移支付 + 其他。

(7)NT(Net Taxes)，即净税收的简称，是指政府的总税收减去转移支付的部分。它与 GDP 的关系为：NT = GDP - DI。

11. 请推导四部门经济中总储蓄和投资的恒等式。

答：(1)四部门是指私人、企业、政府和国外部门。四部门中，由于有了对外贸易，国民收入的构成从支出角度看就等于消费、投资、政府购买和净出口的总和，用公式表示是：

$$Y=C+I+G+(X-M)$$

(2)从收入角度看，国民收入构成的公式可写成：$Y=C+S+T+K_r$。这里，$C+S+T$的意义和三部门经济中的意义一样，K_r则代表本国居民对外国人的转移支付。例如，对外国遭受灾害时的救济性捐款，这种转移支付也来自生产要素的收入。

(3)这样，四部门经济中国民收入构成的基本公式就是：$C+I+G+(X-M)=Y=C+S+T+K_r$，公式两边消去C，则得到：

$$I+G+(X-M)=S+T+K_r$$

这一等式，也可以看成是四部门经济中的储蓄—投资恒等式，因为这一等式可以转化为以下式子：$I=S+(T-G)+(M-X+K_r)$。其中，S代表居民私人储蓄；$(T-G)$代表政府储蓄；$(M-X+K_r)$代表外国对本国的储蓄，因为从本国的立场看，M(进口)代表其他国家出口商品，从而这些国家获得收入，X(出口)代表其他国家从本国购买商品和劳务，从而这些国家需要支出，K_r代表其他国家从本国得到的收入。可见，当$(M+K_r)>X$时，外国对本国的收入大于支出，于是就有了储蓄，反之则有负储蓄。这样，$I=S+(T-G)+(M-X+K_r)$的公式就代表四部门经济中总储蓄(私人、政府和国外)和投资的恒等关系。

(4)把折旧和企业间接税考虑进来，上述收入构成公式及储蓄和投资的恒等关系也都成立。如果上述Y指GDP，则上述所有等式两边的I和S分别表示把折旧包括在内的总投资和总储蓄。如果Y指NDP，则等式两边的I和S分别表示不含折旧的净投资和净储蓄。如果Y指NI，则C、I、G是按出厂价计量的，等式两边减少了一个相同的等于间接税的量值。可见，不论Y代表哪一种国民收入概念，只要其他变量的意义能和Y的概念相一致，储蓄—投资恒等式总是成立的。

12. 如果甲乙两国并成一个国家，对GDP总和会有什么影响(假定两国产出不变)？

答：如果甲乙两国合并成一个国家，对GDP总和不会有影响。分析如下：

国内生产总值是指经济社会(即一国或一地区)在一定时期内运用生产要素所生产的全部最终产品(物品和劳务)的市场价值。结合GDP的概念可以看出，GDP所度量的是事后的产出，其值显然与观察者将其视为两个国家还是一国的两个地区无关。

考虑一宗进口业务对一国的GDP的影响，如果根据支出法核算GDP，会得出一宗进口业务会使一国的GDP减少，但这是错误的。一般地说，一宗进口业务会使一国的国内支出(消费、投资和政府购买)增加而使净出口等量减少，GDP数量不发生变化。

13. 请说明CPI与GDP平减指数的区别(拉斯派尔指数与帕氏指数的影响)。这两种价格指数哪一个倾向于高估通胀，原因是什么？(湖南大学2022研；南开大学2009研)

答：(1)CPI是消费价格指数，指对普通家庭的支出来说，购买具有代表性的一组商品，在今天要比在过去某一时间多花费多少。这一指数的基本意思是：人们有选择地选取一组(相对固定)商品和劳务，然后比较它们按当期价格购买的花费和按基期价格购买的花费。用公式表示，就是：$\text{CPI}=\dfrac{\text{一组固定商品按当期价格计算的价值}}{\text{一组固定商品按基期价格计算的价值}}\times 100\%$。

GDP平减指数是指没有扣除物价变动的GDP增长率与剔除物价变动的GDP增长率之商。名义GDP的增长和实际GDP的增长二者之差就是GDP价格的增长，该价格常称为GDP

平减指数。它的计算基础比CPI广泛得多，涉及全部商品和服务，除消费外，还包括生产资料和资本、进出口商品和劳务等。因此，这一指数能够更加准确地反映一般物价水平走向。经济学家们之所以关注GDP平减指数，还因为与投资相关的价格水平在这一指标中具有更高的权重。用公式表示，就是：GDP平减指数 = 名义GDP/实际GDP。

这两种衡量指标之间有三点关键的差别：

①GDP平减指数衡量生产出来的所有产品与服务的价格，而CPI只衡量消费者购买的产品与服务的价格。因此，企业或政府购买的产品价格的上升将反映在GDP平减指数上，而并不反映在CPI上。

②GDP平减指数只包括国内生产的产品。进口品并不是GDP的一部分，也不反映在GDP平减指数上。因此，日本制造并在美国销售的丰田汽车的价格上升要影响到美国的CPI，因为消费者购买丰田汽车。但这种上升并不影响GDP平减指数。

③最微妙的差别产生于这两个指数对经济中许多价格加总的方法。CPI给不同产品的价格以固定的权数，而GDP平减指数给予变动的权数。换言之，CPI是用固定的一篮子产品来计算的，而GDP平减指数允许当GDP组成部分变动时，一篮子产品随时间变动。

(2)这两种价格指数中，CPI更倾向于高估通胀。在现实中由于多种原因，CPI倾向于高估通胀。

①替代偏差：由于CPI衡量固定的一篮子产品的价格，所以，它没有反映出消费者用相对价格下降的产品进行替代的能力，所以相对价格变动时，其真实生活费用的上升比CPI慢。

②新产品的引进：当一种新产品进入市场时，消费者的状况变好了，因为消费者有了更多可供选择的产品。实际上，新产品的引进提高了本币的实际价值，但本币购买力的提高并没有体现在CPI的下降上。

③无法衡量的质量变化：当一个企业改变自己出售的产品质量时，产品价格的全部变化并不是对生活费用变化的反应，如果无法衡量的质量改变是有代表性的，衡量的CPI的上升就应该比CPI上升快。因而，在这两种价格指数中，CPI更倾向于高估通胀。

14. 支出法GDP由哪些部分构成？什么是最终消费率？中国最终消费率为什么偏低？(华南理工大学2012研)

答：(1)用支出法核算GDP，就是核算经济社会(指一个国家或一个地区)在一定时期内消费、投资、政府购买以及净出口这几方面支出的总和。消费支出(用字母C表示)包括购买耐用消费品、非耐用消费品和劳务的支出；投资(用字母I表示)指增加或更换资本资产的支出，包括固定资产投资和存货投资两大类；政府对物品和劳务的购买(用字母G表示)是指各级政府购买物品和劳务的支出；净出口(用字母NX表示)指进口与出口的差额。用支出法计算GDP的公式可写成：

$$Y = C + I + G + NX$$

(2)最终消费率是指一个国家或地区在一定时期内(通常为一年)的最终消费(用于居民个人消费和社会消费的总额)占当年GDP的比率。它反映了一个国家生产的产品用于最终消费的比重，是衡量国民经济中消费比重的重要指标。

(3)中国最终消费率偏低的原因在于以下几个方面：

①居民收入增长速度过慢，多年来均低于经济增长2~3个百分点，直接影响消费总额。

②收入分配格局不合理也是制约消费的重要因素。初次分配中劳动者报酬偏低且持续下

降，高收入群体和中低收入群体的收入差距逐年增加，影响经济发展的同时也抑制了消费增长。

③物价上涨降低了实际消费水平，房价高企更是拉低了其他消费项目的支出。近年来，消费价格指数居高不下，居民实际购买能力下降，房价畸高捆绑整个国民经济，扭曲资金配置，削弱了居民的消费能力。

④政府公共服务不足，影响居民消费预期以及跨期消费选择。教育支出大，医疗支出多，养老金制度也不健全，居民的预防性储蓄增加，挤占了正常消费支出。

⑤城镇化进程较快，但质量偏低，许多城镇人口都只是统计意义上的城镇人口，其权益未得到切实保护，享受不到基本生活保障和医疗等公共服务，消费水平也远低于一般市民。

三、计算题

1. 假设某政府花10000元修路，其中给工人支付工资5000元，给水泥厂支付5000元，水泥厂用5000元来购买设备，而工人用2000元来买大米，用2000元来买电脑，另外1000元存入银行。电脑店用收入获得的2000元中的1000元还之前电脑厂家货款的欠款，又从银行借了1000元，加上剩下的1000元总共2000元从电脑厂进了2000元的电脑（就是说作为存货）。给出下表中的GDP、个人消费支出、个人耐用品消费支出、个人非耐用品消费支出、个人服务支出、国民投资、国民投资中的存货投资和固定资产投资支出以及政府采购支出，并给出计算过程。（上海财大2011研）

项目	金额
GDP	
消费支出	
耐用品消费支出	
非耐用品消费支出	
服务	
投资支出	
存货投资支出	
固定资产投资支出	
政府采购支出	

解：（1）用支出法计算三部门的 $GDP = C + I + G$，这里个人消费 $C = 2000 + 2000 = 4000$（元），企业投资 I = 固定资产投资 + 存货投资 = 5000 + 2000 = 7000（元）。注意，还款不是固定资产投资支出，也不是存货投资支出。政府购买支出 $G = 10000$（元），所以 $GDP = 4000 + 7000 + 10000 = 21000$（元）。

（2）个人消费支出一共是4000元，其中2000元用于个人耐用品消费支出，2000元用于个人非耐用品消费支出，服务支出为0。

（3）国民投资 = 固定资产投资 + 存货投资，其中固定资产投资为5000元，而存货投资为2000元，因此国民投资一共为7000元。

（4）政府采购支出是10000元。

2. 某地区居民总是把相当于GDP 60%的部分存起来，并且不用缴税也不购买外地商品。今年该地区将总值2000万元的汽车销往邻省，这对该地区的GDP产生影响，请回答：

（1）该地区的GDP增加了多少？

（2）假如当地政府增加同样2000万元购买本地汽车，是否会产生与（1）相同的结果？为

什么？

(3)假如政府将2000万元以补贴形式发给居民，该地GDP是否会增加？与(1)相比如何？为什么？

解：第一种解法：考虑了乘数效应。

(1)将总值2000万元的汽车销往邻省，首先导致国民收入的第一轮增加2000万元，在边际消费倾向为1－60%＝40%的前提下，该地区将把其中的800万元用于消费，导致国民收入的第二轮增加，这样一直继续下去，便导致了国民收入数倍的增加。

$$\begin{aligned} Y &= 2000\times 1 + 2000\times 40\% + 2000\times(40\%)^2 + 2000\times(40\%)^3 + \cdots \\ &= 2000/(1-40\%) \\ &= 2000/60\% \approx 3333.3(\text{万元}) \end{aligned}$$

(2)会产生相同的结果，因为政府支出中对商品和劳务的支出是国民收入中的一部分。具体解释如下：当政府向厂商购买商品和劳务的时候，在私人消费支出和投资支出中并没有包括对这些劳务的支出，因而应该加上政府的这部分支出。当政府向居民购买生产要素的服务而生产出物品和劳务的时候，它们也构成社会产品的一部分，因而应该加上政府的这部分支出。因此，在国民收入第一轮中增加2000万元，由于边际消费倾向为40%，第二轮增加$2000\times 40\%$，这样一直继续下去，和(1)的效果是一样的。

(3)该地GDP会增加，与(1)相比GDP增加的要少，第一轮的增加为$2000\times 40\%$，第二轮的增加为$2000\times(40\%)^2$，于是增加的国民收入为：

$$Y = 2000\times 40\% + 2000\times(40\%)^2 + 2000\times(40\%)^3 + \cdots = 800/60\% = 1333.3(\text{万元})$$

因为政府以补贴的形式发给居民，实际上是一种没有换取生产要素服务的单方面的转移支付，社会产品没有相应增加，因而在计算国民收入时不应该算上这部分的政府支出。

第二种解法：没有考虑乘数效应。

(1)支出法GDP＝消费＋投资＋政府购买＋净出口。

显然该地区的净出口增加了2000万元，而其他项没有变化，所以该地区的GDP增加了2000万元。

(2)会产生同样的结果，因为此做法相当于增加了2000万元的政府购买，而其他项没有变，所以最终该地区的GDP仍然增加了2000万元。

(3)增加，但增加的幅度会比较小。因为这2000万元是以补贴的形式出现的，并不能计入GDP，而当居民拿到这2000万元后，会将其中的60%存起来，其余的40%会用于投资或消费。居民只会将其中的40%用于消费或投资，即只能使GDP增加800万。相对(1)来说，显然这种做法对GDP的贡献比较小。

注意：本题没有说明是否考虑乘数效应，但第一种解法比第二种解法全面，建议在答题时采用第一种解法。

3. 假设有A、B、C三厂商，A年产5000万美元，卖给B、C和消费者，其中B买200万美元，C买2000万美元，其余2800万美元卖给消费者。B年产500万美元，直接卖给消费者。C年产6000万美元，其中3000万美元由A购买，其余由消费者购买。

(1)假定投放在生产上的都用光，计算价值增加。

(2)计算GDP为多少。

(3)如果只有C有500万美元折旧，计算国民收入。

(4)如果A厂商有1000万美元的进口值，C厂商有1500万美元的出口值，其他条件不

变，GDP 是多少？贸易差额是多少？

解：(1) A 厂商的价值增加为：5000 - 3000 = 2000(万美元)；

B 厂商的价值增加为：500 - 200 = 300(万美元)；

C 厂商的价值增加为：6000 - 2000 = 4000(万美元)；

合计价值增加为：2000 + 300 + 4000 = 6300(万美元)。

(2) 最终产品价值为：2800 + 500 + 3000 = 6300(万美元)。

式中，2800、500、3000 分别为 A、B、C 三厂商卖给消费者的最终产品。

(3) 国民收入为：6300 - 500 = 5800(万美元)。

(4) 原来 GDP 为 6300，现在加上进出口因素，GDP 变为：6300 + (1500 - 1000) = 6800(万美元)，其中贸易顺差额，即净出口额为：1500 - 1000 = 500(万美元)。

4. 假设某国某年有下列国民收入统计资料。

单位：亿美元

资本消耗补偿	356.4
雇员酬金	1866.3
企业支付的利息	264.9
间接税	266.3
个人租金收入	34.1
公司利润	164.8
非公司企业主收入	120.3
红利	66.4
社会保险税	253.0
个人所得税	402.1
消费者支付的利息	64.4
政府支付的利息	105.1
政府转移支付	347.5
个人消费支出	1991.9

请计算：

(1) 国民收入；

(2) 国内生产净值；

(3) 国内生产总值；

(4) 个人收入；

(5) 个人可支配收入；

(6) 个人储蓄。

解：(1) 国民收入 = 雇员酬金 + 企业支付的利息 + 个人租金收入 + 公司利润 + 非公司企业主收入

= 1866.3 + 264.9 + 34.1 + 164.8 + 120.3

= 2450.4(亿美元)

(2) 国内生产净值 = 国民收入 + 间接税

= 2450.4 + 266.3

= 2716.7(亿美元)

(3) 国内生产总值 = 国内生产净值 + 资本消耗补偿

= 2716.7 + 356.4

= 3073.1(亿美元)

(4) 个人收入 = 国民收入 - (公司利润 + 社会保险税) + 政府支付的利息 + 政府的转移支付 + 红利

= 2450.4 - (164.8 + 253.0) + 105.1 + 347.5 + 66.4

= 2551.6(亿美元)

(5) 个人可支配收入 = 个人收入 - 个人所得税

= 2551.6 - 402.1

= 2149.5(亿美元)

(6) 个人储蓄 = 个人可支配收入 - 消费者支付的利息 - 个人消费支出

= 2149.5 - 64.4 - 1991.9

= 93.2(亿美元)

5. 假定一国国民收入统计资料如下表所示。

单位：亿美元

国民生产总值	4800
总投资	800
净投资	300
消费	3000
政府购买	960
政府预算盈余	30

试计算：

(1) 国民生产净值；

(2) 净出口；

(3) 政府税收减去政府转移支付后的收入；

(4) 个人可支配收入；

(5) 个人储蓄。(深圳大学 2007 研)

解：(1) 国民生产净值 = 国民生产总值 - 资本消耗补偿，而资本消耗补偿即折旧等于总投资减净投资后的余额，即 800 - 300 = 500(亿美元)，因此国民生产净值 = 4800 - 500 = 4300(亿美元)。

(2) 从 GNP = $C + I + G + NX$ 中可知 NX = GNP - $C - I - G$，因此，净出口 NX = 4800 - 3000 - 800 - 960 = 40(亿美元)。

(3) 用 BS 代表政府预算盈余，T 代表净税收即政府税收减去政府转移支付后的收入，则有 $BS = T - G$，从而有 $T = BS + G = 30 + 960 = 990$(亿美元)。

(4) 个人可支配收入本来是个人收入减去个人所得税后的余额，本题条件中没有说明间接税、公司利润、社会保险税等因素，因此，可从国民生产净值中直接得到个人可支配收入，即 Y_d = NNP - T = 4300 - 990 = 3310(亿美元)。

(5) 个人储蓄 $S = Y_d - C = 3310 - 3000 = 310$(亿美元)。

6. 假设某经济体只生产两种最终产品，分别是手机和蔬菜。2017 年，手机产量为 10

部，价格为100元，蔬菜产量为20吨，价格为100元；2018年，手机产量为20部，价格为50元，蔬菜产量为25吨，价格为200元。请回答以下问题：

(1)分别计算两年的GDP；以2017年为基期，分别计算两年的GDP平减指数。

(2)如果消费者商品篮子包含1部手机和2吨蔬菜，以2017年为基期，分别计算两年的CPI。(中国海洋大学2020研)

解：(1)2017年的名义 GDP = 10 × 100 + 20 × 100 = 3000(元)。

2018年的名义 GDP = 20 × 50 + 25 × 200 = 6000(元)。

以2017年为基期，2017年的实际 GDP = 10 × 100 + 20 × 100 = 3000(元)。

2018年的实际 GDP = 20 × 100 + 25 × 100 = 4500(元)。

2017年的 GDP 平减指数 = 3000/3000 × 100% = 100%。

2018年的 GDP 平减指数 = 6000/4500 × 100% = 133%。

(2)以2017年为基期：

2017年的 CPI = (1 × 100 + 2 × 100)/(1 × 100 + 2 × 100) × 100% = 100%。

2018年的 CPI = (1 × 50 + 2 × 200)/(1 × 100 + 2 × 100) × 100% = 150%。

7. 某经济体国民收入统计资料显示(单位：亿美元)：净出口150、净投资1250、储蓄1600、资本折旧500、政府转移支付1000、企业间接税750、政府购买支出2000、社会保险金1500、个人消费支出5000、公司未分配利润1000、公司所得税为500、个人所得税为800。请计算：GDP、NDP、NI、PI和DPI。(武汉大学2014研)

解：(1)国内生产总值(GDP) = 消费 + 总投资(净投资 + 资本折旧) + 政府购买支出 + 净出口
= 5000 + (1250 + 500) + 2000 + 150
= 8900(亿美元)

(2)国内生产净值(NDP) = 国内生产总值(GDP) − 资本折旧
= 8900 − 500
= 8400(亿美元)

(3)国民收入(NI) = 国内生产净值(NDP) − 企业间接税
= 8400 − 750
= 7650(亿美元)

(4)个人收入(PI) = 国民收入(NI) − 公司未分配利润 − 公司所得税 − 社会保险金 + 政府转移支付
= 7650 − 1000 − 500 − 1500 + 1000
= 5650(亿美元)

(5)个人可支配收入(DPI) = 个人收入(PI) − 个人所得税
= 5650 − 800
= 4850(亿美元)

8. 假设一个橘子岛国只有两个公司：橘子公司生产橘子；橘子汁公司生产橘子汁。这两家公司在2013年收支表如下：

	橘子公司	橘子汁公司
员工支出	￥1000000	￥200000
利息支出	￥50000	￥80000

续表

	橘子公司	橘子汁公司
缴纳税额	¥100000	¥200000
原材料支出		¥2000000
销售额	卖给消费者：¥1000000 卖给橘子汁公司：¥2000000	卖给消费者：¥3500000

(1)请用产出法来计算橘子岛国2013年的国内生产总值；

(2)请用支出法来计算橘子岛国2013年的国内生产总值；

(3)请用收入法来计算橘子岛国2013年的国内生产总值；

(4)假设在以上经济活动之外，橘子公司还从中国进口了¥10000的橘子，通过产出法、支出法、收入法三个方法来计算该国新的国内生产总值是多少？(清华大学2015研)

解：(1)用产出法计算GDP，有国内生产总值=最终产品的市场价值。故GDP=(100+200)+(350-200)=450(万元)。

(2)用支出法计算GDP，有国内生产总值=消费支出+投资支出+政府购买支出+净出口。故GDP=(100+350)+0+0+0=450(万元)。

(3)用收入法计算GDP，有国内生产总值=工资收入+利息收入+租金收入+利润+税收。在生产活动中所获利润共计：(100+200-100-5-10)+(350-20-8-20-200)=185+102=287(万元)，故GDP=(100+20)+(5+8)+0+287+(10+20)=450(万元)。

(4)用产出法、支出法、收入法计算GDP，GDP仍然等于450万，这是因为橘子公司进口橘子对于产出法、收入法都没有任何影响，对于支出法，在减少净出口的同时增加了消费。

9. 假定某国某年发生了以下经济活动：(a)矿业公司开采矿石1亿吨，支付矿工工资50亿元(假定没有其他成本)，铁矿石卖给炼钢厂，售价100亿元；(b)炼钢厂用这些铁矿石炼制钢材1000万吨，支付工人工资300亿元(假定没有其他成本)，钢材卖给钢轨加工厂，售价420亿元；(c)钢轨加工厂用这些钢材制造了一批钢轨，支付工人工资30亿元(假定没有其他成本)，钢轨卖给铁路公司用于修建铁路，售价500亿元。试求：

(1)用增值法计算该项经济活动的GDP；

(2)用收入法计算该项经济活动的GDP；

(3)用最终产品支出法计算该项经济活动的GDP。(山东大学2014研)

解：(1)(a)阶段生产100亿元，(b)阶段生产320亿元，(c)阶段生产80亿元，三个阶段共增值500亿元，即用增值法计算的该项经济活动的GDP为500亿元。

(2)在生产活动中，所获工资共计：50+300+30=380(亿元)；

在生产活动中，所获利润共计：(100-50)+(320-300)+(80-30)=120(亿元)。

用收入法计算的GDP为380+120=500(亿元)。

(3)钢轨为最终产品，价值500亿元，即用最终产品支出法计算的该项经济活动的GDP为500亿元。

10. 假定GDP是6000美元，个人可支配收入是5100美元，政府的预算赤字是200美元，消费是3800美元，对外贸易赤字是100美元。

(1)储蓄(S)有多大？

(2) 投资(I)的规模是多少?

(3) 政府支出(G)有多大?

解: (1) 由 $Y_d = C + S$ 可知:

$$S = Y_d - C = 5100 - 3800 = 1300(\text{美元})$$

(2) 由 $I + G + (X - M) = S + T$ 可知:

$$\begin{aligned} I &= S + (T - G) + (M - X) \\ &= 1300 - 200 + 100 \\ &= 1200(\text{美元}) \end{aligned}$$

(3) 由 $Y_d = Y + TR - TA$(TR = 转移支付, TA = 政府税收)可知:

$$TR - TA = 5100 - 6000 = -900(\text{美元})$$

由 $G + TR - TA = 200$ 得:

$$G = 1100(\text{美元})$$

11. 假设在某封闭经济中,GDP 为 8 万亿美元,税收是 1.5 万亿美元,私人储蓄是 0.5 万亿美元,而公共储蓄是 0.2 万亿美元。计算消费、政府购买支出、国民储蓄和投资。(武汉大学 2015 研)

解: (1) 政府购买支出 = 税收 - 公共储蓄 = 1.5 - 0.2 = 1.3,即政府支出 G 为 1.3 万亿美元。

(2) 国民储蓄 = 私人储蓄 + 公共储蓄 = 0.5 + 0.2 = 0.7,即国民储蓄为 0.7 万亿美元。

(3) 根据 $I = S$,可得 $I = 0.7$,即投资为 0.7 万亿美元。

(4) 封闭经济中 GDP 的计算公式:$Y = C + I + G$,解得:$C = 6$,即消费为 6 万亿美元。

12. 假设在一个简单的经济体里,消费者只购买三种产品:大米、水和衣服。居民消费价格指数(CPI)篮子里有 50 斤大米,20 件衣服和 80 桶水,2010 年设为基期年。

	大米	衣服	水
2010 价格	4 元/斤	100 元/件	2 元/桶
2011 价格	5 元/斤	150 元/件	3 元/桶
2012 价格	6 元/斤	300 元/件	2 元/桶

(1) 2010 年、2011 年、2012 年三年的居民消费价格指数各是多少?

(2) 这三年以来的通胀率各为多少?(从 2010 年到 2011 年到 2012 年)

(3) 这三类商品的价格变化里,哪个对消费者影响最大?为什么?

(4) 假设在 2010 年该经济体的人民居住免费的公有房;在 2011 年进行房改,一半人住私有房,房价为 5000/年/人。到 2012 年所有人住私有房,且私有房租为 10000/年/人。请问在这种情况下的居民消费指数在这三年各为多少?

(5) 请谈谈居民消费指数在反映真实生活费用上的弊端。(清华大学 2015 研)

解: (1) 由

$$\text{CPI} = \frac{\text{一组固定商品按当期价格计算的价值}}{\text{一组固定商品按基期价格计算的价值}} \times 100\%$$

可知,2010 年居民消费价格指数为:

$$\text{CPI} = (4 \times 50 + 100 \times 20 + 2 \times 80)/(4 \times 50 + 100 \times 20 + 2 \times 80) \times 100\% = 100\%$$

2011 年居民消费价格指数为:

$CPI=(5\times50+150\times20+3\times80)/(4\times50+100\times20+2\times80)\times100\%=(3490/2360)\times100\%=147.9\%$

2012 年居民消费价格指数为：

$CPI=(6\times50+300\times20+2\times80)/(4\times50+100\times20+2\times80)\times100\%=(6460/2360)\times100\%=273.7\%$

（2）如果以 CPI 来衡量通货膨胀率 π，则某年的通货膨胀率为：$\pi_t=[(CPI_t-CPI_{t-1})/CPI_{t-1}]\times100\%$。

由此可知：

2011 年的通胀率为：$\pi_{2011}=[(CPI_{2011}-CPI_{2010})/CPI_{2010}]\times100\%=[(147.9-100)/100]\times100\%=47.9\%$。

2012 年的通胀率为：$\pi_{2012}=[(CPI_{2012}-CPI_{2011})/CPI_{2011}]\times100\%=[(273.7-147.9)/147.9]\times100\%=85.1\%$。

（3）这三类商品的价格变化里，衣服对消费者影响最大，因为从 2010 年到 2011 年，衣服价格上涨了 50 元，且其消费量达到 20，额外增加了 1000 元的支出，带动 CPI 上涨的幅度达 42.3%，是当年 CPI 上涨的最主要原因；从 2011 年到 2012 年，衣服价格上涨了 150 元，消费量为 20，额外增加了 3000 元的支出，带动 CPI 上涨的幅度达 85.6%，是当年 CPI 上涨的最主要原因。

（4）2010 年居民消费价格指数为：

$CPI=[(4\times50+100\times20+2\times80)/(4\times50+100\times20+2\times80)]\times100\%=100\%$

2011 年居民消费价格指数为：

$CPI=[(5\times50+150\times20+3\times80+0.5\times5000)/(4\times50+100\times20+2\times80)]\times100\%=(5990/2360)\times100\%=253.8\%$

2012 年居民消费价格指数为：

$CPI=[(6\times50+300\times20+2\times80+10000)/(4\times50+100\times20+2\times80)]\times100\%=(16460/2360)\times100\%=697.5\%$

（5）消费者价格指数尽管能够在很大程度上反映人们的生活费用，但却存在以下诸多缺陷：①消费者价格指数的“一篮子”商品和服务组合的种类和数量是固定的，如果一些消费者实际消费的“一篮子”商品和服务的组合及数量与 CPI 不一致，这些消费者的生活费用及其变化就不能完全在 CPI 上反映出来。比如目前中国的 CPI 中食品的权重很高，而高收入者的主要消费支出可能用于医疗保健和个人用品，娱乐、教育、文化用品和服务等，高收入者的生活费用及其变化就会与定期公布的 CPI 不一致。②消费者价格指数没有考虑到消费者的替代倾向。由于 CPI 衡量固定的一篮子物品的价格，所以，它没有反映消费者用相对价格下降的物品进行替代的能力。因此，当相对价格变动时，真实生活费用的增加比 CPI 慢。③消费者价格指数没有考虑到新产品或新服务的出现。当新产品或新服务出现后，消费者有了更多的选择，而更多的选择意味着消费者为了维持既定生活水平所需要支出的钱可以减少了。因此 CPI 会高估生活费用的变化。④消费者价格指数难以反映和衡量产品和服务质量。如果一种产品和服务的质量提高了，而这种产品和服务的价格保持不变，单位货币的购买力实际上是上升了；反之，则下降。但由于 CPI 的“一篮子”商品和服务的组合是固定的，所以也难以反映和衡量产品和服务质量。

四、论述题

试评述国民收入核算理论，为什么要用绿色 GDP 替代 GDP？（北师大 2006 研）

答：(1)GDP 代表一国或一个地区所有常住单位在一定时期内全部生产活动(包括产品和劳务)的最终成果，是社会总产品价值扣除了中间投入价值后的余额，也就是当期新创造财富(包括有形和无形)的价值总量。由于 GDP 是以一个国家或地区所有经济单位(包括住户)的生产成果为对象进行核算的，它的核算覆盖国民经济所有行业，并具有国际上通用的核算原则与方法，是衡量国家之间、地区之间经济活动总量的国际通用语言，因此 GDP 是全世界通用的最重要的宏观经济指标，是一个国家和地区总体经济实力的根本体现，是国民经济宏观调控的重要参数，尤其是在政府制定经济政策、实行宏观监控以及宏观经济分析方面具有重要意义。

但是，GDP 具有局限性。GDP 不能反映经济发展对资源环境所造成的负面影响，不能准确地反映经济增长质量，不能准确地反映一个国家或地区的财富变化，GDP 也不能反映某些重要的非市场经济活动，更不能反映一个国家和地区收入分配的差异和社会公平度，因此 GDP 不是万能的。

(2)1992 年里约会议之后，可持续发展观被世界各国政府广泛认同。人们普遍意识到需要对传统的国民经济核算体系进行修正，从传统意义上的 GDP 中扣除不属于真正财富积累的虚假部分，从而再现一个真实的、可行的、科学的指标，即“真实 GDP”，也就是人们所说的“绿色 GDP”，使其能更准确说明增长与发展的数量表达和质量表达的对应关系。“绿色 GDP”指标实质上代表了国民经济增长的净的正效应。绿色 GDP 的比重越高，表明经济增长的正面效应越高，即为社会创造的财富越多；负面效应越低，即向生态环境索取资源、排放废物或破坏生态环境的情况越少，反之亦然。用绿色 GDP 替代传统的 GDP 可以较为真实地衡量经济发展的水平，衡量经济福利水平的提高程度，弥补传统 GDP 的不足。

第2章　简单国民收入决定理论

2.1　考点难点归纳

考点一：均衡产出

1. 均衡产出相关概念

(1)均衡产出的概念：

均衡产出是指和总需求相等的产出。在只有居民和厂商的两部门经济中，总需求由居民消费和企业投资构成，均衡产出可用公式表示为：$y=c+i$。其中，c、i 分别代表意愿消费和意愿投资，而不是国民收入构成公式中实际发生的消费和投资。

(2)存货的概念：

存货是指企业在日常活动中持有的以备出售的产成品或商品、处在生产过程中的在产品、在生产过程或提供劳务过程中耗用的材料和物料等。而存货的变动又可以根据是否符合生产经营需要分为计划存货投资和非计划存货投资(或者是意愿存货投资和非意愿存货投资)。

①计划存货投资，即符合生产经营需要的存货变动。

②非计划存货投资，即超过生产经营需要的存货变动。在均衡水平上，非计划存货投资为零。

2. 投资等于储蓄

计划支出等于计划消费加投资，即 $E=c+i$；

收入等于计划消费加计划储蓄，即 $y=c+s$；

而 $E=y$，于是可得投资等于储蓄，即 $i=s$。

注意：这里的投资等于储蓄，是指经济要达到均衡所必须满足的条件，要求计划投资必须等于计划储蓄。前面的储蓄—投资恒等式中的投资等于储蓄，是指包含计划和非计划存货投资在内的实际发生的投资和储蓄相等，这时计划投资和计划储蓄不一定相等。注意二者的区分。

考点二：消费函数与储蓄函数

1. 消费函数相关概念(见表2-1)

表2-1　消费函数相关概念

要点	公式表示	具体内容
消费函数	$c=c(y)$	①假设价格水平不变，消费水平只是收入水平的函数，消费函数表示的是消费支出与个人可支配收入之间的依存关系。 ②凯恩斯认为存在一条基本心理规律，即收入增加带来的消费增加小于收入本身的增加
边际消费倾向	$MPC=\Delta c/\Delta y$ $(MPC=dc/dy)$	①边际消费倾向(MPC)是指增加的消费与增加的收入之比，即每增加1单位收入中用于增加消费部分的占比。 ②MPC 是消费曲线上任一点切线的斜率，由基本心理规律，$0<MPC<1$

续表

要点	公式表示	具体内容
平均消费倾向	$APC=c/y$	①平均消费倾向(APC)是指任一收入水平上消费支出在收入中所占的比重。 ②APC是消费曲线上任一点与原点相连而成的射线的斜率： a. $APC<1$，消费总量<收入总量(产生储蓄)； b. $APC=1$，消费总量=收入总量(储蓄为零)； c. $APC>1$，消费总量>收入总量(负债消费，即产生负储蓄)
线性消费函数	$c=\alpha+\beta y$	①该公式表示消费和收入之间存在线性关系，其中，α是指必不可少的自主性消费，即当收入为零时也要通过借债或动用过去的储蓄来实现的基本生活消费；β是指边际消费倾向；β和y的乘积是指引致消费。 ②经济含义：消费等于自发消费与引致消费之和。 ③当消费和收入之间存在线性关系时，消费函数便是一条向右上方倾斜的直线，该直线上斜率处处相等，都等于边际消费倾向，而且边际消费倾向大于0小于1

2. 储蓄函数相关概念(见表2-2)

表2-2 储蓄函数相关概念

要点	公式表示	具体内容
储蓄函数	$s=s(y)$	储蓄函数是指描述储蓄随收入变化而变化的函数
边际储蓄倾向	$MPS=\Delta s/\Delta y$ $(MPS=ds/dy)$	边际储蓄倾向(MPS)是指储蓄增量与收入增量之比，它是储蓄曲线上任一点的斜率
平均储蓄倾向	$APS=s/y$	平均储蓄倾向(APS)是指任一收入水平上储蓄在收入中所占的比重，它是储蓄曲线上任一点与原点相连而成的射线的斜率
线性储蓄函数	$s=y-c=y-(\alpha+\beta y)$ $=-\alpha+(1-\beta)y$	如果储蓄和收入的关系是线性的，也就意味着消费曲线和储蓄曲线都是直线

3. 消费函数与储蓄函数的关系

(1)消费函数和储蓄函数之和总等于收入，即：$c+s=y$。

(2)如果APC和MPC都随收入增加而递减，那么APS和MPS也都随收入增加而递增，但$APC>MPC$，$APS<MPS$。

(3)APC和APS之和与MPC和MPS之和均恒等于1。

消费和储蓄的关系可通过图2-1得以体现：

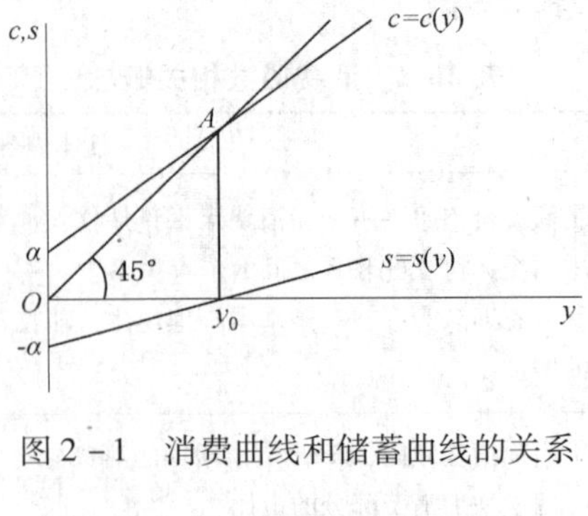

图2-1 消费曲线和储蓄曲线的关系

4. 节俭悖论

节俭悖论是由凯恩斯最早提出的一种关于储蓄与国民收入之间相互作用的理论。节制储蓄增加消费会减少个人财富，对个人是件坏事，但由于会增加国民收入使经济繁荣，对整个经济来说是好事；节制消费增加储蓄会增加个人财富，对个人是件好事，但由于会减少国民收入引起萧条，对国民经济是件坏事。

考点三：几种关于消费函数的理论(见表2－3)

表2－3 几种关于消费函数的理论

消费理论	提出者	主要内容
随机游走假说	罗伯特·霍尔	①结合持久收入假说与理性预期说明消费的变动遵循随机游走方式； ②如果消费遵循随机游走方式，则决策者可以通过自己的行为和公众对政策行为的预期来影响公众消费，进而影响整个经济发展
相对收入消费理论	杜森贝利	①示范效应：人们的消费行为会相互影响，有攀比倾向，人们的消费并不取决于其绝对收入水平，而取决于相对收入水平(与别人相比)； ②棘轮效应：消费具有习惯性和不可逆性，某期消费要受当期收入和过去所达到的最高收入和最高消费的影响
生命周期消费理论	莫迪利安尼	①人的一生可分为两个阶段：参加工作的有收入阶段和纯消费的无收入阶段，用第一阶段的储蓄来弥补第二阶段的消费； ②为实现一生的效用最大化，消费者的年龄决定个人可支配收入和财富的边际消费倾向。当收入相对于一生平均收入高(低)时，储蓄也较高(低)，且总储蓄取决于经济增长率及人口的年龄分布变量
永久收入消费理论	弗里德曼	①个人收入既有持久波动，又有暂时性波动，而消费主要取决于永久收入； ②政府想通过暂时增减税收来影响总需求的政策是不能奏效的，因为人们因减税而增加的收入，并不会立即用来增加消费

考点四：国民收入的决定及变动

1. 两部门经济

(1)假设条件：

①只存在家庭和企业两部门；

②投资为外生变量。

(2)推导过程：

方法一：由收入恒等式 $y=c+i$，结合消费函数(假定 c 与 y 之间存在线性关系) $c=a+by$，推导出均衡国民收入为 $y=(a+i)/(1-b)$。

方法二：均衡收入从总支出角度看，包括消费与计划投资，即 $y=c+i$；从总收入角度看，包括计划消费与计划储蓄，即 $y=c+s$，因此两部门经济中宏观均衡条件为 $i=s$，即计划投资等于计划储蓄。由消费函数 $c=a+by$ 加上储蓄函数 $s=y-c=-a+(1-b)y$，根据 $i=s$ 这一关系亦可推导出 $y=(a+i)/(1-b)$。

2. 三部门经济

(1)假设条件：

①经济社会中存在家庭、企业和政府部门三个主体；

②定量税，即税收不随收入变动而变动。

(2)推导过程：

根据

$$
\begin{cases}
y = c + i + g \\
c = \alpha + \beta y_d \\
y_d = y - t + t_r
\end{cases}
$$

可得：$y=(\alpha+i+g+\beta t_r-\beta t)/(1-\beta)$。

3. 四部门经济

(1)假设条件：

①经济社会中存在家庭、企业、政府部门和外国部门四个部门；

②定量税，即税收不随收入变动而变动；

③出口是外生给定变量。

(2)推导过程：

根据

$$
\begin{cases}
y = c + i + g + (x - m) \\
m = m_0 + \gamma y(\gamma \text{ 是边际进口倾向}) \\
c = \alpha + \beta y_d \\
y_d = y - t + t_r
\end{cases}
$$

可得：$y=(\alpha+i+g+\beta t_r-\beta t+x-m_0)/(1-\beta+\gamma)$。

考点五：乘数原理

乘数是指每单位外生变量的变化所带来的引致变量的变化情况。因为各经济部门是相互关联的，某一部门的一笔投资(或收入变动)不仅会影响本部门的收入，而且会在国民经济其他部门中引起连锁反应，从而影响这些部门的投资与收入。

1. 两部门经济中的乘数

两部门经济中的乘数主要为投资乘数。投资乘数是指收入变化与带来这种变化的投资支出的变化的比率。用公式可以表示为：$k_i=\Delta y/\Delta i=1/(1-MPC)=1/(1-\beta)$或者 $k_i=1/MPS$。

2. 三部门经济中的乘数(见表2-4)

表2-4 三部门经济中的乘数

乘数	公式	具体内容
政府购买乘数	$k_g=1/(1-\beta)$	收入变动与引起这种变动的政府购买变动之比
税收乘数	$k_t=-\beta/(1-\beta)$	收入变动与引起这种变动的税收变动之比
政府转移支付乘数	$k_{tr}=\beta/(1-\beta)$	①收入变动与引起这种变动的政府转移支付变动之比； ②就绝对值来看，$\lvert k_t\rvert=\lvert k_{tr}\rvert<\lvert k_g\rvert$，这是因为政府购买直接增加了总支出，减税或政府转移支付只增加可支配收入，而且所增加的可支配收入只是部分用于消费
平衡预算乘数	$k_b=1$	①政府收入和支出同时增加或者减少相等数量时的国民收入变动与政府收支变动之比； ②推导过程： $\Delta y=k_g\Delta g+k_t\Delta t=\frac{1}{1-\beta}\Delta g+\frac{-\beta}{1-\beta}\Delta t$ 且 $\Delta g=\Delta t$，由上式可得： $\Delta y=\frac{1}{1-\beta}\Delta g+\frac{-\beta}{1-\beta}\Delta g=\Delta g=\Delta t$ 即 $\Delta y/\Delta g=\Delta y/\Delta t=1=k_b$

3. 四部门经济中的乘数

对外贸易乘数是指收入变动与引起这种变动的出口变动之比，用公式可以表示为：$k_x = 1/(1-\beta+\gamma)$。

在四部门经济假设下，收入决定公式为 $y=(\alpha+i+g+\beta t_r-\beta t+x-m_0)/(1-\beta+\gamma)$，因此不仅对外贸易乘数 $k_x=1/(1-\beta+\gamma)$，而且自发支出乘数、投资乘数和政府购买乘数也都等于 $1/(1-\beta+\gamma)$。

因为 $0<\gamma<1$，$1/(1-\beta+\gamma)<1/(1-\beta)$，可见开放经济条件下的乘数小于封闭经济条件下的乘数，原因在于由出口导致增加的收入中的一部分用于进口。

特别注意：

有很多教材和复习资料认为：

比例税下，税收乘数为 $k_T=-b/[1-b(1-t)]$，平衡预算乘数为：

$$k_b=k_g+k_T=\frac{1}{1-b(1-t)}+\frac{-b}{1-b(1-t)}=\frac{1-b}{1-b(1-t)}$$

小于1。其实这是不正确的。

正确的公式应该是：

比例税下，税收乘数为 $k_T=-b(1-t)/[1-b(1-t)]$，平衡预算乘数为：

$$k_b=k_g+k_T=\frac{1}{1-b(1-t)}+\frac{-b(1-t)}{1-b(1-t)}=1$$

即无论在定量税还是比例税下，平衡预算乘数均为1。

具体可参见：

(1)《The New Palgrave：A Dictionary of Economics》(新帕尔格雷夫经济学大辞典)，英文版(或中文译本)。由英国剑桥大学三一学院的约翰·伊特韦尔、美国哈佛大学的默里·米尔盖特和美国约翰·霍普金斯大学的彼得·纽曼三位经济学家主编。

(2)简单的证明参见论述题第1题。

2.2 考研真题与典型题

一、名词解释

1. 均衡产出

2. 棘轮效应(中国海洋大学2022研；湖南大学2018研；东北财大2016研；中南财大2014研)

3. 政府转移支付乘数

4. 政府支出的乘数原理(北航2005研)

5. 边际消费倾向(marginal propensity to consume)(厦门大学2022研；哈尔滨工业大学2020研；对外经济贸易大学2017、2015研；北京师范大学2017研；财政部财科所2015研)

6. 边际储蓄倾向(marginal propensity to save，*MPS*)(浙江工商大学2019研；东北财大2011研)

7. 持久收入假说(permanent income hypothesis)(中央财大2014研)

8. 税收乘数(tax multiplier)(中央财经大学2022、2014研；东北财大2015研)

9. 投资乘数(四川大学2022研；杭州电子科技大学2021研；东北大学2017研；中央财经大学2016研；山东大学2012研)

10．平衡预算乘数(balanced budget multiplier)(南京大学 2022 研；北京理工大学 2020 研；广东外语外贸大学 2016 研；浙江理工大学 2015 研；北邮 2012 研；南京财经大学 2010 研；青岛理工大学 2010 研)

11．相对收入假说(relative income hypothesis)(东南大学 2016 研；东北财大 2014 研)

12．乘数(华中科大 2004 研；武汉理工大学 2004 研)

13．节俭悖论(安徽大学 2022 研；东北财大 2015 研；中央财大 2014 研)

二、简答题

1．论述乘数原理的形成过程和条件。(山东大学 2018 研；中南财经政法大学 2011 研；昆明理工大学 2010 研)

2．简述生命周期假说。(华中科大 2016 研)

3．简述"相对收入消费理论"关于短期消费函数和长期消费函数的主张，是如何区别于"绝对收入消费理论"的。(东北财大 2011 研)

4．能否说边际消费倾向和平均消费倾向都总是大于零而小于 1，为什么？

5．在西方国民收入核算中，投资总是恒等于储蓄，而在凯恩斯的国民收入决定理论中投资可能不等于储蓄，二者是否矛盾？为什么？(华北电力大学 2007 研)

6．滞胀的出现是否证明了凯恩斯有效需求理论是不正确的？(中国政法大学 2005 研)

7．简述国民收入决定和国民收入核算的关系。

8．试比较生命周期消费理论与永久收入消费理论。(上海大学 2017 研；中央财大 2016 研)

9．什么是消费之谜？持久收入假说是如何解开消费之谜的？(南京大学 2015 研)

10．哪种消费理论预言总储蓄将依赖于总人口中退休人员和年轻人的比例？这种关系是什么？哪种理论预言消费将不会随经济的繁荣与衰退做太大变化？为什么？

11．凯恩斯关于消费函数的三个猜测是什么？(厦门大学 2011 研)

12．以下三种方式中，哪种方式对总产出(总收入)产生的刺激效果最大？哪种方式最小？

(1)政府增加数量为 X 的开支。

(2)政府削减数量为 X 的税收。

(3)政府增加数量为 X 的开支，同时增加数量为 X 的税收，以保持财政平衡。

请说明你的理由。(南开大学 2012 研)

三、计算题

1．假设某人从 25 岁开始工作，年收入为 50000 元，60 岁退休，预期寿命为 85 岁，现在他已经 45 岁，试求：

(1)此人的财富边际消费倾向和劳动收入的边际消费倾向。

(2)假定此人现有财富 100000 元，则他的年消费为多少？(南开大学 2005 研)

2．在一个多期经济模型中，假设每一期经济中同时存在年轻人和老年人，并且每个人生存两期。在第 t 期，每个年轻人拥有 1 单位劳动，通过提供劳动获得收入，并将劳动收入中的一部分用于第 t 期的消费 $c_{1,t}$(其中下标"1"表示年轻人，下标"t"表示第 t 期)，一部分用于储蓄 s_t；到了第 $t+1$ 期，t 期时的年轻人变成老年人，而且也不再有劳动收入，而是依靠年轻时存下的储蓄生活，消费为 $c_{2,t+1}$(其中下标"2"表示老年人，下标"$t+1$"表示第 $t+1$ 期)并用完所有储蓄。假设所有人的效用函数形式为 $U(c)=\dfrac{c^{1-\theta}}{1-\theta}$，$\theta>0$，市场利率为 r，主观贴现率为ρ，工资率为w。

(1)求年轻人的储蓄；

(2)提高工资率对年轻人的储蓄有什么影响？请解释；

(3)降低利率对年轻人的储蓄有什么影响？请解释。(中央财大2007研)

3. 假设二部门经济的消费函数为$C=100+0.8Y$，投资为50(单位：亿元)。

(1)求均衡收入，消费和储蓄；

(2)若投资增至100，求增加的收入；

(3)若消费函数变为$C=100+0.9Y$，投资仍为50，收入和储蓄各为多少？

(4)消费函数变动后，乘数有什么变化？(深圳大学2019研)

4. 假设开放经济下的总需求信息描述如下：$C=50+0.8(Y-T)$；$I=100$；$G=50$；$T=100$；$NX=100+0.1Y$。

(1)求均衡产出；

(2)求政府购买乘数；

(3)求税收乘数。(暨南大学2021研)

5. 某国经济总量：$S=-100+0.2Y_d$(Y_d为可支配收入)，投资$I=50$，政府购买$G=200$，政府转移支付$R=62.5$，税收$T=250$(单位均为10亿元)，试求：

(1)均衡的国民收入；

(2)投资乘数、政府购买乘数、税收乘数、转移支付乘数和平衡预算乘数。(电子科技大学2004研)

6. 在一个封闭经济中，消费$C=50+0.8Y_d$，投资$I=70$，政府购买支出$G=200$，政府转移支付$TR=50$，税收$T=0.2Y$。求：

(1)该经济的均衡产出水平及预算盈余；

(2)若政府改征定额税$T=200$，它是否影响经济的均衡产出水平，此时的平衡预算乘数为多少？(中南财大2012研)

7. 假设经济模型为：$C=20+0.75(Y-T)$；$I=380$；$G=400$；$T=0.20Y$；$Y=C+I+G$。

(1)计算边际消费倾向；

(2)税收的公式表明当收入增加100时，税收增加20，所以可支配收入增加80，消费增加60($=0.75\times80$)。画出作为收入Y的消费函数曲线，标明其斜率及纵横截距；

(3)计算均衡的收入水平；

(4)在均衡的收入水平下，政府预算盈余为多少？

(5)若G从400增加到410，计算政府支出乘数，并解释它不等于$\frac{1}{1-MPC}$的原因(MPC为边际消费倾向)。(北京工商大学2003研)

8. 假定边际消费倾向为0.9，所得税为收入的三分之一，政府决定增加支出以使国民生产总值增加750美元。政府开支应该增加多少？这对财政赤字有何影响？

9. 某国宏观经济模型为：

$$\begin{cases} Y=C+I+G \\ C=0.8Y_d+8 \\ I=20 \\ G=50 \end{cases}$$

比较两种不同税制情况下的均衡国民收入水平、财政支出乘数及财政状况。

$$税制1 \quad T = 6 + 0.25Y$$

$$税制2 \quad T = 0.3Y$$

10. 某国的投资函数和消费函数分别为：

$$\bar{I} = 150$$

$$C = 0.6Y + 100$$

(1)求均衡国民收入。

(2)当消费函数变为 $C = 0.8Y + 100$ 时，均衡国民收入如何变化，比较投资乘数的大小。

(3)当投资函数变为 $\bar{I} = 200$ 时，均衡国民收入如何变化？

11. 某经济社会的消费函数、投资函数分别为：

$$C = 100 + 0.9Y，I = 80$$

(1)求投资乘数及均衡国民收入。

(2)求储蓄函数及均衡时的储蓄额。

(3)如果实际产出水平为2250，那么供给过剩量为多少。

(4)当投资函数变为 $I = 0.05Y + 30$ 时，均衡国民收入如何变化。

12. 根据下表中假设可支配收入和消费的数据回答问题：

单位：亿元

可支配收入	消　费	边际消费倾向/%	平均消费倾向/%
0	700	(　)	(　)
1000	1550	(　)	(　)
2000	2400	(　)	(　)
3000	3250	(　)	(　)
4000	4100	(　)	(　)
5000	4950	(　)	(　)
6000	5800	(　)	(　)
7000	6650	(　)	(　)
8000	7500	(　)	(　)

(1)计算在不同可支配收入水平下的边际消费倾向和平均消费倾向。

(2)在什么条件下，平均消费倾向 *APC* 和边际消费倾向 *MPC* 才总是相等的？

(3)说明平均消费倾向 *APC* 和边际消费倾向 *MPC* 的关系。(提示：$C = C_0 + aY_d$)

13. 某国的宏观经济模型为：

$$\begin{cases} Y = C + I + G \\ C = 0.75(Y - T) + 200 \\ T = 0.2Y + 480 \\ I = 180 \\ G = 660 \end{cases}$$

这一经济完全就业时的国民收入水平为 $Y=2000$。要达到这一目标，或通过调整财政支出、或通过调整税收来实现，问：分别应做什么样的调整，才能达到完全就业的目标？各种情况下的财政状况如何变化？

14. 假设某人生命周期分为 4 个时期，头 3 个时期收入依次为 30、60、90，第 4 个时期收入为 0，如图 2－2 所示。假设利率为 0，试问：

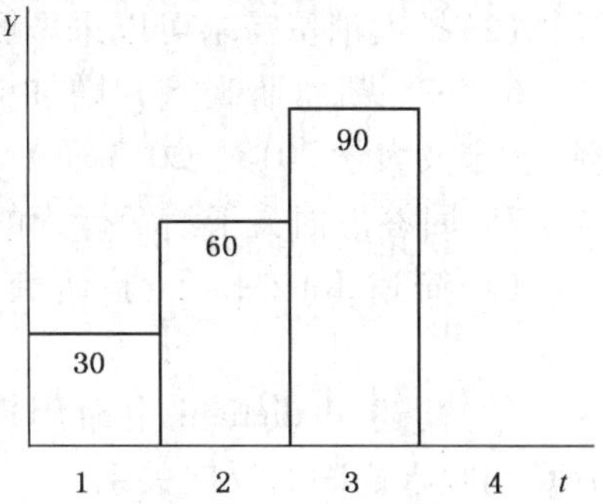

图 2－2

(1)假设该人想要在一生中平滑地消费，且不受到预算约束，试求其消费水平，并指出哪个时期为正储蓄？哪个时期为负储蓄？分别为多少？

(2)与(1)相反，假设该人想要平滑地消费，但受到流动性约束，试求其在各个时期的消费量。

(3)根据第(2)小题，假设该人在期初接受外来财富为 13，消费者是如何使用这 13 的？当外来财富为 23 时，又会如何使用？

15. 已知 $C=200+0.8Y_d$，$T=100$，$I=100$，$G=80$。

(1)求均衡时的国民收入、消费和储蓄；

(2)当实际产出为 1800 时，求此时企业的非意愿存货；

(3)如何通过改变政府支出消除(2)中的非自愿存货；

(4)若 T 和 G 同时增加 100 时，国民收入将怎么变化？（西南财经大学 2022 研）

16. 一个人的生命期分为工作期和退休期，工作期内此人的收入为 Y，退休期无任何收入，利率为 r，其他条件不变，工作期消费是退休期消费的两倍。

(1)假设此人工作期间收入为 100 万元，利率为 50%，请问个人储蓄是多少？工作期的消费和退休期的消费分别是多少？

(2)假如退休后社会保障系统给此人支付 25% 收入的转移支付，请问个人储蓄是多少？工作期的消费和退休期的消费分别是多少？

(3)假如工作收入 Y 上升到 200 万元，请问个人储蓄和每期消费是多少？

(4)假如利率 r 上升，请问个人储蓄如何变化？（中央财大 2011 研）

四、论述题

1. 试证明：平衡预算乘数等于 1。（上海财大 2003 研）

2. 假设某国经济陷入衰退，政府决定从 2014 年开始之后的十年内减税 2 万亿，但是这个减税不是平滑实行的，而是在 2014 年和 2015 年少量减税，之后增加：

(1)一些评论者使用的是凯恩斯的消费函数，认为这种政策对经济衰退不起作用，为什么？

(2)一些评论者使用消费的永久收入理论，认为政府在 2014 年和 2015 年减税是有作用的，为什么？

(3)如果人们接受永久收入理论，但是存在借贷约束，这会如何影响上一问的结论？(人大 2015 研)

3. 试述对萨伊定律和凯恩斯定律的评价。(中南财大 2018 研)

4. 假设 A 为高收入集团(城镇居民)，B 为低收入集团(乡村居民)，在经济增长的城市化进程中，B 转变为城镇居民，与 A 的收入差距大为缩小。分别用绝对收入假说和相对收入假说说明上述情况对消费的影响。

5．根据财产终生收入假说的消费函数回答：

(1)消费需求主要受哪些因素影响？

(2)扩大消费需求可以采取哪些政策？(南京大学 2008 研)

6．按照凯恩斯观点，增加储蓄对均衡收入会有什么影响？什么是“节俭悖论”？试解释。(宁波大学 2018、2013 研)

7．回答下面关于消费行为的问题：

(1)简述 Kutznets 经验研究结果所提出的“消费难题”(Consumption Puzzle)，并用图说明。

(2)简述 Modigliani 生命周期理论，并运用该理论解释“消费难题”，以及家庭数据中 APC 与收入之间的反向关系。(上海财大 2007 研)

8．在 2012 年召开的中央十八大报告中提出：“调整国民收入分配格局，着力解决收入分配差距较大问题，使发展成果更多更公平惠及全体人民，朝着共同富裕方向稳步迈进”。同时报告指出，到 2020 年，实现国内生产总值和城乡居民人均收入比 2010 年翻一番。

(1)结合你所学的经济学知识，论述十八大报告中提出的收入分配格局调整对于我国扩大内需，拉动居民消费的意义。

(2)结合你所学的经济学知识，论述在我国今后的发展目标中同时考虑国内生产总值和城乡居民人均收入增长的原因及意义。

(3)结合你所学的经济学知识，论述实现国民收入分配格局调整和城乡居民收入翻番的有关政策手段。(南开大学 2013 研)

2.3 考研真题与典型题详解

一、名词解释

1．均衡产出

答：均衡产出是指和总需求相一致的产出，也就是经济社会的收入正好等于全体居民和企业想要有的支出。当产出水平等于总需求水平时，企业生产就会稳定下来。如果生产(供给)超过需求，企业的存货会增加，企业就会减少生产；如果生产低于需求，企业库存会减少，企业就会增加生产。总之，由于企业要根据产品销路来安排生产，一定会把生产定在和产品需求相一致的水平上。产出或收入的均衡条件是 $E=Y$，即计划支出等于计划产出，非意愿存货投资等于零。均衡的条件也可表示为 $I=S$，即计划投资等于计划储蓄。

2．棘轮效应(中国海洋大学 2022 研；湖南大学 2018 研；东北财大 2016 研；中南财大 2014 研)

答：棘轮效应由美国经济学家杜森贝利(J. S. Duesenberry)在《收入、储蓄的消费行为理论》中提出。杜森贝利认为，消费者易随收入的提高增加消费，但不易随收入的降低而减少消费，以致产生有正截距的短期消费函数，这种特点被称为“棘轮效应”，即上去容易下来难。

现代宏观经济学的奠基人凯恩斯主张消费是可逆的，即绝对收入水平变动必然立即引起消费水平的变化。针对这一观点，杜森贝利认为这实际上是不可能的，因为消费决策不可能是一种理想的计划，它还取决于消费习惯。这种消费习惯受许多因素影响，如生理和社会需要、个人的经历、个人经历的后果等。特别是个人在收入最高期所达到的消费标准对消费习惯的形成有很重要的作用。

3. 政府转移支付乘数

答：政府转移支付乘数是指收入变动与政府转移支付变动的比率。在三部门经济中，征收定量税时，$k_{tr}=\dfrac{\Delta Y}{\Delta TR}=\dfrac{b}{1-b}$。政府转移支付乘数的绝对值和税收乘数相同，但符号相反。

4. 政府支出的乘数原理（北航 2005 研）

答：政府支出的乘数原理是指在宏观经济中，国民收入随着政府支出成倍数增长的原理。根据公式 $\Delta Y=k_g\Delta G$，其中 k_g 为乘数值，ΔG 为政府支出的变化，这个公式表明了政府支出需求变化导致了产出以 k_g 倍变化。这个原理反映了政府支出的变化必然在经济中各部门间引起连锁反应从而使国民收入以 k_g 倍增加。在三部门经济中，$k_g=\dfrac{\Delta Y}{\Delta G}=\dfrac{1}{1-b(1-t)}$，式中，$k_g$ 表示政府购买支出乘数，ΔY 是收入变动，ΔG 是政府支出变动，b 是边际消费倾向，t 是税率。

5. 边际消费倾向（marginal propensity to consume）（厦门大学 2022 研；哈尔滨工业大学 2020 研；对外经济贸易大学 2017、2015 研；北京师范大学 2017 研；财政部财科所 2015 研）

答：边际消费倾向是指每增加一单位收入中用于增加消费部分的比率，可以用公式表示如下：

$$MPC=\frac{\Delta C}{\Delta Y}$$

其中，ΔC 表示增加的消费，ΔY 代表增加的收入。按照凯恩斯的观点，收入和消费之间存在着一条心理规律：随着收入的增加，消费也会增加，但消费的增加不及收入增加多，即边际消费倾向存在递减规律。因此，一般而言，边际消费倾向在 0 和 1 之间波动。在西方经济学中，任何增加的收入无非两个用途：消费和储蓄。所以，边际消费倾向与边际储蓄倾向之和必定为 1。根据消费统计资料，短期中的边际消费倾向小于平均消费倾向，长期中的边际消费倾向等于平均消费倾向。边际消费倾向既可以指国民收入的消费倾向，也可以指可支配收入的消费倾向。

6. 边际储蓄倾向（marginal propensity to save，*MPS*）（浙江工商大学 2019 研；东北财大 2011 研）

答：边际储蓄倾向是指收入增加一单位所引起的储蓄的变化率。边际储蓄倾向可以表示为：

$$MPS=\frac{\Delta S}{\Delta Y}$$

其中，ΔY 表示收入的变化量，ΔS 表示储蓄的变化量。一般而言，边际储蓄倾向在 0 和 1 之间波动。因为全部新增收入要么用来消费，要么用来储蓄，所以边际储蓄倾向与边际消费倾向之和恒为 1。边际储蓄倾向可以说成是国民收入的储蓄倾向，也可以说成是可支配收入储蓄倾向。

7. 持久收入假说（permanent income hypothesis）（中央财大 2014 研）

答：持久收入假说是美国经济学家 M · 弗里德曼提出的一种消费函数理论。他指出个人或家庭的消费取决于持久收入。持久收入可以被认为是一个人期望终身从其工作或持有的财富中产生的收入。该理论认为，在保持财富完整性的同时，个人的消费在其工作和财富的收入流量的现值中占有一个固定的比例。持久收入假说的消费函数可以表示为：

$$C=b\cdot Y_p$$

其中：C 表示消费，b 表示平均消费倾向，Y_p 表示持久收入。而在实际情况下，个人在任何时期的实际收入可能与持久收入不同。这种情况不一定可以解释在消费函数形式方面相互矛盾的原因。该理论认为，个人的收入和消费都包含一个持久部分和一个暂时部分。持久收入和持久消费分别由一个预计的、有计划的收入成分和消费成分组成；暂时收入和暂时消费则分别由收入方面的意外收益或意外损失以及消费方面的不可预知的变化构成。在长期内，个人消费占有固定比例的持久收入，这就解释了长期消费函数在短期内，许多家庭或个人在经济周期中会面临一个负值的暂时收入，然而他们的消费与其持久收入相关，因而他们的平均消费倾向增加，这就解释了短期消费函数。由于每个家庭和个人都寻求消费其持久收入的一个固定比例，因而意外的收益或损失将不会影响消费。但在实际运用中，持久收入和消费的价值估计极端困难。弗里德曼的持久收入假说还是他的现代货币数量论的重要组成部分。弗里德曼用持久收入的稳定性，证明了货币需求的稳定性，从而说明了货币供给量对经济的决定性作用。

8．税收乘数（tax multiplier）（中央财经大学 2022、2014 研；东北财大 2015 研）

答：税收乘数是指收入变动对带来这种变化的税收变动的比率，即 $k_T=\dfrac{\Delta Y}{\Delta T}=\dfrac{-b(1-t)}{1-b(1-t)}$（如果只考虑定量税对总收入的影响，则为 $k_T=\dfrac{\Delta Y}{\Delta T}=\dfrac{-b}{1-b}$，税收乘数等于边际消费倾向对边际储蓄倾向之比的负数值）。式中 k_T 表示税收乘数，ΔY 表示收入变动，ΔT 表示税收变动，b 表示边际消费倾向，t 表示边际税率。税收乘数为负值，表示收入随税收增加而减少，随税收减少而增加。

9．投资乘数（四川大学 2022 研；杭州电子科技大学 2021 研；东北大学 2017 研；中央财经大学 2016 研；山东大学 2012 研）

答：投资乘数是指收入的变化与带来这种变化的投资变化量的比率。投资乘数的大小与居民边际消费倾向有关：居民边际消费倾向越高，投资乘数则越大；居民边际储蓄倾向越高，投资乘数则越小。即 $k_i=\Delta Y/\Delta I=\dfrac{1}{1-b}$，或 $k_i=1/(1-MPC)=1/MPS$。式中，ΔY 是增加的收入，ΔI 是增加的投资，MPC 或 b 是边际消费倾向，MPS 是边际储蓄倾向。投资增加会引起收入多倍增加，投资减少会引起收入成比例减少。由于这是凯恩斯最早提出来的，所以又称之为“凯恩斯乘数”。投资乘数发挥作用的前提假设是：①社会中存在闲置资源；②投资和储蓄的决定相互独立；③货币供应量的增加适应支出增加的需要。

10．平衡预算乘数（balanced budget multiplier）（南京大学 2022 研；北京理工大学 2020 研；广东外语外贸大学 2016 研；浙江理工大学 2015 研；北邮 2012 研；南京财经大学 2010 研；青岛理工大学 2010 研）

答：平衡预算乘数是指政府收入和支出同时以相等数量增加或减小时国民收入变动对政府收入变动的比率。假设政府购买和税收各增加同一数量，即 $\Delta G=\Delta T$ 时：

$$\Delta Y=k_g\Delta G+k_T\Delta T=\frac{1}{1-b(1-t)}\Delta G+\frac{-b(1-t)}{1-b(1-t)}\Delta T$$

$$=\frac{1}{1-b(1-t)}\Delta G+\frac{-b(1-t)}{1-b(1-t)}\Delta G=\Delta G$$

$$\Rightarrow k_B=\frac{\Delta Y}{\Delta G}=1$$

无论在定量税还是比例税下，平衡预算乘数均为1。根据平衡预算乘数，可以把财政政策的作用归纳为三种情况：①政府在增加支出的同时减少税收将对国民收入有巨大促进作用；②政府在增加支出的同时增加税收，保持平衡，对国民收入的影响较小；③政府在减少支出的同时增加税收将会抑制国民收入的增长。

11. 相对收入假说(relative income hypothesis)(东南大学2016研；东北财大2014研)

答：相对收入假说是美国经济学家J·杜森贝利(J·Duesenberry)于1949年提出的消费函数理论。该假说认为个人或家庭的消费取决于两方面的因素：①其他家庭或个人的收入水平，即消费者在国民收入分配中的相对地位；②最近时期的收入水平，主要指消费者过去所达到的最高收入水平。基于以上两个因素，该假说分为两个部分：第一部分指出，一个家庭或个人消费多大比例的收入，即其平均消费倾向，取决于其相对收入，即取决于它在国民收入分配中的地位。杜森贝利认为，人们的消费行为是相互影响的，一个人的消费对他人具有“示范效应”。如果所有个人或家庭的收入都加倍，则其在收入分配中的地位将保持不变，并将继续花费同样比例的收入，其平均消费倾向保持不变。长期中分配格局的稳定性正是平均消费倾向稳定的原因，这可以用来解释长期消费函数。第二部分可以用来解释短期消费函数，它指出家庭和个人对收入上升容易适应，而对收入下降难以适应。由于“棘轮效应”，在短期中，即使收入暂时减少了，家家户户都设法维持原有的生活水平，其消费方面的下降幅度低于它们收入的下降幅度。由此可知，在经济处于衰退阶段时，即使收入水平较低，消费水平也很难下降，从而平均消费倾向较高。正如短期消费函数所显示的那样，相对收入假说也存在不足：①它指出充分就业后收入水平的增长必然带来消费成比例增长，这一点对收入特别大和存在意外收入的情形不适用；②相对收入假说认为消费行为具有不可逆性，但事实上，经过一定时期，收入水平的下降会引起消费缓慢逆转。相对收入假说的以上不足由以后的生命周期假说和持久收入假说作了弥补。

12. 乘数(华中科大2004研；武汉理工大学2004研)

答：乘数是指收入的变化与带来这种变化的支出的初始变化之间的比率，用公式表示为$k=\Delta Y/\Delta J$。式中，ΔY是国民收入的变化，ΔJ是支出的变化。乘数作用可通过初始支出后的消费和收入变化来说明。初始支出增加引起收入增加，增加的收入中将有一部分花费在其他商品和劳务上，这意味着生产这些商品和劳务的人的收入增加，随后他们也将花费一部分增加的收入。如此继续下去，最终引起的收入增量多倍于初始支出量，其大小取决于每一阶段有多少收入用于消费，即取决于人们的边际消费倾向。

13. 节俭悖论(安徽大学2022研；东北财大2015研；中央财大2014研)

答：节俭悖论是由凯恩斯最早提出的一种关于储蓄与国民收入之间相互作用的理论。节制储蓄增加消费会减少个人财富，对个人是件坏事，但由于会增加国民收入使经济繁荣，对整个经济来说是好事；节制消费增加储蓄会增加个人财富，对个人是件好事，但由于会减少国民收入引起萧条，对国民经济是件坏事。

节俭是一种美德。从理论上讲，节俭是个人积累财富最常用的方式。从微观上分析，某个家庭勤俭持家，减少浪费，增加储蓄，往往可以致富。然而，根据凯恩斯的总需求决定国民收入的理论，节俭对于经济增长并没有什么好处。实际上，这里蕴含着一个矛盾：公众越节俭，降低消费，增加储蓄，往往会导致社会收入的减少。因为在既定的收入中，消费与储蓄成反方向变动，即消费增加储蓄就会减少，消费减少储蓄就会增加。所以，储蓄与国民收入呈现反方向变动，储蓄增加国民收入就减少，储蓄减少国民收入就增加。根据这种看法，增加消费减少储蓄会通过增加总需求而引起国民收入增加，就会促进经济繁荣；反之，就会导致经济萧条。由此可以得出一个蕴含逻辑矛盾的推论：节制消费增加储蓄会增加个人财富，对个人是件好事，但由于会减少国民收入引起萧条，对国民经济却是件坏事。

节俭悖论告诉人们：节俭减少了支出，迫使厂家削减产量，解雇工人，从而减少了收入，最终减少了储蓄。储蓄为个人致富铺平了道路，然而如果整个国家加大储蓄，将使整个社会陷入萧条和贫困。

二、简答题

1. 论述乘数原理的形成过程和条件。（山东大学2018研；中南财经政法大学2011研；昆明理工大学2010研）

答：(1)乘数原理的形成过程：

乘数是指自发总支出的增加所引起的国民收入增加的倍数。乘数原理说明了各种支出变动对国民收入变动的影响。因为国民经济各部门之间是相互联系的，所以，对某一部门的需求(支出)的增加，不仅会使该部门的生产和收入相应增加，而且还会引起其他部门的生产、收入和支出的增加，从而使国民收入增加量数倍于最初增加的支出。乘数原理的形成过程分析如下：

设第一部门最初增加的支出为 ΔA，并且设各部门的边际消费倾向为 β。则第一部门增加的支出会使消费需求增加 $\beta\Delta A$，从而又引起第二部门的收入增加了 $\beta\Delta A$，并且第二部门的收入中又要增加 $\beta^2\Delta A$ 的消费，于是，第三部门的收入又增加了 $\beta^2\Delta A$，第三部门的收入中又要增加 $\beta^3\Delta A$ 的消费。这种收入增加带动消费增加，消费增加又带动收入增加的变动，将在国民经济各部门中不断地循环下去，直到国民经济再一次达到均衡，此时整个国民经济部门所增加的总支出 ΔAE 和国民收入 ΔY 为 $\Delta AE=\Delta Y=\Delta A+\beta\Delta A+\beta^2\Delta A+\beta^3\Delta A+\cdots$，因为边际消费倾向 $0<\beta<1$，所以 $\Delta AE=\Delta Y=\Delta A/(1-\beta)$，其中，$1/(1-\beta)$ 即为乘数，表示均衡时国民收入的增加量 ΔY 是自发支出增加量 ΔA 的 $1/(1-\beta)$ 倍，并且在这里乘数的大小取决于边际消费倾向的大小，边际消费倾向越大，乘数越大；边际消费倾向越小，乘数越小。

乘数的概念最初由俄国经济学家图干·巴拉诺夫斯基提出。凯恩斯在《通论》中把乘数与边际消费倾向联系起来，说明总支出变动与国民收入变动的关系。所以，乘数原理在凯恩斯的国民收入决定理论中占有重要的地位。之后，美国经济学家汉森和萨缪尔森把乘数原理与加速原理结合起来，解释经济周期的原因。

(2)乘数原理发挥作用的条件：

①社会中存在闲置资源，即社会中存在过剩生产能力。如果没有过剩生产能力，没有闲置资源，则投资增加及由此造成的消费支出增加，并不会引起生产增加，只会刺激物价水平上升。

②投资和储蓄决定的相互独立性。要假定它们相互独立，否则，乘数作用要小得多，因为增加投资所引起的对货币资金需求的增加会使利率上升，而利率上升会鼓励储蓄，削弱消费，从而会部分地抵消由于投资增加引起收入增加进而使消费增加的趋势。

③货币供给量增加能否适应支出增加的需要。假使货币供给受到限制，则投资和消费支出增加时，货币需求的增加就得不到货币供给相应增加的支持，利率会上升，不但会抑制消费，还抑制投资，使总需求降低。

④增加的收入不能用于购买进口货物，否则收入增加会受到限制。

2. 简述生命周期假说。（华中科大2016研）

答：生命周期假说（life cycle hypothesis）是由美国经济学家F·莫迪利安尼（F·Modigliani）、R·布伦伯格（R·Brumberg）和A·安东（A·Ando）提出的一种消费函数理论。它指出，在人一生中的各个阶段，个人消费占其一生收入现值的比例是固定的。消费不取决于现期收入，而主要取决于一生的收入。生命周期假说的消费函数可以表示为：

$$C = bY_L + \sigma W_R$$

其中，C代表消费，b代表劳动收入的边际消费倾向，Y_L代表劳动收入，σ代表实际财产的边际消费倾向，W_R代表实际财产。生命周期假说认为，理性人根据自己一生的收入和财产来安排自己一生的消费并保证每年的消费水平保持在一定水平。人们在一生中的消费规律是：青年时以未来收入换取借款，中年时或清偿早期债务或储蓄防老，老年人逐日消耗一生积蓄。一般而言，中年人具有较高水平的收入，青年人和老年人收入水平较低。所以，中年人具有较低的平均消费倾向，青年人和老年人具有较高的平均消费倾向。但终其一生，个人具有相对稳定的长期平均消费倾向。这就很好地解释了消费函数在长期和短期中的不同形式。

3. 简述"相对收入消费理论"关于短期消费函数和长期消费函数的主张，是如何区别于"绝对收入消费理论"的。（东北财大2011研）

答：（1）绝对收入消费理论是由凯恩斯提出的。凯恩斯认为，消费取决于当期的收入水平。收入和消费关系之间存在一条基本心理规律：随着收入的增加，消费也会增加，但是消费的增加不及收入增加多。二战后的经验数据表明，凯恩斯的绝对收入假说与现实经济运行情况并不吻合，绝对收入消费理论受到了动摇和抨击。

（2）相对收入消费理论由美国经济学家杜森贝利在《收入、储蓄的消费行为理论》中提出。在指出凯恩斯错误假设的基础上，杜森贝利提出消费并不取决于现期绝对收入水平，而是取决于相对收入水平，即相对于其他人的收入水平和相对于本人历史上最高的收入水平。根据相对收入假设，杜森贝利认为：

①消费有习惯性，某期消费不仅受当期收入的影响，而且受过去所达到的最高收入和最高消费的影响。消费具有不可逆性，即"棘轮效应"，即由俭入奢易，由奢入俭难。

②人们的消费会相互影响，有攀比倾向，即"示范效应"，人们的消费不决定于其绝对收入水平，而决定于同别人相比的相对收入水平。

（3）对比两者可以发现，绝对收入消费理论没有短期和长期的消费区别，而相对消费理论则认为短期消费函数是有正截距的曲线，存在棘轮效应和示范效应，而其长期消费函数是从原点出发的直线。

4. 能否说边际消费倾向和平均消费倾向都总是大于零而小于1，为什么？

答：（1）消费倾向即是消费支出和收入的关系，又称消费函数。消费支出和收入的关系可以从两个方面加以考察：一是考察消费支出变动量和收入变动量关系，这就是边际消费倾向$\left(MPC = \frac{\Delta C}{\Delta Y}\text{或} MPC = \frac{\mathrm{d}C}{\mathrm{d}Y}\right)$；二是考察一定收入水平上消费支出量和该收入量的关系，这就是平均消费倾向$\left(APC = \frac{C}{Y}\right)$。

（2）边际消费倾向总大于零而小于1。因为一般说来，消费者增加收入后，既不会一点消费都不增加（即$MPC = \frac{\Delta C}{\Delta Y} = 0$），也不会把增加的收入全用于增加消费（即$MPC = \frac{\Delta C}{\Delta Y} = 1$），一般情况是一部分用于增加消费，另一部分用于增加储蓄，即 $\Delta Y=\Delta C+\Delta S$，因此，$\frac{\Delta C}{\Delta Y}+\frac{\Delta S}{\Delta Y}=1$，所以，$\frac{\Delta C}{\Delta Y}=1-\frac{\Delta S}{\Delta Y}$。只要$\frac{\Delta S}{\Delta Y}$不等于 1 或 0，就有：$0<\frac{\Delta C}{\Delta Y}<1$。

(3) 平均消费倾向不一定总是大于零而小于 1。当人们收入很低甚至为零时，也必须消费，那么借钱也要消费，这时，平均消费倾向就会大于 1。

(4) 在图 2-3 中，当收入低于 Y_0 时，平均消费倾向就大于 1。此时，消费曲线上任一点与原点的连线与横轴所形成的夹角总大于 45°，因而这时$\frac{C}{Y}>1$。

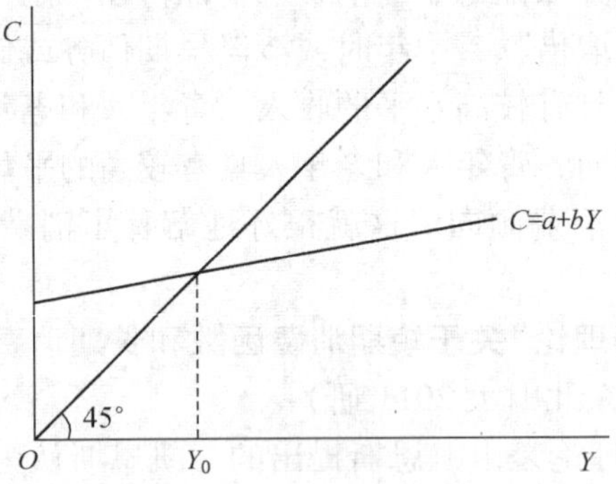

图 2-3　平均消费倾向

5. 在西方国民收入核算中，投资总是恒等于储蓄，而在凯恩斯的国民收入决定理论中投资可能不等于储蓄，二者是否矛盾？为什么？（华北电力大学 2007 研）

答： 在西方国民收入核算中，投资总是恒等于储蓄，而在凯恩斯的国民收入决定理论中投资可能不等于储蓄，二者并不矛盾。分析如下：

(1) 在西方国民收入核算中，存在的储蓄—投资恒等式完全是根据储蓄和投资的定义得出的。根据定义，国内生产总值总等于消费加投资，国民总收入则等于消费加储蓄，国内生产总值又总等于国民总收入，这样才有了储蓄恒等于投资的关系。这种恒等关系就是两部门经济的总供给 $(C+S)$ 和总需求 $(C+I)$ 的恒等关系。只要遵循储蓄和投资的定义，储蓄和投资一定相等，而不管经济是否充分就业或通货膨胀，即是否均衡。

(2) 在凯恩斯的国民收入决定理论中，投资等于储蓄是指经济要达到均衡，计划投资必须等于计划储蓄。只有二者相等时，收入才处于均衡状态。在实际经济生活中，储蓄和投资的主体及动机都不一样，这就会引起计划投资和计划储蓄的不一致，形成总需求和总供给不平衡，引起经济扩张和收缩。所以，凯恩斯的国民收入决定理论中投资可能不等于储蓄。

事实上，国民收入核算中的储蓄—投资恒等式是从国民收入会计角度看，事后的储蓄和事后的投资总是相等的。而国民收入决定理论中投资等于储蓄为均衡的条件，正是由于投资可能不等于储蓄，所以经济社会才会出现失业、危机和波动的现象。

6. 滞胀的出现是否证明了凯恩斯有效需求理论是不正确的？（中国政法大学 2005 研）

答： 滞胀的出现并不能证明凯恩斯有效需求理论是不正确的，因为当所处的经济环境改变的时候，理论也会随之改变。具体分析如下：

凯恩斯有效需求理论是在 20 世纪二三十年代提出的，当时美国正处于大萧条时期，有效需求不足。凯恩斯认为，如果需求增加，生产确实会增加，因而，对于一个处于经济危机中的国家而言，凯恩斯有效需求理论是有一定的现实基础的。

自20世纪60年代末、70年代初以来，西方各主要资本主义国家出现了经济停滞或衰退、大量失业和严重通货膨胀以及物价持续上涨同时发生的情况。西方经济学家把这种经济现象称为滞胀。在这种情况下，一味强调增加需求，其主要结果可能不是生产增加，而是物价上涨。以弗里德曼为代表的货币主义者认为以增加有效需求的办法来刺激经济，实质上是过度发行货币，经济中的自然失业率是无法通过货币发行来消除的。

因此，滞胀的出现并不能证明凯恩斯有效需求理论是不正确的。事实上，目前宏观经济学的基本共识之一就是：在短期，总需求能够影响一国生产的物品和劳务的数量。

7．简述国民收入决定和国民收入核算的关系。

答：国民收入决定与国民收入核算两者之间既有联系，也有区别。

(1)联系：①两者的组成相同。以两部门为例，它们均为 C 和 I，前者是把 C 和 I 作为经济变量，研究 C 和 I 的变化是怎样影响和决定国民收入的；后者是按 $Y=C+I$ 计算国民收入。

②两者都运用了 $AS=AD$ 的原理。前者把 $AS=AD$ 作为恒定的分析方法，以此来决定国民收入；而后者是把 $AS=AD$ 作为恒定的统计方法，据此计算国民收入。

(2)区别：①国民收入决定是研究一个国家或地区在一定时间内国民收入水平是由什么因素决定的，以及如何不断提高国民收入水平。

②国民收入核算是回答一个国家或地区在一定时间内国民收入五个总量指标的数量是多少，是对客观经济的如实反映。它是要解决国民收入总量计算问题。

8．试比较生命周期消费理论与永久收入消费理论。（上海大学2017研；中央财大2016研）

答：(1)生命周期消费理论与永久收入消费理论的内容：

生命周期假说由莫迪利安尼提出，认为人的一生可分为两个阶段：第一阶段参加工作，第二阶段纯消费而无收入，用第一阶段的储蓄来弥补第二阶段的消费。这样，个人可支配收入和财富的边际消费倾向取决于该消费者的年龄。它表明当收入相对于一生平均收入高(低)时，储蓄是高(低)的；它同时指出总储蓄取决于经济增长率及人口的年龄分布等变量。

永久收入假说由弗里德曼提出，认为消费者的消费支出主要不是由他的现期收入决定，而是由他的永久收入决定。永久收入是指消费者可以预计到的长期收入。永久收入大致可以根据观察到的若干年收入的数值之加权平均数计得，距现在的时间越近，权数越大；反之，则越小。根据这种理论，政府想通过增减税收来影响总需求的政策是不能奏效的，因为人们由于减税而增加的收入，并不会立即用来增加消费。

(2)生命周期消费理论与永久收入消费理论的比较：

生命周期假说和永久收入假说有联系也有区别。就区别而言，前者偏重对储蓄动机的分析，从而提出以财富作为消费函数之变量的重要理由；而永久收入假说则偏重于个人如何预测自己未来收入问题。

就联系而言，不管二者强调重点有何差别，它们都体现一个基本思想，单个消费者是前向预期决策者，因而在如下几点上都是相同的：①消费不只同现期收入相联系，而是以一生或永久的收入作为消费决策的依据；②一次暂时性收入变化引起的消费支出变动甚小，即其边际消费倾向很低，甚至接近于零，但来自永久性收入变动的消费倾向很大，甚至接近于1；③当政府想用税收政策影响消费时，如果减税或增税只是临时性的，则消费者并不会受到很大影响，只有永久性税收变动，政策才会有明显效果。

9. 什么是消费之谜？持久收入假说是如何解开消费之谜的？（南京大学 2015 研）

答：(1)凯恩斯绝对收入假说得出的线性消费函数($C=a+bY_d$)在短期内得到现实的验证。但是，在 1942 年美国经济学家西蒙·库兹涅茨针对凯恩斯提出的消费倾向递减理论，对 1869～1938 年的资料进行回归分析时发现，消费函数表达式应为 $C=bY_d$，即在长期内，自发性消费为零；任何收入水平上边际消费倾向与平均消费倾向相等。并指出，凯恩斯理论和统计数据相矛盾：在美国尽管个人收入有很大增长，但国民收入中的储蓄份额并无长期上升现象。这种短期消费函数和长期消费函数表现出来的差异被称为"消费函数之谜"或"凯恩斯—库兹涅茨悖论"。消费函数之谜具体表现为：平均消费倾向在长期不变，在短期递减；长期边际消费倾向大于短期边际消费倾向。消费函数之谜推动了对消费函数进一步的研究。

(2)持久收入的消费函数理论是由美国著名经济学家弗里德曼提出来的。该理论认为，消费者的消费支出不是由他的现期收入决定的，而是由他的持久收入决定的。也就是说，理性的消费者为了实现效用最大化，不是根据现期的暂时性收入，而是根据长期中能保持的收入水平即持久收入水平来做出消费决策的。其基本思想是家庭消费很大程度上取决于其长期预期(即持久的收入)。该假说认为只有持久收入才能影响人们的消费，也就是说消费是持久收入的稳定的函数。按照持久收入假说，凯恩斯提出的边际消费倾向递减的"规律性"便不一定存在，因为人们一旦愿意预支未来收入作为现期消费支出，消费倾向就会发生不规则的变化，而不一定是递减的。所以，政府如果以此"规律"为根据，用刺激需求的办法来刺激消费则很可能会带来滞胀的恶果。由于该假说认为消费是持久收入的稳定的函数，所以从长期看，随着收入的提高，平均消费倾向相当稳定，从而揭开了"消费之谜"。

10. 哪种消费理论预言总储蓄将依赖于总人口中退休人员和年轻人的比例？这种关系是什么？哪种理论预言消费将不会随经济的繁荣与衰退做太大变化？为什么？

答：(1)生命周期消费理论认为储蓄与人口的结构有关：如果社会上年轻人和老年人比例增大，则消费倾向会提高；如果社会上中年人比例增大，则消费倾向会下降。因此，总储蓄和总消费会部分地依赖于人口的年龄分布，当有更多人处于储蓄年龄时，净储蓄就会上升。

(2)相对收入消费理论认为消费不会随经济的繁荣和衰退作太大变化，这种理论认为消费者会受自己过去的消费水平以及他人的消费水平的影响来决定消费，当期消费是相对地决定。依照人们习惯，增加消费容易，减少消费则难。因为一向过着相当高生活水平的人，即使收入降低，多半不会马上降低消费水平，而会继续维持相当高的消费水平，因此消费固然会随收入的增加而增加，但不易随收入的减少而减少。因此从短期来看，在经济波动过程中，收入增加时低水平收入者的消费会增加，但收入减少时消费水平的降低相当有限。

11. 凯恩斯关于消费函数的三个猜测是什么？（厦门大学 2011 研）

答：(1)凯恩斯关于消费函数的第一个猜测，也是最重要的猜测就是边际消费倾向介于 0 和 1 之间。边际消费倾向就是每增加一单位收入中用于消费的支出部分。边际消费倾向介于 0 和 1 之间就意味着人们不会把所有的收入进行消费，而是拿出收入中的一部分进行消费，另一部分进行储蓄。

(2)凯恩斯关于消费函数的第二个猜测，是平均消费倾向随收入的增加而下降。平均消费倾向等于消费与收入之比。凯恩斯认为，储蓄是奢侈品，因此他认为富人中用于储蓄的比例要高于穷人。

(3)凯恩斯认为收入是消费的主要决定因素，而利率对储蓄并没有重要作用，这种猜测和他之前的古典经济学的信念正好相反。

根据这三个猜测，凯恩斯主义的消费函数通常可以写成如下形式：

$$C=\alpha+\beta Y,\ \alpha>0,\ 0<\beta<1$$

12. 以下三种方式中，哪种方式对总产出(总收入)产生的刺激效果最大？哪种方式最小？

(1)政府增加数量为 X 的开支。

(2)政府削减数量为 X 的税收。

(3)政府增加数量为 X 的开支，同时增加数量为 X 的税收，以保持财政平衡。

请说明你的理由。(南开大学2012研)

答：三种政策中，政策(1)对总产出(总支出)产生刺激效果最大，政策(2)和(3)哪个最小取决于边际消费倾向与0.5的大小比较。分析如下：

(1)如果政府增加数量为 X 的开支，考虑定量税情况下，结合乘数效应可得产出增加 $\frac{X}{1-\beta}$，其中 β 表示边际消费倾向。

(2)如果政府减少数量为 X 的税收，考虑定量税情况下，结合乘数效应可得产出增加 $\frac{\beta X}{1-\beta}$，其中 β 表示边际消费倾向。

(3)如果政府增加数量为 X 的开支，同时增加数量为 X 的税收，以保持财政平衡，定量税和比例税情况下，平衡预算乘数都等于1，因此，这种政策的实施会使得产出增加数量等于政府支出或税收变动的数量，即产出增加 X。

边际消费倾向为大于0小于1的数值，因此，三种政策中，政策(1)对总产出(总支出)产生刺激效果最大。当 $\beta>0.5$ 时，$\frac{\beta}{1-\beta}>1$，此时政策(3)效果最小；当 $\beta<0.5$ 时，$\frac{\beta}{1-\beta}<1$，此时政策(2)效果最小；当 $\beta=0.5$ 时，$\frac{\beta}{1-\beta}=1$，此时政策(2)和(3)效果一样。

三、计算题

1. 假设某人从25岁开始工作，年收入为50000元，60岁退休，预期寿命为85岁，现在他已经45岁，试求：

(1)此人的财富边际消费倾向和劳动收入的边际消费倾向。

(2)假定此人现有财富100000元，则他的年消费为多少？(南开大学2005研)

解：(1)按生命周期消费理论假定，人们总希望自己一生能比较平稳安定地生活，从而他们会计划在整个生命周期内均匀地消费。

此人的终身收入为 $YL\times WL=5\times(60-25)=175$(万元)；

平均每年消费为 $C=175/(85-25)=35/12$(万元)。

在45岁时，此人拥有财富为 $WR=(5-35/12)\times(45-25)=125/3$(万元)。

把此人45岁看成新的起点，按生命周期消费理论，以后每年的消费为：

$$\frac{\frac{125}{3}+5\times(60-45)}{85-45}=\frac{35}{12}(\text{万元})$$

此人的财富边际消费倾向为 $\alpha=1/(85-45)=0.025$，劳动收入的边际消费倾向为 $c=(60-45)/(85-45)=0.375$。

即此人的财富边际消费倾向和劳动收入的边际消费倾向分别为0.025和0.375。

(2)假定此人现有财富100000元，按生命周期消费理论，其每年消费为：

$$C=0.025\times100000+0.375\times50000=21250(\text{元})$$

即假定此人现有财富100000元，则他的年消费为21250元。

2. 在一个多期经济模型中，假设每一期经济中同时存在年轻人和老年人，并且每个人生存两期。在第 t 期，每个年轻人拥有1单位劳动，通过提供劳动获得收入，并将劳动收入中的一部分用于第 t 期的消费 $c_{1,t}$（其中下标"1"表示年轻人，下标"t"表示第 t 期），一部分用于储蓄 s_t；到了第 $t+1$ 期，t 期时的年轻人变成老年人，而且也不再有劳动收入，而是依靠年轻时存下的储蓄生活，消费为 $c_{2,t+1}$（其中下标"2"表示老年人，下标"$t+1$"表示第 $t+1$ 期）并用完所有储蓄。假设所有人的效用函数形式为 $U(c)=\frac{c^{1-\theta}}{1-\theta}$，$\theta>0$，市场利率为 r，主观贴现率为 ρ，工资率为 w。

(1)求年轻人的储蓄；

(2)提高工资率对年轻人的储蓄有什么影响？请解释；

(3)降低利率对年轻人的储蓄有什么影响？请解释。（中央财大2007研）

解：(1)该题所考察的是戴蒙德的OLG模型，代表性家庭的最优化问题为：

$$\max_{c_{1,t};c_{2,t+1}} U_t=\frac{c_{1,t}^{1-\theta}}{1-\theta}+\frac{1}{1+\rho}\cdot\frac{c_{2,t+1}^{1-\theta}}{1-\theta}$$

$$s.t.\ c_{1,t}+\frac{c_{2,t+1}}{1+r}=w$$

利用拉格朗日方法求解此问题，设拉格朗日函数为：

$$L=\frac{c_{1,t}^{1-\theta}}{1-\theta}+\frac{1}{1+\rho}\cdot\frac{c_{2,t+1}^{1-\theta}}{1-\theta}+\lambda(w-c_{1,t}-\frac{c_{2,t+1}}{1+r})$$

一阶条件为：

$$\frac{\partial L}{\partial c_{1,t}}=c_{1,t}^{-\theta}-\lambda=0 \qquad ①$$

$$\frac{\partial L}{\partial c_{2,t+1}}=\frac{c_{2,t+1}^{-\theta}}{1+\rho}-\frac{\lambda}{1+r}=0 \qquad ②$$

$$\frac{\partial L}{\partial \lambda}=w-c_{1,t}-\frac{c_{2,t+1}}{1+r}=0 \qquad ③$$

由①、②化简可得：

$$\frac{c_{2,t+1}}{c_{1,t}}=[\frac{1+r}{1+\rho}]^{\frac{1}{\theta}} \qquad ④$$

④代入③可得：

$$c_{1,t}=\frac{(1+\rho)^{1/\theta}}{(1+\rho)^{1/\theta}+(1+r)^{(1-\theta)/\theta}}w$$

因此，年轻人的储蓄为：

$$S_t=w-c_{1,t}=[1-\frac{(1+\rho)^{1/\theta}}{(1+\rho)^{1/\theta}+(1+r)^{(1-\theta)/\theta}}]w$$

(2) $\frac{\partial S_t}{\partial w}=[1-\frac{(1+\rho)^{1/\theta}}{(1+\rho)^{1/\theta}+(1+r)^{(1-\theta)/\theta}}]>0$

因此，提高工资率会增加年轻人的储蓄。

(3) $\frac{\partial S_{1,t}}{\partial r}=\frac{(1+\rho)^{1/\theta}(1-\theta)/\theta}{[(1+\rho)^{1/\theta}+(1+r)^{(1-\theta)/\theta}]^2}(1+r)^{-1+(1-\theta)/\theta}w$

因此，利率的变化同时会产生替代效应和收入效应。如果 $0<\theta<1$，则降低利率会减少年轻人的储蓄；如果 $\theta>1$，降低利率会增加年轻人的储蓄；如果 $\theta=1$，则降低利率不会对年轻人的储蓄产生影响。

3. 假设二部门经济的消费函数为 $C=100+0.8Y$，投资为 50(单位：亿元)。

(1) 求均衡收入，消费和储蓄；

(2) 若投资增至 100，求增加的收入；

(3) 若消费函数变为 $C=100+0.9Y$，投资仍为 50，收入和储蓄各为多少？

(4) 消费函数变动后，乘数有什么变化？(深圳大学 2019 研)

解：(1) 二部门经济中，$Y=C+I=100+0.8Y+50$。

所以均衡收入 $Y^*=750$，消费 $C=700$。

又因为在二部门经济中，$I=S$，所以储蓄 $S=50$。

(2) 当投资增至 100 时，$Y=100+0.8Y+100=200+0.8Y$。

所以此时均衡收入 $Y^{*\prime}=1000$。

$Y^{*\prime}-Y^*=1000-750=250$，所以增加的收入为 250。

(3) 由 $Y=100+0.9Y+50=150+0.9Y$，可得均衡收入为 1500，储蓄为 50。

(4) 消费函数变动前，投资乘数 $k=1/(1-\beta)=1/(1-0.8)=5$；

消费函数变动后，投资乘数 $k=1/(1-\beta)=1/(1-0.9)=10$。

计算可得乘数是原来的两倍。因为乘数 $k=1/(1-\beta)$，所以当消费函数中的边际消费倾向 β 变大，乘数也会变大；反之变小。

4. 假设开放经济下的总需求信息描述如下：$C=50+0.8(Y-T)$；$I=100$；$G=50$；$T=100$；$NX=100+0.1Y$。

(1) 求均衡产出；

(2) 求政府购买乘数；

(3) 求税收乘数。(暨南大学 2021 研)

解：(1) 当产品市场均衡时，$Y=C+I+G+NX=50+0.8(Y-100)+100+50+100+0.1Y$。

解得：均衡产出 $Y=2200$。

(2) 当产品市场均衡时，$Y=C+I+G+NX=50+0.8(Y-T)+100+G+100+0.1Y$。

化简得 $Y=2500+10G-8T$。

因此，政府购买乘数为 10。

(3) 由(2)可知，$Y=2500+10G-8T$，即税收乘数为 −8。

5. 某国经济总量：$S=-100+0.2Y_d$ (Y_d 为可支配收入)，投资 $I=50$，政府购买 $G=200$，政府转移支付 $R=62.5$，税收 $T=250$(单位均为 10 亿元)，试求：

(1) 均衡的国民收入；

(2) 投资乘数、政府购买乘数、税收乘数、转移支付乘数和平衡预算乘数。(电子科技大学 2004 研)

解：(1) 由三部门经济国民收入恒等式可得：

$$Y = C + I + G$$
$$= (Y_d - S) + I + G$$
$$= [100 + (1 - 0.2) \times (Y - 250 + 62.5)] + 50 + 200$$

解得：$Y = 1000$。

即均衡的国民收入为10000亿元。

(2)投资乘数 $= \frac{1}{1-b} = \frac{1}{1-0.8} = 5$；

政府购买乘数 $= \frac{1}{1-b} = \frac{1}{1-0.8} = 5$；

税收乘数 $= \frac{-b}{1-b} = \frac{-0.8}{1-0.8} = -4$；

转移支付乘数 $= \frac{b}{1-b} = \frac{0.8}{1-0.8} = 4$；

平衡预算乘数 $= 1$。

6. 在一个封闭经济中，消费 $C = 50 + 0.8Y_d$，投资 $I = 70$，政府购买支出 $G = 200$，政府转移支付 $TR = 50$，税收 $T = 0.2Y$。求：

(1)该经济的均衡产出水平及预算盈余；

(2)若政府改征定额税 $T = 200$，它是否影响经济的均衡产出水平，此时的平衡预算乘数为多少？(中南财大2012研)

解：(1)可支配收入为：$Y_d = Y - T + TR$，则由三部门经济国民收入恒等式 $Y = C + I + G$ 可得：

$$Y = 50 + 0.8(Y - 0.2Y + 50) + 70 + 200$$

解得：$Y^* = 1000$。即均衡产出水平为1000。

预算盈余为：$BS = T - G - TR = 0.2Y - 200 - 50 = -50$。

(2)若政府改征定额税，则由三部门经济国民收入恒等式可得：

$$Y = 50 + 0.8(Y - 200 + 50) + 70 + 200$$

解得：$Y^* = 1000$。故改征定额税并不影响经济的均衡产出水平。

此时的政府购买乘数为：$k_G = \frac{1}{1-b} = \frac{1}{1-0.8} = 5$；

税收乘数为：$k_T = -\frac{b}{1-b} = -\frac{0.8}{1-0.8} = -4$；

从而平衡预算乘数为：$k_B = k_G + k_T = 5 - 4 = 1$。

7. 假设经济模型为：$C = 20 + 0.75(Y - T)$；$I = 380$；$G = 400$；$T = 0.20Y$；$Y = C + I + G$。

(1)计算边际消费倾向；

(2)税收的公式表明当收入增加100时，税收增加20，所以可支配收入增加80，消费增加60($= 0.75 \times 80$)。画出作为收入 Y 的消费函数曲线，标明其斜率及纵横截距；

(3)计算均衡的收入水平；

(4)在均衡的收入水平下，政府预算盈余为多少？

(5)若 G 从400增加到410，计算政府支出乘数，并解释它不等于 $\frac{1}{1-MPC}$ 的原因(MPC 为边际消费倾向)。(北京工商大学2003研)

解：(1)因为 $C=20+0.75(Y-T)$；

所以边际消费倾向 $=0.75$。

(2) $C=20+0.75(Y-T)=20+0.75\times0.8Y=20+0.6Y$

根据题意可画出消费函数曲线，如图2－4所示。

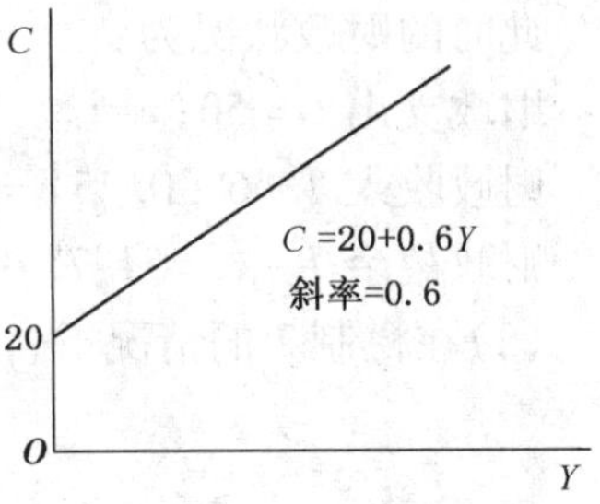

图2－4　消费函数曲线

(3)根据三部门经济国民收入恒等式可得：

$$\begin{aligned} Y &= C+I+G \\ &= 20+0.75(Y-T)+380+400 \\ &= 20+0.75\times0.8Y+380+400 \end{aligned}$$

解得：$Y=2000$。

(4)政府预算盈余为 $T-G=0.20\times2000-400=0$。

(5)政府支出乘数 $k_g=\dfrac{1}{1-b(1-t)}=\dfrac{1}{1-0.75(1-0.20)}=2.5$。

k_g 之所以不等于 $\dfrac{1}{1-MPC}$ 是因为当税收为收入的函数时，收入中要有一定比例作为税收上缴给政府，因而可支配收入减少了。

均衡时 $Y=C+I+G=a+b(1-t)Y+I+G$，所以，$k_g=\dfrac{1}{1-b(1-t)}\neq\dfrac{1}{1-MPC}$。

8. 假定边际消费倾向为0.9，所得税为收入的三分之一，政府决定增加支出以使国民生产总值增加750美元。政府开支应该增加多少？这对财政赤字有何影响？

解：政府购买支出乘数为 $k_g=\dfrac{1}{1-b(1-t)}$。

所以 $\Delta G=\dfrac{\Delta Y}{k_g}=\Delta Y[1-b(1-t)]$，代入已知参数得：

$$\Delta G = 750\times\left[1-0.9\left(1-\frac{1}{3}\right)\right] = 300$$

预算赤字的变动即政府开支的变动减去税收的变动。政府开支上升300美元。因国民生产总值增加750美元同时边际税率为1/3，所以，税收增加250美元。因而，预算赤字上升50美元。

9. 某国宏观经济模型为：

$$\begin{cases} Y=C+I+G \\ C=0.8Y_d+8 \\ I=20 \\ G=50 \end{cases}$$

比较两种不同税制情况下的均衡国民收入水平、财政支出乘数及财政状况。

税制1　$T=6+0.25Y$

税制2　$T=0.3Y$

解：(1)在税制1的情况下，均衡国民收入满足：

$$\begin{aligned} Y &= C+I+G \\ &= 0.8\times(Y-6-0.25Y)+8+20+50 \end{aligned}$$

解得：$Y=183$。

财政支出乘数 $k_g=\dfrac{1}{1-b(1-t)}=\dfrac{1}{1-0.8\times(1-0.25)}=2.5$。

此时的财政状况为：
财政支出 $G=50$；
财政收入 $T=6+0.25Y=6+0.25\times183=51.75$；
财政盈余 $T-G=51.75-50=1.75$。
(2)在税制 2 的情况下，均衡国民收入满足：

$$\begin{aligned} Y &= C+I+G \\ &= 0.8\times(Y-0.3Y)+8+20+50 \end{aligned}$$

解得：$Y\approx177.27$。

财政支出乘数 $k_g=\dfrac{1}{1-b(1-t)}=\dfrac{1}{1-0.8\times(1-0.3)}=2.27$。

此时的财政状况为：
财政支出 $G=50$；
财政收入 $T=0.3Y=0.3\times177.27=53.181$；
财政盈余 $T-G=53.181-50=3.181$。

10. 某国的投资函数和消费函数分别为：

$$\bar{I}=150$$
$$C=0.6Y+100$$

(1)求均衡国民收入。
(2)当消费函数变为 $C=0.8Y+100$ 时，均衡国民收入如何变化，比较投资乘数的大小。
(3)当投资函数变为 $\bar{I}=200$ 时，均衡国民收入如何变化？

解：(1)$Y=C+I=0.6Y+100+150$。
解得：$Y=625$。

投资乘数为 $k_i=\dfrac{1}{1-b}=\dfrac{1}{1-0.6}=2.5$。

(2)$Y=0.8Y+100+150$。
解得：$Y=1250$。

投资乘数为 $k_i=\dfrac{1}{1-b}=\dfrac{1}{1-0.8}=5$。

边际消费倾向增加，从而均衡产出增加，投资乘数也增加。
(3)$Y=0.6Y+100+200$。
解得：$Y=750$。
均衡国民收入因投资量增加 50($=200-150$)而增加 125($=750-625$)。

11. 某经济社会的消费函数、投资函数分别为：

$$C=100+0.9Y,\ I=80$$

(1)求投资乘数及均衡国民收入。
(2)求储蓄函数及均衡时的储蓄额。
(3)如果实际产出水平为 2250，那么供给过剩量为多少。
(4)当投资函数变为 $I=0.05Y+30$ 时，均衡国民收入如何变化。

解：(1)投资乘数为 $k_i=\dfrac{1}{1-b}=\dfrac{1}{1-0.9}=10$。

国民收入 $Y=C+I=100+0.9Y+80$。

解得：$Y=1800$。

(2)储蓄函数为：

$$S=Y-C=Y-(100+0.9Y)$$
$$=0.1Y-100$$

均衡时的储蓄额为：

$$S=0.1\times1800-100=80$$

(3)当实际产出水平为2250时，供给过剩量为：

$$2250-1800=450$$

(4)均衡条件因投资函数变为：

$$Y=C+I$$
$$=100+0.9Y+0.05Y+30$$
$$=130+0.95Y$$

解得：$Y=2600$。

均衡国民收入因投资函数变化而增加800($=2600-1800$)。

12. 根据下表中假设可支配收入和消费的数据回答问题：

单位：亿元

可支配收入	消　费	边际消费倾向/%	平均消费倾向/%
0	700	(　)	(　)
1000	1550	(　)	(　)
2000	2400	(　)	(　)
3000	3250	(　)	(　)
4000	4100	(　)	(　)
5000	4950	(　)	(　)
6000	5800	(　)	(　)
7000	6650	(　)	(　)
8000	7500	(　)	(　)

(1)计算在不同可支配收入水平下的边际消费倾向和平均消费倾向。

(2)在什么条件下，平均消费倾向 *APC* 和边际消费倾向 *MPC* 才总是相等的?

(3)说明平均消费倾向 *APC* 和边际消费倾向 *MPC* 的关系。(提示：$C=C_0+aY_d$)

解：(1)边际消费倾向 *MPC*：在所有的可支配收入水平下都为0.85。

平均消费倾向 *APC* 分别为：∞；1.55；1.20；1.08；1.03；0.99；0.97；0.95；0.94。

(2)当消费函数是一条过原点的直线时，*APC* 与 *MPC* 才总是相等的。

(3)$APC=C/Y_d=C_0/Y_d+MPC$，而且随着可支配收入的增加，*APC* 逐渐减少并趋近于 *MPC*。

13. 某国的宏观经济模型为：

$$\begin{cases}Y=C+I+G\\C=0.75(Y-T)+200\\T=0.2Y+480\\I=180\\G=660\end{cases}$$

这一经济完全就业时的国民收入水平为 $Y=2000$。要达到这一目标，或通过调整财政支出、或通过调整税收来实现，问：分别应做什么样的调整，才能达到完全就业的目标？各种情况下的财政状况如何变化？

解：在给定条件下的均衡国民收入满足：

$$
\begin{aligned}
Y &= C + I + G \\
&= 0.75 \times (Y - 0.2Y - 480) + 200 + 180 + 660
\end{aligned}
$$

解得：$Y=1700$。

而完全就业时的国民收入水平要求达到 $Y=2000$，也就是说要通过财政支出、税率等的调整来达到国民收入增加的效果为：

$$\Delta Y = 2000 - 1700 = 300$$

(1)通过增加财政支出来达到这一效果时，财政支出增加为：

$$
\begin{aligned}
\Delta G &= [1 - b(1-t)]\Delta Y \\
&= [1 - 0.75 \times (1 - 0.2)] \times 300 \\
&= 120
\end{aligned}
$$

此时的财政状况为：

财政支出 $\overline{G} = G + \Delta G = 660 + 120 = 780$；

财政收入 $T = 0.2Y + 480 = 0.2 \times 2000 + 480 = 880$；

财政盈余 $T - \overline{G} = 880 - 780 = 100$。

(2)通过降低税率来达到经济均衡的效果，根据已知条件可知三部门中均衡收入为：

$$Y = \frac{200 - 360 + 180 + 660}{1 - 0.75(1-t)} = \frac{680}{1 - 0.75(1-t)}$$

代入均衡收入 $Y=2000$，可得税率 $t'=0.12$，即税率应下降 0.08。

此时的财政状况为：

财政支出 $G=660$；

财政收入 $T = t'Y + 480 = 0.12 \times 2000 + 480 = 720$；

财政盈余 $T - G = 720 - 660 = 60$。

14. 假设某人生命周期分为 4 个时期，头 3 个时期收入依次为 30、60、90，第 4 个时期收入为 0，如图 2－5 所示。假设利率为 0，试问：

(1)假设该人想要在一生中平滑地消费，且不受到预算约束，试求其消费水平，并指出哪个时期为正储蓄？哪个时期为负储蓄？分别为多少？

(2)与(1)相反，假设该人想要平滑地消费，但受到流动性约束，试求其在各个时期的消费量。

(3)根据第(2)小题，假设该人在期初接受外来财富为 13，消费者是如何使用这 13 的？当外来财富为 23 时，又会如何使用？

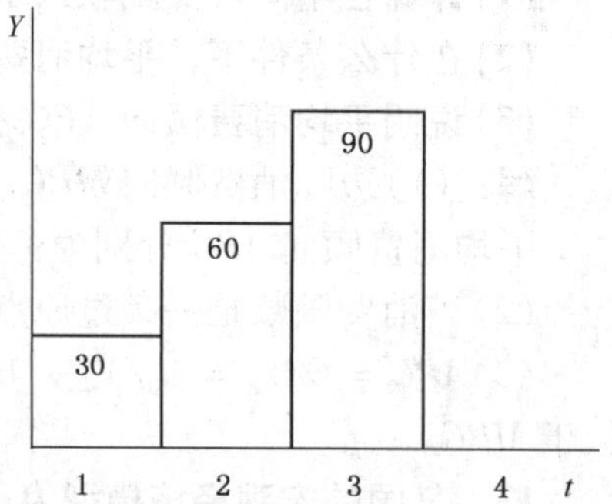

图 2－5

解：(1)由于该人想要在其一生中平滑地消费，则其一生的收入应等于各个时期的均衡消费支出之和。其收入为 $30+60+90=180$，消费为 4 个时期，由于不受预算约束，则每期消费为 $180/4=45$，将其与各期收入相对照可得：

第 1 期：负储蓄($30-45=-15$)

第 2 期：储蓄$(60-45=15)$

第 3 期：储蓄$(90-45=45)$

第 4 期：负储蓄$(0-45=-45)$

(2)当没有受到流动性约束时，平滑消费水平为每期 $180/4=45$，比第 1 期收入要大。现在假设该人受到流动性约束，则该人第 1 期只能消费其全部收入 30。

从第 2 期开始，假设没有受到流动性约束时，平滑消费水平为每期$(60+90)/3=50$，小于第 2、3 期的收入，故流动性约束的假设对这几期的消费不产生影响，第 2、3、4 期的消费为每期 50。

(3)在期初接受外来财富 13，加上其收入 30，显然还是小于其平滑消费水平(注意此时平滑消费水平为 $45+13/4=48.25$)，故该人将在第一期消费完全部收入 30 和外来财富 13，其消费为 $30+13=43$。第 2、3、4 期的消费量仍如同第(2)小题为 50。

当外来财富为 23 时，在第 1 期，此时加上其收入 30，大于其平滑消费水平 $45+23/4=50.75$；第 2、3 期的收入均大于此值，故在这里，流动性约束的假设实际上对消费不产生任何实际的影响，消费者将平滑地消费其全部收入和外来财富。其消费量为每期 50.75。外来财富 23 是这样被消费掉的：第 1 期 $50.75-30=20.75$；第 2、3 期为零；第 4 期为：$23-20.75=2.25$。

15. 已知 $C=200+0.8Y_d$，$T=100$，$I=100$，$G=80$。

(1)求均衡时的国民收入、消费和储蓄；

(2)当实际产出为 1800 时，求此时企业的非意愿存货；

(3)如何通过改变政府支出消除(2)中的非自愿存货；

(4)若 T 和 G 同时增加 100 时，国民收入将怎么变化？(西南财经大学 2022 研)

解：(1)在三部门经济中，$Y=C+I+G=200+0.8(Y-100)+100+80$，解得：均衡国民收入 $Y=1500$。

消费 $C=200+0.8Y_d=200+0.8\times(1500-100)=1320$。

储蓄 $S=Y-C-T=1500-1320-100=80$。

(2)当实际产出为 1800 时，消费为 $C=200+0.8\times(1800-100)=1560$，总需求为 $C+I+G=1560+100+80=1740$，企业的非自愿存货为 $1800-1740=60$。

(3)均衡产出 $Y=C+I+G=200+0.8(Y-100)+100+G$。

当均衡产出等于实际产出时，不存在非自愿存货，即 $Y=1800$，代入上式得 $G=140$。

因此，需要增加政府支出 60($=140-80$)，才能消除非自愿存货。

(4)当 T 和 G 同时增加 100 时，均衡国民收入 $Y=C+I+G=200+0.8(Y-200)+100+180$，解得 $Y=1600$。因此，国民收入增加 100。

16. 一个人的生命期分为工作期和退休期，工作期内此人的收入为 Y，退休期无任何收入，利率为 r，其他条件不变，工作期消费是退休期消费的两倍。

(1)假设此人工作期间收入为 100 万元，利率为 50%，请问个人储蓄是多少？工作期的消费和退休期的消费分别是多少？

(2)假如退休后社会保障系统给此人支付 25%收入的转移支付，请问个人储蓄是多少？工作期的消费和退休期的消费分别是多少？

(3)假如工作收入 Y 上升到 200 万元，请问个人储蓄和每期消费是多少？

(4)假如利率 r 上升，请问个人储蓄如何变化？(中央财大 2011 研)

解：(1)设此人工作期消费为 C_1，退休期消费为 C_2，工作期收入为 Y_1，退休期收入为 Y_2，利率为 r，则根据题意有 $C_1=2C_2$，$Y_1=100$，$Y_2=0$，$r=0.5$，将这些代入费雪的时际预算约束方程 $C_1+\frac{C_2}{1+r}=Y_1+\frac{Y_2}{1+r}$，得此人退休期消费为 $C_2=37.5$(万元)，工作期消费为75万元，个人储蓄为工作期收入减去工作期消费为 $100-75=25$(万元)。

(2)此时有 $C_1=2C_2$，$Y_1=100$，$Y_2=25$，$r=0.5$，将这些代入费雪的时际预算约束方程 $C_1+\frac{C_2}{1+r}=Y_1+\frac{Y_2}{1+r}$，得此人退休期消费为 $C_2=43.75$(万元)，工作期消费为87.5万元，个人储蓄为工作期收入减去工作期消费为 $100-87.5=12.5$(万元)。

(3)此时有 $C_1=2C_2$，$Y_1=200$，$Y_2=0$，$r=0.5$，将这些代入费雪的时际预算约束方程 $C_1+\frac{C_2}{1+r}=Y_1+\frac{Y_2}{1+r}$，得此人退休期消费为 $C_2=75$(万元)，工作期消费为150万元，个人储蓄为工作期收入减去工作期消费为 $200-150=50$(万元)。

(4)根据费雪的时际预算约束方程 $C_1+\frac{C_2}{1+r}=Y_1+\frac{Y_2}{1+r}$，且 $C_1=2C_2$，可得：所以当利率 r 上升时，C_2 增大，从而 $C_1=2C_2$ 增大。由此可得，个人储蓄 Y_1-C_1 会减小。

四、论述题

1．试证明：平衡预算乘数等于1。(上海财大2003研)

证明：平衡预算乘数是指政府收入和支出同时以相等数量增加或减小时国民收入变动与政府收支变动的比率。下面用两种方法来证明。

方法一：

假设政府购买和税收各变化同一数量即 $\Delta T=\Delta G$(假定 TR 不变)，而收入的变化总是由总支出变化决定的，即 $\Delta Y=\Delta C+\Delta I+\Delta G$。

假定投资不变即 $\Delta I=0$，则 $\Delta Y=\Delta C+\Delta G$，而 $\Delta C=b\Delta Y_d=b(\Delta Y-\Delta T)$；

因此，有 $\Delta Y=b(\Delta Y-\Delta T)+\Delta G=b(\Delta Y-\Delta G)+\Delta G$(因为 $\Delta T=\Delta G$)；

可得到 $\Delta Y(1-b)=\Delta G(1-b)$；

即 $k_B=\Delta Y/\Delta G=1$。

方法二：

容易得到政府购买支出乘数为：$k_g=\frac{1}{1-b(1-t)}$，下面求税收乘数 k_T。

设 ΔY、ΔT、b、t 分别表示收入变化量、税收变化量、可支配收入的边际消费倾向和边际税率，则有

$$\begin{aligned}\Delta Y&=b(1-t)\Delta T+b^2(1-t)^2\Delta T+b^3(1-t)^3\Delta T+\cdots+b^n(1-t)^n\Delta T\\&=[b(1-t)+b^2(1-t)^2+b^3(1-t)^3+\cdots+b^n(1-t)^n]\Delta T\\&=\frac{b(1-t)}{1-b(1-t)}\Delta T\end{aligned}$$

由于收入与税收变动方向相反，因此，$k_T=\frac{-b(1-t)}{1-b(1-t)}$。

$$\Delta Y=k_g\Delta G+k_T\Delta T=\frac{1}{1-b(1-t)}\Delta G+\frac{-b(1-t)}{1-b(1-t)}\Delta T$$

$$= \frac{1}{1-b(1-t)}\Delta T + \frac{-b(1-t)}{1-b(1-t)}\Delta T = \Delta T(\text{因为}\ \Delta T = \Delta G)$$

因此，平衡预算乘数 $k_B = \frac{\Delta Y}{\Delta T} = 1$。

即无论当政府征收定量税还是比例税，平衡预算乘数都等于1。

注意：

如果误认为税收乘数是 $k_T = \frac{-b}{1-b(1-t)}$，就会得到 $k_B = \frac{1-b}{1-b(1-t)}$ 的不正确结论。

也就误认为当政府征收定量税，即 $t=0$ 时，平衡预算乘数 $k_B = 1$。而当政府征收比例税，即 $t>0$ 时，$k_B = \frac{1-b}{1-b(1-t)} < 1$，即平衡预算乘数小于1。这是不正确的。

2. 假设某国经济陷入衰退，政府决定从2014年开始之后的十年内减税2万亿，但是这个减税不是平滑实行的，而是在2014年和2015年少量减税，之后增加：

(1)一些评论者使用的是凯恩斯的消费函数，认为这种政策对经济衰退不起作用，为什么？

(2)一些评论者使用消费的永久收入理论，认为政府在2014年和2015年减税是有作用的，为什么？

(3)如果人们接受永久收入理论，但是存在借贷约束，这会如何影响上一问的结论？(人大2015研)

答：(1)根据凯恩斯消费理论，边际消费倾向介于0和1之间，这意味着人们不会把所有的收入进行消费，而是拿出收入中的一部分进行消费，另一部分进行储蓄；平均消费倾向随收入的增加而下降，平均消费倾向等于消费与收入之比。凯恩斯认为，储蓄是奢侈品，因此富人中用于储蓄的比例要高于穷人；他还认为收入是消费的主要决定因素，消费函数为 $c = \alpha + \beta(y-t)$，其中 α 为必不可少的自发消费部分，即收入为0时举债或动用过去的储蓄也必须要有的基本生活消费；β 为边际消费倾向，且 $0<\beta<1$；β 和 $(y-t)$ 的乘积表示收入引致的消费，消费取决于人们的现期可支配收入。由于2014年和2015年少量减税，该项政策带来的收入增加效果甚微，增加的收入中还有一部分用于储蓄。因而对经济衰退不起作用。

(2)根据永久收入理论，把现期收入 Y 视为永久收入 Y^P 与暂时收入 Y^T 之和，即 $Y = Y^P + Y^T$。永久收入是人们预期持续到未来的那一部分收入；暂时收入是人们预期不能持续的那一部分收入。消费者的消费支出主要不是由他的现期收入决定，而是由他的永久收入决定的。永久收入是指消费者可以预计到的长期收入。因为政府决定从2014年开始之后的十年内减税2万亿，即使减税不是平滑实行的，消费者预期自己的永久收入会增加，而永久收入的边际消费倾向很大，甚至接近于1，所以该政策会使消费上升，从而使经济复苏。

(3)存在借贷约束情况下，该种减税政策对减轻经济衰退效果不大，原因如下：①存在借贷约束时，即使消费者预期在长期收入会增长，也无法在当期通过增加借贷来增加消费。②2014年和2015年减税很少，短期内实际收入增加就很少，消费增加很小，总需求的增加很小。

3. 试述对萨伊定律和凯恩斯定律的评价。(中南财大2018研)

答：(1)萨伊定律是法国古典经济学家萨伊在1803年出版的《政治经济学概论》一书中提出的著名论点，即供给自动创造需求。这一命题的含义是：任何产品的生产除了满足生产者自身的需求外，其余部分总会用来交换其他产品，即形成对其他产品的需求。每个人实际上都是在用自己的产品去购买别人的产品，所以卖者必然也是买者。一种产品的供给增加，实际上也是对其他产品的需求增加；一国供给能力增加1倍，所有商品供给量增加1倍，购买力也同时增加1倍。一个自然而然的结论是：总需求总是且必定是等于总供给，经济总能实现充分就业的均衡。需要指出的是，萨伊定律并不否认局部的供求失衡，他只是否定全面生产过剩的失衡。

(2)凯恩斯在1936年出版的《就业、利息和货币通论》中提出了著名的有效需求理论。凯恩斯在三个基本心理规律：消费倾向规律、资本边际效率规律以及流动偏好规律的基础上，论证了消费需求不足、投资需求不足从而有效需求不足的原因，认为有效需求不足会使生产即供给不能扩大到充分就业的程度，从而导致了非自愿性失业的出现。在这里，不再是萨伊的“供给自动创造需求”，而是“需求会创造出自己的供给”，这便是凯恩斯定律，经济可能经常处于低于充分就业的均衡，以至于充分就业均衡只能被认为是一种特例。

(3)萨伊定律认为供给可以自发的创造需求，而凯恩斯的观点正好相反，他认为，需求创造供给，有效需求决定国民收入。相应地，两者的政策主张也不同。萨伊定律以完全竞争市场为前提，认为依靠自然的经济秩序，所有的问题会得到完善的解决，经济总能处于充分就业的均衡状态。而凯恩斯定律则说明，仅仅依靠经济自身的力量，经济往往处于低于充分就业的均衡。在政策主张上，萨伊主张放任自流的经济政策，减少政府对经济的干预，而凯恩斯主义则主张政府干预。

4. 假设A为高收入集团(城镇居民)，B为低收入集团(乡村居民)，在经济增长的城市化进程中，B转变为城镇居民，与A的收入差距大为缩小。分别用绝对收入假说和相对收入假说说明上述情况对消费的影响。

答：(1)绝对收入假说由凯恩斯在《通论》中提出，消费支出和收入之间有稳定的函数关系，消费函数假设为$C=a+bY$，其中$a>0$，$0<b<1$，C、Y分别是当期消费和收入，b为边际消费倾向。凯恩斯提出，边际消费倾向随收入Y的增加而递减，平均消费倾向$\frac{C}{Y}$也随收入的增加而递减。绝对收入假说的说明：城市化使B转变为城镇居民。为了适应城镇生活的要求，B的自发性消费必然提高，这就导致整个社会自发性消费提高。这样，在收入增加的过程中，消费倾向几乎不变，即消费大致按收入增加的比例增加。

(2)相对收入假说由杜森贝利(J. S. Duesenberry)提出，认为：①人们的消费会相互影响，有攀比倾向，即“示范效应”，人们的消费不决定于其绝对收入水平，而决定于同别人相比的相对收入水平。②消费有习惯性，某期消费不仅受当期收入影响，而且受过去所达到的最高收入和最高消费的影响。消费具有不可逆性，即“棘轮效应”。

相对收入假说的说明：城市化进程使居民相对收入发生变化，从而引起消费倾向的变化：①相对收入下降，其消费倾向提高；②相对收入提高，其消费倾向下降。如果这种变化相互抵消，则全社会的消费倾向不变；如果不能抵消，则会变化。

5. 根据财产终生收入假说的消费函数回答：

(1)消费需求主要受哪些因素影响?

(2)扩大消费需求可以采取哪些政策?(南京大学2008研)

答：(1)莫迪利安尼的财产终生收入假说认为消费支出不是取决于当期收入，而是取决于预期的终生收入。以C表示各年都相等的年消费支出，财产终生收入假说的消费函数为：

$$C = \frac{WL - T}{NL - T}YL + \frac{1}{NL - T}W$$

其中，$WL - T$ 表示 T 时点以后工作的年数，而 YL 是预期年平均劳动收入，所以两者相乘$(WL - T)YL$ 表示 T 时点以后预期总劳动收入；$NL - T$ 表示 T 时点后的生活时期；W 表示财产。

根据上面的消费函数，影响消费需求的主要因素包括：

①财产 W。

由消费函数可见，若财产增加，则消费需求增加。把财产因素纳入消费函数，是莫迪利安尼的财产终生收入假说不同于凯恩斯绝对收入假说的一个重要方面。

一般而言，财产是储蓄的累积量。在信用社会中，财产的很大一部分是处于证券投资和不动产投资的形式上。成功的证券投资和不动产投资将导致财产增加，并进一步导致消费需求增加。

②财产的边际消费倾向 $1/(NL - T)$。

当财产增加时，消费需求增加多少取决于财产的边际消费倾向 $\frac{\Delta C}{\Delta W} = \frac{1}{NL - T}$。影响财产的边际消费倾向有两个因素，即预期寿命 NL 和时点 T。从公式看，预期寿命增加或时点 T 变小，将使财产的边际消费倾向减小。这样，财产一定量的增加将引起消费需求较小的增加。

预期寿命增加所造成的影响是很明显的。若预期寿命增加，则增加的财产要分摊到更多的年份用于消费。这样，各年的消费只能增加较小的程度。

时点 T 实际上是指行为人进行消费决策的时点，例如，在工作 10 年之后$(T = 10)$，行为人一方面积累了财产，一方面认为预期年均收入将提高，这样就会重新安排每年的消费支出。假设行为人每年都要进行这样的调整，这样 T 实际上代表行为人的年龄，它随着行为人年龄的增长而增加。在同一时点上，行为人的年龄各不相同，有年轻人，有年长人。年轻人的 T 值较小，年长人的 T 值较大。上面说的"T 变小将使财产的边际消费倾向减小"可以这样解释：和年长人相比，年轻人获得一笔财产将要分摊到更多的年份用于消费支出，因此，每一年消费支出只能少量增加。

把上述对 T 的解释进行拓展，就可以把社会的年龄结构因素纳入对消费需求的分析中来。社会的年龄结构是指年轻人和老年人的比例。年轻人所占比例较大，称为年轻化社会；老年人所占比例较大，称为老年化社会。财产的边际消费倾向是和 T 的取值同方向变化的，因此，年轻化社会的 T 值较小，所以财产的边际消费倾向较小；老年化社会的 T 值较大，所以财产的边际消费倾向较大。由此可知：财产的变化，对年轻化社会的消费影响较小，对老年化社会的消费影响较大。

③预期年均收入 YL。

在莫迪利安尼的消费理论中，预期年均收入（即终生收入）是影响消费需求最重要的因素。每年的消费需求水平基本上是由预期年均收入决定的。预期年均收入受多种因素的影响。例如，行为人通过学习、培训、"干中学"等方式增长了知识，就会提高对未来年均收入的预期。

④预期年均收入的边际消费倾向 $\frac{WL - T}{NL - T}$。

预期年均收入增加对消费需求将产生怎样的影响要取决于预期年均收入的边际消费倾向，即：$\frac{\Delta C}{\Delta YL}=\frac{WL-T}{NL-T}$。

预期年均收入的边际消费倾向取决于预期寿命、工作期和年龄(社会的年龄结构)。预期寿命延长，意味着退休期拉长。这样，预期年均收入增加将分摊到更多的年份，所以年消费需求增加较少。工作期延长，在预期年均收入增加的情况下，意味着预期总收入有更大的增加，所以年消费需求增加较多。和年轻化社会相比，在老年化社会(T值较大)中，虽然预期年均收入增加，但预期总收入增加较少，所以年消费需求增加较少。

(2)根据(1)的分析可以采取下列措施扩大消费需求：

①增加居民的财产收入，为居民的财产增值和保值提供良好的投资渠道；

②加大教育体系的投入，促进人力资本的增加，提高居民的预期年均收入；

③根据社会的发展趋势，适当延缓退休年龄，提高工作年限。

6. 按照凯恩斯观点，增加储蓄对均衡收入会有什么影响？什么是"节俭悖论"？试解释。(宁波大学2018、2013研)

答：(1)储蓄和投资来决定国民收入的模型可用图2-6来描述：交点E_0表示计划的投资等于储蓄，这点决定了均衡收入水平Y_0。

假设消费函数为$C=a+bY$，则储蓄函数为$S=-a+(1-b)Y$，则增加储蓄也就是减少消费，即减少消费函数中的a、b值。a变小，意味着图2-6中储蓄上移；b变小，意味着图中储蓄线以图中的A为圆心逆时针转动。这两者均会导致均衡点E_0向左移动，也就是使均衡收入下降。

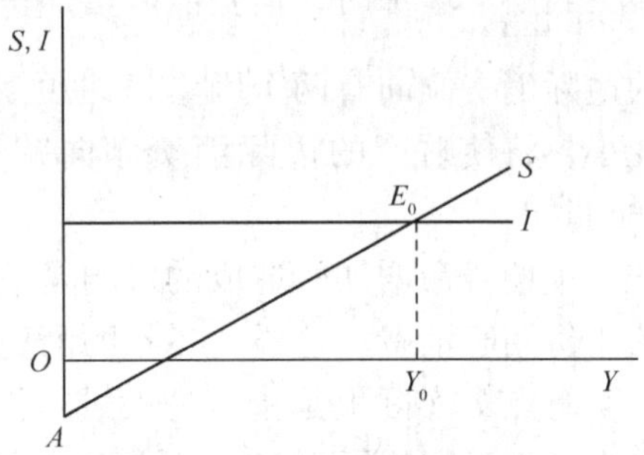

图2-6　国民收入的模型

(2)增加储蓄会导致均衡收入下降，这是凯恩斯主义的观点。增加消费或减少储蓄会通过增加总需求而引起国民收入增加，经济繁荣；反之，减少消费或增加储蓄会通过减少总需求而引起国民收入减少，经济萧条。由此得出一个看来是自相矛盾的推论：节制消费增加储蓄会增加个人财富，对个人是件好事，但由于会减少国民收入引起萧条，对整个经济来说却是坏事；增加消费减少储蓄会减少个人财富，对个人是件坏事，但由于会增加国民收入使经济繁荣，对整个经济来说却是好事。这就是"节俭悖论"。

任何经济理论都是以一定的假设为前提的，在此基础上，通过演绎推理构筑理论体系。离开了假设，理论就失去其基础，当然也就不能成立。另外，假设往往是对经济的一种理想化、简化，在此基础上构筑的经济理论当然不能全面地反映经济现实。凯恩斯在简单国民收入决定模型的前提假设是：经济中资源没有得到充分利用，从而限制国民收入增加的就不是总供给，而是总需求。凯恩斯的这一理念主要是针对20世纪30年代大萧条的情况提出的，当时工人大量失业、设备闲置。在这种情况下，增加总需求，当然可以增加国民收入，使经济走出低谷。

在这个理论中包含了某些一般理论的因素，即消费对生产的刺激作用。生产决定消费，但消费对生产也有反作用。凯恩斯的国民收入决定理论强调了消费的这种作用。从总体上看，生产对消费的制约作用是主要的，但在某些特殊情况下，消费对生产的作用也可以成为主要的。在资本主义社会，生产能力的无限增加与有支付能力的需求的相对缩小是基本矛盾的表现之一。总需求不足在经济中成了一种比较普遍的、重要的制约因素。

(3)不能把凯恩斯的这种理论普遍化。这是因为：①凯恩斯所用的是一种短期分析，即假设生产能力、技术条件等都是不变的，资源未得到充分利用。在长期中，经济的发展、国民收入的增加仍然要依靠生产能力的提高、资本的增加、技术的进步。这样，在长期中经济增长就取决于储蓄的提高，而不是消费的增加；②由于各国情况不同，所以不能将之到处照搬。对于总供给不足的国家，这种理论就不适用。

7. 回答下面关于消费行为的问题：

(1)简述 Kutznets 经验研究结果所提出的“消费难题”(Consumption Puzzle)，并用图说明。

(2)简述 Modigliani 生命周期理论，并运用该理论解释“消费难题”，以及家庭数据中 *APC* 与收入之间的反向关系。(上海财大 2007 研)

答：(1)凯恩斯之后的许多经济学家认为凯恩斯提出的绝对收入假说与实证研究不相符合，两者之间的矛盾被称为“消费难题”。

①凯恩斯所提出的绝对收入假说可以用标准的消费函数来表述，其公式为：

$$C=a+bY_D(a>0,\ 0<b<1)$$

上式说明，消费是可支配收入 Y_D 的函数，其中，a 为自发消费，b 为边际消费倾向。将上式两边同时除以实际可支配收入 Y_D，就可以得出平均消费倾向 APC：

$$APC=\frac{C}{Y_D}=\frac{a}{Y_D}+b$$

上式表明，平均消费倾向 APC 大于边际消费倾向 b。根据绝对收入假说，随着可支配收入的增加，边际消费倾向是递减的；同时，$\frac{a}{Y_D}$也将减小，故平均消费倾向也是递减的。

②但是，这一研究与对消费统计资料的实证研究并不一致。1946 年，Kutznets 运用时期交叠的方法，研究了美国在 1869～1929 年间的消费支出和收入之间的长期经验关系。他的研究结果进一步说明了凯恩斯的消费函数理论的局限性。第一，在长期，消费支出在收入中所占的比例，即平均消费倾向 APC 没有下降的趋势，当收入沿着长期趋势增长时，边际消费倾向和平均消费倾向是相等的。这就说明，在长期中，消费函数曲线是经过原点的一条直线；第二，在经济繁荣时期，消费支出在收入中所占的比例即 APC 低于长期平均水平。在经济萧条时期，消费支出在收入中所占的比例即 APC 高于长期平均水平。这意味着，消费支出在收入中所占的比例在经济周期性波动过程中，与收入水平本身反向变动。因此，在短期，才有 $MPC<APC$。即在凯恩斯的绝对消费函数理论中，只进行了短期分析。

(2)生命周期假说是由 F. Modigliani 等人首先提出的。他们指出，一般地，一个人在年轻时和年老时的收入水平相对比较低，而在中年时的收入水平相对比较高。为了尽可能使他在一生中的消费保持恒定或是略微持续增长，于是，一个人在生命的早期会是一个借款者，即向他的未来的高收入时期借款，是一个负储蓄者。在他生命的晚期，也是一个借款者，向他的以前的高收入时期借款，也是一个负储蓄者。生命的这两个时期，当时的收入都小于当时的消费。而在他的生命的中年，即一生中的高收入时期，是一个出借款项的时期，是一个正储蓄者，当时的收入大于当时的消费。因此，从总体上说，在一生中，虽然收入是不稳定的，但是，消费却是相当稳定的。

生命周期假说的消费函数可以表示为：$C=bY_L+\sigma W_R$。

其中：C 代表消费，b 代表劳动收入中的边际消费倾向，Y_L 代表劳动收入，σ 代表实际财产的边际消费倾向，W_R 代表实际财产。

在短期的周期性波动过程中，资产存量是相当稳定的，于是形成短期的消费函数。在长期，随着储蓄行为引起的资产存量不断增加，短期消费函数不断向上移动，形成长期消费函数，如图 2－7 所示。

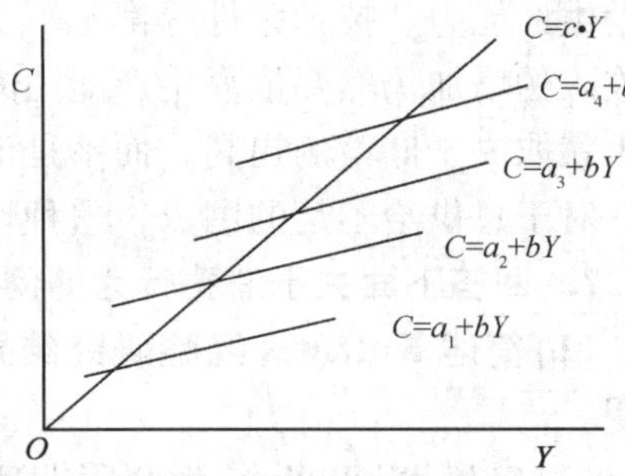

图 2－7　生命周期理论对消费难题的解释

这样，Modigliani 消费函数就解释了消费函数理论之谜的三个问题。

第一，根据生命周期假说，如果随机地选择一个人口样本，并根据收入水平对它进行分类，那么，高收入组所包括的中年人的比例必然较高，消费在其收入中所占的比例必然较低。同样，低收入组所包括的青年人和老年人的比例必然较高，消费在其收入中所占的比例必然较高。因此，收入水平越高的样本组，平均消费倾向越低，这就说明了在横截面资料研究中 $MPC < APC$ 的现象。

第二，根据生命周期假说，在短期，资产存量是既定的，短期消费函数有一个大于 0 的截距项，又由于总消费函数的曲线的斜率总是小于或是等于 1 的，于是，在短期，必然有 $MPC < APC$。

第三，根据生命周期假说，在收入沿着趋势增长时，资产存量不断增加，又由于总消费要等于总收入，长期消费函数曲线是一条经过原点，斜率为 1 的直线，所以有 $MPC = APC$。

8. 在 2012 年召开的中央十八大报告中提出："调整国民收入分配格局，着力解决收入分配差距较大问题，使发展成果更多更公平惠及全体人民，朝着共同富裕方向稳步迈进"。同时报告指出，到 2020 年，实现国内生产总值和城乡居民人均收入比 2010 年翻一番。

(1) 结合你所学的经济学知识，论述十八大报告中提出的收入分配格局调整对于我国扩大内需，拉动居民消费的意义。

(2) 结合你所学的经济学知识，论述在我国今后的发展目标中同时考虑国内生产总值和城乡居民人均收入增长的原因及意义。

(3) 结合你所学的经济学知识，论述实现国民收入分配格局调整和城乡居民收入翻番的有关政策手段。(南开大学 2013 研)

答：(1) 十八大报告中提出的收入分配格局调整对于我国扩大内需，拉动居民消费的意义可结合凯恩斯的消费理论进行分析。

①根据凯恩斯的消费理论，边际消费倾向是递减的。当人们收入增加时，消费也会随着增加，但增加的幅度却不断下降，用来增加储蓄的比例越来越大。按照该理论，由于中低收入者具有更高的边际消费倾向，从而提高中低收入者收入水平可以促进我国扩大内需，拉动居民消费。

②凯恩斯关于消费函数的三大猜测之一是平均消费倾向随着收入的增加而减少。这意味着穷人的平均消费倾向比富人高，当富人和穷人的收入都增加一单位时，富人比穷人将更大部分的收入用于储蓄。按照该理论，由于中低收入者具有更高的平均消费倾向，从而提高中低收入者收入水平可以促进我国扩大内需，拉动居民消费。

③社会消费函数不是家户消费函数的简单加总，国民收入分配情况会影响社会总体的消费情况。人们越是富有，越有能力储蓄，因此，不同收入阶层的边际消费倾向不同。富有者

边际消费倾向较低，贫穷者边际消费倾向较高。国民收入分配越不均等，社会消费曲线就越是向下移动。提高中低收入者收入水平，更加注重公平性，这样就会使得消费曲线向上移动，有助于扩大国内需求，拉动居民消费。

综上所述，收入分配格局调整对扩大内需、拉动消费起着非常重要的推动作用。

(2)我国今后的发展目标中同时考虑国内生产总值和城乡居民人均收入增长的原因主要有：

①GDP 不是一个完美的指标，用 GDP 衡量国民经济活动存在很多缺陷。GDP 指标存在以下几点缺陷：

a. 它不能反映社会成本，例如 GDP 水平很高的地方如果赌博和黄色交易盛行，社会成本较高，但国民收入核算体系并不能反映出来。

b. 它不能反映经济增长的方式和为此付出的代价，例如不顾环境污染生态破坏的经济增长就反映不出来。

c. 它不能反映经济增长的效率、效益和质量，例如高能耗、低效率、粗放式增长方式就反映不出来。

d. 它不能反映人们的生活质量，比如不能反映人们在精神上的满足程度，不能反映闲暇给人们带来的享受等。

e. 不能衡量社会财富分配情况和社会公正程度。

另外，GDP 的统计有一定的误差。GDP 许多数据是根据抽样调查得出来的，其中包含一定的误差。由于种种原因，人们往往并不反映真实情况，因而统计出来的数字存在一定程度的虚假成分。

②从国民收入核算的角度看，可能会存在“GDP 快速增长，而居民可支配收入却增长缓慢”的可能性，我国近年的情况正说明了这一点。从我国近几年经济发展的实际情况来看，GDP 增长虽快，但是城乡居民可支配收入增长却落后于 GDP 的增长。出现这种情况的原因主要有：

a. 生产要素报酬意义上的国民收入并不会全部成为个人的收入。例如，利润收入中要给政府缴纳公司所得税，公司还要留下一部分利润不分配给个人，个人收入也不能全归个人支配，因为还要缴纳个人所得税。从这个角度可以看出，个人收入的增长很有可能跟不上国民收入的增长。

b. 从我国的实际情况看，我国经济快速增长更多的是建立在固定资产投资超常规增长的基础上，居民可支配收入和消费支出增长缓慢。在我国，劳动者报酬所占比重大致稳定在 50%，所占比重较低，经济增长过程中民众并没有获得同等的福利待遇。这在一定程度上影响到我国经济的长期发展，特别是国内消费支出的扩大等。

我国今后的发展目标中同时考虑国内生产总值和城乡居民人均收入增长的意义主要有：

①有利于扩大内需，拉动居民消费。

②有利于处理好保持经济平稳较快发展、调整经济结构和管理通胀预期的关系。

③更加注重公平，有利于调动人民群众的积极性，为全面建设小康社会奠定坚实的基础。

(3)为实现国民收入分配格局调整和城乡居民收入翻番，可采取以下政策手段：

①千方百计增加就业，改变就业结构，使低收入阶层的收入水平得到大幅度的提高。

②继续健全并实施再分配政策，进一步促进国民收入分配结构调整。完善社会保障制

度，实现公共服务均等化，提高社会保障统筹层次，扩大社会保障覆盖面；建立基本住房保障制度，降低居民住房利息支出，提高居民消费能力；完善转移支付制度，提高转移支付效率。

③注重税收对收入差距的调节。一是通过税制变动直接影响收入初次分配结构；二是实现收入再分配，从而调整收入差距；三是利用差别税率的课税行为来调整收入差距；四是利用财产税制来调整财富差距；五是利用流转税和企业所得课税手段，增强弱势群体收入获取能力。

④加大国家财政转移支付的力度。通过这一强有力的国家财政手段合理地调节社会财力的分配，以缓解因地理位置、自然资源分布、历史原因等而引起的东、中、西部发展不平衡所带来的收入分配的差异。

第3章 产品市场与货币市场的一般均衡

3.1 考点难点归纳

考点一：投资的决定

1. 投资的定义

投资是指物质资本存量的增加，即社会实际资本的增加。它包括房屋建设，机器制造，修建工厂、办公楼宇与增加厂商的商品库存等，但不包括购买债券或股票等，这些只能视为资产权的转移，而不是投资。

2. 投资函数

投资函数是指投资与利率之间存在的反向变动关系，用公式可表示为：

$$i = i(r) = e - dr$$

其中，e 表示自主投资，即当利率为零时的投资需求；d 表示利率变化对投资的影响程度；$-dr$ 表示引致投资。

考点二：*IS* 曲线

IS 曲线是指描述产品市场均衡时，利率与国民收入之间关系的曲线。

1. *IS* 曲线的推导

(1)两部门经济中的 *IS* 曲线：

$$\left.\begin{aligned} y &= c + i \\ c &= \alpha + \beta y \\ i &= e - dr \end{aligned}\right\} \Rightarrow y = \frac{\alpha + e - dr}{1 - \beta}$$

或：

$$r = \frac{\alpha + e}{d} - \frac{1 - \beta}{d} y$$

(2)三部门经济中的 *IS* 曲线：

$$\left.\begin{aligned} y &= c + i + g \\ c &= \alpha + \beta(y - t + t_r) \\ i &= e - dr \end{aligned}\right\} \Rightarrow y = \frac{\alpha + e + g - \beta t + \beta t_r - dr}{1 - \beta}$$

或：

$$r = \frac{\alpha + e + g - \beta t + \beta t_r}{d} - \frac{1 - \beta}{d} y$$

可见，均衡国民收入与利率间存在反方向变化的关系。以 r 为纵轴，y 为横轴所画出的 *IS* 曲线是向右下方倾斜的。

2. *IS* 曲线的斜率

(1)两部门经济：

根据：

$$r=\frac{\alpha+e}{d}-\frac{1-\beta}{d}y$$

可见 $\mathrm{d}r/\mathrm{d}y=-(1-\beta)/d<0$。所以 *IS* 曲线的斜率为负，$y$ 和 r 之间具有反向关系，斜率既取决于 β，也取决于 d。

①d 是指投资需求对利率变动的反应程度，它表示利率变动一定幅度时投资变动的程度。如果 d 的值较大，即投资需求对于利率变动的反应程度较大，*IS* 曲线斜率的绝对值就较小，即 *IS* 曲线相对较平缓；反之，如果 d 的值较小，即投资需求对于利率变动的反应程度较小，*IS* 曲线斜率的绝对值就较大，即 *IS* 曲线相对较陡峭。

②β 是指边际消费倾向，如果 β 的值较大时，*IS* 曲线斜率的绝对值就较小，因为较大的 β 值，代表着较大的支出乘数，于是当利率变动引起投资变动时，会引起较大幅度的收入变动，因此 *IS* 曲线会较平缓。

(2)三部门经济：

根据：

$$r=\frac{\alpha+e+g-\beta t+\beta t_r}{d}-\frac{1-\beta}{d}y$$

可见 $\mathrm{d}r/\mathrm{d}y=-(1-\beta)/d<0$，*IS* 曲线的斜率取决于 β、d。

影响 *IS* 曲线斜率大小的，主要是投资对利率的敏感度 d，原因是边际消费倾向 β 比较稳定。

注意：税收有两种，一种是定量税，一种是比例税，此处仅考虑定量税。若考虑比例税，那么边际税率也会对 *IS* 曲线的斜率产生影响。

3．*IS* 曲线的移动

消费、投资、政府购买和政府转移支付增加以及税收减少均会导致 *IS* 曲线向右平移。

考点三：利率的决定

1．货币需求函数

凯恩斯认为人们出于交易动机、预防动机和投机动机而需要持有货币。货币的交易需求和预防需求与收入成正比，即 L_1-kY；投机需求与利率成反比，即 $L_2=-hr$。因此，货币需求函数可写作：$L=L_1+L_2=kY-hr$（L、L_1、L_2代表对货币的实际需求）。由于有价证券市场价格与利率成反比，当利率极低时，人们预期利率只升不跌，有价证券价格只跌不升，因而会将所持的有价证券全部换成货币，即对货币投机需求无限大，这种情况被称作“流动性陷阱”。

在投机需求中，凯恩斯假定了人们持有财富的形式只能有两种：货币形式和债券(或者有价证券)形式。预期利率上升，债券的预期收益减少，债券价格下降，人们更多持有货币。

2．货币供给

狭义的货币供给是指一个国家在某一时点上所保持的不属于政府和银行的通货加上银行的活期存款。在此定义下，货币供给量可视为外生变量，由国家货币政策加以调节。

3．货币供求均衡与利率的决定

以横轴表示货币需求、供给量，纵轴表示利率，货币需求曲线由左上向右下倾斜，货币供给曲线则垂直于横轴。两曲线交点决定了利率和均衡水平，即当货币需求等于货币供给时，货币市场达到均衡状态。

考点四：LM 曲线

LM 曲线是指描述货币市场均衡时，利率与国民收入之间关系的曲线。

1. LM 曲线的推导

货币市场均衡条件为：$m = M/P = L = ky - hr$，其中 m 代表实际货币供给量，M 代表名义货币供给量，P 代表物价水平。可由货币市场均衡条件推导出 LM 曲线的表达式，即：$y = hr/k + m/k$ 或 $r = ky/h - m/h$。LM 曲线是向右上方倾斜的。

2. LM 曲线的斜率

由 $r = ky/h - m/h$ 可知 LM 曲线的斜率为 k/h。LM 曲线斜率的大小取决于以下两个因素：

(1) 货币需求对收入变动的反应程度 k。当 h 一定时，k 越大，LM 曲线的斜率越大，LM 曲线越陡峭。

(2) 货币需求对利率变动的反应程度 h。当 k 一定时，h 越大，LM 曲线的斜率越小，LM 曲线越平缓。

3. LM 曲线的三个区域

一般情况下，LM 曲线斜率为正值，LM 曲线由左下向右上倾斜，这一区域称为中间区域。当利率下降到很低时，货币投机需求将成为无限，即 h 为无穷大，LM 曲线斜率为零，LM 曲线成为一水平线，这一区域称为凯恩斯区域。当货币的投机需求为零，即 h 为零时，LM 的斜率为无穷大，LM 曲线为竖直线，此时被称为古典区域。如图 3－1 所示。

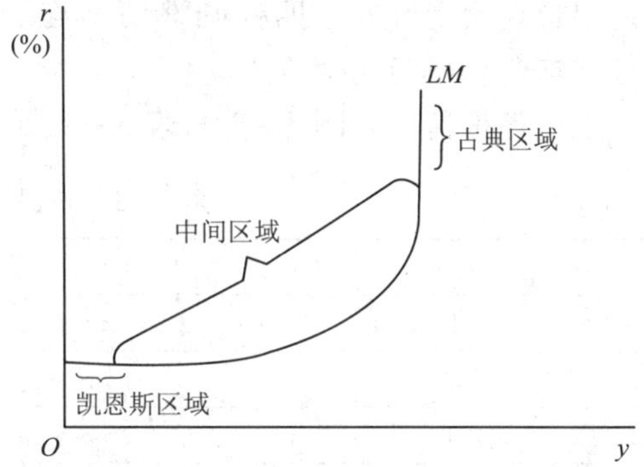

图 3－1　LM 曲线的三个区域

在 LM 曲线的三个区域内，宏观经济政策的效果各有不同：

(1) 在凯恩斯区域，货币政策无效，而财政政策极为有效。这是因为在凯恩斯区域，LM 曲线为水平状态，货币投机需求无限大。此时采取扩张性货币政策，不能降低利率，不能增加收入，凯恩斯认为，20 世纪 30 年代的情况就是如此。

(2) 在古典区域，财政政策无效，而货币政策有效。导致 IS 曲线右移的扩张性财政政策只会增加利率，而导致 LM 曲线右移的扩张性的货币政策则会极有效。这是因为在古典区域，利率已经上升到了很高水平，此时货币投机需求为零。

(3) 在中间区域，货币政策和财政政策均有效。这是因为 LM 曲线的斜率在古典区域为无穷大，在凯恩斯区域为零，而在中间区域则为正值。因此，在中间区域货币需求的利率弹性及经济状况介于凯恩斯区域和古典区域之间。

4. LM 曲线的移动

由 LM 曲线的表达式 $r = ky/h - m/h$ 可看出，LM 曲线的移动主要取决于两个因素：

(1) 名义货币供给量 M。在保持价格水平不变的条件下，M 的增加会引起实际货币供给量 m 变大，LM 曲线向右下方移动。

(2) 价格水平 P。在保持名义货币供给量不变的条件下，价格水平 P 上升会引起实际货币供给量 m 变小，LM 曲线向左上方移动。

考点五：IS－LM 分析

1. 产品市场和货币市场的一般均衡

IS－LM 模型是反映产品市场和货币市场同时均衡的条件下，国民收入和利率之间关系的模型。在 IS 曲线上的产品市场均衡处有一系列利率及收入组合点；在 LM 曲线上的货币市场均衡处有一系列利率及收入组合点。如果 IS 曲线与 LM 曲线交于一点，则在该点上，产品市场和货币市场同时达到均衡，其数值可通过解 IS 与 LM 的联立方程得到。

2. 两个市场的失衡及调整

当收入与利率组合点位于 IS 曲线左下方，投资大于储蓄，即 $I>S$，有超额产品需求，收入因此而上升，组合点右移；当收入与利率组合点位于 IS 曲线右上方，$I<S$，有超额产品供给，收入因此而下降，组合点会左移。当收入与利率组合点位于 LM 曲线左上方，货币需求小于货币供给，即 $L<M$，有超额货币供给，利率因此而下降，提高货币需求，组合点会下移；当收入与利率组合点位于 LM 曲线右下方，$L>M$，有超额货币需求，利率因此而上升，抑制货币需求，组合点会上升。这四种调整使不均衡组合点最终趋向均衡利率与均衡收入。

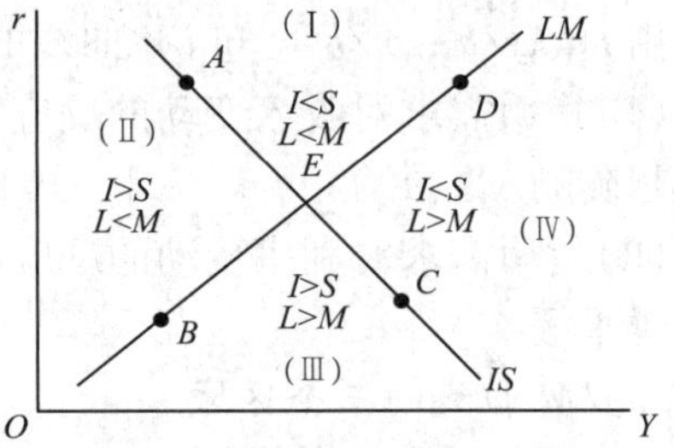

图 3-2 产品市场和货币市场的一般均衡

上述各种情况如图 3-2 和表 3-1 所示。

表 3-1 产品市场和货币市场的非均衡

区域	产品市场	货币市场
Ⅰ	$I<S$ 有超额产品供给	$L<M$ 有超额货币供给
Ⅱ	$I>S$ 有超额产品需求	$L<M$ 有超额货币供给
Ⅲ	$I>S$ 有超额产品需求	$L>M$ 有超额货币需求
Ⅳ	$I<S$ 有超额产品供给	$L>M$ 有超额货币需求

3. 两个市场一般均衡的调整

当 IS 曲线和 LM 曲线移动时，均衡收入和均衡利率都会发生变动，并由新的 IS 曲线和 LM 曲线的交点决定。

考点六：凯恩斯的国民收入决定理论框架

1. 凯恩斯经济理论的概括

- 凯恩斯的国民收入决定理论
  - 消费(c)
    - 消费倾向
      - 平均消费倾向 $APC=\dfrac{c}{y}$
      - 边际消费倾向 $MPC=\dfrac{\Delta c}{\Delta y}$
      - 投资乘数 $k=\dfrac{1}{1-\dfrac{\Delta c}{\Delta y}}$
    - 收入
  - 投资(i)
    - 利率(r)
      - 流动性偏好(L)($L=L_1+L_2$)
        - 交易动机(由 m_1 满足)
        - 预防动机(由 m_1 满足)
        - 投机动机(由 m_2 满足)
      - 货币数量($m=m_1+m_2$)
    - 资本边际效率(MEC)
      - 预期收益(R)
      - 重置成本或资产的供给价格

(1)国民收入的主要决定因素为消费和投资。

(2)消费的主要决定因素为消费倾向和收入。

(3)消费倾向比较稳定，因此国民收入的变动主要来自投资的变动。

(4)投资的主要决定因素为利率和资本边际效率，利率上升会导致投资下降，资本边际效率上升会导致投资上升。

(5)利率的主要决定因素为流动性偏好和货币数量。

(6)资本边际效率的主要决定因素为预期收益和重置成本或资本资产的供给价格。

2. 用 *IS - LM* 模型表示凯恩斯经济理论

(1)储蓄函数：$s = s(y)$；

(2)投资函数：$i = i(r)$；

(3)产品市场均衡条件：$s = i$ 或 $s(y) = i(r)$；

(4)货币需求函数：$L = L_1 + L_2 = L_1(y) + L_2(r)$；

(5)货币供给函数：$M/P = m = m_1 + m_2$；

(6)货币市场均衡条件：$m = L$。

由(1)(2)(3)可求得 *IS* 曲线。假设 $s = -\alpha + (1-\beta)y$，$i = e - dr$，则 $i = s$ 时，得 *IS* 曲线为：

$$r = \frac{\alpha + e}{d} - \frac{1-\beta}{d}y$$

或：

$$y = \frac{\alpha + e - dr}{1-\beta}$$

由(4)(5)(6)可求得 *LM* 曲线。假设 M、P 为外生因素，同时 $m = M/P$，$L = ky - hr$，则 $m = L$ 时，得 *LM* 曲线为：

$$r = \frac{k}{h}y - \frac{m}{h}\left(\text{或 } r = \frac{k}{h}y - \frac{1}{h} \cdot \frac{M}{P}\right)$$

或：

$$y = \frac{m}{k} + \frac{h}{k}r\left(\text{或 } y = \frac{1}{k} \cdot \frac{M}{P} + \frac{h}{k}r\right)$$

由此可通过联立 *IS* 曲线和 *LM* 曲线方程来求得产品市场和货币市场同时均衡时的利率和收入。

3.2 考研真题与典型题

一、名词解释

1. 资本边际效率(marginal efficiency of capital)(东南大学 2022 研；中国海洋大学 2021 研；中南财大 2018 研；浙江理工大学 2015 研；中央财大 2014 研；北邮 2013 研)

2. 流动性陷阱(中央民族大学 2022 研；中国海洋大学 2022 研；广东财经大学 2021 研；宁波大学 2021 研；广东外语外贸大学 2020、2017、2015 研；中央财大 2019、2015、2011 研；东南大学 2018 研；华中科技大学 2017 研；人大 2017 研；中南财大 2017 研；东北大学 2017 研；社科院 2015 研；财科所 2014 研；对外经贸大学 2014 研；武汉大学 2012 研)

3. 流动性偏好(东北财经大学 2022、2019 研；北京理工大学 2020 研；厦门大学 2018 研；山东大学 2017 研；中南大学 2016 研；南开大学 2010 研)

4. 托宾 q 比率（南京大学 2022 研；厦门大学 2016 研；广东财经大学 2014 研；江西财经大学 2013 研）

5. *IS* 曲线（浙江大学 2019 研；华中科大 2014 研；山东大学 2012 研）

6. *LM* 曲线（东北大学 2016 研；昆明理工大学 2010 研）

7. 货币需求函数

8. 货币交易需求（东北财大 2017、2015 研）

9. 投机性需求

10. "凯恩斯革命"（西安交大 2003 研）

11. 交易动机

12. 谨慎动机（北邮 2009 研）

13. 投机动机

14. 鲍莫尔—托宾模型（Baumol-Tobin model）（南京大学 2015 研）

二、简答题

1. 凯恩斯认为人们的货币需求行为由哪些动机决定？

2. 什么叫"流动性陷阱"？当经济处于流动性陷阱时，扩张性货币政策是否有效？（浙江财经大学 2021 研）

3. 简要回答凯恩斯的流动性偏好理论。（华东师范大学 2018 研）

4. 假设货币的投机需求在每个利率水平，货币的交易需求在每个产出、收入水平均下降，试说明此时 *LM* 曲线会发生什么变化并解释理由。（北大 2003 研）

5. 试解释为什么不能用讨论货币交易需求的思路来分析货币的预防性需求。（北大 2003 研）

6. 根据 *IS*－*LM* 模型，在下列情况下，利率、收入、消费和投资会发生什么变动？

（1）中央银行增加货币供给；

（2）政府增加税收；

（3）政府等量地增加政府购买和税收。（辽宁大学 2004 研）

7. 简述 *IS*－*LM* 模型在凯恩斯主义宏观经济学中的地位。（财政部财科所 2015 研）

8. 请画出 *IS* 曲线，并作简要说明与分析。

9. 如果 *LM* 曲线既定，*IS* 曲线的斜率变小，那么扩张性财政政策的效果将发生什么样的变化？（南京财经大学 2004 研）

10. 为什么利率和收入的组合点位于 *IS* 曲线右上方时，反映产品市场上供过于求的情况？画图说明。（辽宁大学 2005 研）

11. 如何理解货币需求的经济含义。

12. 为什么投资的边际效率随着投资支出的增加而逐渐递减？（西安交大 2006 研）

13. 请依据 *IS*－*LM* 模型解释，在危机（严重衰退）时期的财政政策和货币政策的有效性会发生怎样的变化。（南开大学 2009 研）

14. 结合 *IS*－*LM* 曲线简要说明，如果政府在增加财政支出的同时又伴之以松动银根的政策，将可能对均衡的收入、利率水平产生怎样的影响？（东北财大 2009 研）

三、计算题

1. 在两部门经济中，若消费 $C=500+0.6Y$，投资 $I=520-2r$，名义货币供给量为 240，价格水平 $P=2$，货币需求 $L=0.2Y-4r$，求：

(1) IS 和 LM 曲线的方程。

(2) 商品市场和货币市场同时均衡时的利率水平和收入水平。

(3) 如果自主投资由 520 增加到 550，均衡国民收入会如何变动？结论与乘数原理一致吗？计算并给出解释。（浙江工商大学 2020 研）

2. 假设货币需求为 $L=0.2Y-10r$，货币供给量为 $M=200$，消费 $C=60+0.8Y_D$，税收 $T=100$，投资 $I=150$，政府支出 $G=100$。

(1) 求均衡收入、利率和投资；

(2) 政府支出从 100 增加到 120 时，均衡收入、利率和投资有何变化？

(3) 是否存在挤出效应？（宁波大学 2021 研）

3. 假定经济满足 $Y=C+I+G$，且消费 $C=800+0.63Y$，投资 $I=7500-20000r$，货币需求 $L=0.1625Y-10000r$，名义货币供给量 $M_S=6000$ 亿美元，价格水平 $P=1$，试问当政府支出从 7500 亿美元增加到 8500 亿美元时，政府支出（这里指政府购买）的增加挤占了多少私人投资？

4. 假设某经济体的消费函数为 $C=400+0.8Y$，投资函数为 $I=100-50r$，政府购买为 $G=100$，货币需求函数为 $L=150+0.5Y-125r$，货币供给 $M=1150$，价格水平 $P=1$。

(1) 写出 IS、LM 方程。

(2) 计算均衡的国民收入和利率。

(3) 如果该国充分就业的国民收入是 4000，若用增加政府购买实现充分就业，应该增加多少政府购买。（对外经贸大学 2009 研）

5. 如果在一国的经济中，自发性消费 $\alpha=250$，边际消费倾向 $\beta=0.75$，$I=500$，政府购买 $G=500$。（单位：亿美元）

求：(1) 均衡国民收入、消费、储蓄各是多少？投资乘数是多少？

(2) 如果当时实际产出（即收入）为 6000，国民收入将如何变化？为什么？

(3) 如果投资 I 是利率 r 的函数：$I=1250-50r$（r 的单位：%）；货币供给是价格水平 P 的函数：$M/P=1000/P$；货币需求是收入 Y 和利率 r 的函数：$L=0.5Y-100r$。那么，①价格水平 $P=1$ 时的 IS、LM 曲线及均衡利率和收入。②在价格水平是变动的情况下，导出总需求曲线，并说明其含义。

6. 假定货币供给量用 M 表示，价格水平用 P 表示，货币需求用 $L=ky-hr$ 表示。

(1) 求 LM 曲线的代数表达式，找出 LM 曲线的斜率的表达式。

(2) 找出 $k=0.2$，$h=10$；$k=0.2$，$h=20$；$k=0.10$，$h=10$ 时 LM 的斜率的值。

(3) 当 k 变小时，LM 斜率如何变化；h 增加时，LM 斜率如何变化？（北邮 2006 研）

7. 假定 (a) 消费函数为 $C=50+0.8Y$，投资函数为 $I=100-5r$，(b) 消费函数为 $C=50+0.8Y$，投资函数为 $I=100-10r$，(c) 消费函数为 $C=50+0.75Y$，投资函数为 $I=100-10r$（价格水平都不变）。

(1) 求 (a)、(b) 和 (c) 的 IS 曲线。

(2) 比较 (a) 和 (b) 说明投资对利率更为敏感时，IS 曲线斜率将发生什么变化？

(3) 比较 (b) 和 (c) 说明边际消费倾向变动时，IS 曲线斜率将发生什么变化？（中南财大 2009 研）

8. 假定某经济中有 $C=100+0.75Y_d$，$I=125-600r$，$G=50$，$T=20+0.2Y$，$TR=0$。

(1) 推导 IS 方程；

(2) IS 曲线斜率；

(3) 当 $r=0.15$ 时，Y 是多少？如果充分就业收入 $Y_f=465$，应增加多少政府支出才能实现充分就业？

(4) 当增加政府支出 $\Delta G=10$ 时，收入增加多少？

9. 假定某经济社会的消费函数 $c=30+0.8y_d$，净税收即总税收减去政府转移支付后的金额 $t_n=50$，投资 $i=60$，政府购买性支出 $g=50$，净出口即出口减进口以后的余额为 $nx=50-0.05y$，求：(1) 均衡收入；(2) 在均衡收入水平上净出口余额；(3) 投资乘数；(4) 投资从 60 增至 70 时的均衡收入和净出口余额。（对外经贸大学 2014 研）

10. 假设存在以下封闭经济：$C=100+0.5(Y-T)$；$I=100-10r$；$G=200$；$T=200$；$M=1000$；$P=2$；$(M/P)^d=Y-20r$。其中，$(M/P)^d$ 为货币需求函数。

(1) 求均衡的产出和利率；

(2) 求政府储蓄和私人储蓄。（暨南大学 2021 研）

11. 假定 $Y=C+I+G$，消费需求为 $C=800+0.63Y$，投资需求为 $I=7500-20000r$，货币需求为 $L=0.1625Y-10000r$，价格水平为 $P=1$，试计算当名义货币供给是 6000 亿美元，政府支出 7500 亿美元时的 GDP 值，并证明所求的 GDP 值等于消费、投资和政府支出的总和。

12. 假定货币需求函数为 $L=0.2Y+100-5r$ 和价格水平不变 $(P=1)$。

(1) 若名义货币供给量为 250，找出货币需求与供给均衡时的 LM 曲线；

(2) 若名义货币供给量为 300，找出货币需求与供给均衡的 LM 曲线，并与 (1) 中 LM 曲线比较有什么不同；

(3) 对于 (2) 中这条 LM 曲线，若 $r=10$，$Y=1100$，货币需求与供给是否均衡，若非均衡，利率该如何变化？

13. 假设两部门经济中，消费 $C=100+0.8Y$，投资 $I=150-6r$，货币供给 $M=150$，货币需求 $L=0.2Y-4r$。

(1) 求 IS 曲线和 LM 曲线的方程；

(2) 求商品市场和货币市场同时均衡时的利率和收入；

(3) 若为三部门经济，且有 $T=0.25Y$，$G=100$，$L=0.2Y-2r$，货币供给 $M=150$，求均衡利率和均衡收入。（广西民族大学 2021 研）

14. 某国的货币供给由货币当局外生给定，为 $M=40$。该国货币的交易需求函数为：

$$L_1=0.25Y$$

货币的投机需求函数为：

$$L_2=0.25r^2-4r$$

求在利率水平 r 多大的时候，国民收入 Y 达到最大值？

15. 假定某经济中消费函数为 $C=0.8(1-t)Y$，税率 $t=0.25$，投资函数为 $I=900-50r$，政府购买 $\overline{G}=800$，货币需求为 $L=0.25Y+200-62.5r$，实际货币供给为 $\dfrac{\overline{M}}{P}=700$，试求：

(1) IS 曲线；

(2) LM 曲线；

(3) 两个市场同时均衡时的利率和收入。（浙江理工大学 2015 研）

16. 若某一国家有如下宏观经济模型（单位：亿元）：$Y=C+I+G+NX$，且消费函数为 $C=100+0.9(1-t)Y$，投资函数为 $I=200-500r$，净出口函数为 $NX=100-0.12Y-500r$，

货币需求为 $L=0.8Y-2000r$，政府支出 $G=200$，税率 $t=0.2$，名义货币供给为 $M=800$，价格水平不变为 $P=1$，试求：

(1) IS 曲线；

(2) LM 曲线；

(3)产品市场和货币市场同时均衡时的均衡利率和均衡收入；

(4)两个市场同时均衡时的消费、投资和净出口值。(浙江大学 2013 研)

17. 假设在一个生产能力过剩的经济体中，消费函数为 $C=200+0.75(Y-T)$，计划投资、政府购买和税收都是 100。请回答如下 9 个问题中的任意 6 个问题，但(3)问和(7)问必做。

(1)均衡的收入水平是多少？均衡的储蓄水平是多少？

(2)如果政府购买增加到 125，新的均衡收入是多少？

(3)(此问必做)假设充分就业的收入为 1600，政府要实现充分就业，如果采取调整政府购买支出政策，政府购买支出应该是多少？如果采取税收政策，税收应该是多少？平衡预算政策能否实现同样的目标，为什么？

(4)当一个社会变得更加节约时，比方说，边际消费倾向从 0.75 降低为 0.70 时，均衡的储蓄是增加了还是减少了？(通过计算说明)

(5)你对(4)的回答被称为节俭悖论，请用所学原理解释为什么会存在着节俭悖论。

(6)你怎样理解消费和储蓄的关系？储蓄是不是越少越好？为什么？

(7)(此问必做)假设这个经济体受到货币市场的影响，货币需求函数为 $M/P=Y-100r$，同时投资不再是 100，而是随着利率的变化而变化的：$I=200-25r$。如果货币量为 1000，物价水平为 2。请问均衡的收入水平是多少？

(8)延续(7)的环境，如果中央银行将货币供给从原来的 1000 增加到 1200，新的均衡收入是多少？请用经济学原理解释为什么收入会有这样的变化？

(9)你能否推导出总需求方程来。(武汉大学 2006 研)

18. 设 $C=C_0+cY$，$I=10-br$。

(1)各参数变化对均衡产出有什么影响？

(2)当产出受利息率的影响而变化时，各参数起怎样的作用？

19. 假定经济在开始时产品和货币市场均处于均衡状态。IS 方程为 $Y=a(\bar{A}-br)$，其中 Y 为实际收入，$\bar{A}$ 为政府支出，r 为实际利率，a，b 为参数，且 $a=2$。LM 曲线方程为：

$$r=\frac{1}{h}(kY-\frac{\bar{M}}{\bar{P}})$$

其中 $\frac{\bar{M}}{\bar{P}}$ 为实际货币供给余额，h，k 为参数，且 $k=0.5$。

当中央银行增加实际货币供给 10 亿美元时，若要保持实际利率不变，政府支出 $\bar{A}$ 必须增加多少？(厦门大学 2007 研)

20. 考虑如下经济模型：

商品市场：$C=100+0.9(Y-T)$，$I=190-10r$，$NX=-200$，$G=200$，$T=100$。

货币市场：$M=2000$；$P=5$；$L(Y, r)=Y-100r$。

其中 C 为消费，Y 为总产出，T 为税收，I 为投资，r 为利率，NX 为净出口，G 为政府支出，M 为货币供给，P 为价格水平，L 为货币需求。

(1)推导出 IS 和 LM 方程，并计算均衡状态下的产出 Y 和利率 r。

(2)如果政府想要平衡预算($G=T$)，可以增加税收，也可以降低政府支出，哪一个对产出的影响较小？(中央财经大学 2016 研)

四、论述题

1. 简述凯恩斯的有效需求不足理论、三个基本因素及其主要政策主张。(东北财经大学 2017、2011 研)

2. LM 曲线有哪三个区域？在这三个区域，货币需求的利率弹性有什么不同？这三个区域分别与什么样的经济状况相对应？(中南财大 2013 研)

3. 凯恩斯的经济理论奠定了现代西方宏观经济学的基础。请概括地阐述凯恩斯经济理论的基本框架。(提示：你可以先画一个简要的图表，然后根据这一图表阐述凯恩斯经济理论的纲要。)(中央财大 2010 研)

4. 货币市场的均衡条件是什么？LM 曲线是怎样得到的？请画图说明。

5. 考虑在 $IS-LM$ 模型中给定收入水平来决定均衡时的价格水平和利率水平

$$IS：Y=c(Y)+i(r,\ Y)+G$$

$$LM：\frac{M}{P}=l(r,\ Y)$$

其中，P 为价格水平，G 为政府花费水平，M 为货币供应水平，函数 $c(Y)$，$i(r,\ Y)$ 和 $l(r,\ Y)$ 满足 $c'(Y)>0$，$i_r<0$，$i_Y>0$，$l_r<0$ 和 $l_Y>0$。

回答下面的问题：

(1)讨论货币政策和财政政策对均衡时的价格和利率的影响。

(2)分别讨论什么时候出现货币政策、财政政策的无用性？

(3)假设消费函数、投资函数和货币的需求函数分别为下面的形式。

$c(Y)=a+bY$，$i(r,\ Y)=e+fY-gr$，$l(r,\ Y)=u-vr+wY$，其中 a，b，e，f，g，u，v，w 为正常数，求出均衡的价格水平和利率。

6. 评论凯恩斯的货币需求理论。

7. 货币需求的决定因素有哪些？

8. 结合图形分别说明产品市场和货币市场从失衡到均衡的调整过程。(浙江工商大学 2021 研)

9. 用 $IS-LM$ 模型说明为什么凯恩斯主义者强调财政政策的作用，而货币主义者强调货币政策的作用。(中南财大 2017 研；对外经贸大学 2014 研)

10. 比较国民收入与利息率均衡的分析($IS-LM$ 分析)和凯恩斯的现代国民收入理论，说明 $IS-LM$ 分析在哪些方面得出了与凯恩斯的现代国民收入理论不同的结论。(北师大 2007 研)

11. “中央银行决定利率”与“借贷市场决定利率”两种说法，究竟何者正确？(北大 2011 研)

3.3 考研真题与典型题详解

一、名词解释

1. 资本边际效率(marginal efficiency of capital)(东南大学 2022 研；中国海洋大学 2021 研；中南财大 2018 研；浙江理工大学 2015 研；中央财大 2014 研；北邮 2013 研)

答：资本边际效率是指资本的预期利润率，即增加一笔投资预期可得到的利润率。资本边际效率是一种贴现率，根据这种贴现率，在资本资产的寿命期间所提供的预期收益的现值等于该资本资产的供给价格。计算资本边际效率的公式为：

$$C_p=\frac{Q_1}{1+r}+\frac{Q_2}{(1+r)^2}+\frac{Q_3}{(1+r)^3}+\cdots\cdots+\frac{Q_n}{(1+r)^n}$$

式中，C_p 表示资本的供给价格，即资本的重置成本；Q_1、Q_2、……、Q_n 表示资本预期未来的收益；r 表示资本边际效率。公式表明，资本边际效率与资本重置成本成反比，与资本预期收益成正比。凯恩斯认为，预期收益的减少与重置成本的上升都会使资本边际效率递减。

2．流动性陷阱（中央民族大学 2022 研；中国海洋大学 2022 研；广东财经大学 2021 研；宁波大学 2021 研；广东外语外贸大学 2020、2017、2015 研；中央财大 2019、2015、2011 研；东南大学 2018 研；华中科技大学 2017 研；人大 2017 研；中南财大 2017 研；东北大学 2017 研；社科院 2015 研；财科所 2014 研；对外经贸大学 2014 研；武汉大学 2012 研）

答：流动性陷阱又称凯恩斯陷阱或灵活陷阱，是凯恩斯的流动偏好理论的一个概念，具体是指当利率水平极低时，人们对货币需求趋于无限大，货币当局即使增加货币供给也不能降低利率，从而不能增加投资引诱的一种经济状态。当利率极低时，有价债券的价格会达到很高，人们为了避免因有价债券价格跌落而遭受损失，几乎每个人都宁愿持有现金而不愿持有有价债券，这意味着货币需求会变得完全有弹性，人们对货币的需求量趋于无限大，表现为流动偏好曲线或货币需求曲线的右端会变成水平线。在此情况下，货币供给的增加不会使利率下降，从而也就不会增加投资引诱和有效需求，当经济出现上述状态时，就称之为流动性陷阱。但实际上，以经验为根据的论据从未证实过流动性陷阱的存在，而且流动性陷阱也未能被精确地说明是如何形成的。

3．流动性偏好（东北财经大学 2022、2019 研；北京理工大学 2020 研；厦门大学 2018 研；山东大学 2017 研；中南大学 2016 研；南开大学 2010 研）

答：流动性偏好又称灵活偏好，是指人们为应付日常开支、意外支出和进行投机活动而愿意持有现金的一种心理偏好。该理论由英国著名经济学家约翰·梅纳德·凯恩斯（J·M·Keynes）于 1936 年在《就业、利息和货币通论》中提出。它根源于交易动机、预防动机和投机动机。交易动机是为了日常交易而产生的持有货币的愿望，预防动机是为了应付紧急情况而产生的持有货币的愿望。满足交易动机和预防动机的货币需求数量取决于国民收入水平的高低，并且是收入的增函数。投机动机是人们根据对市场利率变化的预测，持有货币以便从中获利的动机。投机动机的货币需求与现实利率呈负相关。由交易动机、预防动机引起的流动偏好所决定的货币需求与收入（Y）呈同方向变动，可以表示为 $L_1(Y)$；由投机性动机引起的流动偏好所决定的货币需求与利率（r）呈反方向变动，故可以用 $L_2(r)$ 表示。这样，由流动偏好所决定的货币需求（L）就可以表示为：$L=L_1(Y)+L_2(r)$。

4．托宾 q 比率（南京大学 2022 研；厦门大学 2016 研；广东财经大学 2014 研；江西财经大学 2013 研）

答：托宾 q 比率是指企业股票的市场价值与资本重置成本的比率。这里的资本重置成本是在现有的产品市场条件下，重新创办该企业的成本。股票的市场价值反映的是股票持有者对企业资产的剩余索取权的价格预期。因此，q = 企业的股票市场价值/新建造企业的成本。

如果企业的市场价值小于资本的重置成本时，即 $q<1$，说明买旧的企业比建设新企业

便宜，于是就不会有投资；相反，如果企业的市场价值大于资本的重置成本，即 $q>1$ 时，说明新建造企业比买旧企业要便宜，因此会有新投资。就是说，当 q 较高时，投资需求会较大。

可以看出，投资是 q 值的增函数。托宾通过 q 值把金融市场和实际经济活动联系起来，推进了传统投资理论的发展。

5. *IS* 曲线（浙江大学 2019 研；华中科大 2014 研；山东大学 2012 研）

答： *IS* 曲线是指将满足产品市场均衡条件的收入和利率的各种组合的点联结起来而形成的一条曲线。它是反映产品市场均衡状态的一幅简单图像。它表示的是任一给定的利率水平上都有相对应的国民收入水平，在这样的水平上，投资恰好等于储蓄。在两部门经济中，*IS* 曲线的数学表达式为 $I(r)=S(Y)$，它的斜率为负，这表明 *IS* 曲线一般是一条向右下方倾斜的曲线。

一般来说，在产品市场上，位于 *IS* 曲线右上方的收入和利率的组合，都是投资小于储蓄的非均衡组合，即产品市场上存在着过剩的供给；位于 *IS* 曲线左下方的收入和利率的组合，都是投资大于储蓄的非均衡组合，即产品市场上存在着过度需求，只有位于 *IS* 曲线上的收入和利率的组合，才是投资等于储蓄的均衡组合。

6. *LM* 曲线（东北大学 2016 研；昆明理工大学 2010 研）

答： *LM* 曲线是指描述货币市场上均衡状态时各种收入与利率的变动轨迹的一条曲线。在货币市场上，对应于特定的收入水平，货币需求（L）与货币供给（M）相等时所决定的利率为均衡利率。但不同的收入水平对应着不同货币需求，故在不同的收入水平下也就有不同的均衡利率。

7. 货币需求函数

答： 货币需求函数是指表示货币需求量与决定货币需求的各种因素之间的关系的函数，通常将决定和影响货币需求的各种因素作为自变量，而将货币需求本身作为因变量。

比较典型的货币需求函数有：传统货币数量论的交易方程式（$MV=PT$，式中，M 为货币数量；V 为货币流通速度；P 为一般物价水平；T 为商品与劳务的交易量）；剑桥方程式（$M=kPY$，式中，M 为货币数量；k 为以货币形式持有的名义国民收入的比例；P 为一般物价水平；Y 为一定时期内按不变价格计算的实际产出；PY 表示名义国民收入水平）；凯恩斯的货币需求函数（$M=M_1+M_2=L_1(Y)+L_2(r)=L(Y,\ r)$，$M_1$ 为满足交易动机和预防动机的货币需求，M_2 为满足投机动机的货币需求，Y 表示国民收入，r 表示利率，L_1 表示 M_1 与 Y 的函数关系，L_2 表示 M_2 与 r 的函数关系）；弗里德曼的货币需求函数（$M=f\left\{p,\ r_b,\ r_c,\ \frac{1}{p}\cdot\frac{\mathrm{d}p}{\mathrm{d}t},\ w,\ y,\ u\right\}$，式中，$M$ 表示名义货币量；p 表示价格水平；r_b 表示债券的预期收益率；r_c 表示股票的预期收益率；$\frac{1}{p}\cdot\frac{\mathrm{d}p}{\mathrm{d}t}$ 表示物价的预期变动率；w 表示人力财富与非人力财富的比率；y 表示货币收入；u 为其他随机因素）。

8. 货币交易需求（东北财大 2017、2015 研）

答： 货币交易需求是指为满足日常交易活动所要求持有的货币余额需求。它是凯恩斯在《就业、利息和货币通论》一书中首次提出来的。货币交易需求主要决定于人们的收支水平和收支时距。假定支出水平是收入的稳定函数，则货币交易需求也就是总收入的正相关函数，通常与收入水平呈相同方向变化。收支时距也是影响货币交易需求的重要因素。从本质上讲，货币交易需求来自收支时差，如果收入与支出是同步的，人们也将不会存在交易需求。所以，在收入既定时，收支时距越长，货币交易需求越大；相反，收支时距越短，货币交易需求越小。

一般来说，满足交易动机的货币需求数量取决于收入水平，并与收入成正比，所以可将交易动机货币需求看作是收入的增函数，如图 3 -3 所示。

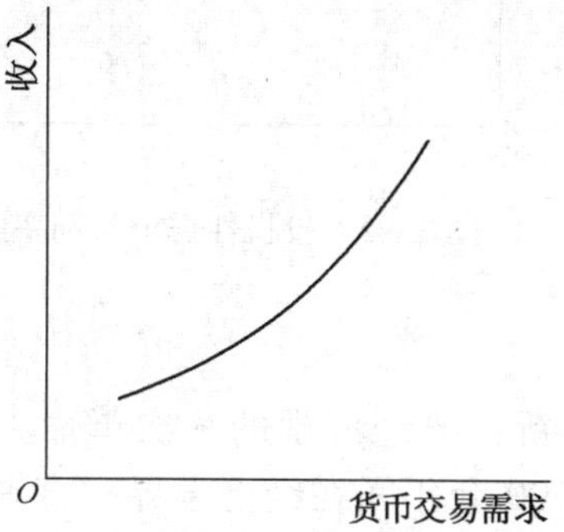

图 3 -3　交易动机货币需求与收入之间的关系

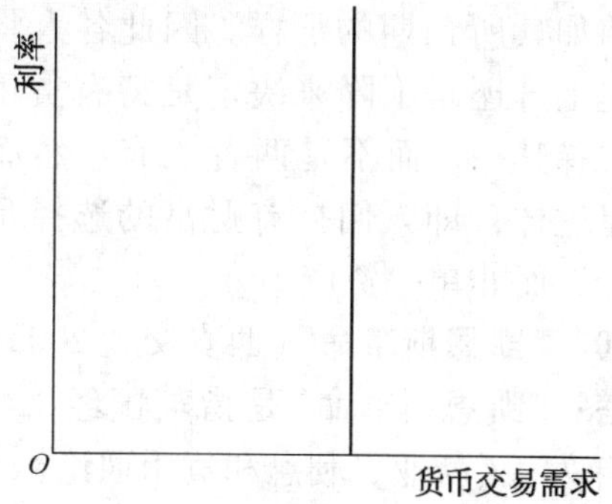

图 3 -4　交易动机货币需求与利率的关系

同时，凯恩斯认为，货币交易需求取决于收入，而同利率无关，如图 3 -4 所示。

早在 20 世纪 40 年代末，美国经济学家汉森(A · H · Hansen)在《货币理论和财政政策》一书中，就对凯恩斯的这一观点提出了质疑。他指出，当利率上升到相当高的程度时，货币的交易余额也会具有利率弹性。

1952 年，美国经济学家鲍莫尔(William Baumol)发表了《现金的交易需求——存货的理论分析》一文，第一次深入地分析了交易性货币需求同利率之间的关系，从而提出了著名的“平方根定律”(The Square root Formula)，这一定律也称为鲍莫尔模型，交易性货币需求可写为$\frac{C}{2}=M_d=\sqrt{\frac{bT}{2r}}$(式中，$T$ 表示某一时期可预见的交易支出，C 表示每次出售证券而获得的货币量，b 表示每次出售证券获取现金所需支出的手续费，r 表示市场利率)，它表明：①货币的交易需求，并不与交易(收入)总量依同一比例变化，而是与交易总量的平方根依同一方向变化，这称为“平方根定律”；②货币的交易需求与利率有关，这就补充和发展了凯恩斯的货币需求理论；③由于存在着交易成本 b，所以就需要持有一定货币。这印证了货币作为交易媒介的功能。

9. 投机性需求

答：投机性需求是指人们为了在未来某一适当的时机进行投机活动而愿意持有一部分货币。凯恩斯假定人们可以以两种形式来持有财富：货币和债券。人们在货币和债券之间的选择主要取决于这两种资产分别能给人带来的预期报酬。

根据凯恩斯的观点，货币的投机性需求与利率成反方向变化。因为，当利率较高时，持有债券的利率收入较大；同时，当利率较高时，利率在未来时期内下降的可能性也较大，所以持有债券获得资本利得的可能性也较大。这两方面因素加起来，就使利率越高，债券越有吸引力，货币的投机性需求越小；反之，当利率水平很低时，从债券上获得的利息收入还不足以补偿可能的资本损失，所以人们就宁愿持有货币。在极端情况下当利率水平低到所有人都认为它肯定将上升时，货币的投机性需求就可能变得无限大；任何新增的货币供给都会被人们所持有，而不会增加对债券的需求，结果使利率进一步下降，这就是“流动性陷阱”。

假如受利率影响的投机性需求称作 L_2，利率为 r，则 $L_2=L_2(r)$，$dL_2/dr<0$，如图 3－5所示。

但是，在凯恩斯的投机动机的货币需求中，隐含着几个假设，即人们对自己关于未来利率变化趋势的预期是确信不疑的，每个人都认为未来利率的高低将如其所预期的那样。因此各人将根据他预期利率是上升还是下降来决定是持有货币还是持有债券，二择其一，而不是两者兼有。然而现实情况往往不是这样，即人们持有财富的选择是多样化的资产组合，而非单一资产。

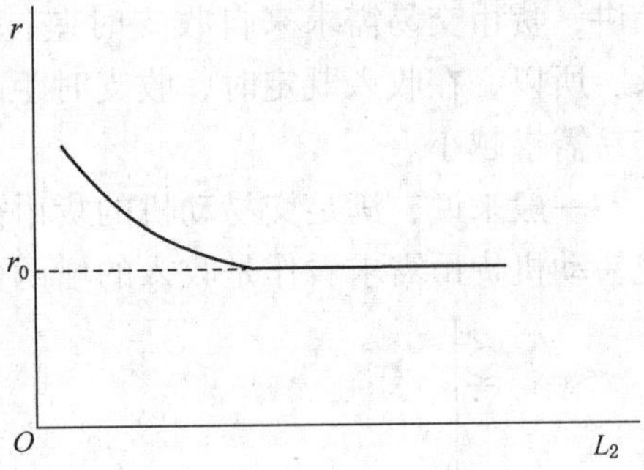

图 3－5　投机性需求与利率的关系

10. "凯恩斯革命"(西安交大 2003 研)

答："凯恩斯革命"是指英国经济学家凯恩斯对新古典经济学的一次革命。凯恩斯在 1936 年发表《就业、利息和货币通论》，打破了此前 100 余年间在经济学界一直占统治地位的古典均衡理论，创立了新的宏观经济学理论。学术界称之为"凯恩斯革命"。之所以称为革命，是因为在以下几个方面有着重大突破：

①否定了萨伊定律即"供给会自动创造需求"，因而不存在经济危机的观点。凯恩斯理论明确承认经济危机的存在及严重破坏性。

②摒弃了亚当·斯密"看不见的手"的机理，不相信市场机制的完善性和协调性，认为经济危机不可能通过市场机制的自动调节而恢复均衡，坚决主张采用强有力的政府干预，对严重的经济危机进行紧急抢救。

③否定了传统经济学在经济危机病因探索方面的"外因论"，转而寻找不稳定的内在结构，认为"有效需求不足"是主要原因，从考察生产就业和收入的决定因素入手，创立了有效需求原理及三大心理定律。

④开创了现代宏观经济分析，研究总就业量，总生产量和国民收入及其变动的原因，以区别于单个商品、单个厂商、单个家庭消费经济行为的微观经济分析。

⑤摒弃传统的健全财政原则，主张扩张性财政政策，主张扩大政府开支，赤字预算和举债支出。

11. 交易动机

答：交易动机是指为进行日常交易而产生的持有货币的愿望。从个人的角度看，在这方面保持货币的目的在于度过从支出费用到取得收入这一段时间间隔。交易动机的强度主要取决于收入的多少和收入间隔时间的长短。从一家企业着眼，持有货币是为了在业务上度过从支出成本到获得销售收入这样一段时间间隔。这种需求的强度主要取决于本期收入数额和本期产品到达消费者手中所需时间的长短。不管是企业还是个人，他们持有货币都是为了应付在收支时差中的业务开支需要。这种支出是有规律的且大致确定的。

12. 谨慎动机(北邮 2009 研)

答：谨慎动机也称预防动机，是指为应付紧急情况而产生的持有货币的愿望。根据谨慎动机持有货币，对个人来说是应付失业、患病等意料不到的需要；对于企业来说，其目的在于预防不时之需，或者准备用于事前没有料到的进货机会。这种支出都是突发的，不确定的。

13. 投机动机

答：投机动机是指人们根据市场利率变化的预测，需要持有货币以满足从中获利的愿望。即人们根据自己对利率变化的预期，为避免资产损失或增加资产收益而产生货币需求。例如，若利率过低，债券价格过高，投资者预期利率会上升，将增加对货币的需求，以待利率变化时进行投机；若利率过高，债券价格过低，投资者预期利率会下降，将增加对债券的购买而减少货币持有量，以待利率变化时卖出债券以获得资本利益。

14. 鲍莫尔—托宾模型(Baumol-Tobin model)(南京大学2015研)

答：鲍莫尔—托宾模型又称平方根法则，是由威廉·鲍莫尔和詹姆斯·托宾在凯恩斯的货币需求理论的基础上提出的基于交易动机的货币需求模型。

鲍莫尔—托宾模型研究的结论是交易需求层面的货币需求对利率是敏感的。这个模型的基本观点是人们持有货币是有机会成本的，即持有货币的替代资产如债券的利息收入。而持有货币的好处是避免了交易成本，持有债券是有交易成本的。人们在应付日常交易的时间段里，可以频繁的置换货币和债券，只要利息收入大于交易成本。当利率上升时，持有货币的机会成本必然增大。只要在不影响日常交易的时间内，持有货币的机会成本大于持有债券的交易成本，人们就愿意放弃一部分货币转而持有债券，以谋求利益。反之亦然。可见交易需求对利率也是敏感的，即交易需求与利率水平呈现负相关。

同样，沿着鲍莫尔—托宾模型的思路可以得到谨慎动机也与利率水平呈负相关。鲍莫尔—托宾模型的数学表达式为：

$$M^d = \sqrt{\frac{bT_0}{2i}}$$

其中，M^d 表示愿意持有的现金额，T_0 表示每期开始时个体的收入，b 表示为债券的交易费用，i 表示债券利率。由上式分析可得：

①收入 T_0 的增加，将使货币需求增加；

②交易费用 b 的增加，将使债券需求减少，货币需求增加；

③债券利率 i 的增加，将使债券需求增加，货币需求减少；

④价格的变动使 b、T_0 同时变动，结果使 M^d 作同比例的变动。

二、简答题

1. 凯恩斯认为人们的货币需求行为由哪些动机决定？

答：凯恩斯对货币需求理论的突出贡献是关于货币需求动机的分析。凯恩斯货币需求理论的基石是流动性偏好理论，流动性偏好是指人们偏好持有流动性较强的货币的行为。对于流动性偏好的抉择，他分析了人们为什么不以其未消费的那部分收入全部用于购买有价证券以得利息，而要手持一部分不生息的货币，从而归纳了货币需求即流动性偏好的三个动机：交易动机、预防动机和投机动机。

(1)交易动机。它指个人生活上或厂商业务上为应付日常支出而对货币的需求。因为企业的收支活动并不完全一致，企业在收到销售货款后，为了支付日常成本开支，需要持有一定数量可随时支用的货币，以弥补业务收支的差额，即营业动机；从个人来说，收入一般是定期取得的，但对收入的花费则是经常进行的，因此为了满足日常支付的需要，也必须持有一定量的货币，即所得动机。

(2)预防动机。它指人们为了预防意外紧急支出而须持有货币的需求，就是说，出于交易动机而在手边保存一定量货币以备日常交易之用，这些货币以后支出的时间、金额和用途等是大致确定的。而且，为了预防一些未曾遇到的、不确定的支出和购物机会，人们也必须持有一定量的货币。

交易动机和预防动机都注重货币的流通手段和支付手段职能，两者主要取决于收入的大小，为收入的递增函数。凯恩斯以 M_1 代表为满足交易动机和预防动机而持有的货币量，以 L_1 代表由交易动机和预防动机所引起的流动性偏好函数，以 Y 代表收入，则函数关系如下：$M_1 = L_1(Y)$。

(3)投机动机。对于货币的需求动机，剑桥学派已认识到交易动机和预防动机。凯恩斯的创新在于提出了投机动机。投机动机，是指人们为了在货币与生利金融资产之间进行选择，而保留一定量货币的需求。投机性货币需求同利率存在负相关关系。

出于投机动机对货币的需求直接取决于利率水平的高低，而与收入水平无关。凯恩斯以 M_2 代表为满足投机动机而持有的货币量，以 L_2 代表由投机所引起的流动性偏好函数，r 代表利率水平，则函数关系如下：

$$M_2 = L_2(r)$$

概括起来，凯恩斯提出的货币需求的三个动机包括两个方面：一是交易需求，二是资产需求。交易需求主要由收入 Y 决定，资产需求主要由利率 r 所决定。现以 M 代表货币需求总量，则整个社会的货币需求可用下列函数关系表示：$M = M_1 + M_2 = L_1(Y) + L_2(r)$ 或写成更一般的形式：$M = f(Y, r)$。

2. 什么叫"流动性陷阱"？当经济处于流动性陷阱时，扩张性货币政策是否有效？（浙江财经大学2021研）

答：(1)流动性陷阱的含义：

流动性陷阱是凯恩斯流动偏好理论中的一个概念。"流动性陷阱"的基本原理：凯恩斯认为，对利率的预期是人们调节货币和债券配置比例的重要依据，利率越高，货币需求量越小，当利率极高时，货币需求量等于零，因为人们认为这时利率不大可能再上升，或者说有价证券价格不大可能再下降，因而将所持有的货币全部换成有价证券。反之，当利率极低时，人们会认为这时利率不大可能再下降，或者说有价证券市场价格不大可能再上升而只会跌落，因而会将所持有的有价证券全部换成货币。人们有了货币也决不肯再去买有价证券，以免证券价格下跌时遭受损失，人们不管有多少货币都愿意持在手中，这种情况称为"凯恩斯陷阱"或"流动偏好陷阱"。

(2)流动性陷阱时扩张性货币政策的效应：

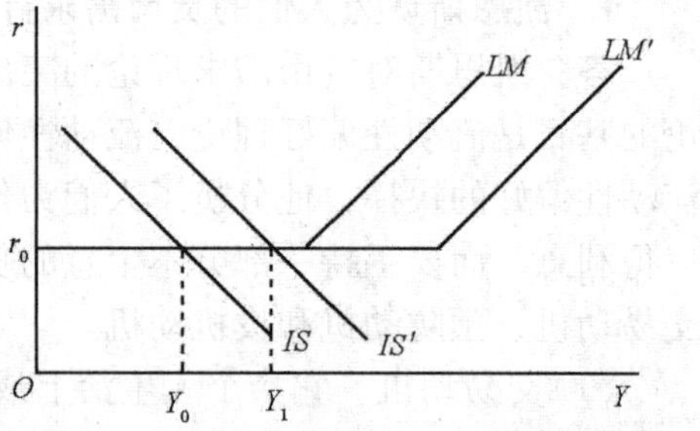

图3－6　流动性陷阱中的政策效应

在流动性陷阱情况下，货币投机需求无限大，货币供给的增加不会使利率下降，从而也就不会增加投资引诱和有效需求，表现为流动偏好曲线或货币需求曲线的右端会变成水平线。此时采取扩张性货币政策，不能降低利率，不能增加收入，货币政策无效，而财政政策极为有效。凯恩斯认为，20世纪30年代的情况就是如此。但在实际上，以经验为根据的论据从未证实过流动性陷阱的存在，而且流动性陷阱也未能被精确地说明是如何形成的。如图3－6所示，当利率降到一定程度 r_0 时，LM 曲线呈水平状态，这就是"流动性陷阱"，此时，不管政府增加多少货币供给，都不大可能使利率再下降。货币政策无效，而财政政策极为有效，能使 IS 右移至 IS'，利率保持不变，不产生"挤出效应"。

3. 简要回答凯恩斯的流动性偏好理论。（华东师范大学 2018 研）

答：流动性偏好理论是凯恩斯提出的一种利率理论，其主要的观点就是认为利息是在一定的时期放弃货币、牺牲流动性所应得到的报酬，而不是古典利率理论所讲的利息是对节欲、等待或推迟消费的报酬。“流动性偏好”是指由于货币具有使用上的灵活性，人们宁肯以牺牲利息收入而储存不生息的货币来保持财富的心理倾向。

凯恩斯认为货币需求起因于三种主要的动机，即交易动机、谨慎动机和投机动机。其中前两个动机可以统称为交易性动机，凯恩斯认为出于交易性动机的货币需求 L_1 是收入 y 的递增函数，交易性货币需求函数可以记为 $L_1 = L_1(y)$；而出于投机动机的货币需求 L_2 则是利率 r 的反函数，投机性货币需求函数可以记为 $L_2 = L_2(r)$。从而总的货币需求函数可以表达为：$L = L_1 + L_2 = L_1(y) + L_2(r) = ky - hr$。

凯恩斯认为利率是由货币的供给与需求所共同决定的，即货币供求相等决定了利率的水平。同时，凯恩斯认为当利率降到一个非常低的水平时，有价证券的价格很高，几乎每个人都宁愿持有现金而不愿持有有价证券，人们对于货币的需求量趋于无限大，此时货币需求曲线的右端为水平线，增加货币的供给，人们只会以现金的形式持有，并不能对投资和经济增长水平造成影响，出现“流动偏好陷阱”。

4. 假设货币的投机需求在每个利率水平，货币的交易需求在每个产出、收入水平均下降，试说明此时 *LM* 曲线会发生什么变化并解释理由。（北大 2003 研）

答：此时 *LM* 曲线将向左移动，这是因为：*LM* 曲线是表示货币市场均衡的曲线，曲线上任何一点都代表一定利率和收入的组合，在这样的组合下，货币需求与货币供给都是相等的，就是指货币市场的均衡状况。在凯恩斯的货币需求理论中，货币需求包括投机、交易和预防三种需求。当投机需求在每个利率水平，货币的交易需求在每个产出、收入水平均下降时，货币需求总量下降，而货币供给不变，这样就偏离了均衡的状态，原来 *LM* 曲线位置各点上就将出现货币供给大于货币需求的情况，此时要恢复均衡状态就要将 *LM* 曲线向左移动。

5. 试解释为什么不能用讨论货币交易需求的思路来分析货币的预防性需求。（北大 2003 研）

答：凯恩斯认为货币需求包括三个方面，即货币的交易需求、预防性需求和投机性需求。

货币的交易需求是指个人和企业为了进行正常的交易活动而必须持有一定量的货币。个人和企业出于这种交易动机所需要的货币量，决定于收入水平以及惯例和商业制度，而惯例和商业制度在短期内一般可以假定为固定不变。于是，按照凯恩斯的说法，出于交易动机的需求，主要决定于收入。交易数量越大，所交换的商品和劳务的价格越高，从而为应付日常开支所需的货币量就越大。预防性动机是指为预防意外支出而持有的一部分货币的动机，如个人或企业为应付事故、失业、疾病等意外事件而需要事先持有的一定数量货币。因此，如果说货币的交易需求产生于收入和支出之间缺乏同步性，则货币的预防需求产生于未来收入和支出的不确定性。这是不能用讨论货币交易需求的思路来分析货币的预防性需求的主要原因。

6. 根据 *IS* – *LM* 模型，在下列情况下，利率、收入、消费和投资会发生什么变动？

(1) 中央银行增加货币供给；

(2) 政府增加税收；

(3)政府等量地增加政府购买和税收。（辽宁大学 2004 研）

答：(1)当货币需求不变时，中央银行增加货币供给，意味着货币市场上供过于求，这必然导致利率下降。利率下降刺激消费和投资，从而使收入增加。

(2)政府增加税收会使总支出减少，反映到 *IS* – *LM* 模型体现为 *IS* 曲线向左移动。总支出减少使生产和收入减少，总收入减少了，对货币交易需求减少。当货币供给不变时，利率会下降。

(3)政府等量地增加政府购买和税收，根据平衡预算乘数，此时国民收入会增加，增加幅度为与政府购买和税收变动相等的数量。增加政府购买会使总支出增加，反映到 *IS* – *LM* 模型体现为 *IS* 曲线向右移动；增加税收会使总支出减少，反映到 *IS* – *LM* 模型体现为 *IS* 曲线向左移动。由于政府购买支出乘数大于税收乘数，所以最终会使 *IS* 曲线向右移动，导致利率上升、收入增加、消费增加和投资减少。

7. 简述 *IS* – *LM* 模型在凯恩斯主义宏观经济学中的地位。（财政部财科所 2015 研）

答：(1)*IS* – *LM* 模型是描述产品市场和货币市场之间相互联系的理论结构。在产品市场上，国民收入决定于消费、投资、政府支出和净出口加起来的总支出或者说总需求水平，而总需求尤其是投资需求要受到利率影响，利率则由货币市场供求情况决定，就是说，货币市场要影响产品市场；另一方面，产品市场上所决定的国民收入又会影响货币需求，从而影响利率，这又是产品市场对货币市场的影响。

(2)凯恩斯理论的核心是有效需求原理，它认为国民收入决定于有效需求，而有效需求原理的支柱又是边际消费倾向递减、资本边际效率递减以及心理上的流动偏好这三个心理规律的作用。这三个心理规律涉及四个变量：边际消费倾向、资本边际效率、货币需求和货币供给。在这里，凯恩斯通过利率把货币经济和实物经济联系了起来，打破了新古典学派把实物经济和货币经济分开的两分法，认为货币不是中性的，货币市场上的均衡利率要影响投资和收入，而产品市场上的均衡收入又会影响货币需求和利率，这就是产品市场和货币市场的相互联系和作用。但凯恩斯本人并没有用一种模型把上述四个变量联系在一起。汉森、希克斯这两位经济学家则用 *IS* – *LM* 模型把这四个变量放在一起，构成一个产品市场和货币市场之间相互作用共同决定国民收入与利率的理论框架，从而使凯恩斯的有效需求理论得到了较为完善的表述。

(3)*IS* – *LM* 模型不仅可以说明财政政策和货币政策，而且还可以用来分析财政政策和货币政策的相对有效性。政策的相对有效性也称为政策的效果，是指政策手段(或工具)变化使 *IS*(或 *LM*)曲线变动，最终对收入变动的影响。它是西方经济学家对凯恩斯经济理论的整个体系所做的标准阐释，而凯恩斯的经济理论奠定了现代西方宏观经济学的基础。

因此，可以说，*IS* – *LM* 模型是凯恩斯主义宏观经济学的核心。

8. 请画出 *IS* 曲线，并作简要说明与分析。

答：(1)*IS* 曲线是描述满足产品市场均衡条件(即总需求等于总供给)的利率和收入关系的曲线，它是一条从左上方向右下方倾斜的负斜率的曲线，如图 3 – 7 所示。

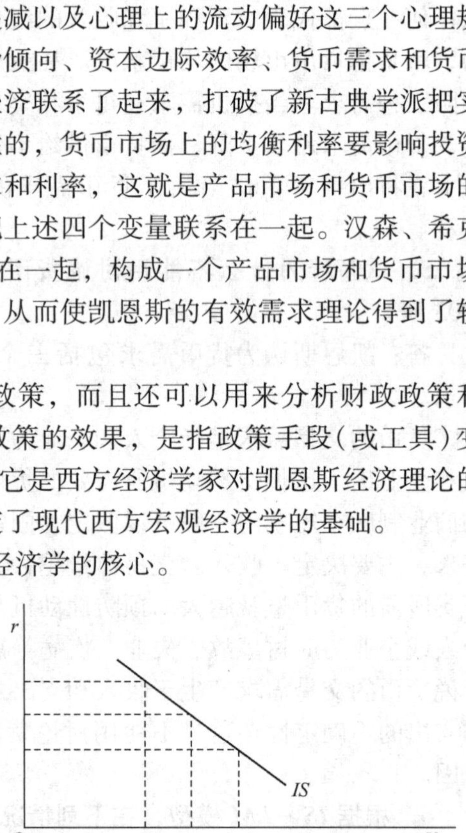

图 3 – 7　*IS* 曲线

(2)*IS* 曲线上任一点处利率与国民收入的组合表示产品市场实现了均衡，而 *IS* 曲线以外任一点处利率与国民收入的组合表示产品市场失衡；在两部门经济中，均衡条件为：$I=S$，$I=e-dr$，$S=-a+(1-b)Y$。推导出 IS 表达式为 $Y=\frac{a+e}{1-b}-\frac{d}{1-b}r$ 或 $r=\frac{a+e}{d}-\frac{1-b}{d}Y$。在三部门经济中，均衡条件为：$I+G=S+T$，$T=T_0+tY$，$S=-a+(1-b)(Y-T)$ 推导出 IS 表达式为：$Y=\frac{a+e+G-bT_0}{1-b(1-t)}-\frac{d}{1-b(1-t)}r$ 或 $r=\frac{a+e+G-bT_0}{d}-\frac{1-b(1-t)}{d}Y$。可见，均衡国民收入与利率间存在反方向变化的关系。以 r 为纵轴，Y 为横轴所画出的 IS 曲线是由左上方向右下方倾斜的。

IS 曲线左下方任一点处利率与国民收入的组合表示产品市场的总需求过剩，而总供给不足；IS 曲线右上方任一点利率与国民收入的组合表示产品市场的总需求不足，而总供给过剩。

(3) IS 曲线的斜率。在两部门经济中，由 $r=\frac{a+e}{d}-\frac{1-b}{d}Y$ 可看出，IS 曲线的斜率为 $-\frac{1-b}{d}$。IS 曲线斜率的大小，即利率变动对国民收入的影响程度，取决于以下两个因素：①利率对投资需求的影响系数 d；②边际消费倾向 b。d 一定时，b 越大，IS 曲线斜率的绝对值越小，IS 曲线越平缓，利率变动对国民收入的影响越大。在三部门经济中，斜率变为 $-\frac{1-b(1-t)}{d}$，税率 t 对 IS 曲线斜率亦会产生影响，当 d、b 一定时，t 越大，IS 曲线斜率的绝对值越大，IS 曲线越陡峭，利率变动对国民收入影响越小。

(4) IS 曲线的移动。由 IS 曲线表达式 $r=\frac{a+e+G-bT_0}{d}-\frac{1-b(1-t)}{d}Y$ 可看出，引起 IS 曲线移动的有以下几种因素：①乘数性因素，即上面提到的 d、b 和 t，当 d、b 增大或 t 减小时，IS 曲线变平缓，发生逆时针转动；反之，IS 曲线顺时针转动。②自主性因素，即自主性消费支出 a 与投资支出 e、政府支出 G 和自主性税收 T_0。当 a、e、G 增加或 T_0 减少时，IS 曲线向右上方平移，平移距离为其改变量乘以各自乘数；反之，IS 曲线向左下方平移。其中，政府支出 G 的增加和税收 T_0 的减少属于增加总需求的扩张性财政政策，G 的减少和 T_0 的增加属于降低总需求的紧缩性财政政策。政府若实行扩张性财政政策，会引起 IS 曲线向右上方平移；若实行紧缩性财政政策，IS 曲线则向左下方平移。可见，由 IS 曲线可清楚看出财政政策如何影响利率和国民收入(此为政策含义)。

注意：此题详细地论述了 IS 模型(曲线)的含义，LM 模型(曲线)问题的回答与之相似。此类题务必回答政策含义!

9. 如果 LM 曲线既定，IS 曲线的斜率变小，那么扩张性财政政策的效果将发生什么样的变化?(南京财经大学 2004 研)

答：财政政策效果大小是指政府收支变化引起 IS 变动从而最终对国民收入变动产生的影响。显然，从 $IS-LM$ 图形看，财政政策的效果随 IS 曲线和 LM 曲线的斜率不同而有所区别。

在 LM 曲线不变时，IS 曲线斜率的绝对值越大，即 IS 曲线越陡峭，则移动 IS 曲线时收入变化就越大，即财政政策效果越大。反之，IS 曲线越平坦，则 IS 曲线移动时收入变化就越小，即财政政策效果越小。

如图 3-8(a)和 3-8(b)所示，假定 LM 曲线即货币市场均衡情况完全相同，并且起初的均衡收入和利率也相同，政府实行扩张性财政政策，IS 曲线向右移动，从图 3－8 中可以看出，$Y_0Y_2 > Y_0Y_1$，所以当 IS 曲线斜率的绝对值变大时，财政政策的效果更好。

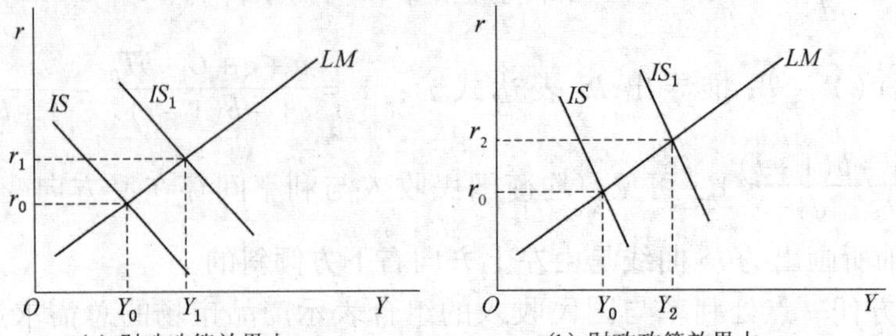

(a) 财政政策效果小　　(b) 财政政策效果大

图 3－8　财政政策效果

10. 为什么利率和收入的组合点位于 IS 曲线右上方时，反映产品市场上供过于求的情况？画图说明。（辽宁大学 2005 研）

答： IS 曲线上的点都是能够实现产品市场均衡的国民收入与利率的组合点。IS 曲线右上方的任意一点都表示存在超额产品供给，IS 曲线左下方的任意一点都表示存在超额产品需求。下面结合图 3－9 分析为什么利率和收入的组合点位于 IS 曲线右上方时，反映产品市场上供过于求的情况。

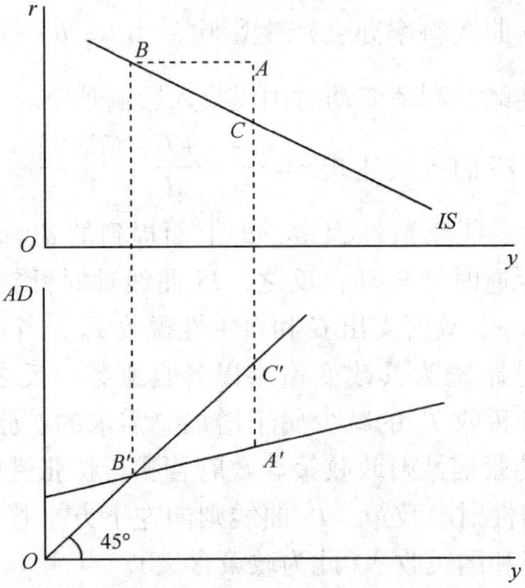

图 3－9　IS 曲线右上方的点的经济含义

如图 3－9 所示，A 点位于 IS 曲线右上方，A 点与 IS 曲线上的 B 点利率水平相同，A 点与 IS 曲线上的 C 点收入水平相同。A 点与 B 点利率水平相同，则反映到图 3－9 下图中体现为对应的 $A'B'$ 在同一条 AD 曲线上。将 A 点所对应的收入水平垂直下拉到 $AD-y$ 坐标系中，可见在该收入水平上，对应着 AD 曲线上的 A' 点。在 A' 点上，存在着 $AD<y$，即过度的产品供给，产品市场上供过于求。

11. 如何理解货币需求的经济含义。

答：(1)货币经济学中研究的货币需求是指有效的货币需求，它必须同时满足两个条件：一是必须有得到或持有货币的意愿；二是必须有得到或持有货币的能力。在货币经济条件下，由于货币是一种财富的代表，如果没有限制条件，人们持有它的意愿或欲望可能是无限的，但在实际生活中形成的实际货币需求是有限的。

①人们需要货币，首先是因为货币是一般等价物，它具有和其他商品相交换的能力。无论是企业经营还是个人生活，都需要一定的货币作为支付准备。此外，货币本身又是财富的代表，人们可用持有货币的形式来持有财富或资产。因此，可将货币需求分为两大类，一是对作为流通手段和支付手段的需求；二是对作为财富贮藏手段的需求。

在现实生活中，人们持有多少货币，取决于人们的收入、财富总量以及人们对货币和其他资产，包括股票、债券等金融和房地产等实物资产的收益、成本所作的比较。人们持有多少货币，取决于人们对各种资产的盈利性、流动性和安全性比较分析的结果，以使自己的资产组合达到最佳。

②对一个国家来说，在一定时期内的货币需求则要受到国民生产总值、财富总量及制度因素如信用制度、支付制度等制约。

(2)因此，可以从宏观和微观两个层面来理解货币需求含义。从宏观层面上讲，货币需求是指在一定的时间内，在一定的资源约束和制度约束下，整个社会应有多少货币来执行交易媒介、支付手段和价值贮藏职能。从微观层面上讲，货币需求是指有行为能力的经济主体在一定的财务约束下，持有货币的动机和行为，是经济主体在进行资产选择后，在其认为的资产组合最佳水平持有一定数量货币的愿望与行为。货币需求理论就是研究在一定的时间内，在一定的经济条件下，决定经济主体货币需求量的因素有哪些，以及这些因素和货币需求量之间的关系如何的理论。

12. 为什么投资的边际效率随着投资支出的增加而逐渐递减？(西安交大2006研)

答：投资的边际效率亦称“内在收益率”，是指一笔投资的未来收益折算成现值时的贴现率。它与资本边际效率的区别在于，它所指的是短期内投资的贴现率，而在短期由于各厂商会同时增加投资而使投资品的供给价格上升。投资边际效率递减的主要原因有：

(1)实际利率的提高会减少企业的实物投资数量。因为利率升高，投资者发现实物投资的回报不如购买国库券或在股市里投机，他们就会增加对金融资产的投资，而减少实物投资；利率下降，实际投资的收益率确实对投资者有利时，他们就会减少对金融资产的投资，而增加对实物的投资。

(2)投资的边际收益存在着递减的趋势。无论是投资的边际效率，还是资本的边际效率都呈现着向右下方倾斜的特征，这在本质上都反映了资本边际收益的递减。因为对企业家来说，在不考虑其他变量的情况下，资本的边际效益是投资的边际收益，市场的利率是投资的边际成本，为了获得投资利润的最大化，他们必须保持投资的边际收益等于投资的边际成本，也就是随着利率的下降而扩大投资规模，利率下降的轨迹因此也就是资本边际效益递减的轨迹。

(3)投资的边际效益递减是由多方面的原因决定的。一是边际产出递减规律的作用。投资规模的扩大导致生产规模的扩大，生产规模的扩大又导致产出的增长速度越来越慢。二是商品销售竞争的结果。投资规模的扩大导致产出的增加，企业之间销售的竞争必然导致商品价格的下降，从而造成产出的边际销售收入减少。三是生产要素的竞争推动投资成本的提高。因为许多企业的竞相投资造成所有生产要素，包括物资、资金和劳动力供给的紧张，从而导致这些要素价格的上升，投资成本随之增大。这些原因决定投资边际收益的递减，而递减的程度和速度则在不同的经济条件下有不同的表现。

13. 请依据*IS*－*LM*模型解释，在危机(严重衰退)时期的财政政策和货币政策的有效性会发生怎样的变化。(南开大学2009研)

答：(1) IS 曲线和 LM 曲线相交所决定的均衡收入不一定是充分就业收入，而且依靠市场的自发调节无法实现充分就业均衡，需要依靠国家运用财政政策和货币政策进行调节。具体地说，需要运用财政和货币政策来改变 IS 和 LM 曲线的位置，使它们相交于充分就业的国民收入。

财政政策是政府变动税收和支出以便影响总需求进而影响就业和国民收入的政策。变动税收是指改变税率和税率结构；变动政府支出是指改变政府对商品与劳务的购买支出以及转移支付。政府还可以用减税或加速折旧等办法给私人投资以津贴，直接刺激私人投资，增加生产和就业。

货币政策是政府货币当局即中央银行通过银行体系变动货币供给量来调节总需求的政策。例如，在经济萧条时增加货币供给，降低利息率，刺激私人投资，进而刺激消费，使生产和就业增加。这就是扩张性货币政策。

(2) 在危机时期政府应采用扩张性财政政策和扩张性货币政策。虽然实行扩张性的财政政策和货币政策都能产生增加国民收入的效果，然而，政策效果的大小却因 IS 和 LM 曲线的斜率不同而大有差别。

①财政政策有效性：扩张性财政政策产生的"挤出效应"是指政府支出增加所引起的私人消费或投资降低的效果。在一个充分就业的经济中，政府支出增加会以下列方式使私人投资出现抵消性的减少：由于政府支出增加，商品市场上购买产品和劳务的竞争会加剧，物价就会上涨，在货币名义供给量不变的情况下，实际货币供给量会因价格上涨而减少；进而使可用于投机目的货币量减少。结果，债券价格就下跌，利率上升，进而导致私人投资减少。投资减少了，人们的消费随之减少。这就是说，政府支出增加"挤占"了私人投资和消费。在非充分就业的经济中，政府推行增加支出的扩张性财政政策，同样对私人投资有"挤出效应"。但一般说来，不可能对私人投资支出产生完全的"挤出"。挤占程度主要取决于以下几个因素：第一，支出乘数的大小。乘数越大，政府支出所引起的产出增加固然越多。但利率提高使投资减少所引起的国民收入减少也越多，即"挤出效应"越大。第二，货币需求对产出变动的敏感程度。即货币需求函数($L = ky - hr$)中的 k 的大小。k 越大，政府支出增加所引起的一定量产出水平增加所导致的对货币的需求(交易需求)的增加也越大，因而使利率上升也越多，从而"挤出效应"也就越大。第三，货币需求对利率变动的敏感程度。即货币需求函数中 h 的大小，也就是货币需求的利率系数的大小。如果这一系数越小，说明货币需求稍有变动，就会引起利率大幅度变动。因此，当政府支出增加引起货币需求增加所导致的利率上升就越多，因而对投资的"挤占"也就越多。相反，如果 k 越大，则"挤出效应"就越小。第四，投资需求对利率变动的敏感程度，即投资的利率系数的大小。投资的利率系数越大，则一定量利率水平的变动对投资水平的影响就越大，因而"挤出效应"就越大；反之，则"挤出效应"就越小。

②货币政策有效性：IS 较陡，表示投资的利率系数较小(当然，支出乘数较小时也会使 IS 较陡，但 IS 斜率主要取决于投资的利率系数)，即投资对利率变动的敏感程度较差，因此，LM 曲线由于货币供给增加而向右移动使利率下降时，投资不会增加很多，从而国民收入也不会有较大增加；反之，IS 较平坦时，表示投资利率系数较大，因此，货币供给增加使利率下降时，投资和收入会增加较多。LM 较平坦，表示货币需求受利率的影响较大，即利率稍有变动就会使货币需求变动很多，因而货币供给量变动对利率变动的作用较小，从而增加货币供给量的货币政策就不会对投资和国民收入有较大影响。反之，若 LM 曲线较陡

峭，表示货币需求受利率的影响较小，即货币供给量稍有增加就会使利率下降较多，因而对投资和国民收入有较多增加，即货币政策的效果较强。一项扩张的货币政策如果能使利率下降较多（*LM* 较陡时就会这样），并且利率的下降能对投资有较大刺激作用（*IS* 较平坦时就会这样），则这项货币政策的效果就较强。

当经济严重衰退时，类似凯恩斯极端，货币需求利率系数为无限大，而投资需求的利率系数等于零。因此，政府支出的“挤出效应”为零，财政政策效果极大，货币政策无效。

14. 结合 *IS*－*LM* 曲线简要说明，如果政府在增加财政支出的同时又伴之以松动银根的政策，将可能对均衡的收入、利率水平产生怎样的影响？（东北财大 2009 研）

答： *IS*－*LM* 模型是说明产品市场与货币市场同时达到均衡时国民收入与利率的决定的模型。增加财政支出属于积极的财政政策，*IS* 曲线将向右移动；同时伴以松动银根的政策，即同时伴以宽松的货币政策，那么 *LM* 曲线将向右下方移动。下面三个图示中，横轴代表国民收入（Y），纵轴代表利率（r）。

（1）第一种情况：

如图 3－10 所示，当增加财政支出时，*IS* 曲线将向右移动至 *IS′*；松动银根时，*LM* 曲线将向右下方移动至 *LM′*，最后在新的均衡点处收入为 Y'，利率为 r，相对于原来的情况收入增加了，利率没有变化。

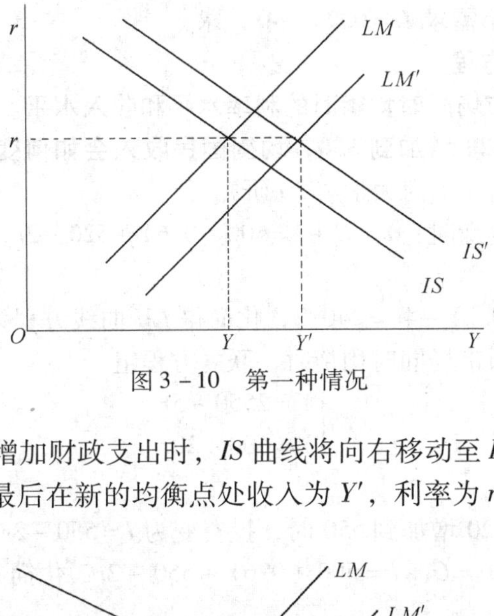

图 3－10　第一种情况

（2）第二种情况：

如图 3－11 所示，当增加财政支出时，*IS* 曲线将向右移动至 *IS′*；松动银根时，*LM* 曲线将向右下方移动至 *LM′*，最后在新的均衡点处收入为 Y'，利率为 r'，相对于原来的情况收入增加了，利率升高了。

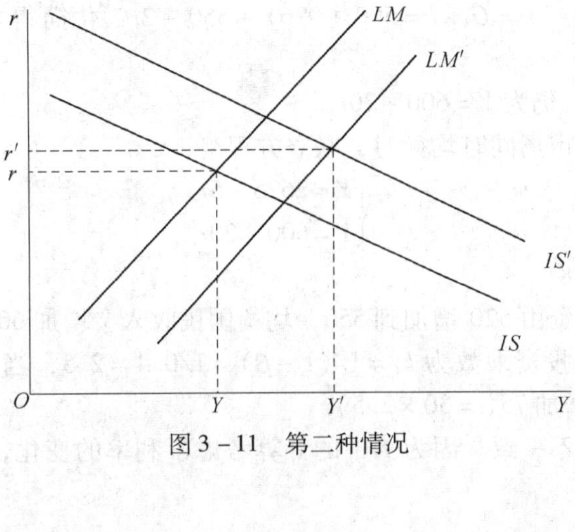

图 3－11　第二种情况

(3)第三种情况：

如图 3－12 所示，当增加财政支出时，*IS* 曲线将向右移动至 *IS*′；松动银根时，*LM* 曲线将向右下方移动至 *LM*′，最后在新的均衡点处收入为 *Y*′，利率为 *r*′，相对于原来的情况收入增加了，利率降低了。

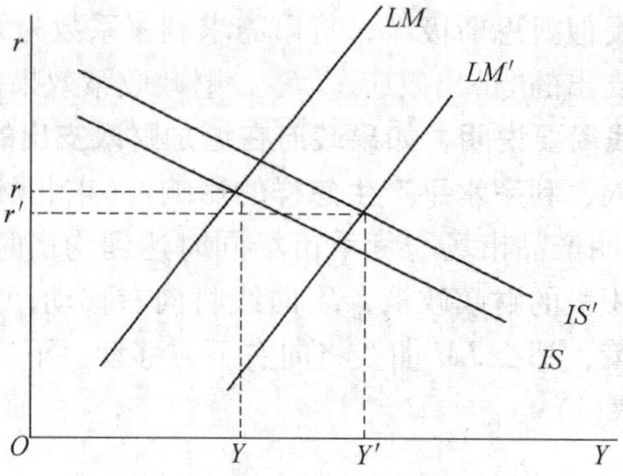

图 3－12　第三种情况

三、计算题

1. 在两部门经济中，若消费 $C=500+0.6Y$，投资 $I=520-2r$，名义货币供给量为 240，价格水平 $P=2$，货币需求 $L=0.2Y-4r$，求：

(1) *IS* 和 *LM* 曲线的方程。

(2) 商品市场和货币市场同时均衡时的利率水平和收入水平。

(3) 如果自主投资由 520 增加到 550，均衡国民收入会如何变动？结论与乘数原理一致吗？计算并给出解释。（浙江工商大学 2020 研）

解：(1) 当商品市场均衡时：$Y=C+I=500+0.6Y+520-2r$，化简得 *IS* 曲线方程为 $Y=2550-5r$。

当货币市场均衡时：$0.2Y-4r=240/2$，化简得 *LM* 曲线方程为 $Y=600+20r$。

(2) 当商品市场和货币市场同时均衡时，联立方程组：

$$\begin{cases}Y=2550-5r\\Y=600+20r\end{cases}$$

解得 $Y=2160$，$r=78$。

(3) ①当自主投资由 520 增加到 550 时，投资变为 $I=550-2r$。

当商品市场均衡时：$Y=C+I=500+0.6Y+550-2r$，化简得 *IS* 曲线方程为 $Y=2625-5r$。

LM 曲线方程不变，仍为 $Y=600+20r$。

当商品市场和货币市场同时均衡时，联立方程组：

$$\begin{cases}Y=2625-5r\\Y=600+20r\end{cases}$$

解得 $Y=2220$，$r=81$。

因此，如果自主投资由 520 增加到 550，均衡国民收入会增加 60。

②根据乘数原理，投资乘数为 $k_I=1/(1-\beta)=1/0.4=2.5$，当自主投资由 520 增加到 550，均衡国民收入应增加 75（$=30\times2.5$）。

③两者得出的结论不一致。因为①中的计算考虑了利率的变化，利率由 78(%) 提高到

了81(%)，所以抑制了投资，即政府的财政政策存在“挤出效应”，从而国民收入的增加无法达到假定利率不变时的水平。而②中的投资乘数没有考虑利率的变化，所以两者得出的结论不一致。

2. 假设货币需求为 $L=0.2Y-10r$，货币供给量为 $M=200$，消费 $C=60+0.8Y_D$，税收 $T=100$，投资 $I=150$，政府支出 $G=100$。

(1)求均衡收入、利率和投资；

(2)政府支出从100增加到120时，均衡收入、利率和投资有何变化?

(3)是否存在挤出效应?(宁波大学2021研)

解：(1)当产品市场均衡时，$Y=C+I+G=60+0.8(Y-100)+150+100$，解得 $Y=1150$。

当货币市场均衡时，$L=M$，即 $0.2Y-10r=200$，化简得 $Y=1000+50r$。

当产品市场和货币市场同时达到均衡时，$Y=1150$，$r=3(\%)$，$I=150$。

(2)当 $G=120$ 时，$Y=C+I+G=60+0.8(Y-100)+150+120$，解得 $Y=1250$。

LM 曲线不变，仍为 $Y=1000+50r$。

当产品市场和货币市场同时达到均衡时，$Y=1250$，$r=5(\%)$，$I=150$。

因此，当政府支出从100增加到120时，均衡收入增加100，利率提高2%，投资不变。

(3)不存在挤出效应。当政府支出增加时，均衡收入增加，利率上升，但投资不变，因此不存在挤出效应。

3. 假定经济满足 $Y=C+I+G$，且消费 $C=800+0.63Y$，投资 $I=7500-20000r$，货币需求 $L=0.1625Y-10000r$，名义货币供给量 $M_S=6000$ 亿美元，价格水平 $P=1$，试问当政府支出从7500亿美元增加到8500亿美元时，政府支出(这里指政府购买)的增加挤占了多少私人投资?

解：政府支出增加之前：

由 $Y=C+I+G=800+0.63Y+7500-20000r+7500$ 可知 IS 曲线为：$0.37Y=15800-20000r$；

化简得：

$$r=\frac{15800}{20000}-\frac{0.37}{20000}Y \quad ①$$

在 $P=1$ 的情况下，由货币供给等于货币需求可得 LM 曲线为：

$$0.1625Y-10000r=6000$$

化简得：

$$r=-\frac{6000}{10000}+\frac{0.1625}{10000}Y \quad ②$$

联立①②式得：

$$\frac{15800}{20000}-\frac{0.37}{20000}Y=-\frac{6000}{10000}+\frac{0.1625}{10000}Y$$

化简整理得：

$$Y=40000(\text{亿美元})$$

此时 $r=-\frac{6000}{10000}+\frac{0.1625}{10000}\times40000=0.05$；

所以投资 $I_1=7500-20000\times0.05=6500$(亿美元)。

增加政府支出后：

由 $Y=C+I+G=800+0.63Y+7500-20000r+8500$ 可知 IS 曲线为：$0.37Y=16800-20000r$；

化简得：

$$r=\frac{16800}{20000}-\frac{0.37}{20000}Y \qquad ③$$

联立②③式得：

$$\frac{16800}{20000}-\frac{0.37}{20000}Y=-\frac{6000}{10000}+\frac{0.1625}{10000}Y$$

化简整理得：

$$Y\approx41438.85（亿美元）$$

此时 $r=-\frac{6000}{10000}+\frac{0.1625}{10000}\times41438.85\approx0.0734$；

所以投资 $I_2=7500-20000\times0.0734=6032$（亿美元）；$\Delta I=I_2-I_1=6032-6500=-468$（亿美元）。

即政府支出增加挤占了468亿美元的私人投资。

4. 假设某经济体的消费函数为 $C=400+0.8Y$，投资函数为 $I=100-50r$，政府购买为 $G=100$，货币需求函数为 $L=150+0.5Y-125r$，货币供给 $M=1150$，价格水平 $P=1$。

（1）写出 IS、LM 方程。

（2）计算均衡的国民收入和利率。

（3）如果该国充分就业的国民收入是4000，若用增加政府购买实现充分就业，应该增加多少政府购买。（对外经贸大学2009研）

解：（1）由三部门经济产品市场均衡条件可得：

$$\begin{aligned}Y&=C+I+G\\&=400+0.8Y+100-50r+100\\&=0.8Y-50r+600\end{aligned}$$

整理得：$Y=3000-250r$；

即 IS 方程为 $Y=3000-250r$。

由货币市场均衡条件可得：

$$\frac{M}{P}=150+0.5Y-125r$$

当 $P=1$ 时，整理得：$Y=2000+250r$；

即 LM 方程为 $Y=2000+250r$。

（2）两个市场同时达到均衡时的利率和收入可通过求解以下联立方程而得：

$$\begin{cases}Y=3000-250r\\Y=2000+250r\end{cases}$$

解得：$Y=2500$，$r=2$。

即均衡的国民收入为2500，均衡利率为2。

（3）设 $\alpha=\frac{1}{1-\beta}$ 表示不考虑挤出效应的支出乘数，则在 $IS-LM$ 模型中，政府购买支出

乘数 $k_g=\frac{\alpha h}{h+\alpha dk}$，将 $\alpha=\frac{1}{1-\beta}=\frac{1}{1-0.8}=5$、$h=125$、$k=0.5$、$d=50$ 代入政府购买支出乘数，可得：$k_g=\frac{5\times125}{125+5\times50\times0.5}=2.5$。

即在考虑挤出效应的前提下，政府购买支出变动一个单位会引起收入变动 2.5 个单位。可以看出，需要增加的国民收入为 1500（ $=4000-2500$ ）。

故 $\Delta G=\frac{\Delta Y}{k_g}=\frac{1500}{2.5}=600$。

即如果该国充分就业的国民收入是 4000，若用增加政府购买实现充分就业，应该增加 600 单位的政府购买。

5. 如果在一国的经济中，自发性消费 $\alpha=250$，边际消费倾向 $\beta=0.75$，$I=500$，政府购买 $G=500$。（单位：亿美元）

求：（1）均衡国民收入、消费、储蓄各是多少？投资乘数是多少？

（2）如果当时实际产出（即收入）为 6000，国民收入将如何变化？为什么？

（3）如果投资 I 是利率 r 的函数：$I=1250-50r$（r 的单位：%）；货币供给是价格水平 P 的函数：$M/P=1000/P$；货币需求是收入 Y 和利率 r 的函数：$L=0.5Y-100r$。那么，①价格水平 $P=1$ 时的 IS、LM 曲线及均衡利率和收入。②在价格水平是变动的情况下，导出总需求曲线，并说明其含义。

解：（1）由三部门经济国民收入恒等式 $Y=C+I+G=250+0.75Y+500+500$，解得均衡收入：$Y=5000$（亿美元，下同）。

消费：$C=250+0.75Y=250+0.75\times5000=4000$；

储蓄：$S=Y-C=5000-4000=1000$；

投资乘数：$k_i=1/(1-\beta)=1/(1-0.75)=4$。

（2）在三部门经济中，$I+G=S+T$ 是宏观均衡的条件，在第（1）小题里，$I+G=500+500=S=1000$，$Y=5000$ 正是均衡国民收入。当实际产出为 6000 时，$S=-\alpha+(1-\beta)Y=-250+(1-0.75)\times6000=1250$，$I+G=1000<S=1250$，社会总需求小于总供给，国民收入将下降。

（3）①由三部门经济国民收入恒等式 $Y=C+I+G=250+0.75Y+1250-50r+500$，解得 IS 方程：$Y=8000-200r$。

由货币市场均衡条件 $M/P=L=0.5Y-100r=1000$，解得 LM 方程：$Y=2000+200r$。

解 IS、LM 方程组：

$$\begin{cases}Y=8000-200r\\Y=2000+200r\end{cases}$$

得均衡利率 $r=15$（%），均衡收入 $Y=5000$（亿美元）。

②由方程组

$$\begin{cases}Y=8000-200r\\\frac{1000}{P}=0.5Y-100r\end{cases}$$

解得需求函数为：$Y=4000+1000/P$。

该总需求函数表达的是产品市场和货币市场同时达到均衡时国民收入与价格的关系。

6. 假定货币供给量用 M 表示，价格水平用 P 表示，货币需求用 $L=ky-hr$ 表示。

(1)求 LM 曲线的代数表达式，找出 LM 曲线的斜率的表达式。

(2)找出 $k=0.2$，$h=10$；$k=0.2$，$h=20$；$k=0.10$，$h=10$ 时 LM 的斜率的值。

(3)当 k 变小时，LM 斜率如何变化；h 增加时，LM 斜率如何变化？（北邮 2006 研）

解：(1)实际货币供给为：$M^s=\frac{M}{P}$，实际货币需求为：$M^d=L=ky-hr$。

在货币市场均衡时，$M^s=\frac{M}{P}=M^d=ky-hr$。

整理得 LM 曲线代数表达式为：$r=\frac{k}{h}y-\frac{M}{hP}$。

可以看出，LM 曲线的斜率为$\frac{k}{h}$。

(2)当 $k=0.2$，$h=10$ 时，LM 曲线的斜率为 0.02；当 $k=0.2$，$h=20$ 时，LM 曲线的斜率为 0.01；当 $k=0.10$，$h=10$ 时，LM 曲线的斜率为 0.01。

(3)因为$\frac{\partial(slope_{LM})}{\partial k}=\frac{1}{h}>0$，所以在 h 不变时，如果 k 变小时，LM 曲线的斜率会变小。这点可以由(2)中的($k=0.2$，$h=10$)到($k=0.10$，$h=10$)的变化引起斜率变小来印证。

因为$\frac{\partial(slope_{LM})}{\partial h}=-\frac{k}{h^2}<0$，所以在 k 不变时，如果 h 变大时，LM 曲线的斜率会变小。这点可以由(2)中的($k=0.2$，$h=10$)到($k=0.2$，$h=20$)的变化引起斜率变小来印证。

7. 假定(a)消费函数为 $C=50+0.8Y$，投资函数为 $I=100-5r$，(b)消费函数为 $C=50+0.8Y$，投资函数为 $I=100-10r$，(c)消费函数为 $C=50+0.75Y$，投资函数为 $I=100-10r$(价格水平都不变)。

(1)求(a)、(b)和(c)的 IS 曲线。

(2)比较(a)和(b)说明投资对利率更为敏感时，IS 曲线斜率将发生什么变化？

(3)比较(b)和(c)说明边际消费倾向变动时，IS 曲线斜率将发生什么变化？（中南财大 2009 研）

解：(1)由 $C=a+bY$，$I=e-dr$ 和 $Y=C+I$ 可知：

$$Y=a+bY+e-dr$$

此时 IS 曲线将为：$r=\frac{a+e}{d}-\frac{1-b}{d}Y$。

于是由(a)的已知条件 $C=50+0.8Y$ 和 $I=100-5r$ 可得(a)的 IS 曲线为：

$$r=\frac{100+50}{5}-\frac{1-0.8}{5}Y$$

即 $r=30-\frac{1}{25}Y$ ①

同理由(b)的已知条件可得(b)的 IS 曲线为：

$$r=\frac{100+50}{10}-\frac{1-0.8}{10}Y$$

即 $r=15-\frac{1}{50}Y$ ②

同样由(c)的已知条件可得(c)的 IS 曲线为：

$$r = \frac{100 + 50}{10} - \frac{1 - 0.75}{10}Y$$

即 $r = 15 - \frac{1}{40}Y$ ③

(2)由(a)和(b)的投资函数比较可知(b)的投资行为对利率更为敏感，而由(a)和(b)的 *IS* 曲线方程①和②比较可知(b)的 *IS* 曲线斜率(绝对值)要小于(a)的 *IS* 曲线斜率(绝对值)，这说明在其他条件不变的情况下，投资对利率越敏感即 d 越大时，*IS* 曲线的斜率(绝对值)越小。

(3)由(b)和(c)的消费函数比较可知(b)的 *IS* 曲线斜率(绝对值)要小于(c)的 *IS* 曲线斜率，亦说明在其他条件不变的情况下，边际消费倾向越大即 b 越大时，*IS* 曲线的斜率(绝对值)越小。

8. 假定某经济中有 $C = 100 + 0.75Y_d$，$I = 125 - 600r$，$G = 50$，$T = 20 + 0.2Y$，$TR = 0$。

(1)推导 *IS* 方程；

(2)*IS* 曲线斜率；

(3)当 $r = 0.15$ 时，Y 是多少？如果充分就业收入 $Y_f = 465$，应增加多少政府支出才能实现充分就业？

(4)当增加政府支出 $\Delta G = 10$ 时，收入增加多少？

解：(1)由三部门经济产品市场均衡条件可得：

$$\begin{aligned} Y &= C + I + G \\ &= 100 + 0.75 \times (Y - 20 - 0.2Y) + 125 - 600r + 50 \\ &= 260 + 0.6Y - 600r \end{aligned}$$

解得：$Y = 650 - 1500r$ *IS* 方程

(2)由 $Y = 650 - 1500r$，$r = \frac{650 - Y}{1500}$，得 *IS* 的斜率为 $-\frac{1}{1500}$。

(3)$r = 0.15$ 时，$Y = 650 - 225 = 425$；若 $Y_f = 465$，缺口 $\Delta Y = 465 - 425 = 40$，这时政府支出乘数 $k_g = \frac{1}{1 - b(1 - t)} = \frac{1}{0.4} = 2.5$，故要充分就业，需增加的政府支出为 $\Delta G = \frac{40}{2.5} = 16$。

(4)当 $\Delta G = 10$ 时，收入增加为 $\Delta Y = 10 \times 2.5 = 25$。

9. 假定某经济社会的消费函数 $c = 30 + 0.8y_d$，净税收即总税收减去政府转移支付后的金额 $t_n = 50$，投资 $i = 60$，政府购买性支出 $g = 50$，净出口即出口减进口以后的余额为 $nx = 50 - 0.05y$，求：(1)均衡收入；(2)在均衡收入水平上净出口余额；(3)投资乘数；(4)投资从 60 增至 70 时的均衡收入和净出口余额。(对外经贸大学 2014 研)

解：(1)由四部门经济产品市场均衡条件可得：

$$y = c + i + g + nx = 30 + 0.8(y - 50) + 60 + 50 + 50 - 0.05y = 0.75y + 150$$

解得：均衡收入 $y = 600$。

(2)将 $y = 600$ 代入 $nx = 50 - 0.05y$，可得净出口余额 $nx = 20$。

(3)投资乘数 $k = \frac{1}{1 - \beta + \gamma} = \frac{1}{1 - 0.8 + 0.05} = 4$。

(4)投资乘数为 4，投资从 60 增至 70 即增加 10 时，均衡收入增加 40，此时均衡收入为 640。将 $y = 640$ 代入 $nx = 50 - 0.05y$，可得净出口余额 $nx = 18$。

10. 假设存在以下封闭经济：$C=100+0.5(Y-T)$；$I=100-10r$；$G=200$；$T=200$；$M=1000$；$P=2$；$(M/P)^d=Y-20r$。其中，$(M/P)^d$为货币需求函数。

(1)求均衡的产出和利率；

(2)求政府储蓄和私人储蓄。（暨南大学 2021 研）

解：(1)当产品市场均衡时，$Y=C+I+G=100+0.5(Y-200)+100-10r+200$，得到 IS 曲线方程为 $Y=600-20r$。

由货币市场均衡条件 $M/P=(M/P)^d$可得 LM 曲线方程为 $Y=20r+500$。

当产品市场和货币市场同时均衡时，联立方程组：

$$\begin{cases} Y=600-20r \\ Y=20r+500 \end{cases}$$

解得 $Y=550$，$r=2.5(\%)$。

(2)政府储蓄 $=T-G=200-200=0$。

私人储蓄 $=Y-T-C=550-200-[100+0.5\times(550-200)]=75$。

11. 假定 $Y=C+I+G$，消费需求为 $C=800+0.63Y$，投资需求为 $I=7500-20000r$，货币需求为 $L=0.1625Y-10000r$，价格水平为 $P=1$，试计算当名义货币供给是 6000 亿美元，政府支出 7500 亿美元时的 GDP 值，并证明所求的 GDP 值等于消费、投资和政府支出的总和。

解：(1)由 $Y=C+I+G$，可知 IS 曲线为：

$$Y=800+0.63Y+7500-20000r+7500$$

即 $0.37Y=15800-20000r$；

化简得：

$$r=\frac{15800}{20000}-\frac{0.37}{20000}Y \qquad ①$$

在 $P=1$ 的情况下，由货币供给等于货币需求可得 LM 曲线为：

$$0.1625Y-10000r=6000$$

化简得：

$$r=-\frac{6000}{10000}+\frac{0.1625}{10000}Y \qquad ②$$

①②式联立得：

$$\frac{15800}{20000}-\frac{0.37}{20000}Y=-\frac{6000}{10000}+\frac{0.1625}{10000}Y$$

化简整理得：

$$Y=40000(\text{亿美元})$$

此时 $r=-\frac{6000}{10000}+\frac{0.1625}{10000}\times40000=\frac{500}{10000}=0.05$。

(2)证明：由所求收入和利率，得

$$C=800+0.63\times40000=26000(\text{亿美元})$$

$$\begin{aligned} I&=7500-20000r \\ &=7500-20000\times0.05 \\ &=6500(\text{亿美元}) \end{aligned}$$

而 G 已知为 7500 亿美元，则：

$$C+I+G=26000+6500+7500=40000=Y$$

这说明所求的 GDP 值正好等于消费、投资和政府支出的总和，总收入和总支出相等。

12. 假定货币需求函数为 $L=0.2Y+100-5r$ 和价格水平不变($P=1$)。

(1)若名义货币供给量为 250，找出货币需求与供给均衡时的 LM 曲线；

(2)若名义货币供给量为 300，找出货币需求与供给均衡的 LM 曲线，并与(1)中 LM 曲线比较有什么不同；

(3)对于(2)中这条 LM 曲线，若 $r=10$，$Y=1100$，货币需求与供给是否均衡，若非均衡，利率该如何变化？

解：(1)在价格水平不变 $P=1$ 时，若已知货币需求函数为 $L=0.2Y+100-5r$ 和名义货币供给量为 250，则 LM 曲线为：$0.2Y-5r+100=250$，即 $r=-30+\frac{1}{25}Y$。

(2)若名义货币供给量为 300，同样根据(1)中所用的方法可得货币需求与货币供给均衡时的 LM 曲线为：$0.2Y+100-5r=300$，即 $r=-40+\frac{1}{25}Y$。

与(1)中 LM 曲线 $r=-30+\frac{1}{25}Y$ 相比会发现，(2)的 LM 曲线位于(1)的 LM 曲线的右下方，且两者平行，这说明货币供给增加会引致 LM 曲线向右下方平行移动。

(3)当 $r=10$，$Y=1100$ 时，货币需求量为：$L=0.2\times1100+100-5\times10=270$。

对于(2)中 LM 曲线来讲，货币供给 300，此时货币需求小于货币供给，处于非均衡状态，存在利率下降的压力。

13. 假设两部门经济中，消费 $C=100+0.8Y$，投资 $I=150-6r$，货币供给 $M=150$，货币需求 $L=0.2Y-4r$。

(1)求 IS 曲线和 LM 曲线的方程；

(2)求商品市场和货币市场同时均衡时的利率和收入；

(3)若为三部门经济，且有 $T=0.25Y$，$G=100$，$L=0.2Y-2r$，货币供给 $M=150$，求均衡利率和均衡收入。(广西民族大学 2021 研)

解：(1)当商品市场均衡时，$Y=C+I=100+0.8Y+150-6r$，化简得 IS 曲线方程为：$Y=1250-30r$。

当货币市场均衡时，$L=M$，即 $0.2Y-4r=150$，化简得 LM 曲线方程为：$Y=20r+750$。

(2)当商品市场和货币市场同时达到均衡时，联立方程组：

$$\begin{cases}Y=20r+750\\Y=1250-30r\end{cases}$$

解得 $r=10(\%)$，$Y=950$。

(3)三部门经济中，当商品市场均衡时，$Y=C+I+G=100+0.8\times(Y-0.25Y)+150-6r+100$，化简得 IS 曲线方程为：$Y=875-15r$。

当货币市场均衡时，$L=M$，即 $0.2Y-2r=150$，化简得 LM 曲线方程为：$Y=10r+750$。

当商品市场和货币市场同时达到均衡时，联立方程组：

$$\begin{cases}Y=10r+750\\Y=875-15r\end{cases}$$

解得 $r=5(\%)$，$Y=800$。

14. 某国的货币供给由货币当局外生给定，为 $M=40$。该国货币的交易需求函数为：

$$L_1=0.25Y$$

货币的投机需求函数为：

$$L_2=0.25r^2-4r$$

求在利率水平 r 多大的时候，国民收入 Y 达到最大值？

解：总货币需求函数为：

$$\begin{aligned}L&=L_1(Y)+L_2(r)\\&=0.25Y+0.25r^2-4r\end{aligned}$$

货币市场的均衡条件为：$L=M$，即：

$$0.25Y+0.25r^2-4r=40$$

整理得到国民收入 Y 关于利率 r 的函数：

$$Y=-r^2+16r+160$$

国民收入最大化的一阶条件为：

$$\frac{\mathrm{d}Y}{\mathrm{d}r}=-2r+16=0$$

解得：$r=8$。

此时：$Y=-8^2+16\times8+160=224$。

即在利率水平 $r=8$ 时国民收入达到最大值，最大值为224。

15. 假定某经济中消费函数为 $C=0.8(1-t)Y$，税率 $t=0.25$，投资函数为 $I=900-50r$，政府购买 $\overline{G}=800$，货币需求为 $L=0.25Y+200-62.5r$，实际货币供给为 $\frac{\overline{M}}{P}=700$，试求：

(1) IS 曲线；

(2) LM 曲线；

(3) 两个市场同时均衡时的利率和收入。（浙江理工大学2015研）

解：(1) 这是一个引入政府的三部门经济模型，因此在已知 $C=0.8(1-t)Y$，$t=0.25$，$I=900-50r$ 和 $\overline{G}=800$ 的条件下，由恒等式 $Y=C+I+\overline{G}$ 可得 IS 曲线为：

$$Y=0.8(1-0.25)Y+900-50r+800$$

化简得：$Y=4250-125r$，即为所求的 IS 曲线。

(2) 在货币需求 $L=0.25Y+200-62.5r$，货币供给 $\frac{\overline{M}}{P}=700$ 的已知条件下，由货币供给等于货币需求，得 LM 曲线为：

$$0.25Y+200-62.5r=700$$

化简得：$Y=2000+250r$，即为所求的 LM 曲线。

(3) 由 IS 曲线和 LM 曲线联立得：

$$\begin{cases}Y=4250-125r\\Y=2000+250r\end{cases}$$

解得：两个市场同时均衡时的均衡利率 $r=6$，均衡收入 $Y=3500$。

16. 若某一国家有如下宏观经济模型（单位：亿元）：$Y=C+I+G+NX$，且消费函数为 $C=100+0.9(1-t)Y$，投资函数为 $I=200-500r$，净出口函数为 $NX=100-0.12Y-500r$，

货币需求为 $L=0.8Y-2000r$，政府支出 $G=200$，税率 $t=0.2$，名义货币供给为 $M=800$，价格水平不变为 $P=1$，试求：

(1) IS 曲线；

(2) LM 曲线；

(3) 产品市场和货币市场同时均衡时的均衡利率和均衡收入；

(4) 两个市场同时均衡时的消费、投资和净出口值。（浙江大学 2013 研）

解：(1) 由四部门经济国民收入恒等式 $Y=C+I+G+NX$ 可得：

$$Y=100+0.9\times(1-0.2)Y+200-500r+200+100-0.12Y-500r$$

化简可得 IS 曲线方程为：$Y=1500-2500r$。

(2) 由货币市场均衡条件 $L=\frac{M}{P}$，即有：

$$0.8Y-2000r=800$$

化简可得 LM 曲线方程为：$Y=1000+2500r$。

(3) 产品市场和货币市场同时均衡时，联立 IS 曲线和 LM 曲线方程：

$$\begin{cases}Y=1500-2500r\\Y=1000+2500r\end{cases}$$

解得：$Y^*=1250$，$r^*=0.1=10\%$。

即产品市场和货币市场同时均衡时的均衡利率为 10%，均衡收入为 1250 亿元。

(4) 两个市场同时均衡时 $Y^*=1250$，$r^*=10\%$，则此时，

消费为：$C=100+0.9(1-t)Y=100+0.9\times(1-0.2)\times1250=1000$(亿元)；

投资为：$I=200-500r=200-500\times0.1=150$(亿元)；

净出口为：$NX=100-0.12Y-500r=100-0.12\times1250-500\times0.1=-100$(亿元)。

17. 假设在一个生产能力过剩的经济体中，消费函数为 $C=200+0.75(Y-T)$，计划投资、政府购买和税收都是 100。请回答如下 9 个问题中的任意 6 个问题，但 (3) 问和 (7) 问必做。

(1) 均衡的收入水平是多少？均衡的储蓄水平是多少？

(2) 如果政府购买增加到 125，新的均衡收入是多少？

(3)（此问必做）假设充分就业的收入为 1600，政府要实现充分就业，如果采取调整政府购买支出政策，政府购买支出应该是多少？如果采取税收政策，税收应该是多少？平衡预算政策能否实现同样的目标，为什么？

(4) 当一个社会变得更加节约时，比方说，边际消费倾向从 0.75 降低为 0.70 时，均衡的储蓄是增加了还是减少了？（通过计算说明）

(5) 你对 (4) 的回答被称为节俭悖论，请用所学原理解释为什么会存在着节俭悖论。

(6) 你怎样理解消费和储蓄的关系？储蓄是不是越少越好？为什么？

(7)（此问必做）假设这个经济体受到货币市场的影响，货币需求函数为 $M/P=Y-100r$，同时投资不再是 100，而是随着利率的变化而变化的：$I=200-25r$。如果货币量为 1000，物价水平为 2。请问均衡的收入水平是多少？

(8) 延续 (7) 的环境，如果中央银行将货币供给从原来的 1000 增加到 1200，新的均衡收入是多少？请用经济学原理解释为什么收入会有这样的变化？

(9) 你能否推导出总需求方程来。（武汉大学 2006 研）

解：(1)由

$$\begin{cases}Y=C+I+G\\C=200+0.75(Y-T)\\I=G=T=100\end{cases}$$

可得均衡收入水平为：$Y=1300$，均衡储蓄水平为：$S=Y_d-C=-200+0.25(Y-T)=100$。

(2)如果政府购买增加到125，则由

$$\begin{cases}Y=C+I+G\\C=200+0.75(Y-T)\\I=T=100\\G=125\end{cases}$$

解得新的均衡收入为：$Y=1400$。

(3)①政府要实现充分就业，如果采取调整政府购买支出政策时，由

$$\begin{cases}Y=C+I+G\\C=200+0.75(Y-T)\\I=T=100\\Y=1600\end{cases}$$

可得政府购买支出为：$G=175$。

②政府要实现充分就业，如果采取税收政策时，由

$$\begin{cases}Y=C+I+G\\C=200+0.75(Y-T)\\I=G=100\\Y=1600\end{cases}$$

可得政府征税额为：$T=0$。

③政府要实现充分就业，如果采取平衡预算政策时，由

$$\begin{cases}Y=C+I+G\\C=200+0.75(Y-T)\\I=100\\G=T\\Y=1600\end{cases}$$

可得 $G=T=400$，因此平衡预算政策也能实现目标，此时政府购买支出等于税收收入，$G=T=400$。

(4)由

$$\begin{cases}Y=C+I+G\\C=200+0.7(Y-T)\\I=G=T=100\end{cases}$$

可得均衡收入为：$Y=1100$，因此，均衡储蓄为：$S=Y_d-C=-200+0.3(Y-T)=100$。

与(1)相比，当边际消费倾向从0.75降低为0.70时，均衡的储蓄没有变化，但是均衡的收入却减少了，这就是"节俭悖论"。

(5)节俭悖论是指节制消费增加储蓄会增加个人财富，对个人是件好事，但由于会减少国民收入引起萧条，对国民经济是件坏事。根据凯恩斯的总需求决定国民收入的理论，节俭

对于经济增长并没有什么好处。实际上，这里蕴含着一个矛盾：公众越节俭，降低消费，增加储蓄，往往越会导致社会收入的减少。因为在既定的收入中，消费与储蓄成反方向变动，即消费增加储蓄就会减少，消费减少储蓄就会增加。所以，储蓄与国民收入呈现反方向变动，储蓄增加国民收入就减少，储蓄减少国民收入就增加。根据这种看法，增加消费减少储蓄会通过增加总需求而引起国民收入增加，就会促进经济繁荣；反之，就会导致经济萧条。由此可以得出一个蕴含逻辑矛盾的推论：节制消费增加储蓄会增加个人财富，对个人是件好事，但由于会减少国民收入引起萧条，对国民经济却是件坏事。节俭悖论说明：节俭减少了支出，迫使厂家削减产量，解雇工人，从而减少了收入，最终减少了储蓄。储蓄为个人致富铺平了道路，然而如果整个国家加大储蓄，将使整个社会陷入萧条和贫困。

(6)①对于个人而言，在一定时期内，在既定的收入下，消费和储蓄存在着此消彼长的关系：消费越多，储蓄就越少；储蓄越多，消费就越少。但是，在适当的条件下，如果将储蓄视为是一种投资行为，则现在适当减少消费，增加储蓄，有可能提高未来的消费水平，从而使消费者的福利水平获得提高。

②储蓄不是越少越好。根据资本存量的黄金律，适当的储蓄使得人均资本存量在长期中能够达到黄金律水平，则将在长期中使人们的消费水平达到最优，经济福利实现最优化。

(7)由

$$\begin{cases} Y = C + I + G \\ C = 200 + 0.75(Y - T) \\ I = 200 - 25r \\ G = T = 100 \end{cases}$$

可得 IS 曲线方程为：$Y = 1700 - 100r$ ①

由

$$\begin{cases} M^S/P = M^D/P \\ M^S = 1000 \\ M^D/P = Y - 100r \\ P = 2 \end{cases}$$

可得 LM 曲线方程为：$Y = 500 + 100r$ ②

由方程①和②联立可得：均衡的收入水平为：$Y = 1100$。

(8)如果中央银行将货币供给从原来的 1000 增加到 1200 时，由

$$\begin{cases} M^S/P = M^D/P \\ M^S = 1200 \\ M^D/P = Y - 100r \\ P = 2 \end{cases}$$

可得新的 LM 曲线方程为：$Y = 600 + 100r$ ③

由方程①和③联立可得：均衡的收入水平为：$Y = 1150$。

导致均衡收入增加的原因是货币供给的增加，降低了利率，增加了投资需求，从而使经济中的总需求增加了，产出水平也增加了。

(9)总需求曲线揭示了产品和货币市场均衡时，价格和产出之间的关系。

由

$$\begin{cases} M^S/P = M^D/P \\ M^S = 1000 \\ M^D/P = Y - 100r \end{cases}$$

可得新的 LM 曲线方程为：$Y = \frac{1000}{P} + 100r$ ④

由方程①和④联立可得：$Y = 850 + \frac{500}{P}$，即为总需求方程。

18. 设 $C = C_0 + cY$，$I = 10 - br$。

(1)各参数变化对均衡产出有什么影响？

(2)当产出受利息率的影响而变化时，各参数起怎样的作用？

解：(1)由 $Y = C + I = C_0 + cY + 10 - br$，可得：

$$Y = \frac{C_0 + 10 - br}{1 - c}$$

此为 IS 曲线的函数表达式；

可以简写为：

$$Y = a(A - br)$$

其中，$a = \frac{1}{1-c}$是乘数，$A = C_0 + 10$ 是自发性支出。各参数对均衡产出的影响：

$\frac{dY}{dA} = a > 0$，即自发性支出增加使均衡产出增加；

$\frac{dY}{da} = (A - br) > 0$，即乘数增加使均衡产出增加，也即边际消费倾向增加使产出增加；

$\frac{dY}{db} = -ar < 0$，即投资对利息率的反应程度提高使均衡产出减小。

(2)$\frac{dY}{dr} = -ab$，即对于既定的利息率变化，乘数 a、投资对利率的敏感系数 b 越大，均衡产出的变化越大。

19. 假定经济在开始时产品和货币市场均处于均衡状态。IS 方程为 $Y = a(\bar{A} - br)$，其中 Y 为实际收入，$\bar{A}$ 为政府支出，r 为实际利率，a，b 为参数，且 $a = 2$。LM 曲线方程为：

$$r = \frac{1}{h}\left(kY - \frac{\bar{M}}{\bar{P}}\right)$$

其中 $\frac{\bar{M}}{\bar{P}}$为实际货币供给余额，h，k 为参数，且 $k = 0.5$。

当中央银行增加实际货币供给 10 亿美元时，若要保持实际利率不变，政府支出 $\bar{A}$ 必须增加多少？(厦门大学 2007 研)

解：由题目可知，产品和货币市场均处于均衡状态，则：

$$Y = 2(\bar{A} - br) \quad ①$$

$$r = \frac{1}{h}\left(0.5Y - \frac{\bar{M}}{\bar{P}}\right) \quad ②$$

将①代入②可得：

$$r = \frac{\bar{A}}{h + b} - \frac{1}{h + b}\frac{\bar{M}}{\bar{P}} \quad ③$$

由题意知，若$(\frac{\bar{M}}{P})'=(\frac{\bar{M}}{P})+10$，$r'=r$，则将$(\frac{\bar{M}}{P})'$、$r'$代入③得$\bar{A}'=\bar{A}+10$。

由此可得政府支出$\bar{A}$必须增加10亿美元。

20. 考虑如下经济模型：

商品市场：$C=100+0.9(Y-T)$，$I=190-10r$，$NX=-200$，$G=200$，$T=100$。

货币市场：$M=2000$；$P=5$；$L(Y, r)=Y-100r$。

其中C为消费，Y为总产出，T为税收，I为投资，r为利率，NX为净出口，G为政府支出，M为货币供给，P为价格水平，L为货币需求。

(1)推导出IS和LM方程，并计算均衡状态下的产出Y和利率r。

(2)如果政府想要平衡预算($G=T$)，可以增加税收，也可以降低政府支出，哪一个对产出的影响较小？（中央财经大学2016研）

解：(1)因为四部门经济中：$Y=C+I+G+NX$，所以$Y=100+0.9(Y-100)+190-10r+200-200$，化简得到$IS$方程为：$Y=2000-100r$。

货币市场中，货币供给$M^S=M/P=400$，货币需求$L=Y-100r$，货币市场均衡时供需平衡，所以得到LM方程：$Y=400+100r$。

联立IS和LM方程解得：$Y=1200$，$r=8$。

(2)①当降低政府支出时，$G'=100$，新的IS方程为：$Y=1000-100r$。LM方程不变，新的均衡为：$Y=700$，$r=3$。

②当增加税收时，$T'=200$，新的IS方程为：$Y=1100-100r$。LM方程不变，新的均衡为：$Y=750$，$r=3.5$。

所以降低政府支出使得收入减少500，增加税收使得收入减少450，增税的影响更小。

四、论述题

1. 简述凯恩斯的有效需求不足理论、三个基本因素及其主要政策主张。（东北财经大学2017、2011研）

答：凯恩斯的宏观经济理论是建立在有效需求不足的基础之上的，而其有效需求不足理论则是以其三大基本心理规律为前提的。凯恩斯的三大基本心理规律是：边际消费倾向递减规律、资本边际效率递减规律和流动性偏好规律。

(1)边际消费倾向递减规律：

按照凯恩斯的消费理论，消费曲线是以递减的速率单调上升，因此消费的增加存在一个上限，存在一个极大值。当消费达到极大值时，如何增加可支配收入，消费都不会进一步增加。如果消费达到极大值时的消费不能实现充分就业，那说明消费是不足的。

(2)资本边际效率递减规律：

资本边际效率递减的原因是在经济萧条的情况下，投资的收益率(资本的边际效率)低，投资者不投资或少投资，这样经济更加萧条，投资的收益率(资本的边际效率)更低，更不投资，以此下去，形成恶性循环。

资本边际效率递减的后果是：投资的增加存在一个上限，存在一个极大值，不可能无限制地增加。

(3)流动性偏好规律：

凯恩斯认为，利息率取决于个人和企业持有货币的愿望和数量。也就是说，货币供应数量影响利息率。那么流动性偏好则是不同利息率水平上人们对持有货币的不同需求，原因在于人们持有货币比较灵活。人们之所以偏好持有货币，是由于存在以下三个动机：

①出于交易的动机，满足日常生活需要；

②出于预防的动机，以备应付意外的开支；

③出于投机的动机，“即相信自己对未来的判断比市场上一般人高明，想由此从中获利”。

正因为这样，利息率就不可能太低，如果太低，人们就不会放弃这种流动性偏好，而宁愿把货币放在手头随时支用。流动性偏好规律的影响，又使投资不足更为严重了。

三大心理规律结合在一起，得出的结论是：由于消费和投资的不足(不可能无限增加)，总需求是不足的，产出水平必然小于充分就业的产出水平。

(4)政策主张：

凯恩斯认为经济危机和严重失业是有效需求不足引起的。他主张只有通过政府对经济的干预和调节作用才能弥补有效需求不足，进而才能挽救危机，维持和保证充分就业。在政府的干预和调节措施中，凯恩斯把财政政策放在首位，针对传统的“健全财政”的思想，提出了“补偿财政”的思想，即在经济繁荣时期，为避免通货膨胀，必须增加税收，减少财政支出，以控制过度的有效需求；反之，在经济萧条时，必须增加财政支出，减少税收，以提高有效需求，刺激经济繁荣。即“逆经济风向行事”。

2. *LM* 曲线有哪三个区域？在这三个区域，货币需求的利率弹性有什么不同？这三个区域分别与什么样的经济状况相对应？(中南财大 2013 研)

答：(1)*LM* 曲线上斜率的三个区域分别指 *LM* 曲线从左到右所经历的水平线、向右上方的倾斜线和垂直线三个阶段。*LM* 曲线这三个区域被分别称为凯恩斯区域、中间区域、古典区域，如图 3－13 所示。

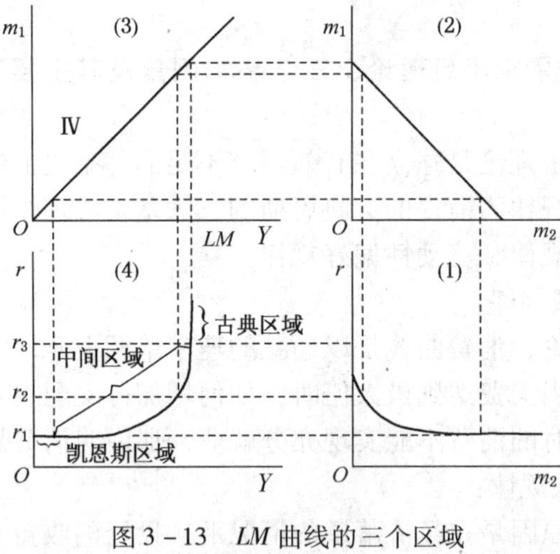

图 3－13　*LM* 曲线的三个区域

(2)从 *LM* 曲线的斜率来看。由 $r=\frac{k}{h}Y-\frac{m}{h}$可看出 *LM* 曲线的斜率为$\frac{k}{h}$。*LM* 曲线斜率的大小取决于以下两个因素：①货币需求对收入的敏感系数 k。h 一定时，k 越大，*LM* 曲线的斜率越大，*LM* 曲线越陡峭。②货币需求对利率的敏感系数 h。k 一定时，h 越大，*LM* 曲线的斜率越小，*LM* 曲线越平缓。一般情况下，*LM* 曲线斜率为正值，*LM* 曲线由左下方向右上方倾斜，这一区域称为中间区域。当利率下降到很低时，货币投机需求将成为无限大，即 h 为无穷大，*LM* 曲线斜率为零，*LM* 曲线成为一水平线，这一区域称为凯恩斯区域。当货币的投机需求为零，即 h 为零时，LM 的斜率为无穷大，LM 曲线为竖直曲线，此时被称为古典区域。凯恩斯区域和古典区域之间的区域即为中间区域。

(3) 从三个区域的经济含义来看：①在水平线阶段的 LM 曲线上，货币的需求曲线已处于水平状态，对货币的投机需求已达到“流动性陷阱”的阶段，货币需求对利率敏感性极大，也就是货币需求的利率弹性无穷大。凯恩斯认为，当利率很低，即债券价格很高时，人们认为用货币购买债券的风险极大，债券只会跌，不会涨，因此买债券很可能亏损，人们愿意长期持有货币，不肯去买债券。这时，货币投机需求成为无限大，从而使 LM 曲线呈水平状态。由于这种分析是凯恩斯提出的，所以水平的 LM 区域称为凯恩斯区域。在凯恩斯区域，经济一般处于萧条时期，货币政策无效，而财政政策有很大效果。②在垂直阶段，LM 曲线斜率为无穷大，或货币的投机需求对利率已毫无敏感性，从而货币需求曲线的斜率($1/h$)趋向于无穷大，货币需求曲线呈垂直状态表示不论利率怎样的变动，货币的投机需求均为零，从而 LM 曲线也呈垂直状态(k/h 趋向于无穷大)。由于“古典学派”认为只有交易需求而无投机需求，货币需求的利率无弹性，因此垂直的 LM 区域称古典区域。在古典区域，经济一般处于繁荣时期，财政政策无效，而货币政策有效。③在古典区域和凯恩斯区域之间这段 LM 曲线是中间区域，LM 曲线的斜率在古典区域为无穷大，在凯恩斯区域为零，而在中间区域则为正值。因此，在中间区域货币需求的利率弹性及经济状况介于凯恩斯区域和古典区域之间。

注意：本题的另外一种问法是“什么是 LM 曲线的三个区域，其经济含义是什么?”

3. 凯恩斯的经济理论奠定了现代西方宏观经济学的基础。请概括地阐述凯恩斯经济理论的基本框架。(提示：你可以先画一个简要的图表，然后根据这一图表阐述凯恩斯经济理论的纲要。)(中央财大 2010 研)

答：参见考点难点归纳“考点六：凯恩斯的国民收入决定理论框架”。

4. 货币市场的均衡条件是什么? LM 曲线是怎样得到的? 请画图说明。

答：(1) 货币市场均衡就是指货币供给和货币需求相等时的状态。假定 m 代表实际货币供给量，M 代表名义货币供给量，P 代表物价水平，货币市场均衡条件为：

$$m = \frac{M}{P} = L = L_1(Y) + L_2(r) = kY - hr$$

推导出 LM 曲线的表达式：$Y = \frac{hr}{k} + \frac{m}{k}$ 或 $r = \frac{k}{h}Y - \frac{m}{h}$。以 Y 为横轴，r 为纵轴所画的 LM 曲线是由左下方向右上方倾斜的。

从这个等式中可知，当 m 为一定量时，L_1 增加时，L_2 必须减少，否则不能保持货币市场的均衡。L_1 是货币的交易需求(由交易动机和预防动机引起)，它随收入增加而增加。L_2 是货币的投机需求，它随利率上升而减少。因此，国民收入增加使货币交易需求增加时，利率必须相应提高，从而使货币投机需求减少，才能维持货币市场的均衡。反之，收入减少时，利率必须下降，否则，货币市场就不能保持均衡。

(2) LM 曲线实际上是从货币的投机需求与利率的关系、货币的交易需求与收入的关系以及货币需求与供给相等的关系中推导出来的。这个推导过程，西方学者也常用下面这样一个包含四个象限的图 3 - 14 来表示。

象限(1)中向右下方倾斜的曲线是货币的投机需求函数 $m_2 = L_2(r)$。

象限(2)则表示当货币供给为一定量时，应如何来划分用于交易需求的货币和投机需求

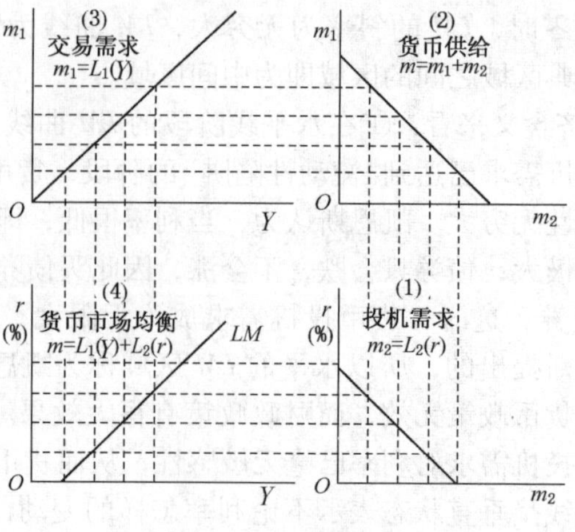

图 3－14　*LM* 曲线推导过程

的货币。由于 $m=m_1+m_2$，所以 $m-m_1=m_2$，或 $m-m_2=m_1$，那条和纵横轴都成45度角的直线就表示这种关系。

象限(3)的曲线是货币的交易需求函数 $m_1=L_1(Y)$。

象限(4)表示与货币市场均衡相一致的利息与收入的一系列组合，包含了以上三个象限的内容。这样，将一系列使货币均衡的利率和收入组合点连接起来，就描绘出 *LM* 曲线。

5. 考虑在 *IS*－*LM* 模型中给定收入水平来决定均衡时的价格水平和利率水平

$$IS:\ Y=c(Y)+i(r,\ Y)+G$$

$$LM:\ \frac{M}{P}=l(r,\ Y)$$

其中，*P* 为价格水平，*G* 为政府花费水平，*M* 为货币供应水平，函数 $c(Y)$，$i(r,\ Y)$ 和 $l(r,\ Y)$ 满足 $c'(Y)>0$，$i_r<0$，$i_Y>0$，$l_r<0$ 和 $l_Y>0$。

回答下面的问题：

(1)讨论货币政策和财政政策对均衡时的价格和利率的影响。

(2)分别讨论什么时候出现货币政策、财政政策的无用性?

(3)假设消费函数、投资函数和货币的需求函数分别为下面的形式。

$c(Y)=a+bY$，$i(r,\ Y)=e+fY-gr$，$l(r,\ Y)=u-vr+wY$，其中 *a*，*b*，*e*，*f*，*g*，*u*，*v*，*w* 为正常数，求出均衡的价格水平和利率。

答：(1)当实施货币政策时，*IS* 曲线不变动。如图 3－15(a)所示，若价格水平不变，当实施扩张性(紧缩性)货币政策时，增加(减少)名义货币供给意味着实际货币供给增加(减少)，*LM* 曲线右移(左移)，均衡时收入水平增加(减少)，与题设要求收入水平给定相矛盾。为了满足收入水平给定，价格水平需与名义货币供给同向变动以保证实际货币供给不变，*LM* 曲线不变动，即实际货币供给增加时(下降)，价格水平上升(下降)。均衡时收入不变，利率不变。

当实施财政政策时，名义货币供给不变动。如图 3－15(b)所示，以扩张性财政政策为例，若价格水平不变，*LM* 曲线不变动，扩张性财政政策使 *IS* 曲线右移，均衡时收入水平增加，与题设要求收入水平给定相矛盾。为了满足收入水平给定，当实施扩张性财政政策时，价格水平需上升以保证实际货币供给减少，*LM* 曲线左移，均衡时收入水平不变，利率上升。当实施紧缩性财政政策时，价格水平需下降以保证实际货币供给增加，*LM* 曲线右移。

均衡时收入水平不变，利率下降。

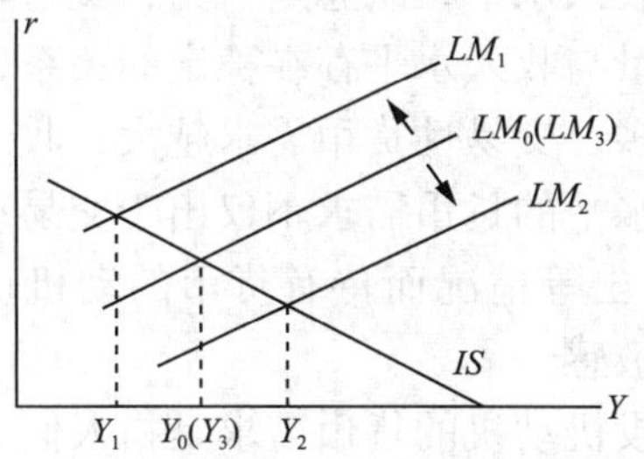

图 3－15(a)　货币政策对均衡时价格和利率的影响

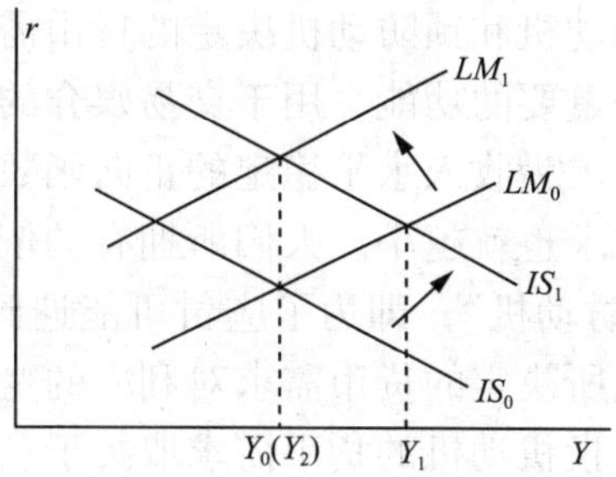

图 3－15(b)　财政政策对均衡时价格和利率的影响

(2)如图 3－16 所示：在 *IS－LM* 模型中，当处于凯恩斯区域时，货币政策无效，因为在极低的利率状况下，投资对利率反应不敏感；当处于古典区域时，财政政策无效，因为此时政府支出对私人支出产生了完全的“挤出效应”。

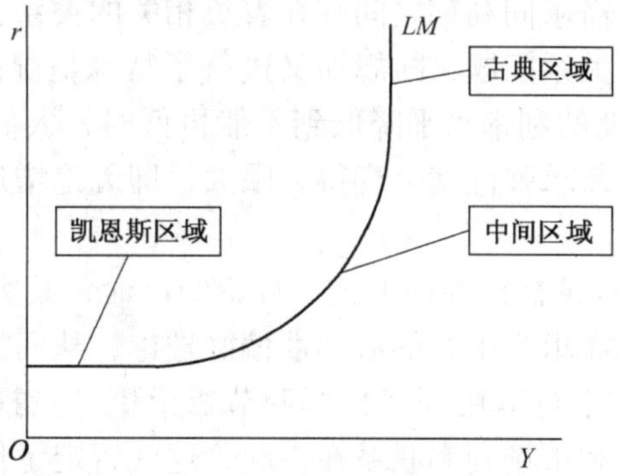

图 3－16　*LM* 曲线的三个区域

$$(3)\ Y = c(Y) + i(r,\ Y) + G$$

$$= a + bY + e + fY - gr + G$$

可得：
$$r = \frac{(1-b-f)Y - a - e - G}{-g}$$

又 *LM* 曲线：
$$\frac{M}{P} = l(r,\ Y)$$

而
$$l(r,\ Y) = u - vr + wY$$

可得：
$$P = \frac{M}{u - v\left[\dfrac{(1-b-f)Y - a - e - G}{-g}\right] + wY}$$

6. 评论凯恩斯的货币需求理论。

答：(1)凯恩斯的货币需求函数为：$M = M_1 + M_2 = L_1(Y) + L_2(r)$。式中，$M$ 为货币总需求，M_1 是指由交易性动机和预防性动机决定的货币需求，Y 是收入水平，M_1 是收入水平 Y 的函数；M_2 是指基于投机动机的货币需求，r 是利率，M_2 是利率 r 的函数。

(2)货币需求理论的含义：

①人们的货币需求行为是由三种动机决定的，即交易动机、预防动机、投机动机。把货币总需求划分为出于各种动机的货币需求是凯恩斯货币需求理论在分析方法上对传统理论进

行突破的主要表现。

②交易动机和预防动机决定的货币需求取决于收入水平，凯恩斯认为，交易媒介是货币的一个十分重要的功能，用于交易媒介的货币需求量与收入水平存在稳定的关系，即交易动机的货币需求为收入水平稳定的正向函数。收入越多，交易性货币需求越大；收入越少，交易性货币需求也就越小。人们所拥有的依赖于收入水平的货币需求不仅出于交易动机，而且还出于“预防动机”，即为了应付可能遇到的意外支出等情况而持有货币的动机。交易动机和预防动机所决定的货币需求对利率的变化都很不敏感。

③基于投机动机的货币需求取决于利率水平。投机动机的货币需求是指人们为了在未来某一适当时间进行投机活动而保持的一定数量的货币。这里的投机活动最典型的就是买卖债券，因为凯恩斯把资产分为货币和债券，货币无收益，债券有收益但价格波动。投机动机的货币需求的大小取决于三个因素：当前利率水平、投机者心目中的正常利率水平及投机者对未来利率变化趋势的预期，如果整个经济中有许多投机者，而且每个投机者所拥有的财富对于所有投机者的财富总额是微不足道的，那么，投机动机的货币需求就成了当前利率水平的减函数。可见，投机性货币需求同利率之间存在着负相关的关系。

④就利率与货币需求的关系问题，凯恩斯又进行了特殊情况的研究，提出了著名的“流动性陷阱”假说：当一定时期的利率水平降低到不能再低时，人们就会产生利率将上升从而债券价格下跌的预期，货币需求弹性就会变得无限大，即无论增加多少货币，都会被人们贮藏起来。

(3)凯恩斯的货币需求理论被称为西方经济理论的革命，其突出贡献是：深入探讨了货币需求动机，提出了以投机需求为中心的流动性偏好理论，从而把利率变量引入货币需求函数之中。这一“革命”为中央银行运用利率杠杆调节货币供应量提供了理论依据。凯恩斯把货币需求量与名义国民收入和市场利率联系在一起，这就否定了传统数量论者关于货币数量直接决定商品价格的说法，使货币成为促进宏观经济发展的重要因素，从而对通过收入政策和利率政策调控货币供应量，促进经济增长有重要意义。

但是，凯恩斯的货币需求理论还存在一些缺陷，主要表现在以下两个方面：

①凯恩斯把货币需求分为交易性需求、预防性需求和投机性需求，交易性需求和预防性需求取决于收入所得，与利率无关，但一些凯恩斯学派经济学家发现，实际情况并非如此，利率对交易性货币需求也有较大影响。任何经济主体的经济行为都以收益最大化为目标。因此，在货币收入取得和支用之间的时差内，没有必要让所有用于交易的货币都以现金形式存在。人们可以把暂时不用的现金转化为生息资产的形式，待需要时再变现，人们持有现金的成本等于将有息资产转换为现金的实际成本和持有现金丧失的利息收入之和。因此，货币的需求不但与利率有关，而且关系极大。

②凯恩斯在货币投机需求理论中认为，人们对未来变化的预计是自信的，并在自信的基础上决定自己持有货币还是债券。由于个人预计不同，因此总有一部分人持有货币，另一部分人持有债券，二择其一，而不是两者兼有。然而现实情况往往与凯恩斯的理论不吻合，即投资者对自己的预期往往是犹豫不定的。一般人对财富持有选择都是既持有货币，同时又持有债券，即人们持有财富的选择是多样化的资产组合，而不是单一资产。

(4)20 世纪 50 年代，一些凯恩斯学派的经济学家在深入研究凯恩斯的货币理论时发现，凯恩斯的货币需求理论还存在缺陷，他们提出了许多新的理论，这些新的研究成果集中反映在以下两个方面：一是鲍莫尔—托宾的交易性货币需求对利率相当敏感的“平方根定律”，二是托宾的多样化资产选择对投机性货币需求影响的“资产选择理论”。

7. 货币需求的决定因素有哪些?

答: 货币需求取决于人们持有货币的动机和财务约束，因此凡是影响和决定人们持有货币的动机和财务约束条件的因素，也就是决定和影响货币需求的因素。决定和影响货币需求的因素主要有以下方面：

(1)收入状况。收入状况是决定货币需求的主要因素之一。这一因素又可分解为收入水平和收入时间间隔两个方面。

在一般情况下，货币需求与收入水平成正比，这是因为人们以货币形式持有的财富是其总财富的一部分，而收入的数量往往决定着总财富的规模及其增长速度。同时，收入的数量对支出数量也有决定性影响，收入多则支出多，而支出多则需要持有的货币量也多。

如果人们取得收入时间间隔越长，则人们的货币需求量就会增大；反之则反是。因为在一般情况下，收入通常是定期地取得，而支出则是经常陆续地进行，在两次收入的间隔中，人们要持有随时用于支出的货币。两次收入的间隔越长，人们需要持有的货币越多。

(2)信用的发达程度。如果一个社会信用发达，信用制度健全，人们在需要货币的时候能容易地获得现金或贷款，那么人们所需要持有的货币就会少些，人们可以将暂时不用的货币先投资于其他金融资产，待需要使用货币时，再将其他金融资产出售以换回现金。另外，在信用制度发达的经济中，有相当一部分交易可通过债权债务的相互抵消来结算，这也减少了货币的需求量。而在信用制度不发达，融资不方便的经济中，人们要取得现金或贷款不太容易，于是人们宁愿在手头多持有些货币。一般说来，货币需求量与信用的发达程度呈负相关关系。

(3)市场利率。在正常情况下，货币需求与市场利率呈负相关关系。市场利率上升，货币需求减少；反之则货币需求增加。当市场利率提高时，一方面会增加人们持有货币的成本；另一方面又会使有价证券价格下降，吸引投资者购买有价证券，以便在未来有价证券价格回升时获取资本利得，所以人们将减少货币需求量。而当市场利率下降时，一方面会减少人们持有货币的机会成本；另一方面会使有价证券的价格上升，人们为避免将来证券价格下降而遭致资本损失，就会抛售有价证券，转而持有货币，从而使货币需求量增大。

(4)消费倾向。货币需求与消费倾向一般呈同方向变动关系。即消费倾向越大，所需要用作购买手段的货币持有量就越大，反之则越小。

(5)货币流通速度、社会商品可供量和物价水平。这三个因素对货币需求的影响可用货币流通规律的表达式来说明：

$$M = \frac{PQ}{V}$$

式中，M 代表货币需求量，P 代表物价水平，Q 代表社会商品可供量，V 代表货币流通速度。从 $M = \frac{PQ}{V}$ 可以看到，货币需求与物价水平和社会商品可供量成正比，而与货币流通速度成反比。

(6)心理预期。货币需求在很大程度上还受到人们的心理预期的影响。影响人们货币需求的心理预期主要有三种：一是对市场利率变动的预期；二是对物价水平的预期；三是对投资收益率的预期。当人们预期市场利率要上升时，会减少货币需求，反之则增加货币需求，当人们预期物价水平要上升时，则会减少货币持有，反之则增加货币需求，当人们预期投资收益率上升时，也会减少货币持有量，反之则反是。

(7)人们的资产选择。人们进行资产选择的原因有三：一是保值；二是生利；三是心理偏好。当人们偏好货币或持有货币的收益率高时，就会增加对货币的需求，否则，就会减少货币需求。

8. 结合图形分别说明产品市场和货币市场从失衡到均衡的调整过程。（浙江工商大学2021研）

答：(1)产品市场和货币市场的一般均衡：

在*IS*曲线上，有一系列使产品市场均衡的利率及收入组合点；在*LM*曲线上，有一系列使货币市场均衡的利率及收入组合点。*IS*曲线与*LM*曲线交于一点，在该点上，产品市场和货币市场同时达到均衡，其数值可通过解*IS*与*LM*的联立方程组得到。

(2)两个市场的失衡及调整：

当收入与利率组合点位于*IS*曲线左下方，投资大于储蓄，即$I>S$，有超额产品需求，从而导致收入上升，组合点会右移；当收入与利率组合点位于*IS*曲线右上方，$I<S$，有超额产品供给，从而导致收入下降，组合点会左移。当收入与利率组合点位于*LM*曲线左上方时，货币需求小于货币供给，即$L<M$，有超额货币供给，从而导致利率下降，提高货币需求，组合点会下移；当收入与利率组合点位于*LM*曲线右下方时，$L>M$，有超额货币需求，从而导致利率上升，抑制货币需求，组合点会上升。这四种调整使不均衡组合点最终趋向均衡利率与均衡收入。

下面举例来具体说明产品市场和货币市场从失衡到均衡的调整过程。

*IS*曲线和*LM*曲线将坐标平面分成了四个区域：Ⅰ、Ⅱ、Ⅲ和Ⅳ[如图3－17(a)所示]。这四个区域的点既不在*IS*曲线上，也不在*LM*曲线上，是一些非均衡的点。不同区域中产品市场与货币市场情况如下表所示。

区　域	产品市场	货币市场
Ⅰ	$I<S$ 有超额产品供给	$L<M$ 有超额货币供给
Ⅱ	$I<S$ 有超额产品供给	$L>M$ 有超额货币需求
Ⅲ	$I>S$ 有超额产品需求	$L>M$ 有超额货币需求
Ⅳ	$I>S$ 有超额产品需求	$L<M$ 有超额货币供给

综合以上情况，可得出产品市场与货币市场失衡的各种不同的组合。如图3－17(b)所示。

这种产品市场和货币市场由失衡到均衡的调整过程可以用图3－17(c)说明。

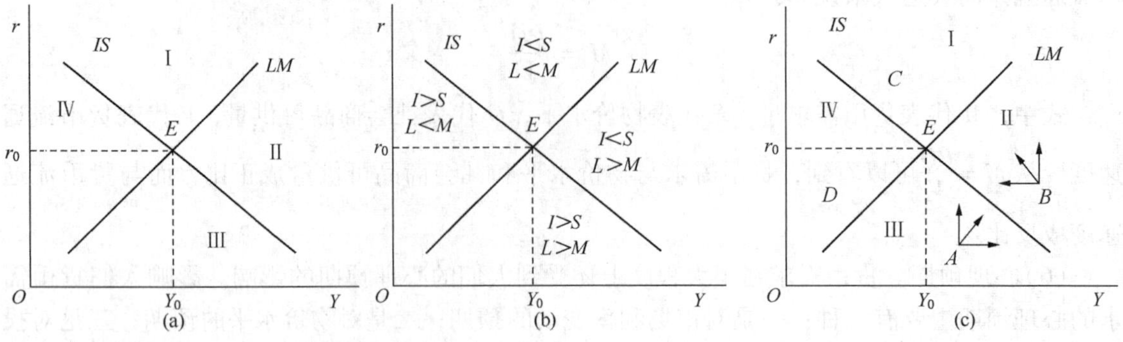

图3－17　产品市场和货币市场的均衡

如图 3－17(c)所示，假定经济社会处于 A 点所表示的国民收入和利率组合的失衡状态。A 点所处的区域Ⅲ中，对于产品市场，投资大于储蓄，即 $I>S$，存在超额产品需求；对于货币市场，货币需求大于货币供给，即 $L>M$，存在超额货币需求。产品市场超额产品需求的存在，引起国民收入增加，结果促使 A 点向右水平移动；货币市场超额货币需求的存在，引起利率上升，结果促使 A 点向上垂直运动。在以上两股力量的共同作用下，A 点将沿对角线方向向右上方移动。假定 A 点逐渐移动到区域Ⅱ中的 B 点。在 B 点，对于产品市场，投资小于储蓄，即 $I<S$，存在超额产品供给；对于货币市场，货币需求大于货币供给，即 $L>M$，存在超额货币需求。产品市场超额产品供给的存在，引起国民收入减少，结果促使 B 点向左水平移动；货币市场超额货币需求的存在，引起利率上升，结果继续促使 B 点向上垂直运动。在以上两股力量的共同作用下，B 点将沿对角线方向向左上方移动。假定 B 点继续移动到区域Ⅰ中的 C 点。在 C 点，对于产品市场投资小于储蓄，即 $I<S$，存在超额产品供给；对于货币市场，货币需求小于货币供给，即 $L<M$，存在超额货币供给。产品市场超额产品供给的存在，引起国民收入减少，结果促使 C 点向左水平移动；货币市场超额货币供给的存在，引起利率下降，结果促使 C 点向下垂直运动。在以上两股力量的共同作用下，C 点将沿对角线方向向左下方移动。假定 C 点继续移动到区域Ⅳ中的 D 点。在 D 点，对于产品市场投资大于储蓄，即 $I>S$，存在超额产品需求；对于货币市场，货币需求小于货币供给，即 $L<M$，存在超额货币供给。产品市场超额产品需求的存在，引起国民收入增加，结果促使 D 点向右水平移动；货币市场超额货币供给的存在，引起利率下降，结果继续促使 D 点向下垂直运动。在以上两股力量的共同作用下，D 点将沿对角线方向向右下方移动。这种过程将继续下去，最后国民收入和利率都将趋向于 IS 曲线和 LM 曲线的交点 E，从而实现产品市场和货币市场的同时均衡。

9. 用 *IS*－*LM* 模型说明为什么凯恩斯主义者强调财政政策的作用，而货币主义者强调货币政策的作用。(中南财大 2017 研；对外经贸大学 2014 研)

答：(1)货币主义者强调货币政策作用的原因：

按照西方经济学家的观点，由于货币的投机需求与利率成反方向关系，因而 LM 曲线向右上方倾斜，但当利率上升到相当高度时，因保留闲置货币而产生的利息损失变得很大，而利率进一步上升将引起资本损失风险变得很小(债券价格下降到很低的程度)，这就使得货币的投机需求完全消失。这是因为，利率很高，意味着债券价格很低。当债券价格低到正常水平以下时，买进债券不会使本金因债券价格下跌而损失，因而手中任何的闲置货币都可用来购买债券而不愿再保留在手中，导致货币投机需求完全消失。由于利率涨到足够高度使货币投机需求完全消失，货币需求全由交易动机产生，而与利率无关，因此 LM 曲线就表现为垂直线形状。

古典学派认为，人们的货币需求是由交易动机而产生，只和收入有关，而和利率波动无关，因此，垂直的 LM 曲线区域被认为是古典区域。当 LM 呈垂直形状时，变动预算收支的财政政策不可能影响产出和收入，相反，变动货币供给量的货币政策则对国民收入有很大作用，这正是古典货币数量论的观点和主张。因此，古典学派强调货币政策作用的观点和主张就表现为 IS 曲线的移动(它表现为财政政策)，在垂直的 LM 曲线区域即古典区域移动不会影响产出和收入，而移动 LM 曲线(它表现为货币政策)却对产出和收入有很大作用，如图 3－18和图 3－19 所示。

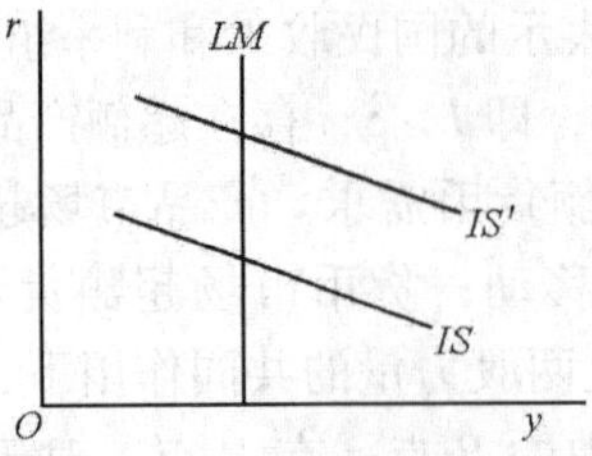

图 3－18　财政政策无效

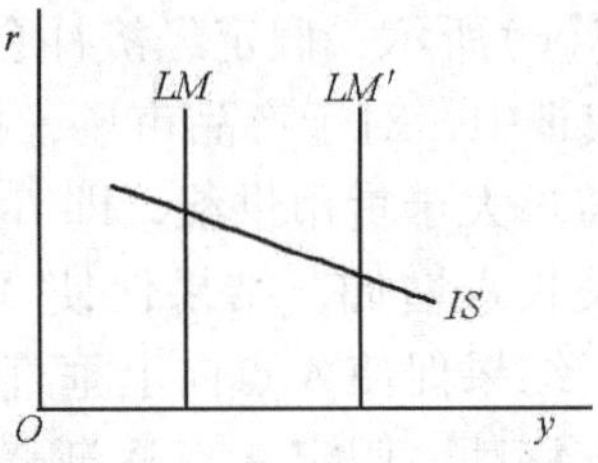

图 3－19　货币政策有效

LM 曲线呈垂直形状时货币政策极有效而财政政策无效的原因在于，当人们只有交易需求而没有投机需求时，如果政府采用扩张性货币政策，这些增加的货币将全部被人们用来购买债券，而不愿为投机而持有货币，这样，增加货币供给就会导致债券价格大幅度上升，而利率大幅度下降，使投资和收入大幅度增加，因而货币政策极为有效。相反，实行增加政府支出的政策则完全无效，因为支出增加时，货币需求增加会导致利率大幅度上升(因为货币需求的利率弹性极小，接近于零)，从而导致极大的挤出效应，使得增加政府支出的财政政策效果极小。所以古典主义者强调货币政策的作用而否定财政政策作用。

(2)凯恩斯主义者强调财政政策作用的原因：

凯恩斯主义者强调财政政策的原因在于，凯恩斯认为，当利率降低到很低水平时(因为凯恩斯所处的时代正是经济大萧条时期，此时的利率处于较低的水平)，持有货币的利息损失很小，可是如果将其购买债券的话，由于债券价格异常高(利率极低表示债券价格极高)，因而只会跌，而不会涨，从而使购买债券的货币资本损失的风险变得很大。这时，人们即使有闲置货币也不肯去买债券，这就是说，货币的投机需求变得很大甚至无限大，经济陷入“流动性陷阱”(又称凯恩斯陷阱)状态，这时的 *LM* 曲线呈水平状。如果政府增加支出，*IS* 曲线右移，货币需求增加，并不会引起利率上升而发生“挤出效应”，于是财政政策极有效，如图 3－20 所示。相反，这时政府如果增加货币供给量，则不可能再使利率进一步下降，因为人们再不肯去用多余的货币购买债券而宁愿让货币保留在手中，因此债券价格不会上升，即利率不会下降，既然如此，想通过增加货币供给使利率下降并增加投资和国民收入就不可能，因此货币政策无效，如图 3－21 所示。因此，凯恩斯主义首先强调财政政策而不是货币政策的作用。

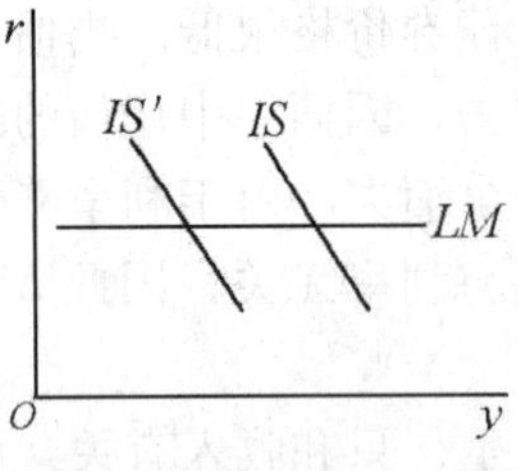

图 3－20　财政政策有效

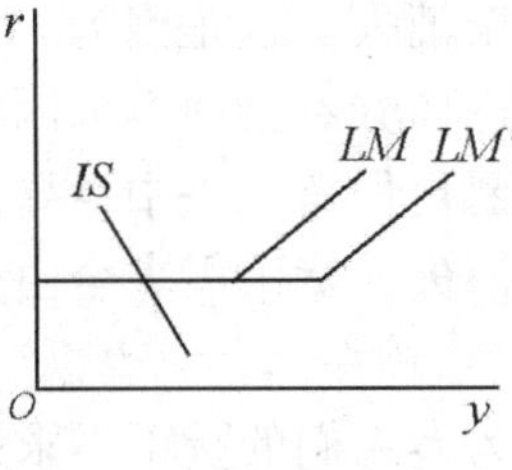

图 3－21　货币政策无效

10. 比较国民收入与利息率均衡的分析(*IS*－*LM* 分析)和凯恩斯的现代国民收入理论，说明 *IS*－*LM* 分析在哪些方面得出了与凯恩斯的现代国民收入理论不同的结论。(北师大 2007 研)

答：(1)凯恩斯的现代国民收入理论(以两部门经济为例)：

在两部门经济中，国民收入的均衡条件为：总需求等于总供给，即 $AE=Y$。其中 $AE=C+I$，$Y=C+S$。因此 $AE=Y$，即 $C+I=C+S$，$I=S$。这就是两部门经济中国民收入决定的恒等式。如果 $I>S$，则意味着计划总需求大于实际产量，厂商的非合意存货减少，为了增加合意存货，厂商必然会扩大生产规模，增加产品供给，直至 $I=S$；如果 $I<S$，则意味着计划总需求小于实际产量，厂商的非合意存货增加，出现非合意存货大于零，为了减少非合意存货，厂商必然会缩小生产规模，减少产品供给，直至 $I=S$。两部门经济中国民收入决定的消费—投资决定法如图 3－22 所示。

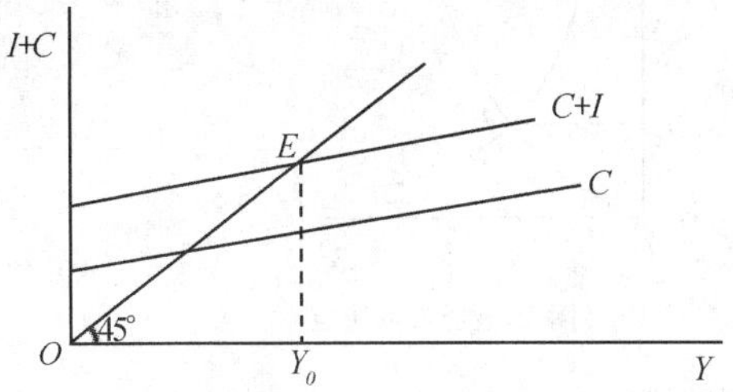

图 3－22　简单的凯恩斯国民收入决定模型

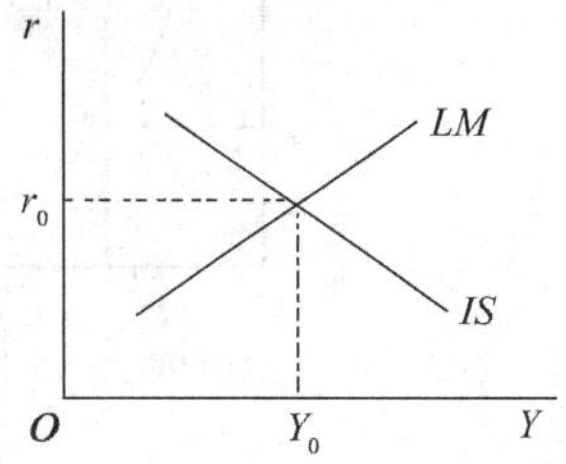

图 3－23　产品市场与货币市场的一般均衡

（2）*IS*－*LM* 模型：

IS 曲线是由一系列使产品市场均衡的利率及收入组合点连接而成，均衡国民收入与利率间存在反方向变化的关系。在以 r 为纵轴，Y 为横轴的坐标系上，*IS* 曲线是由左上向右下方倾斜的。*LM* 曲线是一系列使货币市场均衡的利率及收入组合点，以 r 为纵轴，Y 为横轴所画的 *LM* 曲线是由左下向右上方倾斜的。*IS*－*LM* 模型就是将二者结合起来分析使两个市场同时均衡的收入和利率的情况。*IS* 曲线与 *LM* 曲线交于一点，在该点上，产品市场和货币市场同时达到均衡，其数值可通过解 *IS* 与 *LM* 的联立方程得到。

两个市场的失衡及调整。如图 3－23 所示，当收入与利率组合点位于 *IS* 曲线左下方，投资大于储蓄，即 $I>S$，有超额产品需求，从而导致收入上升，组合点右移；当收入与利率组合点位于 *IS* 曲线右上方，$I<S$，有超额产品供给，从而导致收入下降，组合点会左移。当收入与利率组合点位于 *LM* 曲线左上方时，货币需求小于货币供给，即 $L<M$，有超额货币供给，从而导致利率下降，提高货币需求，组合点会下移；当收入与利率组合点位于 *LM* 曲线右下方时，$L>M$，有超额货币需求，从而导致利率上升，抑制货币需求，组合点会上升。这四种调整使不均衡组合点最终趋向均衡利率与均衡收入。

综上所述，简单凯恩斯模型假设价格不变、利息率不变，用乘数理论刻画财政政策效应。该模型对总产出决定和政策效应的分析实际上是总需求分析。

而 *IS*－*LM* 模型保持价格不变的假设，重点引入货币因素从而说明了利息率变动对宏观经济的影响。该模型在利息率可变情况下分析总产出决定，并分析了利息率决定。对财政政策效应的分析既保留了乘数效应，又引入了挤出效应。此外，还分析了货币政策效应。但是，该模型仍然是总需求分析。*IS*－*LM* 模型是对产品市场和货币市场的一般均衡分析。

11. “中央银行决定利率”与“借贷市场决定利率”两种说法，究竟何者正确？（北大 2011 研）

答：（1）“中央银行决定利率”属于凯恩斯的流动性偏好利率理论，该理论用货币供求解释利率决定。凯恩斯认为货币是一种最具有流动性的特殊资产，利息是人们放弃流动性取得的报酬，而不是储蓄的报酬。因此，利率决定于货币供求，由交易需求和投机需求决定的流动性偏好和由中央银行货币政策决定的货币供给量是利率决定的两大因素。同时，货币供给量表现为满足货币需求的供给量，即货币供给量等于货币需求量是均衡利率的决定条件。在货币需求一定的情况下，利率取决于中央银行的货币政策，并随货币供给量的增加而下降。

但当利率下降到一定程度时，中央银行再增加货币供给量利率也不会下降，人们对货币的需求无限大，形成“流动性陷阱”。凯恩斯把利率看成是货币现象，认为利率与实际经济变量无关。同时，他对利率的分析还是一种存量分析，因而属于货币利率理论或短期利率理论，如图3－24(a)所示。

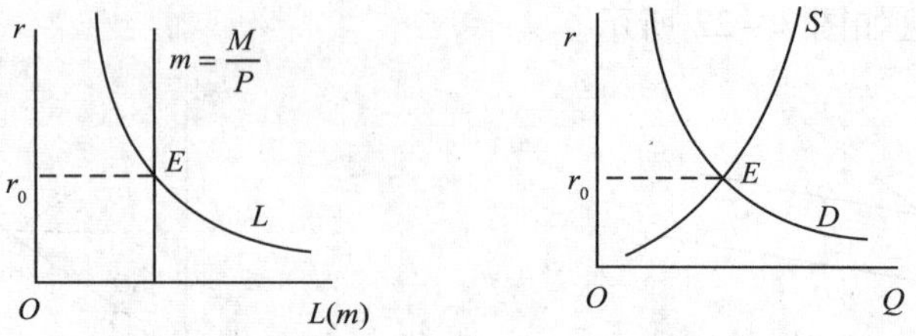

(a) 利率由中央银行决定　　(b) 利率由借贷市场决定

图3－24　利率的决定

(2)“借贷市场决定利率”。古典学派强调资本供求对利率的决定作用，认为在实物经济中，资本是一种生产要素，利息是资本的价格。利率的高低由资本供给即储蓄水平和资本需求即投资水平决定；储蓄是利率的增函数，投资是利率的减函数，均衡利率取决于投资流量和储蓄流量的均衡，即储蓄等于投资为均衡利率条件。由于古典利率理论强调实际因素而非货币因素决定利率，同时该理论还是一种流量和长期分析；所以，该理论又被称为长期实际利率理论，如图3－24(b)所示。

(3)上述两种利率决定理论都有一定的道理，但是都不全面，于是可贷资金理论便应运而生，可贷资金理论是上述两种理论的综合。可贷资金理论是20世纪30年代提出来的，其主要代表人物是剑桥学派的罗伯逊和瑞典学派的俄林。该理论试图在利率决定问题上把货币因素和实际因素结合起来考虑，完善古典学派的储蓄投资理论和凯恩斯流动性偏好利率理论。可贷资金理论认为在利率决定问题上，肯定储蓄和投资的交互作用是对的，但完全忽视货币因素是不当的，尤其在目前金融资产量相当庞大的今天。凯恩斯指出了货币因素对利率决定的影响是可取的，但完全否定实质性因素是错误的。可贷资金理论试图在古典利率理论的框架内，将货币供求变动等货币因素考虑进去，在利率决定问题上同时考虑货币因素和实质因素，以完善利率决定理论。利率是借贷资金的价格，借贷资金的价格取决于金融市场上的资金供求关系。

第4章　宏观经济政策分析

4.1　考点难点归纳

考点一：宏观经济政策的作用及影响

1. 财政政策

财政政策是指政府变动税收和支出以便影响总需求进而影响就业和国民收入的政策。变动税收是指改变税率和税率结构。变动政府支出是指改变政府对商品与劳务的购买支出以及转移支付。

2. 货币政策

货币政策是指政府通过中央银行变动货币供给量，影响利率和国民收入的政策措施。货币政策的工具有公开市场业务、改变贴现率、改变法定准备金率以及道义上的劝告等措施。这些货币政策工具作用的直接目标是通过控制商业银行的存款准备金，影响利率与国民收入，从而最终实现稳定国民经济的目标。

3. 财政政策和货币政策的影响(见表4－1)

表4－1　财政政策和货币政策的影响

政策种类	对利率的影响	对消费的影响	对投资的影响	对GDP的影响
财政政策（减少所得税）	↑	↑	↓	↑
财政政策（增加政府开支）	↑	↑	↓	↑
财政政策（投资津贴）	↑	↑	↑	↑
货币政策（扩大货币供给）	↓	↑	↑	↑

考点二：财政政策效果

1. 财政政策效果的*IS*－*LM*图形分析

财政政策效果是指政府收支发生变化(包括变动税收、政府购买和转移支付等)导致*IS*曲线也发生变动并进一步对国民收入变动产生的影响，在*IS*－*LM*图形上表现为随*IS*曲线和*LM*曲线的斜率不同而有所区别。

(1)财政政策效果因*IS*曲线的斜率而异：

如图4－1所示，$y_0y_1 < y_0y_2$，这就是说在*LM*曲线不变时，*IS*曲线斜率的绝对值越大，即*IS*曲线越陡峭，则移动*IS*曲线时收入变化就越大，即财政政策效果就越大；反之，*IS*曲线越平坦，则移动*IS*曲线时收入变化就越小，即财政政策效果就越小。

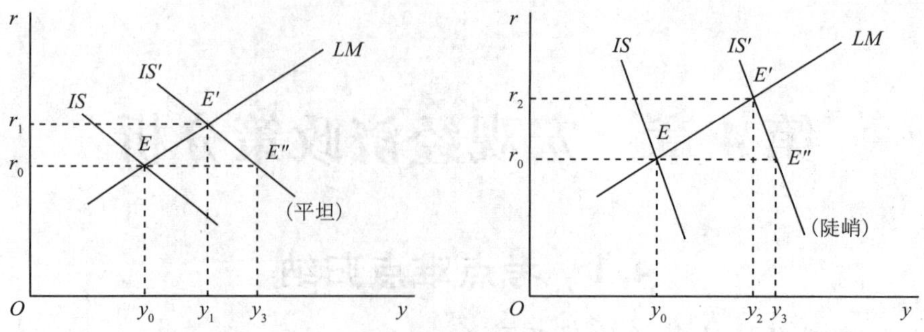

图 4-1　财政政策效果因 *IS* 曲线的斜率而异

(2)财政政策效果因 *LM* 曲线的斜率而异:

如图 4-2 所示，当 *IS* 曲线的斜率保持不变时，*LM* 曲线的斜率越大，即 *LM* 曲线越陡峭，*IS* 曲线受到冲击发生变动时，收入变动越小，即财政政策效果就越小；反之，*LM* 曲线越平坦，财政政策效果就越大。

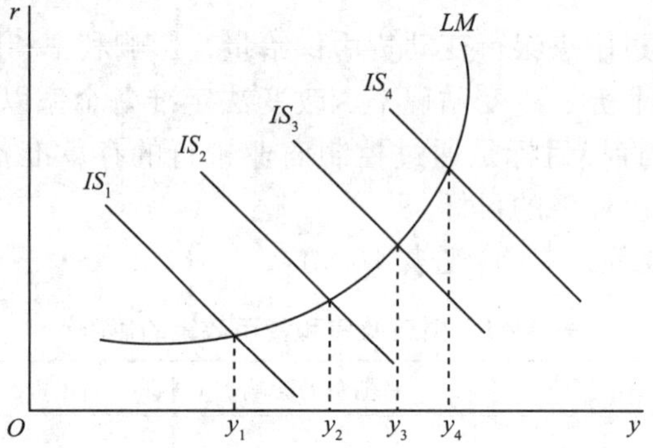

图 4-2　财政政策效果因 *LM* 曲线的斜率而异

2. 财政政策乘数

财政政策乘数是指在实际货币供给量不变时，政府收支的变化能使国民收入变动多少，比方说增加一美元的政府购买能使国民收入增加多少，用公式表示是:

$$\frac{dY}{dG}=\frac{1}{1-b(1-t)+\frac{dk}{h}}$$

式中，b 为边际消费倾向；t 为税收函数中的边际税率；d 为投资需求函数 $I=e-dr$ 中投资对利率的敏感程度；k 和 h 分别为货币需求函数中货币需求对收入和利率的敏感程度。

由于利率变动对国民收入具有挤出效应，所以财政政策乘数的效果要小于政府支出乘数。财政政策乘数的大小受到政府支出乘数 $1/(1-b)$、货币需求的利率敏感性 h、投资需求的利率敏感性 d 以及货币需求的收入敏感性 k 的影响。在 *LM* 曲线为水平线(流动性陷阱)条件下，财政政策乘数等于政府支出(购买)乘数。

3. 凯恩斯主义的极端情况

如果 *LM* 曲线越平坦，或 *IS* 曲线越陡峭，则财政政策效果越大，货币政策效果越小；如果出现一种 *IS* 曲线为垂直线而 *LM* 曲线为水平线的情况，则财政政策将十分有效，而货币政策将完全无效。这种情况被称为凯恩斯主义的极端情况。

4. 挤出效应

挤出效应是指政府支出增加所引起的私人消费或投资降低的经济效应。在 *IS*－*LM* 模型中，若 *LM* 曲线不变，向右移动 *IS* 曲线，两种市场同时均衡时会引起利率的上升和国民收入的增加。但是，这一增加的国民收入小于不考虑货币市场的均衡(即 *LM* 曲线)或利率不变条件下的国民收入的增量，这两种情况下的国民收入增量之差，就是利率上升而引起的“挤出效应”。“挤出效应”的大小取决于支出乘数的大小、货币需求对收入变动的敏感程度、货币需求对利率变动的敏感程度、投资需求对利率变动的敏感程度等。其中，货币的利率敏感程度和投资的利率敏感程度是“挤出效应”大小的决定性因素。“挤出效应”与货币的利率敏感程度负相关，与投资的利率敏感程度正相关。

5. 财政政策的局限性

(1)财政政策从制定到实施到最后产生效果，中间经历了很长一段时间，会产生认识时滞、行动时滞和影响时滞。其中，认识时滞即经济运行出现问题到政府通过分析指标到认识到要采取措施所经历的时间；行动时滞是指政府制定政策到采取行动执行政策所经历的时间；影响时滞是指政策执行到其发生影响中间所经历的时间。

(2)政策效果的不确定性。首先是财政政策各项政策工具的乘数难以准确确定，其次在财政政策从制定到产生效果的过程中，需求可能就已经发生很大的变化。

(3)挤出效应。财政投资的实质是借用民间资金来投资，增加了政府用以投资的财源，会相应减少民间用于投资的资金。即由于公债的发行，使民间部门的投资或消费资金减少，从而对民间部门的投资或消费起挤出作用。

(4)大部分竞争性部门政府投资的效率不如民间投资，政府投资规模太大，持续时间太长，都会造成全社会投资效率的下降。长期使用财政政策还会抑制民间投资的积极性。

考点三：货币政策效果

1. 货币政策效果的 *IS－LM* 图形分析

货币政策的效果是指货币供给量的变动对总需求的影响，在 *IS－LM* 图形上表现为随 *IS* 曲线和 *LM* 曲线的斜率不同而有所区别。

(1)货币政策效果因 *IS* 曲线的斜率而异：

如图 4－3 所示，在 *LM* 曲线的斜率不变，*LM* 曲线由于货币供给量的变动发生移动时，*IS* 曲线越平坦，国民收入受到的影响就越大；反之，*IS* 曲线越陡峭，国民收入受到的影响就越小。

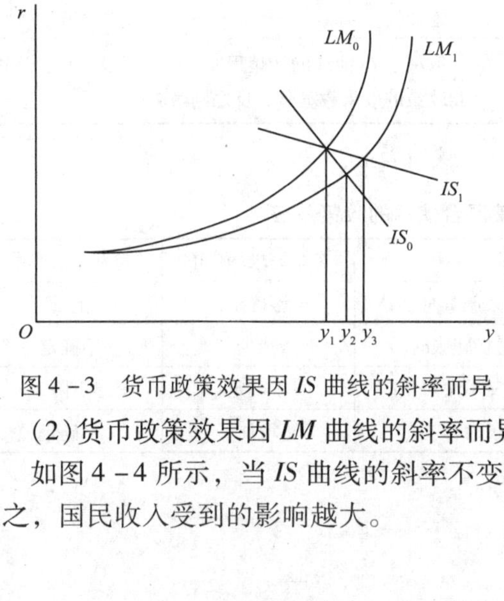

图 4－3　货币政策效果因 *IS* 曲线的斜率而异

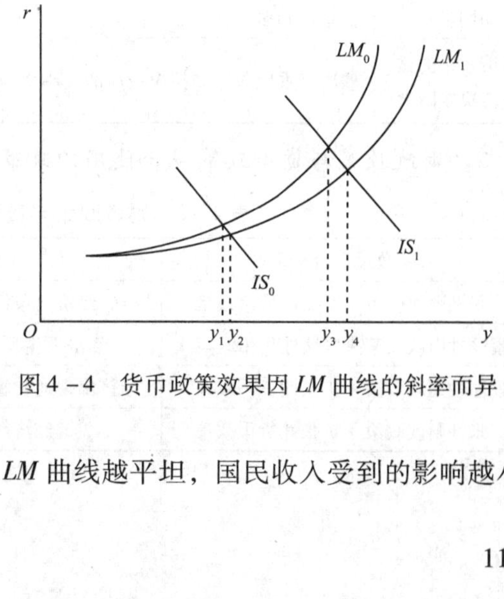

图 4－4　货币政策效果因 *LM* 曲线的斜率而异

(2)货币政策效果因 *LM* 曲线的斜率而异：

如图 4－4 所示，当 *IS* 曲线的斜率不变时，*LM* 曲线越平坦，国民收入受到的影响越小；反之，国民收入受到的影响越大。

2. 货币政策乘数

货币政策乘数是指当 IS 曲线不变或者说产品市场均衡情况不变时，实际货币供应量变化能使均衡收入变动多少，用公式表示是：

$$\frac{dY}{dM}=\frac{1}{[1-b(1-t)]\frac{h}{d}+k}$$

从上式可知，当 b、t、d、k 既定时，h 越大，即货币需求对利率越敏感，亦即 LM 越平缓，则货币政策效果越小；而当其他参数既定时，d 越大，即投资需求对利率越敏感，亦即 IS 曲线越平缓，则货币政策效果越大。同样，b、t、k 的大小也会影响 dY/dM 的大小，即也会影响货币政策的效果。

3. 古典主义的极端情况

古典主义的极端情况即水平的 IS 曲线与垂直的 LM 曲线模型，此时财政政策完全无效，货币政策完全有效。

4. 货币政策的局限性

(1)在通货膨胀时期实行紧缩的货币政策可能效果比较显著，但在经济衰退时期，实行扩张的货币政策效果就不明显。

(2)从货币市场均衡的情况看，增加或减少货币供给要影响利率的话，必须以货币流通速度不变为前提。如果这一前提并不存在，货币供给变动对经济的影响就要打折扣。

(3)货币政策作用的外部时滞也影响政策效果。

(4)在开放经济中，货币政策的效果还要因为资金在国际上流动而受到影响。

考点四：两种政策的混合使用

1. 财政政策与货币政策的区别(见表 4－2)

表 4－2　财政政策与货币政策的区别

	财政政策	货币政策
运行机制	通过财政支出和收入来影响经济，见效快，但增加支出会迫使利率上升，产生挤出效应	通过利率的变动对总产出产生影响。若货币增加，则利率下降，改善整个经济状况
执行渠道	由财政部执行	由中央银行执行
动用机制	任意性和多变性	连续性
政策效果的显著性决定因素	取决于乘数效应和挤出效应的大小	取决于 IS 曲线的陡峭程度，IS 曲线越平坦，货币政策的效果越显著；反之则微弱

2. 财政政策与货币政策混合使用的政策效应(见表 4－3)

表 4－3　财政政策与货币政策混合使用的政策效应

政策混合	使用情景	对总需求的影响	对利率的影响
扩张性财政政策＋紧缩性货币政策	经济萧条但又不太严重时	不确定	上升
紧缩性财政政策＋紧缩性货币政策	经济发生严重的通货膨胀时	减少	不确定
紧缩性财政政策＋扩张性货币政策	经济出现通货膨胀但又不太严重时	不确定	下降
扩张性财政政策＋扩张性货币政策	经济严重萧条时	增加	不确定

4.2 考研真题与典型题

一、名词解释

1. 挤出效应(crowding out effect)(湖南大学2022研；广东财经大学2022研；中国人民大学2021研；中国海洋大学2020研；四川大学2018研；北师大2018研；清华大学2017研；厦门大学2017研；山西财经大学2016研；中央财大2015、2012研；中国社科院2014研；上海大学2014研；武汉大学2012研)

2. 财政政策(暨南大学2017研；浙江理工大学2015研；上海大学2014研；青岛理工大学2014研)

3. 货币政策(东北财大2006研；华中科大2006研)

4. 财政政策乘数(对外经贸大学2013研)

5. 货币政策乘数(南京大学2019研)

二、简答题

1. 什么是挤出效应？挤出效应的大小取决于哪些因素，怎样影响？(广东财经大学2021研)

2. *IS*曲线和*LM*曲线怎样移动才能使国民收入增加而利率不变？怎样的财政政策和货币政策配合才能做到这一点？(武汉大学2001研)

3. 货币政策效果为什么会因*LM*斜率而异？(武汉大学2002研)

4. 请对财政政策和货币政策混合使用的政策效应作简要分析。(中央财经大学2019研)

5. 什么是货币政策的内部时滞？(对外经贸大学2003研)

6. 财政政策的局限性表现在哪些方面？(西南财大2002研)

7. 试用*IS*－*LM*模型分析引起“完全挤出”的财政扩张政策的情况。

8. 已知，边际消费倾向β，投资对利率敏感度d，货币需求对利率敏感度h、对收入敏感度k，政府支出g，请证明，极度萧条情况下，财政扩张政策的效果可能较大。(中央财大2009研)

9. 关于稳定性政策：

(1)假设一个经济体处在充分就业的初始均衡之中，如果增加货币供给量，其对经济的短期影响和长期影响各是什么？在什么条件下，短期影响与长期影响没有差别？

(2)在什么情况下，总需求管理政策是必要的和有效的？在什么情况下不需要总需求管理政策？(武汉大学2006研)

10. 简述货币政策的含义及其局限性。(广东财经大学2022研；杭州电子科技大学2021研)

11. 2010年12月6日美国总统奥巴马宣布将布什政府实施的全部减税政策再延长两年。根据这项政策，年收入4万美元以下的人将减税800美元，年收入10万美元的人将减税2000美元。请说明，奥巴马政府为什么要继续实施减税政策？(人大2011研)

12. 在*IS*－*LM*模型中，分别讨论货币政策和财政政策对均衡时利率水平和价格水平的影响。(国民收入水平给定)

三、计算题

1. 已知$C=50+0.8(Y-T)$，$T=0.25Y$，$I=200-200r+0.2Y$，$G=200$，$L=0.25Y-100r+200$，$M=600$，$P=1$。

(1)求均衡时的国民收入、消费和投资；

(2)若政府实行财政政策，增加125亿元的政府购买，求挤出效应；

(3)在(2)的基础上变动货币政策保持利率不变，货币供给增加多少？(西南财经大学2022研)

2. 假设一个经济由以下等式刻画：

$$C=40+0.8(Y-T)$$
$$I=140-10r$$
$$G=50$$
$$T=50$$
$$\frac{M^D}{\overline{P}}=0.2Y-5r$$
$$M^S=100$$
$$\overline{P}=1$$

(1)均衡的产出和利率水平是多少？

(2)当政府支出从50增加到80时消费和投资各变动多少？

(3)挤出效应为多少？(中山大学2013研)

3. 已知一个宏观经济中的消费函数为 $C=100+0.8Y_d$(Y_d 为可支配收入，单位为亿元)，自发(主)投资 $I=50$，政府财政政策包括政府支出 $G=200$，定量(或自主)税收 $T_0=60$，比例税率 $t=0.25$。求：

(1)宏观经济均衡时的国民收入 Y 是多少？

(2)(支出)乘数 K 是多少？

(3)政府的财政盈余是多少？(人大2005研)

4. 假设货币需求 $L=0.2Y-500r$，货币供给为100。(单位：美元)

(1)计算：①当消费 $C=40+0.8Y_d$，投资 $I=140-1000r$，税收 $T=50$，政府支出 $G=50$ 和②当消费 $C=40+0.8Y_d$，投资 $I=110-500r$，税收 $T=50$，政府支出 $G=50$ 时的均衡收入、利率和投资。

(2)政府支出从50美元增加到80美元时，情况①和情况②中均衡收入和利率各为多少？

(3)解释两种情况的不同。

5. 下列等式描绘了一个经济体：

$C=0.8(1-t)Y$

$t=0.25$

$I=900-50i$

$G=500$

$L=0.25Y-62.5i$

$CU=150$

$RE=100$

$cu=0.2$

$re=0.1$

$P=2$

这里，C 表示消费支出，Y 表示国民收入，t 表示税率，I 表示投资支出，G 表示政府购买支出，i 表示利率，L 表示真实货币需求，CU 表示通货，RE 表示准备金，cu 表示通货存款比率，re 表示准备率，P 表示价格水平。

(1)求 IS 曲线和 LM 曲线方程，并计算均衡收入和均衡利率。

(2)计算财政政策乘数和货币政策乘数。

(3)现在政府要改变需求的构成，减少消费 100、增加投资 100，从而保持当前的收入水平不变。请问：需要什么样的政策组合？用 $IS-LM$ 曲线模型表示你的建议，并计算出需要调整的政策变量变化量是多少。

(4)假设充分就业的收入水平为 4000，政府准备采用扩张性政策以实现充分就业，请问：如果单独采用扩张性财政政策，需要增加多少政府购买支出？如果采用扩张性财政政策的同时，采用适应性货币政策，政府购买支出和名义货币供给的变化量分别是多少？(对外经贸大学2007 研)

6. 假设在封闭经济中，消费函数为 $C=200+0.8(Y-T)$，投资函数为 $I=200-2r$。政府购买和税收都是 120，货币需求函数为 $L=Y-80r$，货币供给是 $(M/P)^d=1000$，物价水平为 2，请回答：

(1)求出均衡状态下的利率和收入水平？

(2)假设同时采取扩张性的财政和货币政策，政府购买从 120 提高到 140，货币供给从 1000 提高到 1200，那么 IS 和 LM 如何移动，在新的均衡条件下利率和收入水平是多少？

(3)使用财政和货币政策的初始值，假设物价水平从 2 上升到 4，会发生什么变化？新的均衡下利率和收入水平是多少？

(4)推导出总需求方程。如果货币政策像(2)那样变化，那么需求曲线怎样变动？(中央财经大学 2018 研)

四、论述题

1. 材料 1：2012 年 9 月 13 日，美国联邦公开市场委员会会议发布公告称，为支持经济强劲复苏和确保通胀符合目标，美联储将推行进一步的量化宽松政策(简称 QE3)，并将目前低利率保持至 2015 年年中。

材料 2：目前，美国经济正逐步接近所谓“财政悬崖”的威胁。如果美国共和与民主两党组成的跨党派超级委员会未能就削赤达成协议，2013 年初便会启动自动削减赤字机制，缩减政府开支，目标是未来十年减少赤字 1.2 万亿美元，同时税务优惠政策将于 2012 年底结束，可能不再获得延期，削减财政赤字与加税将造成私人与企业庞大的财政缺口，形成所谓“财政悬崖”。

根据 $IS-LM$ 模型并结合以上材料分析：

(1)如果美国国会不采取任何行动，“财政悬崖”如期发生，将对美国经济产生怎样的影响？

(2)指出美国宏观经济政策将面临的是哪种政策组合？分析这种政策组合的适用范围及可能的结果。

(3)如果美国希望加速经济复苏而保持利率不变，财政和货币政策如何搭配使用？(对外经贸大学 2013 研)

2. 根据流动性陷阱理论，当经济陷入流动性陷阱后，扩张性货币政策由于无法导致利率进一步下降而失效，然而当美国次贷危机之后，每个市场名义利率接近零下限(名义利率不能为负)的情况下，美联储采取了以大量购买资产为主要特征的非常规货币政策，并取得了较好的效果：

(1)你认为在零利率下限处，非常规的货币政策是如何发生作用的？

(2)非常规的货币政策取得了较好的效果是否意味着流动性陷阱理论是错误的？(人大2015研)

3. 李克强总理在2014年夏季达沃斯论坛上宣布，中国政府推动营改增等几项改革已经减税2500亿元，而中国人民银行利用多种政策手段引导市场利率降低社会融资成本。

根据上述材料分析我国在当前阶段所采取的财政政策和货币政策以及两者混合使用的效应。(中南财大2015研)

4. 货币政策应该按规则还是相机抉择？请说明理由。(人大2006研)

5. 近年来，中国经济增速开始下降并进入增长"新常态"。请用*IS－LM*模型图示和文字说明如果政府继续采用传统的经济刺激政策，经济在短期内和长期内应该如何调整？(中山大学2018研)

6. 论述货币政策的类型及其内容。(中国地质大学2019研)

4.3 考研真题与典型题详解

一、名词解释

1. 挤出效应(crowding out effect)(湖南大学2022研；广东财经大学2022研；中国人民大学2021研；中国海洋大学2020研；四川大学2018研；北师大2018研；清华大学2017研；厦门大学2017研；山西财经大学2016研；中央财大2015、2012研；中国社科院2014研；上海大学2014研；武汉大学2012研)

答：挤出效应是指政府支出增加所引起的私人消费或投资下降的经济效应。在*IS－LM*模型中，若*LM*曲线不变，向右移动*IS*曲线，两种市场同时均衡时会引起利率的上升和国民收入的增加。但是，这一增加的国民收入小于不考虑货币市场的均衡(即*LM*曲线)或利率不变条件下的国民收入的增量，这两种情况下的国民收入增量之差，就是利率上升而引起的"挤出"效应。挤出效应的大小取决于支出乘数的大小、货币需求对收入变动的敏感程度、货币需求对利率变动的敏感程度、投资需求对利率变动的敏感程度等。其中，货币的利率敏感程度和投资的利率敏感程度是"挤出"效应大小的决定性因素。挤出效应与货币的利率敏感程度负相关；与投资的利率敏感程度正相关。

2. 财政政策(暨南大学2017研；浙江理工大学2015研；上海大学2014研；青岛理工大学2014研)

答：财政政策是指政府变动税收和支出以便影响总需求进而影响就业和国民收入的政策。变动税收是指改变税率和税率结构。变动政府支出是指改变政府对商品与劳务的购买支出以及转移支付。它是利用政府预算(包括税收和政府支出)来影响总需求，从而达到稳定经济目的的宏观经济政策。其特点是政府用行政预算来直接控制消费总量和投资总量，调节国家的需求水平，使总需求和总供给达到理想的均衡状态，从而促进充分就业和控制通货膨胀。从其内容上看，包括财政收入政策和财政支出政策。前者的政策手段主要是税率，后者的政策手段主要是政府购买(支出)。从对经济发生作用的结果上看，财政政策分为扩张性的财政政策和紧缩性的财政政策。前者是指降低税率、增加转移支付、扩大政府支出，目的是刺激总需求，以降低失业率。后者则包括提高税率、减少转移支付、降低政府支出，以此抑制总需求的增加，进而遏制通货膨胀。财政政策是需求管理的一种主要手段。

3. 货币政策(东北财大2006研；华中科大2006研)

答：货币政策是指政府通过中央银行变动货币供给量，影响利率和国民收入的政策措施。货币政策分为扩张性的货币政策和紧缩性的货币政策。扩张性的货币政策是通过提高货币供应增长速度来刺激总需求。在这种政策下，取得信贷更为容易，利息率会降低。因此，当总需求与经济的生产能力相比很低时，使用扩张性的货币政策最合适。紧缩性的货币政策是通过降低货币供应的增长率来降低总需求水平，在这种政策下，取得信贷较为困难，利息率也随之提高。因此，在通货膨胀较严重时，采用紧缩性的货币政策较合适。货币政策的工具有公开市场业务、改变贴现率、改变法定准备率以及道义上的劝告等措施。这些货币政策的工具作用的目标是调整经济中的货币供给量，影响利率与国民收入，从而最终实现稳定国民经济的目标。

4. 财政政策乘数(对外经贸大学2013研)

答：财政政策乘数是指在实际货币供给量不变时，政府收支的变化能使国民收入变动的比率，用公式表示是：

$$\frac{\mathrm{d}Y}{\mathrm{d}G}=\frac{1}{1-\beta(1-t)+\frac{dk}{h}}$$

式中，β 为边际消费倾向；t 为税收函数中的边际税率；d 为投资需求函数 $I=e-dr$ 中投资对利率的敏感程度；k 和 h 分别为货币需求函数中货币需求对收入和利率的敏感程度。

由于利率变动对国民收入具有挤出效应，所以财政政策乘数的效果要小于政府支出乘数。财政政策乘数的大小受到政府支出乘数$\frac{1}{1-\beta(1-t)}$、货币需求的利率敏感性 h、投资需求的利率敏感性 d 以及货币需求的收入敏感性 k 的影响。在 LM 曲线为水平线(流动性陷阱)的条件下，财政政策乘数等于政府支出(购买)乘数。

5. 货币政策乘数(南京大学2019研)

答：货币政策乘数是指当 IS 曲线不变或者说产品市场均衡情况不变时，实际货币供应量变化能使均衡收入变动的比率，用公式表示是：

$$\frac{\mathrm{d}Y}{\mathrm{d}M}=\frac{1}{[1-\beta(1-t)]\frac{h}{d}+k}$$

从式中可知，当β、t、d、k 既定时，h 越大，即货币需求对利率越敏感，亦即 LM 越平缓，则货币政策效果越小；而当其他参数既定时，d 越大，即投资需求对利率越敏感，亦即 IS 曲线越平缓，则货币政策效果越大。同样，β、t、k 的大小也会影响货币政策效果即 $\mathrm{d}Y/\mathrm{d}M$的大小。

二、简答题

1. 什么是挤出效应？挤出效应的大小取决于哪些因素，怎样影响？(广东财经大学2021研)

答：(1)挤出效应的含义：

挤出效应是指政府支出增加所引起的私人消费或投资降低的效果。根据 $IS-LM$ 模型，只要经济不是处于凯恩斯陷阱，政府支出的增加就会提高利率。由于投资与利率成反比，利率提高，则投资下降。即政府支出增加，减少了私人投资，这就是挤出效应。

(2)影响挤出效应的主要因素：

①支出乘数的大小。乘数越大，政府支出所引起的产出增加固然越多，但利率提高使投资减少所引起的国民收入减少也越多，即“挤出效应”越大。

②货币需求对产出变动的敏感程度。即货币需求函数中 k 的大小。k 越大，政府支出增加所引起的一定量产出水平增加所导致的对货币的需求(交易需求)的增加也越大，因而使利率上升也越多，从而“挤出效应”也就越大。

③货币需求对利率变动的敏感程度。即货币需求函数中 h 的大小，也就是货币需求的利率系数的大小。h 越小，说明货币需求稍有变动，就会引起利率大幅度变动。因此，当政府支出增加引起货币需求增加所导致的利率上升就越多，因而对投资的“挤占”也就越多。

④投资需求对利率变动的敏感程度，即投资的利率系数 d 的大小。d 越大，则一定量利率水平的变动对投资水平的影响就越大，因而“挤出效应”就越大；反之，则“挤出效应”就越小。

上述四个因素中，“挤出效应”大小的决定性因素是货币需求及投资需求对利率的敏感程度，即货币需求的利率系数 h 及投资需求的利率系数 d 的大小。

2. *IS* 曲线和 *LM* 曲线怎样移动才能使国民收入增加而利率不变？怎样的财政政策和货币政策配合才能做到这一点？(武汉大学 2001 研)

答：(1)*IS* 曲线代表产品市场处于均衡状态的收入和利率的所有组合，是在产品市场达到均衡时，收入和利率的各种组合的点的轨迹。在两部门经济中，*IS* 曲线的数学表达式为：

$$I(r)=S(Y)$$

它的斜率为负，这表明 *IS* 曲线一般是一条向右下方倾斜的曲线。一般来说，在产品市场上，位于 *IS* 曲线右方的收入和利率的组合，都是投资小于储蓄的非均衡组合；位于 *IS* 曲线左方的收入和利率的组合，都是投资大于储蓄的非均衡组合，只有位于 *IS* 曲线上的收入和利率的组合，才是投资等于储蓄的均衡组合。

(2)*LM* 曲线代表货币市场处于均衡状态的收入和利率的所有组合，表示在货币市场中，货币供给等于货币需求时收入与利率的各种组合的点的轨迹。*LM* 曲线的数学表达式为：

$$\frac{M}{P}=kY-hr$$

它的斜率为正，这表明 *LM* 曲线一般是向右上方倾斜的曲线。一般来说，在货币市场上，位于 *LM* 曲线右方的收入和利率的组合，都是货币需求大于货币供给的非均衡组合；位于 *LM* 曲线左方的收入和利率的组合，都是货币需求小于货币供给的非均衡组合；只有位于 *LM* 曲线上的收入和利率的组合，才是货币需求等于货币供给的均衡组合。

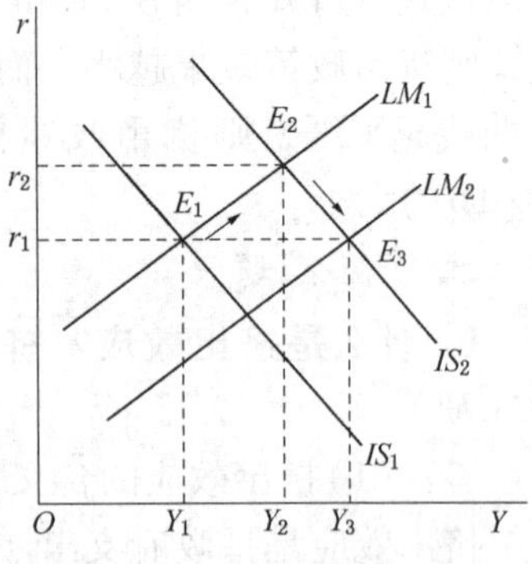

图 4－5　扩张性财政政策和扩张性货币政策的混合使用

(3)一般而言，如果仅仅采用扩张性财政政策，即 *LM* 曲线不变，而向右移动 *IS* 曲线，会导致利率上升和国民收入的增加；如果仅仅采用扩张性货币政策，即 *IS* 曲线不变，而向右移动 *LM* 曲线，可以降低利率和增加国民收入。考虑到 *IS* 曲线和 *LM* 曲线的上述移动特点，如果使 *IS*、*LM* 曲线同方向和同等幅度的向右移动可以使国民收入增加而利率不变，如图 4－5 所示。

通过 IS_1 曲线向右移动至 IS_2 使收入从 Y_1 增加至 Y_2，利

率由 r_1 上升至 r_2，但与此同时向右移动 *LM* 曲线，从 LM_1 移至 LM_2，使利率从 r_2 下降至 r_1 以抵消 *IS* 曲线右移所引起的利率上升而产生的“挤出效应”，使国民收入更进一步向右移动至 Y_3。这样，*IS* 曲线和 *LM* 曲线的移动才能使国民收入增加而利率不变。而要达到上述目的，就需要松的财政政策和松的货币政策的混合使用(相机抉择)，一方面采用扩张性财政政策增加总需求；另一方面采用扩张性货币政策降低利率，减少“挤出效应”，使经济得以迅速复苏、高涨。

3. 货币政策效果为什么会因 *LM* 斜率而异？（武汉大学 2002 研）

答：货币政策的效果指变动货币供给量的政策对总需求的影响，假定增加货币供给能使国民收入有较大增加，则货币政策效果就大；反之，则小。货币政策效果取决于 *IS* 和 *LM* 曲线的斜率。

当 *IS* 曲线斜率不变时，*LM* 曲线越平坦，货币政策效果就越小，反之，则货币政策效果就越大。这是因为，*LM* 较平坦，表示货币需求受利率的影响较大，即利率稍有变动就会使货币需求变动很多，因而货币供给量变动对利率变动的作用较小，从而增加货币供给量的货币政策就不会对投资和国民收入有较大影响。反之，若 *LM* 曲线较陡峭，表示货币需求受利率的影响较小，即货币供给量稍有增加就会使利率下降较多，因而对投资和国民收入有较多增加，即货币政策的效果较强。

4. 请对财政政策和货币政策混合使用的政策效应作简要分析。（中央财经大学 2019 研）

答：(1)财政政策是指政府变动税收和支出以便影响总需求进而影响就业和国民收入的政策。变动税收是指改变税率和税率结构。变动政府支出是指改变政府对商品与劳务的购买支出以及转移支付。货币政策是指政府通过中央银行变动货币供给量，影响利率和国民收入的政策措施。货币政策的工具有公开市场业务、改变贴现率、改变法定准备率以及道义上的劝告等措施。这些货币政策的工具作用的直接目标是通过控制商业银行的存款准备金，影响利率与国民收入，从而最终实现稳定国民经济的目标。

(2)扩张性的财政政策表现为 *IS* 曲线右移，在使收入增加的同时会带来利率的上升，反之亦然。扩张性的货币政策表现为 *LM* 曲线右移，在使收入增加的同时会带来利率的下降，反之亦然。由此可见，通过两种政策的搭配，可实现收入和利率的不同组合。

当出现非均衡时，能够通过 *IS* – *LM* 模型的内生变量的调整使之均衡。下面以经济在某一时期处于萧条状态为例，根据 *IS* – *LM* 模型对配合使用财政政策和货币政策的政策效应作简要分析。

如图 4 – 6 所示，在某一时期某经济处于萧条状态。假定经济起初处于图中 *E* 点，收入为 Y_0，利率为 r_0，而充分就业的收入为 Y^*。为克服经济萧条，达到充分就业，政府既可采用扩张性财政政策将 *IS* 右移到 *IS″*，也可实行扩张性货币政策将 *LM* 右移到 *LM″*。采用这两种政策虽都可以使收入达到 Y^*，但会使利率大幅度上升或下降。如果既想使收入增加到 Y^*，又不使利率变动，则可采用扩张性财政政策和扩张性货币政策配合使用的办法。

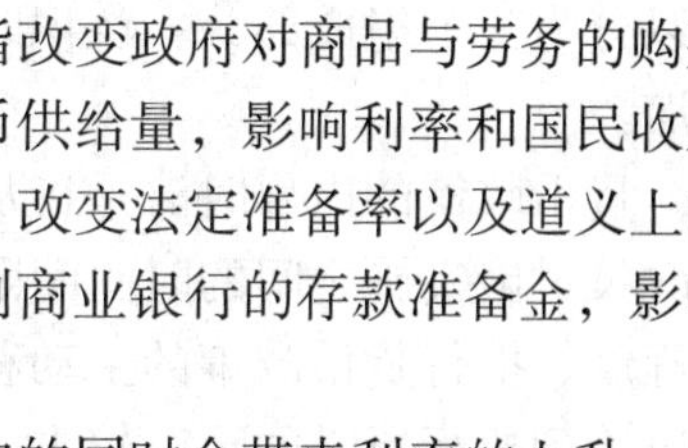

图 4 – 6 财政政策和货币政策的配合使用

为了将收入从 Y_0 提高到 Y^*，可实行扩张性财政政策，使产出水平上升，但为了使利率不由于产出上升而上升，可相应地实行扩张性货币政策，增加货币供应量，使利率保持原有水平。如果仅实行扩张性财政政策，将 *IS* 移到 *IS′*，则均衡点为 *E′*，利率水平上升到 r_0 之上，产生“挤出效应”，

产量不可能达到 Y^*。如果采用“适应性的”货币政策，即按利率上升的要求，增加货币供给，将 LM 移到 LM'，则利率可保持不变，投资不被挤出，产量就可达到 Y^*。

(3)政府和中央银行可以根据具体情况和不同目标，选择不同的政策组合。例如，当经济萧条但又不太严重时，用扩张性财政政策刺激总需求，又用紧缩性货币政策控制通货膨胀；当经济发生严重通货膨胀时，用紧缩货币来提高利率，降低总需求水平，又紧缩财政，以防止利率过分提高；当经济中出现通货膨胀又不太严重时，用紧缩财政压缩总需求，又用扩张性货币政策降低利率，以免财政政策紧缩而引起衰退；当经济严重萧条时，用扩张财政增加总需求，用扩张货币降低利率以克服“挤出效应”。各种混合政策的效果如下所示。

财政政策和货币政策的混合使用

	政策混合	产出	利率
1	扩张性财政政策和紧缩性货币政策	不确定	上升
2	紧缩性财政政策和紧缩性货币政策	减少	不确定
3	紧缩性财政政策和扩张性货币政策	不确定	下降
4	扩张性财政政策和扩张性货币政策	增加	不确定

5. 什么是货币政策的内部时滞？（对外经贸大学 2003 研）

答：“内部时滞”(inside lag)是相对“外在时滞”(outside lag)而言，指从经济发生变动认识到有采取政策措施的必要性到决策者制定出适当的经济政策并付诸实施之间的时间间隔，可以分为三个组成部分：认识时滞、决策时滞和行动时滞。不同的经济政策具有不同的内部时滞。

货币政策的内部时滞是指从需要采取货币政策行动的情况出现，经过制定政策过程，直至政策付诸实施之间的时间间隔。货币政策内部时滞的长短取决于货币当局对经济形势的把握程度、推行货币政策的主动程度以及它的信息和决策系统运行效率的高低。货币政策由于从决策到执行所需的环节较少，其内部时滞较短；财政政策的制定和执行需通过立法机构讨论和表决，再由中央和地方政府执行，因而其内部时滞较长。值得一提的是，当经济发生波动时，经济中存在的自动稳定器会在一定程度上起到熨平经济周期的作用，但由于自动稳定器无须政府干预而会自动发挥作用，因而其内部时滞为零。政府要有效地影响经济运行，其制定和执行经济政策的内部时滞就必须尽可能地缩短。但由于内部时滞受一系列客观因素的制约，故其变动不可能太大。

6. 财政政策的局限性表现在哪些方面？（西南财大 2002 研）

答：财政政策是指为促进就业水平提高，减轻经济波动，防止通货膨胀，实现稳定增长而对政府支出、税收和借债水平所进行的选择，或对政府收入和支出水平所作的决策。实行财政政策常常是为了稳定经济，减少经济波动，但在实践中也存在一些局限性，体现在以下几个方面：

(1)财政政策从制定到实施到最后产生效果，中间经历了很长一段时间，会产生认识时滞、行动时滞和影响时滞。其中，认识时滞即经济运行出现问题到政府通过分析指标到认识到要采取措施所经历的时间；行动时滞是指政府制定政策到采取行动执行政策所经历的时间；影响时滞是指政策执行到其发生影响中间所经历的时间。

(2)政策效果的不确定性。首先是财政政策各项政策工具的乘数难以准确确定，其次在财政政策从制定到产生效果的过程中，需求可能就已经发生很大的变化。

(3)挤出效应。财政投资的实质是借用民间资金来投资，增加了政府用以投资的财源，会相应减少民间用于投资的资金。即由于公债的发行，使民间部门的投资或消费资金减少，从而对民间部门的投资或消费起挤出作用。

(4)大部分竞争性部门政府投资的效率不如民间投资，政府投资规模太大，持续时间太长，都会造成全社会投资效率的下降。长期使用财政政策还会抑制民间投资的积极性。

7. 试用 *IS*－*LM* 模型分析引起“完全挤出”的财政扩张政策的情况。

答：(1)挤出效应是指政府支出增加引起私人部门消费和投资下降的效果。挤出效应的大小取决于支出乘数的大小、货币需求对产出水平的敏感程度、货币需求对利率变动的敏感程度和投资需求对利率变动的敏感程度，其中货币需求对利率变动的敏感程度是决定性因素。在充分就业的条件下，经济没有过剩的生产能力，这时，政府增加支出，会产生完全的挤出效应。

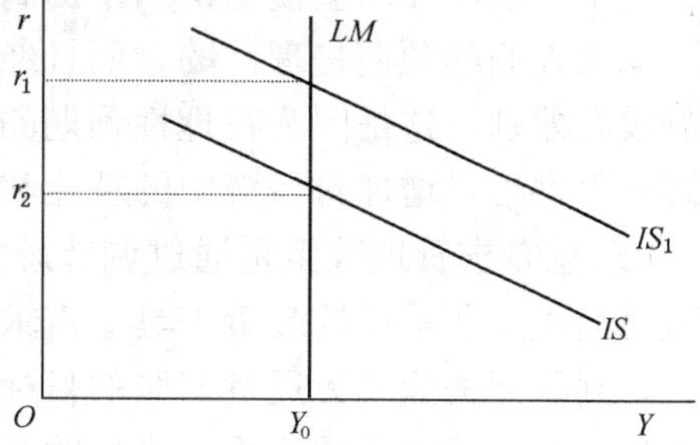

图 4－7　*IS*－*LM* 模型

(2)如图 4－7 所示，在充分就业的条件下，当政府实行扩张性财政政策时，*IS* 曲线右移至 IS_1，利率由 r_2 升至 r_1，但国民收入没有变化，仍然为 Y_0，这表明政府支出已完全挤占了私人投资。

8. 已知，边际消费倾向 β，投资对利率敏感度 d，货币需求对利率敏感度 h、对收入敏感度 k，政府支出 g，请证明，极度萧条情况下，财政扩张政策的效果可能较大。(中央财大 2009 研)

证明：假设消费函数为：$c=a+\beta y_d$，税收 $t=0$，则 $y_d=y$，因此 $c=a+\beta y$。根据消费函数可得出储蓄函数为：$s=y-c=-a+(1-\beta)y$。再假设投资函数为：$i=e-dr$，政府支出为 g。根据产品市场均衡条件 $i+g=s+t$，于是有：

$$e-dr+g=-a+(1-\beta)y \tag{1}$$

再设货币需求为 $L=ky-hr$，货币供给为 m，于是货币市场均衡条件为：

$$ky-hr=m \tag{2}$$

假设 m 不变，以 g 为变量对式(1)、(2)求微分，得：

$$(1-\beta)\frac{\mathrm{d}y}{\mathrm{d}g}+d\frac{\mathrm{d}r}{\mathrm{d}g}=1 \tag{3}$$

$$k\frac{\mathrm{d}y}{\mathrm{d}g}-h\frac{\mathrm{d}r}{\mathrm{d}g}=0 \tag{4}$$

整理式(4)为：$\frac{\mathrm{d}r}{\mathrm{d}g}=\frac{k}{h}\cdot\frac{\mathrm{d}y}{\mathrm{d}g}$，并代入式(3)，得：

$$(1-\beta)\frac{\mathrm{d}y}{\mathrm{d}g}+\frac{dk}{h}\cdot\frac{\mathrm{d}y}{\mathrm{d}g}=1$$

即得：$$\frac{\mathrm{d}y}{\mathrm{d}g}=\frac{1}{(1-\beta)+\frac{dk}{h}} \tag{5}$$

当处于极度萧条情况下，即凯恩斯极端情况时，$h=\infty$，$d=0$。

根据式(5)：$\frac{\mathrm{d}y}{\mathrm{d}g}=\frac{1}{1-\beta}$，可见，极度萧条情况下，财政扩张政策的效果可能较大。

9. 关于稳定性政策：

(1)假设一个经济体处在充分就业的初始均衡之中，如果增加货币供给量，其对经济的短期影响和长期影响各是什么？在什么条件下，短期影响与长期影响没有差别？

(2)在什么情况下，总需求管理政策是必要的和有效的？在什么情况下不需要总需求管理政策？（武汉大学2006研）

答：(1)货币供给增加的短期影响是总需求的增加，就业和产出水平的提高。但是在长期，货币供给增加只会使物价水平提高，就业和产出水平都恢复到充分就业状态。

如果人们的预期是理性的，而且经济中的信息是公开的，则货币供给增加的短期和长期影响没有差别。这是因为在理性预期的情况下，人们将根据货币政策变化迅速调整其决策，最终货币供给量增加对经济中的就业和产出水平不会产生实际作用。

(2)总需求管理政策是通过调节总需求来达到一定政策目标的宏观经济政策工具，这也是凯恩斯主义所重视的政策工具。需求管理是要通过对总需求的调节，实现总需求等于总供给，达到既无失业又无通货膨胀的目标。在总需求小于总供给时，在经济中会由于需求不足而产生失业，这时就要运用扩张性的政策工具来刺激总需求。在总需求大于总供给时，在经济中会由于需求过度而引起通货膨胀，这时就要运用紧缩性的政策工具来压抑总需求。需求管理包括财政政策与货币政策。

当经济陷入衰退或发生剧烈的经济波动时，总需求管理政策是必要和有效的。特别地，在经济陷入萧条、有效需求不足时，扩张性的总需求政策是极为有效的，它可以在提高经济产出的同时，不会引起较高的通货膨胀水平，这有助于经济尽快走出衰退和萧条。当经济接近充分就业水平，或经济运行较为稳定，没有较大的波动时，不需要总需求管理政策。因为此时扩张性的总需求政策极有可能会引发通货膨胀，影响经济的稳定运行。

10. 简述货币政策的含义及其局限性。（广东财经大学2022研；杭州电子科技大学2021研）

答：(1)货币政策的含义：

货币政策是指政府通过中央银行变动货币供给量，影响利率和国民收入的政策措施。货币政策的工具有公开市场业务、改变贴现率、改变法定准备率以及道义上的劝告等措施。这些货币政策工具的作用的直接目标是通过控制商业银行的存款准备金，影响利率与国民收入，从而最终实现稳定国民经济的目标。在*LM*曲线形状基本不变时，*IS*曲线越平坦，*LM*曲线移动(由于实行变动货币供给量的货币政策)对国民收入变动的影响就越大，货币政策效果就越大；反之，*IS*曲线越陡峭，*LM*曲线移动对国民收入变动的影响就越小，货币政策效果就越小。当*IS*曲线斜率不变时，*LM*曲线越平坦，货币政策效果就越小，反之，货币政策效果就越大。

(2)货币政策的局限性：

①货币流通速度的改变会削弱货币政策的影响。

在经济繁荣时期，中央银行通过减少货币供给来抑制通货膨胀。但此时一般公众支出会增加，并且每当有较快的物价上升时，公众更愿意将手头的货币进行花费而不是持有，这便加快了货币流通速度，相当于在流通领域增加了货币供给量，削弱了中央银行紧缩货币供给的政策效用。在经济衰退时期，货币流通速度下降，相当于在流通领域减少了货币供给量，削弱了中央银行增加货币供给的政策效用。然而如果货币供给增加量和货币需求增加量相等，*LM*曲线就不会移动，利率和收入也不会变动。

②扩张性货币政策在经济衰退时期的政策效果不够明显。

在经济衰退时期，厂商普遍持有较为悲观的预期，即使中央银行松动银根，降低利率，悲观的投资者也不会按照央行所预期的那样进行贷款增加投资，同时银行降低风险，也会提高贷款门槛。特别如果出现流动性陷阱，不论银根如何松动，利息率都不会降低。货币政策的反衰退作用甚微。而且货币政策的反通胀作用也主要针对需求拉动的通货膨胀，而对于成本推进的通货膨胀，货币政策无能为力。

③货币政策存在外部时滞。

中央银行的货币政策发挥作用，需要通过影响利率，再影响投资，最后影响就业和国民收入，这中间经过了很长的时间。特别地，一般市场利率的变动并不会带来很快的投资规模的变动。例如，利率下降，企业增加投资，厂商生产规模的扩大不能立即完成；利率上升，企业减少投资，厂商生产规模的缩小更不是一件容易的事。因此，货币政策即使在开始采用时不需要花很长时间，但货币政策落地到产生效果却要有一个相当长的过程，在这样很长的一段时间内，经济情况很有可能发生和人们原先预料的相反的变化。例如，经济衰退时中央银行扩大货币供给，但这一政策效果还没有完全发挥出来时经济却又转入繁荣，物价趋于上涨，那么原本致力于反衰退的货币政策非但不能起作用，反而为加剧通货膨胀火上浇油。

④货币的国际流动会削弱货币政策的影响。

例如，一国实行紧缩性货币政策时往往会出现利率上升，这会吸引国外资金，若汇率浮动，则本币会升值，从而出现抑制出口，刺激进口的局面，降低本国总需求；若汇率固定，则中央银行会投放本币收购外币，便削弱了紧缩性货币政策的政策效果。

货币政策在实践中存在的问题不止这些，但仅从这些方面看，货币政策作为平抑经济波动的手段，作用也是有限的。

11. 2010 年 12 月 6 日美国总统奥巴马宣布将布什政府实施的全部减税政策再延长两年。根据这项政策，年收入 4 万美元以下的人将减税 800 美元，年收入 10 万美元的人将减税 2000 美元。请说明，奥巴马政府为什么要继续实施减税政策？（人大 2011 研）

答：（1）美国经济自金融危机爆发以来一直处于低迷状态，失业率居高不下，人们消费意愿下降，为此奥巴马政府采取了积极的财政政策，包括增加政府投资支出 7000 亿美元，但是效果并不理想，2007 ~ 2009 年的金融风暴对实体经济的负向影响依然存在，失业率仍然居高不下（接近 10%），GDP 增长率仍然很低（2010 年第三季度仅有 1.7%），宏观经济仍然有二次探底的危险，为此 2010 年 12 月 6 日奥巴马宣布将布什政府实施的全部减税政策再延长两年。

（2）根据经济学原理，减税政策是积极财政政策的一部分，减税可以增加消费者的可支配收入，从而刺激消费者消费需求，进而拉动生产需求，通过乘数效应扩大人们的收入水平，在一系列假设条件下，减税的乘数为 $\Delta Y = \frac{\beta}{1-\beta}\Delta T$，因此减税可以较大幅度地扩大生产，增加就业，增加收入。

另外，之前实行扩张性的货币政策已经使得名义利率水平接近 0，实际利率水平已经为负值。此时如果进一步实行扩张性的货币政策，不仅不能降低名义利率以刺激投资（流动性陷阱），而且还会加剧未来通货膨胀的风险。

因此，在当时的经济环境下，以减税为代表的扩张性财政政策通过刺激消费，其稳定宏观经济，促进经济增长的政策效果更为明显。

12. 在 $IS-LM$ 模型中，分别讨论货币政策和财政政策对均衡时利率水平和价格水平的影响。(国民收入水平给定)

答：设消费函数为 $C(Y)=\alpha+\beta Y$，投资函数为 $I(r)=e-dr$，政府支出为 G，则商品市场均衡时，$Y=\alpha+\beta Y+e-dr+G$，即 IS 函数为

$$r=\frac{\alpha+(\beta-1)Y+e+G}{d}$$

设货币需求为 $M/P=mY-nr$，即 LM 函数为

$$r=\frac{m}{n}Y-\frac{M}{Pn}$$

解得：$P=\dfrac{Md}{dmY-\alpha n+n(1-\beta)Y-en-Gn}$。

设 $A=dmY-\alpha n+n(1-\beta)Y-en-Gn$，则因为 $P>0$，显然有 $A>0$，于是有

$$P=\frac{Md}{A}$$

$$r=\frac{\alpha+(\beta-1)Y+e+G}{d}$$

在国民收入给定的情况下，当实施财政政策时，

$$\frac{\partial P}{\partial G}=\frac{Md}{-A^2}(-n)=\frac{Mdn}{A^2}>0$$

$$\frac{\partial r}{\partial G}=\frac{1}{d}>0$$

因此扩张性的财政政策使物价和利率上升，而紧缩性的财政政策使物价和利率下降。

在国民收入给定的情况下，当实施货币政策时，

$$\frac{\partial P}{\partial M}=\frac{d}{A}>0$$

$$\frac{\partial r}{\partial M}=0$$

因此在国民收入给定的情况下，扩张性的货币政策使物价上涨，紧缩性的货币政策使物价下跌。当国民收入不变时，货币政策对实际利率没有影响，只能影响名义利率。

三、计算题

1. 已知 $C=50+0.8(Y-T)$，$T=0.25Y$，$I=200-200r+0.2Y$，$G=200$，$L=0.25Y-100r+200$，$M=600$，$P=1$。

(1)求均衡时的国民收入、消费和投资；

(2)若政府实行财政政策，增加125亿元的政府购买，求挤出效应；

(3)在(2)的基础上变动货币政策保持利率不变，货币供给增加多少？(西南财经大学2022研)

解：(1)当产品市场均衡时，$Y=C+I+G=50+0.8(Y-0.25Y)+200-200r+0.2Y+200$，解得：$Y=2250-1000r$，此即为 IS 曲线。

当货币市场均衡时，$L=M/P$，即 $0.25Y-100r+200=600$，解得：$Y=1600+400r$，此即为 LM 曲线。

联立 IS、LM 曲线得：$2250-1000r=1600+400r$，解得：$r=0.464$。

均衡国民收入 $Y=2250-1000r=1786$，消费 $C=50+0.8(Y-T)=1121.6$，投资 $I=200-200r+0.2Y=464.4$。

(2)当政府购买增加 125 亿元时，$Y=C+I+G=50+0.8(Y-0.25Y)+200-200r+0.2Y+325$，得 IS 曲线为 $Y=2875-1000r$。

LM 曲线保持不变，联立 IS、LM 曲线得：$2875-1000r=1600+400r$，解得 $r=0.911$。

均衡国民收入为 $Y=2875-1000r=1964$。

根据产品市场均衡条件，政府购买支出乘数为5，增加125亿元的政府购买，国民收入应增加625亿元，由于利率增加，投资减少，实际国民收入增加178($=1964-1786$)亿元，挤出效应为447($=625-178$)亿元。

(3)若利率保持不变，则不存在挤出效应，国民收入增加 625 亿元，均衡国民收入为2411($=1786+625$)亿元。

将 $P=1$，$Y=2411$，$r=0.464$ 代入 $M/P=L=0.25Y-100r+200$ 得：$M=756.35$。

即若变动货币政策保持利率不变，货币供给应增加 156.35 亿元。

2. 假设一个经济由以下等式刻画：

$$\boldsymbol{C=40+0.8(Y-T)}$$
$$\boldsymbol{I=140-10r}$$
$$\boldsymbol{G=50}$$
$$\boldsymbol{T=50}$$
$$\boldsymbol{\frac{M^D}{\overline{P}}=0.2Y-5r}$$
$$\boldsymbol{M^S=100}$$
$$\boldsymbol{\overline{P}=1}$$

(1)均衡的产出和利率水平是多少？

(2)当政府支出从 50 增加到 80 时消费和投资各变动多少？

(3)挤出效应为多少？(中山大学 2013 研)

解：(1)由三部门经济产品市场均衡条件 $Y=C+I+G$，可得：

$$Y=40+0.8(Y-50)+140-10r+50$$

化简得 IS 曲线方程为：

$$Y=950-50r$$

由货币市场均衡条件可得：

$$0.2Y-5r=100$$

化简得 LM 曲线方程为：

$$Y=500+25r$$

联立 IS 曲线方程和 LM 曲线方程可得：$Y^*=650$，$r^*=6$。

即均衡产出水平为 $Y^*=650$，均衡利率水平为 $r^*=6$。

(2)政府支出为50时，$Y^*=650$，$r^*=6$，此时消费为 $C=40+0.8(Y-T)=520$；投资为 $I=140-10r=80$。

当政府支出增加到80时，此时 IS 曲线方程变为：$Y=1100-50r$，与 LM 曲线方程 $Y=500+25r$ 联立可得：$Y^{**}=700$，$r^{**}=8$。

此时消费为：$C'=40+0.8(Y-T)=560$；投资为 $I'=140-10r=60$。

故消费变动：$\Delta C = C' - C = 560 - 520 = 40$，即消费增加40。

投资变动为：$\Delta I = I' - I = 60 - 80 = -20$，即投资减少20。

(3)当政府支出从50增加到80时，此时IS曲线方程变为：

$$Y = 1100 - 50r$$

若利率保持不变($r = 6$)，即不存在挤出效应，此时产出为：

$$Y' = 1100 - 50 \times 6 = 800$$

而实际上由于政府购买增加，使得利率上升，挤出效应使得产出水平为$Y^{**} = 700$。

故挤出效应为：$Y^{**} - Y' = 700 - 800 = -100$。

3. 已知一个宏观经济中的消费函数为$C = 100 + 0.8Y_d$(Y_d为可支配收入，单位为亿元)，自发(主)投资$I = 50$，政府财政政策包括政府支出$G = 200$，定量(或自主)税收$T_0 = 60$，比例税率$t = 0.25$。求：

(1)宏观经济均衡时的国民收入Y是多少？

(2)(支出)乘数K是多少？

(3)政府的财政盈余是多少？(人大2005研)

解：(1)因为$Y_d = Y - T_0 - tY = (1-t)Y - T_0 = 0.75Y - 60$

所以$C = 100 + 0.8Y_d = 100 + 0.8 \times (0.75Y - 60) = 52 + 0.6Y$，$AD = C + I + G = 52 + 0.6Y + 50 + 200 = 302 + 0.6Y$。

当宏观经济均衡时，$Y = AD$，即$Y = 302 + 0.6Y$，得$Y^* = 755$。

(2)$K = \dfrac{1}{1 - c(1-t)} = \dfrac{1}{1 - 0.8 \times (1 - 0.25)} = \dfrac{1}{0.4} = 2.5$，其中$c$为边际消费倾向。

(3)用BS表示政府盈余，则BS = 政府的收入 - 政府的支出。

政府的收入 $= T_0 + tY^* = 60 + 0.25 \times 755 = 248.75$；

政府的支出 $= G = 200$；

所以$BS = 248.75 - 200 = 48.75$。

4. 假设货币需求$L = 0.2Y - 500r$，货币供给为100。(单位：美元)

(1)计算：①当消费$C = 40 + 0.8Y_d$，投资$I = 140 - 1000r$，税收$T = 50$，政府支出$G = 50$和②当消费$C = 40 + 0.8Y_d$，投资$I = 110 - 500r$，税收$T = 50$，政府支出$G = 50$时的均衡收入、利率和投资。

(2)政府支出从50美元增加到80美元时，情况①和情况②中均衡收入和利率各为多少？

(3)解释两种情况的不同。

解：(1)①由$L = M$即$100 = 0.2Y - 500r$，解得：

$$Y = 500 + 2500r \qquad LM\text{方程}$$

由

$$\begin{aligned} Y &= C + I + G \\ &= 40 + 0.8(Y - 50) + 140 - 1000r + 50 \\ &= 0.8Y + 190 - 1000r \end{aligned}$$

解得：

$$Y = 950 - 5000r \qquad IS\text{方程}$$

联立方程组：

$$\begin{cases} Y = 950 - 5000r \\ Y = 500 + 2500r \end{cases}$$

解得：均衡收入 $Y = 650$，均衡利率 $r = 0.06$，投资 $I = 80$。

②由

$$\begin{aligned} Y &= C + I + G \\ &= 40 + 0.8(Y - 50) + 110 - 500r + 50 \\ &= 0.8Y + 160 - 500r \end{aligned}$$

解得：

$$Y = 800 - 2500r \qquad IS\ 方程$$

联立方程组：

$$\begin{cases} Y = 800 - 2500r \\ Y = 500 + 2500r \end{cases}$$

解得：均衡收入 $Y = 650$，均衡利率 $r = 0.06$，投资 $I = 80$。

(2)①由

$$\begin{aligned} Y &= C + I + G \\ &= 40 + 0.8(Y - 50) + 140 - 1000r + 80 \\ &= 0.8Y + 220 - 1000r \end{aligned}$$

解得：

$$Y = 1100 - 5000r \qquad IS\ 方程$$

联立方程组：

$$\begin{cases} Y = 1100 - 5000r \\ Y = 500 + 2500r \end{cases}$$

解得：均衡收入 $Y = 700$，均衡利率 $r = 0.08$，投资 $I = 60$。

②由

$$\begin{aligned} Y &= C + I + G \\ &= 40 + 0.8(Y - 50) + 110 - 500r + 80 \\ &= 0.8Y + 190 - 500r \end{aligned}$$

解得：

$$Y = 950 - 2500r \qquad IS\ 方程$$

联立方程组：

$$\begin{cases} Y = 950 - 2500r \\ Y = 500 + 2500r \end{cases}$$

解得：均衡收入 $Y = 725$，均衡利率 $r = 0.09$，投资 $I = 65$。

(3)由于情况①的投资利率敏感系数大于情况②，即情况①中 IS 曲线较平缓，意味着使用扩张性财政政策时"挤出效应"较大，利率上升时排挤掉的私人投资较多，因而均衡收入增加较少。

该题也可借助财政乘数来分析。

不考虑"挤出效应"，政府支出从 50 美元增加到 80 美元时，均衡收入可增加：

$$\Delta Y = (80 - 50) \times k_g = 30 \times \frac{1}{1 - 0.8} = 150$$

考虑“挤出效应”，均衡收入实际增加：

情况①：

$$\frac{dY}{dG}=\frac{1}{1-b+\frac{dk}{h}}=\frac{1}{1-0.8+\frac{1000\times0.2}{500}}=\frac{5}{3}$$

$$\Delta Y=(80-50)\times\frac{dY}{dG}=30\times\frac{5}{3}=50$$

被挤出部分 $\Delta Y'=150-50=100$。

情况②：

$$\frac{dY}{dG}=\frac{1}{1-0.8+\frac{500\times0.2}{500}}=2.5$$

$$\Delta Y=(80-50)\times\frac{dY}{dG}=30\times2.5=75$$

被挤出部分 $\Delta Y'=150-75=75$。

可见，情况①中均衡收入比情况②少：$75-50=25$(美元)。

5. 下列等式描绘了一个经济体：

$\boldsymbol{C=0.8(1-t)Y}$

$\boldsymbol{t=0.25}$

$\boldsymbol{I=900-50i}$

$\boldsymbol{G=500}$

$\boldsymbol{L=0.25Y-62.5i}$

$\boldsymbol{CU=150}$

$\boldsymbol{RE=100}$

$\boldsymbol{cu=0.2}$

$\boldsymbol{re=0.1}$

$\boldsymbol{P=2}$

这里，C 表示消费支出，Y 表示国民收入，t 表示税率，I 表示投资支出，G 表示政府购买支出，i 表示利率，L 表示真实货币需求，CU 表示通货，RE 表示准备金，cu 表示通货存款比率，re 表示准备率，P 表示价格水平。

(1)求 IS 曲线和 LM 曲线方程，并计算均衡收入和均衡利率。

(2)计算财政政策乘数和货币政策乘数。

(3)现在政府要改变需求的构成，减少消费 100、增加投资 100，从而保持当前的收入水平不变。请问：需要什么样的政策组合？用 $IS-LM$ 曲线模型表示你的建议，并计算出需要调整的政策变量变化量是多少。

(4)假设充分就业的收入水平为 4000，政府准备采用扩张性政策以实现充分就业，请问：如果单独采用扩张性财政政策，需要增加多少政府购买支出？如果采用扩张性财政政策的同时，采用适应性货币政策，政府购买支出和名义货币供给的变化量分别是多少？(对外经贸大学2007 研)

解：(1)由

$$\begin{cases}Y=C+I+G\\C=0.8(1-t)Y\\t=0.25\\I=900-50i\\G=500\end{cases}$$

可得 IS 曲线方程为：$Y=3500-125i$ ①

货币供给乘数为：$m=\dfrac{cu+1}{cu+re}=\dfrac{0.2+1}{0.2+0.1}=4$。

因此，经济中的名义货币供给量为：$M=m(CU+RE)=4\times(150+100)=1000$；

实际货币供给量 $M/P=1000/2=500$。

由

$$\begin{cases}M/P=L\\M/P=500\\L=0.25Y-62.5i\end{cases}$$

可得 LM 曲线方程为：$Y=2000+250i$ ②

由方程①、②两式联立可得均衡收入为 $Y=3000$；均衡利率水平为 $i=4$。

(2)财政政策乘数为：

$$\frac{\mathrm{d}Y}{\mathrm{d}G}=\frac{1}{1-\beta(1-t)+dk/h}$$

其中，β 为可支配收入的边际消费倾向，在本题中为0.8；t 为税率，在本题中为0.25；d 为投资的利率弹性，在本题中为50；k 为货币需求的收入弹性，在本题中为0.25；h 为货币需求的利率弹性，在本题中为62.5。

由此可得财政政策乘数为：$\dfrac{\mathrm{d}Y}{\mathrm{d}G}=\dfrac{1}{1-0.8(1-0.25)+50\times0.25/62.5}=\dfrac{5}{3}$。

货币政策乘数为：

$$\frac{\mathrm{d}Y}{\mathrm{d}m}=\frac{1}{[1-\beta(1-t)](h/d)+k}=\frac{1}{[1-0.8(1-0.25)](62.5/50)+0.25}=\frac{4}{3}$$

(3)政府可以采用紧缩性的财政政策(增加税收)来减少居民的消费，采用扩张性的货币政策来降低利率水平，从而使投资增加，最终使总收入保持不变。如图4-8所示，紧缩性的财政政策将使 IS 曲线从 IS_0 左移到 IS_1，扩张性的货币政策将使 LM 曲线从 LM_0 右移到 LM_1，从而使利率从 i_0 下降到 i_1，收入水平保持在 Y_0 不变。

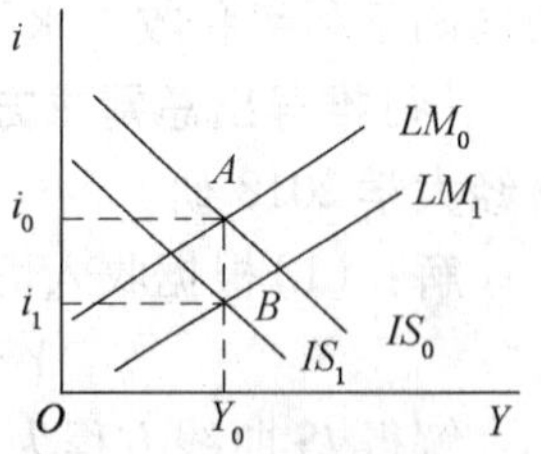

图4-8 紧缩性财政政策与扩张性货币政策配合

假设政府的税收政策为增加一次总量税，而不是改变边际税率，征税总额为 ΔT；政府增加货币实际供给量为 Δm。

由(1)可得原来的消费水平为：$C=0.8(1-t)Y=1800$；原来的投资水平为：$I=900-50i=700$。要使投资水平增加100，则利率水平必须下降为：$i_1=2$；要使消费减少100而总收入保持不变，则 $C=0.8[(1-t)Y-\Delta T]=1700$，解得 $\Delta T=125$。

由

$$\begin{cases}M/P=L\\M/P=500+\Delta m\\L=0.25Y-62.5i\end{cases}$$

可得新的 LM 曲线方程为：$Y=2000+250i+4(\Delta m)$ ③

此时在原收入 $Y=3000$ 和新的利率水平 $i_1=2$ 下，可得 $\Delta m=125$。

综上所述，为了使消费减少100，投资增加100，而收入水平保持不变，政府税收应增加125，实际货币供给应增加125(即名义货币供给增加250)。

(4)①如果政府单独采用扩张性财政政策，假设政府支出增加 ΔG，则由

$$\begin{cases}Y=C+I+(G+\Delta G)\\C=0.8(1-t)Y\\t=0.25\\I=900-50i\\G=500\end{cases}$$

可得新的 IS 曲线方程为：$Y=3500-125i+2.5(\Delta G)$ ④

而此时 LM 曲线保持不变，因此由

$$\begin{cases}Y=3500-125i+2.5(\Delta G)\\Y=2000+250i\\Y=4000\end{cases}$$

可得政府支出增加额为：$\Delta G=600$。

②如果采用扩张性财政政策的同时，采用适应性货币政策使利率保持不变，即收入增加为 $Y=4000$，而利率水平仍然为 $i=4$。由方程④可得政府购买支出增加额为：$\Delta G=400$；由方程③可得实际货币供给增加为：$\Delta m=250$，即名义货币供给增加 $\Delta M=P\Delta m=500$。

6. 假设在封闭经济中，消费函数为 $C=200+0.8(Y-T)$，投资函数为 $I=200-2r$。政府购买和税收都是120，货币需求函数为 $L=Y-80r$，货币供给是 $(M/P)^d=1000$，物价水平为2，请回答：

(1)求出均衡状态下的利率和收入水平？

(2)假设同时采取扩张性的财政和货币政策，政府购买从120提高到140，货币供给从1000提高到1200，那么 IS 和 LM 如何移动，在新的均衡条件下利率和收入水平是多少？

(3)使用财政和货币政策的初始值，假设物价水平从2上升到4，会发生什么变化？新的均衡下利率和收入水平是多少？

(4)推导出总需求方程。如果货币政策像(2)那样变化，那么需求曲线怎样变动？(中央财经大学2018研)

解：(1)根据收入恒等式：

$$Y=C+I+G=200+0.8(Y-120)+200-2r+120$$

解得 IS 曲线方程为：$Y=2120-10r$①

由货币市场均衡可知：$(M/P)^d=L$。

解得 LM 曲线方程为：$Y=1000+80r$②

①②两式联立可得：$Y^*=1995.56$，$r^*=12.44$。

即均衡状态下的利率为12.44，收入水平为1995.56。

(2)增加政府购买使 IS 曲线向右移动，增加货币供给使 LM 曲线向右移动。

移动后的 IS 曲线方程为：$Y=2220-10r$③

移动后的 LM 曲线方程为：$Y=1200+80r$④

③④两式联立，解得：$Y^*=2106.67$，$r^*=11.33$。

在新的均衡条件下，收入水平为2106.67，利率为11.33。

(3)物价水平变化不影响 IS 曲线，物价上升使 LM 曲线向左移动。

当 $P=2$ 时，$(M/P)^d=1000$，因此，当物价水平由2上升到4时，$(M/P)^d=500$。

移动后的 LM 曲线方程为：$Y=500+80r$⑤

①⑤两式联立，解得：$Y^*=1940$，$r^*=18$。

此时利率上升，产出下降，新的均衡产出为1940，均衡利率为18。

(4)由题意可知，经济中的名义货币供给量 $M=2000$。

在初始财政政策和名义货币供给不变的条件下，产品市场和货币市场同时均衡时，有：

$$\begin{cases} Y=2120-10r \\ Y=2000/P+80r \end{cases}$$

故总需求方程为：$Y=16960/9+2000/(9P)$。

根据(2)中要求调整货币政策后，$(M/P)^d=1200$，此时经济中的名义货币供给量 $M=2400$。此时产品市场和货币市场同时均衡时，有：

$$\begin{cases} Y=2120-10r \\ Y=2400/P+80r \end{cases}$$

故总需求方程变为：$Y=16960/9+2400/(9P)$。

四、论述题

1. 材料1：2012年9月13日，美国联邦公开市场委员会会议发布公告称，为支持经济强劲复苏和确保通胀符合目标，美联储将推行进一步的量化宽松政策(简称QE3)，并将目前低利率保持至2015年年中。

材料2：目前，美国经济正逐步接近所谓"财政悬崖"的威胁。如果美国共和与民主两党组成的跨党派超级委员会未能就削赤达成协议，2013年初便会启动自动削减赤字机制，缩减政府开支，目标是未来十年减少赤字1.2万亿美元，同时税务优惠政策将于2012年底结束，可能不再获得延期，削减财政赤字与加税将造成私人与企业庞大的财政缺口，形成所谓"财政悬崖"。

根据 *IS-LM* 模型并结合以上材料分析：

(1)如果美国国会不采取任何行动，"财政悬崖"如期发生，将对美国经济产生怎样的影响？

(2)指出美国宏观经济政策将面临的是哪种政策组合？分析这种政策组合的适用范围及可能的结果。

(3)如果美国希望加速经济复苏而保持利率不变，财政和货币政策如何搭配使用？(对外经贸大学2013研)

答：(1)布什政府时期和金融危机后推出的经济刺激计划实行的减税政策将在2012年底到期，增税与减支这两项政策叠加在一起就被称为"财政悬崖"，即财政收入增加和财政支出减少将使得美国财政赤字出现跳崖式的大幅减少。如果美国国会不采取任何行动，"财政悬崖"如期发生，财政赤字减少和税收增加，将会使得美国产出下降，失业率上升，经济难以复苏。具体来看，"财政悬崖"对美国经济产生如下影响：

①打击企业雇佣的积极性，加剧劳动力失业问题。面对经济前景的不确定性，企业对投资和雇佣都趋于消极，不利于稳定投资和增加就业。

②凸显财政的不可持续，倒逼社保和医疗改革。美国政府在公共养老金方面的支出已经

超过 GDP 的 7%，如果维持目前的养老金制度不变，预计在 2050 年之前，美国的养老金支出总额就将翻一番。如果再加上医疗保险方面的额外支出，美国的债务负担可能将达 GDP 的三倍多。如果不采取措施改革现行社保和医疗制度，美国的主权债务将上升到不可持续的水平。

③赤字货币化风险提高，削弱各国对美元的信心。“财政悬崖”问题导致经济下行和失业率高企，会延长量化宽松货币政策的实施期限，迫使美联储投放更多的货币来购买美国国债。美元超发将增大赤字货币化的风险，向全球经济注入过多的流动性，提高未来通货膨胀预期，削弱人们对美元的信心，不利于美元保持其全球储备货币的地位。

④部分行业可能陷入低迷，产业振兴计划受阻。政府采购对于部分行业的经营发展非常重要。“财政悬崖”带来的支出削减将会使部分行业发展陷入低迷，特别是受政府支出影响最大的工业和医疗保健行业。

⑤威胁主权信用评级，扰乱美国金融市场。如果美国主权信用评级再次被调降，由此造成的市场恐慌可能会对美国资本市场造成不利冲击，由主权债务信用评级变化引起的套利和投机空间将严重冲击国际货币体系，扰乱国际资本流动，对于美国和世界经济金融秩序稳定产生负面影响。

(2)美国宏观经济政策将面临扩张性的货币政策与紧缩性的财政政策这样的政策组合，用紧缩财政压缩总需求，又用扩张性货币政策降低利率，以免财政过度紧缩而引起衰退。这种政策组合的适用范围是财政扩张政策受到约束，经济增长速度较为缓慢。

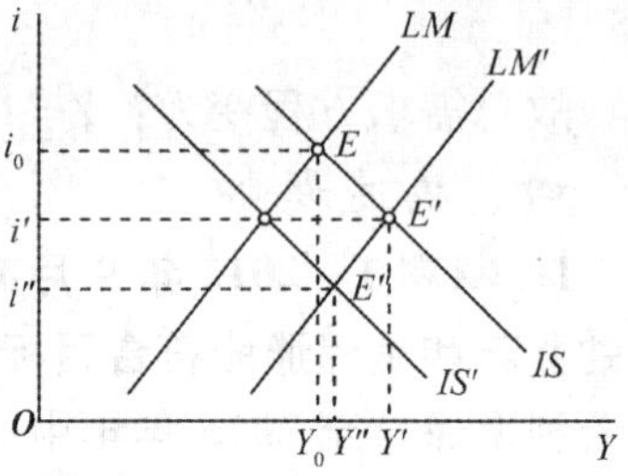

图 4－9　扩张性货币政策与紧缩性财政政策

如图 4－9 所示，假定初始经济位于点 E，此时利率为 i_0，产出为 Y_0。为支持经济强劲复苏和确保通胀符合目标，美联储将推行进一步的量化宽松货币政策，使 LM 曲线右移，经济均衡点变为 E'，产出增加为 Y'，同时为了缩减赤字，IS 曲线左移，经济均衡点变为 E''，产出下降为 Y''。最终产出增加为 Y''，利率下降到 i''。

(3)如果美国希望加速经济复苏而保持利率不变，则可以使用扩张性的财政政策与扩张性的货币政策搭配使用。一方面可以通过减税等扩张性的财政政策，增加社会总需求，使产出增加，但使利率上升；另一方面利用扩张性的货币政策，增加货币供给，降低利率，从而促进投资和消费，使社会总需求增加，最终使产出进一步增加，但利率保持不变。

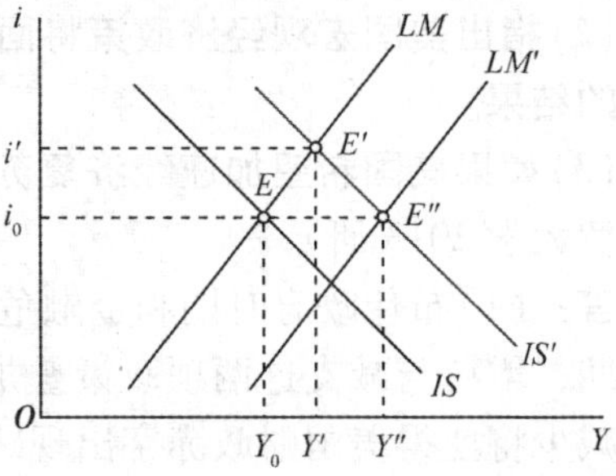

图 4－10　扩张性的货币政策和财政政策

如图 4－10 所示，假定初始经济位于点 E，此时利率为 i_0，产出为 Y_0。政府使用扩张性财政政策使得 IS 曲线右移到 IS'，LM 曲线保持不变，经济均衡点变为 E'，此时利率上升为 i'，产出增加到 Y'。为了使利率保持不变，美国政府可以通过扩张性的货币政策，使 LM 曲线右移到 LM'，此时经济均衡点由 E' 变为 E''，利率由 i' 回到 i_0，产出进一步增加到 Y''。

2. 根据流动性陷阱理论，当经济陷入流动性陷阱后，扩张性货币政策由于无法导致利率进一步下降而失效，然而当美国次贷危机之后，每个市场名义利率接近零下限(名义利率不能为负)的情况下，美联储采取了以大量购买资产为主要特征的非常规货币政策，并取得

了较好的效果：

(1)你认为在零利率下限处，非常规的货币政策是如何发生作用的？

(2)非常规的货币政策取得了较好的效果是否意味着流动性陷阱理论是错误的？(人大 2015 研)

答：(1)流动性陷阱又称凯恩斯陷阱或灵活陷阱，是凯恩斯的流动偏好理论中的一个概念，具体是指当利率水平极低时，人们对货币需求趋于无限大，货币当局即使增加货币供给也不能降低利率，从而不能增加投资引诱的一种经济状态。当利率极低时，有价证券的价格会达到很高，人们为了避免因有价证券价格跌落而遭受损失，几乎每个人都宁愿持有现金而不愿持有有价证券，这意味着货币需求会变得完全有弹性，人们对货币的需求量趋于无限大，表现为流动偏好曲线或货币需求曲线的右端会变成水平线。在此情况下，货币供给的增加不会使利率下降，从而也就不会增加投资引诱和有效需求，当经济出现上述状态时，就称之为流动性陷阱。

非常规货币政策的目的在于直接影响银行、企业和家庭外部融资的成本和可获得性。按照不同的作用机理，它可以划分为以下三类：央行明确承诺政策利率将长时期保持低位；固定利率长期再融资操作；资产购买。在零利率下限处其作用机制为：①美联储大量购买资产，有利于稳定投资市场的预期。由于在利率水平很低情况下，资产价格处在较高的水平之上，大量购买资产能减少投资者抛售债券的情况，从而使得社会的投资水平不至于出现较大的减少，减轻因为萧条对经济带来的冲击。②美联储大量购买资产，有利于刺激国内总需求，其作用机制类似于扩张性的财政政策，用政府的扩张性政策稳定经济。

(2)非常规的货币政策取得了较好的效果并非意味着流动性陷阱理论是错误的。因为非常规性货币政策本身与货币政策的作用机制不一样，而流动性陷阱是在常规的货币政策下作用的。流动性陷阱本质是人们的预期在起作用。在利率水平很低的情况下，债券价格水平很高，人们预期债券价格下降并减少投资，政府发行的货币全部持有手中，扩张性货币政策无法导致利率进一步下降。而非常规的货币政策正是通过影响人们对债券市场的预期，因而作用的条件不一样，不能就此否认流动性陷阱理论是错误的。

3. 李克强总理在 2014 年夏季达沃斯论坛上宣布，中国政府推动营改增等几项改革已经减税 2500 亿元，而中国人民银行利用多种政策手段引导市场利率降低社会融资成本。

根据上述材料分析我国在当前阶段所采取的财政政策和货币政策以及两者混合使用的效应。(中南财大 2015 研)

答：营改增是指营业税改征增值税。2011 年，经国务院批准，财政部、国家税务总局联合下发营业税改征增值税试点方案。营业税改征增值税是一项重要的结构性减税措施，属于财政政策。而中国人民银行引导市场利率降低社会融资成本主要采用的是货币政策。基于我国目前的经济形势分析现阶段所采取的财政政策和货币政策效应如下：

(1)2014 年我国面临的经济形势依然严峻，面临诸多困难：

①总体看，全球经济仍在缓慢复苏，但结构性矛盾及不确定性犹存，可能面临以下困难：

a. 美国经济增长前景和货币政策走势还存在一些不确定性；

b. 欧元区经济下行和通缩风险依然较大；

c. 日本经济出现反复，通胀形势仍不明朗；

d. 部分新兴市场经济体短期内仍面临下行风险；

e. 此外，地缘政治风险等加剧市场不确定性。俄乌紧张局势及俄罗斯与美、欧之间的双向制裁、埃博拉疫情传播带来的恐慌等均影响到市场信心，可能对贸易和融资活动产生不利影响。

②从国内看，当前我国经济运行保持在合理区间，物价涨幅总体呈回落态势，正经历阶段性调整，一些影响经济平稳运行的矛盾和问题较为突出，经济企稳的基础还不牢固，经济运行稳中有忧。中国经济回升基础并不稳固，结构性矛盾依然突出，风险因素较多：经济增长下行压力和产能相对过剩的矛盾有所加剧，结构调整阵痛显现；企业生产经营困难增多，部分企业特别是小微企业对融资成本的承受能力有所降低；在目前中性审慎货币和宏观政策环境下，早先累积的高杠杆和高债务风险逐步显露与释放。

当前国际环境错综复杂，尽管我国经济也面临一定下行压力，但我国经济体量大，市场空间广阔，协同推进新型工业化、信息化、城镇化、农业现代化的回旋余地很大，抗风险能力也比较强。总体看，我国宏观经济仍保持中高速增长，物价涨幅回落，经济结构不断优化升级，经济增长正从要素、投资驱动转向创新驱动。因此不需要对经济采取强刺激措施，稳健货币政策取向不会改变。

在财政政策方面，加快推进农业现代化，加大农业政策和资金投入力度，保障国家粮食安全，增加农民收入，刺激农村消费，扩大内需；加强对有市场前景的先进制造业、战略性新兴产业等领域的资金支持力度；积极支持棚户区改造、铁路等重大基础设施和民生工程建设；进一步扩大基本医疗保险、城乡居民大病保险等制度的覆盖面，加大保障力度，扩大救助范围。

在货币政策方面，2014 年 9 月和 10 月，中国人民银行通过中期借款便利向商业银行投放基础货币，在提供流动性的同时发挥中期政策利率的作用。11 月 22 日，再次实施全面、非对称性降息，一年期贷款基准利率和存款基准利率分别下调 0.4 个百分点和 0.25 个百分点，同时，存款利率浮动区间的上限由存款基准利率的 1.1 倍调整为 1.2 倍。

2014 年政府仍实行积极的财政政策和稳健的货币政策，保持宏观政策连续性和稳定性，努力保持经济稳定增长。

（2）目前，我国实行积极的财政政策和稳健偏宽松的货币政策，而这种调节作用可以通过 *IS－LM* 模型来解释。*IS－LM* 模型是说明商品市场与货币市场同时达到均衡时国民收入与利率的决定作用的模型。财政政策是政府变动税收和支出以便影响总需求进而影响就业和国民收入的政策。变动税收是指改变税率和税率结构。变动政府支出指改变政府对商品与劳务的购买支出以及转移支付。财政政策的主要政策工具有变动政府购买支出水平，转移支付和税收。货币政策是政府货币当局即中央银行通过银行体系变动货币供给量来调节总需求的政策。货币政策的工具有公开市场业务、改变贴现率、改变法定准备率以及道义上的劝告等措施。这些货币政策的工具作用的直接目标是通过控制商业银行的存款准备金，影响利率与国民收入，从而最终实现稳定国民经济的目标。财政政策效果和货币政策效果具体表现如下：

①财政政策的效果表现为 *IS* 曲线的移动，扩张性的财政政策表现为 *IS* 曲线右移，在使收入增加的同时会带来利率的上升，反之相反。政府减少税收，实行积极的财政政策，在 *IS－LM* 模型上表示如图 4－11 所示，*IS* 曲线向右移动到 IS_1，均衡点由 E_0 变为 E_1，此时，利率由 r_0 提高到 r_1，收入增加到 Y_1。最终结果为利率上升，收入增加。

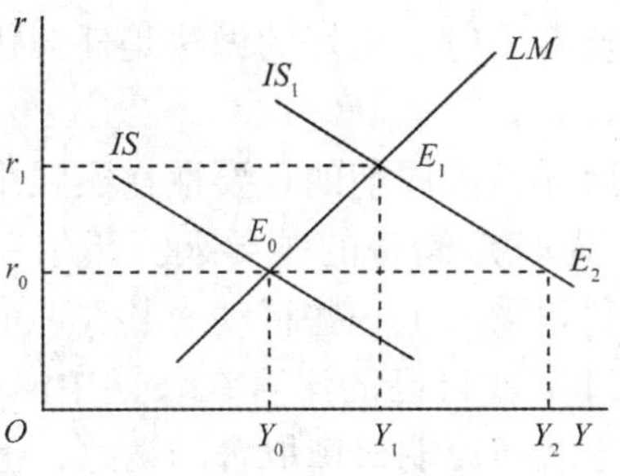

图 4－11　积极的财政政策的政策效果

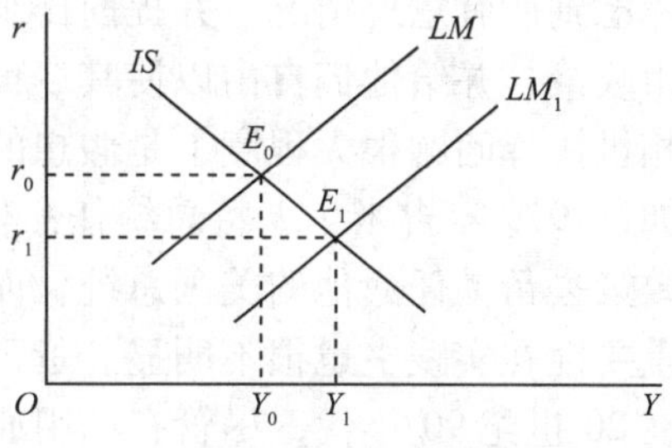

图 4－12　增加货币供给的政策效果

②货币政策的效果表现为 LM 曲线的移动，扩张性的货币政策表现为 LM 曲线右移，在使收入增加的同时会带来利率的下降，反之相反。政府通过投放基础货币等政策实行宽松的货币政策，在 $IS-LM$ 模型上表示如图 4－12 所示，LM 曲线向右移动到 LM_1。均衡点由 E_0 变为 E_1，此时，利率由 r_0 下降到 r_1，收入增加到 Y_1。最终结果为利率下降，收入增加。

③政策的搭配，IS 曲线和 LM 曲线同时移动。现阶段经济面临增速下行、结构调整爬坡和转型升级等诸多压力，根据 $IS-LM$ 模型对混合使用的积极的财政政策和稳健偏宽松的货币政策的效应如图 4－13 所示。假定经济起初处于图中 E_0 点，收入为 Y_0，利率为 r_0。为了刺激经济，提高收入，实行扩张性财政政策，政府实行积极的财政政策，将 IS_0 移到 IS_1。为了使利率不由于产出上升而上升，可相应地实行扩张性货币政策，增加货币供给量，使 LM_0 移动到 LM_1。则利率下降为 r_1，收入增加到 Y_1。最终，达到了增加收入，降低利率的效果。

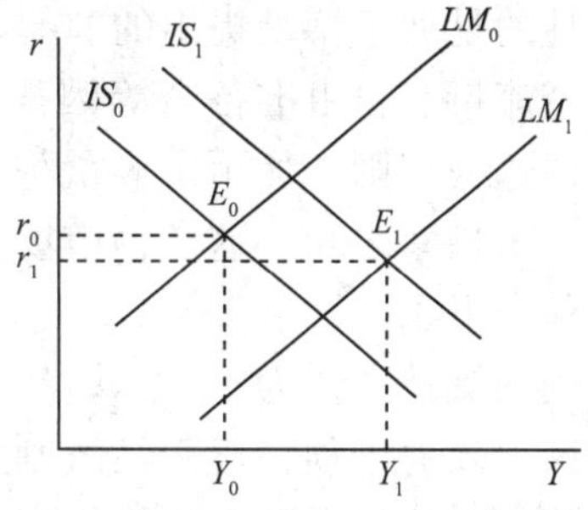

图 4－13　财政政策和货币政策的混合使用

总体看，各项政策效果逐步显现。银行体系流动性充裕，货币信贷和社会融资平稳增长，贷款结构继续改善，市场利率回落，金融机构贷款利率总体有所下行，企业融资成本高问题有一定程度缓解。继续实施积极的财政政策和稳健的货币政策，保持政策的连续性和稳定性，坚持“总量稳定、结构优化”的取向，既保持定力又主动作为，根据经济基本面变化适时适度预调微调，增强调控的灵活性、针对性和有效性，为经济结构调整与转型升级营造中性适度的货币金融环境，促进经济科学发展、可持续发展。

4．货币政策应该按规则还是相机抉择？请说明理由。（人大 2006 研）

答：（1）关于货币政策应该是按照规则还是相机抉择，经济学家们各持己见，没有统一的看法，其分歧在于规则和相机抉择各有其好处。

（2）相机抉择的货币政策主要是凯恩斯主义的一种实施总需求管理、根据经济运行的波动情况而机动灵活运用的货币政策。一般依照逆经济风向规则实施，即当总需求低于充分就业的产量时，实行扩张性货币政策，刺激需求，以消除失业；反之，则实行紧缩性货币政策，以抑制通货膨胀。

相机抉择的支持者认为：

①相机抉择富有灵活性。虽然相机抉择的货币政策可能有一些缺点，如政策时滞、认识不足等，但它有一个重要的优点：灵活性。货币当局不得不面对许多情况，而且并不是所有情况都是可以预见的。货币当局必须决定如何对这些经济冲击作出反应。政策规则的设计者

不可能考虑到所有意外情况，并提前详细说明正确的政策反应。更好的做法是任命优秀人才实施货币政策，并给他们自由以使其尽可能做得最好。

②相机抉择问题很大程度上是假想的。首先，政治性经济周期的重要性在实践中并不明显。例如，1979 年吉米·卡特总统任命保罗·沃尔克为联邦储备的领导人。沃尔克并没有用货币政策去帮助任命他的美国总统，而是出于国家利益采取了一些行动。其次，前后不一致性的重要性在实践中也很不明显。货币当局可以通过实现自己的诺言在长期中赢得信任。例如，在 20 世纪 90 年代，尽管有利用通货膨胀与失业之间短期权衡取舍的诱惑，但美联储实现并维持了低通货膨胀率。

③货币政策规则难以确定。任何一种以规则替代相机抉择的努力都必然面临详细说明准确规则的艰难任务。但经济学家们对于什么是好规则并没有达成共识。因此，社会除了让中央银行领导人相机抉择地实施他们认为合适的货币政策之外别无选择。

(3)规则指的是货币当局需遵循如何采取货币政策的规则，没有相机抉择的权力。其中有代表性的是弗里德曼提出的“单一规则”货币政策。“单一规则”的货币政策是指排除利息率、信贷流量、自由准备金等因素，仅以一定的货币存量作为控制经济唯一因素的货币政策。按照这一规则，货币供应量每年应按照固定的比例增加，比例的数值大致等于经济和人口的实际增长率之和。这样，市场上商品和劳务产量的增减就能与货币供应量增减相适应，使物价稳定下来。

规则的支持者认为：

①减少政府干预，避免经济剧烈波动。由于认知能力不足，存在政策时滞，相机抉择的货币政策有时不但无助于物价稳定，降低失业，反而加剧经济波动，阻碍经济增长。货币主义者认为资本主义市场并不是凯恩斯所描写的那样不稳定。如果听其自然，让经济真正自由地活动，减少政府干预，经济就可避免剧烈波动。那么，政府在自由竞争社会中的职能是制定竞争规则并按规则裁决交易双方的行为，同时给经济提供一个稳定性的“单一规则”的货币政策。

②货币政策运用中的相机抉择存在两个问题。第一个问题是没有限制缺乏能力及滥用权力。例如，中央银行领导人与政治家结盟，相机抉择政策就会引起反映大选日程的经济波动。经济学家称这种波动为政治性经济周期。第二个问题是相机抉择所引起的通货膨胀会高于合意的水平。由于决策者经常是前后不一致的，所以人们预期的通货膨胀总要高于货币政策决策者宣布的他们要实现的通货膨胀。更高的通货膨胀预期又使短期菲利普斯曲线向上移动，这就使通货膨胀与失业之间的短期权衡取舍比不存在这种情况时更为不利。

③规则可以解决缺乏能力、滥用权力和前后不一致性问题。要求中央银行服从于政策规则，将消除中央银行本身的缺乏能力与滥用权力，杜绝政治性经济周期现象。此外，也不再有前后不一致性。人们现在会信任中央银行的低通货膨胀声明，在预期通货膨胀低时，经济将面临较为有利的通货膨胀与失业之间的短期权衡取舍。无论规则的准确形式是什么，让中央银行服从于某种规则可以通过限制缺乏能力、滥用权力和货币政策实施过程中的前后不一致性而得到好处。

可见，固定规则和相机选择都有各自的优越性，货币政策究竟应该按照固定规则还是按照相机抉择目前仍然处于争论之中，尚无定论。

5. 近年来，中国经济增速开始下降并进入增长“新常态”。请用 *IS－LM* 模型图示和文字说明如果政府继续采用传统的经济刺激政策，经济在短期内和长期内应该如何调整？（中

山大学 2018 研）

答：“新常态”意味着经济增长从高速转为中高速，从规模速度型粗放增长转向质量效率型集约增长，从要素投资驱动转向创新驱动。传统的经济刺激政策指的是凯恩斯主义的需求管理政策，主要包括扩张性财政政策与扩张性货币政策。

（1）短期内传统经济刺激政策的效果：

①如图 4－14 所示，若政府采取扩张性财政政策，如增加政府支出，进行基础设施建设，短期内可以使 *IS* 曲线右移，虽然提高了利率，挤出了私人投资，但是政府购买支出乘数效应大于挤出的私人投资的乘数效应，所以总需求增加了，短期 GDP 上升。

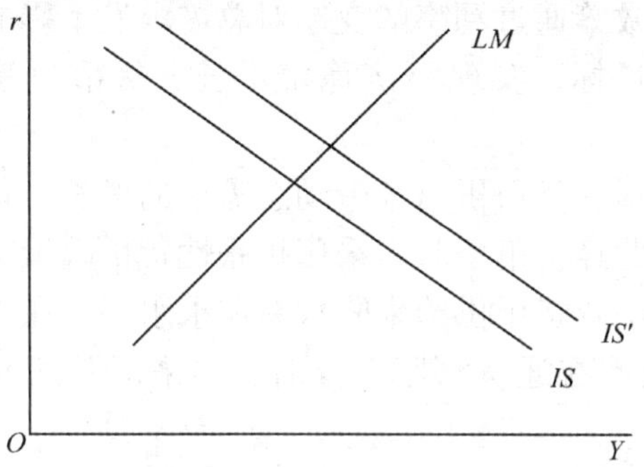

图 4－14　短期扩张性财政政策效果

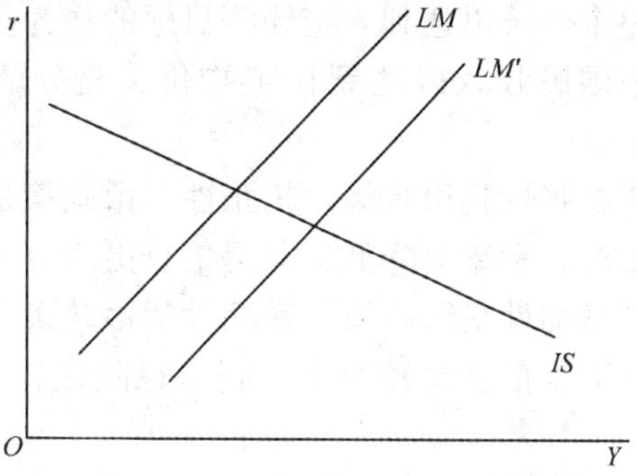

图 4－15　短期扩张性货币政策效果

②如图 4－15 所示，若政府采取扩张性货币政策，如增发货币，降低基准利率，短期内可以使 *LM* 曲线右移，降低利率，鼓励私人投资，从而总需求增加，短期 GDP 上升。

（2）长期中传统经济刺激政策的效果：

“新常态”时期造成中国经济增速回落的因素是多方面的，其中主导因素是阶段性的结构因素，但同时也存在着短期因素和周期性因素的作用。传统的经济刺激政策，无论是扩张性财政政策还是扩张性货币政策，本质上都是凯恩斯主义需求管理政策，只能作用于总需求。这种需求管理政策在应对以周期的短期波动为核心的经济下滑时往往能起到不错的效果，但如果经济回落的核心因素是结构性的，那这种政策调整不仅不能防止经济增速的持续回落，反而会成为经济波动和经济扭曲的新源泉，这表现为：

①财政赤字。

扩张性财政政策会带来财政赤字。近年来，我国地方和中央的政府债务余额逐年上升，政府部门杠杆率明显提高，沉重的公共债务必将推高长期利率，增加整体经济运行的成本。

②通货膨胀。

扩张性政策推高总需求，带来巨大的通货膨胀压力。大宗商品、固定资产及原材料会大量流入市场，造成该类资产的上涨，从而导致下游成品价格的上涨，最终导致物价的不断上涨。与此形成鲜明对比的是，实体经济的发展还不容乐观。一面是货币供应量大增，另一面是制造业不断衰退，此消彼长，通货膨胀率上升压力巨大。

③结构化问题积聚。

在我国经济结构性调整尚不全面、产业结构优化升级尚未取得明显成效之时，如果政府盲目实行财政扩张政策，投入大量资金进行项目开发，这些项目、资金很有可能流入产能过剩行业，不仅没有形成收益，而且养活了本该被淘汰的“僵尸企业”，使产能过剩问题积重难返。

④长期增长乏力。

传统经济刺激政策更注重于在短期内通过扩张性政策刺激市场活力，抬高总需求，以达到逆周期消除经济增长波动的效果，在长期来看缺乏刺激经济增长新动力的长效机制。特别是扩张性财政政策对私人投资产生挤出效应，不利于建立规范、稳定的市场秩序，不利于长期的资本积累。

6. 论述货币政策的类型及其内容。（中国地质大学 2019 研）

答：（1）货币政策的类型：

货币政策是指中央银行通过控制货币供应量以及通过货币供应量来调节利率进而影响投资和整个经济以达到一定经济目标的行为。货币政策通过利率的变动对总需求发生影响，间接调节国民收入以达到稳定物价、充分就业的目标，实现经济稳定增长。货币政策一般分为：

①扩张性货币政策。扩张性货币政策是通过增加货币供给来带动总需求的增长，货币供给增加时，利率会降低，取得信贷更为容易，因此经济萧条时多采用扩张性货币政策。

②紧缩性货币政策。紧缩性货币政策是通过削减货币供给来降低总需求水平，在这种情况下，取得信贷比较困难，利率也随之提高，因此在通货膨胀严重时，多采用紧缩性货币政策。

（2）货币政策的工具：

①再贴现率政策。再贴现率政策是指中央银行通过变动给商业银行及其他存款机构的贷款利率来调节货币供应量。贴现率提高，商业银行向中央银行的借款就会减少，准备金减少从而货币供给量就会减少；贴现率降低，商业银行向中央银行的借款就会增加，准备金增加从而货币供给量就会增加。

②公开市场业务。公开市场业务是指中央银行在金融市场上公开买卖政府债券以控制货币供给和利率的政策行为。当中央银行要购买债券时，对债券的市场需求就增加，债券价格会上升，而债券价格的上升，就意味着利率的下降；反之亦然。如果中央银行希望大量地变动货币供给，那么就可以根据改变量的规模来决定买进或卖出政府债券的数量；如果中央银行只希望少量地变动货币供给，那么就可以用少量的债券买卖达到目的。

③变动法定准备金率。中央银行有权决定商业银行和其他存款机构的法定准备金率，如果中央银行认为需要增加货币供给，就可以降低法定准备金率，使所有的存款机构对每一笔客户存款只需留出更少的准备金，或反过来说，让每一单位的准备金可支撑更多的存款。

在我国，货币政策工具在特殊时期还包括对商业银行的窗口指导和直接信用管制等。

（3）货币政策的局限性：

西方国家实行货币政策，常常是为了稳定经济，减少经济波动，但在实践中也存在一些局限性，参见简答题第 10 题。

第5章 宏观经济政策实践

5.1 考点难点归纳

考点一：宏观经济政策目标(见表5-1)

宏观经济政策是指政府有意识有计划地运用一定的政策工具，调节控制宏观经济运行，来实现一定的政策目标。从西方国家战后的实践来看，国家宏观调控的政策目标，一般包括充分就业、价格稳定、经济持续均衡增长和国际收支平衡。

表5-1 宏观经济政策目标

目标	具体内容
充分就业	经济学分析中的充分就业是指非自愿失业已经消除，失业仅限于摩擦性失业和自愿失业的一种状态
价格稳定	价格稳定是指用价格指数来表达的一般价格水平的相对稳定，即不出现较严重的通货膨胀
经济持续均衡增长	经济增长是指一个国家或地区生产的物质产品和服务的持续增加，它意味着经济规模和生产能力的扩大，可以反映一个国家或地区经济实力的增长。现在我国主要是用国内生产总值、国民生产总值来测量经济增长
国际收支平衡	国际收支平衡是指一国国际收支净额，即净出口与净资本流出的差额为零

考点二：财政政策

1. 财政政策工具和作用机制

(1)财政政策工具：

①支出类：变动政府购买支出、改变政府转移支付；

②收入类：变动税收和公债。

(2)财政政策的作用机制：

①政府购买构成总需求的一部分，其作用最为直接，其对国民收入的影响程度取决于政府购买乘数。

②政府转移支付通过影响个人可支配收入作用于总需求，对国民收入影响程度取决于转移支付乘数。

③政府税收作用途径有两条：一是影响个人可支配收入；二是税率高低将改变国民生产总值的边际消费倾向。税收对国民收入的影响程度取决于税收乘数。

2. 自动稳定器与斟酌使用的财政政策

(1)自动稳定器：

自动稳定器是指财政制度本身所具有的减轻各种变量或者干扰对GDP冲击的内在机制。自动稳定器的内容包括政府的所得税制度、政府转移支付制度、农产品价格维持制度等。这些财政制度具有自动稳定经济波动幅度的内在作用，但是自动稳定器无法消除经济波动。

(2)斟酌使用的财政政策：

斟酌使用的财政政策是指政府根据经济情况和财政政策有关手段的特点，相机抉择，主动地积极变动财政的支出和税收以稳定经济，实现充分就业的机动性财政政策。当经济衰退时，应采用扩张性财政政策即削减税收、降低税率、增加支出或双管齐下来刺激总需求，使之接近充分就业水平，实现充分就业预算平衡；反之，当经济过热时，则应采用紧缩性财政政策来抑制总需求。斟酌使用的财政政策是功能财政思想的实现和贯彻，也就是凯恩斯主义的“需求管理”。该政策在20世纪30年代到20世纪60年代效果不错，但之后出现的滞胀使它受到了怀疑。

3. 财政思想的演变

(1)年度平衡预算：以实现每财政年度的收支平衡为目标。

(2)周期平衡预算：用经济繁荣阶段的预算盈余弥补萧条阶段的预算赤字，以实现一个经济周期内的收支平衡为目标。

(3)功能财政思想：以反经济周期的需要利用预算赤字与预算盈余，无须刻意保持财政收支平衡。

考点三：货币政策

1. 商业银行与中央银行

中央银行是一国的发行银行、银行的银行和国家的银行。商业银行则是以经营信贷业务而获取利润的经济单位。中央银行与商业银行之间具有某些制度规定，准备金制度和贴现制度构成了货币政策的制度基础。

2. 活期存款的货币创造机制

活期存款能通过活期存款派生机制创造货币。公式为 $D=R/r_d$ 和 $D=R/(r_d+r_e)$。其中，D 为活期存款总额，R 为原始存款，r_d 为存款准备率，r_e 为超额准备率。如果在存款创造机制中还存在现金流出，即贷款并不完全转化为存款，那么货币创造乘数为：$k=1/(r_d+r_e+r_c)$，其中 r_c 为现金－存款比率。此时，仅把活期存款考虑为货币供给量。如果把活期存款和通货都考虑为货币供给量，即 $M=D+C_u$，同时，引入强力货币 H（银行准备金加上非银行部门持有的通货），此时的货币创造公式如下：

$$\frac{M}{H}=\frac{C_u+D}{C_u+R_d+R_e}=\frac{\frac{C_u}{D}+1}{\frac{C_u}{D}+\frac{R_d}{D}+\frac{R_e}{D}}=\frac{r_c+1}{r_c+r_d+r_e}$$

3. 货币政策三大工具(见表5－2)

表5－2　货币政策三大工具

工具	含义	优点	缺点
再贴现率	指商业银行将其贴现的未到期票据向中央银行申请再贴现时的预扣利率	①有利于中央银行发挥最后贷款者的作用； ②既能调节货币供给的总量，也能调节货币供给的结构	①限制了中央银行的主动性； ②调节作用有限； ③具有顺经济走势的倾向
公开市场业务	指中央银行通过买进或卖出有价证券，吞吐基础货币，调节货币供应量和利率的政策行为	①中央银行可以准确控制银行体系的准备金和基础货币，保持主动地位； ②没有告示效应，不会引起公众误解； ③不会影响其他证券的收益率或利率，因而不直接影响银行的收益	①要求中央银行有强大的实力； ②要求有发达完善的金融市场； ③必须有其他政策工具的配合

续表

工具	含义	优点	缺点
法定存款准备金率	指中央银行规定的应付提款需要的准备金在商业银行存款中所占的比例。法定准备金制度是指中央银行规定商业银行必须将其存款的一部分缴纳给中央银行作为准备金的制度	①中央银行有完全的自主权； ②对货币供应量的作用迅速； ③所有商业银行和金融机构受到同样的影响	①对整个经济和社会心理预期的作用过大； ②效果受到银行超额存款准备的影响

4. 动态不一致性

动态不一致是指一项起初适合于今天的政策，随着时间的推移，就可能不再适合于明天。货币政策的动态不一致性，又称为货币政策时间上的不连贯性，是指一个货币政策在制定时对政府而言是最优的，但在执行阶段往往不是最优的，当私人部门相信政府会实施这一政策时，政府就会没有积极性去真正实施这一政策，即政策制定者最终没有兑现自己的承诺。

5.2 考研真题与典型题

一、名词解释

1. 自动稳定器(automatic stabilizer)(中国海洋大学 2022 研；浙江工商大学 2021、2020 研；广东财经大学 2021 研；西北大学 2019 研；广东外语外贸大学 2017 研；兰州大学 2017 研；东北财大 2015 研；厦门大学 2014 研；东南大学 2014 研；浙江大学 2013 研；南京大学 2011 研；中山大学 2010 研)

2. 充分就业的预算盈余(full-employment surplus)(对外经贸大学 2015 研)

3. 货币创造

4. 货币乘数(money multiplier)(浙江工商大学 2019、2016 研；东北财大 2018 研；对外经贸大学 2018 研；山东大学 2018 研；厦门大学 2015 研；深圳大学 2015 研；中南财大 2014 研；中央财大 2012 研)

5. 法定存款准备金(武汉大学 2003 研)

6. 法定准备金率(中南财经政法大学 2019 研；青岛理工大学 2010 研)

7. 功能财政(functional finance)(东南大学 2015 研；武汉大学 2015 研；湖南大学 2012 研)

8. 公开市场业务(open market operations)(湖南大学 2017 研；财政部财科所 2015 研；东南大学 2015 研)

9. 基础货币(monetary base)(湖南大学 2022 研；南京大学 2019 研；东南大学 2018 研；西安交大 2016 研；北师大 2016 研；兰州大学 2014 研；北邮 2012 研)

10. 派生存款

11. 货币供给调控机制

12. 再贴现

13. 补偿性财政政策(华东理工大学 2015 研)

14. 前后不一致性(time inconsistency)(对外经贸大学 2013 研)

15. 货币政策时滞(中山大学 2009 研)

16. 货币政策传导机制

17. 单一货币规则（厦门大学2018研；南京财经大学2013研）

18. 相机抉择（中山大学2015研；兰州大学2015研；南京大学2012研）

19. 公债中性（government bonds neutrality）

二、简答题

1. 请判断以下关于货币供给的论断是否正确？并解释之。

(1)只有银行体系才具有货币创造的能力，而其他金融机构没有这种能力；

(2)银行体系创造货币不仅增加了经济中的流动性，同时也增加了经济中的财富。（南开大学2012研）

2. 什么是货币创造乘数？其大小主要和哪些变量有关？（浙江理工大学2015研）

3. 试述宏观政策目标及它们相互间的制约关系。（暨南大学2017研；广西大学2017研）

4. 货币政策与财政政策的相似点和区别是什么？（中山大学2019研）

5. 什么是经济的自动稳定器？在当前中国经济进入新常态的背景下，哪些自动稳定器可能会发挥作用？（深圳大学2019研；中国人民大学2016研）

6. 平衡预算的财政政策与功能财政政策有何区别？（山东大学2011研）

7. 简述斟酌使用的财政政策。（中国地质大学2015研）

8. 假设中央银行通过其资产项债券增加调节宏观经济：

(1)中央银行这一行为通过哪几个环节最后对总需求施加影响？

(2)在各个环节上会遇到哪些可能的干扰？（南京大学2006研）

9. 根据乘数效应理论，如果扩张性财政政策对总需求推动的作用不显著，那么可能的原因有哪些？（南京大学2008研）

10. 简述财政政策和货币政策目标的异同。（人行研究生部2011研）

11. 在宏观调控的政策实施过程中，货币政策与财政政策相比，有哪些局限性？（南京大学2009研）

12. 什么是动态不一致？简述在货币政策的制定过程中遵循单一规则的重要性。（复旦大学2019研）

三、计算题

1. 假设一经济体系的消费函数为$C=600+0.8Y$，投资函数为$I=400-50r$，政府购买为$G=200$，货币需求函数为$L=250+0.5Y-125r$，货币供给$M_S=1250$（单位均是亿美元），价格水平$P=1$，试求：

(1)IS和LM的方程。

(2)均衡收入和利率。

(3)财政政策乘数和货币政策乘数。

(4)设充分就业收入为$Y^*=5000$（亿美元），若用增加政府购买实现充分就业，要增加多少政府购买？

(5)若用增加货币供给实现充分就业，要增加多少货币供给量？

(6)画草图表示(4)和(5)。

2. 假设某经济的社会消费函数$C=300+0.8Y_d$，私人意愿投资$I=200$，税收函数$T=0.2Y$（单位为亿美元）。求：

(1)均衡收入为2000亿美元时，政府支出（不考虑转移支付）必须是多少？预算盈余还是赤字？

(2)政府支出不变，而税收提高为 $T=0.25Y$，均衡收入是多少？这时预算将如何变化？

3. 设 m 表示基础货币乘数，c 表示现金漏出率，r 表示意愿准备金比率(含法定准备和超额准备)。

(1)写出基础货币乘数，讨论 c 和 r 的变化对于 m 的影响；给出同时考虑 c 和 r 变化的数学表达式；

(2)结合一个具体政策工具说明积极的货币政策如何影响货币乘数。(北航 2013 研)

4. (1)如果消费需求 $C=100+0.8Y_d$(这里 Y_d 为可支配收入)，投资需求 $I=150-6r$，税收 $T_x=50$，政府支出 $G=40$，求解产品市场均衡的 IS 方程。

(2)如果经济的名义货币供给为 150，货币需求为 $L=0.2Y-4r$，在 $P=1$ 时，LM 方程为 $Y=750+20r$；在 $P=1.5$ 时，LM 方程为 $Y=500+20r$，求解在 1、1.5 的价格水平下使产品市场和货币市场同时到达均衡的国民收入水平和利率水平。

(3)如果在 $P=1$ 的价格水平下，名义货币供给从 150 下降到 125 和 100，货币市场与产品市场的均衡有何变化？

5. 在乘数模型中 $C=\overline{C}+0.8YD$，$YD=Y-TA$，$TA=0.2Y$。

(1)计算封闭经济条件下的政府支出乘数 α_G。

(2)如果 $NX=X-0.1Y$，计算开放经济条件下的政府支出乘数 α_G。

(3)结合上述计算，说明开放经济是否具有自动稳定器的作用。(中山大学 2017 研)

四、论述题

1. 考虑政府弥补赤字的途径，及其可能的经济后果，论述：

(1)什么是财政赤字？政府为了弥补赤字，有几种举债途径？

(2)为什么发行公债往往带来通货膨胀？

(3)同样是为了政府开支融资，让国民上交税收或者购买国债，在国民看来是否相同？

(4)为什么有的经济学家认为增加税收和发行国债，经济效果相同？

(5)为什么有的经济学家认为考虑到后代时，二者的经济效果可能不同？(东北财大 2013 研)

2. 试述货币政策的含义及其主要操作工具的运用。(华中科大 2004 研)

3. 论述我国当前宏观经济政策的基本目标和特点。(财政部财科所 2011 研)

4. 以往我国运用货币政策进行宏观调控中更多选择了准备金率而非利率手段，当前准备金率较高，实际利率较低。

(1)说明两种货币工具对货币供应量及经济的不同影响机制。

(2)分析该调控模式对投资—消费结构、国企—民营经济结构、就业及收入分配的影响。

(3)十八届三中全会提出改善经济结构并逐步推进利率市场化改革，试讨论该改革对(2)中提到的结构性问题的可能影响。(对外经贸大学 2014 研)

5. 试评述凯恩斯的宏观经济理论。

6. 试评述现代货币主义的货币政策主张。

7. 论述货币政策在宏观经济调控中的作用及货币政策与财政政策的协调的重要性。

8. 凯恩斯学派和货币学派在货币政策有效性上有何分歧？

9. 什么是政府赤字和债务？在理论上，政府债务或赤字影响宏观的渠道有哪些？基于

这些理论，你怎么评价中国地方政府债务的影响？（中山大学 2013 研）

10. 2008 年下半年以来，我国政府根据国内外宏观经济形势的变化，在货币政策和财政政策领域进行了有针对性的调整。请依据开放条件下的宏观经济理论，论述这些调整产生的原因和政策目的，并分析相关稳定性政策的有效性预期。（南开大学 2009 研）

11. 在美联储 20 世纪 90 年代以来的货币政策调控的中介目标中，货币量已基本不被视为货币调控的中介目标，这与货币主义倡导的货币调控中介目标截然不同。

(1)为什么会有这种变化？

(2)与此同时，一些经济学家建议美联储选择联邦基金利率(r)目标的货币规则 $r = 2\% + \pi + 0.5(y - y^*) + 0.5(\pi - \pi^*)$。其中：$\pi$ 是过去一年的平均通货膨胀率；y 是最近衡量的实际 GDP；y^* 是经济自然产出水平；π^* 是美联储的通货膨胀目标。试解释这个确定利率规则背后的逻辑。

(3)一些经济学家支持这种货币规则，但认为 π 和 y 应该是通货膨胀和产量的未来预期值。用预期值而不用实际值有什么优点和缺点？（人大 2006 研）

12. 如果一国政府削减个人和企业所得税，请运用 *IS－LM* 模型说明在以下两种情况下减税的经济效果有什么不同？

(1)中央银行保持利率水平不变。

(2)中央银行保持货币供应量不变。（人大 2019 研）

13. 英国脱欧为什么会导致汇率下降，黄金价格上涨？脱欧后对英国的宏观经济形势有什么影响？英国政府应该采取什么政策？（东北财经大学 2019 研）

14. 分析不同学派的政府是否应该采取财政政策和货币政策来调控经济，控制总需求，促进经济快速发展？（浙江工商大学 2019 研）

15. 若突然经济面临一个没有预期到的冲击，例如原材料成本上涨，导致通货膨胀，若政府不采取政策干预，价格接下来如何变化？若政府采取政策干预，则能否使价格下降？使用财政政策与使用货币政策的结果有什么不同？（复旦大学 2019 研）

16. 疫情冲击中，各国采取财政和货币政策应对：美国和日本实施大规模政策刺激计划而中国的政策力度较小，分析两种政策实施差异的原因。（厦门大学 2021 研）

5.3 考研真题与典型题详解

一、名词解释

1. 自动稳定器(automatic stabilizer)（中国海洋大学 2022 研；浙江工商大学 2021、2020 研；广东财经大学 2021 研；西北大学 2019 研；广东外语外贸大学 2017 研；兰州大学 2017 研；东北财大 2015 研；厦门大学 2014 研；东南大学 2014 研；浙江大学 2013 研；南京大学 2011 研；中山大学 2010 研）

答：自动稳定器又称“内在稳定器(built－in stabilizer)”，是在国民经济中无须经常变动政府政策而有助于经济自动趋向稳定的因素。例如，一些财政支出和税收制度就具有某种自动调整经济的灵活性，可以自动配合需求管理，减缓总需求的波动性，从而有助于经济的稳定。在社会经济生活中，通常具有内在稳定器作用的因素主要包括：个人和公司所得税、失业补助和其他福利转移支付、农产品维持价格以及公司储蓄和家庭储蓄等。例如，在萧条时期，个人收入和公司利润减少，政府所得税收入自动减少，从而相应增加了消费和投资。同时，随着失业人数的增加，政府失业救济金和各种福利支出必然要增加，又将刺激个人消费和促进投资。但是，内在稳定器的作用是有限的。它只能配合需求管理来稳定经济，而本身不足以完全维持经济的稳定；它只能缓和或减轻经济衰退或通货膨胀的程度，而不能改变它们的总趋势。因此，还必须采用更有力的财政政策措施。

2．充分就业的预算盈余(full-employment surplus)(对外经贸大学2015研)

答：充分就业的预算盈余是指既定的政府预算在充分就业的国民收入水平(即潜在的国民收入水平)上所产生的政府盈余。如果这种盈余为负值，就是充分就业预算赤字，它不同于实际的预算盈余。实际的预算盈余是以实际的国民收入水平来衡量预算状况的。因此二者的差别就在于充分就业的国民收入与实际的国民收入水平的差额。充分就业预算盈余概念的提出具有两个十分重要的作用。第一，把收入水平固定在充分就业的水平上，消除经济中收入水平周期性波动对预算状况的影响，从而能更准确的反映财政政策预算状况的影响。第二，使政策制定者注重充分就业问题，以充分就业为目标确定预算规模，从而确定财政政策。但这一概念同样存在一定的缺陷，因为充分就业的国民收入或潜在国民收入本身就是难以准确估算的。

3．货币创造

答：货币创造又称为“信用创造”，是指在整个银行系统中利用超额准备金进行贷款或投资的过程中，活期存款的扩大引起货币供给量增加的一种经济现象。商业银行收存一笔现金，其中一部分按法定准备金率保留作为准备金，其余部分(超额准备金)可用来进行贷款或购买有价证券，以增加银行收益。一般以相应增加借款人或证券卖主在该行户头中的活期存款方式支付，因而创造出一笔派生存款。借款人或证券卖主可以开出支票使用这存款。收款人可将支票存入与他往来的另一家银行。这第二家银行由于存款增加，又可将其中超额准备金部分贷放出去，创造出另一笔派生存款。如此类推，银行系统将可创造出数倍于原始存款的派生存款。创造货币的先决条件是有人借款。由一笔原始存款创造出的派生存款的数量取决于法定准备金比率的大小和现金漏损情况，即借款人在借款中持有现金而不保持活期存款的比例。

4．货币乘数(money multiplier)(浙江工商大学2019、2016研；东北财大2018研；对外经贸大学2018研；山东大学2018研；厦门大学2015研；深圳大学2015研；中南财大2014研；中央财大2012研)

答：货币乘数又称为“货币创造乘数”或“货币扩张乘数”，是指中央银行创造一单位的基础货币所能增加的货币供应量。如果是活期存款，它还能通过活期存款派生机制创造货币，公式为$D=R/r_d$和$D=R/(r_d+r_e)$(D为活期存款总额，R为原始存款，r_d为法定存款准备金率，r_e为超额存款准备金率)。如果在存款创造机制中还存在现金流出，即贷款并不完全转化为存款，那么货币创造乘数为：$k=1/(r_d+r_e+r_c)$，其中r_c为现金－存款比率。此时，仅把活期存款考虑为货币供给量。如果把活期存款和通货都考虑为货币供给量，即$M=D+C_u$，同时，引入强力货币H(银行准备金加上非银行部门持有的通货)，此时的货币创造公式如下：

$$\frac{M}{H}=\frac{C_u+D}{C_u+R_d+R_e}=\frac{\frac{C_u}{D}+1}{\frac{C_u}{D}+\frac{R_d}{D}+\frac{R_e}{D}}=\frac{r_c+1}{r_c+r_d+r_e}$$

5．法定存款准备金（武汉大学 2003 研）

答：法定存款准备金是指中央银行强制要求商业银行按法定准备率提留的准备金。法定存款准备金一部分是银行库存现金，另一部分存放在中央银行的存款账户上。由于商业银行都想赚取尽可能多的利润，它们会把法定准备以外的那部分存款当作超额准备金贷放出去或用于短期债券投资。正是这一较小比率的准备金支持着活期存款的创造能力，使得银行体系得以创造货币。

6．法定准备金率（中南财经政法大学 2019 研；青岛理工大学 2010 研）

答：法定准备金率是指金融机构按规定向中央银行缴纳的存款金额占其存款总额的比率。中央银行通过调整准备金率，影响金融机构的信贷资金供应能力，从而间接调控货币供应量。当法定准备金率提高时，银行系统某定量准备金所能维持的负债和信用额度便下降。相反，当准备金率降低时，某定量准备金所能维持的负债和信用额便上升。因此，提高法定准备金率，是一种信用收缩的措施；降低法定准备金率，是一种信用扩张的措施，最终都会影响货币供应量的多少。法定准备金率是中央银行调节货币供应量的三大传统政策工具之一。

7．功能财政（functional finance）（东南大学 2015 研；武汉大学 2015 研；湖南大学 2012 研）

答：功能财政又称为“职能财政”或“机能财政”，是关于国家财政活动不能仅以预算平衡为目的，而应以充分发挥财政的经济职能，保持整个经济稳定发展为目的的理论。美国经济学家勒纳于 20 世纪 40 年代明确提出“功能财政”的预算准则。“功能财政论”的意图是要政府不必局限于年度预算收支平衡，而应当保持国民经济整体的均衡。功能财政是斟酌使用的财政政策的指导思想，而斟酌使用的财政政策是功能财政思想的实现和贯彻。它的提出，是对原有财政平衡预算思想的否定。

但是，功能财政理论是一个宏观静态而非宏观动态的理论，它只对短期的周期波动问题提供了部分解决方案，而完全忽视了长期经济增长问题。而且，由于在发展中国家，主要经济问题是需逐渐提高投资率和储蓄率，而不仅是通过调整总支出来治愈衰退和通货膨胀，因而它不适用于发展中国家。

8．公开市场业务（open market operations）（湖南大学 2017 研；财政部财科所 2015 研；东南大学 2015 研）

答：公开市场业务是指中央银行在证券市场上公开买卖有价证券（主要是政府公债、国库券和银行承兑票据等），以期调节信用和货币供应量的一种业务活动，是中央银行的三大法宝之一。公开市场业务的目的是：①通过政府债券的买卖活动收缩或扩大会员银行存放在中央银行的准备金，从而影响这些银行的信贷能力；②通过影响准备金的数量控制市场利率；③通过影响利率控制汇率和国际黄金流动；④为政府证券提供一个有组织的市场。公开市场业务被认为是实施货币政策、稳定经济的重要工具。例如，经济扩张时，实行卖出政府债券的政策，可以减少商业银行的超额准备金，降低它的信贷能力，促使贷款利率上涨，遏制过度的投资需求。经济萧条时，则买进政府债券，以便提高商业银行的超额准备金，扩大它们的信贷能力，促使利息率下降，从而扩大投资需求。

作为中央银行最重要的货币政策工具之一，公开市场业务具有明显的优越性，这主要体现在：①通过公开市场业务可以直接调控银行系统的准备金总量，使其符合政策目标的需要；②中央银行通过公开市场业务可以“主动出击”，避免“被动等待”；③公开市场业务操作可以对货币供应量进行微调，也可以进行连续性、经常性、试探性甚至逆向性操作，以灵活调节货币供应量。

但是，公开市场操作受到诸如商业周期、货币流通速度变化、商业银行的信贷意愿等因素的影响，同时还必须具备一个高度发达的证券市场。

9. 基础货币(monetary base)(湖南大学2022研；南京大学2019研；东南大学2018研；西安交大2016研；北师大2016研；兰州大学2014研；北邮2012研)

答：基础货币又称为货币基础、货币基数，是指商业银行存入中央银行的准备金与社会公众所持有的现金之和，是中央银行直接控制的变量，也是银行体系存款扩张、货币创造的基础。其数额的大小会影响货币供应量的增减变化，所以也称高能货币(High powered money)。当中央银行提高或降低法定准备金率时，各商业银行就要调整资产负债表项目，相应地增加或减少其存放在中央银行的法定准备金，这会使银行体系内产生一系列的变化。按照乘数理论，就会对货币供应量产生紧缩或扩张的作用。社会公众持有的现金的变动也会引起派生存款的变化，从而引起货币供应量的增加或减少。当公众将现金存入银行时，银行就可以按一定比例发放贷款，从而在银行体系内产生一系列的存款扩张过程；当公众从银行提取现金时，又会使银行体系内不断进行的派生存款过程部分中止。但一般来说，除季节性变动外，公众持有的现金额度比较稳定。基础货币具有以下四个属性：①可控性，是中央银行能调控的货币；②负债性，它是中央银行的负债；③扩张性，能被商业银行吸收作为其创造存款货币的基础，具有多倍扩张的功能；④初始来源唯一性，即其增量只能来源于中央银行，不能来源于商业银行，也不能来源于公众。

10. 派生存款

答：派生存款相对于原始存款而言，是指商业银行以原始存款为基础发放贷款而引申出来超过最初部分存款的存款，是商业银行创造的存款货币。它是商业银行在其超额储备的基础上，将负债贷款转化为存款货币，这是商业银行货币的主要部分。商业银行创造派生存款的能力，受其掌握的原始存款(商业银行掌握的部分基础货币)的限制，即支付能力或清偿能力的限制。因而，中央银行经常根据货币政策需要松紧银根，通过调整法定存款准备金率、再贴现政策和公开市场业务等手段，吞吐基础货币，改变货币派生存款的能力。派生存款创造理论极限公式为：派生存款 = 原始存款 ×(1/存款准备率)，所以派生存款倍数理论上(不考虑现金漏损率等因素)等于存款准备率的倒数。

11. 货币供给调控机制

答：货币供给调控机制是指中央银行在对宏观经济的调控中，具有明确的最终目标(如经济增长、国际收支平衡、降低失业率、稳定物价等)，采取有效的政策工具(如公开市场业务、再贴现、存款准备金率等)，选择具体的调控形式(或者中间目标，即联系最终目标和政策工具之间的金融目标，如货币供给量，生产率水平等)，运用合适的调控形式(如通过金融市场、计划手段、法律手段等)，以及诸部分密切联系和相互作用而组成一个完整的调控运行机制。它是一个以信用创造论为基础，与中央银行体制存在密切联系，与内在诸因素有机联系和相互作用的复杂综合体。

12. 再贴现

答：再贴现是指商业银行将已同客户办理过贴现的未到期的第一流商业票据向中央银行要求付给现款的一种行为，是中央银行对商业银行放款的形式之一。再贴现的利率称为“再贴现率”，由中央银行公布，是中央银行执行货币政策的重要手段之一。再贴现率着眼于短期政策效应。中央银行根据市场资金供求状况调整再贴现率，以影响商业银行借入资金的成本，进而影响商业银行对社会的信用量，从而调整货币供给总量。在传导机制上，商业银行需要以较高的代价才能获得中央银行的贷款时，便会提高对客户的贴现率或提高放款利率，其结果就会使得信用量收缩，市场货币供应量减少；反之则增加。中央银行对再贴现资格条件的规定则着眼于长期的政策效用，以发挥抑制或扶持作用，并改变资金流向。

13. 补偿性财政政策(华东理工大学 2015 研)

答：补偿性财政政策是一种积极的权衡性财政政策。这种政策思想强调，财政预算的功能是为了实现经济稳定发展，预算既可以盈余，也可以赤字。补偿性财政政策为斟酌使用财政政策中的一种情况，即扩张性和紧缩性财政政策交替使用时的状况。

补偿性财政政策思想与以前的平衡预算财政政策思想有很大不同。平衡预算财政政策思想按其历史发展阶段有三种含义：年度平衡预算、周期平衡预算和充分就业平衡预算。它们的思想都强调财政收支的平衡，甚至以此作为预算目标。

与之不同的是，补偿性财政政策思想强调财政预算的平衡、盈余或赤字都只是手段，目的是追求充分就业以及经济的稳定。当均衡收入低于充分就业水平时，政府有义务实行扩张性财政政策以实现充分就业。如果预算起初是盈余，政府可减少盈余甚至造成赤字；如果预算起初是赤字，政府可允许有更大的赤字。总之，按这种思想，政府应当比关心预算平衡更关心经济。

14. 前后不一致性(time inconsistency)(对外经贸大学 2013 研)

答：前后不一致性准确地说应该是时间不一致性，特别是指货币政策的时间不一致性。以基德兰德和普雷斯科特的开创性研究为发端，人们开始注意到中央银行可信度以及对政策事先承诺的能力等问题。如果没有对采取特定政策措施事先做出保证，那么中央银行可能会产生不按原来计划和宣示行事的动机，这就导致了货币政策的“时间不一致性”或“动态不一致性”。时间不一致性是指在 t 期为 $t+i$ 期计划的行动方案，在 $t+i$ 期到来时，由于政策环境的改变，实施该行动方案不再是最优的。近几年来，一些学者把新凯恩斯主义模型运用于货币政策中，并提出即使政府没有扩大产出的动机，从而消除通胀倾向，增进货币政策的可信性也会产生更好的政策效果，这无疑推进了对货币政策时间不一致性的研究。

15. 货币政策时滞(中山大学 2009 研)

答：货币政策时滞是指货币政策从制定到获得主要的或全部的政策效果所必须经历的一段时间。它是影响货币政策效果的一个重要因素。如果收效太迟或难以确定何时收效，则政策本身能否成立也就成了问题。时滞由内部时滞和外部时滞两部分组成。内部时滞指从需要采取货币政策行动的经济形势出现到央行实际采取行动所经历的时间，它又可细分为认识时滞和行动时滞两个阶段；外部时滞又称影响时滞，指从货币当局开始采取行动到对政策目标产生影响为止的这段时间。内部时滞的长短取决于货币当局对经济形势发展的预见能力、制定对策的效率和行动的决心等因素；而外部时滞则主要由客观的经济和金融条件决定。一般来说，货币政策的内部时滞较短，外部时滞较长。

16. 货币政策传导机制

答：货币政策传导机制是指各种货币工具的运用引起中间目标的变动和社会经济生活的某些变化，从而实现中央银行货币政策的最终目标的这样一个过程。它实际上包含两个方面的内容：一是内部传导机制，即从货币工具选定、操作到金融体系货币供给收缩或扩张的内部作用过程；二是中间指标发挥外部影响的过程，即对总支出起作用的过程。

在西方，关于货币政策传导机制的分析，一般分为凯恩斯学派的传导机制理论和货币学派的传导机制理论。前者的理论思想可归结为：通过货币供给 M 的增减影响利率 r，利率的变化则通过资本边际效率的影响使投资 I 以乘数形式增减，而投资的增减就会进而影响总支出 E 和总收入 Y，用符号表示为：$M \to r \to I \to E \to Y$。在这个过程中，利率是最主要的环节，货币供应量的调整必须首先影响利率的升降，然后才能使投资乃至总支出发生变化。与凯恩斯不同，货币学派认为利率在货币传导机制中不起重要作用，而更强调货币供应量在整个传导机制上的直接效果。货币学派认为，货币政策的传导机制主要不是通过利率间接影响支出和收入，而是通过货币实际余额的变动直接影响支出和收入，可用符号表示为：$M \to E \to I \to Y$。

17. 单一货币规则（厦门大学 2018 研；南京财经大学 2013 研）

答： 单一货币规则是指货币主义者所主张的一种货币政策规则。货币主义的代表人物弗里德曼认为，按平均国民收入的增长率来规定并公开宣布一个长期不变的货币供应量的增长率，是货币政策唯一的最佳选择。他认为抑制通货膨胀的货币政策，即排除利息率、信贷流量、自由准备金等因素，而以一定的货币存量作为唯一支配因素的货币政策，公开宣布长期采用一个固定不变的货币供应增长率，并且只要货币供应量增长率同国民生产总值增长率相适应，通货膨胀就会被抑制。这种使货币供给量在一定时期（如一年）按固定的比例增长的主张被称为单一规则的货币政策。

这一政策主张包括了两重含义：①排除利息率、信贷流量、准备金等因素，而以货币供应量作为货币政策的唯一支配因素，即唯一控制指标。②反对凯恩斯主义的相机抉择的货币政策，而主张以既定的数量规则来防止货币政策的不稳定性。单一规则的货币政策是与货币主义的主要观点相联系的，即认为，私营经济具有其内在的稳定性，短期经济不稳定的根本原因就是政府当局反复无常的干预，认为政府的唯一任务就是为私营经济提供一个稳定的货币环境。因此，单一规则的货币政策的目的，在于使货币供给量不要限制国民收入的自然增长。

实行"单一规则"的货币政策，需要解决三个问题：①如何界定货币数量的范围；②如何确定货币数量的增长率；③货币数量增长率在年内或季节内是否允许有所变动。弗里德曼把货币数量的范围界定为流通中的通货加上所有商业银行的存款，亦即 M_2；关于货币增长率的确定，应与经济增长率大体相适应，并且货币增长率一经确定是不允许随便变动的，如遇特殊情况需要变动，应事先宣布并尽量缩小变动范围。

18. 相机抉择（中山大学 2015 研；兰州大学 2015 研；南京大学 2012 研）

答： 相机抉择是指政府进行需求管理时根据市场情况和各项调节措施的特点，机动灵活地采取一种或几种措施，使财政政策和货币政策相互搭配。根据宏观财政政策和宏观货币政策在决策速度、作用速度、预测的可靠程度和中立程度这四方面的差异，相机抉择一般具有以下三种搭配方式：

①松的财政政策与松的货币政策相搭配；

②紧的财政政策与紧的货币政策搭配；

③松的财政政策与紧的货币政策搭配或紧的财政政策与松的货币政策搭配。

实行相机抉择的目的在于既保持总需求，又不引起较高的通货膨胀率。

19. 公债中性（**government bonds neutrality**）

答： 公债中性是指在宏观经济中公债的发行不会引起投资和储蓄的变化的一种经济效应。扩张性的财政政策不会刺激经济扩张，且政府以债券和税收筹资的效果是等价的。公债中性需要以下条件：①个人寿命无限期长；②个人和政府的借贷利率相同；③未来的税收具有可预见性；④税收是对经济总额课税；⑤政府购买和转移支付的动态特征是已知的。由于以上条件，经济中的实际利率、投资和消费将保持恒定，不会随着税收和预算赤字的变化而变化，也不会随着初始债务的变化而变化。这是因为：政府为弥补财政赤字发行的债券是靠将来的税收偿还的；公债可以减少当前的税收，但会导致更多的将来的税收。市场经济中的行为主体会意识到公债仅仅改变了税收时间，没有减少税收总量，他们储蓄相当于未来征税的收入以备将来纳税，因而，当前人们可支配的财富数量与政府增加税收筹资的效果一样。政府以债券代替税收对个体决策的影响是增加了私人储蓄，经济中的储蓄总量大体不变，所有家庭多储蓄的部分恰好抵消了政府支出的扩大，经济仍然处于原来的均衡状态。公债的发行并没有引起利率的提高和投资的增加，因而是中性的。

二、简答题

1. 请判断以下关于货币供给的论断是否正确？并解释之。

(1) 只有银行体系才具有货币创造的能力，而其他金融机构没有这种能力；

(2) 银行体系创造货币不仅增加了经济中的流动性，同时也增加了经济中的财富。（南开大学 2012 研）

答：(1)不正确。一般认为只有银行体系才具有货币创造功能，不过这个“银行体系”指的是广义的银行体系，即所有拥有“吸收存款并利用存款发放贷款”的业务的公司，都算在这个“银行体系”之中，这些公司通过“多倍存贷款”运作创造货币。但是，金融创新使得许多具有货币特性的资产不断出现，这些资产具有货币流动性的特征，被称为准货币，即获得了货币流动性的非货币资产。在这种情况下，就不能说只有银行体系才具有货币创造的能力，其他金融机构不能创造货币。

(2)不正确。尽管银行体系的部分准备金创造了货币，增加了经济的流动性，但它并没有增加社会的实际财富。当一个银行贷出自己一部分准备金时，它给了借款人进行交易的能力，从而增加了货币供给。但是，借款人也承担了对银行的债务义务，因此，贷款并不能使他们变得更富有。换言之，银行体系创造货币增加了经济的流动性，但并没有增加社会的实际财富。

2. 什么是货币创造乘数？其大小主要和哪些变量有关？（浙江理工大学 2015 研）

答：货币创造乘数是指中央银行创造一单位的基础货币所能增加的货币供应量。如果是活期存款，它还能通过活期存款派生机制创造货币，公式为 $D=\frac{R}{r_d}$ 和 $D=\frac{R}{r_d+r_e}$（D 为活期存款总额，R 为原始存款，r_d 为法定存款准备金率，r_e 为超额存款准备金率）。如果在存款创造机制中还存在现金流出，即贷款并不完全转化为存款，那么货币创造乘数为：$k=\frac{1}{r_d+r_e+r_c}$，其中 r_c 为现金—存款比率。此时，仅把活期存款考虑为货币供给量。如果把活期存款和通货都考虑为货币供给量，即 $M=D+C_u$，同时，引入强力货币 H（银行准备金加上非银行部门持有的通货），此时的货币创造公式如下：

$$\frac{M}{H}=\frac{C_u+D}{C_u+R_d+R_e}=\frac{\frac{C_u}{D}+1}{\frac{C_u}{D}+\frac{R_d}{D}+\frac{R_e}{D}}=\frac{r_c+1}{r_c+r_d+r_e}$$

影响货币乘数的因素有：现金漏损率、活期存款法定准备金率、超额准备金率、定期存款占存款的比例。货币乘数可以从两个方面起作用：它既可以使银行存款多倍扩大，又能使银行存款多倍收缩。因此，中央银行控制准备金和调整准备金率对货币供给会产生重大影响。

3. 试述宏观政策目标及它们相互间的制约关系。（暨南大学 2017 研；广西大学 2017 研）

答：（1）宏观经济政策的目标：

宏观经济政策的目标有四个，即充分就业、价格稳定、经济持续均衡增长和国际收支平衡。宏观经济政策就是为了达到这些目标而制定的手段和措施。

（2）宏观经济政策目标之间的制约关系：

经济政策各项目标之间的关系是既有协调也有相冲突的地方。其中，充分就业与经济增长这两者正相关：经济增长，就业增加；经济下滑，则失业增加。但除此之外，各个目标相互之间都有矛盾。

①经济政策各项目标之间的冲突首先表现在充分就业与稳定价格的矛盾上。菲利普斯曲线表明在失业率和通货膨胀率之间存在着此消彼长的置换关系。所以，按照菲利普斯曲线，作为中央银行的货币政策目标只有根据当时的社会经济条件，寻求通货膨胀率和失业率之间的某一适当的组合点，而不可能有两全其美的办法。

②价格稳定与经济增长之间也存在着矛盾。就现代市场经济的实践而言，经济的增长大多伴随着物价的上涨。

③经济政策各项目标之间的冲突还表现在经济增长与国际收支平衡的矛盾上。经济增长通常会增加对进口商品的需求，这就可能导致贸易差额的恶化。就资本项目而言，要促进经济增长，就要增加投资，在国内资金来源不足的情况下，必须借助于外资的流入。外资的流入可能使国际收支中的资本项目出现顺差，一定程度上可弥补贸易逆差造成的国际收支失衡，但并不一定能使经济增长与国际收支平衡共存。

④经济政策各项目标之间的冲突也体现在物价稳定与国际收支平衡的矛盾上，在出现通货膨胀的情况下，有时需要采取措施降低利率。但利率的降低，在资本自由流动的条件下，有可能导致资本外流并使资本项目恶化。如果经常项目不能保持顺差或者这种顺差不足以抵补资本项目逆差的话，就可能使国际收支失衡。然而，为了抑制通货膨胀，如果采取的是降低货币供应量而不是降低利率的办法，那么外资可能继续流入，而且由于国内物价的下降和总需求的减少，经常项目可能因为出口增加和进口减少而出现顺差。由此可见，物价稳定又并不总是与平衡国际收支相矛盾。

4. 货币政策与财政政策的相似点和区别是什么？（中山大学 2019 研）

答：（1）相似点：

①都是通过调节市场需求对国民收入进行调节；

②都是为了实现充分就业和国民收入稳定增长等目标。

（2）区别：

①政策手段不同：财政政策是通过政府调节税收和变动政府支出来调节，而货币政策是通过中央银行调节货币供给来调节；

②作用机制不同：财政政策是直接影响总需求，而货币政策是通过调节货币供求关系来调节利率，进而影响投资，从而起到市场调节的作用；

③产生效果的时间不一样：一般财政政策更直接，产生的效果更快，而货币政策是通过利率调节，需要更长的时间来对经济产生影响。

5. 什么是经济的自动稳定器？在当前中国经济进入新常态的背景下，哪些自动稳定器可能会发挥作用？（深圳大学2019研；中国人民大学2016研）

答：(1)自动稳定器的含义：

自动稳定器又称内在稳定器，是指经济系统本身存在的一种会减少各种干扰对国民收入冲击的机制，能够在经济繁荣时期自动抑制通胀，在经济衰退时期自动减轻萧条，无须政府采取任何行动。例如，一些财政支出和税收制度就具有某种自动调整经济的灵活性，可以自动配合需求管理，减缓总需求的摇摆性，从而有助于经济的稳定。

(2)自动稳定器发挥作用的工具：

后金融危机时代全球主要经济体增速的普遍放缓宣告了全球经济已经步入深度调整期，处于全球经济调整期和过渡期的时代背景，同时受到国内经济阶段性因素的叠加影响，中国经济自2012年第二季度GDP增速“破8”以来，已经逐步进入到经济增速阶段性回落、经济结构深度调整的“新常态”时期。在当前中国经济进入新常态的背景下，即财政的自动稳定功能主要通过三方面来实现：

①自动调整税收。在现代税制中，所得税有着重要地位。因为所得税具有固定的起征点和累进的税率，当经济繁荣特别是过热时，均衡国民收入增加，不仅有更多的人进入交纳所得税的行列，还有许多人将按更高的税率交税。其结果是，税收自动增加，并且税收的增幅还会超过居民收入的增长幅度，即抑制总需求的进一步扩张，使经济增长降温。当经济衰退时，国民产出水平下降，个人收入减少；在税率不变的情况下，政府税收会自动减少，留给人们的可支配收入也会自动地少减少一些，从而使消费和需求也自动地少下降一些。在实行累进税的情况下，经济衰退使纳税人的收入自动进入较低纳税档次，政府税收下降的幅度会超过收入下降的幅度，从而可起到抑制衰退的作用。

②政府转移支付的自动增减。在经济繁荣时期，税收自动增加，同时由于失业人数和需要救济的人数减少，政府转移支付减少，这会抑制消费和投资的过快增长，有助于遏制需求进一步膨胀；而一旦经济萧条，失去工作的人可立即从政府得到收入(失业救济金)，以维持一定的消费需求，政府转移支付增加，这就能抑制消费和投资的过度减少，有助于减轻社会经济进一步下滑的程度。其他福利支出因经济波动而自动增减也有内在的反周期、促稳定的作用。

财政的内在稳定器作用的大小，取决于税收结构、转移支付结构及其水平。在边际消费倾向一定的条件下，边际税率越高，稳定经济的作用越大。

③农产品价格维持制度。经济萧条时，国民收入下降，农产品价格下降，政府依照农产品价格维持制度，按支持价格收购农产品，可使农民收入和消费维持在一定水平之上。经济繁荣时，国民收入水平上升，农产品价格上升，这时政府减少农产品的收购并抛售农产品，限制农产品价格上升，也就抑制农民收入增长，从而减少了总需求的增长。

但由于政府税收和转移支付自动调整的幅度不大，从总体看，财政政策工具“自动稳定器”的作用很有限。它只能减轻经济萧条或通货膨胀的程度，并不能改变经济萧条或通货膨胀的总趋势。

6. 平衡预算的财政政策与功能财政政策有何区别？（山东大学2011研）

答：平衡预算的财政思想是指财政收入与财政支出相平衡，财政预算盈余等于零的财政思想，按历史发展阶段主要分两种：①年度平衡预算要求实现每财政年度的收支平衡；②周期平衡预算是指政府在一个经济周期中保持预算平衡，即在经济衰退时实行扩张政策，有意安排预算赤字，在繁荣时期实行紧缩政策，有意安排预算盈余，以繁荣时的盈余补衰退时的赤字，实现整个周期盈余与赤字相抵。

功能财政思想则认为，政府为了实现充分就业和消除通货膨胀，可根据反周期的需要来利用预算赤字和预算盈余，而不应为实现财政收支平衡而妨碍政府财政政策的正确制定与执行。

平衡预算财政与功能财政思想的共同点是，两者的目的均是设法使经济保持稳定。两者的区别在于前者强调财政收支平衡，甚至以此作为预算目标，后者则不强调这点，而强调财政预算的平衡、盈余或赤字都只是手段，目的是追求无通货膨胀的充分就业以及经济的稳定增长。可见，功能财政思想是对平衡预算财政思想的否定。

7. 简述斟酌使用的财政政策。（中国地质大学2015研）

答：（1）斟酌使用的财政政策是指政府根据经济情况和财政政策有关手段的特点，相机抉择，积极主动地变动财政的支出和税收以稳定经济，实现充分就业的机动性财政政策。

（2）依照凯恩斯主义理论，当经济出现波动时，尽管各种自动稳定器一直在起作用，但作用时间较长，效果也不理想，因而需要政府采取更加积极主动的财政政策。政府执行财政政策是斟酌使用的，是逆经济风向行事的。当经济衰退时，应采用扩张性财政政策即削减税收、降低税率、增加支出或双管齐下来刺激总需求，使之接近充分就业水平，实现充分就业预算平衡。反之，当经济过热时，则应采用紧缩性财政政策来抑制总需求。这种交替使用的扩张性和紧缩性财政政策，被称为补偿性财政政策。斟酌使用的财政政策是功能财政思想的实施和贯彻，也就是凯恩斯主义的“需求管理”。

（3）该政策在20世纪30年代到20世纪60年代效果不错，但之后出现的滞胀使它受到了怀疑。这说明斟酌使用的财政政策的作用同样具有局限性，因为在实际经济活动中存在各种各样的限制因素影响这种财政政策作用的发挥：①时滞。认识总需求的变化，变动财政政策以及乘数作用的发挥，都需要时间。②不确定性。实行财政政策时，政府主要面临两个方面的不确定：a. 乘数大小难以准确地确定。b. 政策必须预测总需求水平通过财政政策作用达到预定目标究竟需要多少时间。而在这一时间内，总需求特别是投资可能发生戏剧性的变化，这就可能导致决策失误。③外在的不可预测的随机因素的干扰，也可能导致财政政策达不到预期效果。此外还存在政策的“挤出效应”问题。政府增加支出，会使利息率提高，私人投资支出减少，即发生挤出效应。所以实行积极的财政政策时必须考虑这些因素的影响，尽量使其效果接近预期目标。

8. 假设中央银行通过其资产项债券增加调节宏观经济：

（1）中央银行这一行为通过哪几个环节最后对总需求施加影响？

（2）在各个环节上会遇到哪些可能的干扰？（南京大学2006研）

答：（1）中央银行通过其资产项债券增加来调节宏观经济，其对总需求的传导路径为：

债券购买增加→货币供给增加→市场利率下降→投资需求增加→总需求增加

从传导路径上可见，中央银行的公开市场操作要对总需求施加影响，通常要经过以上环节的相互作用。

（2）中央银行在通过其资产项债券增加调节宏观经济的各个环节可能遇到的干扰有：

“债券购买增加→货币供给增加”这一环节可能遇到的干扰有：政府购买债券时存在着债券种类的选择问题，政府可以选择国库券、汇票、期票等；政府还要决定债券的时间长短，政府可以购买短期债券或长期债券。债券的种类和时间长短不同，对货币供给以及整个经济的影响也就不相同。

“货币供给增加→市场利率下降”这一环节可能遇到的干扰有：货币供给增加有可能不会导致利率的下降，比如陷入流动性陷阱时，货币供给增加有可能对利率没有影响。

“市场利率下降→投资需求增加”这一环节可能遇到的干扰有：投资有可能不受利率的影响，投资独立于利率，如在流动性陷阱中，人们只会持有货币，而不是去投资。

“投资需求增加→总需求增加”这一环节可能遇到的干扰有：总需求包括消费、投资和政府支出，如果其他需求下降，就有可能抵消投资需求增加对总需求的正的影响，导致投资需求增加，但是总需求未必增加。

9. 根据乘数效应理论，如果扩张性财政政策对总需求推动的作用不显著，那么可能的原因有哪些？（南京大学 2008 研）

答：如果扩张性财政政策对总需求推动的作用不显著，可能的因素有：

（1）居民可支配收入增加较小。

从乘数的计算中可以看出，在扩张性的财政政策对有效需求的推动过程中，居民可支配收入的增加是一个重要的中间环节。如果扩张性的财政政策能够导致居民可支配收入增加，那么，随着居民消费需求的增加，扩张性财政政策对有效需求的刺激作用就会大大放大。相反，如果居民的可支配收入没有增加、消费需求没有增加，那么，扩张性财政政策对有效需求的推动作用将大大受到限制。

（2）边际消费倾向较低。

在乘数的计算中，最简单的乘数表现为 1 减边际消费倾向之差的倒数。可见，边际消费倾向越大，则乘数越大；乘数越大，则扩张性财政政策的有效需求效应越大。

边际消费倾向反映了家庭在收入增加时增加消费的意愿。如果家庭愿意在收入增加时将其中很大一部分用于消费的增加，那么，扩张性财政政策对有效需求的刺激就会因为消费需求的增加而大大强化；反之，则大大弱化。

（3）国民收入的分配不公。

边际消费倾向也受到国民收入分配状况的影响。富人的消费需求大但消费倾向较低，穷人的消费需求小但消费倾向较高。如果政府采取在一定程度上向穷人倾斜的收入再分配政策，那么，全社会的边际消费倾向就会提高。这样，扩张性财政政策对有效需求的推动作用就会加强。

（4）财政政策手段存在问题。

政府已经准备采取扩张性的财政政策对有效需求进行刺激，但是，政府仍然可以选择采取何种政策刺激有效需求，例如，是采取增加政府购买的方法，还是采取增加转移支付的方法。由乘数的计算可知，采取增加政府购买对总需求的刺激程度要大于采取增加转移支付的场合。

（5）税制不是最优。

大部分税种是采取比例税的形式。在采取比例税的场合，政府采取扩张性的财政政策，使家庭的收入增加，但比例税使家庭的纳税随之增加，这样家庭的可支配收入的增加就受到了一定的限制，从而使消费需求的增加受到一定的限制。因此，按比例税的形式征税使扩张性财政政策的有效需求效应要小于总额税。

（6）开放经济的影响

政府采取扩张性的财政政策会使家庭的收入增加。但是在开放经济的背景下，家庭会将收入增加中的一部分用于进口产品的购买。这样，就限制了对本国产品的购买需求，从而使扩张性财政政策的有效需求效应打了一定的折扣，即进口因素使乘数变小。

(7)政府融资方式可能存在问题。

政府执行扩张性的财政政策，必须解决融资问题。融资的具体方式会对扩张性财政政策的产出效应产生重要影响。政府的融资可以采取三种方式：第一种是增加税收；第二种是发行国债(即向国内私人部门或国外借债)；第三种是向中央银行透支(即向中央银行借债)从而导致中央银行增加货币供给量。

由于平衡预算乘数等于1，即在税收增加一个单位，政府购买也增加一个单位的情况下，总需求从而总产出只能增加一个单位。财政扩张使家庭的可支配收入增加，从而进一步引起消费需求增加；但是，同时增加税收又使家庭的可支配收入减少，从而进一步引起消费需求减少。财政扩张的效应在很大程度上被增加税收的效应抵消，因此，通过税收融资的方式将使扩张性财政政策的有效需求效应大为减少。

政府购买乘数和转移支付乘数，实际上反映了在政府通过向中央银行透支的方式进行融资的情况下，扩张性财政政策对有效需求的推动作用。当然，从理论的表达上看，政府的这种融资方式是暗含着的，在乘数的表达形式上并没有直接显示出来。

由乘数可见，通过向中央银行透支的方式支持财政扩张，对有效需求产生的推动作用(即政府购买乘数和转移支付乘数)要大大高于通过增加税收融资的场合。

(8)时间因素的制约。

和所有政策一样，政府执行扩张性财政政策所必然要通过的判断、决策、制定、实施等每一个环节都是要花费时间的。因此，时间较短，扩张性财政政策对总需求的影响程度就较小，只有经过一段较长的时间，政策对总需求的影响才会更明显地表现出来。

(9)供给状况制约。

扩张性财政政策属于需求管理政策中的一种，它的直接作用对象是有效需求。但是，扩张性财政政策的政策目标是提高生产能力的利用程度，从而增加总产出。假设扩张性财政政策确实导致有效需求增加。但有效需求增加不一定导致总产出增加。有效需求增加对总产出有何影响取决于不同的情况。简单说，有效需求增加是否导致总产出增加，取决于供给状况。

10. 简述财政政策和货币政策目标的异同。(人行研究生部2011研)

答：(1)财政政策和货币政策是宏观经济政策中的两大类。根据凯恩斯的需求管理理论，社会有效需求不足导致了经济衰退，而政府可以采取包括财政政策和货币政策在内的宏观经济政策来拉动社会有效需求，从而避免经济衰退。

(2)财政政策是指政府为了实现宏观经济政策目标而对政府支出、税收和借债水平所进行的选择，或对政府财政收入和财政支出水平所做出的决策。货币政策是政府货币当局即中央银行通过银行体系变动货币供给量来调节总需求进而影响就业和国民收入的政策。

(3)总体上说，财政政策与货币政策的目标是一致的，都是充分就业、物价稳定、国际收支平衡和经济的稳定增长，因此一般政府都会搭配使用两种政策来调控宏观经济。

(4)但是两种政策目标的侧重点有所不同。具体地看，中央银行是国家的银行、发行的银行和银行的银行，保持物价(币值)稳定是货币政策目标的重点。也就是说，货币政策作为调节货币供应量的政策所直接面对的是价格水平问题，因而对价格水平有着较为直接的决定作用。财政作为政府的分配或经济活动，其政策目标往往更加侧重于实现宏观经济的稳定与增长。

11. 在宏观调控的政策实施过程中，货币政策与财政政策相比，有哪些局限性？（南京大学2009研）

答：（1）货币政策是指政府通过中央银行变动货币供给量，影响利率和国民收入的政策措施。货币政策的工具有公开市场业务、改变贴现率、改变法定准备金率以及道义上的劝告等措施。这些货币政策的工具作用的直接目标是通过控制商业银行的存款准备金，影响利率与国民收入，从而最终实现稳定国民经济的目标。

（2）与财政政策相比，货币政策实施中遇到的困难及局限性表现在：

①从货币市场均衡的情况看，增加或减少货币供给要影响利率的话，必须以货币流通速度不变为前提。如果这一前提并不存在，货币供给变动对经济的影响就要打折扣。在经济繁荣时期，中央银行为抑制通货膨胀需要紧缩货币供给，或者说放慢货币供给的增长率，然而，一般说来那时公众支出会增加，而且物价上升快时，公众不愿把货币持在手上，而希望尽快花费出去，从而货币流通速度会加快，这无异在流通领域增加了货币供给量。这时候，即使中央银行减少货币供给，也无法使通货膨胀率降下来。反之，当经济衰退时期，货币流通速度下降，这时中央银行增加货币供给对经济的影响也就可能被货币流通速度下降所抵消。货币流通速度加快，意味着货币需求增加，流通速度放慢，意味着货币需求减少，如果货币供给增加量和货币需求增加量相等，*LM* 曲线就不会移动，因而利率和收入也不会变动。

②在通货膨胀时期实行紧缩的货币政策可能效果比较显著，但在经济衰退时期，实行扩张的货币政策效果就不明显。经济衰退时期，厂商对经济前景普遍悲观，即使中央银行松动银根，降低利率，投资者也不肯增加贷款从事投资活动，银行为安全起见，也不肯轻易贷款。特别是由于存在着流动性陷阱，不论银根如何松动，利息率都不会降低。这样，货币政策作为反衰退的政策，其效果就相当微弱。即使从反通货膨胀看，货币政策的作用也主要表现于控制需求拉上的通货膨胀，而对成本推进的通货膨胀，货币政策的效果就很小。因为物价的上升若是由工资上涨超过劳动生产率上升幅度引起或由垄断厂商为获取高额利润引起，中央银行想通过控制货币供给来抑制通货膨胀就比较困难了。

③货币政策作用的外部时滞也影响政策效果。中央银行变动货币供给量，要通过影响利率，再影响投资，然后再影响就业和国民收入，因而，货币政策作用要经过相当长一段时间才会充分得到发挥。尤其是，市场利率变动以后，投资规模并不会很快发生相应变动。利率下降以后，厂商扩大生产规模，需要一个过程，利率上升以后，厂商缩小生产规模，更不是一件容易的事。总之，货币政策即使在开始采用时不要花很长时间，但执行后到产生效果却要有一个相当长的过程，在此过程中，经济情况有可能发生和人们原先预料的相反的变化。比方说，经济衰退时中央银行扩大货币供给，但未到这一政策效果完全发挥出来经济就已转入繁荣，物价已开始较快地上升，则原来扩张性货币政策不是反衰退，却为加剧通货膨胀起了火上浇油的作用。

货币政策在实践中存在的问题不止这些，但仅从这些方面看，货币政策作为平抑经济波动的手段，作用也是有限的。

12. 什么是动态不一致？简述在货币政策的制定过程中遵循单一规则的重要性。（复旦大学2019研）

答：（1）动态不一致是指一项起初适合于今天的政策，随着时间的推移，就可能不再适合于明天。货币政策的动态不一致性，又称为货币政策时间上的不连贯性，是指一个货币政策在制定时对政府而言是最优的，但在执行阶段往往不是最优的，当私人部门相信政府会实施这一政策时，政府就会没有积极性去真正实施这一政策，即政策制定者最终没有兑现自己的承诺。

(2)动态不一致性产生的原因是政府目标多样化，政府往往面临通货膨胀目标和失业率目标之间的两难选择。根据菲利普斯曲线，失业率与未预期到的通货膨胀率之间在短期内存在此消彼长的关系。当政府宣布要降低通货膨胀率而公众又相信政府会将通货膨胀率降下来的时候，较低的通货膨胀预期就会反映到工资和物价合同中，使物价和通货膨胀相应地下降，这就是通货膨胀的自我实现原理。但这时政府又会反悔，转而采取扩张性货币政策，产生未预期到的通货膨胀，从而刺激经济增长，同时降低失业率。

当政府更关心失业问题时，它往往会牺牲降低通货膨胀率的目标而采取扩张性的货币政策来增加就业，从而违背其最初的降低通货膨胀率的承诺。由于货币政策的动态不一致性，政府有违背降低通货膨胀的承诺而采取扩张性货币政策的潜在动机。未预期到的通货膨胀会降低公众的实际收入，理性的公众因为了解货币政策的动态不一致性，对政府降低通货膨胀的信任总是有限的。在公众不信任的情况下，预期通货膨胀降不下来，政府的机会主义行为不能增加就业，反而会使通货膨胀率进一步升高。

由此可见，政府要想实现其承诺可信，只通过口头承诺是建立不起来货币政策的信誉的，最有效的方法是通过设计出捆住政府进行货币扩张的“手脚”——单一货币规则，从而克服货币政策的动态不一致性，即让货币政策在时间上有连贯性，最终使货币政策制定者获得信誉。

三、计算题

1. 假设一经济体系的消费函数为 $C=600+0.8Y$，投资函数为 $I=400-50r$，政府购买为 $G=200$，货币需求函数为 $L=250+0.5Y-125r$，货币供给 $M_S=1250$(单位均是亿美元)，价格水平 $P=1$，试求：

(1) IS 和 LM 的方程。

(2)均衡收入和利率。

(3)财政政策乘数和货币政策乘数。

(4)设充分就业收入为 $Y^*=5000$(亿美元)，若用增加政府购买实现充分就业，要增加多少政府购买？

(5)若用增加货币供给实现充分就业，要增加多少货币供给量？

(6)画草图表示(4)和(5)。

解：(1)从收入恒等式 $Y=C+I+G$ 中得：

$$\begin{aligned} Y &= 600+0.8Y+400-50r+200 \\ &= 1200+0.8Y-50r \end{aligned}$$

即

$$0.2Y=1200-50r$$

解得：

$$Y=6000-250r \qquad IS\text{ 方程}$$

从 $\frac{M_S}{P}=L$ 中得：$\frac{1250}{1}=250+0.5Y-125r$，即：

$$Y=2000+250r \qquad LM\text{ 方程}$$

(2)将 IS 和 LM 方程联立：

$$\begin{cases} Y=6000-250r \\ Y=2000+250r \end{cases}$$

解得：$r=8$，$Y=4000$(亿美元)。

即均衡的收入和利率分别为4000亿美元和8%。

(3)财政政策乘数为：$\frac{\mathrm{d}Y}{\mathrm{d}G}=\frac{1}{(1-b)+\frac{dk}{h}}=\frac{1}{(1-0.8)+\frac{50\times0.5}{125}}=\frac{1}{0.4}=2.5$；

货币政策乘数为：$\frac{\mathrm{d}Y}{\mathrm{d}M}=\frac{d}{(1-b)h+dk}=\frac{50}{(1-0.8)\times125+50\times0.5}=1$。

(4)由于 $Y^*=5000$，而实际收入为 $Y=4000$，因此 $\Delta Y=1000$，若用增加政府购买实现充分就业，则要增加政府购买为：

$$\Delta G=\Delta Y/\frac{\mathrm{d}Y}{\mathrm{d}G}=\frac{1000}{2.5}=400(\text{亿美元})$$

(5)若用增加货币供给量实现充分就业，则要增加货币供给为：

$$\Delta M=\Delta Y/\frac{\mathrm{d}Y}{\mathrm{d}M}=\frac{1000}{1}=1000(\text{亿美元})$$

(6)(4)、(5)的草图如图5－1、图5－2所示。

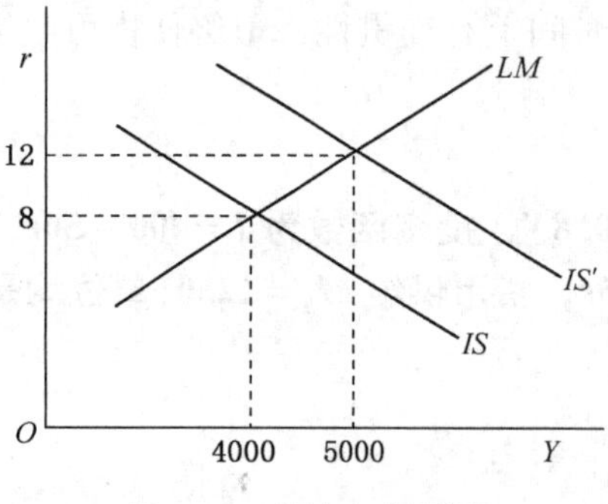

图5－1　第(4)小题图

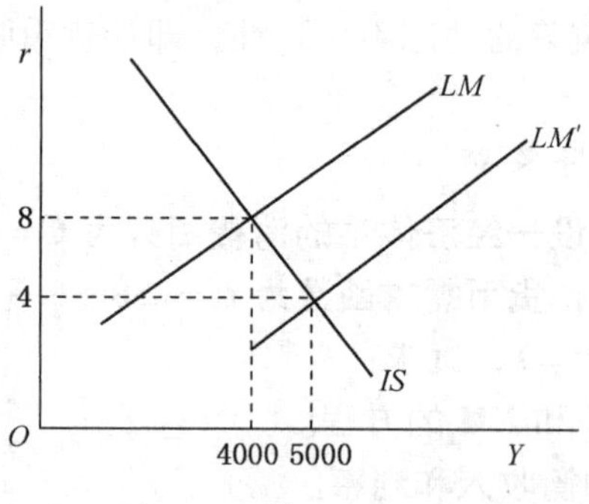

图5－2　第(5)小题图

2. 假设某经济的社会消费函数 $C=300+0.8Y_d$，私人意愿投资 $I=200$，税收函数 $T=0.2Y$(单位为亿美元)。求：

(1)均衡收入为2000亿美元时，政府支出(不考虑转移支付)必须是多少？预算盈余还是赤字？

(2)政府支出不变，而税收提高为 $T=0.25Y$，均衡收入是多少？这时预算将如何变化？

解：(1)由三部门经济收入恒等式 $Y=C+I+G$ 可得：

$$\begin{aligned} Y &= 300+0.8Y_d+200+G \\ &= 300+0.8(Y-T)+200+G \\ &= 300+0.8\times(1-0.2)Y+200+G \\ &= 500+0.64Y+G \end{aligned}$$

即 $G=0.36Y-500$。

当 $Y=2000$ 时，政府购买必须是：

$$\begin{aligned} G &= 0.36Y-500 \\ &= 0.36\times2000-500 \end{aligned}$$

$$
\begin{aligned}
&=220(\text{亿美元}) \\
BS &= T - G \\
&= 0.2Y - 220 \\
&= 0.2 \times 2000 - 220 \\
&= 180(\text{亿美元})
\end{aligned}
$$

故政府预算盈余为 180 亿美元。

(2)当政府支出不变，为 $G=220$ 亿美元，$T=0.25Y$ 时，由 $Y=C+I+G$ 可知：

$$
\begin{aligned}
Y &= 300 + 0.8Y_d + 200 + G \\
&= 300 + 0.8(Y - T) + 200 + G \\
&= 300 + 0.8(1 - 0.25)Y + 200 + 220 \\
&= 720 + 0.6Y
\end{aligned}
$$

解得：$Y=1800$(亿美元)，即为所求均衡收入。

$BS=T-G=0.25\times1800-220=230$(亿美元)，这时预算盈余增加。

3. 设 m 表示基础货币乘数，c 表示现金漏出率，r 表示意愿准备金比率(含法定准备和超额准备)。

(1)写出基础货币乘数，讨论 c 和 r 的变化对于 m 的影响；给出同时考虑 c 和 r 变化的数学表达式；

(2)结合一个具体政策工具说明积极的货币政策如何影响货币乘数。(北航 2013 研)

解：(1)基础货币乘数为：$m=\dfrac{1+c}{r+c}$。

因为$\dfrac{\partial m}{\partial c}=\dfrac{r+c-(1+c)}{(r+c)^2}=\dfrac{r-1}{(r+c)^2}<0$，可知 c 与基础货币乘数 m 成反向相关关系，即 c 增加时 m 下降，c 下降时 m 增加。

因为$\dfrac{\partial m}{\partial r}=-\dfrac{1+c}{(r+c)^2}<0$，可知 r 与基础货币乘数 m 成反向相关关系，即 r 增加时 m 下降，r 下降时 m 增加。

同时考虑 c 和 r 变化的数学表达式为：$\dfrac{\partial^2 m}{\partial c\partial r}=\dfrac{(r+c)-2(r-1)}{(r+c)^3}=\dfrac{c-r+2}{(r+c)^3}$。

(2)积极的货币政策工具包括降低存款准备金率、降低贴现率、中央银行在公开市场上购买政府债券。以降低存款准备率为例说明：降低存款准备金率直接减少了货币乘数的分母，使得货币乘数增加，在基础货币不变的情况下，货币供给会因为乘数的增加而扩大。

4. (1)如果消费需求 $C=100+0.8Y_d$(这里 Y_d 为可支配收入)，投资需求 $I=150-6r$，税收 $T_x=50$，政府支出 $G=40$，求解产品市场均衡的 IS 方程。

(2)如果经济的名义货币供给为 150，货币需求为 $L=0.2Y-4r$，在 $P=1$ 时，LM 方程为 $Y=750+20r$；在 $P=1.5$ 时，LM 方程为 $Y=500+20r$，求解在 1、1.5 的价格水平下使产品市场和货币市场同时到达均衡的国民收入水平和利率水平。

(3)如果在 $P=1$ 的价格水平下，名义货币供给从 150 下降到 125 和 100，货币市场与产品市场的均衡有何变化？

解：(1)当产品市场均衡时，有：

$$Y = C + I + G$$

即

$$Y=100+0.8(Y-50)+150-6r+40$$

整理后，得到 IS 方程为：

$$Y=1250-30r$$

(2)当 $P=1$ 时，IS、LM 方程分别为：

$$Y=1250-30r$$
$$Y=750+20r$$

联立 IS、LM 方程求解可得：$Y=950$，$r=10$。

当 $P=1.5$ 时，IS、LM 方程分别为：

$$Y=1250-30r$$
$$Y=500+20r$$

求解可得：$Y=800$，$r=15$。

(3)如果在 $P=1$ 的价格水平下，名义货币供给从 150 下降到 125 和 100，实际货币供给水平也就相应从 150 下降到 125 和 100。

当实际货币供给为 125 时，LM 方程为：

$$125=0.2Y-4r$$

将上述 LM 方程与 IS 方程 $Y=1250-30r$ 联立求解，可得：$r=12.5$，$Y=875$。

因此，货币市场利率水平从 10 上升为 12.5，国民收入水平将从 950 下降到 875。

当实际货币供给为 100 时，LM 方程为：

$$100=0.2Y-4r$$

同理，联立 IS、LM 方程求解可得：$Y=800$，$r=15$。

因此，货币市场利率水平从 10 上升为 15，国民收入水平将从 950 下降到 800。

5. 在乘数模型中 $C=\overline{C}+0.8YD$，$YD=Y-TA$，$TA=0.2Y$。

(1)计算封闭经济条件下的政府支出乘数 α_G。

(2)如果 $NX=X-0.1Y$，计算开放经济条件下的政府支出乘数 α_G。

(3)结合上述计算，说明开放经济是否具有自动稳定器的作用。（中山大学 2017 研）

解：(1)在封闭的经济中，有 $Y=C+I+G$，将所给条件代入，可得：$Y=\overline{C}+0.64Y+I+G$。

即 $0.36Y=\overline{C}+I+G$。

因此，此时的政府支出乘数 $\alpha_G=1/0.36\approx 2.78$。

(2)在开放经济中，有：$Y=C+I+G+NX$，将所给条件代入并化简，可得：$Y=\overline{C}+0.64Y+I+G+X-0.1Y$。

即 $0.46Y=\overline{C}+I+G+X$。

因此，此时的政府支出乘数 $\alpha_G=1/0.46\approx 2.17$。

(3)根据上述计算，可认为开放经济具有一定的自动稳定器的作用。

自动稳定器是经济中的一种机制，该机制会自动减少为适应自主性需求变动所需要的产出变动量，而不需要政府逐项加以干预。根据上述计算，在从封闭经济转为开放经济后，产出的增加会导致净出口的减少，政府支出乘数也变小了，这也就意味着开放经济的存在使得期望产出波动幅度比封闭经济时的幅度要小，也就是开放经济具有一定的自动稳定器的作用。

四、论述题

1. 考虑政府弥补赤字的途径，及其可能的经济后果，论述：

(1)什么是财政赤字？政府为了弥补赤字，有几种举债途径？

(2)为什么发行公债往往带来通货膨胀？

(3)同样是为了政府开支融资，让国民上交税收或者购买国债，在国民看来是否相同？

(4)为什么有的经济学家认为增加税收和发行国债，经济效果相同？

(5)为什么有的经济学家认为考虑到后代时，二者的经济效果可能不同？（东北财大 2013 研）

答：(1)财政赤字是政府支出大于政府收入的差额。财政收入主要是税收和公债，政府支出主要可分为政府购买和政府转移支付两类。

弥补赤字的途径有：借债和出售政府资产。政府的举债途径包括以下两种：

①向中央银行借债，称为货币筹资；

②向国内公众(商业银行和其他金融机构、企业和居民)和外国举债，称为债务筹资。

(2)公债往往带来通货膨胀的原因：

①如果用发行公债来弥补财政赤字，而公债主要是由中央银行认购的，即采取货币筹资，则中央银行的证券投资增加，导致基础货币供给增加，由于货币乘数效应引起货币供给大量增加，若货币需求不变则会带来通货膨胀。

②如果向国内公众举债，不过是购买力向政府部门转移，并不立即直接引起通货膨胀，因为基础货币并没有增加。然而，当政府发行公债时往往会引起利率上升，中央银行如果想稳定利率，则必然要通过公开市场业务买进债券，从而增加货币供给。这样，预算赤字增加也会引起通胀。

(3)同样是为了政府开支融资，让国民上交税收或者购买国债，在国民看来并不相同。其原因在于：

①增加税收一般是提高税率或者增加征收新的税种，从而提高政府财政收入，这是一种强制和无偿性的手段，直接导致国民可支配收入的减少，影响国民消费。

②发行债券是通过发行政府债券，由中央银行或者公众进行认购，到期时返本付息。一般政府债券的利息高于存款利息，这对于国民来讲是一种投资理财的方式，是一种获息保值的手段。

(4)认为增加税收和发行国债经济效果相同是基于李嘉图等价定理。

根据李嘉图的政府债务观点，消费者是理性的和向前看的；消费者并不会遇到约束线的借贷制约；消费者关心子孙后代。这样，用债务筹资的减税并不影响消费。家庭把额外的可支配收入储蓄起来以支付减税所意味的未来更重的税收。这种私人储蓄的增加正好抵消公共储蓄的减少，国民储蓄保持不变。因此，减税对经济没有影响。同样的，增税对经济也没有影响。李嘉图等价指政府用债务筹资和税收筹资是等价的。

(5)支持传统政府债务观点的论据之一是消费者预期隐含的未来税收不会落在他们身上，而要落在子孙后代身上。例如，假定政府今天减税，发行 30 年期的债券为预算赤字筹款，然后在 30 年后增加税收以偿还贷款。在这种情况下，政府债务代表财富从下一代纳税人(他们面临税收增加)向当前一代纳税人(他们得到了减税)的转移。这种转移增加了当前一代人的一生资源，从而增加了其消费。从本质上说，以债务筹资的减税刺激了消费是因为它以下一代的损失为代价给了当前一代以机会来消费。

2. 试述货币政策的含义及其主要操作工具的运用。（华中科大2004研）

答：货币政策是指政府通过中央银行变动货币供给量，影响利率和国民收入的政策措施。货币政策的工具有公开市场业务、改变贴现率、改变法定准备率以及道义上的劝告等措施。这些货币政策的工具作用的直接目标是通过控制商业银行的存款准备金，影响利率与国民收入，从而最终实现稳定国民经济的目标。

（1）公开市场业务。公开市场业务是指中央银行在公开市场上买进或卖出政府债券以增加或减少商业银行准备金的一种政策手段。公开市场业务是中央银行稳定经济的最经常使用的政策手段，也是最灵活的政策手段。公开市场业务是逆经济风向行事的。当经济风向显示出总支出不足，因而失业有持续增加的趋势时，中央银行在公开市场买进政府债券，使政府债券价格提高到现有市场价格以上，而债券价格的上涨就等于利率的下降。同时，商业银行准备金的增加会使活期存款多倍扩大，活期存款即货币供给的增加也使利率下降。利率的下降会引起投资上升，从而引起收入、价格和就业的上升。反之，当经济风向显示出总支出过大，因而价格水平有持续上涨的趋势时，中央银行在公开市场卖出政府债券，从而引起收入、价格和就业的下降。

（2）再贴现政策。通常把中央银行给商业银行的贷款称为再贴现，把中央银行对商业银行的贷款利率称为再贴现率。中央银行可以根据经济情况改变再贴现率。当货币当局认为总支出不足、失业有持续增加的趋势时，就降低再贴现率，扩大再贴现的数量以鼓励商业银行发放贷款，刺激投资。再贴现率的下降表示货币当局要扩大货币和信贷供给，再贴现率的上升表示货币当局要收缩货币和信贷供给。中央银行在降低或提高再贴现率时，用控制银行准备金的办法迫使商业银行相应地降低或提高贷款利率。

（3）改变银行准备金率。银行准备金率是银行准备金对存款的比例，由于这一比例是法定的，因而又名法定准备金率。中央银行可以在法定的范围内改变商业银行活期存款的准备金率来调节货币和信用供给，如果要突破法定准备金率的最高限或最低限，就必须请求立法机构授予这项权力。改变法定准备金率被认为是一项强有力的手段，这种手段由于影响太强烈而不常使用。中央银行逆经济风向改变银行准备金率。货币当局认为总支出不足、失业有持续增加的趋势时，可以降低银行准备金率，使商业银行能够按更低的准备金率，也就是按更大的倍数扩大贷款；也使商业银行形成超额准备金，超额准备金扩大了商业银行增加信用的基础，增大了贷款能力。反之，货币当局认为总支出过多、价格水平有持续增长的趋势时，可以提高银行准备金率，使商业银行必须按更高的准备金率也就是按较低的倍数扩大贷款，也还使商业银行准备金不足，从而减少了贷款能力。不过，目前西方国家一般不主张提高银行准备金率。

就重要程度而言，再贴现政策虽然曾经被认为是最重要的政策手段，但是现在已被放在次要地位，而公开市场业务则被认为是最重要的政策手段。银行准备率具有法律效力，能对银行信用产生直接影响。银行准备率的变动能直接造成超额准备金或准备金不足，从而可以增强公开市场业务和再贴现率政策的效果。因此西方学者认为，法定准备金率政策既能独立起作用，又能作为公开市场业务和再贴现率政策的补充。一般地说，以上三项重要手段既可以单独运用，又可以配合使用。在通常情况下，中央银行通过公开市场业务和再贴现率的配合来调节宏观经济活动水平，只有在特殊情况下，才运用准备金率政策。

除了上述公开市场业务、改变再贴现率和改变银行准备金率三种重要政策手段外，西方国家的中央银行有时还采用一些次要手段，例如，道义上的劝告、选择性控制和证券信贷的控制，以及分期付款信贷控制和抵押信贷控制等。

3. 论述我国当前宏观经济政策的基本目标和特点。（财政部财科所2011研）

答：（1）宏观经济政策包括两大类，即财政政策和货币政策。这两类政策的长期目标是一致的，一共有四个：经济增长、充分就业、物价稳定、国际收支平衡。但是它们的短期目标有时候是冲突的，因此在实践中要注意两类政策的搭配使用。政府和中央银行可以根据具体情况和不同目标，选择不同的政策组合。

（2）我国当前宏观经济政策的基本目标是在保持经济适度增长的同时保持物价稳定、保持就业市场稳定以及减少贸易顺差，尽量保持国际收支平衡。尽管一般来说宏观经济政策的首要目标是保持经济增长，但是我国目前的经济基本上已经摆脱了国际金融危机的影响恢复了较高速度的增长。国家统计局公布2009年的GDP增长率为9.2%，2010年的GDP增长率为10.3%，完成了“保八”的任务，同时也远远超过了世界平均速度。中国GDP总量超越了日本，成为世界第二，但是经济的基础还不是很稳定，世界经济形势还很复杂，所以还要预防经济再次滑坡的危险。随着经济的复苏，物价问题凸显了出来，自2010年以来我国CPI增幅持续攀升，到2010年11月CPI同比增幅已经达到了5.1%，超过了3%的增幅上限，说明通货膨胀形势严峻。另外我国当前的就业市场比较稳定，就业形势比较乐观，我国2010年三季度的失业率为4.1%，但是并未实现充分就业的最终目标。外贸方面，在人民币不断温和升值的情况下，贸易顺差持续减少，2010年顺差已经降至1831亿美元，比2009年减少6.4%，这有利于世界贸易均衡，也有利于平息贸易争端，所以当前宏观经济政策在国际贸易上的基本目标应该维持不变。因此，我国当前宏观经济政策的基本目标是维持经济适度增长的同时保持物价稳定。

（3）基于上述当前宏观经济政策的基本目标，我国当前宏观经济政策具有“一松一紧”搭配的特点。财政政策方面，继续实施积极的财政政策，其目的就是保持经济的高速增长；货币政策方面，由2008年底的积极货币政策改为现在的稳健偏紧的货币政策，其目的就是控制物价；外汇政策方面，继续保持人民币的温和升值，其目的就是逐步减少顺差但是不至于对外贸企业造成剧烈冲击。积极的财政政策表现在提高离退休人员的工资待遇，加大对农民购置农机产品的补贴力度等。稳健偏紧的货币政策表现在中央银行抛售国债回笼货币、提高法定存款准备金率以及提高商业银行存贷款利率等。

（4）当然，这样的宏观经济政策组合并非一成不变，而是随着经济形势的发展会随时做出调整。

4. 以往我国运用货币政策进行宏观调控中更多选择了准备金率而非利率手段，当前准备金率较高，实际利率较低。

（1）说明两种货币工具对货币供应量及经济的不同影响机制。

（2）分析该调控模式对投资—消费结构、国企—民营经济结构、就业及收入分配的影响。

（3）十八届三中全会提出改善经济结构并逐步推进利率市场化改革，试讨论该改革对（2）中提到的结构性问题的可能影响。（对外经贸大学2014研）

答：（1）调整准备金率会直接影响货币乘数，进而影响货币供给量，会使利率发生变动，影响人们的投资需求，其调节机制是：

调整准备金率→货币乘数→货币供应量→利率水平→投资需求→社会总需求

调节利率会直接影响人们的投资成本，进而影响投资需求，其调节机制是：

调整利率→利率水平→投资需求→社会总需求

(2)当前准备金率较高，实际利率较低，这种调控模式对投资—消费结构、国企—民营经济结构、就业及收入分配产生重大影响。具体来说：

①对投资—消费结构的影响。

总体来看，这种调控模式刺激了大量无效率的投资特别是政府主导的投资，抑制了消费。由于实际利率较低，而政府和大型国企等能够很容易获得贷款，从而一定程度上刺激了投资行为。而低的实际利率(考虑到较高的通货膨胀率，某些时候实际利率甚至为负值)，使得民众财富缩水，极大地抑制了民众消费。

②对国企—民营经济结构的影响。

基于目前的金融体系，政府和大型国企等机构能够很容易获得贷款，享受到低实际利率带来的福利。但是，由于民营企业很难从银行获得贷款，只能以较高利率从民间甚至地下钱庄借贷，借贷成本非常高，使得民营企业运行环境恶化，极大地抑制了民间投资。

③对就业及收入分配的影响。

相对于政府部门和大型国企等来说，民营企业是吸收就业的主力军，也是缓解我国收入差距过大矛盾的有生力量。考虑到目前的这种调控模式不利于民营企业的发展，从而一定程度上使得就业问题突出，并影响到收入分配。

(3)利率市场化改革有利于进一步发挥经济手段在资源配置和宏观调控中的作用，缓解部分企业特别是民营企业流动资金紧张状况。实行利率市场化改革后，对投资—消费结构、国企—民营经济结构、就业及收入分配产生重大影响。具体来说：

①对投资—消费结构的影响。

利率市场化改革一定程度上将提高稀缺资源——资本的成本，使得利率上升。利率上升会抑制投资，特别是无效率投资，从而使得我国投资更有效率。另外，由于利率上升，民众财富增值，一定程度上刺激消费。

②对国企—民营经济结构的影响。

实行利率市场化后，民营企业将可能与政府和大型国企以平等的身份从银行获得贷款，使得实际贷款成本降低(主要是由于目前的金融体系下，民营企业的贷款成本比银行公布的利率水平高很多)，从而有助于促进民营经济健康发展。另外，实行利率市场化后，国有企业也会成为对利率变动反应灵敏的市场主体，有利于深化国有企业改革。

③对就业及收入分配的影响。

结合上述分析可以看出，实行利率市场化改革，有助于扩大就业，因为获得发展的民营经济将吸收大量的就业，并有助于我国经济摆脱目前的低速增长，从而有助于我国收入分配的改善。

5. 试评述凯恩斯的宏观经济理论。

答：(1)突破了传统的就业均衡理论，建立了一种以存在失业为特点的经济均衡理论。传统的新古典经济学以萨伊法则为核心提出了充分就业的假设，认为可以通过价格调节实现资源的充分利用，从而把研究资源利用的宏观经济问题排除在经济学研究的范围之外。凯恩斯《通论》批判萨伊法则，承认资本主义社会中非自愿失业的存在，正式把资源利用的宏观经济问题提到日程上来。

(2)把国民收入作为宏观经济学研究的中心问题。凯恩斯《通论》的中心是研究总就业量的决定，进而研究失业存在的原因。认为总就业量和总产量关系密切，而这些正是现代宏观经济学的特点。

(3)用总供给与总需求的均衡来分析国民收入的决定。凯恩斯《通论》中认为有效需求决定总产量和总就业量，又用总供给与总需求函数来说明有效需求的决定。在此基础上，他说明了如何将整个经济的均衡用一组方程式表达出来，如何能通过检验方程组参数的变动对解方程组的影响来说明比较静态的结果，即他总是利用总需求和总供给的均衡关系来说明国民收入的决定和其他宏观经济问题。

(4)建立了以总需求为核心的宏观经济学体系。凯恩斯采用了短期分析，即假设生产设备、资金、技术等是不变的，从而总供给是不变的，在此基础上来分析总需求如何决定国民收入，把存在失业的原因归结为总需求的不足。

(5)对实物经济和货币进行分析的货币理论。传统的经济学家把经济分为实物经济和货币经济两部分，其中，经济理论分析实际变量的决定，而货币理论分析价格的决定，两者之间并没有多大的关系，这就是二分法。凯恩斯通过总量分析的方法把经济理论和货币理论结合起来，建立了一套生产货币理论。用这种方法分析了货币、利率的关系及其对整个宏观经济的影响，从而把两个理论结合在一起，形成了一套完整的经济理论。

(6)批判了"萨伊法则"，反对放任自流的经济政策，明确提出国家直接干预经济的主张。古典经济学家和新古典经济学家都赞同放任自流的经济政策，而凯恩斯却反对这些，提倡国家直接干预经济。他论证了国家直接干预经济的必要性，提出了比较具体的目标；他的这种以财政政策和货币政策为核心的思想后来成为整个宏观经济学的核心，甚至可以说后来的宏观经济学都是建立在凯恩斯的《通论》的基础之上的。

毫无疑问，凯恩斯是一个伟大的经济学家，他敢于打破旧的思想的束缚，承认有非自愿失业的存在，首次提出国家干预经济的主张，对整个宏观经济学的贡献是极大的。

6. 试评述现代货币主义的货币政策主张。

答：(1)现代货币主义的含义：

现代货币主义是在弗里德曼的大力倡导下，以芝加哥大学为发源地和大本营，于20世纪五六十年代在美国兴起并逐渐传播到世界各地的西方经济学流派，也称"货币学派"或"芝加哥学派"。而"现代"货币主义是相对于传统的货币数量说而言的。鉴定一个经济学家是不是现代货币主义者的四条标准是：

①强调货币因素对名义收入变动的决定作用；

②赞同货币主义模式的传导机制，认为货币是通过相对价格机制对现实经济发生直接影响的；

③坚持市场经济具有内在自动稳定性的信条，认为资本主义经济具有达到充分就业均衡的自然趋势，经济波动的主要原因是政府干预的失误；

④相信由私人经济行为决定的资源配置与名义收入的短期变动无关。

总之，关于货币供应的变化是名义收入变化的主要因素这一条，是现代货币数量论的主要论点，也是现代货币主义的狭义定义。

(2)现代货币主义的货币政策主张：

货币学派的货币政策共包括六个方面的内容：货币政策的最终目标、中介目标、货币政策的传导机制、货币政策工具、货币政策效果及货币政策规范。

①货币政策的最终目标。现代货币主义认为，货币政策的首要目标应该是维持物价的稳定，其余的事情如充分就业、经济增长等则一概听任市场的"内在稳定力量"去解决。

②货币政策的中介目标。货币学派把货币供应量作为货币政策的中间目标。

③货币政策的传导机制。货币学派认为，货币政策的传导机制主要不是通过利率间接的影响投资和收入，而是通过实际货币余额的变动直接影响支出和收入，可用符号表示为：$M \rightarrow E \rightarrow I \rightarrow Y$。

④货币政策工具。弗里德曼等人力主公开市场业务，他们反对存款准备金和再贴现政策，而将公开市场业务视为唯一有效的货币政策工具。理由是公开市场业务具有其他两种政策工具所没有的优点。

⑤货币政策效果。货币政策制定者面临的一个主要问题是经济对政策变化做出反应的时滞较长而且易发生变化，另外就是经济预测技术水平低。货币主义者认为这些问题难以克服。一般来讲，固定货币规则的运用要大大优于相机抉择的货币政策，他们相信即使在中央银行意识到其稳定经济的主要责任，并对其行动进行调整的情况下，固定货币规则也是最优的。

⑥货币政策规范。货币主义学派的货币政策内容最重要的是其货币政策主张即“单一规则”的货币政策规范。货币主义极力反对凯恩斯学派“相机抉择”的货币政策操作理论，提出应推行“单一规则”的货币政策，以使货币不致成为经济波动的根源，从而为经济的发展提供一个稳定的货币环境。“单一规则”的货币政策，就是排除利息、信贷流量、超额准备金等因素，以一定的货币供给量作为唯一支配因素的货币政策。弗里德曼认为，为了保持物价的稳定，国家应尽量减少对经济生活的干预，避免货币政策对经济运行可能产生的消极影响。要使失业和经济增长分别保持在“自然失业率”和适度增长率上，就要控制货币供给量，保持一个稳定的货币增长速度，将货币供给量的年增长率长期固定在与预计的经济增长率基本一致的水平上。

现代货币主义“单一规则”的货币政策主张，是基于以下两点提出的：其一，他们相信经济本身存在自动调节功能，在没有中央银行旨在稳定经济的政策行动情况下，产出可以自动达到充分就业的产出水平。理论上，经济会表现出一种固有的自我调节机制，随着时间变化，它可以自动消除紧缩和通货膨胀缺口，这一机制源于工资和价格水平具有伸缩性。其二，他们认为用来操纵社会总需求的相机努力不起作用，这是因为货币政策的时滞和经济生活中所存在的不确定性造成的。他们还认为这种相机抉择的货币政策无助于稳定产出和就业，并可能导致很严重的通货膨胀。

货币主义提出的上述“单一规则”遭到了凯恩斯学派的严厉批评。凯恩斯学派认为，弗里德曼对货币重要性的强调太过分了，完全否定了中央银行的主观能动性。他们指出：“有能动性的人不应当屈死在规则之下”。弗里德曼的“单一规则”论是以经济波动完全是货币现象这一假设为前提的。实际上，造成经济波动的原因很多，既有货币方面的因素，也有非货币方面的因素，而货币供给只是其中的一个因素。可以看到，在金本位制之下，虽然货币供给完全由金属货币自动调节，经济波动仍然经常发生。因此，不能简单地把经济波动归结为一种货币现象。推翻了这一理论基础，“单一规则”的货币政策操作理论也就不攻自破了。而且，从近几十年的实践来看，弗里德曼的这一理论本身也没能使很多国家的经济摆脱物价上涨的困扰。因此，货币规则至多是作为中央银行的指导原则。

总之，现代货币主义的主要货币政策主张是：由于货币需求是十分稳定的，而货币供给完全由中央银行外生决定；而且经济生活中存在的不确定因素使得相机抉择的货币政策不起作用，因此中央银行应奉行“单一规则”的货币政策，即运用公开市场业务保持货币供应量固定速度的增长，以实现稳定物价的政策目标。

7. 论述货币政策在宏观经济调控中的作用及货币政策与财政政策的协调的重要性。

答：(1)货币政策在宏观调控中的作用：

货币政策在宏观调控中的作用主要体现在以下几个方面：

①货币政策可以有效提高总产出。

货币政策对提高总产出的作用众所周知，宏观调控中的一个重要指标是总产出，应该说货币政策从短期来看，是能够促进总产出的增长的。这是因为，扩张性的货币政策，例如通过增加货币供给的方式，可以降低利息率，而较低的利息率可以有效的促进投资，投资的增加可以有效的推动需求的增加，从而增加总产出。

②货币政策可以有效的抑制通货膨胀。

控制通货膨胀率也是宏观经济调控中一个重要目的，很多国家已经开始将自己的中央银行独立起来，其主要目标就是保证货币的稳定，防止出现通货膨胀。例如美联储就是这种角色。货币当局可以通过减少货币供给的方式，减少流通中的货币数量，从而降低通货膨胀率，实现宏观调控的目标。

③可以有效的提高就业率。

就业率也是宏观调控目标之一，这种情况的实现，与提高总产出水平，往往是同时产生的。总产出增加，就业率也将会增加。而扩张性的货币政策无疑可以起到这方面的作用。

④有效抑制经济波动的产生。

由于货币政策具有扩张或紧缩经济的作用，因此，适当的逆经济风向行事的货币政策有利于抑制经济的剧烈波动。当经济过度膨胀时，适当的紧缩性货币政策有利于抑制经济的进一步膨胀；而当经济衰退或萧条时，适当的扩张性货币政策有利于刺激投资和消费，制止经济的衰退，促使其复苏和增长。因而，由于货币政策作用的时滞影响和货币政策使用时机、力度等掌握难度的影响，货币政策的不当也可能加剧经济的剧烈波动。

⑤货币政策可以有效的保证金融体系的稳定。

适当的货币政策有利于金融稳定，如当出现经济泡沫和金融泡沫时，宽松的货币政策可能加剧泡沫膨胀，反之，如果实行适当的货币政策可以有效的减少出现泡沫的几率以及泡沫出现后所带来的负面影响。

(2)货币政策与财政政策协调的重要性：

货币政策与财政政策协调使用的重要性主要体现在以下几个方面：

①相互配合可以有效地弥补各自的不足，实现优势互补，增加政策的有效性。

无论是货币政策还是财政政策，其各自既有优势又有缺点。扩张性的财政政策会引起利率的上升，从而导致政府投资挤出民间投资；而货币政策可以通过扩张性的政策，有效地降低利率，减少挤出效应的负面影响。又例如，货币政策具有时滞，这种时滞可能导致实施货币政策的效果大打折扣，但是可以通过财政政策立竿见影的特点，来弥补货币政策的负面影响。

②相互配合可以完成更多的宏观调控政策目标。

根据货币政策和财政政策各自政策的松紧程度，这两种政策的搭配可以有效解决宏观经济中出现的多种问题。

与此同时，这两项政策目标的侧重点不同，这样两大政策可以并行不悖。货币政策主要是调节货币供给总量，解决通货膨胀率问题，而财政政策的侧重点是解决财政赤字和结构性平衡问题。中央政府可以同时实现多个目标，而且还不会发生冲突。

③相互搭配可以有效地增加政府进行宏观调控的灵活度。

财政政策可以由政府通过直接调控和调节来实现。例如，要调控总需求，无非是砍基建压消费，采取措施后能够立竿见影。当然，下这个决心是不容易的，期间可能需要花费很多的时间来说服其他人接受这项政策。而货币政策却是采用间接的手段，通过控制货币供给，然后影响利率，进而影响投资与消费决策，这样政府在制定政策的时候的灵活度增加了，可能只需要几天的时间就可以达到目标。

8. 凯恩斯学派和货币学派在货币政策有效性上有何分歧?

答: (1)凯恩斯学派和货币学派的主要政策特征及货币政策有效性:

凯恩斯学派和货币学派是两个观点十分对立的学派。前者认为利率是影响货币政策最终目标的主要因素，中央银行应该根据经济形势的变化，灵活地选择货币政策工具，以实现充分就业，保持经济稳定。后者则十分强调货币供应量的作用，认为相机抉择的货币政策从长期来看是无效的，中央银行应该确定固定的货币供应增长率，以这种“单一规则”保持物价的稳定。

货币政策有效性是指货币政策能否稳定产出等实际经济变量。货币政策的有效性与能否促进经济增长并无直接关系。货币政策是否有效，主要取决于三个条件：①货币能否系统地影响产出；②货币与产出之间是否存在稳定联系；③货币当局能否如其所愿地控制货币。

(2)凯恩斯学派和货币学派在货币政策有效性上的分歧:

凯恩斯学派认为相机抉择的货币政策虽然存在着时滞，但它可以系统地影响产出等实际经济变量，即货币政策是有效的。这主要包括以下几个方面的内容:

①由于经济运行不稳定，必须有相机抉择的货币政策。根据凯恩斯学派的理论，市场经济的运行很不稳定，长期增长速度与短期增长速度往往互相背离，这就导致经济的波动。若短期经济增长速度超过长期增长速度，社会的有效需求就超过有效供给，这就会造成通货膨胀；反之，社会有效需求少于有效供给，这又会发生经济萧条和失业。因此，他们主张采取财政政策和货币政策，以发挥稳定经济、保证充分就业的作用。因为这种调节是针对不同的经济形势采取的，所以称之为“相机抉择”的政策。“相机抉择”的货币政策是指在经济萧条时，采取宽松的货币政策，扩大货币供应量、降低利率，以刺激有效需求，增加就业机会，促进实际产出；反之，在经济增长过快出现通货膨胀时，采取紧缩性的货币政策，减少货币供应量、提高利率，以抑制有效需求，限制投资和消费的增长。据此调节货币数量，影响经济运行，抵消非货币因素引起的经济周期性波动，实现国民经济的稳定运行。

②相机抉择的货币政策可以有效地稳定经济运行。凯恩斯学派认为，私有经济本身不具有自动稳定的功能，相反，市场经济中存在的不确定因素必然会导致需求扰动。如果听任自然，就会产生繁荣和衰退交替的周期性经济波动。在相机抉择的货币政策规范倡导者看来，货币政策本身具有一种能动性的短期经济稳定作用，货币当局被赋予广泛的权力，它可以根据自己的主观判断权衡取舍，通过“逆经济风向行事”的“反经济周期”行动来抵消波动，稳定经济运行。

③货币政策存在时滞。货币政策的时滞与货币政策的有效性有着密切关系。对凯恩斯主义者来说，由于他们断言货币政策的传导过程是间接的(即通过利率的变化间接影响实际经济变量)，而财政政策是直接的，因此他们认为，货币政策至少需要一年时间，才能显示出其作用和效果；其全部效果发挥出来则需要四年的时间，也就是说，货币政策收效比较慢，

而财政政策收效比较快。虽然他们承认货币政策具有较长的时滞，但他们仍然坚持货币政策的有效性，即货币政策在经过一段时间之后可以比较有效地影响实际经济变量，稳定经济运行。

而货币学派虽然认为货币政策的收效比财政政策要快，但是由于长而不确定的时滞的存在和人为判断失误等因素，“相机抉择”货币政策往往不能稳定经济，反而成为经济不稳定的制造者，即货币政策在长期是无效的。他们是从下面几个方面阐明其政策观点的：

①他们相信经济本身存在自动调节功能，在没有中央银行旨在稳定经济的政策行动情况下，产出可以自动达到充分就业的产出水平。理论上，经济会表现出一种固有的自我调节机制，随着时间变化，它可以自动消除紧缩和通货膨胀缺口，这一机制源于工资和价格水平具有伸缩性。在目前经济不景气的情况下，非自愿失业的存在意味着劳动力市场处于非均衡状态。由于在现行工资率水平上存在着劳动力过度供给，工资趋于下降，工资的下降使厂商的投资意愿增加从而扩大了社会总供给。只要失业率超过自然失业率，也就是说，只要存在劳动力过度供给，这一过程就将继续。在时间充分和劳动力市场完全竞争的情况下，紧缩缺口会自动消失。类似过程也可以使通货膨胀缺口在不借助于货币政策和财政政策的情况下自动消失。

②他们认为用来操纵社会总需求的相机抉择不起作用，这是由货币政策的时滞和经济生活中所存在的不确定性造成的。他们还认为这种相机抉择的货币政策无助于稳定产出和就业，并可能导致很严重的通货膨胀。货币政策制定者面临的主要问题是经济对政策变化做出反应的时滞较长而且易发生变化，另外就是经济预测技术水平低。货币主义者认为这给有效地执行反周期货币（和财政）政策带来了巨大的困难。时滞的存在使得积极地运用货币政策和财政政策变得更为复杂。据估计，货币政策的时滞大致需要1～2年。另外，微观主体的预期作用以及其他一些政治经济因素的影响也制约了货币政策效果的实现。货币主义者认为货币政策的这些问题是难以克服的。一般来讲，固定货币规则的运用要大大优于相机抉择的货币政策，他们相信即使中央银行意识到了其稳定经济的主要责任，并对其行动进行调整的情况下，该规则也是最优的。

③与上述观点相适应，他们主张放弃“相机抉择”的货币政策，而采用“单一规则”的货币政策。虽然他们认为货币政策在长期内并不能影响实际经济变量，即货币政策长期无效，但他们认为固定的货币规则可以促进形成稳定的经济环境，提高人们的信心，从而有助于长期计划和投资。弗里德曼指出美国历史上所有主要的通货膨胀都与货币供给速度加快有关。同样，所有严重的经济收缩都伴有货币供给的绝对减少或者货币供给增长速度的明显放慢。采用固定货币规则可消除货币供给的易变性，这样，人们会预期经济前景更加稳定，不会出现两位数的通货膨胀和严重的衰退，从而稳定他们的消费支出。厂商预见到经济的波动幅度将会变小，就会稳定他们的投资支出，从而提高经济整体的稳定性。

9. 什么是政府赤字和债务？在理论上，政府债务或赤字影响宏观的渠道有哪些？基于这些理论，你怎么评价中国地方政府债务的影响？（中山大学2013研）

答：（1）政府赤字是政府支出的货币数量大于它以税收形式所获得收入的差额，即政府进行财政预算时，预算支出和预算收入的差额。

政府债务（亦称公债）是指政府凭借其信誉，作为债务人与债权人之间按照有偿原则发生信用关系来筹集财政资金的一种信用方式，也是政府调度社会资金，弥补财政赤字，并借以调控经济运行的一种特殊分配方式。政府债务是整个社会债务的重要组成部分，具体是指政府在国内外发行的债券或向外国政府和银行借款所形成的政府债务。

(2)在理论上政府债务或赤字影响宏观经济的渠道主要有：需求、利率和汇率。

①直接影响总需求。政府债务或赤字的增加，主要是通过增加政府购买或减少税收来实现。财政购买支出和转移支付增加，在短期，会使得社会总需求增加，从而使得物价上涨，产出增加，但在长期会引起通货膨胀。减税使得居民的可支配收入增加，从而消费增加，总需求增加。

②利率。预算赤字增加，*IS* 曲线向右移动，如果价格水平不变，则产出增加，利率上升。只要产出高于自然水平，价格会随着产出增加而继续上升，实际货币存量减少，*LM* 曲线就会向上移动，从而使得产出减少，利率进一步上升，从而投资减少。

③汇率。在开放经济中，预算赤字增加会提高利率，吸引国外资金流入并使本币升值，汇率上升，减弱了本国商品的竞争力，使国际收支的经常项目恶化，净出口减少。

(3)中国地方政府债务对中国经济的影响：

①短期内，中国地方政府债务的适当增加，加大政府支出和货币供给，投资增加，有利于促进地方经济发展，改善居民生活水平。从中国经济发展历程来看，中国经济发展都是以政府为主导的，地方政府扩大基础设施建设，加大对教育、科技和社会福利性支出，政府债务发挥了重要作用。

②地方债务使得产出短期上涨的同时导致物价上涨。在现实中的房价高涨就是地方政府鼓励房地产投资的后果，房价高涨必将牵动相关行业的物价，长期下去将导致通货膨胀。

③中国日益严重的地方债务问题也为经济发展埋下了严重的隐患。长期内，预算赤字增加会使得经济中的资本积累下降，从而对长期内的经济增长带来不良影响。更高的财政赤字带来更少的未来投资，从而导致更低的未来产出。

具体而言，地方政府债务挤占贷款额度挤出投资和消费。地方政府的过度负债和开支推高通胀和名义利率，增加借贷成本，对投资和消费产生挤出效应。加重家庭和企业的纳税负担。政府不创造财富，只是分配财富。政府的国内债务最终不论是地方政府自行还贷还是中央财政救助，还债的始终是纳税人。地方政府目前欠债越多，未来家庭和企业纳税负担越重。

10. 2008 年下半年以来，我国政府根据国内外宏观经济形势的变化，在货币政策和财政政策领域进行了有针对性的调整。请依据开放条件下的宏观经济理论，论述这些调整产生的原因和政策目的，并分析相关稳定性政策的有效性预期。(南开大学 2009 研)

答：(1)2008 年下半年以来国内外宏观经济形势的变化：

次贷危机不断深化，对中国经济的影响也逐步显现，成为 2008 年影响中国经济发展的最大外部因素。尤其是出口倍感压力。在外需回落、利润下滑、房地产市场反向调整以及其他因素的作用下，固定投资也开始出现下滑。

(2)针对以上宏观经济形势的变化我国采取的具体政策措施：

我国政府对宏观经济政策进行重大调整，财政政策从“稳健”转为“积极”，货币政策从“从紧”转为“适度宽松”。

随着国内外形势的急剧变化，我国的货币政策实际上已进行了一些灵活调整，2008 年 9 月份后，中国人民银行连续三次降低利率，两次降低存款准备金率，调整央票发行及取消对商业银行信贷规模硬约束等，向市场明确传导出了“转向”信号。货币政策从“稳健”转为“从紧”，发出强烈的政策信号。相比前几年，当前中国经济形势已有较大不同，这一政策的出台也是基于政府对当前物价连续上涨、货币信贷增长过快等宏观形势的准确判断。

①财政政策：继续加大强农惠农政策力度，较大幅度提高2009年生产的粮食最低收购价格，较大幅度增加对种粮农民的补贴，以稳定粮食生产，增加农民收入，刺激农村消费，扩大内需；加强基础设施建设，核准了公路、机场、核电站、抽水蓄能电站等一批建设项目，决定加快南水北调中东线一期工程建设进度，增加投资，扩大内需；适当调高纺织品、服装、玩具等劳动密集型商品和高技术含量、高附加值商品的出口退税率，以稳定出口；加大资助困难学生、优抚救济、住房保障等方面的支持力度，加大保障民生投入力度，切实保障低收入群众和特殊群体的基本生活，以改善民生，扩大内需；财政部、国家税务总局宣布对个人住房交易环节的税收政策作出调整，降低住房交易税费。

②货币政策：中国人民银行宣布下调个人住房公积金贷款利率和扩大商业性个人住房贷款利率的下限以此来稳定房地产市场。同时，中国人民银行连续五次下调基准利率和法定存款准备金率，综合运用货币政策和财政政策实现宏观调控的目的。

(3)财政政策和货币政策调整的原因和政策目的：

①调整原因：2008年下半年，随着美欧等主要经济体陷入衰退的风险不断加大，中国经济难以独善其身，经济上行动力正在逐渐削弱，而下行的不确定因素显著增加，虽然国家及时采取一系列宏观调控措施，但主要出口市场经济出现衰退，外需不足的问题更加突出，进一步扩大内需就成为中国保持经济平稳较快增长的主要动力所在。

②政策目的：保持经济平稳较快发展、控制物价过快上涨。

(4)稳定性政策的有效性预期：

一般认为，在通胀时期，虽然财政政策与货币政策都能够“相机抉择”，但货币政策比财政政策的作用更大，更加灵活；货币政策可逆周期采取紧缩的调控手段，如升息、提高存款准备金比率等措施，与财政政策等其他政策配合，最终一般能够将通胀和物价上涨控制住；相对而言，财政政策的作用往往相对较小。但在经济不景气时期，财政政策一般比货币政策的作用更大、更加灵活有效，而且财政政策和手段有一定的杠杆效用，能对宏观经济起到立竿见影的调控效果。

当然，在当前极其复杂的国内外经济金融形势下，货币政策也可有所作为，但货币政策的调控有一定的“度”；否则，过度宽松的货币政策会增加未来通胀的可能性；而且，一般分析认为，货币政策对宏观经济调控的作用，从实施到效果显现，期间需要有3到6个月的时间滞后期。所以，如果全球经济不出巨大问题，2009年我国GDP增长保持在8%以上应该不成问题，这也将是中国对防止世界经济衰退作出的重大贡献，并有利于形成宏观经济向好的预期。

11. 在美联储20世纪90年代以来的货币政策调控的中介目标中，货币量已基本不被视为货币调控的中介目标，这与货币主义倡导的货币调控中介目标截然不同。

(1)为什么会有这种变化？

(2)与此同时，一些经济学家建议美联储选择联邦基金利率(r)目标的货币规则 $r=2\%+\pi+0.5(y-y^{*})+0.5(\pi-\pi^{*})$。其中：$\pi$ 是过去一年的平均通货膨胀率；y 是最近衡量的实际GDP；y^{*} 是经济自然产出水平；π^{*} 是美联储的通货膨胀目标。试解释这个确定利率规则背后的逻辑。

(3)一些经济学家支持这种货币规则，但认为 π 和 y 应该是通货膨胀和产量的未来预期值。用预期值而不用实际值有什么优点和缺点？（人大2006研）

答：(1)受维克塞尔和凯恩斯理论的影响，二战后很长一段时间内，各国货币当局主要是通过调节再贴现率来影响市场利率水平，并以此来调节国民收入、维持充分就业。长期推行低利率政策导致了通货膨胀的不断发展。在石油危机的冲击下，英美等国的物价上涨幅度急剧上升，从而使通货膨胀的问题空前尖锐起来。经过弗里德曼等人的理论努力，在学术界、决策圈乃至公众范围内逐渐形成了这样一种思想潮流：只要控制了货币增长，就可以实现物价稳定和潜在的经济增长。在这种背景下，英、美等国转而采用货币量充当货币政策中介目标：美联储自1971年开始正式定期公布M_1、M_2、M_3的目标增长幅度；1979年，美联储正式开始采用货币量作为货币政策中介目标。

然而，在美联储采用货币量充当货币政策中介目标的同时，货币量指标却发生了深刻变化。20世纪60年代以来，各种结合了付息特征和随时支取特征的金融创新产品不断涌现，这不仅模糊了活期存款与定期存款的界限，也模糊了投机性货币和交易性货币持有的界限，使不同层次货币量变化同实体经济运行的稳定联系趋于破裂。另外，国际资本的大规模流动也使英美等国越来越难以控制货币总量。在这种情况下，1982年美联储放弃了M_1，转而利用M_2充当货币政策的中介目标；1993年美联储宣布转向盯住实际利率，从而彻底放弃了货币量指标。

(2)制定这项利率政策的含义：

①$(2\% + \pi)$项意味着在长期均衡中，当$y = y^*$和$\pi = \pi^*$时，实际利率为2%，因为2%等于名义利率(r)和通货膨胀利率(π)之差。

②当$(y - y^*)$项为正值时，这意味着总需求曲线和短期总供给曲线在长期总供给曲线的右面相交，因此，美联储应该紧缩货币政策(提高利率r)，使总需求曲线向左移动。当$(y - y^*)$项为负值时，这意味着总需求曲线和短期总供给曲线在长期总供给曲线的左面相交，因此，美联储应该放松货币政策(降低利率r)，使总需求曲线向右移动。

③当$(\pi - \pi^*)$项为正值时，通货膨胀利率高于美联储的通货膨胀目标，美联储应该紧缩货币政策(提高利率r)，使短期菲利普斯曲线向下移动以减小通货膨胀。当$(\pi - \pi^*)$项为负值时，通货膨胀利率低于美联储的通货膨胀目标，美联储应该放松货币政策(降低利率r)，使短期菲利普斯曲线向上移动以增大通货膨胀。

(3)实际值是过去或现在已经发生的情况，预期则是将来会发生情况的推测。采用实际值，时滞问题就很有可能影响政策的执行。美联储的货币政策是对未来的经济发生作用的，由于实际值反映的是历史情况，所以用预期值更为科学，而且还考虑了时滞问题，但其缺点是经济预期是极不准确的，因为宏观经济学是极为原始的科学，某些引起经济波动的冲击在本质上是根本无法预期的。如果美联储的货币政策规则用预期值，他们就不得不依靠对未来经济状况进行学理式的猜测。

12. 如果一国政府削减个人和企业所得税，请运用$IS-LM$模型说明在以下两种情况下减税的经济效果有什么不同？

(1)中央银行保持利率水平不变。

(2)中央银行保持货币供应量不变。(人大2019研)

答：(1)如图5-3所示，设经济原来处于均衡，均衡时产出为Y^*，利率为r^*。根据$IS-LM$模型，当政府削减个人和企业所得税ΔT时，计划支出增加，IS曲线向右移动$\Delta T \times MPC/(1-MPC)$，得到$IS_1$曲线，当中央银行保持利率水平不变时，由于$IS$曲线移动使国民收入增加，带来利率上升压力，为了使利率水平不变，中央银行将增加货币供给，导致

LM 曲线向右移动 $\Delta T \times MPC/(1-MPC)$，得到 LM_1 曲线，此时利率仍为 r^*，但产出增加到 Y_1。

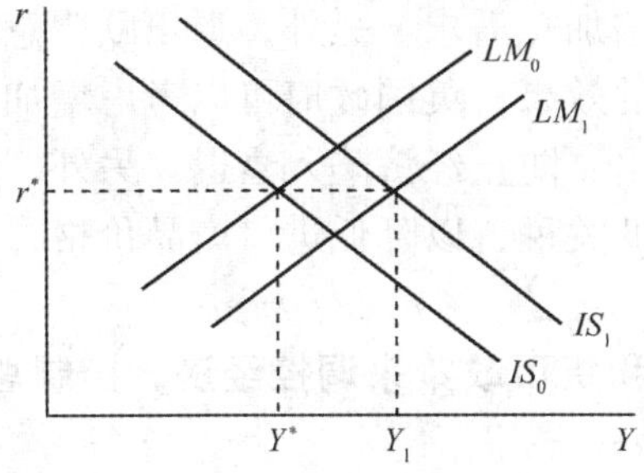

图 5-3　中央银行保持利率水平不变

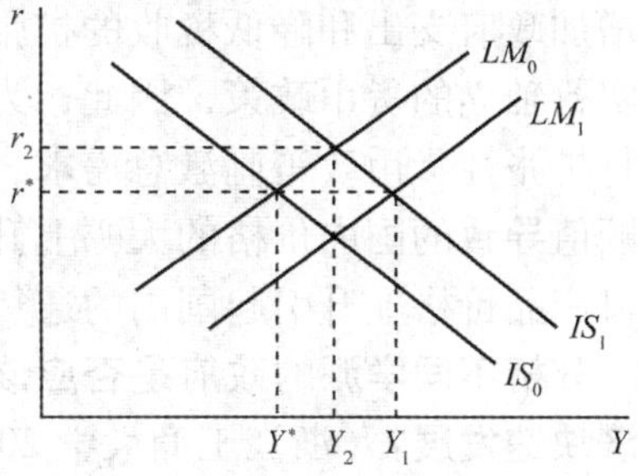

图 5-4　中央银行保持货币供应量不变

(2)如图 5-4 所示，设经济原来处于均衡，均衡时产出为 Y^*，利率为 r^*。根据 $IS-LM$ 模型，当政府削减个人和企业所得税 ΔT 时，计划支出增加，IS 曲线向右移动 $\Delta T \times MPC/(1-MPC)$，得到 IS_1 曲线，当中央银行保持货币供应量不变时，LM 曲线不变，此时利率增加到 r_2，产出增加到 Y_2，经济中产出增加、利率上升。但是 $Y_2 < Y_1$，产出相对于保持利率不变时增加得更少。

(3)经过比较，如果一国政府削减个人和企业所得税，中央银行保持利率水平不变时，最终结果为利率不变，产出增加；中央银行保持货币供应量不变时，最终结果为利率增加，产出增加。但是由于前者货币供给的增加抵消了利率上升对私人部门投资的挤出效应，所以减税的经济效果更好。

13. 英国脱欧为什么会导致汇率下降，黄金价格上涨？脱欧后对英国的宏观经济形势有什么影响？英国政府应该采取什么政策？（东北财经大学 2019 研）

答：(1)英国脱欧导致汇率下降，黄金价格上涨的原因：

英国脱欧会导致英镑贬值，原因在于：①英国此前的贸易逆差居高不下，通过国债发行以及资本流入来弥补，但退欧所引起的避险情绪导致二者会出现明显萎缩；②由于退欧对英国经济造成的不确定性，企业会保持观望情绪，暂停或延迟投资需求；③从长远来看由于退欧造成的劳动力流入减少以及由于脱离欧盟这个单一最大经济体所造成的贸易和投资下降会对英国的长期增长造成负面冲击；④英国一旦退出欧盟，就需要与欧盟成员国中的每个国家签订双边贸易协定，这个过程既漫长又艰辛，在没有达成协议之前，英国如何与他国进行贸易将充满不确定性。综合以上各点来看，英国脱欧导致外国投资者对英国经济看跌，从而在外汇市场上抛出英镑买进美元等坚挺货币，导致英镑汇率下降。

英国在欧洲、全球经济体中的影响力不容小视，其在欧洲、全球经贸往来中的作用十分重要，英国脱欧后，容易产生多米诺骨牌效应，不但可能引发其他国家纷纷效仿脱欧，还对全球经济以及金融市场将造成较大影响。黄金的流通性、变现性及保值性较强，在经济、金融风险较大的情况下，将有大量避险资金涌入黄金市场，从而促使黄金价格上涨。

(2)脱欧后对英国的宏观经济形势的影响：

①脱欧后英国失去了与欧洲各国贸易中的低税收优势，从而降低了净出口。

②英国脱欧后增加了英国市场的不确定性，从而英国国内及国外的企业很有可能会缩减投资计划及招聘计划，从而投资减少，失业增加，英国经济将可能面临衰退。

③随着英镑的大幅度贬值，也会导致英国国内商品价格的上涨，进而会减少国内消费支出，对经济造成负面影响。

(3)英国政府应该采取的政策：

脱欧后英国经济面临总需求下降，失业增加，经济衰退的风险。对此，英国政府应该考虑实行增加政府支出和降低税收的扩张性财政政策以增加总需求。另外，退出欧盟意味着英国能够实行独立的货币政策，因此，为提高刺激经济的效果，英国政府可以考虑增加货币供给以实行扩张性货币政策刺激总需求，从而增加总产出，防止经济陷入衰退。另外，为抑制因英镑贬值导致的国内价格的大幅上升，英国应该降低关税，以降低进口产品价格，进而防止因进口产品价格上升引起国内的通货膨胀的发生。

14. 分析不同学派的政府是否应该采取财政政策和货币政策来调控经济，控制总需求，促进经济快速发展？（浙江工商大学 2019 研）

答：从 *IS* – *LM* 框架来论述凯恩斯主义与古典学派的政府应采取财政政策还是货币政策来调控经济。

(1)古典学派：

按照西方经济学家的观点，由于货币的投机需求与利率成反方向关系，因而 *LM* 曲线向右上方倾斜，但当利率上升到相当高度时，因保留闲置货币而产生的利息损失变得很大，而利率进一步上升将引起资本损失风险变得很小(债券价格下降到很低的程度)，这就使得货币的投机需求完全消失。这是因为，利率很高，意味着债券价格很低。当债券价格低到正常水平以下时，买进债券不会使本金因债券价格下跌而损失，因而手中任何的闲置货币都可用来购买债券而不愿再保留在手中，导致货币投机需求完全消失。由于利率涨到足够高度使货币投机需求完全消失，货币需求全由交易动机产生，而与利率无关，因此 *LM* 曲线就表现为垂直线形状。

古典学派认为，人们的货币需求是由交易动机而产生，只和收入有关，而和利率波动无关，因此，垂直的 *LM* 曲线区域被认为是古典区域。

因此，古典学派的观点隐藏的政策含义是：强调货币政策，*LM* 曲线呈垂直形状时货币政策极有效而财政政策无效。当 *LM* 呈垂直形状时，变动预算收支的财政政策不可能影响产出和收入，相反，变动货币供给量的货币政策则对国民收入有很大作用，这正是古典货币数量论的观点和主张。因此，古典学派强调货币政策作用的观点和主张就表现为 *IS* 曲线(它表现为财政政策)在垂直的 *LM* 曲线区域即古典区域移动不会影响产出和收入，而移动 *LM* 曲线(它表现为货币政策)却对产出和收入有很大作用，如图 5 – 5 和图 5 – 6 所示。

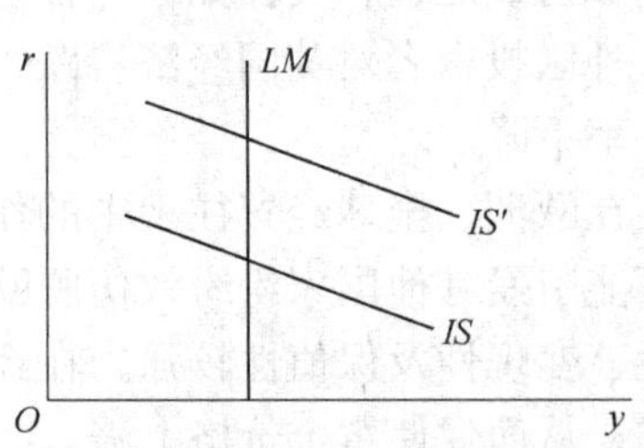

图 5 – 5　古典学派理论下的财政政策无效

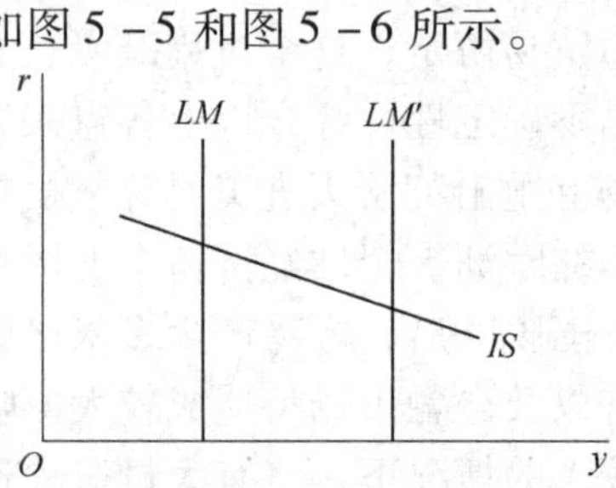

图 5 – 6　古典学派理论下的货币政策有效

LM 曲线呈垂直形状时货币政策极有效而财政政策无效的原因在于，当人们只有交易需求而没有投机需求时，如果政府采用扩张性货币政策，这些增加的货币将全部被人们用来购买债券，而不愿为投机而持有货币，这样，增加货币供给就会导致债券价格大幅度上升，而利率大幅度下降，使投资和收入大幅度增加，因而货币政策极为有效。相反，实行增加政府支出的政策则完全无效，因为支出增加时，货币需求增加会导致利率大幅度上升(因为货币

需求的利率弹性极小，接近于零），从而导致极大的挤出效应，使得增加政府支出的财政政策效果极小。

综上分析，应用古典学派理论的政府应采取货币政策来调节经济而不能采用财政政策。

（2）凯恩斯主义：

凯恩斯认为，当利率降低到很低水平时（因为凯恩斯所处的时代正是经济大萧条时期，此时的利率处于较低的水平），持有货币的利息损失很小，可是如果将其购买债券的话，由于债券价格异常高（利率极低表示债券价格极高），因而只会跌，而不会涨，从而使购买债券的货币资本损失的风险变得很大。这时，人们即使有闲置货币也不肯去买债券，这就是说，货币的投机需求变得很大甚至无限大，经济陷入"流动性陷阱"（又称凯恩斯陷阱）状态，这时的 *LM* 曲线呈水平状。

凯恩斯主义强调财政政策，其原因在于：*LM* 曲线呈水平状，如果政府增加支出，*IS* 曲线右移，货币需求增加，并不会引起利率上升而发生"挤出效应"，于是财政政策极有效，如图 5－7 所示。相反，这时政府如果增加货币供给量，则不可能再使利率进一步下降，因为人们再不肯去用多余的货币购买债券而宁愿让货币保留在手中，因此债券价格不会上升，即利率不会下降。既然如此，想通过增加货币供给使利率下降并增加投资和国民收入就不可能，因此货币政策无效，如图 5－8 所示。

综上分析，应用凯恩斯学派理论的政府应采取财政政策来调节经济而不能采取货币政策。

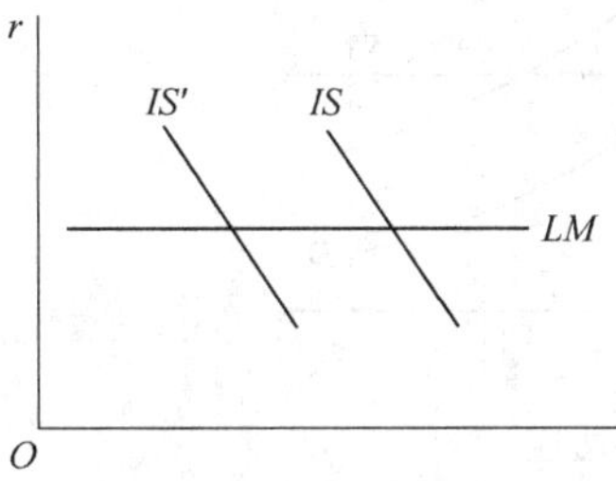

图 5－7　凯恩斯主义理论下的财政政策有效

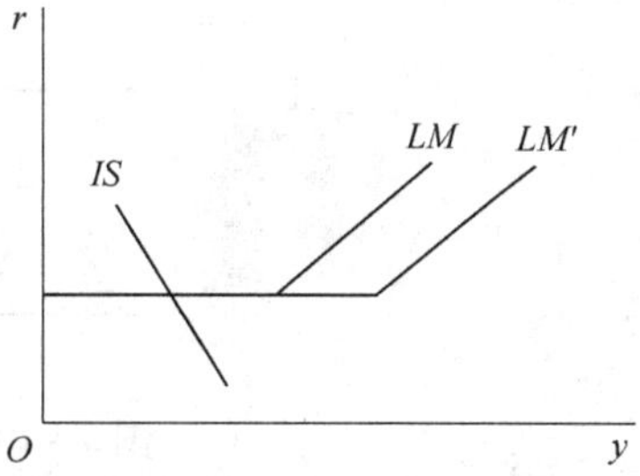

图 5－8　凯恩斯主义理论下的货币政策无效

15. 若突然经济面临一个没有预期到的冲击，例如原材料成本上涨，导致通货膨胀，若政府不采取政策干预，价格接下来如何变化？若政府采取政策干预，则能否使价格下降？使用财政政策与使用货币政策的结果有什么不同？（复旦大学 2019 研）

答：（1）成本推动通货膨胀是指在没有超额需求的情况下由于供给方面成本的提高所引起的一般价格水平持续和显著地上涨。原材料价格上涨推动了成本的上升，使短期总供给曲线向上移动，从而推高价格，导致物价水平上升，同时产量下降到自然水平以下，此时经济表现出滞胀状态。可以用图 5－9 来说明。

如图 5－9 所示，总需求是既定的，所以 *AD* 曲线不发生变动，变动只出现在供给方面。由于成本上升，总供给减少，总供给曲线就会上移，总产量下降，价格水平上涨。可以发现，随着总供给曲线向上移动，总产量会进一步下降，而价格水平进一步上涨。

（2）面对不利的供给冲击，如果政府不采取政策干预，在长期中，价格会下降，经济会回到产出的自然水平，如图 5－9 中的 *A* 点，但是，整个调整过程的代价是痛苦的衰退。

（3）如果中央银行采取扩张性的货币政策或者政府采取扩张性的财政政策来扩大总需求从而防止产出的下降，如图 5－10 所示，则总需求的增加与总供给冲击是同步的，经济立即

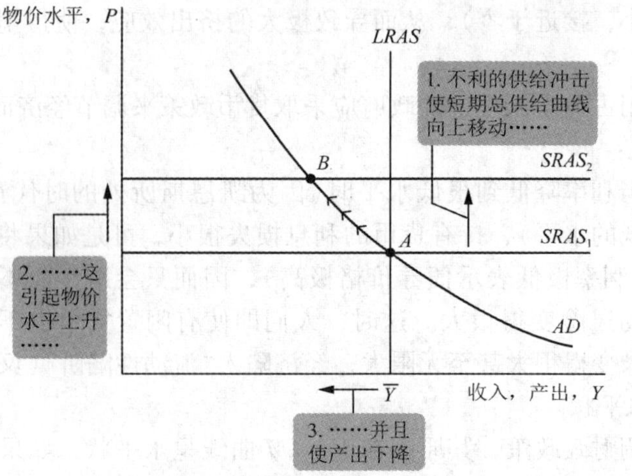

图 5－9　成本推动通货膨胀

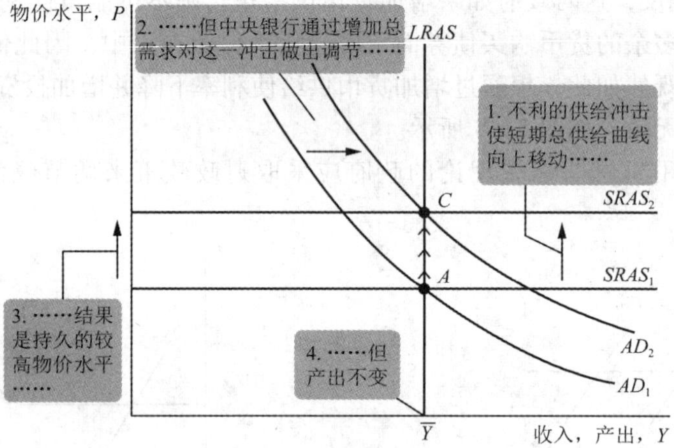

图 5－10　对不利的供给冲击的适应

从 A 点移动到 C 点。这种调整的代价是永久性的更高的价格水平。

从上述分析可以看出，当经济面临不利的供给冲击时，货币政策面临困境。如果货币当局不实施相应的货币政策，经济可能面临痛苦的衰退。这种情况下，如果货币当局为了避免经济衰退的风险而实行扩张性货币政策，使得 AD 曲线右移，这时虽然产出没有下降，但物价水平却上升得更多；反之，如果货币当局为了控制通货膨胀，而采取紧缩性货币政策，导致 AD 曲线左移，这时虽然物价水平控制住了，但产出水平却下降得更多。因此，当经济体面临不利的供给冲击时，货币当局陷入了“政策两难”，它需要权衡经济衰退和通货膨胀，而财政政策同样也面临这样的“政策两难”。

16. 疫情冲击中，各国采取财政和货币政策应对：美国和日本实施大规模政策刺激计划而中国的政策力度较小，分析两种政策实施差异的原因。（厦门大学 2021 研）

答：(1)疫情冲击之下，日本采取了大规模货币刺激，将短期利率维持在负 0.1% 的水平，并通过购买长期国债，使长期利率维持在零左右。在此基础上，通过扩大资产购买计划，创造更加宽松的货币环境。之所以采取大规模宽松政策，是因为全球金融市场持续动荡，日本经济也出现疲弱迹象，国内金融环境特别是中小企业融资环境趋紧。

日本之所以采取强刺激也有其特殊的时代背景，即意在举办东京奥运会。因为疫情，经济受到冲击，奥运会也被推迟。为了短期内重振经济，日本不得不采取强刺激，服务于它的经济目标和政治目标：强化灾后重建的基础设施、为经济衰退风险预做准备、推动东京奥运会后的经济发展。

(2)美国之所以采取强刺激，是因为疫情在冲击实体经济之外，对金融市场的冲击更为剧烈，一个月之内股市多次熔断，前所未有，大程度的货币刺激是为缓解股市的流动性危机，降低爆发债务危机的风险，为航空公司等高杠杆企业提供一定资金，避免此类公司破产。

美国之所以能够实施大规模刺激，也是因为美元具有特殊地位，是国际结算货币，美联储放水接近零利率也可以将美国国内的通胀风险转嫁给全世界稀释。

(3)中国的政策虽然力度较小，但货币政策方面稳健释放流动性，财政政策方面更为积极，精准有效帮扶实体经济复苏。

①货币政策方面，认识到货币宽松、超低利率往往导致市场主体出现过度风险承担、增加金融体系的不稳定性，我国央行行动迅速，政策精准，坚持短期逆周期调节与长期跨周期引导，既精准施策平抑短期波动，又果断加大逆周期调节力度，与宏观审慎相结合，寻求稳增长与防风险的平衡。相比各国央行，我国货币政策仍处于正常操作空间，政策工具多，回旋余地大，应对能力强，走出了一条具有中国特色的货币政策调控之路。

②财政政策方面，在“保就业”优先于“稳增长”的背景之下，兼顾“投资型”和“消费型”的混合型财政加码。比起传统的逆周期强刺激加杠杆，刺激消费拉动总需求成为本次疫情当中财政政策的重点。因为对就业带动力度最大的是第三产业，同时，受疫情冲击最严重的也是第三产业，提高居民消费能力、刺激居民消费意愿之后，第三产业恢复起来将有效带动就业。

第6章　总需求—总供给模型

6.1　考点难点归纳

考点一：总需求

1．总需求曲线的含义

总需求函数表示产品市场和货币市场同时达到均衡时的价格水平与国民收入间的依存关系，描述这一函数的曲线称为总需求曲线。总需求是指整个经济社会在每一个价格水平下对产品和劳务的需求总量，它由消费需求、投资需求、政府支出和国外需求构成。在其他条件不变的情况下，当价格水平提高时，国民收入水平就下降；当价格水平下降时，国民收入水平就上升。

2．总需求曲线向右下方倾斜的原因(见表6－1)

表6－1　总需求曲线向右下方倾斜的原因

原因	含义	作用机制	传导路径
利率效应	指价格总水平变动引起利率同方向变动，进而使投资和产出水平呈反方向变动的情况	如果货币供给没有变化，那么当价格上升使货币需求增加时，利率就会上升。利率上升，使投资水平下降，因而总支出水平和收入水平下降	$P\uparrow\Rightarrow m=M/P\downarrow\Rightarrow r\uparrow\Rightarrow i\downarrow\Rightarrow AD\downarrow\Rightarrow y\downarrow$
实际余额效应	指价格水平上升使人们所持有的货币及其他以货币衡量的具有固定价值的资产的实际价值降低，变得相对贫穷，消费水平就相应地减少的情况	价格水平上升，人们的名义收入增加，从而使人们进入更高的纳税档次，税负增加，可支配收入下降，消费水平下降，总支出水平和收入水平下降	$P\uparrow\Rightarrow$货币的购买力$\downarrow\Rightarrow W\downarrow\Rightarrow c\downarrow\Rightarrow AD\downarrow\Rightarrow y\downarrow$
蒙代尔－弗莱明的汇率效应	指由于价格变动，导致本币升值或贬值，引起汇率变化，从而影响进出口的情况	物价总水平上升会使进口增加，出口减少，净出口减少，总需求水平下降；物价总水平上升会使本国生产成本上升，如果国外物价不变，则对外投资成本较低，因而对外投资增加，国内投资减少，国内总需求水平下降	$P\uparrow\Rightarrow nx\downarrow\Rightarrow AD\downarrow\Rightarrow y\downarrow$

3．总需求曲线的斜率和移动

总需求曲线的斜率反映价格水平变动一定幅度使国民收入(或均衡支出水平)变动多少。从*IS*－*LM*模型分析中可知，价格水平变动引起实际货币余额变动，会使*LM*曲线移动，进而影响收入水平，而*LM*曲线移动究竟会使均衡收入变动多少，取决于*IS*曲线和*LM*曲线的斜率。*IS*曲线斜率不变时，*LM*曲线越陡，则*LM*曲线移动时收入变动就越大，从而*AD*曲线越平缓；相反，*LM*曲线斜率不变时，*IS*曲线越平缓(即投资需求对利率变动越敏感或边际消费倾向越大)，则*LM*曲线移动时收入变动越大，从而*AD*曲线也越平缓。

政府采取扩张性财政政策，如政府支出扩大，或扩张性货币政策，都会使总需求曲线向右上方移动；反之，则向左下方移动。

考点二：总供给

1. 总供给与宏观生产函数

总供给是指一个国家或地区在一定时期内（通常为 1 年）由社会生产活动实际可以提供给市场的可供最终使用的产品和劳务总量。一般而言，总供给是由劳动力、生产性资本存量和技术决定的，描述它们之间关系的一个工具就是生产函数，具体如表 6 – 2 所示。

表 6 – 2　生产函数

生产函数	含义	公式表示	说明
宏观生产函数	宏观生产函数表示产出（y）与劳动（N）和资本（K）等之间的关系	$y=f(N, K)$	—
短期宏观生产函数	短期宏观生产函数表示资本存量和技术水平不变条件下产出（y）与劳动（N）和资本（$\bar{K}$）之间的关系	$y=f(N, \bar{K})$	①随着总就业量的增加，总产出也增加；②满足“边际报酬递减规律”效应
长期宏观生产函数	长期宏观生产函数表示资本存量、就业量和技术水平均可改变条件下产出（y^*）与劳动（N^*）和资本（K^*）之间的关系。其中，N^* 表示各个短期中的充分就业量；K^* 表示各期的资本存量；y^* 表示各期的充分就业时的产量，也称潜在产量	$y^*=F(N^*, K^*)$	生产函数中的资本存量、就业量和技术水平均可改变：①存在着足够的改善技术的时间；②人口的增长对充分就业条件下劳动的供给数量有重要影响；③随着投资增加，资本存量也会发生变化

2. 劳动市场

总供给由总就业水平决定，而总就业水平又由劳动市场的均衡决定，即：$N_d=N_s$。而 $N_d=N_d(W/P)$，其中 W/P 为实际工资，N_d 与 W/P 呈反向变动关系，即劳动需求函数向右下方倾斜；$N_s=N_s(W/P)$，劳动供给函数为 W/P 的增函数。

3. 总供给曲线的类型

（1）古典的总供给曲线：

古典的总供给曲线又称为长期的总供给曲线。在长期中，根据西方经济学，经济的就业水平并不随着价格的变动而变动，而是总处于充分就业的状态，此时总供给曲线为一条垂直线，即古典的总供给曲线。其原因在于工资的充分弹性或劳动市场的充分竞争性。劳动市场的充分竞争性保证了劳动市场经常处于均衡位置，即充分就业。劳动的供求主要受实际工资的影响。在名义工资既定时，价格变动将引起实际工资变动，从而导致劳动市场非均衡；或劳动供大于求，或劳动供不应求。由于充分竞争性，非均衡将导致名义工资变动，直至重新回到均衡位置。如图 6 – 1 所示。

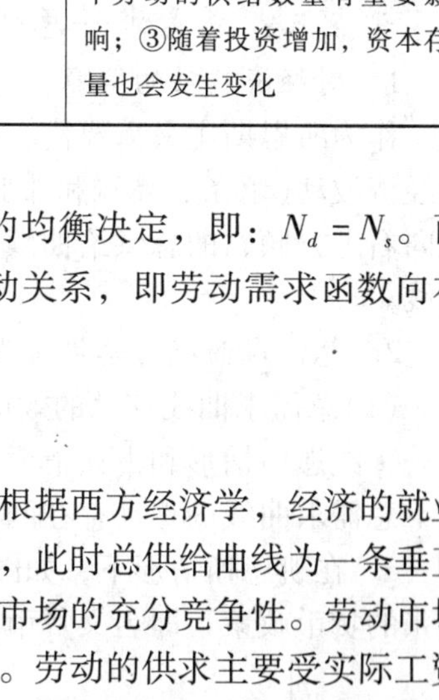

图 6 – 1　古典的总供给曲线

（2）凯恩斯主义的总供给曲线：

两个假设为：①货币工资刚性，只能升不能降；②人们有“货币幻觉”，只注意货币的票面价值，而忽视货币的实际购买力。

理解凯恩斯总供给曲线应该从满足充分就业量时候的

(Y_0, P_0)开始。如图6-2所示，当价格上升到P_1时，实际工资W_0/P_1下降，劳动力市场的供给减少，要求货币工资增加，W_1/P_1恢复原值，就业量不变，总供给不变。当价格下降到P_2，W_0/P_2增加，劳动力市场需求减少，而货币工资又不能减少，所以导致厂商减少劳动力需求，就业水平小于均衡状态，总供给减少。

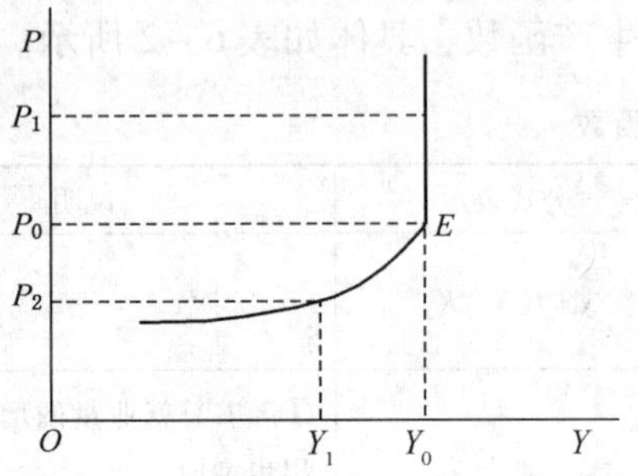

图6-2　凯恩斯主义的总供给曲线

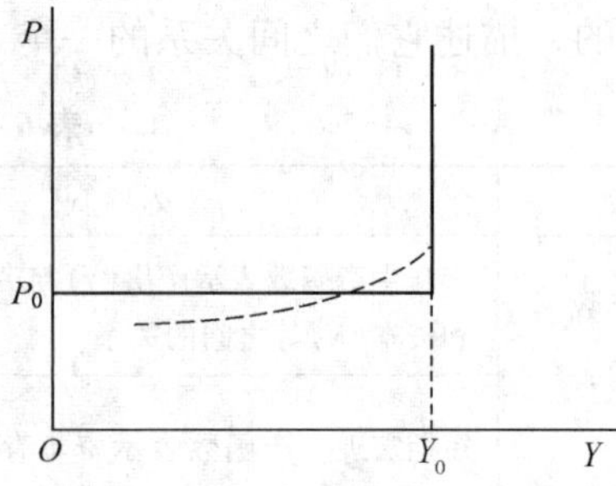

图6-3　简化的凯恩斯主义总供给曲线

(3)简化的凯恩斯主义总供给曲线：

其经济含义是：在未达到充分就业的国民收入Y_0前，经济社会能够以大致不变的价格提供任何数量的国民收入，而在达到了Y_0后，不管价格被提到何种程度，国民收入不会增长，只会出现通货膨胀。这种假设反映了萧条时候，由于存在大量的闲置劳动力和资本，所以能够在保持一定价格水平P_0的情况下，保证国民收入的增长(如图6-3所示的实线部分)。

考点三：总需求—总供给模型的应用

1. 对经济波动的解释

作为凯恩斯主义重要代表的主流学派经济学家试图用总供给曲线和总需求曲线来解释宏观经济波动(萧条、高涨和滞胀)。他们同时使用长期和短期总供给曲线。也就是说，他们把向右上方倾斜的总供给曲线称为短期总供给曲线，把垂直的总供给曲线称为长期总供给曲线。

2. 总需求曲线与总供给曲线移动的效应

(1)总需求曲线移动的效应：

①凯恩斯情形和古典情形下总需求曲线移动的不同效应。

总需求曲线的移动存在两种极端情况，一种是凯恩斯情形；另外一种为古典情形。

a. 在凯恩斯情形下，如图6-4(a)所示，扩张的财政政策只是提高产量和就业。同样，扩张的货币政策，即名义货币量的增加，也不对价格产生任何影响。

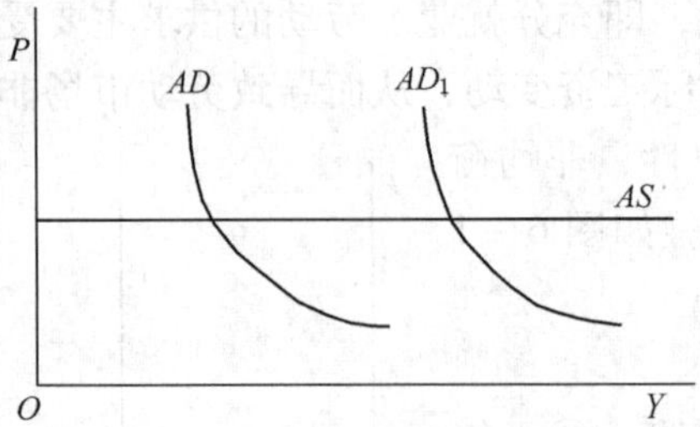

(a)凯恩斯情形

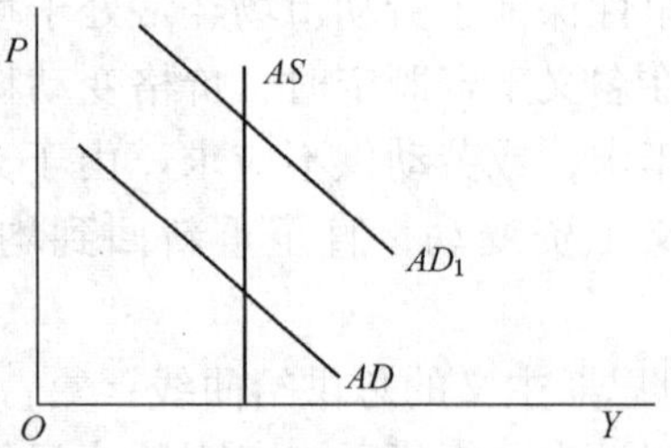

(b)古典情形

图6-4　总需求曲线的移动

b. 在古典情形下，如图6-4(b)所示，扩张的财政政策和货币政策都不能改变产出，而只是提高价格。对于货币政策还有如下著名的古典结论：在古典供给条件下，名义货币的增加将促使价格水平以同一比例上升，而实际利率和实际产出维持不变。在宏观经济学中，货币存量的变动只会导致价格水平的变化，而实际变量（产量、就业）无一发生变化的这种情况，称为货币是中性的。

②常规总供给曲线情形下总需求曲线移动的不同效应。

用总需求曲线与总供给曲线说明政府旨在刺激总需求的措施所产生的效果在很大程度上依赖于两条曲线相交于何处。图6-5进一步说明了这一问题。

在总供给曲线的平坦（有弹性的）部分，经济存在着过剩的生产能力。这时，总需求曲线的移动，比如图6-5(a)中总需求曲线从AD_1移动到AD_2，这时产量较大的增加只伴随着价格以较小的幅度上升。另一方面，在总供给曲线的陡峭（弹性较小）部分，经济接近于其生产能力。这时，总需求曲线的移动，比如在图6-5(b)中总需求曲线从AD_3移动到AD_4，产量增加很少，而价格却显著上升。

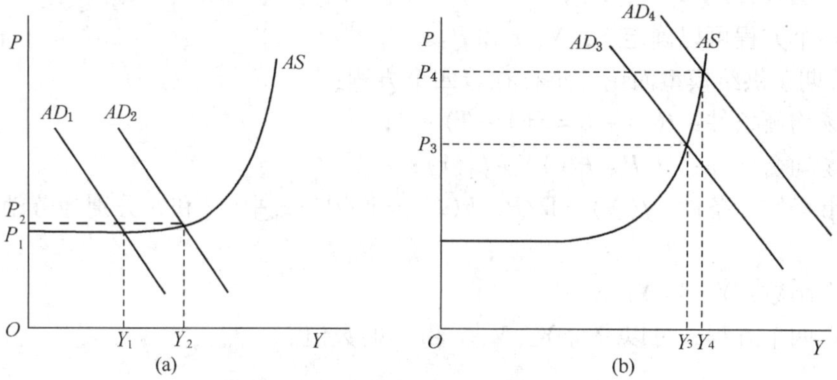

图6-5　常规总供给曲线情形下总需求曲线的移动

(2)总供给曲线移动的效应：

图6-6说明了总供给曲线移动的效应。这里考虑的是由于经济中企业的设备投资增加而造成生产能力增大的情形。这时，总供给曲线将向右移动，从AS_0移动到AS_1。如果经济最初运行在总供给曲线的陡峭部分，而且总需求曲线是相当无弹性的，比如说，图6-6中的AD_1，那么总供给的增加意味着新的均衡价格水平将明显低于初始价格水平。另一方面，如果经济最初运行在总供给曲线的平坦部分，比如说，图6-6中的AD_0，则总供给曲线移动的效果不大。这是因为总供给曲线的平坦部分表明了经济中存在着过剩的生产能力。新追加的生产能力对于生产的均衡数量和均衡价格水平的影响都很小。

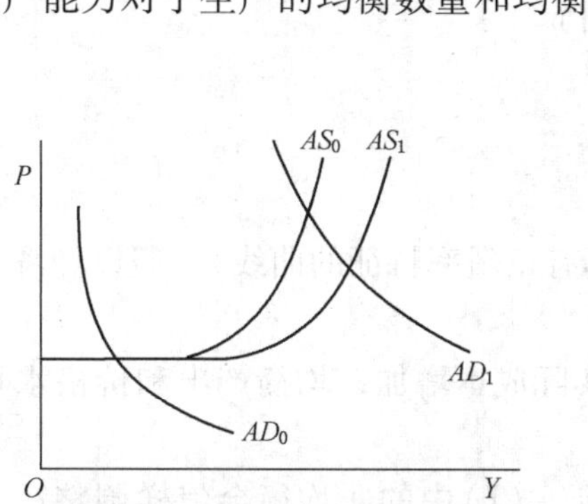

图6-6　生产能力增加的效应

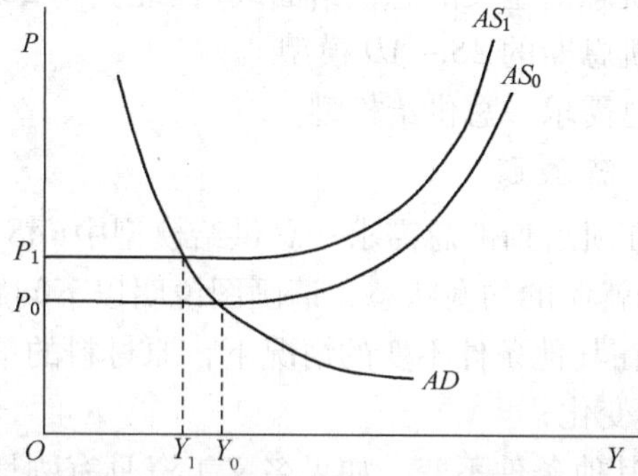

图6-7　进口投入品价格上涨的效应

图6-7描述了从国外购买的投入品（比如石油）价格上涨的效应。这时总供给曲线向上

移动，从 AS_0 移动到 AS_1。从微观角度看，为了使厂商愿意生产与以前相同的产量，他们必须能得到更高的产品价格。从图中可以看出，即使这时经济存在过剩的生产能力（总供给曲线的平坦部分），价格水平也会上升。

考点四：总需求和总供给曲线的数学小结

对总需求和总供给曲线的研究涉及了三个市场和一个总量函数，即产品市场、货币市场、劳动力市场和总量生产函数。

(1)以短期总供给模型而论，存在着四个方程，即：

产品市场均衡条件：$I(r)+G=S(Y-T)+T$，式中，G 和 T 分别为政府购买和税收；

货币市场均衡条件：$M/P=L_1(Y)+L_2(r)$；

劳动力市场均衡条件：$f(N)=W/P$，$W=\overline{W}$；

总量生产函数：$Y=Y(N,\ \overline{K})$；

从上面四个方程可以确定 Y、N、r 和 P。

(2)以长期总供给模型而论，也存在着四个方程：

产品市场均衡条件：$I(r)+G=S(Y-T)+T$；

货币市场均衡条件：$M/P=L_1(Y)+L_2(r)$；

劳动力市场均衡条件：$f(N)=W/P$，$h(N)=W/P$，式中，f 和 h 分别为劳动的需求函数和供给函数；

总量生产函数：$Y=Y(N,\ \overline{K})$；

通过联立四个方程，可以求得 Y、N、r 和 P 的数值。

6.2 考研真题与典型题

一、名词解释

1. 古典的总供给曲线（上海理工大学 2004 研）
2. 总需求函数（上海交大 2007 研；厦门大学 2007 研）
3. 附加预期的总供给函数（对外经贸大学 2007 研）
4. 总供给曲线
5. 总需求曲线（深圳大学 2019 研）
6. 潜在就业量和潜在产量
7. 凯恩斯主义的总供给曲线（西北大学 2017 研）
8. 凯恩斯的 $AS-AD$ 模型
9. 总需求—总供给模型

二、简答题

1. 在凯恩斯的总需求—总供给模型中（AS 是具有正斜率特征的曲线），假设经济初始时处于充分就业的均衡状态，请画图说明以下问题：

(1)在其他条件不变的情况下，原材料的单位实际成本增加，均衡产出和价格水平将发生怎样的变化；

(2)其他条件不变，如果名义工资具有刚性特征，(1)中的非均衡会怎样调整？当价格高于原来的均衡价格时，工人能够要求更高的名义工资吗？

(3)什么样的政策可以用来修正(1)中的不均衡。（暨南大学 2013 研）

2. 根据西方主流经济学的相关理论，在什么情况下需要扩大总需求？通过哪些途径扩大总需求？（人大 2002 研）

3. 总供给曲线有哪些类型？请分别说明。（中南财大 2017、2011 研）

4. 西方主流经济学和古典经济学的总供给曲线及其政策含义有什么不同？

5. 扩张性财政政策对需求曲线的影响。（武汉大学 2002 研）

6. 对总需求和总供给曲线的研究，涉及了“三个市场和一个总量函数”。请就此分别作简要说明。

7. 说明主流学派的经济学家是怎样用总供求分析法解释经济的“滞胀”状态的。（武汉大学 2008 研；华中科大 2005 研）

8. 在劳动供给函数上，凯恩斯不同意古典学派看法的理由是什么？（中国人民大学 2019 研）

9. 请说明简单凯恩斯模型、*IS* – *LM* 模型和 *AS* – *AD* 模型这三个模型之间有什么内在联系。（中南财大 2013 研）

10. 在宏观层面上，决定一国总体经济表现的根本力量是总供给与总需求，所有的因素可以划归这两个方面。请回答：

(1) 说明如下概念或原理与总供给与总需求的关系：乘数原理，消费、投资、政府购买和净出口四个部门，商品与劳动、货币或资产、劳动力三个市场，*IS* – *LM* 模型，财政政策与货币政策。

(2) 在推动经济增长的过程中，总供给与总需求各起到什么样的作用？谁更重要？

(3) 从总供给与总需求的角度讨论通货膨胀的可能原因是什么？中国目前的物价上涨主要因素是什么？

(4) 综合考虑问题 (1) 中的所有方面，说明影响投资乘数的因素有哪些？（武汉大学 2008 研）

11. 请说明微观 *S* – *D* 和宏观 *AS* – *AD* 模型，并比较这二者的异同。（武汉大学 2019 研；中南财大 2016 研）

12. A 国经济在 1990 年代遇到了严重问题。目前尽管名义利率几乎为 0，A 国经济仍处于严重衰退之中。A 国政府被批评为没有处理好本国经济问题。现在，新当选的首相承诺将宣布一揽子新政策以刺激经济走出衰退。假设你是 A 国首相的经济顾问，受命为他给出下列问题的明确答案：

由于利率政策已被证明是无效的，一项旨在降低所得税的税制改革被作为替代方案加以考虑（相应地减少政府支出以便不会出现财政赤字）。减税对刺激消费需求的有效性是否取决于减税是一时性的还是永久性的？如果是，请解释为什么。

与减税方案相对，一些经济学家提出应增加政府支出以刺激总需求，假设 A 国劳动市场不存在任何摩擦和扭曲，政府支出增加会增加 A 国的总产出吗？解释你的回答。

继续假设劳动市场不存在摩擦，解释永久性减税将如何影响劳动市场和总供给。

考虑到你对上述三个问题的回答，你倾向于采用减税政策还是增加政府支出政策？解释你的回答。（北大 2003 研）

13. 绘制封闭经济下总需求 – 总供给 *AD* – *AS* 图。假设美联储增加了货币供应：

(1) 在 *AD* – *AS* 图表上显示政策的短期效果；

(2) 在 *AD* – *AS* 图表上显示从短期均衡到长期均衡的过渡中发生的情况；

(3)如果经济陷入了流动性陷阱，中央银行增加货币供给是否还能够扩张产出？中央银行还有哪些政策工具可以短期扩张产出？（上海财经大学 2020 研）

三、计算题

1. 某一两部门的经济由下述关系式描述：消费函数 $C=100+0.8Y$，投资函数为 $I=150-6r$，货币需求函数为 $L=0.2Y-4r$，设 P 为价格水平，货币供给为 $M=150$。试求：

(1)总需求函数；

(2)若 $P=1$，均衡的收入和利率各为多少？

(3)若该经济的总供给函数为 $AS=800+150P$，求均衡的收入和价格水平。（浙江财经大学 2021 研）

2. 设一两部门的经济由下述关系式描述：消费函数 $C=100+0.8Y$，投资函数为 $I=150-6r$，货币需求函数为 $L=0.2Y-4r$，设 P 为价格水平，货币供给为 $M=150$。试求：

(1)总需求函数。

(2)若 $P=1$，均衡的收入和利率各为多少？

(3)若该经济的总供给函数为 $AS=800+150P$，求均衡的收入和价格水平。

3. 在某一三部门的经济中，消费函数为 $C=200+0.75Y$，投资函数为 $I=200-25r$，货币需求函数为 $L=Y-100r$，名义货币供给是 1000，政府购买 $G=50$，求该经济的总需求函数。（中央财大 2015 研）

4. 已知某经济体的总量生产函数为 $Y=K^{\alpha}L^{\beta}$，$\alpha+\beta=1$，K 和 L 分别表示资本和劳动，它们的名义价格分别为 R 和 W，产出 Y 的价格为 P。请回答以下问题：

(1)写出劳动需求函数。

(2)写出总供给函数。

(3)假设 $\alpha=\beta=0.5$，$K=500$，$W=25$，$W/P=1$，写出常规的总供给函数和古典学派的总供给函数。（中国海洋大学 2021 研）

5. 某国经济总量生产函数为 $Y=2K^{0.5}L^{0.5}$，其中 Y 为实际产出，K 为资本存量总额且 $K=100$，L 为总劳动力。

(1)求劳动力的需求函数。

(2)用实际工资表示产出。

(3)如果名义工资开始为 4，实际价格水平和预期价格水平均为 1，实际工资目标为 4，计算初始产出水平和充分就业的产出水平。

(4)按照工资黏性模型，假设名义工资固定在 $W=4$，求总供给方程。（对外经贸大学 2013 研）

6. 假设生产函数和劳动供给函数分别由以下两个式子 $F(N)=20N-N^2$ 和 $N^S=\frac{1}{2}\times\frac{W}{P}$ 刻画，其中 N 为工人人数，W 为名义工资，P 为价格水平。

(1)求解劳动力市场均衡工资水平和均衡雇佣人数。

(2)假设价格水平外生给定，若政府推行最低名义工资水平 $W=50$，计算存在最低工资时的均衡价格水平和就业人数。

(3)在最低名义工资水平为 50 时，推导总供给曲线。（中央财大 2011 研）

7. 假设经济社会的总需求曲线为：$Y=667+1.11G+1.11(M/P)$；价格调整曲线为：$\pi=(Y_{-1}-1500)/1500+\pi^e$；政府支出 $G=200$，货币供给 $M=550$。若预期的通货膨胀率 π^e

始终等于0，求出经济从 $P_0=1.4$ 开始的运行路径；GDP 达到与潜在 GDP 相差2%还要多少年？

8. 一个经济的总需求和总供给分别为：

$$AD：m+v=p+y$$

$$AS：p=p^e+\lambda(y-y^*)$$

其中，p^e 代表对价格水平的预期，y^* 为充分就业产出水平，m 为货币总量。y 和 λ 为常数。

(1)若预期为完全预期(Perfect Foresight)，求出均衡的价格与产出水平。

(2)若货币当局实行了一次意料外的并且是永久性的货币扩张，图解这次政策操作的短期和长期效应。(中山大学2006研)

9. 假定某经济最初的通货膨胀率为18%，政府谋求通过制造10%的失业率来实现通货膨胀率不超过4%的目标，当价格调整方程的系数 $h=0.4$ 时，试问其通货膨胀率下降的过程如何？(浙江理工大学2009研)

10. 三部门组成的经济的消费函数 $C=80+0.8Y_d$，投资函数 $I=20-5r$，货币需求函数 $L=0.4Y-10r$，政府购买支出 $G=20$，税收 $T=0.25Y$，名义货币供应量 $M=90$，充分就业的国民收入为285。其中 r 是利率，Y_d 是可支配国民收入，Y 是国民收入。

(1)若价格水平 $P=2$，则 $IS-LM$ 决定的均衡国民收入与利率各为多少？

(2)若总供给曲线为 $Y=235+40P$，则总需求曲线与总供给曲线决定的均衡国民收入和价格各为多少？

(3)若通过变动政府购买而实现充分就业，试求政府购买的变动量与价格水平。

(4)若通过变动货币供应量而实现充分就业，则需要如何变动货币供应量？(同济大学2012研)

11. 某国经济总量生产函数为 $Y=10\sqrt{L}$，求：

(1)劳动力的需求函数。

(2)用实际工资表示产出。

(3)如果名义工资为2，价格水平为1.5，计算产出水平。

(4)按照工资黏性模型，假设名义工资固定在 $W=2$，求总供给方程。(南京大学2011研)

12. 某个经济体的初始状态如下：$C=500+0.75(Y-T)$，$I=1000-500r$，$M/P=Y-200r$，$G=1000$，$T=1000$，$M=6000$，$P=2$。

(1)写出 IS 和 LM 方程，计算均衡利率和均衡收入水平。

(2)假设政府减税15%，央行则想通过调节货币供给保证利率不变，那么新的收入水平是多少？新的货币供给是多少？

(3)保持原有税收和货币供给水平，写出总需求方程。(武汉大学2019研)

13. 已知：线性生产函数、成本加成的定价原则和菲利普斯曲线，菲利普斯曲线为：$g_w=-\varepsilon(u-u^*)$，其中 g_w 为名义工资增长率，u 为实际失业率，u^* 为自然失业率，ε 为名义工资增长率对失业率变动的敏感程度。试推导凯恩斯主义的短期总供给曲线。

四、论述题

1. 什么是长期和短期？有人说，在宏观经济分析中，短期看需求，长期看供给。谈谈你对这句话的理解。(中山大学2013研)

2. 试说明总需求曲线的推导过程。(北航2005研；上海财大2003研)

3．总需求曲线为什么向右下方倾斜？（南开大学2018研；山东大学2016研）

4．主流经济学派是如何利用总需求和总供给的均衡来解释宏观经济运行的？（人大2002研）

5．主流学派的短期总供给曲线是如何得到的，其政策含义如何？（厦门大学2004研）

6．总需求和总供给曲线是怎样形成和怎样变化的？总需求和总供给分析的政策意义是什么？（北师大2002研）

7．解释总供给曲线三个区域的含义，用总供给—总需求模型解释西方国家20世纪70年代的滞胀和美国20世纪90年代的新经济。（电子科技大学2004博）

8．试推导古典经济学的短期总供给曲线，并指出其政策含义。

9．假设有下列形式的总供给曲线：

$$y_t = y_t^n + x(\pi_t - {}_{t-1}\pi_t),\ x > 0$$

y 代表 $\ln(Y)$，Y 是总产出，Y_t^n 是自然失业率下的产出（natural rate of output），π_t 代表通货膨胀率，${}_{t-1}\pi_t$ 代表在 $t-1$ 期形成的对第 t 期通货膨胀率的预期。

（1）简要解释名义工资黏性程度（degree of rigidity of the nominal wage）增大，参数 x 的变化。（不超过100字）

（2）将总供给曲线改写成菲利普斯曲线（Phillips curve）并且在（π，Y）坐标图中画出来（将此曲线的重要性在图中标明）。

（3）用通常语言描述和解释怎样计算牺牲指数（sacrifice ratio）。（不超过100字）

（4）假设通货膨胀的预期根据 ${}_{t-1}\pi_t = \pi_{t-1}$ 形成，$x = 0.5$，初始稳态通货膨胀率为5%。假设自然失业率下的产出不受总需求管理的影响。中央银行希望将稳态通货膨胀率降到2%的水平。

①在第一期，中央银行实施紧缩的货币政策，使实际的（actual）产出水平比自然失业率下的产出低1个百分点。实际的（actual）通货膨胀率会降低多少？预期通货膨胀率怎样变化？

②第二期，中央银行继续实施紧缩的货币政策，使实际的（actual）产出水平比自然失业率水平下产出低0.5百分点。实际的（actual）通货膨胀率会降低多少？预期通货膨胀率怎样变化？

③第三期，中央银行实行中性货币政策，而且 $Y = Y^n$。第三期实际的通货膨胀率是多少？

④将①、②和③的结果在菲利普斯曲线图上画出来。

⑤假设理性预期，即 ${}_{t-1}\pi_t = \pi_t$，简要讨论扩张性货币政策对产出水平、价格和就业的影响。（北大2004研）

6.3 考研真题与典型题详解

一、名词解释

1．古典的总供给曲线（上海理工大学2004研）

答：古典的总供给曲线是一种长期总供给曲线。在长期中，根据西方的经济学，经济的就业水平并不随着价格的变动而变动，而是总处于充分就业的状态，此时，总供给曲线为一条垂直线，即古典的总供给曲线。其原因在于工资的充分弹性或劳动市场的充分竞争性。劳动市场的充分竞争性保证了劳动市场经常处于均衡位置即充分就业状态。劳动的供求主要受实际工资的影响。在名义工资既定时，价格变动将引起实际工资变动，从而导致劳动市场非均衡；或劳动供大于求、或劳动求大于供。由于充分竞争性，非均衡将导致名义工资变动，直至重新回到均衡位置。

2. 总需求函数（上海交大 2007 研；厦门大学 2007 研）

答：总需求函数是指表示产品市场和货币市场同时达到均衡时的价格水平与国民收入间的依存关系的函数。描述这一函数的曲线称为总需求曲线。总需求是指整个经济社会在每一个价格水平下对产品和劳务的需求总量，它由消费需求、投资需求、政府支出和国外需求构成。在其他条件不变的情况下，当价格水平上升时，国民收入水平就下降；当价格水平下降时，国民收入水平就上升。由产品市场均衡条件：$I(r)+g=s(Y-t)+t$ 和货币市场均衡条件：$\frac{M}{P}=L_1(Y)+L_2(r)$ 可以求得总需求函数。

3. 附加预期的总供给函数（对外经贸大学 2007 研）

答：附加预期的总供给函数又称卢卡斯总供给函数，是指加入预期价格后反映产出与价格变动关系的总供给函数，用公式一般表示为：

$$y=y^*+\gamma(P-\hat{P})$$

式中，y 为总产出，P 为价格水平，y^* 为经济的潜在产量，参数 $\gamma>0$，$\hat{P}$ 为预期价格。

附加预期的总供给函数表明，经济的总产出与未被预期到的价格上升之间具有正相关关系。预期价格与实际价格的偏离会导致实际产出与潜在产出的偏离，如果价格水平等于人们预期的值，则总供给等于自然失业率的产出水平。否则，随着现实价格水平超出预期的价格水平，产出增加到自然失业率水平之上。

4. 总供给曲线

答：总供给曲线是总供给函数的几何表示，表示经济当中的生产总量与价格总水平之间的对应关系的一条曲线。一般地，生产总水平与价格总水平变化方向相同，也就是说总供给曲线是向右上方延伸的。总供给曲线可以通过劳动市场和总量生产函数的分析得到。总供给曲线的形状取决于价格总水平如何影响劳动市场上的均衡就业量。如果价格总水平的变动以相同的方式影响劳动的需求和供给，那么它对均衡就业量不产生影响，也就不会对产出量产生影响。这时，总供给曲线是一条直线。如果价格总水平变动对劳动的需求和供给产生不同的影响，则供给曲线就会具有其他形状。例如，如果价格总水平只影响劳动的需求而不影响劳动的供给，那么价格总水平提高将使得劳动需求增加，从而均衡就业量增加，并最终导致产出量增加。此时，总供给曲线向右上方倾斜。短期和长期的总供给曲线的政策含义有：①在短期内，随着总需求的不同，经济可以处于萧条和高涨的状态。此时，政府可以通过调整总需求使得经济位于充分就业的产出水平；②在长期中，经济保持在潜在产出的水平，需求管理政策不能改变国民收入，只能改变价格总水平。

5. 总需求曲线（深圳大学 2019 研）

答：总需求曲线表示产品市场和货币市场同时达到均衡时价格水平与国民收入间的依存关系的曲线。总需求是指整个经济社会在每一个价格水平下对产品和劳务的需求总量，它由消费需求、投资需求、政府支出和国外需求构成。在其他条件不变的情况下，当价格水平提高时，国民收入水平就下降；当价格水平下降时，国民收入水平就上升。总需求曲线向下倾斜，其机制在于：当价格水平上升时，将会同时打破产品市场和货币市场上的均衡。在货币市场上，价格水平上升导致实际货币供给下降，从而使 LM 曲线向左移动，均衡利率水平上升，国民收入水平下降。在产品市场上，一方面由于利率水平上升造成投资需求下降(即利率效应)，总需求随之下降；另一方面，价格水平的上升还导致人们的财富和实际收入水平下降以及本国出口产品相对价格的提高从而使人们的消费需求下降，本国的出口也会减少、国外需求减少，进口增加。这样，随着价格水平的上升，总需求水平就会下降。

总需求曲线的斜率反映价格水平变动一定幅度使国民收入(或均衡支出水平)变动多少。*IS* 曲线斜率不变时，*LM* 曲线越陡，则 *LM* 曲线移动时收入变动就越大，从而 *AD* 曲线越平缓；相反，*LM* 曲线斜率不变时，*IS* 曲线越平缓(即投资需求对利率变动越敏感或边际消费倾向越大)，则 *LM* 曲线移动时收入变动越大，从而 *AD* 曲线也越平缓。

政府采取扩张性财政政策，如政府支出扩大，或扩张性货币政策，都会使总需求曲线向右上方移动；反之，则向左下方移动。

6. 潜在就业量和潜在产量

答：潜在就业量即充分就业量，是指一个社会在现有激励条件下所有愿意工作的人都参加生产时所达到的就业量。由于经济中存在一些难以避免的原因，当就业量等于潜在就业量时，失业率并不为零，这时的失业率被称为自然失业率。一般地，当就业量低于潜在就业量时，失业率高于自然失业率；反之，当就业量高于潜在就业量时，失业率低于自然失业率。在宏观经济学中，潜在就业量通常被看作是一个外生变量，即它不取决于产量、消费、投资和价格水平等宏观经济变量。但另一方面，一个社会的潜在就业量又不是固定不变的，它随着人口的增长而稳定增长。

潜在产量是指在现有资本和技术条件下，经济社会在潜在就业水平处所能生产的最大产量，即：

$$Y^* = f(N^*, \overline{K})$$

式中，N^* 为潜在就业量；Y^* 即为潜在产量。因为潜在就业量不受价格水平等宏观经济变量的影响，所以潜在产量也不受价格水平等经济变量的影响，也被视为一个外生变量。当一个经济社会的生产达到了其潜在产量时，意味着该经济社会较充分地利用了现有的经济资源。

7. 凯恩斯主义的总供给曲线(西北大学 2017 研)

答：凯恩斯主义的总供给曲线是一种短期总供给曲线。它的两个假设为：①货币工资刚性，只能升不能降；②人们有“货币幻觉”，只注意货币的票面价值，而忽视货币的实际购买力。它是一个倾斜线段和垂直线段连接在一起的图形。当价格上升时，实际工资下降，劳动力市场的供给减少，要求货币工资增加，实际工资恢复原值，就业量不变，总供给不变。当价格下降时，实际工资增加，劳动力市场需求减少，而货币工资又不能减少，所以导致厂商减少劳动力需求，就业水平小于均衡状态，总供给减少。

8. 凯恩斯的 *AS－AD* 模型

答：凯恩斯的 *AS－AD* 模型是由一条向右下方倾斜的总需求曲线和一条由水平段和垂直段构成的总供给曲线(即反 L 型总供给曲线)所构成的模型。此模型的含义是：在总供给曲线的水平阶段，总需求曲线向右上方移动时，不会引起价格水平的提高，只是引起产量增加。而在总供给曲线的垂直阶段，总需求曲线向右上方移动时，只能引起价格水平的提高，而不能引起实际产量的增加。

9. 总需求—总供给模型

答：总需求—总供给模型是把总需求与总供给结合在一起来分析国民收入与价格水平的

决定及其变动的国民收入决定模型。在图6－8中，横轴代表国民收入（Y），纵轴代表价格水平（P），AD_1 代表原来的总需求曲线，AS_1 代表短期总供给曲线，AS_2 代表长期总供给曲线。最初，经济在 E_1 点时实现了均衡，均衡的国民收入为 Y_1，均衡的价格水平为 P_1。这时 E_1 点又在长期总供给曲线 AS_2 上，所以，Y_1 代表充分就业的国民收入水平。在短期内，政府通过扩张性的财政政策或货币政策，增加了总需求，从而使总需求曲线从 AD_1 向右上方平行地移动到了 AD_2。AD_2 与短期总供给曲线 AS_1 相交于 E_2。这样，总需求的增加使国民收入水平从 Y_1 增加到 Y_2 并使价格水平从 P_1 上升到 P_2。但是，价格的上升必然引起工资增加，总供给减少，短期总供给曲线从 AS_1 向左上方平行移动到 AS_3，AS_3 与 AD_2 相交于 E_3。这样，国民收入水平从 Y_2 减少到 Y_3，价格水平从 P_2 上升到 P_3。在长期中，总供给曲线是一条垂直线（AS_2）。AD_2 与 AS_2 相交于 E_4，国民收入水平为充分就业的国民收入 Y_1，而价格水平上升到 P_4。这一模型是用总需求来说明国民收入决定的收入—支出模型的发展。它说明，总需求与总供给对国民收入与价格水平的决定都有重要的作用，因此，应该同时运用需求管理与供给管理的政策。

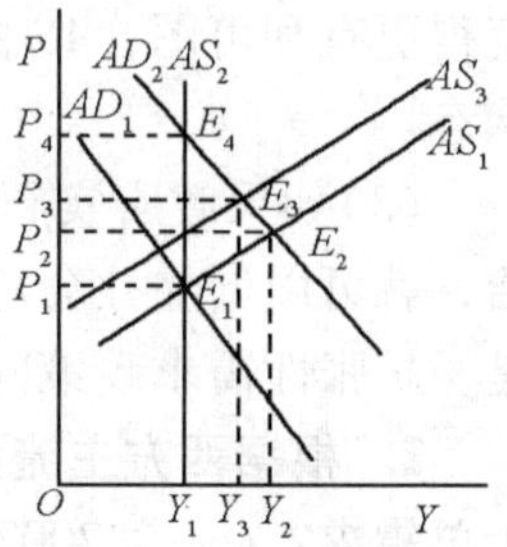

图6－8　总需求—总供给模型

二、简答题

1. 在凯恩斯的总需求—总供给模型中（AS 是具有正斜率特征的曲线），假设经济初始时处于充分就业的均衡状态，请画图说明以下问题：

（1）在其他条件不变的情况下，原材料的单位实际成本增加，均衡产出和价格水平将发生怎样的变化；

（2）其他条件不变，如果名义工资具有刚性特征，（1）中的非均衡会怎样调整？当价格高于原来的均衡价格时，工人能够要求更高的名义工资吗？

（3）什么样的政策可以用来修正（1）中的不均衡。（暨南大学2013研）

答：（1）在其他条件不变的情况下，原材料的单位实际成本增加，会使得均衡产出减少，均衡价格水平上升。

如图6－9所示，假定经济初始位于均衡点 E_0 点，此时产出为充分就业产出 y_f，价格水平为 P_0。原材料的单位实际成本增加，使得总供给曲线左移，由 AS_0 移动到 AS_1，产出水平沿着 AD 曲线从 y_f 下降到 y_1，价格水平沿着 AD 曲线从 P_0 上升到 P_1。

（2）（1）中的非均衡是一种产出减少、物价上升的滞胀状态。如果名义工资刚性，企业和工人对高物价水平的反应是提高对物价水平的预期，并确定更高的名义工资。在这种情况下，企业的成本还会再上升，AS 曲线将进一步向左移动，加剧滞胀问题。

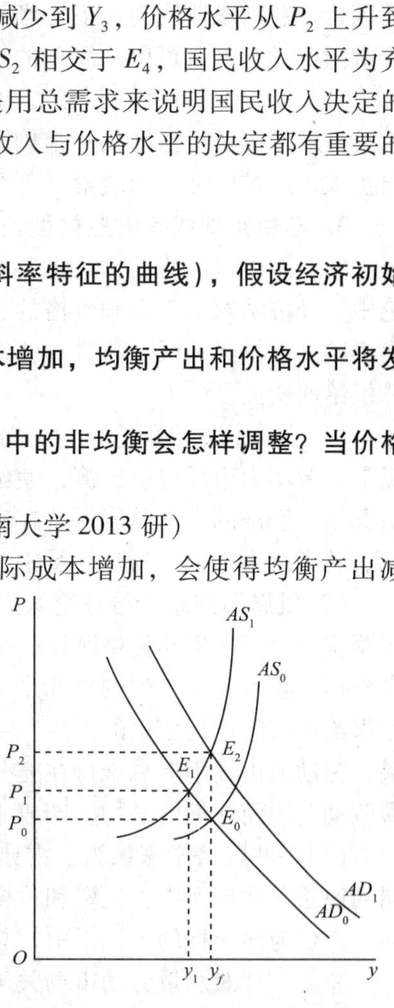

图6－9　总需求—总供给模型

当价格高于原来的均衡价格时，企业和工人对高物价水平的反应是提高对物价水平的预期，工人能够要求更高的工资。高物价引起高工资，高工资又引起更高的物价，这一现象有时被称为工资—物价螺旋式上升。

但是在某一点时，这种工资和物价的螺旋式上升会放慢。因为产出减少，失业增加，工人议价能力减弱了，工人不再能要求更高的名义工资。当名义工资下降时，生产物品与服务变得更有利可图，AS 曲线将向右移动。当 AS 曲线移回 AS_0 时，经济恢复到充分就业的均衡状态。

(3) 如果政府实行扩张性的财政政策或货币政策，通过增加支出，减税或扩大货币供给，就可以增加社会总需求，使得 AD_0 移动 AD_1 位置，从而使经济回到均衡产出水平。但是，扩张性需求政策同时也会导致价格水平上升到 P_2。

2. 根据西方主流经济学的相关理论，在什么情况下需要扩大总需求？通过哪些途径扩大总需求？（人大 2002 研）

答：(1) 总需求是指整个社会经济在每一价格水平下对产品和劳务的需求总量，总需求函数表示产品市场和货币市场同时达到均衡时的价格水平和国民收入之间的数量关系。描述这一函数关系的曲线被称为总需求曲线。由于实际资产效应、跨期替代效应和开放替代效应等因素，总需求曲线向右下方倾斜，表明在其他条件不变的情况下，价格水平和国民收入的反方向变动关系。可以从简单的凯恩斯模型和 IS－LM 模型中推导出总需求曲线。

(2) 当总需求小于总供给，也就是有效需求不足，出现通货紧缩趋势时，应采取措施扩大总需求，促进经济增长和结构调整，抑制通货紧缩。政府采取扩张性财政政策，如政府支出扩大，或扩张性货币政策，都会使总需求扩大。

3. 总供给曲线有哪些类型？请分别说明。（中南财大 2017、2011 研）

答：总供给曲线的理论主要由总量生产函数和劳动力市场理论来反映，在劳动力市场理论中，经济学家对工资和价格的变化及调整速度的看法存在分歧，因此不同的经济理论推导出不同的总供给曲线。总供给曲线主要有三类：古典总供给曲线、凯恩斯总供给曲线和常规总供给曲线。

(1) 古典总供给理论认为，劳动力市场运行没有阻力，在工资和价格可以灵活变动的情况下，劳动力市场得以出清，使经济的就业总量维持充分就业状态，从而在其他因素不变的情况下，经济的产量总能保持在充分就业的产量或潜在产量水平上。因此，在以价格为纵坐标、总产量为横坐标的坐标系中，古典总供给曲线是一条位于充分就业产量水平的垂直线。

(2) 凯恩斯的总供给理论认为，在短期，一些价格是刚性的，从而不能根据需求的变动而调整。由于工资和价格刚性，短期总供给曲线不是垂直的，凯恩斯总供给曲线在以价格为纵坐标、收入为横坐标的坐标系中是一条水平线，表明经济中的厂商在现有价格水平上，愿意供给所需的任何数量的商品。凯恩斯总供给曲线的基础思想是，作为工资和价格刚性的结果，劳动力市场不能总维持在充分就业状态，由于存在失业，厂商可以在现行工资下获得所需劳动，因而它们的平均生产成本被认为是不随产出水平变化而变化的。

(3) 一些经济学家认为，古典的和凯恩斯的总供给曲线分别代表着劳动力市场的两种极端的说法。在现实中，工资和价格的调整经常介于两者之间。在这种情况下，以价格为纵坐标、产量为横坐标的坐标系中，总供给曲线是向右上方延伸的，这即为常规的总供给曲线。

总之，针对总量劳动市场关于工资和价格的不同假设，宏观经济学中存在着三种类型的总供给曲线。

4. 西方主流经济学和古典经济学的总供给曲线及其政策含义有什么不同？

答：总供给函数表示，在其他条件不变的情况下，价格水平与全社会总供给之间的函数关系。将这种函数关系作成曲线，就得到总供给曲线，简称 AS 曲线。西方主流经济学（凯恩斯主义）和古典经济学的总供给曲线的差别如下：

(1) 短期总供给曲线和长期总供给曲线的差别。古典经济学的总供给曲线是长期总供给曲线，而主流经济学的总供给曲线是短期总供给曲线。

(2)图形形状差别。古典经济学的总供给曲线在图形上是一条位于经济的潜在产量水平上的垂直线，如图6－10所示；而主流经济学的总供给曲线是一个倾斜线段和垂直线段连接在一起的图形，如图6－11所示。

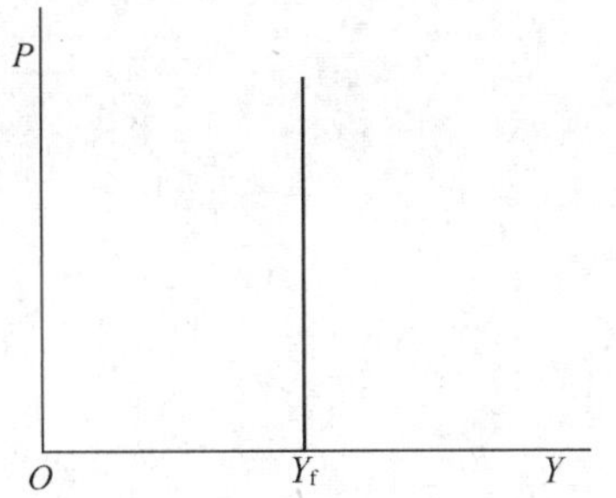

图6－10　古典经济学的总供给曲线

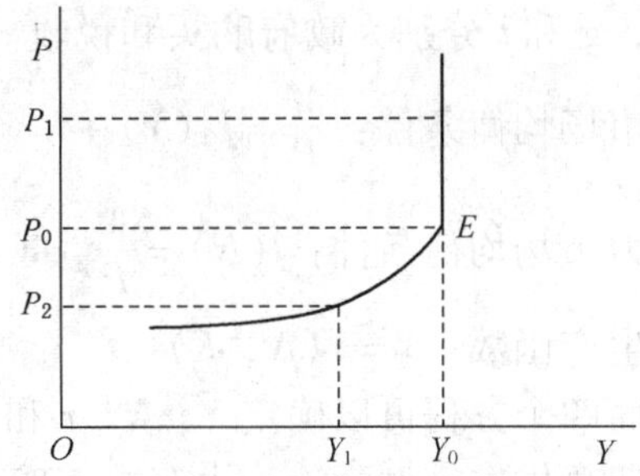

图6－11　主流经济学的总供给曲线

(3)理论基础不同。古典理论认为，劳动市场运行毫无摩擦，总能维持劳动力的充分就业。既然在劳动市场，在工资灵活调整下充分就业的状态总能维持，因此，无论价格水平如何变化，经济中的产量总是与劳动力充分就业时的产量，即潜在产量相对应，所以总供给曲线总是垂直的；而凯恩斯主义则假设工资刚性，并且劳动力市场存在摩擦，充分就业和达到潜在产量只是一种理想状态。实际工资和名义工资的变化会带来劳动供给的变化，所以总供给曲线不会在充分就业保持垂直，而是应该保持水平或者至少保持正斜率。

(4)蕴含的政策效果不同。古典模型中，除非总供给曲线发生变动，否则财政和货币政策只会带来价格上涨，没有任何效果。凯恩斯模型则正好相反。

5. 扩张性财政政策对需求曲线的影响。(武汉大学2002研)

答：扩张性财政政策将使需求曲线向右移动，下面结合图6－12来进行分析。

在图6－12的左图中，*IS*曲线和*LM*曲线对应于一定的货币数量和价格水平P_0。均衡点为*E*，在图6－12的右图的*AD*曲线中有与之对应的*E*点。假如增加政府支出，其结果是*IS*曲线向右移动到*IS′*。在原来的价格水平下，新的均衡点为*E′*，此时，利率提高，收入增加。在图6－12的右图中，可以画出对应的*E′*点，*E′*点是新的总需求曲线*AD′*上的一点，曲线反映了增加政府支出对经济的影响。也可以从初始*AD*曲线上的其他任何一点出发，然后在图6－12的右图中说明扩张性财政政策在每一价格水平上如何导致了更高的均衡产量水平。通过这种方式可以得出整条*AD′*曲线的轨迹，它位于*AD*曲线的右边。

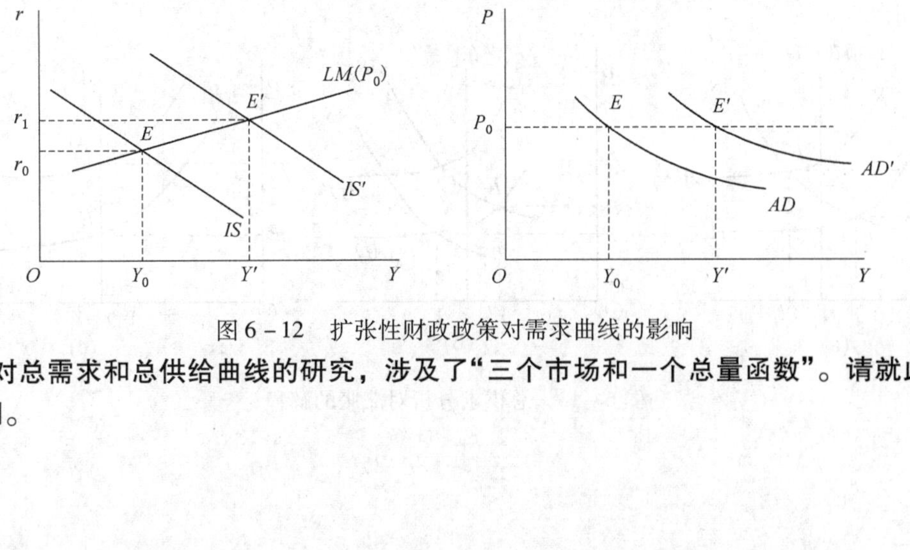

图6－12　扩张性财政政策对需求曲线的影响

6. 对总需求和总供给曲线的研究，涉及了“三个市场和一个总量函数”。请就此分别作简要说明。

答：对总需求和总供给曲线的研究涉及了三个市场和一个总量函数，即产品市场、货币市场、劳动力市场和总量生产函数。

以短期总供求模型而论，存在着四个方程，即：

产品市场均衡条件：$I(r)+g=s(Y-t)+t$；

式中，g 和 t 分别为政府购买和税收。

货币市场均衡条件：$\frac{M}{P}=L_1(Y)+L_2(r)$；

劳动力市场均衡条件：$f(N)=\frac{W}{P}$，$W=\overline{W}$；

总量生产函数：$Y=Y(N,\ \overline{K})$。

从上面四个方程可以确定 Y、N、r 和 P。

以长期总供求模型而论，也存在着四个方程：

产品市场均衡条件：$I(r)+g=s(Y-t)+t$；

货币市场均衡条件：$\frac{M}{P}=L_1(Y)+L_2(r)$；

劳动力市场均衡条件：$f(N)=\frac{W}{P}$，$h(N)=\frac{W}{P}$；

式中，f 和 h 分别为劳动的需求函数和供给函数。

总量生产函数：$Y=Y(N,\ \overline{K})$。

通过联立四个方程，可以求得 Y、N、r 和 P 的数值。

7. 说明主流学派的经济学家是怎样用总供求分析法解释经济的“滞胀”状态的。（武汉大学2008研；华中科大2005研）

答：(1)运用总供求分析法对经济“滞胀”状态的解释：

从图6-13(a)中可以看到，短期的收入和价格水平的决定有两种情况。第一种情况是，AD 是总需求曲线，AS_S 是短期总供给曲线，二者交点 E 决定的收入或产量为 Y，价格水平为 P，二者都处于很低的水平。这种情况表示经济处于萧条状态。第二种情况是，当总需求增加，总需求曲线从 AD 向右移动到 AD'，短期总供给曲线 AS_S 和新的总需求曲线 AD' 的交点 E' 决定的产量或收入为 Y'，价格水平为 P'，二者都处于很高的水平，这种情况表示经济处于高涨状态。现在假定短期总供给曲线由于受到供给冲击(如石油价格和工资等提高)而向左移动，但总需求曲线不发生变化。在这种情况下，短期收入和价格水平的决定可用图6-13(b)表示。

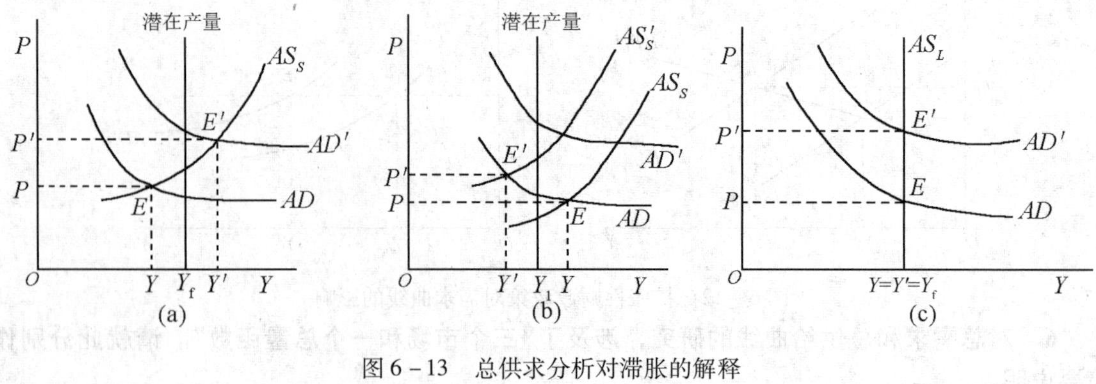

图6-13　总供求分析对滞胀的解释

在图6－13(b)中，AD 是总需求曲线，AS_S 是短期总供给曲线，二者交点 E 决定的产量或收入为 Y，价格水平为 P。现在出现供给冲击，AS_S 左移到 AS_S'，与总需求曲线 AD 交于 E'，E' 点所决定的产量为 Y'，价格水平为 P'。这个产量低于原来的产量，而价格水平却高于原来的价格水平，这种情况表示经济处于滞胀状态，即经济停滞和通货膨胀结合在一起的状态。

(2)治理滞胀的对策：

在政策主张上，主流学派经济学家认为，虽然经济在长期内可以处在充分就业的均衡状态，总需求增加只是提高了价格水平，而不改变产量或收入，如图6－13(c)所示；但短期内的萧条和过度繁荣是不可避免的，仍然可以给社会带来损失。因此，有必要执行凯恩斯主义的经济政策，以熨平萧条和过度繁荣所带来的经济波动，使经济持续处于稳定的充分就业的状态。

政府治理滞胀的对策主要有：①紧的货币政策；②松的财政政策，实施减税和增加财政支出，利用财政杠杆调节产业结构和产品结构。

8. 在劳动供给函数上，凯恩斯不同意古典学派看法的理由是什么？(中国人民大学2019研)

答：古典学派认为，劳动市场完全竞争，劳动力的供给和需求能够自动调整至均衡，市场出清，充分就业能够自动实现；凯恩斯认为，劳动市场不完全竞争，工资具有刚性，劳动市场不能自动实现充分就业。凯恩斯在古典模型劳动需求曲线($VMP = W/P = MP_L \times P$)上同意古典学派的观点，但在古典模型劳动供给曲线上不同意古典学派看法，理由如下：

(1)两者对劳动供给决定的看法不同。古典学派认为，劳动供给是实际工资的函数；而凯恩斯认为，劳动供给是货币工资的函数，不是实际工资的函数。一是因为当实际工资 w 不变时，价格 P 变化，则劳动供给仍会变化，故不是实际工资($w = W/P$)决定劳动供给。二是由于存在货币幻觉，所以劳动者主要以名义工资为依据提供劳动力，而不关注货币工资的实际购买力。例如当货币工资和物价水平同时上涨时实际工资不变，但人们会认为他们的状况变好了，从而增加劳动供给。三是因为工会与雇主签订工资协议时，规定的是名义工资，而实际工资还取决于其他因素，如物价水平，实际工资无法确切地确定，故不可能决定劳动的供给。

(2)两者对如何降低实际工资 w($w = W/P$)的看法不同。凯恩斯和古典学派都认为，企业为了增加产出，必须雇佣更多劳动力，又必须降低实际工资，则成本降低，企业愿意投资。但古典学派认为，P 不变(小幅变化)，降低 W，从而降低 W/P；而凯恩斯认为，W 不变(小幅变化)，提高 P，从而降低 W/P。古典学派认为工资下降的传导机制为 $W\downarrow \rightarrow$ 成本 $\downarrow \rightarrow P\downarrow \rightarrow$ 销量 $\uparrow \rightarrow N_d$(劳动力需求) $\uparrow \rightarrow MP_L$(劳动边际产量递减) $\downarrow \rightarrow w\downarrow$，一般成本下降速度大于价格下降速度，因而利润增加，一直持续到实现充分就业。凯恩斯认为，W 下降会遭工人反对，即使不反对，也不可能导致 w 下降，因为忽略了需求方面。工资下降的传导机制实际为 $W\downarrow \rightarrow$ 成本 $\downarrow \rightarrow P\downarrow \rightarrow$ 产量 $\uparrow$，$W\downarrow \rightarrow$ 购买力 $\downarrow \rightarrow$ 需求 $\downarrow$，所以供大于求导致滞销，N_d 不会增加，P 和 W 下降不会导致实际工资下降。

9. 请说明简单凯恩斯模型、IS－LM 模型和 AS－AD 模型这三个模型之间有什么内在联系。(中南财大2013研)

答：(1)简单凯恩斯模型假设价格不变、利息率不变，用乘数理论刻画财政政策效应。该模型对总产出决定和政策效应的分析实际上是总需求分析。

(2) $IS-LM$ 模型保持价格不变的假设，重点引入货币因素从而说明了利息率变动对宏观经济的影响。该模型在利息率可变情况下分析总产出决定，并分析了利息率决定。对财政政策效应的分析既保留了乘数效应，又引入了挤出效应。此外，还分析了货币政策效应。但是，该模型仍然是总需求分析。

(3) 总供求模型引入劳动市场从而分析总供给对宏观经济的影响，于是放弃了价格不变假设。该模型在价格可变的情况下分析总产出决定，并分析了价格水平决定。不仅分析了需求管理政策的产出效应，而且分析了它的价格效应。不仅进行了总需求分析，而且进行了总供给分析。

10. 在宏观层面上，决定一国总体经济表现的根本力量是总供给与总需求，所有的因素可以划归这两个方面。请回答：

(1) 说明如下概念或原理与总供给与总需求的关系：乘数原理，消费、投资、政府购买和净出口四个部门，商品与劳动、货币或资产、劳动力三个市场，*IS-LM* 模型，财政政策与货币政策。

(2) 在推动经济增长的过程中，总供给与总需求各起到什么样的作用？谁更重要？

(3) 从总供给与总需求的角度讨论通货膨胀的可能原因是什么？中国目前的物价上涨主要因素是什么？

(4) 综合考虑问题 (1) 中的所有方面，说明影响投资乘数的因素有哪些？（武汉大学 2008 研）

答：(1) 乘数原理与总需求的关系体现在当总需求构成中的任何一项增加时，就通过乘数效应使总需求发生若干倍的变化；消费、投资、政府购买和净出口构成总需求；商品与劳务、货币或资产、劳动力三个市场共同作用构成总供给和总需求，总需求曲线代表商品市场和货币市场的同时均衡，总供给曲线则代表劳动力市场均衡；$IS-LM$ 模型在价格变动时可以推导出总需求的方程；财政政策与货币政策可以使总需求发生变动，同时总供给和总需求模型可以用来分析财政政策和货币政策的效果。

(2) 在推动经济增长的过程中，在短期内，总需求起到主导作用，总需求决定总产出；在长期内，总供给更重要，当总供给达到潜在 GDP 水平时，总需求的提高不能提高总产出。

(3) 从总供给与总需求的角度讨论通货膨胀的可能原因是：

①需求拉动通货膨胀。需求拉动通货膨胀，又称超额需求通货膨胀，是指总需求超过总供给所引起的一般价格水平的持续显著的上涨。需求拉动通货膨胀理论把通货膨胀解释为“过多的货币追求过少的商品”。

②成本推动通货膨胀。成本推动通货膨胀，又称成本通货膨胀或供给通货膨胀，是指在没有超额需求的情况下由于供给方面成本的提高所引起的一般价格水平持续和显著的上涨。西方学者认为，成本推动通货膨胀主要是由工资的提高造成的。他们把这种成本推动通货膨胀叫作工资推动通货膨胀，以区别于利润提高造成的成本推动通货膨胀。

(4) 影响投资乘数的因素有边际消费倾向、边际进口倾向、边际税率、投资需求对利率变动的反应程度、货币需求对利率变动的敏感程度、货币需求对收入的敏感程度等。

11. 请说明微观 *S-D* 和宏观 *AS-AD* 模型，并比较这二者的异同。（武汉大学 2019 研；中南财大 2016 研）

答：微观 $S-D$ 和宏观 $AS-AD$ 模型分别是微观经济学和宏观经济学重要的理论模型。这两者既有相同点也有一定的差异。

(1)两者的相同点：

微观 $S-D$ 和宏观 $AS-AD$ 模型二者的相同点主要体现在以下两个方面：①在“形式”上有一定的相似之处。微观经济学的供求模型主要说明单个商品的价格和数量的决定。宏观经济中的 $AS-AD$ 模型主要说明总体经济的价格水平和国民收入的决定。②二者在图形上都用两条曲线来表示，在价格为纵坐标，数量(产出)为横坐标的坐标系中，向右下方倾斜的为需求曲线，向右上方延伸的为供给曲线。

(2)两者的不同点：

微观 $S-D$ 和宏观 $AS-AD$ 模型的不同点主要体现在以下三个方面：

①两模型涉及的对象不同。微观经济学的供求模型属于微观领域，而宏观经济中的 $AS-AD$ 模型属于宏观经济领域。

②各自的理论基础不同。微观经济学中的供求模型中的需求曲线的理论基础是消费者行为理论，而供给曲线的理论基础主要是成本理论和市场理论，它们均属于微观经济学的内容。宏观经济学中的总需求曲线的理论基础主要是产品市场均衡理论和货币市场均衡理论，而总供给曲线的理论基础主要是劳动市场理论和总量生产函数，它们均属于宏观经济学的内容。

③各自的功能不同。微观经济学中的供求模型在说明商品价格和数量决定的同时，还可用来说明需求曲线和供给曲线移动对价格和商品数量的影响，充其量这一模型只解释微观市场的一些现象和结果。宏观经济学中的 $AS-AD$ 模型在说明价格和产出决定的同时，可以用来解释宏观经济的波动现象，还可以用来说明政府运用宏观经济政策干预经济的结果。

12. A国经济在1990年代遇到了严重问题。目前尽管名义利率几乎为0，A国经济仍处于严重衰退之中。A国政府被批评为没有处理好本国经济问题。现在，新当选的首相承诺将宣布一揽子新政策以刺激经济走出衰退。假设你是A国首相的经济顾问，受命为他给出下列问题的明确答案：

由于利率政策已被证明是无效的，一项旨在降低所得税的税制改革被作为替代方案加以考虑(相应地减少政府支出以便不会出现财政赤字)。减税对刺激消费需求的有效性是否取决于减税是一时性的还是永久性的？如果是，请解释为什么。

与减税方案相对，一些经济学家提出应增加政府支出以刺激总需求，假设A国劳动市场不存在任何摩擦和扭曲，政府支出增加会增加A国的总产出吗？解释你的回答。

继续假设劳动市场不存在摩擦，解释永久性减税将如何影响劳动市场和总供给。

考虑到你对上述三个问题的回答，你倾向于采用减税政策还是增加政府支出政策？解释你的回答。(北大2003研)

答：(1)减税的有效性取决于减税是否是暂时的。如果减税是一时的，则由于消费者为了保持消费的平稳分配，将会增加储蓄，降低平均消费倾向，使刺激消费需求的有效性降低。如果减税是持久的，则消费者储蓄率不变，增加的收入将更多用于消费，使刺激消费更有效。

(2)政府支出增加不会增加A国的总产出。如果劳动市场不存在任何摩擦和扭曲，则总供给曲线是一条垂直线；增加政府支出导致的总需求右移只会导致价格水平上升，而不会影响产出。

(3)所得税的长期减少使劳动者更愿意供给劳动，劳动供给曲线右移，从而增加均衡劳动投入量。对应的，总供给曲线右移，使总产出增加。

(4)个人倾向采用所得税的长期减少政策。正如上问所答，在迅速出清的劳动力市场，所得税的长期减少带来的劳动力供给增加会迅速形成新的、劳动力投入更高的均衡，使得总供给曲线长期右移，带来产出的增长。但在迅速出清的劳动力市场——垂直的总供给曲线的条件下，仅仅旨在刺激总需求的增加政府支出的政策不会对产出产生影响，反而会导致通胀。

13. 绘制封闭经济下总需求－总供给 *AD－AS* 图。假设美联储增加了货币供应：

(1)在 *AD－AS* 图表上显示政策的短期效果；

(2)在 *AD－AS* 图表上显示从短期均衡到长期均衡的过渡中发生的情况；

(3)如果经济陷入了流动性陷阱，中央银行增加货币供给是否还能够扩张产出？中央银行还有哪些政策工具可以短期扩张产出？（上海财经大学 2020 研）

答：(1)在短期时，货币供给增加，使总需求曲线 AD_1 向右移动至 AD_2，如图 6－14 所示，由于价格在短期内有黏性，经济沿短期总供给曲线从 A 移动到 B，产出和就业高于其自然水平，因此短期内经济处于繁荣状态。

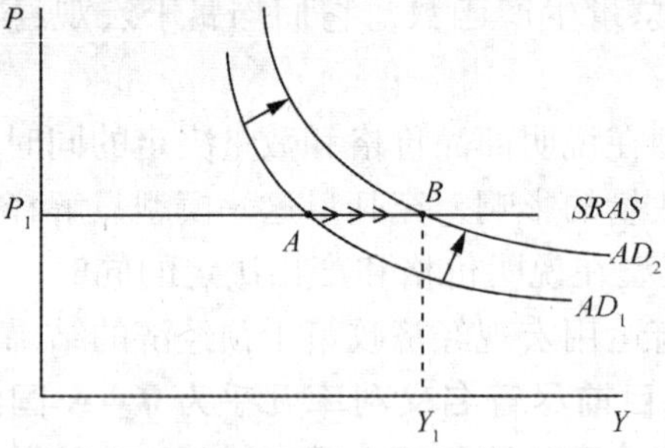

图 6－14

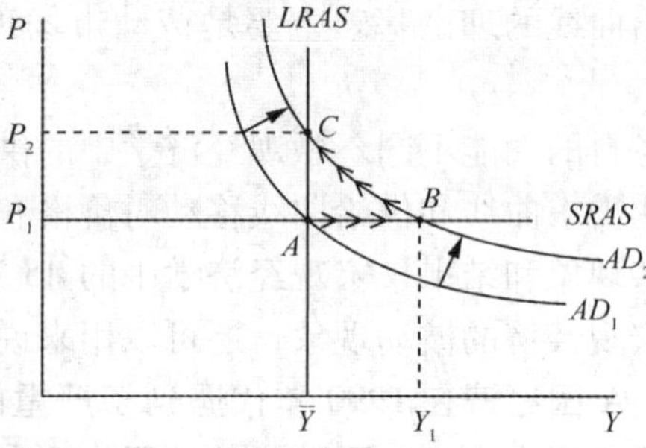

图 6－15

(2)随着时间推移，在长期时，高需求逐渐引起工资和价格水平上升。如图 6－15 所示，价格水平逐渐上升，使经济沿着新的总供给曲线 AD_2 向上移动到 C 点。在新的长期均衡点 C，产出和就业又回到其自然率水平，但价格比在原先的均衡点 A 点时更高了。

(3)流动性陷阱是指当利率极低时，人们会认为这时利率不大可能再下降，或者说有价证券的价格不大可能上升而只会跌落，人们不论有多少货币都愿意持在手中的情况。此时，人们对货币的需求达到无穷大，货币的投机动机为零，这时候即使银行增加货币供给，也不会再使利率下降。

为了扩大产出，中央银行可以采取降低再贴现率、降低存款准备金率和在公开市场上买入证券的方法。

三、计算题

1. 某一两部门的经济由下述关系式描述：消费函数 $C=100+0.8Y$，投资函数为 $I=150-6r$，货币需求函数为 $L=0.2Y-4r$，设 P 为价格水平，货币供给为 $M=150$。试求：

(1)总需求函数；

(2)若 $P=1$，均衡的收入和利率各为多少？

(3)若该经济的总供给函数为 $AS=800+150P$，求均衡的收入和价格水平。（浙江财经大学 2021 研）

解：(1)商品市场均衡时，总产出 $Y=100+0.8Y+150-6r$，化简得 IS 曲线方程：$Y=1250-30r$。

货币市场均衡时，$0.2Y-4r=150/P$，化简得 LM 曲线方程：$Y=750/P+20r$。

联立 IS、LM 曲线方程：

$$\begin{cases} Y=1250-30r \\ Y=\dfrac{750}{P}+20r \end{cases}$$

消去 r 后得到总需求函数为 $AD=Y=500+450/P$。

（2）当 $P=1$ 时，LM 曲线方程：$Y=750+20r$。

联立 IS、LM 曲线方程：

$$\begin{cases} Y=1250-30r \\ Y=750+20r \end{cases}$$

解得：$r=10$，$Y=950$。

即均衡收入是 950，均衡利率是 10（%）。

（3）总需求曲线为：$AD=500+450/P$；总供给曲线为：$AS=800+150P$。

联立总需求、总供给方程，得到 $500+450/P=800+150P$。

解得 $P_1=1$，$P_2=-3$（舍去）。

因此，均衡价格 $P=1$，均衡收入 $Y=500+450=950$。

2. 设一两部门的经济由下述关系式描述：消费函数 $C=100+0.8Y$，投资函数为 $I=150-6r$，货币需求函数为 $L=0.2Y-4r$，设 P 为价格水平，货币供给为 $M=150$。试求：

（1）总需求函数。

（2）若 $P=1$，均衡的收入和利率各为多少？

（3）若该经济的总供给函数为 $AS=800+150P$，求均衡的收入和价格水平。

解：（1）由题意得：

IS 曲线为：$150-6r=0.2Y-100$；

LM 曲线为：$\dfrac{150}{P}=0.2Y-4r$。

总需求曲线为：$Y=500+\dfrac{450}{P}$。

（2）当 $P=1$ 时，根据（1）的结果可求得：$Y=950$，$r=10$。

（3）联立总需求、总供给函数可得：$AS=800+150P=AD=500+\dfrac{450}{P}$。

解得：$P=1$，$Y=950$，即为均衡的价格水平与收入。

3. 在某一三部门的经济中，消费函数为 $C=200+0.75Y$，投资函数为 $I=200-25r$，货币需求函数为 $L=Y-100r$，名义货币供给是 1000，政府购买 $G=50$，求该经济的总需求函数。（中央财大 2015 研）

解：IS 曲线方程：

$$\begin{aligned} Y &= C+I+G \\ &=(200+0.75Y)+(200-25r)+50 \\ &=450-25r+0.75Y \end{aligned}$$

整理得 IS 曲线方程：$Y=1800-100r$ ①

LM 曲线方程：$1000/P=Y-100r$；

整理得 $Y=1000/P+100r$ ②

联立①②方程，可得总需求函数：

$$Y=900+500/P$$

4. 已知某经济体的总量生产函数为 $Y=K^{\alpha}L^{\beta}$，$\alpha+\beta=1$，K 和 L 分别表示资本和劳动，它们的名义价格分别为 R 和 W，产出 Y 的价格为 P。请回答以下问题：

（1）写出劳动需求函数。

（2）写出总供给函数。

（3）假设 $\alpha=\beta=0.5$，$K=500$，$W=25$，$W/P=1$，写出常规的总供给函数和古典学派的总供给函数。（中国海洋大学 2021 研）

解：（1）利润函数为：

$$\pi=PY-WL-RK=PK^{\alpha}L^{\beta}-WL-RK$$

求解一阶条件得：

$$\partial\pi/\partial L=P\beta K^{\alpha}L^{\beta-1}-W=0$$

解得：$L=K\beta^{1/\alpha}(W/P)^{-1/\alpha}$。此即为劳动需求函数。

（2）总供给函数：

$$Y=K^{\alpha}L^{\beta}=K^{\alpha}[K\beta^{1/\alpha}(W/P)^{-1/\alpha}]^{\beta}=K\beta^{\beta/\alpha}(W/P)^{-\beta/\alpha}$$

（3）当 $\alpha=\beta=0.5$，$K=500$，$W/P=1$ 时，总供给函数为：

$$Y=K\beta^{\beta/\alpha}(W/P)^{-\beta/\alpha}=500\times0.5\times1=250$$

因此，古典学派的总供给函数为：$Y=250$。

当 $\alpha=\beta=0.5$，$K=500$，$W=25$ 时，总供给函数为：

$$Y=K\beta^{\beta/\alpha}(W/P)^{-\beta/\alpha}=500\times0.5\times(25/P)^{-1}=10P$$

因此，常规的总供给函数为：$Y=10P$。

5. 某国经济总量生产函数为 $Y=2K^{0.5}L^{0.5}$，其中 Y 为实际产出，K 为资本存量总额且 $K=100$，L 为总劳动力。

（1）求劳动力的需求函数。

（2）用实际工资表示产出。

（3）如果名义工资开始为 4，实际价格水平和预期价格水平均为 1，实际工资目标为 4，计算初始产出水平和充分就业的产出水平。

（4）按照工资黏性模型，假设名义工资固定在 $W=4$，求总供给方程。（对外经贸大学 2013 研）

解：（1）由经济总量生产函数为 $Y=2K^{0.5}L^{0.5}$，将 $K=100$ 代入，可得 $Y=20L^{0.5}$，可得 $MP_L=\dfrac{10}{\sqrt{L}}$。由劳动要素市场均衡条件：$MP_L=\dfrac{W}{P}$，可得 $L=\dfrac{100}{(W/P)^2}$，W 表示名义工资，P 表示价格水平，此即劳动力的需求函数。

（2）由（1）有 $L=\dfrac{100}{(W/P)^2}$，代入生产函数 $Y=20L^{0.5}$，可得产出为 $Y=\dfrac{200}{W/P}$，此即为用实际工资表示的产出水平。

（3）由于名义工资初始为 4，价格水平为 1，则初始产出水平为：

$$Y=\frac{200}{W/P}=\frac{200}{4/1}=50$$

由于预期价格水平也为 1，初始的实际工资水平为 4，等于目标实际工资，故初始经济处于充分就业的产出水平，所以，充分就业的产出水平也为50。

(4)假设名义工资固定在 $W=4$，根据产出函数 $Y=\frac{200}{W/P}$，则可得 $Y=50P$，此即为总供给方程。

6. 假设生产函数和劳动供给函数分别由以下两个式子 $F(N)=20N-N^2$ 和 $N^S=\frac{1}{2}\times\frac{W}{P}$ 刻画，其中 N 为工人人数，W 为名义工资，P 为价格水平。

(1)求解劳动力市场均衡工资水平和均衡雇佣人数。

(2)假设价格水平外生给定，若政府推行最低名义工资水平 $W=50$，计算存在最低工资时的均衡价格水平和就业人数。

(3)在最低名义工资水平为50时，推导总供给曲线。(中央财大2011研)

解：(1)根据生产函数可知劳动的边际产出为：$MP_N=20-2N$。劳动的需求由劳动的边际产出决定，因此劳动的需求函数为：$\frac{W}{P}=20-2N$，即 $N^D=\frac{1}{2}\times(20-\frac{W}{P})$。已知劳动的供给函数，可知劳动市场均衡时有：

$$\frac{1}{2}\times\frac{W}{P}=\frac{1}{2}\times(20-\frac{W}{P})$$

解得：$\frac{W}{P}=10$。

将均衡工资水平 $\frac{W}{P}=10$ 代入劳动需求函数或劳动供给函数，可得均衡雇佣人数 $N=5$。

(2)如果最低名义工资水平 $W=50$ 且此时达到劳动市场均衡，则有劳动的需求函数 $\frac{50}{P}=20-2N$；劳动的供给函数为 $N=\frac{1}{2}\times\frac{50}{P}$，联立方程可得价格水平 $P=5$，就业人数 $N=5$。

(3)在最低名义工资水平为50时，劳动的需求函数为 $\frac{50}{P}=20-2N^D$，可得 $N^D=10-\frac{25}{P}$，劳动供给函数为 $N^S=\frac{25}{P}$，劳动力市场均衡时，价格水平为 $P=5$，就业人数 $N=5$。

①当价格水平 $P\leqslant 2.5$ 时，厂商生产亏损，没有劳动力需求，此时代入生产函数，可得此时总供给曲线为 $F(N)=0$；

②当价格水平 $2.5<P\leqslant 5$ 时，此时劳动力市场供过于求，就业人数为劳动需求量，此时代入生产函数，可得总供给曲线为：$F(N)=20N-N^2=20\left(10-\frac{25}{P}\right)-\left(10-\frac{25}{P}\right)^2=100-\frac{625}{P^2}$；

③当价格水平 $P>5$ 时，此时劳动力市场供不应求，就业人数为劳动力供给人数，代入生产函数，可得此时总供给曲线为：$F(N)=20N-N^2=20\cdot\frac{25}{P}-\left(\frac{25}{P}\right)^2=\frac{500P-625}{P^2}$。

故在最低名义工资水平为50时，总供给曲线为：

$$Y=F(N)=\begin{cases}0 & P\leqslant 2.5\\ 100-\frac{625}{P^2} & 2.5<P\leqslant 5\\ \frac{500P-625}{P^2} & P>5\end{cases}$$

7. 假设经济社会的总需求曲线为：$Y = 667 + 1.11G + 1.11(M/P)$；价格调整曲线为：$\pi = (Y_{-1} - 1500)/1500 + \pi^e$；政府支出 $G = 200$，货币供给 $M = 550$。若预期的通货膨胀率 π^e 始终等于 0，求出经济从 $P_0 = 1.4$ 开始的运行路径；GDP 达到与潜在 GDP 相差 2% 还要多少年？

解：依据题中假设，$\pi = (Y_{-1} - 1500)/1500$ 是没有通货膨胀预期（$\pi^e = 0$）的价格调整方程。在 $P_0 = 1.4$ 的水平下，通过总需求方程可求得一个期初的产出水平 Y_0：

$$Y_0 = 667 + 1.11 \times 200 + 1.11(550/1.4) \approx 1325$$

再由价格调整方程可获得下一年的通货膨胀率水平：

$$\begin{aligned}\pi_1 &= (Y_0 - 1500)/1500 + \pi^e \\ &= (1325 - 1500)/1500 + 0 \approx -0.117\end{aligned}$$

这样，第一年的价格水平 P_1 就为：

$$P_1 = P_0 + P_0\pi_1 = 1.4 + 1.4 \times (-0.117) \approx 1.24$$

把它代入总需求方程可获得 Y_1，再从价格调整方程中求解 π_2，之后，又可获得 P_2，以此类推下去，有：

$$\begin{aligned}&Y_1 = 1381; \pi_2 = -0.079; P_2 = 1.14 \\ &Y_2 = 1425; \pi_3 = -0.05; P_3 = 1.08 \\ &Y_3 = 1454; \pi_4 = -0.031; P_4 = 1.05 \\ &Y_4 = 1470\end{aligned}$$

按照价格调整方程可知，潜在 GDP 的水平为 1500，这样，当实际产出正好与潜在 GDP 相差 30 时，可达到缺口幅度为 2%，这大约需要 4 年时间。

8. 一个经济的总需求和总供给分别为：

$$AD: m + v = p + y$$
$$AS: p = p^e + \lambda(y - y^*)$$

其中，p^e 代表对价格水平的预期，y^* 为充分就业产出水平，m 为货币总量。y 和 λ 为常数。

（1）若预期为完全预期（Perfect Foresight），求出均衡的价格与产出水平。

（2）若货币当局实行了一次意料外的并且是永久性的货币扩张，图解这次政策操作的短期和长期效应。（中山大学 2006 研）

解：（1）如果预期为完全预期，则 $p = p^e$，由总供给 AS：$p = p^e + \lambda(y - y^*)$ 可得，均衡时的产出水平为：$y = y^*$，即产出实现充分就业水平。

此时，由总需求曲线 AD：$m + v = p + y$，可得均衡的价格水平为：$p = m + v - y^*$。

（2）若货币当局实行了一次意料外的并且是永久性的货币扩张，在短期内，人们可能没有意识到货币政策的改变，因此，人们将不会调整其对价格的预期 p^e，因此，经济中的产出将增加。如图 6－16 所示，由于预期 p^e 没有发生改变，短期总供给曲线为 AS_0，货币扩张使总需求曲线从 AD_0 右移至 AD_1，产出从初始充分就业的产出 y^* 增至 y_1，价格水平由 p_0 增至 p_1。

但是，在下一期人们就会意识到发生了永久性的货币扩张，因此，人们将修正其对价格的预期，如图 6－16 所示，总供给曲线将由 AS_0 上移至 AS_1，产出重新恢复到充分就业水平 y^*，价格上升为 p_2。

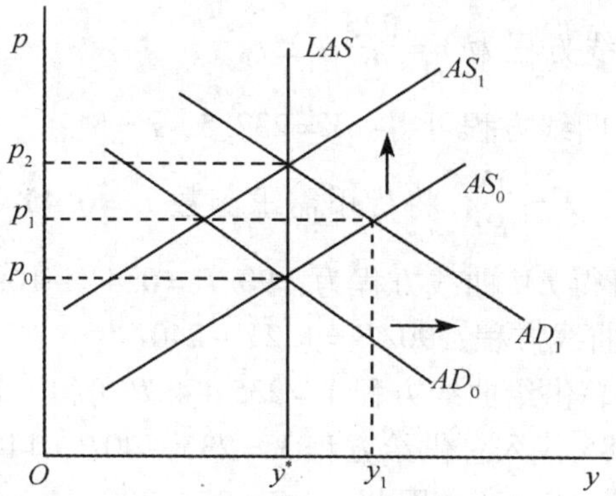

图 6-16　一次意外的并且是永久性的货币扩张的短期和长期影响

因此，货币扩张在短期内提高了产出，但是在长期，人们调整价格预期后，产出维持在充分就业水平不变，货币扩张只会引起价格水平同比例的上升。

9．假定某经济最初的通货膨胀率为18%，政府谋求通过制造10%的失业率来实现通货膨胀率不超过4%的目标，当价格调整方程的系数 $h=0.4$ 时，试问其通货膨胀率下降的过程如何？（浙江理工大学2009研）

解：价格调整方程可写为：$\pi=\pi_{-1}+h\dfrac{Y_{-1}-Y^*}{Y^*}$，其中 π 和 π_{-1} 分别代表本期和上期的通货膨胀率，$\dfrac{Y_{-1}-Y^*}{Y^*}$ 代表实际产出对潜在产出的偏离程度，这里大体上可以衡量失业率，于是：

$$\pi_1=18\%-0.4\times0.1=14\%$$

$$\pi_2=14\%-0.4\times0.1=10\%$$

$$\pi_3=10\%-0.4\times0.1=6\%$$

$$\pi_4=6\%-0.4\times0.1=2\%$$

故经过政府连续制造4年的10%的失业率，可以使通货膨胀率下降到4%以下。

10．三部门组成的经济的消费函数 $C=80+0.8Y_d$，投资函数 $I=20-5r$，货币需求函数 $L=0.4Y-10r$，政府购买支出 $G=20$，税收 $T=0.25Y$，名义货币供应量 $M=90$，充分就业的国民收入为285。其中 r 是利率，Y_d 是可支配国民收入，Y 是国民收入。

（1）若价格水平 $P=2$，则 $IS-LM$ 决定的均衡国民收入与利率各为多少？

（2）若总供给曲线为 $Y=235+40P$，则总需求曲线与总供给曲线决定的均衡国民收入和价格各为多少？

（3）若通过变动政府购买而实现充分就业，试求政府购买的变动量与价格水平。

（4）若通过变动货币供应量而实现充分就业，则需要如何变动货币供应量？（同济大学2012研）

解：（1）三部门经济均衡条件是 $I+G=S+T$。根据可支配收入定义，$Y_d=Y-T=0.75Y$，因此储蓄函数 $S=Y_d-C=-80+0.2Y_d=-80+0.15Y$。将相关函数代入均衡条件可得 IS 曲线方程为：$Y=300-\dfrac{25}{2}r$。

货币市场均衡条件是 $L=\dfrac{M}{P}$，将货币需求函数 $L=0.4Y-10r$ 和实际货币供给函数 $M/P=$

45 代入均衡条件可得 LM 曲线方程为 $Y=\frac{225}{2}+25r$。

联立 IS 曲线方程和 LM 曲线方程可得：$Y=237.5$，$r=5$。

(2)货币市场均衡条件是 $L=\frac{M}{P}$，将货币需求函数 $L=0.4Y-10r$ 和实际货币供给函数 $M/P=90/P$ 代入均衡条件可得 LM 曲线方程为：$90/P=0.4Y-10r$。把 IS 曲线方程的利率代入 LM 曲线方程可得总需求曲线方程：$90/P=1.2Y-240$。

联立总需求曲线方程和总供给曲线方程 $Y=235+40P$ 可得：$Y=275$，$P=1$。

(3)将充分就业的 $Y=285$ 代入总供给方程 $Y=235+40P$，可得：$P=1.25$。将价格 $P=1.25$ 代入总需求方程，可得：$G=35$。因此，$\Delta G=35-20=15$，即政府需要增加 15 单位的购买支出。

(4)同样将价格 $P=1.25$ 代入总需求方程：$M=1.25\times(1.2\times285-240)$，可得：$M=127.5$。因此，$\Delta M=127.5-90=37.5$，即应增加 37.5 单位的货币供应量。

11. 某国经济总量生产函数为 $Y=10\sqrt{L}$，求：

(1)劳动力的需求函数。

(2)用实际工资表示产出。

(3)如果名义工资为 2，价格水平为 1.5，计算产出水平。

(4)按照工资黏性模型，假设名义工资固定在 $W=2$，求总供给方程。(南京大学 2011 研)

解：(1)生产函数 $Y=10\sqrt{L}$对 L 求一阶导数得到劳动的边际产出：

$$MP_L=\frac{\mathrm{d}Y}{\mathrm{d}L}=\frac{5}{\sqrt{L}}$$

令实际工资率 W/P 等于劳动的边际产出 MP_L，得：

$$\frac{W}{P}=MP_L=\frac{5}{\sqrt{L}}$$

得劳动力的需求函数为：

$$L=25/(W/P)^2$$

(2)将(1)中的劳动力需求函数代入总量生产函数并整理得：

$$Y=10\sqrt{L}=50/(W/P)$$

(3)把 $W=2$，$P=1.5$ 代入(2)中式子即得产出水平：

$$Y=50/(W/P)=50/(2/1.5)=37.5$$

(4)如果工资具有黏性且名义工资固定在 $W=2$，则将其代入(2)中的产量表达式得总供给方程：

$$Y=50/(W/P)=25P$$

12. 某个经济体的初始状态如下：$C=500+0.75(Y-T)$，$I=1000-500r$，$M/P=Y-200r$，$G=1000$，$T=1000$，$M=6000$，$P=2$。

(1)写出 IS 和 LM 方程，计算均衡利率和均衡收入水平。

(2)假设政府减税 15%，央行则想通过调节货币供给保证利率不变，那么新的收入水平是多少？新的货币供给是多少？

(3)保持原有税收和货币供给水平，写出总需求方程。(武汉大学 2019 研)

解：(1)由三部门经济核算方程：$Y=C+I+G=500+0.75(Y-1000)+1000-500r+$

1000，得到 IS 方程：$Y=7000-2000r$。

由 $M/P=6000/2=Y-200r$ 得到 LM 方程：$Y=3000+200r$。

联立 IS 方程和 LM 方程，解得均衡利率 $r=20/11$，均衡收入水平 $Y=37000/11$。

(2)政府减税 15%后 $T'=1000\times(1-15\%)=850$。

由三部门经济核算方程得到新的 IS 方程：$Y=7450-2000r$。

要保持利率 $r=20/11$ 不变，新的收入水平为 $Y'=7450-2000\times20/11=41950/11$。

新的货币供给 $M'=2\times(41950/11-200\times20/11)=6900$。

(3)联立 IS 方程 $Y=7000-2000r$ 和 LM 方程 $6000/P=Y-200r$，得总需求方程：

$$Y=(60000+7000P)/(11P)$$

13. 已知：线性生产函数、成本加成的定价原则和菲利普斯曲线，菲利普斯曲线为：$g_w=-\varepsilon(u-u^*)$，其中 g_w 为名义工资增长率，u 为实际失业率，u^* 为自然失业率，ε 为名义工资增长率对失业率变动的敏感程度。试推导凯恩斯主义的短期总供给曲线。

解：生产函数(线性)：$Y=aN+b$，其中，Y：产出水平；N：就业量。

成本(加成)：$P=(1+z)W/a$ ①

其中，z：加成比例；W/a：单位产品劳动成本。

菲利普斯曲线：$g_w=-\varepsilon(u-u^*)$，由 $g_w=(W_{t+1}-W_t)/W_t$，得：

$$W_{t+1}=W_t[1-\varepsilon(u-u^*)] \quad ②$$

根据失业率的定义，可以有下式：$u-u^*=(N-N^*)/N^*$，其中，N：实际就业水平；N^*：充分就业水平。将上式代入②中得：

$$W_{t+1}=W\{1-\varepsilon[(N-N^*)/N^*]\} \quad ③$$

变换①得：$W=aP/(1+z)$，代入③中得：

$$aP_{t+1}/(1+z)=[aP_t/(1+z)]\cdot\{1-\varepsilon[(N-N^*)/N^*]\}$$

化简：$P_{t+1}=P_t\cdot\{1-\varepsilon[(N-N^*)/N^*]\}$ ④

将 $Y=aN+b$ 变换成 $N=(Y-b)/a$，代入④并化简得：$P_{t+1}=P_t\{1+\varepsilon[(Y^*-Y)/(Y^*-b)]\}$。

令 $\lambda=\varepsilon/(Y^*-b)$，则得到总供给曲线方程：$P_{t+1}=P_t[1+\lambda(Y-Y^*)]$。

四、论述题

1. 什么是长期和短期？有人说，在宏观经济分析中，短期看需求，长期看供给。谈谈你对这句话的理解。(中山大学 2013 研)

答：(1)短期是指厂商来不及调整全部生产要素的数量，至少有一种生产要素的数量是固定不变的时期。通常认为劳动要素的数量在短期是可变的，资本要素的数量在短期不变。在短期，价格、工资缺乏伸缩性，往往在某一预先决定了的水平上保持不变。短期中总供给曲线是平坦的，该曲线固定价格水平于供给曲线相交于纵轴之点，形成对照的是产量可取任何值。所以在短期中，产量只取决于总需求而价格不受产量水平的影响。

长期是指生产者可以调整全部生产要素数量的时期。在长期，价格、工资被认为具有充分的伸缩性，并且能够对需求和供给的变化做出及时有效的反应；长期中，总供给曲线是垂直的，产出水平只取决于总供给，价格水平则取决于总需求和总供给。很高的通货膨胀率都是由总需求的变化引起的。

(2)在宏观经济学中，短期看需求，长期看供给，主要是说明在长期和短期，需求和供给对国民经济产出的不同影响。下面分别加以说明：

①短期看需求。

短期中，由于短期内，厂商不愿调整工资与价格而倾向于更容易进行的改变产量活动，因而总供给曲线是平坦的，影响产量的因素在于需求。如图6－17所示，*AS*为一条水平的短期总供给曲线，此时产量只取决于总需求而价格不受产量水平的影响，若总需求增加，*AD*曲线右移至*AD'*，产出从*Y*增加到*Y'*，价格水平不变。此种情形即为凯恩斯供求曲线下的情形。

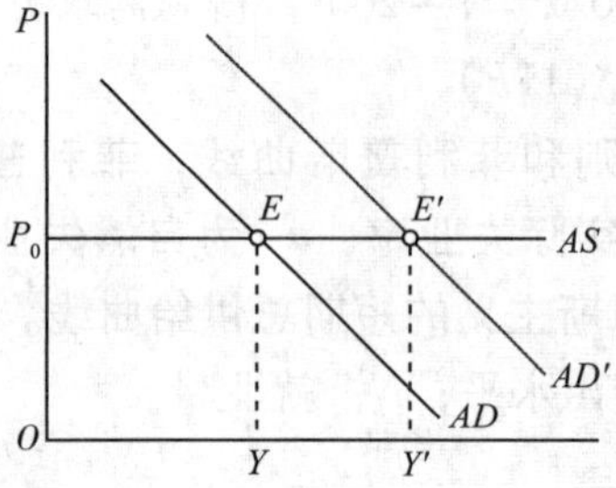

图6－17 短期中的总需求与总供给

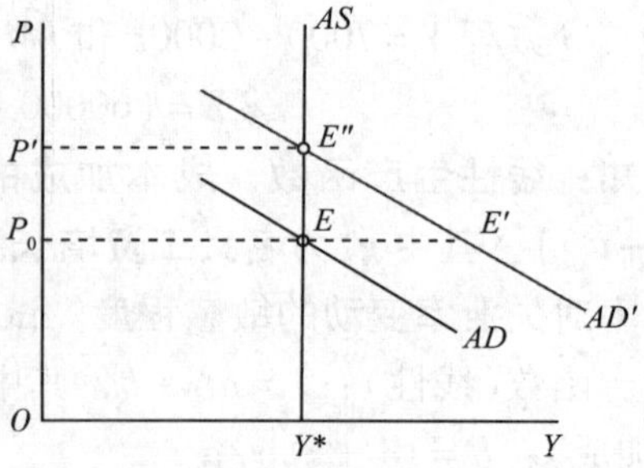

图6－18 长期中的总需求与总供给

②长期看供给。

在长期中，价格、工资被认为具有充分的伸缩性，经济位于潜在(自然)产出水平，因而总供给曲线是垂直的，产量固定在供给曲线相交于横轴的位置上。相比之下，价格水平是可以取任何值的。

如图6－18所示，经济初始均衡点位于点*E*，若总需求增加使得总需求曲线从*AD*右移到*AD'*，由于总供给不变，总需求的增加最终使得物价水平从P_0上涨到*P'*，但产出不变。由此得出，长期中，产量只取决于总供给，而价格则取决于总供给与总需求两者。此种情况为古典供给曲线下的情形。

因此在宏观经济分析中，短期看需求，长期看供给概括了长期和短期中，总需求和总供给模型中需求和供给变动对经济均衡的影响。短期看需求长期看供给，并不意味着在短期只需要考虑需求，长期只需要考虑供给，而是不同时期的主导因素不同。

2. 试说明总需求曲线的推导过程。(北航2005研；上海财大2003研)

答：总需求曲线表示在满足产品市场的均衡条件和满足货币市场的均衡条件时，价格和国民收入之间的关系。下面从收入—支出曲线和*IS*－*LM*曲线这两种方法来推导出凯恩斯模型的总需求曲线。

(1) 根据简单收入决定模型推导，如图6－19(a)和6－19(b)所示。

当价格水平为P_0时，均衡的总支出或收入为Y_0，于是在图6－19(b)图中得到与P_0相应的Y_0，即图6－19(b)中的*A*点。*A*即为总需求曲线上的一点。

当价格水平发生变动，如从P_0上升为P_1。在构成总支出的其他因素不发生变动的情况下，价格上升将导致消费支出和投资支出的下降，从而使总支出下降，表现在图6－19(a)图中，总支出从AE_0下降为AE_1，从而使均衡收入从Y_0下降为Y_1，于是又得到了图6－19(b)图中的*B*点，*B*点也是总需求曲线上的一点。

将*A*、*B*等这类的点用曲线连接起来，便得到图6－19(b)图中的总需求曲线。

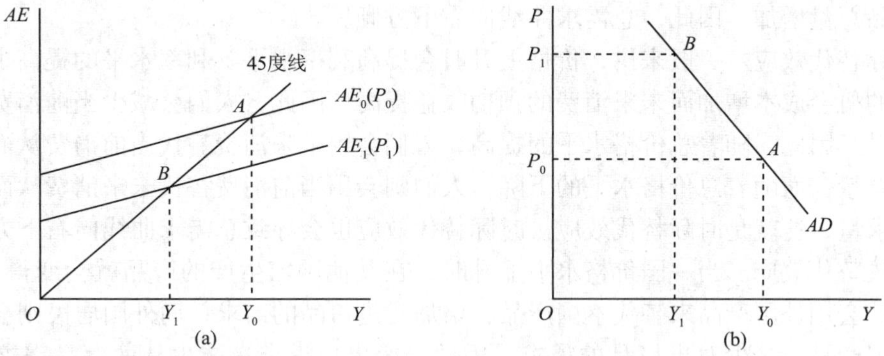

图 6 – 19　根据简单收入决定模型推导总需求曲线

(2) 根据 $IS-LM$ 模型推导，如图 6 – 20(a)和图 6 – 20(b)所示。

图 6 – 20(a)为 $IS-LM$；图 6 – 20(b)表示价格水平和总需求量之间的关系，即总需求曲线。当价格为 P_1 时，此时的 LM 曲线(P_1)与 IS 相交于 E_1，E_1 点所表示的国民收入和利率顺次为 Y_1 和 r_1。将 P_1 和 Y_1 标在图 6 – 20(b)中便得到总需求曲线上的 D_1 点。

现假设 P 由 P_1 下降为 P_2。由于 P 的下降，LM 曲线右移到(P_2)位置，它与 IS 的相交点为 E_2 点，又可在图 6 – 20(b)中找到 D_2 点。D_2 点也是总需求曲线上的一点。

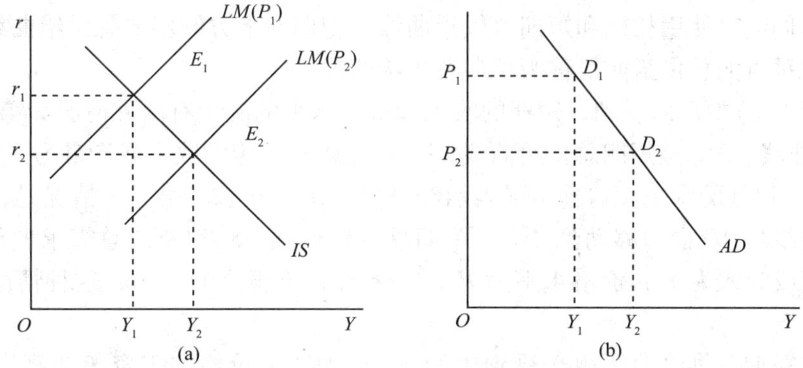

图 6 – 20　根据 $IS-LM$ 模型推导总需求曲线

按照同样的程序，随着 P 的变化，LM 曲线和 IS 曲线可以有许多交点，每一个交点都标志着一组特定的 Y 和 r，于是就有许多对 P 和 Y 的组合，从而构成图 6 – 20(b)中的一系列点。把这些点连在一起，便得到总需求曲线。

3. 总需求曲线为什么向右下方倾斜？(南开大学 2018 研；山东大学 2016 研)

答：(1)从总需求曲线的获得方法来看：

总需求曲线的推导参见论述题第 2 题。从总需求曲线推导中可以看到，总需求曲线表示社会的需求总量和价格水平之间的反向的关系，即总需求曲线是向右下方倾斜的。

(2)从总需求曲线的产生效应来看：

总需求曲线向右下方倾斜主要取决于实际余额效应、时际替代效应和开放替代效应三个因素。

①实际余额效应。当价格水平上升时，人们手中名义资产的数量不会改变，但以货币实际购买力衡量的实际资产的数量会减少。因此，人们在收入不变的情况下就会减少对商品的需求量而增加名义资产数量以维持实际资产数额不变，这就是实际余额效应。实际余额效应的结果是价格水平上升时，人们所愿意购买的商品总量减少；价格水平下降时，人们所愿意

购买的商品总量增加。因此，总需求曲线向右下方倾斜。

②时际替代效应。一般来讲，价格上升时会提高利率水平。利率水平的提高也就意味着当前消费的机会成本增加而未来消费的预期收益提高。因此，人们会减少当前消费量，增加未来消费量。因此，随着总价格水平的提高，人们会用未来消费替代当前消费从而减少对商品的需求总量；而随着总价格水平的下降，人们则会用当前消费替代未来消费从而增加对商品的总需求量，这就是时际替代效应。时际替代效应也会导致总需求曲线向右下方倾斜。

③开放替代效应。当一国价格水平上升时，在其他国家生产的产品就会变得相对便宜，本国居民就会用外国产品来替代本国产品，增加对进口品的需求；而外国居民则会用本国产品替代外国产品，减少对出口品的需求，因此，净出口需求量减少从而商品需求总量会减少。因此，总价格水平上升，人们会用进口替代出口，从而减少对国内商品的需求量；而总价格水平下降，人们则会用出口替代进口，从而增加对国内商品的需求量，这就是开放替代效应。当一个经济对外开放时，开放替代效应就构成了总需求曲线向右下方倾斜的另一个原因。

4. 主流经济学派是如何利用总需求和总供给的均衡来解释宏观经济运行的？（人大2002研）

答：作为凯恩斯主义重要代表的主流经济学派试图用总供给曲线和总需求曲线解释宏观经济运行。他们同时使用长期和短期总供给曲线，把向右上方倾斜的总供给曲线称为短期总供给曲线，把垂直的总供给曲线称为长期总供给曲线。

从图6－21(a)中可以看到，短期的收入和价格水平的决定有两种情况。第一种情况是，AD是总需求曲线，AS_s是短期总供给曲线，二者交点E决定的收入或产量为Y，价格水平为P，二者都处于很低的水平。这种情况表示经济处于萧条状态。第二种情况是，当总需求增加，总需求曲线从AD向右移动到AD'，短期总供给曲线AS_s和新的总需求曲线AD'的交点E'决定的产量或收入为Y'，价格水平为P'，二者都处于很高的水平，这种情况表示经济处于高涨状态。

现在假定短期总供给曲线由于受到供给冲击（如石油价格和工资等提高）而向左移动，但总需求曲线不发生变化。在这种情况下，短期收入和价格水平的决定可用图6－21(b)表示。

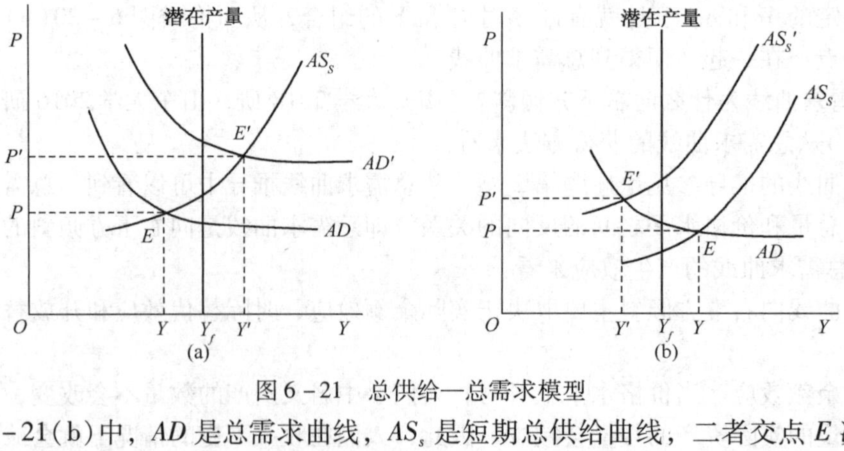

图6－21　总供给—总需求模型

在图6－21(b)中，AD是总需求曲线，AS_s是短期总供给曲线，二者交点E决定的产量或收入为Y，价格水平为P。现在出现供给冲击，AS_s左移到AS_s'，与总需求曲线AD交于E'，E'点所决定的产量为Y'，价格水平为P'。这个产量低于原来的产量，而价格水平却高于原来的价格水平，这种情况表示经济处于滞胀状态，即经济停滞和通货膨胀结合在一起的状态。

5. 主流学派的短期总供给曲线是如何得到的，其政策含义如何？（厦门大学 2004 研）

答：总供给是指整个经济社会在每一价格水平下提供的产品和劳务的总量。总供给函数表示国民收入（总产出量）和价格水平之间的数量关系。描述这一函数关系的曲线就是总供给曲线，可以用来表示国民收入和价格水平的各种不同组合。按照价格在不同时期变动的情况，宏观经济学将总产出与价格水平之间的关系分为两种情况，即长期总供给曲线和短期总供给曲线。

短期总供给曲线的两个假设为：①货币工资刚性，只能升不能降；②人们有“货币幻觉”，只注意货币的票面价值，而忽视货币的实际购买力。

（1）短期总供给曲线的推导过程：

在图 6－22（a）中的 N_s 和 N_d 相交于均衡点 E。在该点，充分就业的实际工资水平和就业量顺次为$\left(\frac{W}{P_0}\right)$和 N_0。

图 6－22（b）是生产函数的图形，表示就业量和国民收入之间的关系。该图表明，当就业量为 N_0 时，相应的国民收入为 Y_0。这相当于把 N_0 代入生产函数，以便求得 Y_0 的数值。

图 6－22（c）的斜线是一条 45°线。该线用来把 Y_0 的数值从纵轴转换到横轴，因为，45°线上的任何一点到纵横两轴的垂直距离总是相等的。

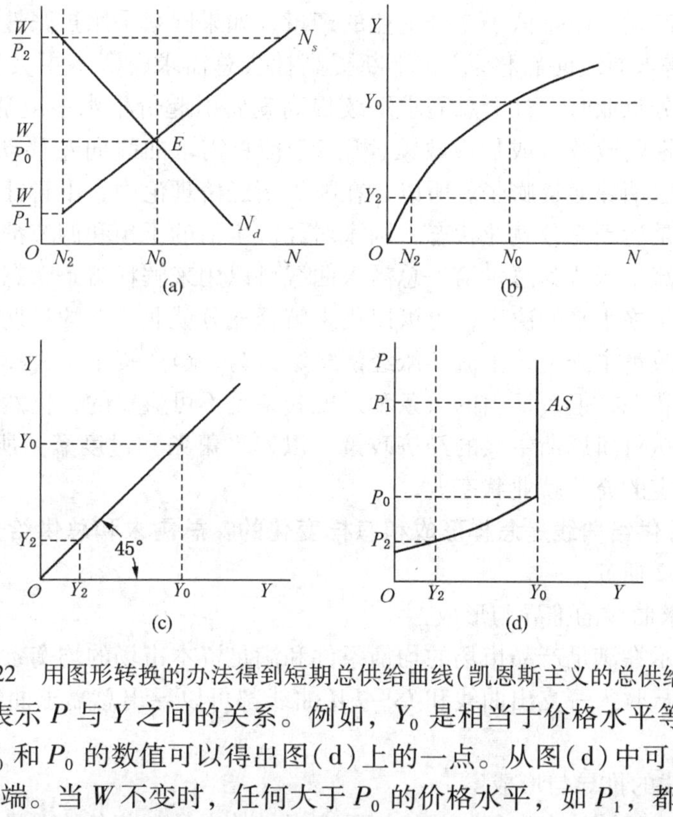

图 6－22　用图形转换的办法得到短期总供给曲线（凯恩斯主义的总供给曲线）

图 6－22（d）表示 P 与 Y 之间的关系。例如，Y_0 是相当于价格水平等于 P_0 时的国民收入的数值。根据 Y_0 和 P_0 的数值可以得出图（d）上的一点。从图（d）中可以看到，这一点相当于垂直线段的底端。当 W 不变时，任何大于 P_0 的价格水平，如 P_1，都会使图（a）的实际工资水平小于$\left(\frac{W}{P_0}\right)$的数值。在图（a）的$\left(\frac{W}{P_1}\right)$的实际工资水平上，劳动的需求都大于劳动的供给。这时，企业之间争相雇佣劳动者会提高货币工资。按照假设条件，货币工资的上升不会

受到阻挠，所以货币工资会很快上升到使根据新的价格水平(P_1)而计算出的实际工资等于原有的实际工资$\left(\frac{W}{P_0}\right)$的水平。图(a)表明，相当于$\left(\frac{W}{P_0}\right)$水平的实际工资，就业量为$N_0$。通过图(b)和图(c)转换，相当于$N_0$的国民收入为$Y_0$，因此，在图(d)中得到了相当于$P_1$和$Y_0$之点。上述转换不但适用于$P_1$，而且也适用于任何大于$P_0$的价格水平。这样，便得到图(d)中的垂直线段。

现在，假设价格水平下降到小于P_0的数值，譬如说为P_2的数值。在货币工资不变的情况下，实际工资$\left(\frac{W}{P_2}\right)$会处于图(a)所示的较高的位置。图(a)表明：相对于$\left(\frac{W}{P_2}\right)$的实际工资，虽然劳动的供给很大，但企业为了取得最大利润只能雇佣N_2数量的劳动者，因此，就业量为N_2。N_2通过图(b)和图(c)的转换，成为图(d)中的Y_2。这样，得到图(d)中的相当于Y_2和P_2之点。由于Y_2和P_2分别小于Y_0和P_0，所以这一点处于图(d)垂直线底端的左下方。上述情况不但适用于P_2，而且也适用于任何小于P_0的价格水平，因此，就可得到图(d)中的向左下方倾斜的线段。把倾斜线段和垂直线段连接在一起便是凯恩斯主义的总供给曲线。

(2)短期总供给曲线的政策含义：

对于凯恩斯(主流学派)总供给曲线(AS)的政策含义，必须把它和凯恩斯总需求曲线(AD)结合起来，即从$AS-AD$模型中才能看到。按照修正的凯恩斯$AS-AD$模型，总供给和总需求决定的均衡产量一般是低于充分就业的产量，如果国家采用扩张性的财政政策或货币政策(相当于使总需求曲线向右移动)，不断提高社会总需求，资本主义经济就可以实现充分就业。在达到充分就业时，社会总需求继续提高就要引起价格水平上涨，出现通货膨胀。如果国家采用紧缩性财政政策或货币政策(相当于使总需求曲线向左移动)，来降低与压缩社会总需求，就可以消除通货膨胀。所以，在凯恩斯经济理论中，不管社会经济是处在低于充分就业状态，还是达到充分就业状态，国家对经济生活的干预和调节都是必要的。

也就是说，主流学派认为总供给—总需求曲线可以用来解释萧条状态、高涨状态和滞胀状态的短期收入和价格水平的决定，也可以用来解释充分就业状态的长期收入和价格水平的决定。相应地，在政策主张上，主流学派经济学家认为，虽然资本主义经济在长期内可以处在充分就业的均衡状态，但短期内的萧条和过度繁荣是不可避免的，仍然可以给社会带来损失。因此，有必要执行凯恩斯主义的经济政策，以熨平萧条和过度繁荣所带来的经济波动，使经济持续处于稳定的充分就业状态。

6. 总需求和总供给曲线是怎样形成和怎样变化的？总需求和总供给分析的政策意义是什么？(北师大2002研)

答：(1)总需求曲线的推导与形成：

总需求曲线表示在满足产品市场的均衡条件和满足资本市场的均衡条件时，价格和国民收入之间的关系。从收入—支出曲线和$IS-LM$曲线都可以导出总需求曲线，推导过程参见论述题第2题。

(2)总供给曲线的推导与形成：

总供给是指整个经济社会在每一价格水平下提供的产品和劳务的总量。总供给函数表示国民收入(总产出量)和价格水平之间的数量关系。描述这一函数关系的曲线就是总供给曲线，可以用来表示国民收入和价格水平的各种不同组合。按照价格在不同时期变动的情况，宏观经济学将总产出与价格水平之间的关系分为两种情况，即长期总供给曲线和短期总供给曲线。

①长期总供给曲线的形成及其意义。

在长期中，价格和货币工资具有伸缩性，因此，经济的就业水平就会处在充分就业的状态上。在不同的价格水平下，当劳动市场存在超额劳动供给时，货币工资就会下降。反之，当劳动市场存在超额劳动需求时，货币工资就会提高。最后会使实际工资调整到使劳动市场达到均衡的水平。换句话说，在长期中，经济的就业水平并不随着价格水平的变动而变动，而始终处在充分就业的状态上。在长期中，经济的产量水平也将位于潜在产量或充分就业的水平上，不受价格变动的影响。因此，在长期中，总供给曲线是一条位于经济的潜在产量水平上的垂直线，如图 6－23 所示。

垂直的长期总供给曲线表明，在长期中，经济的产出主要由充分就业的劳动力数量所决定，从而独立于价格水平。换句话说，当经济中价格水平变化时，在经济中的货币工资调整发生之后，长期的产量水平并不发生变动，而始终处于充分就业的产量水平上。

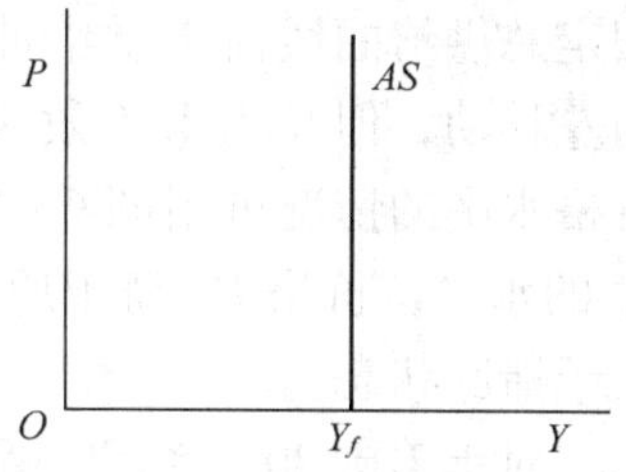

图 6－23　长期总供给曲线

②短期总供给曲线的形成及其意义。

参见论述题第 5 题。

（3）总需求与总供给分析的政策意义：

总需求是指整个国民经济中对商品和劳务的总需求量，表示为一定时期内的货币流量。总需求分析方法是指从全体需求者角度分析需求量大小变化对于其他经济总量变量影响之间关系的一种宏观分析方法。

总供给是指整个国民经济的生产能力即在充分就业情况下的总产出。总供给分析方法是指从全体供给者角度分析供给条件和能力对于其他经济总量变量影响之间关系的一种宏观分析方法。

总需求与总供给分析是指作为凯恩斯主义重要代表的主流经济学派试图用总供给曲线和总需求曲线解释宏观经济运行的分析方法。具体分析参见论述题第 4 题。

7. 解释总供给曲线三个区域的含义，用总供给—总需求模型解释西方国家 20 世纪 70 年代的滞胀和美国 20 世纪 90 年代的新经济。（电子科技大学 2004 博）

答：（1）总供给是指整个经济社会在每一价格水平下提供的产品和劳务的总量。总供给函数表示国民收入（总产出量）和价格水平之间的数量关系。描述这一函数关系的曲线就是总供给曲线，可以用来表示国民收入和价格水平的各种不同组合。总供给曲线是一条混合的具有不同性质的曲线，它被分为凯恩斯区域、中间区域、古典区域。如图 6－24 所示。

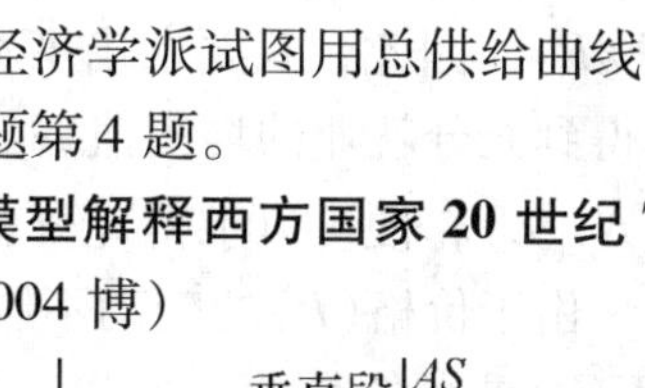

图 6－24　总供给曲线三个区域

①凯恩斯区域（水平段）。这是凯恩斯的总供给曲线——水平段区域，表示凯恩斯区域内一般价格水平不变，而国民收入可以变动。这是由于在严重的失业情况下，经济社会存在大量的闲置资源，总产量水平很低，产量增加不会形成资源供给不足而造成一般物价水平上升，同时，价格又有刚性，导致工资和物价不下降。

②中间区域（正斜率段）。这是正常情况下的供给曲线，此时供给曲线是向上倾斜，产

量和一般物价水平同方向变化。这时，随着产量的增加，产出的边际成本也增加，价格提高，进而导致一般价格水平的上升。正斜率段是处在大量资源闲置与充分就业状态的中间地带。在产量从水平段右端上升时，总有些发展较早较快的部门靠近充分就业，在其他价格水平稳定时，靠近充分就业部门出现"瓶颈"状况，则产品的价格会上升，当产量持续增加时，会有越来越多的部门达到饱和状态，由于生产成本上升，再增加产量已变得困难，于是，随着产量的不断增加，总供给曲线变得陡峭起来，最终进入垂直阶段。

③古典区域(垂直段)。这是古典主义的供给曲线——垂直段区域。不论价格水平如何提高，产量都不会增加，Y_0 为充分就业时的产量，即全社会所能生产的最大产量。这是传统理论所考察的经济社会存在充分就业趋势，各种资源都会得到充分利用的情形。

(2)对于西方国家 20 世纪 70 年代出现滞胀，分析如下：假定总供给曲线由于供给冲击(如石油价格和工资等提高)而向左移动，但总需求不发生变化。在这种情况下短期收入和价格水平的情况可用图 6－25 来表示。此时产出 Y_1 低于原来 Y_0 的水平，价格 P_1 高于原来 P_0 的水平，这种情况表示经济处于滞胀状态。

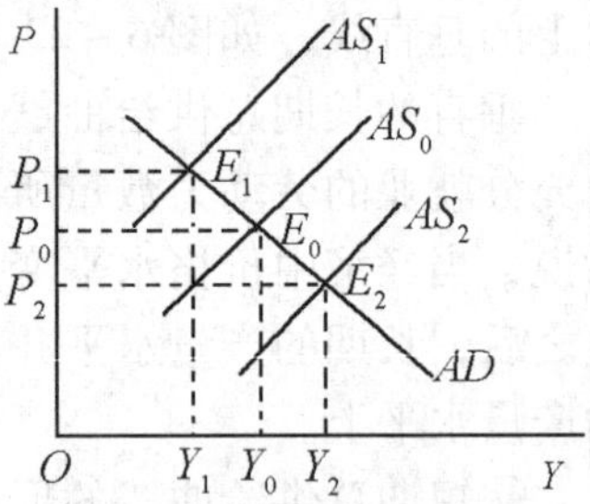

图 6－25　滞胀与新经济

对于美国 20 世纪 90 年代新经济的分析如下：假定总供给曲线由于供给冲击(如计算机网络的应用)而向右移动，但总需求不发生变化。在这种情况下短期收入和价格水平的情况可用图 6－25 来表示。此时产出 Y_2 高于原来 Y_0 的水平，价格 P_2 低于原来 P_0 的水平，这种情况表示经济处于新经济状态，即高增长、高就业、低通货膨胀。

8. 试推导古典经济学的短期总供给曲线，并指出其政策含义。

答：(1)凯恩斯以前的古典总供给曲线是西方学者根据古典宏观经济模型中劳动市场模型和生产函数得出的。这一总供给曲线的导出过程如下：

从古典宏观经济模型的劳动市场的均衡方程可知，方程中有待决定的变量为实际工资(W/P)，因此，只要求出 W/P 的数值，并代入劳动市场的均衡式 $N_d(W/P)=N_s(W/P)$，便能得到充分就业的均衡值 N_f。再代入生产函数 $Y=Y(N, \bar{K})$，便可以求得充分就业的收入 Y_f。

由于价格(P)的变动不影响根据 $N_d(W/P)=N_s(W/P)$ 求得的数值，所以，把这个数值代入 $N_d=N_d(W/P)$ 或 $N_s=N_s(W/P)$ 而得到的 N_f 也不受 P 的影响。同样，把 N_f 代入生产函数 $Y=Y(N, \bar{K})$ 而得到的 Y_f 也不受 P 的影响。这样，如果用纵坐标代表 P，用横坐标代表 Y，那么，由此而得到的表示 P 与 Y 之间的关系的曲线便是一条垂直线。该线与原点之间的距离为 Y_f。这条表示 P 与 Y 之间的数量关系的垂直线 AS 被西方学者称为古典宏观经济模型的总供给曲线(图 6－26)。

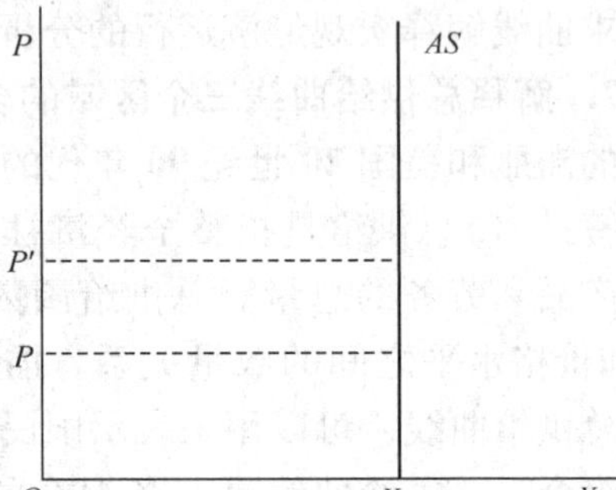

图 6－26　古典宏观经济模型的总供给曲线

(2)古典总供给曲线的政策含义：

由上述推导过程可知：AS 垂直线的含义为，不论价格水平如何变化，整个社会所能"提供的"国民收入均为它的充分就业的数值。而总供给曲线的政策含义可通过把这一曲线和"古典"宏观经济模型的总需求曲线结合起来，根据总需求曲线的移动得出，如图 6－27

所示。

在图 6 – 27 中，总供给曲线(AS)和总需求曲线(AD)相交于 E 点，对应于 E 的价格水平为 P，国民收入为 Y_f。如果国家执行货币政策来扩大货币供给量(M)，那么，按照古典模型，其结果只不过是把 AD 线移到 AD' 的位置。AD' 和 AS 相交于 E' 点。对应于 E' 点，价格水平为 P'，国民收入并没有改变，仍然为 Y_f。

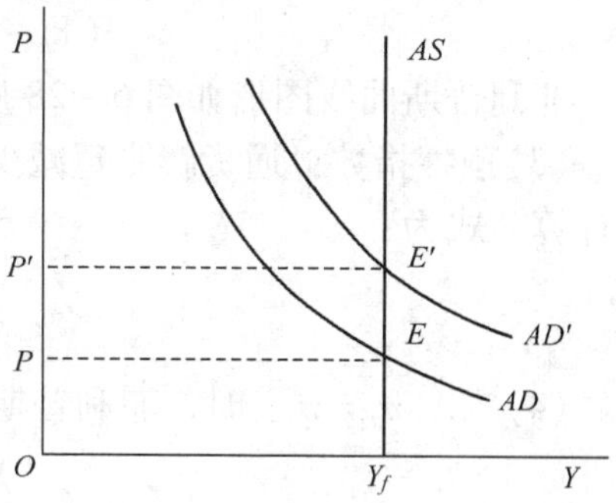

图 6 – 27　总供给曲线和总需求曲线

以上结果说明，由于总供给曲线是一条垂线，所以不论总需求如何变化，总供给和总需求曲线相交总是对应于充分就业 Y_f 点。这就是说，不会长期处于大量失业的状态。此外，由于 AD 线的移动只会影响价格水平，而不会影响国民收入，所以通过经济政策来改变总需求并不能对宏观经济的运行产生任何实质性的后果，而仅仅会使价格水平发生波动。

9．假设有下列形式的总供给曲线：

$$y_t = y_t^n + x(\pi_t - {}_{t-1}\pi_t),\ x > 0$$

y 代表 $\ln(Y)$，Y 是总产出，Y_t^n 是自然失业率下的产出(natural rate of output)，π_t 代表通货膨胀率，${}_{t-1}\pi_t$ 代表在 $t-1$ 期形成的对第 t 期通货膨胀率的预期。

(1)简要解释名义工资黏性程度(degree of rigidity of the nominal wage)增大，参数 x 的变化。(不超过 100 字)

(2)将总供给曲线改写成菲利普斯曲线(Phillips curve)并且在(π，Y)坐标图中画出来(将此曲线的重要性在图中标明)。

(3)用通常语言描述和解释怎样计算牺牲指数(sacrifice ratio)。(不超过 100 字)

(4)假设通货膨胀的预期根据 ${}_{t-1}\pi_t = \pi_{t-1}$ 形成，$x = 0.5$，初始稳态通货膨胀率为 5%。假设自然失业率下的产出不受总需求管理的影响。中央银行希望将稳态通货膨胀率降到 2% 的水平。

①在第一期，中央银行实施紧缩的货币政策，使实际的(actual)产出水平比自然失业率下的产出低 1 个百分点。实际的(actual)通货膨胀率会降低多少？预期通货膨胀率怎样变化？

②第二期，中央银行继续实施紧缩的货币政策，使实际的(actual)产出水平比自然失业率水平下产出低 0.5 百分点。实际的(actual)通货膨胀率会降低多少？预期通货膨胀率怎样变化？

③第三期，中央银行实行中性货币政策，而且 $Y = Y^n$。第三期实际的通货膨胀率是多少？

④将①、②和③的结果在菲利普斯曲线图上画出来。

⑤假设理性预期，即 ${}_{t-1}\pi_t = \pi_t$，简要讨论扩张性货币政策对产出水平、价格和就业的影响。(北大 2004 研)

解：(1)名义工资黏性越大，工资越不容易随劳动力市场供需变化而调整，因此当实际通货膨胀率不等于预期通货膨胀率时，由于名义工资黏性造成的实际产出与充分就业水平产出差距越大，也就是 x 值越大。

(2)菲利普斯曲线函数为：

$$(Y_t - Y_t^n) = x(\pi_t - {}_{t-1}\pi_t), x > 0$$

菲利普斯曲线图形如图 6 - 28 所示。

(3)牺牲指数：通货膨胀每减少一个百分点所必须放弃的一年实际 GDP 增长的百分比。其计算公式为：

$$牺牲指数 = \frac{\Delta Y/Y}{\Delta \pi}$$

(4)当${}_{t-1}\pi_t = \pi_{t-1}$时，菲利普斯曲线函数可以写为：

$$(Y_t - Y_t^n) = x(\pi_t - \pi_{t-1})$$

$Y_t - Y_t^n$ 表示实际产出与自然失业率下的产出的差距，$\pi_t - \pi_{t-1}$表示通货膨胀率的改变量，其中 $\pi_0 = 5\%$。

①第一期，$Y_1 - Y_1^n = -1\%$，$\pi_1 - \pi_0 = \frac{Y_1 - Y_1^n}{x} = \frac{-1\%}{0.5} = -2\%$，即实际通货膨胀率会下降2%，实际通货膨胀率为 $\pi_1 = \pi_0 - 2\% = 5\% - 2\% = 3\%$。预期通货膨胀率也调整为3%。

②第二期，$Y_2 - Y_2^n = -0.5\%$，$\pi_2 - \pi_1 = \frac{Y_2 - Y_2^n}{x} = \frac{-0.5\%}{0.5} = -1\%$，即实际通货膨胀率会下降1%，实际通货膨胀率为 $\pi_2 = \pi_1 - 1\% = 3\% - 1\% = 2\%$，预期通货膨胀率也相应下降为2%。

③第三期，$Y_3 = Y_3^n$，第三期实际的通货膨胀率为：$\pi_3 = \pi_2 = 2\%$。

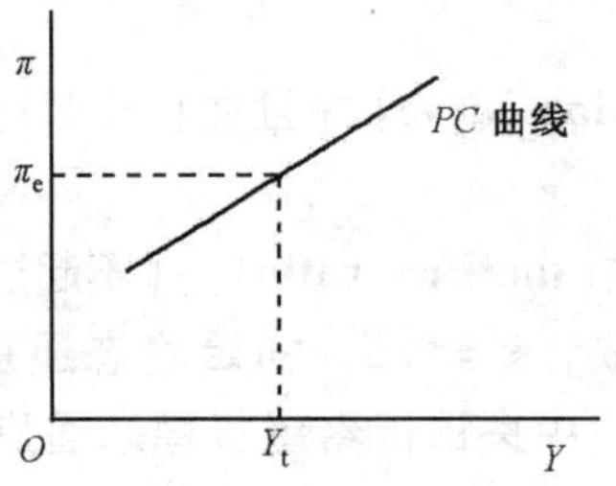

图 6 - 28　菲利普斯曲线

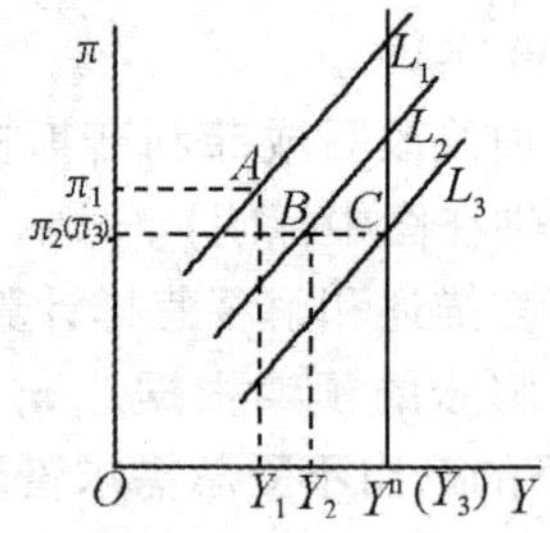

图 6 - 29

④第一、二、三期的图形结果如图 6 - 29 所示。

图 6 - 29 中，π_1、π_2、π_3 分别表示第一、第二、第三期的通货膨胀率，Y_1、Y_2、Y_3 表示第一、第二、第三期实际的产出水平，Y^n 表示充分就业下的产出水平。由于通货膨胀预期变化，在第一、第二、第三期的菲利普斯曲线分别为 L_1、L_2、L_3。

⑤在理性预期条件下，$\pi_t = {}_{t-1}\pi_t$，所以 $Y_t = Y_t^n$。此时货币政策不会影响产出和就业，产出水平总是等于充分就业状态时的水平，就业水平也总是等于自然失业率水平下的就业水平，而价格因为货币供给量的增加而上升。

第7章　开放经济的宏观经济理论

7.1　考点难点归纳

考点一：汇率

1. 汇率的定义、标价方法及分类(见表7-1)

表7-1　汇率的定义、标价方法及分类

要点		具体内容
定义		指将一个国家的货币折算成另一个国家货币时使用的比率，即用一国货币表示的另一国货币的价格
标价方法	直接标价法	①直接标价法是指以一单位的外国货币为标准，折算为一定数额的本国货币来表示汇率的方法，即以本国货币表示外国货币的价格。 ②在直接标价法下，外币币值变化的方向与汇率变化的方向相同。 ③世界上大多数国家(包括我国)都采用直接标价法表示汇率
	间接标价法	①间接标价法是指以一单位的本国货币为标准，折算成一定数额的外国货币来表示汇率的方法，即以外国货币表示本国货币的价格。 ②在间接标价法下，外币币值变化的方向与汇率变化的方向相反。 ③目前，采用间接标价法的国家主要有美国和英国
分类	名义汇率	指1单位外币所能交换的本币数量，是两种货币的交换比率
	实际汇率	指名义汇率用两国价格水平调整后的汇率，即外国商品与本国商品的相对价格，它反映了本国商品的国际竞争力。实际汇率与名义汇率之间的换算公式为：$\varepsilon = e \times (P/P_f)$。式中，$\varepsilon$为实际汇率；$P$和$P_f$分别为国内与国外的价格水平；$e$为间接标价法下的名义汇率

2. 汇率制度(见表7-2)

表7-2　汇率制度

汇率制度		具体内容
固定汇率制		指以某些相对稳定的标准或尺度，如以货币含金量为依据，来确定汇率水平的一种制度
浮动汇率制	含义	指一国货币的汇率并非固定，而是由自由市场的供求关系所决定的制度
	分类	根据政府对汇率是否进行干预，分为自由浮动汇率制和管理浮动汇率制。 ①自由浮动汇率制：政府对外汇市场不加干预，完全听任外汇市场供求力量的对比，自发地决定本国货币对外国货币的汇率； ②管理浮动汇率制：政府对外汇市场进行公开的或不公开的干预以影响外汇供求关系，使汇率向有利于自己的方向变动

3. 均衡汇率

(1)自由浮动制度下汇率的决定：

在浮动汇率制下，如同商品价格取决于商品供求并且影响商品供求一样，汇率取决于外汇供求并影响外汇供求，因而可以从供求关系角度对汇率形成机制进行分析。如果外汇市场上外汇供给大于需求，本币升值；如果外汇市场上外汇供给小于需求，本币贬值。通过汇率的自由浮动，实现国际收支平衡。

因此，当市场上的供给等于市场上的需求时，外汇市场就达到了均衡的状态，汇率达到了均衡。

(2)固定汇率制度的运行：

在固定汇率制下，中央银行为本国货币确定一个固定的价格，并通过对外汇市场的干预维持既定的汇率水平。当国际收支盈余，本国货币有升值压力时，中央银行在外汇市场上用本币买进外币、抛出本币，维持汇率稳定；当国际收支赤字，本国货币有贬值压力时，中央银行在外汇市场上买进本币、抛出外币，维持汇率稳定。

(3)购买力平价：

购买力平价是指一种传统的，但在实际中不太成立的汇率决定理论。它认为货币如果在各国国内具有相等的购买力，那么这时的汇率就是均衡汇率。购买力平价理论的思想基础是，如果一国的货物相对便宜，那么人们就会购买该国货币并在那里购买商品。购买力平价成立的前提是一价定律，即同一商品在不同国家的价格是相同的。

购买力平价存在两种形式：

①绝对购买力平价，即两国货币的兑换比率等于两国价格水平的比率；

②相对购买力平价，指两国货币兑换比率的变动，等于两国价格水平变动的差额。

但由于运输成本及关税等因素的存在，这种情况并非是实际上的那样。此外，汇率并非由商品和劳务的国际贸易决定，而是由外汇的供求、资本转移以及政府的汇率政策等决定的，因而实际汇率会经常背离购买力平价，况且在许多情况下也难以对不同国家选择一套合适的商品加以比较，并计算平衡价格。

4. 实际汇率和贸易余额

净出口被定义为出口与进口的差额。净出口与实际汇率之间的关系为：实际汇率越低，净出口越大；反之，则越小。可以把实际汇率与净出口之间的关系写为：$NX=NX(\varepsilon)$。这个式子说明，净出口是实际汇率的函数。

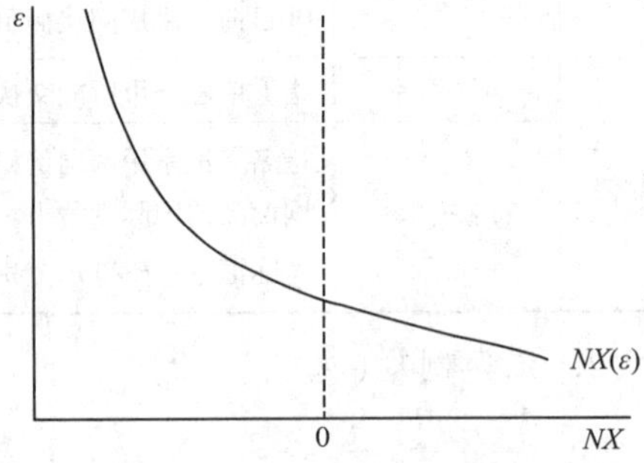

图7－1　净出口与实际汇率

图7－1说明了净出口与实际汇率之间的负相关关系：实际汇率越低，国内产品相对于国外产品越便宜，从而净出口量越大。要注意的是横轴衡量 NX 负值的那一部分：由于进口可以大于出口，所以，净出口可以小于零。

5. “马歇尔－勒纳”条件和J曲线效应

(1)“马歇尔－勒纳”条件：

本国货币贬值能否改善一国贸易收支状况，取决于出口商品的需求弹性和进口商品的需求弹性。在进出口商品的供给弹性趋于无穷大的前提下，如果两者的绝对值之和大于1，则本国货币贬值可以改善一国贸易收支状况。这一结论首先由马歇尔提出，又经勒纳发挥，因此称为“马歇尔－勒纳”条件。用公式表示为：$|\eta_x|+|\eta_m|>1$。其中，η_x 表示出口需求价格弹性，η_m 表示进口需求价格弹性。证明如下：

假定以 X 表示本币计值的出口量，M 表示外币计值的进口量，E 表示外汇汇率(直接标价法)，B 表示以外币计值的贸易收支差额，则有：$B=X/E-M$。

对外汇汇率 E 求导、并变形有：

$$\frac{\mathrm{d}B}{\mathrm{d}E}=\frac{X}{E^2}\left(\frac{\mathrm{d}X}{\mathrm{d}E}\cdot\frac{E}{X}-\frac{M\cdot E}{X}\cdot\frac{\mathrm{d}M}{\mathrm{d}E}\cdot\frac{E}{M}-1\right)$$

令 $|\eta_x|$、$|\eta_m|$ 分别表示出口商品和进口商品弹性的绝对值，则有：

$$\frac{\mathrm{d}B}{\mathrm{d}E}=\frac{X}{E^2}\left(|\eta_x|+\frac{M\cdot E}{X}|\eta_m|-1\right)$$

由于假设初始国际收支处于均衡状态，即 $M\cdot E=X$，有：

$$\frac{\mathrm{d}B}{\mathrm{d}E}=\frac{X}{E^2}(|\eta_x|+|\eta_m|-1)$$

很显然，当 $|\eta_x|+|\eta_m|>1$ 时，$\mathrm{d}B/\mathrm{d}E>0$，即本币贬值有助于改善国际收支。条件 $|\eta_x|+|\eta_m|>1$ 就是马歇尔－勒纳条件。

(2)J 曲线效应：

当一国货币贬值后，最初会使贸易收支状况进一步恶化而不是改善，只有经过一段时间以后贸易收支状况的恶化才会得到控制并趋于好转，最终使贸易收支状况得到改善。这个过程用曲线描述出来，与英文字母“J”相似，所以贬值对贸易收支改善的时滞效应被称为 J 曲线效应，如图 7－2 所示。

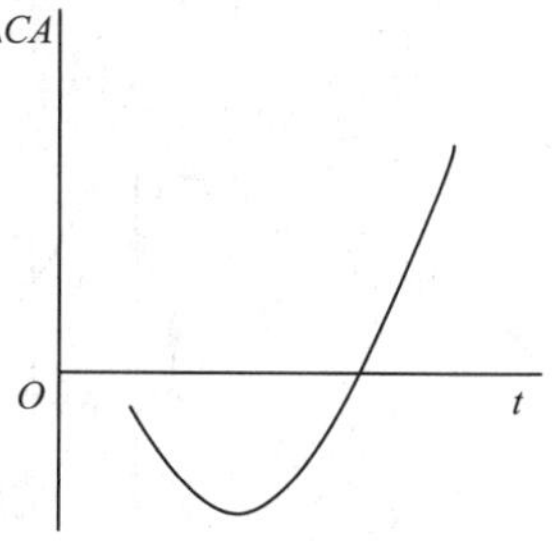

图 7－2　J 曲线效应

J 曲线效应表明即使满足了马歇尔－勒纳条件，贬值也不能立即导致贸易差额的改善。在通常情况下，一国的货币贬值并不会立即引起贸易收入增加，这是因为，从货币贬值到贸易收支状况改善之间，存在着以下几种时滞：

①货币贬值后，本国出口商品的新价格的信息还不能立即为需求方所了解，即存在认识时滞。

②存在着决策时滞，即供求双方都需要一定时间判断价格变化的重要性。

③供给方国内对商品和劳务的供应不能立即增加，即存在生产时滞。

④供给方和需求方都需要一定时间处理以前的存货，即存在取代时滞。

⑤把商品、劳务运经国际市场还需一段时间，即存在着交货时滞。

因此，货币贬值初期，由于出口价格降低但出口数量却没能同步增加，因而导致总的出口收入反而降低，从而使得国际收支状况会进一步恶化。只有经过一段时间，汇率贬值引起的出口价格降低使得出口数量更大幅度上升，出口国国际收支状况才会逐步改善，达到汇率贬值的效果。

考点二：蒙代尔－弗莱明模型概述

蒙代尔－弗莱明模型(Mundell-Fleming model，简称 M－F 模型)被描述为“研究开放经济货币政策和财政政策的主导政策范式”，是 *IS－LM* 模型在开放经济中的形式，同样假定物价水平是固定的，并说明是什么因素引起总产出的短期波动。该模型扩展了开放经济条件下不同政策效应的分析，说明了资本是否自由流动以及不同的汇率制度对一国宏观经济的影响。

1. 关键假设：资本完全流动的小型开放经济

(1)小型经济：所考察的经济体只是世界市场的很小的一部分，对世界利率不产生影响。

(2)资本完全流动：该国居民可以完全进入世界金融市场，尤其体现在该国政府并不阻止国际借贷。

(3)小型开放经济中的利率 r 必定等于世界利率 r_w。

2. 开放经济的 IS^* 曲线

与封闭经济一样，开放经济的 IS^* 曲线的推导也要从国民收入恒等式入手。根据蒙代尔－弗莱明模型的假设，即小型开放经济中的利率 r 必定等于世界利率 r_w 以及实际汇率与名义汇率是同比例的，可得开放经济的 IS^* 方程式如下：$Y=C(Y-T)+I(r_w)+G+NX(e)$。

如图 7－3 所示，开放条件下的 IS^* 曲线向右下方倾斜，表明汇率和总收入(总产出)负相关，因为较高的汇率减少了净出口，进而减少了总收入。

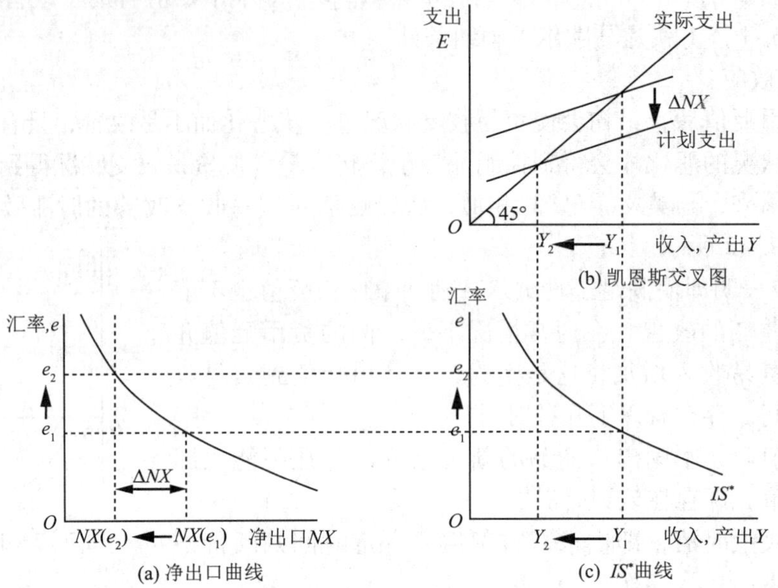

图 7－3 开放经济的 IS^* 曲线

3. 开放经济的 LM^* 曲线

与封闭经济一样，开放经济的 LM^* 曲线可从货币市场均衡条件入手。根据蒙代尔－弗莱明模型的假设，即小型开放经济中的利率 r 必定等于世界利率 r_w，可得 LM^* 方程式如下：$M/P=L(r_w,\ Y)$。

根据 LM^* 方程式可得出开放条件下的 LM^* 曲线，如图 7－4 所示。图 7－4 中，LM^* 曲线与横轴垂直。LM^* 曲线之所以垂直是因为汇率并没有进入 LM^* 方程式。给定世界利率，无论汇率如何，LM^* 方程式决定了总收入。与封闭经济的 LM 曲线一样，当货币供给量 M 增加时，LM^* 曲线向右移动；当 M 减少时，LM^* 曲线向左移动。

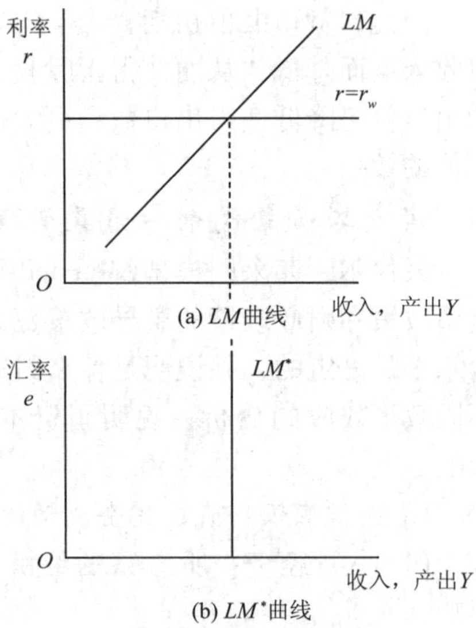

图 7－4 开放经济的 LM^* 曲线

4. 蒙代尔－弗莱明模型

将 IS^* 曲线和 LM^* 曲线综合在一起就形成了蒙代尔－弗莱明模型，它可以用以下两个方程式来表示：

产品市场的均衡：$Y=C(Y-T)+I(r_w)+G+NX(e)$。

货币市场的均衡：$M/P=L(r_w, Y)$。

如图 7－5 所示，经济的均衡处于 IS^* 曲线和 LM^* 曲线的交点。这个交点表示产品市场与货币市场都均衡时的汇率与收入水平。

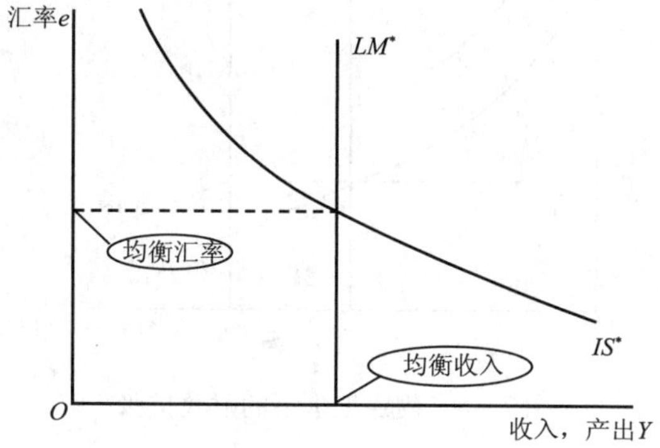

图 7－5　蒙代尔－弗莱明模型

考点三：蒙代尔－弗莱明模型的应用

1. 浮动汇率下的财政政策和货币政策

(1)财政政策的影响：

在浮动汇率的小型开放经济中，当政府希望通过增加政府购买或减税刺激国内支出时，IS_1^* 向右移动到 IS_2^*，汇率上升，而收入水平保持不变，如图 7－6 所示。其原因在于：政府增加支出或减税，国内利率上升，从而资本迅速流入国内，导致本币升值，本币升值减少了净出口，从而抵消了扩张性财政政策对收入的影响。

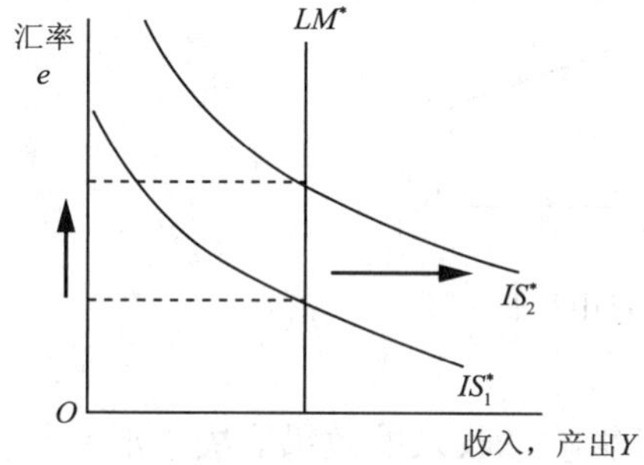

图 7－6　浮动汇率下的财政扩张

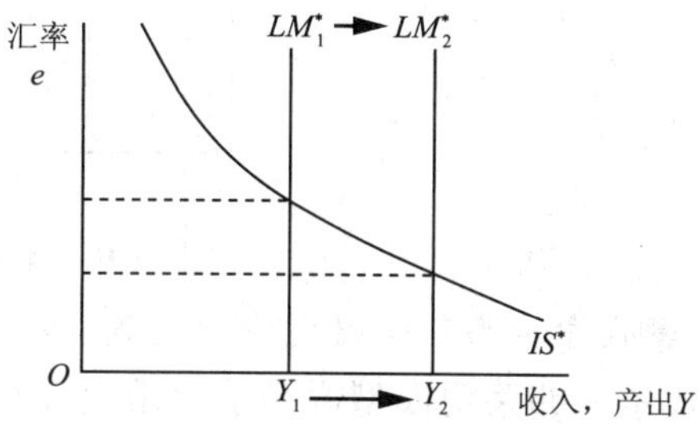

图 7－7　浮动汇率下的货币扩张

(2)货币政策的影响：

在浮动汇率的小型开放经济中，当政府增加货币供给时，LM_1^* 向右移动到 LM_2^*，汇率下降，收入水平提高，如图 7－7 所示。其原因在于：货币供给增加，国内利率下降，进而发生资本大规模外流，导致本币贬值，本币贬值刺激净出口，从而使收入水平提高。因此，在一个小型开放经济中，货币政策通过改变汇率而不是改变利率来影响收入。

2. 固定汇率下的财政政策和货币政策

(1)财政政策的影响：

在固定汇率的小型开放经济中，当政府希望通过增加政府购买或减税刺激国内支出时，总收入增加。其原因在于：政府增加支出或减税，对汇率产生了向上的压力。为了维持本国汇率的稳定，中央银行在外汇市场上买进外汇、抛售本币，引起货币扩张，导致图 7－8 中的 LM^* 曲线向右移动，收入从 Y_1 增加到 Y_2。

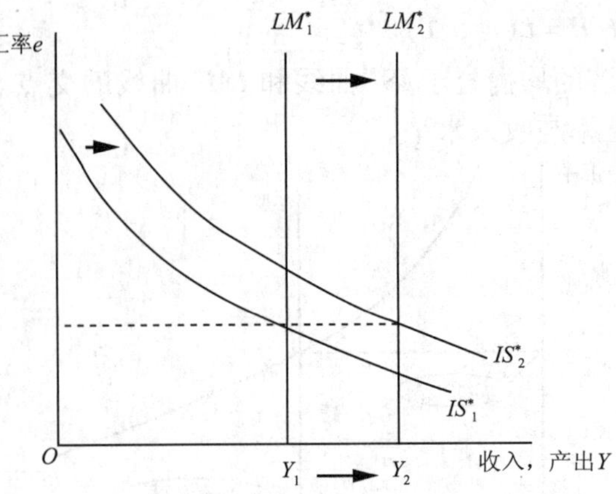

图7-8　固定汇率下的财政扩张

(2)货币政策的影响：

在固定汇率的小型开放经济中，当政府增加货币供给时，对汇率产生了向下的压力。为了维持本国汇率的稳定，中央银行在外汇市场上卖出外汇、买进本币，引起货币收缩，导致图7-9中的 LM^* 曲线回到其初始位置。因此，在固定汇率的小型开放经济中，货币政策通常是无效的。

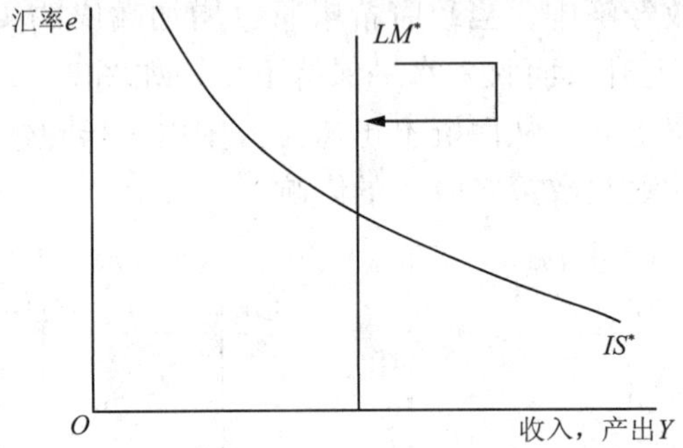

图7-9　固定汇率下的货币扩张

3. 蒙代尔-弗莱明模型中的政策：小结

蒙代尔-弗莱明模型说明了货币政策与财政政策影响总收入的效果取决于汇率制度。在浮动汇率制度下，只有货币政策能影响收入；在固定汇率制度下，只有财政政策能影响收入。

7.2　考研真题与典型题

一、名词解释

1. 国际收支平衡表(武汉理工大学2009研；财政部财科所2004研)

2. 国内均衡和国外均衡(武汉大学2001研)

3. 边际进口倾向(北航2005研)

4. 净出口函数(中国海洋大学2019研)

5. 购买力平价(purchasing power parity)(中央财大2018、2014研；北师大2015研；深圳大学2015研；社科院2015研；厦门大学2013研；中南财大2013研)

6. 马歇尔-勒纳条件(Marshall-Lerner Condition)(南京财经大学2009研)

7. 对外贸易乘数(Foreign Trade Multiplier)(华中科大 2008、2006 研)

8. 实际汇率(兰州大学 2019 研；中山大学 2018 研；东北财大 2017 研；上海大学 2017 研；浙江理工大学 2015 研；武汉大学 2014 研)

9. 浮动汇率制(南京财经大学 2022 研；哈尔滨工业大学 2020 研；中央财经大学 2016 研)

10. J 曲线效应(J-Curve Effects)(中南财经政法大学 2021 研)

11. 米德冲突(中国海洋大学 2011 研)

12. 丁伯根原则

二、简答题

1. 资本完全流动的含义是什么？在小国和大国模型中，资本完全流动带来的结果有什么不同？(东北财大 2013 研)

2. “经常项目”下的货币可兑换的涵义是什么？我国目前为什么实行在“经常项目”下的人民币可兑换政策？(东南大学 2003 研)

3. 在小型开放经济条件下，国内财政政策和保护主义贸易政策的变动如何影响实际汇率？(厦门大学 2005 研)

4. *IS* 曲线的斜率在封闭经济和开放经济中有何不同？

5. 固定汇率制有哪些特征？在国际收支盈余时政府如何进行调节？(华南师范大学 2011 研)

6. 什么是开放经济下的一价定律？它的成立条件是什么？

7. 说明一国在固定汇率制度和资本完全流动下的货币政策效果。(暨南大学 2011 研；山东大学 2011 研)

8. 在一小国开放经济中，投资需求增加会如何影响贸易余额？(西安交大 2011 研)

9. 在短期模型中，比较开放条件和封闭条件下扩张性货币政策对总需求及其组成部分影响传导机制的差异。(人大 2013 研)

10. 简述储蓄、投资与净资本输出之间的关系。(武汉大学 2012 研)

11. 假设某浮动汇率的小型开放经济处于衰退且贸易平衡。如果决策者希望达到充分就业同时保持贸易平衡，他们应如何选择货币政策和财政政策的组合？(东北财大 2014 研)

12. 试用资本完全流动的蒙代尔－弗莱明模型讨论固定汇率与浮动汇率制下的财政政策和货币政策效应。(中国石油大学(北京)2018 研)

三、计算题

1. 什么是购买力平价理论？假设我们用 CPI 衡量国家的物价水平，A 国为本国，CPI_A 为 8%，B 国为外国，CPI_B 为 2%，A 国的汇率 $e=6$，表示为 1 个单位 B 国货币兑 6 单位的 A 国货币。根据购买力平价计算 A 国的真实汇率。(中央财大 2012 研)

2. 某国的宏观经济模型如下：

收入 $$Y=C+I+G+NX \quad ①$$

消费 $$C=80+0.63Y \quad ②$$

投资 $$I=350-2000r+0.1Y \quad ③$$

实际货币需求 $$M/P=0.1625Y-1000r \quad ④$$

净出口 $$NX=500-0.1Y-100(EP/P_W) \quad ⑤$$

实际汇率 $$EP/P_W=0.75+5r \quad ⑥$$

其中政府支出 G 为 750，名义货币供给 M 为 600，假定其他国家的价格水平 P_W 始终为 1.0，该国的价格水平为 1.0。

(1)推导出总需求曲线的代数表达式；

(2)求由模型所决定的 Y、r、C、I、NX 的值。

3. 在不考虑资本流动和汇率变动的情况下，已知某经济社会的宏观模型为：

$$Y = C + I + X - M$$
$$C = 40 + 0.8Y$$
$$I = 50$$
$$X = 100$$
$$M = 0.2Y + 30$$

充分就业时的产出水平 $Y_f = 500$。求：

(1)外贸乘数。

(2)产品市场均衡的产出水平及贸易收支。

(3)使贸易收支均衡的产出水平。

(4)实现充分就业时的贸易收支。

4. 考虑一个由以下方程式所描述的经济：$Y = C + I + G + NX$，政府采购 $G = 200$；税收 $T = 200$；消费 $C = 100 + 0.75(Y - T)$；投资 $I = 400 - 20r$；净出口 $NX = 200 - 200e$；利率 $r = r^* = 5$。其中，Y 表示总收入，e 表示汇率，r^* 表示世界利率。又假设货币需求函数为 $(M/P)^d = Y - 100r$，货币供给 $M = 1000$，物价水平 $P = 2$，该经济实行的是浮动汇率制。请问：

(1)该经济 IS^* 曲线和 LM^* 曲线的方程分别是多少？

(2)市场实现均衡时，该经济的国民收入、均衡汇率、贸易余额、投资又为多少？(厦门大学 2013 研)

5. 利用数学方法证明开放经济的政府购买乘数不可能大于封闭经济的政府购买乘数。(上海交大 2006 研)

6. 在一个小国模型中，不考虑价格变化(简化为 1)。假设货币需求是 $L = 0.2Y - 10r$，Y 和 r 分别为收入和利率，货币供给 $M = 200$，消费 $C = 60 + 0.8Y_d$，Y_d 为可支配收入，税收 $T = 100$，投资 $I = 150 - 2r$，政府支出 $G = 100$，贸易收支平衡。

(1)求在封闭条件下均衡的国民收入、利率和投资；

(2)如果该国资本完全自由流动，当世界市场利率为 1.5%，则均衡的国民收入为多少？

(3)在开放条件(资本自由流动)下，当政府支出从 100 增加到 120 时，均衡的国民收入怎样变动？“挤出效应”是多少？(南开大学 2010 研)

7. 某小型开放经济，$Y = C + I + G + NX$，其中总产出 $Y = 5000$，政府支出 $G = 1000$，税收 $T = 1000$，消费 $C = 250 + 0.75(Y - T)$，投资 $I = 1000 - 50r$，净出口 $NX = 500 - 500e$，世界利率 $r = 5$。

(1)求该经济的储蓄、投资、净出口和均衡汇率；

(2)如果政府 G 上升到 1250，求此时该经济的储蓄、投资、净出口和均衡汇率。(浙江财经大学 2020 研)

四、论述题

1. 美国的金融危机对美国本国和别的国家的宏观经济如何造成影响以及造成什么影响？(北师大 2009 研)

2. 为应对金融危机，美国政府实施了财政刺激计划，国债纪录屡创新高。2011 年 5 月 16 日，美国国债终于触及国会所允许的 14.29 万亿美元上限。2011 年 8 月 2 日美国国会通过了债务上限协议，同意将债务上限从 2.1 万亿美元提高至 2.4 万亿美元，但代价是未来十年内需削减 1.2 万亿美元规模的财政赤字。请根据宏观经济理论分析：

(1)美国债务危机产生的原因？

(2)试说明美国政府应该怎样选择债务融资与货币融资来弥补赤字？

(3)美国债务危机对中国经济的影响。(对外经贸大学 2012 研)

3. 画图说明如何通过凯恩斯框架的 *IS* - *LM* 模型和蒙代尔 - 弗莱明模型分别推导出封闭经济和小型开放经济下的总需求曲线，并分别解释封闭经济和小型开放经济下价格总水平与总需求负相关的作用机制。(中央财大 2014 研)

4. 在“三元悖论”中，在资本账户开放、汇率固定和货币政策独立三个方面，一个国家只能实现其中两个。请问为什么？(浙江财经大学 2021 研)

5. 假定与货币需求有关的物价水平包括进口产品的价格，而进口产品的价格取决于汇率。这就是说，货币市场可以表述为：$\frac{M}{P}=L(r,\ Y)$。这里，$P=\lambda P_d+(1-\lambda)P_f/e$。参数 P 是物价指数，λ 是国内产品的比例。假定国内产品价格 P_d 和用外国货币表示的外国产品的价格 P_f 是固定的。

(1)假如我们根据 P_d 与 P_f 的给定值(而不是通常所用的 P)画出 *LM* 曲线。解释为什么在这个模型中这条曲线 *LM* 向右上方倾斜，而不是垂直的。

(2)在这个模型中，在浮动汇率下，扩张性财政政策的影响是什么？请解释并与标准的蒙代尔 - 弗莱明模型进行对比。

(3)假定政治不稳定提高了该国的政治风险贴水，从而使利率上升。在这个模型中，它对利率、物价水平和总收入的影响是什么？与标准的蒙代尔 - 弗莱明模型进行对比。(上海财大 2008 研)

7.3　考研真题与典型题详解

一、名词解释

1. 国际收支平衡表(武汉理工大学 2009 研；财政部财科所 2004 研)

答：国际收支平衡表系统地记录一定时期内各种国际收支项目及其金额的一种统计报表。该表按照复式簿记的原理编制。它表明在过去一段时期内以货币表示的对外支出和从国外得到的收入的对比，表明该国从国外所收款项的用途、对外支出资金的来源。国际收支平衡表包括三大部分：①经常项目，包括商品与劳务项目；②资本项目，包括短期资本与长期资本项目；③平衡项目，包括官方储备资产与错误及遗漏项目。国际收支平衡表为研究国际收支状况提供了必要的条件，它是一种重要的经济分析工具，能帮助了解一国的经济、金融状况及其发展趋势，因而对于编制国际收支平衡表的国家和其他国家都有积极作用。

2. 国内均衡和国外均衡(武汉大学 2001 研)

答：国内均衡是指商品和劳务的需求足以保证非通货膨胀下的充分就业，也即非贸易品市场处于供求相等的均衡状态。国外均衡是指项目收支平衡，也即贸易品的供求处于均衡状态。国外均衡理论主要是指英国经济学家詹姆斯·米德开创性地提出了“两种目标、两种工具”的理论模式，即在开放经济条件下，一国经济如果希望同时达到对内均衡和对外均衡的目标，则必须同时运用支出调整政策和支出转移政策两种工具。

3. 边际进口倾向(北航 2005 研)

答：边际进口倾向是指进口量的变动对引起这种变动的收入变动的比率，即每增加一单位国民收入的变动量所能引起进口变动的比率。国民收入变动之所以能影响进口量，是因为，如果一国的国民收入增加，那么该国的消费，特别是对奢侈品的消费将增加，于是将向外国购买更多的商品，即进口量增加；反之，则进口量减少。边际进口倾向反映了国民收入对进口量的影响程度。

4. 净出口函数(中国海洋大学 2019 研)

答：净出口函数是指国民产出账户中的一项，表示商品和服务的出口减去商品和服务的进口的函数。影响净出口的因素有很多，在宏观经济学中，汇率和国内收入水平被认为是两个最重要的因素。其中，净出口反向地取决于实际汇率(采用间接标价法)，反向地取决于一国的实际收入，故净出口可简化地表示为：$nx = a - \gamma y - n\varepsilon$。

上式被称为净出口函数，式中，a、γ 和 n 均为正参数。参数 γ 被称为边际进口倾向，即净出口变动与引起这种变动的收入变动的比率。ε 表示实际汇率。对于净出口函数，为了强调实际汇率对净出口的影响，常将其简化为：$nx = nx(\varepsilon)$。

5. 购买力平价(purchasing power parity)(中央财大 2018、2014 研；北师大 2015 研；深圳大学 2015 研；社科院 2015 研；厦门大学 2013 研；中南财大 2013 研)

答：购买力平价是指一种传统的，但在实际中不太成立的汇率决定理论。它认为货币如果在各国国内具有相等的购买力，那么这时的汇率就是均衡汇率。如果 2 美元和 1 英镑在各自的国内可以购买等量的货物，则 2 美元兑换 1 英镑便存在购买力平价。

购买力平价理论的思想基础是，如果一国的货物相对便宜，那么人们就会购买该国货币并在那里购买商品。购买力平价成立的前提是一价定律，即同一商品在不同国家的价格是相同的。此外，购买力平价成立还需要一些其他的条件：①经济的变动来自货币方面；②价格水平与货币供给量成正比；③国内相对价格结构比较稳定；④经济中如技术、消费倾向等实际因素不变，也不对经济结构产生实质影响。购买力平价存在两种形式：①绝对购买力平价，即两国货币的兑换比率等于两国价格水平的比率；②相对购买力平价，指两国货币兑换比率的变动，等于两国价格水平变动的差额。但由于运输成本及关税等因素的存在，这种情况并非是实际上的那样。此外，汇率并非由商品和劳务的国际贸易决定，而是由外汇的供求、资本转移以及政府的汇率政策等决定的，因而实际汇率会经常背离购买力平价，况且在许多情况下也难以对不同国家选择一套合适的商品加以比较，并计算平衡价格。

6. 马歇尔－勒纳条件(Marshall-Lerner Condition)(南京财经大学 2009 研)

答：马歇尔－勒纳条件是由英国经济学家马歇尔和美国经济学家勒纳揭示的关于一国货币的贬值与该国贸易收支改善程度的关系。本国货币贬值能否改善一国贸易收支状况，取决于出口商品的需求弹性和进口商品的需求弹性。在进出口商品的供给弹性趋于无穷大的前提下，如果两者的绝对值之和大于 1，则本国货币贬值可以改善一国贸易收支状况。这一结论首先由马歇尔提出，又经勒纳发展，因此称为马歇尔－勒纳条件。用公式表示为：$|\eta_x| + |\eta_m| > 1$，其中，η_x 表示出口需求价格弹性，η_m 表示进口需求价格弹性。

马歇尔－勒纳条件是弹性分析法的核心，也是一国是否采用货币贬值政策改善国际收支状况的理论依据，具有重要的理论价值和实用价值。但马歇尔－勒纳条件是以进出口商品供给弹性无穷大为前提，在充分就业条件下，这一假设显然并不存在。因此，马歇尔－勒纳条件的应用也有很大的局限性。

7. 对外贸易乘数(Foreign Trade Multiplier)(华中科大2008、2006研)

答: 对外贸易乘数是指国民收入的变动额与引起国民收入变动的贸易收支变动额之比。在开放经济中，国民收入(Y)是由消费(C)、投资(I)、政府支出(G)以及净出口($X-M$)所决定的。假定消费、进口是国民收入的线性函数，投资、政府支出与出口为外生变量，则开放经济的宏观模型为:

$$\begin{cases} Y = C + I + G + X - M \\ C = C_0 + cY \quad (0 < c < 1) \\ M = M_0 + mY \quad (0 < m < 1) \end{cases} \tag{①}$$

其中，c、m分别代表边际消费倾向与边际进口倾向。由此可求得开放经济下的均衡国民收入为:

$$Y = \frac{1}{1 - c + m}(C_0 + I + G + X - M_0) = \frac{1}{s + m}(C_0 + I + G + X - M_0) \tag{②}$$

其中s代表边际储蓄倾向。在其他条件不变的情况下，假设本国出口增加ΔX，则它对国民收入的影响为:

$$\Delta Y = \frac{1}{s + m}\Delta X \tag{③}$$

式③表明了出口增加与收入增加的关系，其中$\frac{1}{s+m}$即是外贸乘数，它表明增加一单位出口将引起国民收入增加$\frac{1}{s+m}$单位。显然，对外贸易乘数与边际储蓄倾向、边际进口倾向呈负相关，边际储蓄倾向和边际进口倾向越大，对外贸易乘数越小，国民收入增加也越少。

由于

$$\frac{1}{s+m} < \frac{1}{s} \tag{④}$$

因此，开放经济中的乘数效应要小于封闭经济中的乘数效应。

8. 实际汇率(兰州大学2019研；中山大学2018研；东北财大2017研；上海大学2017研；浙江理工大学2015研；武汉大学2014研)

答: 汇率有名义汇率与实际汇率之分。名义汇率是两种货币的交换比率，它是指1单位外币能够交换的本币数量，或1单位本币能交换的外币数量。实际汇率是两国产品的相对价格，是以同一货币衡量的本国与外国物价之比，它反映一国商品在国际市场上的竞争力。

如果持有外币只是为了购买外国产品，本币与外币的交换比率取决于各自的购买力，即取决于物价水平的倒数。由此可得实际汇率的表达式为:

$$\varepsilon = \frac{e \times P}{P_f}$$

其中，ε表示实际汇率；P和P_f分别为国内与国外的价格水平；e为名义汇率(采用的是间接标价法)。

可见，如果购买力平价成立，实际汇率应等于1。根据这一定义式，实际汇率低，本国产品就相对便宜，本国产品在国际市场竞争力强，有利于增加本国净出口；反之，本国产品就相对昂贵。

9. 浮动汇率制（南京财经大学2022研；哈尔滨工业大学2020研；中央财经大学2016研）

答：浮动汇率制是指货币当局不规定本国货币与其他国家货币间的官方汇率以及汇率上下波动的范围，而是由外汇市场根据外汇供求关系自行决定汇率的汇率制度。实行浮动汇率制度的国家并非完全放弃对外汇市场的干预，往往根据各自经济发展的需要，对汇率进行控制和调节。因此，浮动汇率制度又可以根据干预的情况分为自由浮动汇率制度和有管理的浮动汇率制度。自由浮动汇率制度又称“清洁浮动汇率制度”，即一国政府不采取任何干预措施，汇率完全由外汇市场的供求关系决定的汇率制度。有管理的浮动汇率制度又称“肮脏浮动汇率制度”，即一国政府为维持其汇率的相对稳定，在外汇市场进行有目的的干预的浮动汇率制度。有管理的浮动汇率制度还可以分为：①单独浮动汇率制。本国货币不与任何外国货币规定固定的比价关系，而是完全根据外汇市场的变化对汇率进行调节控制的汇率制度。美国、日本、加拿大等国货币都实行单独浮动汇率制。②联合浮动汇率制。又称“集体浮动汇率制”、“共同浮动汇率制”。具有密切经济合作关系的国家，如欧洲经济共同体成员国货币之间实行相对固定的汇率制度，同时它们对集团以外国家的货币实行同升同降的汇率制度。③钉住汇率制。一国货币按照固定的兑换比率与某一种外币或一组外币相联系的汇率制度。有些国家由于历史、地理等方面的原因，其对外贸易、金融往来主要集中于某个发达国家。为使这种贸易、金融关系得到稳定发展，免受相互间的货币汇率频繁变动的不利影响，这些国家通常使本国货币钉住该发达国家的货币，本国货币汇率随该发达国家的货币汇率浮动而浮动。例如，一些英联邦国家货币钉住英镑。有些国家的货币与由若干外币组成的“一篮子”货币之间建立稳定的汇率关系，并随“一篮子”货币汇率的变动而变动。这“一篮子”货币主要由与本国经济联系密切的国家的货币和对外支付使用最多的货币组成。

10. J曲线效应（J-Curve Effects）（中南财经政法大学2021研）

答：J曲线效应是指当一国货币贬值后，最初会使贸易收支状况进一步恶化而不是改善，只有经过一段时间以后贸易收支状况的恶化才会得到控制并趋于好转，最终使贸易收支状况得到改善的经济效应。这个过程用曲线描述出来，与英文字母“J”相似，所以贬值对贸易收支改善的时滞效应被称为J曲线效应，如图7－10所示。

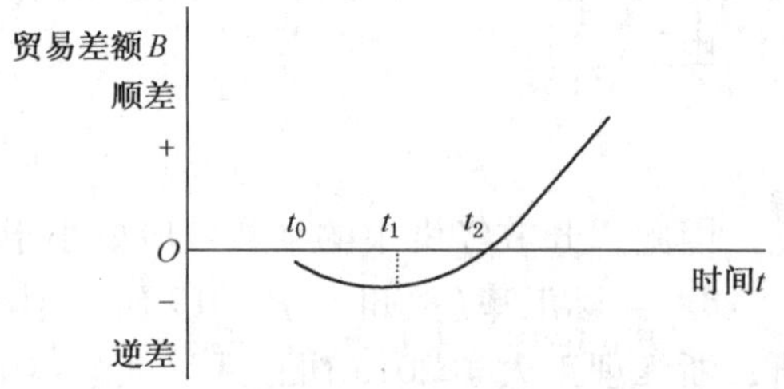

图7－10　J曲线效应

本币贬值对贸易收支的影响之所以存在J曲线效应是因为贬值对国际收支状况的影响存在时滞。经济学家认为，本币贬值对贸易收支状况产生影响的时间可划分为三个阶段：货币合同阶段、传导阶段和数量调整阶段。在货币合同阶段，进出口商品的价格和数量不会因贬值而发生改变，以外币表示的贸易差额就取决于进出口合同所使用的计价货币。如果进口合同以外币计值，出口合同以本币计值，那么本币贬值会恶化贸易收支；在传导阶段，由于存在种种原因，进出口商品的价格开始发生变化，但数量仍没有大的变化，国际收支状况继续恶化；在数量的调整阶段，价格和数量同时变化，且数量变化远大于价格变化，国际收支状况开始改善，最终形成顺差。

因此，J曲线效应产生的原因在于，在短期内进出口需求弹性$|\eta_x|+|\eta_m|<1$，本币贬值使得贸易收支恶化，而在中长期，$|\eta_x|+|\eta_m|>1$，本币贬值能使一国国际收支状况得到改善。

11. 米德冲突(中国海洋大学2011研)

答: 米德冲突是指由英国经济学家詹姆斯·米德于1951年提出的在固定汇率制下的内外均衡冲突问题。他指出，在汇率固定不变时，政府只能主要运用影响社会总需求的政策来调节内外均衡。这样在开放经济运行的特定区间，便会出现内外均衡难以兼顾的情形。

在米德的分析中，内外均衡的冲突一般是指在固定汇率下，失业增加、经常账户逆差或通货膨胀、经常账户盈余这两种特定的内外经济状况组合。

12. 丁伯根原则

答: 丁伯根原则又称丁伯根法则，是由荷兰经济学家丁伯根提出的关于国家经济调节政策和经济调节目标之间关系的法则。其基本内容是，为达到一个经济目标，政府至少要运用一种有效的政策；要实现几种独立的政策目标，至少需要几种相互独立的有效的政策工具。如在两个目标、两种工具的情况下，只要决策者能够控制这两种工具，而且每种工具对目标的影响是独立的，决策者就能通过政策工具的配合达到理想的目标水平。

丁伯根原则指出了应运用N种独立的工具进行配合，以实现N个独立的政策目标，这一结论对于经济政策理论具有深远意义。

二、简答题

1. 资本完全流动的含义是什么？在小国和大国模型中，资本完全流动带来的结果有什么不同？(东北财大2013研)

答: (1)资本完全流动是指一国居民可以完全进入世界金融市场，该国政府不阻止国际借贷。这意味着，该国在世界金融市场上想借入或借出多少就可以借入或借出多少。

(2)①在小国模型中资本完全流动带来的结果：

小国模型中的“小国”是指该国只是世界市场的一小部分，从而其本身对世界利率的影响微不足道。在小国模型中，资本完全流动带来的结果是，该国的利率必定等于世界利率，即等于世界金融市场上的利率。在小国模型中，资本完全流动情况下，如果小国的利率高于国际利率水平，将会出现国际资本流入的现象，国际资本流入将使资本供给增加，在资本需求不变的情况下，国内利率水平将下降直到与国际利率水平相等；反之则会出现小国国内资本外流的现象，使国内利率水平上升。

②在大国模型中资本完全流动带来的结果：

大国模型中的“大国”是指该国经济对世界经济有不可忽视的重要影响，特别是该国经济足以影响世界金融市场。对于大国模型，资本完全流动带来的结果是，该国的利率通常不由世界利率固定。其原因在于该国大到足以影响世界金融市场。该国给国外的贷款越多，世界经济中贷款的供给就越大，从而全世界的利率就越低。反之，该国从国外借贷越多，世界利率就会越高。

2. “经常项目”下的货币可兑换的涵义是什么？我国目前为什么实行在“经常项目”下的人民币可兑换政策？(东南大学2003研)

答: (1)经常项目反映一国与他国之间实际资产的转移，是国际收支中最重要的账户，包括商品、服务、收益和经常转移四个项目。“经常项目”下的货币可兑换是指对经常账户下的外汇支付和转移的汇兑实行无限制的兑换。

在国际货币基金组织章程第八条的二、三、四款中规定凡能对经常支付不加限制，不实行歧视性货币措施或多重汇率，能够兑付外国持有的经常性交易中所取得的本国货币的国家，该国货币就是可兑换货币。

(2)中国目前实行“经常项目”下货币可兑换是由对外经济交往发展的要求和客观经济条件的限制决定的。

目前我国银行业存在着巨额不良资产，政府对经济的宏观调控能力和对金融业的监管水平有待于进一步提高。金融市场还很不完善，本币存贷款利率没有自由化，金融市场缺乏避险工具，等等。这些问题只能在稳定的经济环境下逐步解决，在这种情况下，贸然实行资本与金融账户下的货币可兑换可能会造成经济混乱，对外借债过高，甚至引发债务危机，货币危机。

总的看来，逐步放松对人民币自由兑换的限制是我国外汇管理制度改革的方向，但目前适宜实行“经常账户”下的货币可自由兑换政策。

3. 在小型开放经济条件下，国内财政政策和保护主义贸易政策的变动如何影响实际汇率？(厦门大学 2005 研)

答：小型开放经济下，汇率是浮动的。

(1)国内财政政策对实际汇率的影响：

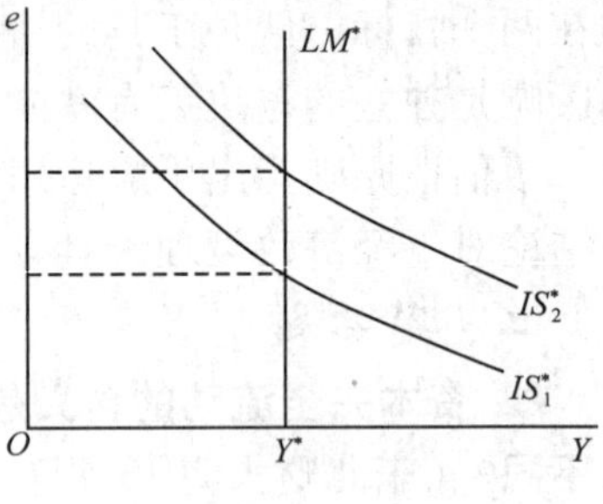

图 7－11　小型开放经济下的财政政策

在浮动汇率制下，假设政府通过增加政府购买或减税刺激国内支出，使得 IS^* 曲线向右移动，如图 7－11 所示。因此，汇率升值了，而收入保持不变。在一个封闭经济中，如果实行扩张性财政政策，IS 曲线向右移动将导致收入增加且利率上升，因为高收入导致货币需求增加。在一个小型开放经济下，这种情况不会发生。因为只要利率上升到世界利率水平 r^* 之上，资本就会从国外流入，从而在外汇市场上增加对国内货币的需求，从而使得本币升值。汇率升值将导致净出口减少，由此抵消了扩张性财政政策对总需求的增加。

总之，在小型开放经济和浮动汇率制下，扩张性财政政策使实际汇率上升，本币升值；紧缩性财政政策使实际汇率下降，本币贬值。

(2)保护主义贸易政策影响实际汇率：

对于小型开放经济，如果该国实行保护主义贸易政策，即限制进口，那么进口的减少导致净出口的增加，即净出口曲线 NX 向右移动，如图 7－12 所示。净出口的增加导致计划支出增加，从而使 IS^* 曲线也向右移动，由于 LM^* 曲线是垂直的，贸易保护主义提高了汇率，但不影响收入。

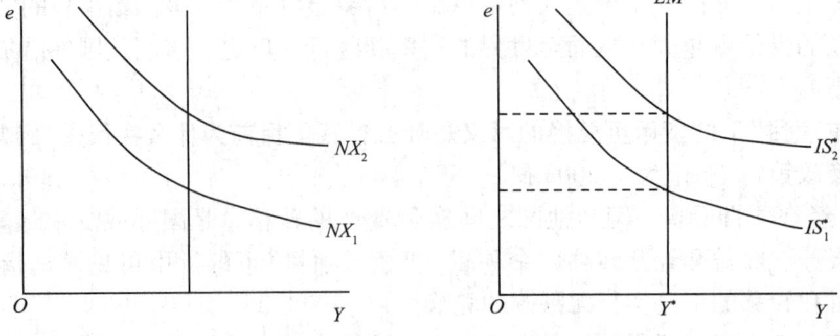

图 7－12　小型开放经济下的贸易政策

4. *IS* 曲线的斜率在封闭经济和开放经济中有何不同?

答: 在封闭经济中，总需求由个人消费、投资及政府支出三个部分所组成，$AD = C + I + G$，由 $Y = AD$ 的恒等式推导出产品市场的均衡时总产出与利率之间的反向关系，即 *IS* 曲线。但在开放经济中，由于加入了国际经济部分，最大的变化是国内产出水平不完全取决于对本国商品的国内消费。国内的消费中的一部分是对本国商品的消费，而一部分则来自于对外国商品的消费；同时，本国商品亦要提供给国外消费。对国内商品的总需求必须加入国外对国内商品的需求，即出口，再减去国内对外国商品的消费，即进口，$AD = (C + I + G) + (X - M)$，其中，$(X - M)$ 表示国外对本国商品的消费与本国对国外商品消费的差额，即净出口。如果外国的需求相对恒定时为 $\overline{X}$，而国内对外国商品的需求依据收入、汇率水平而变化，则收入提高时国内进口增加，净出口减少。由此可推导出开放经济下当国内产出等于国内总需求，即商品市场达到均衡时的 *IS* 曲线。

由于在开放经济中总需求一方加入了净出口，利率变动对影响支出的因素增多了，利率的上升不仅会减少投资，还会提高汇率(这是因为，本国利率上升，会吸引更多国外资金流入本国，从而增加对本国货币需求，促使本国货币升值)，从而减少净出口和总需求，因此，开放经济中的 *IS* 曲线比封闭经济中的 *IS* 曲线更平坦一些。更平坦的 *IS* 曲线使支出的乘数作用要小一些，即由于开放经济中收入增加会同时导致进口的增加，因而国内开支增加时，其作用的影响要小于封闭经济中的影响，如图 7－13 所示。

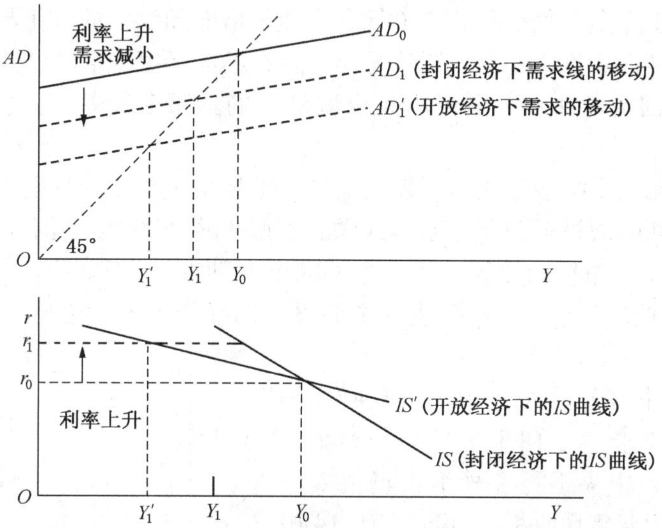

图 7－13　*IS* 曲线的斜率在封闭经济和开放经济中的异同

5. 固定汇率制有哪些特征? 在国际收支盈余时政府如何进行调节?(华南师范大学 2011 研)

答: (1)固定汇率制是指一国货币同他国货币的汇率基本固定，其波动限于在一定的幅度之内。其特征是：汇率的决定基础是黄金平价，但货币的发行与黄金无关；波动幅度小；汇率不具备自动稳定机制，汇率的波动与波幅需要人为的政策来维持；中央银行通过间接手段而非直接管制方式来稳定汇率。

(2)在国际收支盈余时，实行固定汇率制的政府可以针对不同情况采取不同的措施：如果是失业与国际收支盈余并存，政府可以采取扩张性的货币政策与财政政策；如果是通货膨胀与国际收支盈余并存，政府可以采取紧缩性的财政政策和扩张性的货币政策，同时使货币升值。

6. 什么是开放经济下的一价定律？它的成立条件是什么？

答：开放经济是指多个国家之间的商品、劳务和资本等要素可自由流动的经济体系。在一价定律下，开放经济体现为国际市场中不同的国家货币种类不同，存在外汇市场风险，存在套利活动，存在关税及非关税壁垒等障碍。一价定律是19世纪末20世纪初，由英国金块主义者J·威得利首次提出的概念，它反映了国际商品的套利条件。

(1)一价定律的基本内容：

一价定律是关于在自由贸易条件下国际商品价格决定规律的一种理论。在开放经济条件下，若不考虑交易成本等因素，一价定律成立。表现为：以同一货币衡量的不同国家的某种可贸易商品的价格应是一致的，即 $P_i = e \cdot P_i^*$（e 为直接标价法下的汇率）。

(2)一价定律成立的条件：

①国际市场各地自由贸易状态。即商品劳务等要素可在各国市场之间自由流动。这为国际商品和劳务市场上的套利活动打下基础。

②假定外汇市场上只存在经常账户的交易，不考虑资本流动问题。即只考虑商品和劳务的国际间交换对国际货币市场的资金流动的影响。

③假定不同地区的商品是同质的，这也同样是商品劳务能在国际市场上自由流动的条件之一。

④假定市场处于完全竞争或垄断竞争状态，即价格能随供求的变化灵活地进行调整。不存在任何价格上的黏性。价格的灵活调整为套利者在不同国家采取套利策略奠定了基础。

7. 说明一国在固定汇率制度和资本完全流动下的货币政策效果。（暨南大学2011研；山东大学2011研）

答：资本完全流动是指该国居民可以完全进入世界金融市场。特别是，该国政府并不阻止国际借贷。在这样的假设下，所考察的这样的小型开放经济中的利率 r 必定等于世界利率 r_w，即 $r = r_w$，其中一个重要的原因在于资本的完全流动性，套利资本的存在使小国利率与世界均衡利率水平保持一致。$r = r_w$ 代表一个假设：国际资本流动之迅速足以使国内利率等于世界利率。

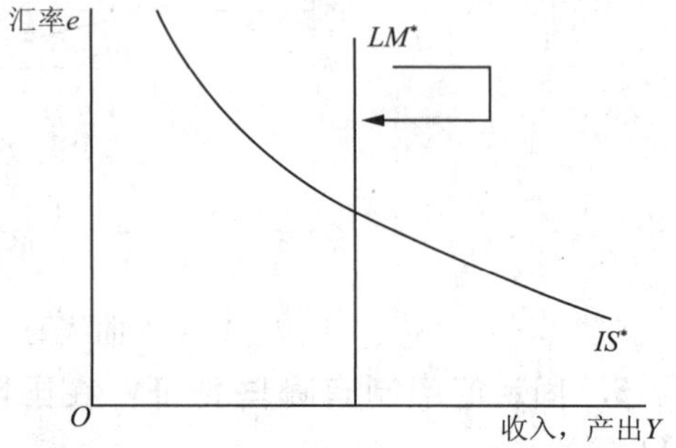

图7－14　固定汇率下的货币扩张

在固定汇率的小型开放经济中，当政府增加货币供给时，对汇率产生了向下的压力。为了维持本国汇率的稳定，中央银行在外汇市场上卖出外汇、买进本币，引起货币收缩，导致图7－14中的 LM^* 曲线回到其初始位置；当政府减少货币供给时，对汇率产生了向上的压力，为了维持本国汇率的稳定，中央银行在外汇市场上买入外汇、卖出本币，引起货币膨胀，导致 LM^* 曲线又回到其初始位置。因此，在固定汇率的小型开放经济中，货币政策通常是无效的。

8. 在一小国开放经济中，投资需求增加会如何影响贸易余额？（西安交大2011研）

答：(1)贸易余额又称为净出口，等于一国或地区的出口额(X)减去进口额(M)即 $NX = X - M$。贸易余额是由在世界利率时储蓄和投资的差额决定的。

(2)根据收入恒等式有 $NX = (Y - C - G) - I = S - I$，所以投资需求增加显然会导致净出口即贸易余额减少。如图7－15所示，假设开始时经济处于贸易平衡位置，即国内利率等于

世界利率时投资 I 等于储蓄 S，此时贸易余额为 0。现在投资需求增加使得投资曲线向右移动，投资大于储蓄，一些投资必须向国外借贷才得以实现，于是贸易平衡被打破，出现了贸易赤字，即贸易余额减少。

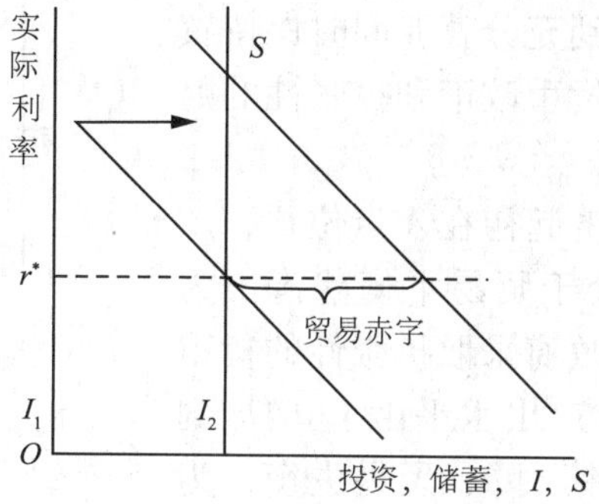

图 7－15　投资需求增加使贸易余额减少

9. 在短期模型中，比较开放条件和封闭条件下扩张性货币政策对总需求及其组成部分影响传导机制的差异。（人大 2013 研）

答： 在短期模型中，开放条件下和封闭条件下，扩张性货币政策都会导致总需求增加，但是这两种情况的传导机制是不一样的。在封闭经济条件下，扩张性货币政策降低了利率水平，使得投资增加，从而增加了任何给定的价格水平上的总需求。

在开放经济条件下，利率为世界利率，所以利率不再是关键因素，汇率变成了影响总需求的关键因素。一旦货币供给的增加开始给国内利率以向下的压力，由于投资者会把资金投到其他地方寻求更高的收益，资本流出该经济。资本的流出使本币贬值，这一贬值使国内产品相对于国外产品更为便宜，从而刺激了净出口。因此，在一个小型开放经济中，货币政策通过改变汇率而不是改变利率来影响收入，最后的结果也是增加了任何一个价格水平上的总需求。

10. 简述储蓄、投资与净资本输出之间的关系。（武汉大学 2012 研）

答： 储蓄、投资和资本净流出之间的关系表现为：储蓄等于国内投资加上资本净流出。

一个经济的国内生产总值（Y）分为四个组成部分：消费（C）、投资（I）、政府购买（G）和净出口（NX），即：

$$Y = C + I + G + NX$$

由于国民储蓄是在支付了现期消费和政府购买之后剩下的国民收入，因此国民储蓄（S）等于（$Y - C - G$）。整理上式，得出：

$$Y - C - G = I + NX$$

$$S = I + NX$$

又由于净出口（NX）必然等于资本净流出（NCO），因为净出口代表外国为了购买本国物品与服务而需要的本币量，资本净流出代表本国为购买国外资产而供给的本币量，外汇市场上本币需求等于本币供给，故净出口（NX）等于资本净流出（NCO）。所以，可以把上式改写为：

$$S = I + NCO$$

这个式子表明，一国的储蓄必然等于其国内投资加资本净流出。可以看出，在一个开放经济中，储蓄有两种用途：国内投资与资本净流出。

11. 假设某浮动汇率的小型开放经济处于衰退且贸易平衡。如果决策者希望达到充分就业同时保持贸易平衡，他们应如何选择货币政策和财政政策的组合？（东北财大2014研）

答：假设某浮动汇率的小型开放经济处于衰退且贸易平衡。如果决策者希望达到充分就业同时保持贸易平衡，他们应选择扩张性的货币政策和扩张性的财政政策组合。

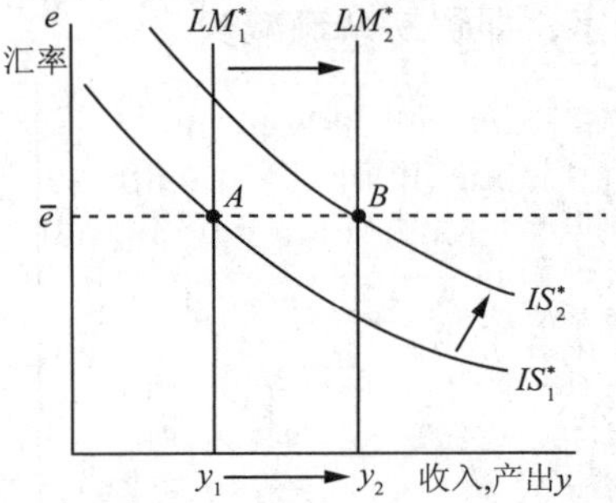

图7－16　浮动汇率水平下政策的调整

如图7－16所示，假设经济起初在A点位置，产出水平为y_1，经济衰退并且处于贸易平衡状态。为了增加产出，刺激经济增长，政府采取扩张性的货币政策，LM_1^*曲线右移至LM_2^*，产出水平由y_1增加到y_2。但是在浮动汇率下造成汇率下降，贸易失衡，为了保证贸易平衡，政府采取扩张性的财政政策，IS_1^*向右移动至IS_2^*，经济水平处于B点，汇率回到原来水平，贸易再次平衡。

12. 试用资本完全流动的蒙代尔－弗莱明模型讨论固定汇率与浮动汇率制下的财政政策和货币政策效应。（中国石油大学（北京）2018研）

答：按照蒙代尔－弗莱明模型的关键假设，小型开放经济中的利率r必定等于世界利率r_w，即$r=r_w$。蒙代尔－弗莱明模型扩展了开放经济条件下不同政策效应的分析，说明了资本是否自由流动以及不同的汇率制度对一国宏观经济的影响。

（1）浮动汇率下的财政政策和货币政策：

①财政政策的影响。

在浮动汇率的小型开放经济中，当政府希望通过增加政府购买或减税刺激国内支出时，汇率上升，而收入水平保持不变，如图7－17所示。其原因在于：政府增加支出或减税，国内利率上升，从而资本迅速流入国内，导致本币升值，本币升值减少了净出口，从而抵消了扩张性财政政策对收入的影响。

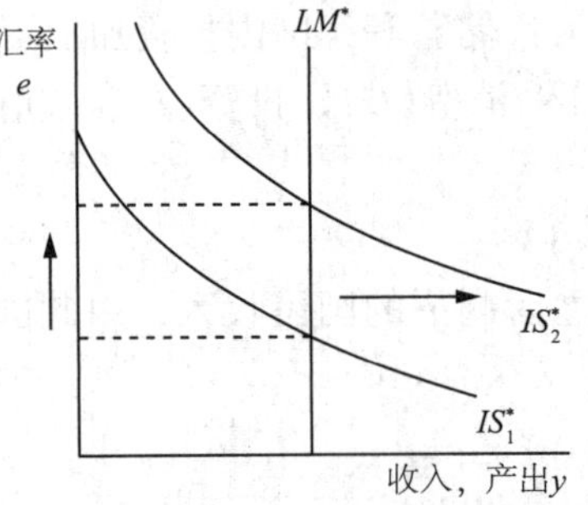

图7－17　浮动汇率下的财政扩张

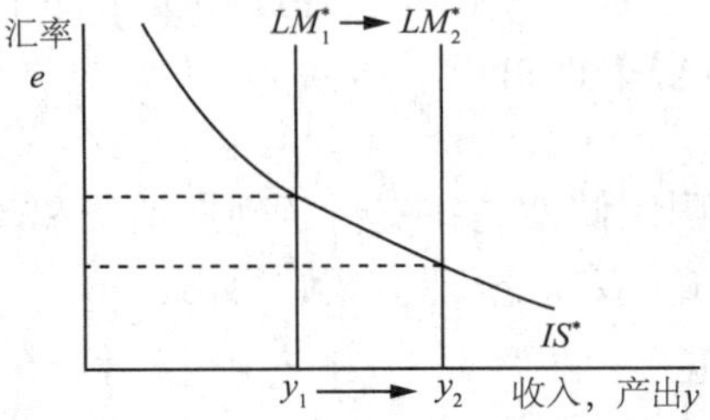

图7－18　浮动汇率下的货币扩张

②货币政策的影响。

在浮动汇率的小型开放经济中，当政府增加货币供给时，汇率下降，收入水平提高，如图7－18所示。其原因在于：货币供给增加，国内利率下降，进而发生资本大规模外流，导致本币贬值，本币贬值刺激净出口，从而使收入水平提高。

通过分析可以看出，在浮动汇率下，只有货币政策能影响收入。也就是说，浮动汇率制下，财政政策无效，货币政策有效。

（2）固定汇率下的财政政策和货币政策：

①财政政策的影响。

在固定汇率的小型开放经济中，当政府希望通过增加政府购买或减税刺激国内支出时，总收入增加。其原因在于：政府增加支出或减税，对汇率产生了向上的压力。为了维持本国汇率的稳定，中央银行在外汇市场上买进外汇、抛售本币，引起货币扩张，导致图7－19中的 LM^* 曲线向右移动。

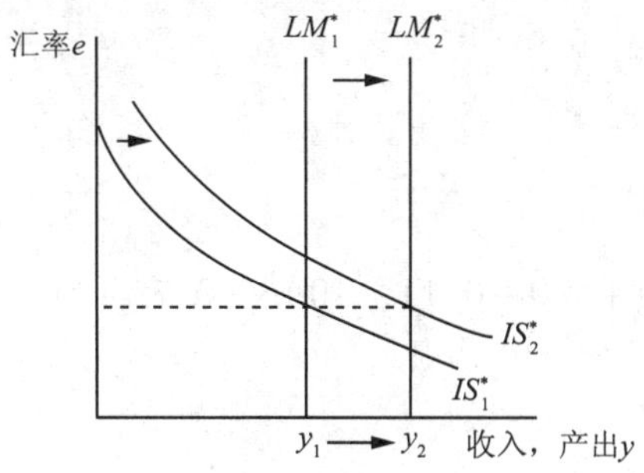

图7－19　固定汇率下的财政扩张

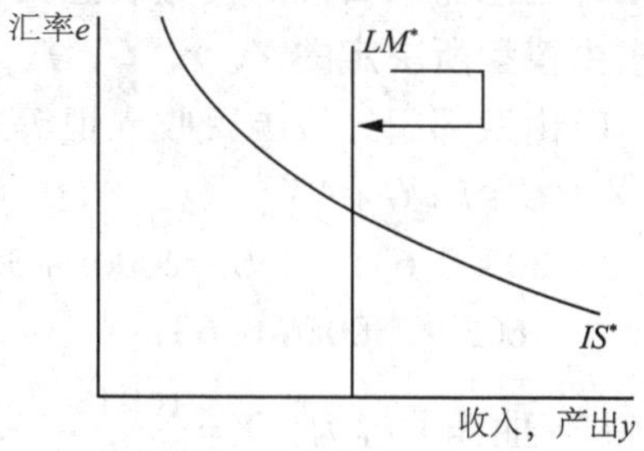

图7－20　固定汇率下的货币扩张

②货币政策的影响。

在固定汇率的小型开放经济中，当政府增加货币供给时，对汇率产生了向下的压力。为了维持本国汇率的稳定，中央银行在外汇市场上卖出外汇、买进本币，引起货币收缩，导致图7－20中的 LM^* 曲线回到其初始位置。因此，在固定汇率的小型开放经济中，货币政策通常是无效的。

通过分析可以看出，在固定汇率下，只有财政政策能影响收入。也就是说，固定汇率制下，货币政策无效，财政政策有效。

三、计算题

1. 什么是购买力平价理论？假设我们用CPI衡量国家的物价水平，A国为本国，CPI_A 为8%，B国为外国，CPI_B 为2%，A国的汇率 $e=6$，表示为1个单位B国货币兑6单位的A国货币。根据购买力平价计算A国的真实汇率。（中央财大2012研）

解：(1)购买力平价理论简称"PPP理论"，是西方汇率决定理论中最具影响力的理论之一，认为两国货币的购买力之比是决定汇率的基础，汇率的变动是由两国货币购买力之比引起的。

购买力平价的理论基础是一价定律，即同一种商品在两个国家的货币购买力应相同，否则就会出现套利行为。根据购买力平价理论，一国的价格水平上升，该国的货币就会贬值，反之则升值，或者说，通货膨胀率高的国家的货币会贬值，通货膨胀率低的国家的货币会升值。

(2)假设A国的真实物价水平为 P_a，B国的真实物价水平为 P_b，名义汇率为 e，真实汇率为 ε，那么 $P_b=\varepsilon\times P_a$，这个就是购买力平价。考虑通货膨胀的因素，$P_b(1+2\%)=6\times P_a(1+8\%)$，因此真实汇率 $\varepsilon=\frac{P_b}{P_a}=\frac{6\times(1+8\%)}{1+2\%}\approx6.35$。

2. 某国的宏观经济模型如下：

收入	$Y=C+I+G+NX$	①
消费	$C=80+0.63Y$	②
投资	$I=350-2000r+0.1Y$	③

实际货币需求 $M/P=0.1625Y-1000r$ ④

净出口 $NX=500-0.1Y-100(EP/P_W)$ ⑤

实际汇率 $EP/P_W=0.75+5r$ ⑥

其中政府支出 G 为 750，名义货币供给 M 为 600，假定其他国家的价格水平 P_W 始终为 1.0，该国的价格水平为 1.0。

(1) 推导出总需求曲线的代数表达式；

(2) 求由模型所决定的 Y、r、C、I、NX 的值。

解： (1) 由四部门经济国民收入恒等式可得：

$$\begin{aligned}Y&=C+I+G+NX\\&=80+0.63Y+350-2000r+0.1Y+750+500-0.1Y-100\times(0.75+5r)\\&=1605-2500r+0.63Y\end{aligned}$$

整理得 IS 曲线方程为：$Y=\frac{1605}{0.37}-\frac{2500}{0.37}r$。

由货币市场均衡得：

$$0.1625Y-1000r=\frac{600}{P}$$

整理得 LM 曲线方程为：$r=\frac{0.1625}{1000}Y-\frac{600}{1000P}$。

将 LM 代入 IS 方程得总需求曲线：

$$Y=\frac{1605}{0.37}-\frac{2500}{0.37}\times\left(\frac{0.1625}{1000}Y-\frac{600}{1000P}\right)$$

即：

$$Y=\frac{1605}{0.37\times2.0979}+\frac{1500}{0.37\times2.0979P}$$

(2) 若该国的价格水平为 1.0，则有：

$$Y=\frac{1500+1605}{0.37\times2.0979}\approx4000$$

$$r=\frac{0.1625}{1000}\times4000-\frac{600}{1000}=0.05$$

$$C=80+0.63\times4000=2600$$

$$I=350-2000\times0.05+0.1\times4000=650$$

$$NX=500-0.1\times4000-100\times(0.75+5\times0.05)=0$$

3. 在不考虑资本流动和汇率变动的情况下，已知某经济社会的宏观模型为：

$$Y=C+I+X-M$$
$$C=40+0.8Y$$
$$I=50$$
$$X=100$$
$$M=0.2Y+30$$

充分就业时的产出水平 $Y_f=500$。求：

(1) 外贸乘数。

(2) 产品市场均衡的产出水平及贸易收支。

(3) 使贸易收支均衡的产出水平。

(4) 实现充分就业时的贸易收支。

解：(1)外贸乘数 K 与边际消费倾向 b、边际进口倾向 m 有关，根据已知的消费函数及进口函数可得 $b=0.8$，$m=0.2$。

所以，外贸乘数为：

$$K=\frac{1}{1-b+m}=\frac{1}{1-0.8+0.2}=2.5$$

(2)将 C、I、X、M 各式代入 Y 的均衡方程，得：

$$Y=C+I+X-M=40+0.8Y+50+100-(0.2Y+30)$$

整理后得均衡产出为 $Y=400$。

此时的贸易收支 $(X-M)$ 为：

$$\begin{aligned}X-M&=100-(0.2Y+30)\\&=100-(0.2\times 400+30)\\&=-10\end{aligned}$$

即贸易赤字为 10。

(3)为使贸易收支均衡，要求 $X-M=0$，即：

$$100=0.2Y+30$$

所以，使贸易收支均衡的产出水平为：

$$Y=\frac{100-30}{0.2}=350$$

(4)在 $Y=Y_f$ 的情况下，贸易收支为：

$$\begin{aligned}X-M&=100-(0.2Y_f+30)\\&=100-(0.2\times 500+30)\\&=-30\end{aligned}$$

即贸易赤字为 30。

4. 考虑一个由以下方程式所描述的经济：$Y=C+I+G+NX$，政府采购 $G=200$；税收 $T=200$；消费 $C=100+0.75(Y-T)$；投资 $I=400-20r$；净出口 $NX=200-200e$；利率 $r=r^*=5$。其中，Y 表示总收入，e 表示汇率，r^* 表示世界利率。又假设货币需求函数为 $(M/P)^d=Y-100r$，货币供给 $M=1000$，物价水平 $P=2$，该经济实行的是浮动汇率制。请问：

(1) 该经济 IS^* 曲线和 LM^* 曲线的方程分别是多少？

(2) 市场实现均衡时，该经济的国民收入、均衡汇率、贸易余额、投资又为多少？(厦门大学 2013 研)

解：(1)由四部门经济国民收入恒等式 $Y=C+I+G+NX$ 可得：

$$Y=100+0.75(Y-200)+400-20\times 5+200+200-200e$$

化简可得经济的 IS^* 曲线方程为：

$$Y=2600-800e$$

由货币市场均衡条件 $\left(\frac{M}{P}\right)^d=\frac{M}{P}$，可得：

$$Y-100\times 5=\frac{1000}{2}$$

可得 LM^* 曲线方程为：$Y=1000$。

(2)当市场实现均衡时，联立 IS^* 曲线方程和 LM^* 曲线方程：

$$\begin{cases} Y=2600-800e \\ Y=1000 \end{cases}$$

解得均衡收入为 $Y^*=1000$，均衡汇率为 $e^*=2$。

此时贸易余额为：$NX=200-200e=-200$，即出现贸易逆差。

投资为：$I=400-20r=300$。

5. 利用数学方法证明开放经济的政府购买乘数不可能大于封闭经济的政府购买乘数。(上海交大2006研)

答：政府购买乘数是指国民收入的变动额与引起国民收入变动的政府购买支出变动额之比。

(1)在封闭经济下，国民收入(Y)是由消费(C)、投资(I)、政府支出(G)所决定的。假定消费是国民收入的线性函数，投资为外生变量，则封闭经济的宏观模型为：

$$\begin{cases} Y=C+I+G \\ C=C_0+cY \qquad (0<c<1) \end{cases}$$

其中，c 代表边际消费倾向。由此可求得封闭经济下的均衡国民收入为：

$$Y=\frac{1}{1-c}(C_0+I+G)$$

在其他条件不变的情况下，假设政府支出增加 ΔG，则它对国民收入的影响为：

$$\Delta Y=\frac{1}{1-c}\Delta G$$

所以封闭经济下，政府支出乘数为：$\dfrac{\Delta Y}{\Delta G}=\dfrac{1}{1-c}$ ①

(2)在开放经济中，国民收入(Y)是由消费(C)、投资(I)、政府支出(G)以及净出口($X-M$)所决定的。假定消费、进口是国民收入的线性函数，投资与出口为外生变量，则开放经济的宏观模型为：

$$\begin{cases} Y=C+I+G+X-M \\ C=C_0+cY \qquad (0<c<1) \\ M=M_0+mY \qquad (0<m<1) \end{cases}$$

其中，c、m 分别代表边际消费倾向与边际进口倾向。由此可求得开放经济下的均衡国民收入为：

$$Y=\frac{1}{1-c+m}(C_0+I+G+X-M_0)$$

在其他条件不变的情况下，假设政府支出增加 ΔG，则它对国民收入的影响为：

$$\Delta Y=\frac{1}{1-c+m}\Delta G$$

因此，开放经济条件下，政府支出乘数为：$\dfrac{\Delta Y}{\Delta G}=\dfrac{1}{1-c+m}$ ②

比较①、②两式可得：开放经济中的政府支出乘数不可能大于封闭经济中的政府支出乘数。

6. 在一个小国模型中，不考虑价格变化（简化为1）。假设货币需求是 $L=0.2Y-10r$，Y 和 r 分别为收入和利率，货币供给 $M=200$，消费 $C=60+0.8Y_d$，Y_d 为可支配收入，税收 $T=100$，投资 $I=150-2r$，政府支出 $G=100$，贸易收支平衡。

（1）求在封闭条件下均衡的国民收入、利率和投资；

（2）如果该国资本完全自由流动，当世界市场利率为1.5%，则均衡的国民收入为多少？

（3）在开放条件（资本自由流动）下，当政府支出从100增加到120时，均衡的国民收入怎样变动？“挤出效应”是多少？（南开大学2010研）

解：（1）由三部门经济产品市场均衡条件可得：

$$\begin{aligned} Y &= C+I+G \\ &= 60+0.8(Y-100)+150-2r+100 \\ &= 0.8Y-2r+230 \end{aligned}$$

整理得：$Y=1150-10r$；

即 IS 方程为 $Y=1150-10r$。

由货币市场均衡条件可得：

$$\frac{M}{P}=0.2Y-10r$$

当 $P=1$ 时，整理得：$Y=1000+50r$；

即 LM 方程为 $Y=1000+50r$。

联立 IS 方程和 LM 方程可得：$Y=1125$，$r=2.5$。

将 $r=2.5$ 代入投资函数，可得：$I=145$。

即在封闭条件下均衡的国民收入、利率和投资分别为1125、2.5和145。

（2）如果该国是资本完全流动的小型开放经济，新的 IS 和 LM 曲线都是关于汇率的函数，分别记为 IS^* 和 LM^*。由于汇率并不进入 LM^* 曲线方程中，因此，LM^* 是一条垂直于横轴的直线，国民收入由 LM^* 曲线决定。综上分析，可知 LM^* 曲线方程为：$Y=1000+50r^*$，其中，r^* 是世界市场利率。当 $r^*=1.5$ 时，均衡国民收入为：$Y=1075$。

（3）在开放条件（资本自由流动）下，如果实施浮动汇率制，财政政策无效，此时为完全的挤出。当不考虑货币市场和外部经济时，政府支出从100增加到120，增加的政府支出（$\Delta G=20$）在乘数的作用下将使得国民收入增加 $\Delta Y=\frac{1}{1-0.8}\times 20=100$，因此“挤出效应”为100。如果实施固定汇率制，均衡国民收入增加，不存在挤出效应。

7. 某小型开放经济，$Y=C+I+G+NX$，其中总产出 $Y=5000$，政府支出 $G=1000$，税收 $T=1000$，消费 $C=250+0.75(Y-T)$，投资 $I=1000-50r$，净出口 $NX=500-500e$，世界利率 $r=5$。

（1）求该经济的储蓄、投资、净出口和均衡汇率；

（2）如果政府 G 上升到1250，求此时该经济的储蓄、投资、净出口和均衡汇率。（浙江财经大学2020研）

解：（1）消费 $C=250+0.75(Y-T)=250+0.75\times(5000-1000)=3250$。

储蓄 $S=Y-C-G=5000-3250-1000=750$。

投资 $I=1000-50r=1000-50\times 5=750$。

根据 $Y=C+I+G+NX$，净出口 $NX=Y-C-I-G=5000-3250-750-1000=0$。

净出口 $NX=500-500e=0$，解得 $e=1$。

(2)若政府支出 G 上升到 1250，消费 $C=250+0.75(Y-T)=250+0.75\times(5000-1000)=3250$。

储蓄 $S=Y-C-G=5000-3250-1250=500$。

投资 $I=1000-50r=1000-50\times5=750$。

根据 $Y=C+I+G+NX$，净出口 $NX=Y-C-I-G=5000-3250-750-1250=-250$。

净出口 $NX=500-500e=-250$，解得 $e=1.5$。

四、论述题

1. 美国的金融危机对美国本国和别的国家的宏观经济如何造成影响以及造成什么影响？(北师大 2009 研)

答：(1)金融危机对美国的影响：

由次贷危机引发的此次金融危机造成了美国金融体系的崩溃，产生了资本市场的信用危机，市场的流动性下降。当资产泡沫破裂后，美国本地中低端的实体产业成为了空洞，本来在产的企业也会受到资金链断掉的影响而倒闭，这对就业市场造成很大的影响，到目前为止，美国的失业率仍然居高不下。次贷危机愈演愈烈致使华尔街主要金融机构或者倒闭、或者被接管，华尔街辉煌的时代已经终告结束。房地产泡沫破裂，整个美国经济陷入了衰退，工厂倒闭、工人失业、经济增长率转为负并不断下滑、主要的产业基本停产、社会出现动荡。

为缓解此次金融危机对经济的冲击，美国政府进行了救市，本次救市规模是 1929 年以来最大的一次。主要采用了四种方法：直接注资；回购和担保次贷产品；美联储向市场注入流动性；通过货币互换向全球提供美元流动性。然而，救助措施短期内可能使市场恐慌状况有所改善，但在长期很难使美国经济摆脱此轮下降的周期。

(2)对别国的影响：

世界经济一体化把各个经济体紧紧联系到一起，要想不受其他国家的影响几乎是不可能的。而此次金融危机是次级债券引起的，美国作为全世界唯一一个强大的金融国家，是其他国家的理财师，其他国家的外汇储备以及中央银行的存款准备金大都以美国债券的形式存在。此次金融危机导致美国银行破产、发行的次级债券无法偿还，直接导致了欧洲及亚洲国家外汇储备、中央银行存款准备金的缩水以及商业银行资产坏账，进而导致财富的流失、冲击了经济的发展。另外，美国的金融危机直接打击了美国的经济，降低了美国的消费，从而使美国的进口减少。美国进口的减少意味着中国、日本等出口导向型国家出口减少，大型出口企业在此次金融风暴中生存下来，但是很多中小出口外贸型企业因为本币的升值和出口外贸环境的恶化而倒闭。

此次金融危机虽然发源于美国，但受到冲击最大的是欧洲，因为欧洲的商业银行持有美国次级债券最多，且欧洲不像中国这样拥有巨大的外汇储备和广大的内需潜力，因此金融危机直接导致了欧洲经济陷入衰退。

中国也受到了金融危机的冲击，由于美国人以往的过度消费使得他们的购买力下降，造成中国出口下降，国内的出口型企业纷纷倒闭，如长三角地区的很多纺织厂及广州沿海的出口加工企业。GDP 增长速度开始变缓，最主要的原因是出口减少，许多出口企业面临经营困难。不过直接影响相对有限，因为中国官方储备及商业银行投资的美元资产虽然在本轮危机中一度暴露于风险中，但总体而言投资损失有限，不会对中国金融体系产生较大冲击，而且中国可以通过扩大内需来拉动经济的增长。由于中国的金融市场不是完全对外开放的，所以此次的次贷危机对我国的金融业造成影响较小。

总之，最终这场危机对大多数国家宏观经济的影响是经济增速下滑、失业率上升、金融业受到创伤。我国属于遭受影响比较小的国家，且经济已经有所好转，率先冲出衰退的阴影，并成为引导未来世界经济走出衰退的主要动力之一。

2. 为应对金融危机，美国政府实施了财政刺激计划，国债纪录屡创新高。2011 年 5 月 16 日，美国国债终于触及国会所允许的 14.29 万亿美元上限。2011 年 8 月 2 日美国国会通过了债务上限协议，同意将债务上限从 2.1 万亿美元提高至 2.4 万亿美元，但代价是未来十年内需削减 1.2 万亿美元规模的财政赤字。请根据宏观经济理论分析：

(1) 美国债务危机产生的原因？

(2) 试说明美国政府应该怎样选择债务融资与货币融资来弥补赤字？

(3) 美国债务危机对中国经济的影响。（对外经贸大学 2012 研）

答：(1) 美元的国际地位是诱发债务危机的根本原因。

美元是世界货币，具有储备和投资的功能，美国国债实际上也是世界各国竞相购买以获取稳定收益的投资对象。在这种情况下，美国国债的发行虽然是其国内行为，却具有世界影响。一方面，世界需要美国以财政和贸易双赤字为条件向全球输出美元货币，世界则每年向美国支付数百亿美元的“铸币税”；另一方面，由于缺乏美元币值稳定的有效机制以及美国长期举债过日，客观上诱使美国通过增发美元来稀释其负债。当美国财政赤字和公共债务累积到难以为继的程度时，市场必然对美元币值以及美国国债的投资价值产生怀疑，这是美国债务危机产生的根本原因。具体而言：

①预算赤字。联邦债务是每年的预算短缺和盈余的总和。

②储蓄赤字。“储蓄”一词在美国公民的生活中几乎不出现，因为美国公民几乎不储蓄，取而代之的是信贷，他们习惯于使用信用卡，提前支出自己将来的收入用于当前的消费。

③贸易逆差。近年来，美国在全世界的贸易当中贸易逆差越来越大，进口远大于出口。

④领导能力缺乏。对于美国的债务问题，联邦政府所体现出的是领导能力的缺乏。面对如此巨额的账单，联邦政府决定大量印制美元来支付，然而这样做的后果是摧毁流通货币，导致美元的快速贬值，外加上贸易逆差造成的政治不稳定，越发体现出联邦政府领导能力的缺乏。

(2) 债务融资和货币融资的区别表现在：

①对货币发行量的不同效应。

如果政府财政向公众借贷，则公众手里会持有更多债券，但他们持有的高能货币数量不会变化，因为政府卖掉公债的货币最终又会通过公共支出回到公众手里。

如果政府财政向中央银行借款或出售公债，那么公众手里的国库券或公债数额不会发生变化，但他们持有的高能货币会增加，原因在于政府赤字的弥补是通过中央银行增发货币实现的。

②对投资的不同效应。

货币融资法会增加名义货币存量，而债务融资法由于不可能改变名义货币存量，就不会产生这种效应。而短期内由于货币存量增加，利率下降，因而货币融资法会刺激投资。

③对价格水平的不同效应。

与债务融资法相比，货币融资法会使价格上升得更高。因为货币融资法会增加货币存量，而货币存量的上升显然会提高价格水平。

综上所述，货币融资的三种效应归根结底是增发高能货币的效应。而债务融资虽然可以避免眼前的通货膨胀，却会增加未来的债务，这种债务会越背越重，从而产生未来的通货膨胀或税负压力。因此，针对美国严重的债务危机，应该选择货币融资法来弥补赤字。

(3)不利影响：

①美国债务危机将给世界市场增加不确定性及风险，将冲击包括中国在内的各国对外投资决策与现有经济政策。因为美国债务危机引发的全球性危机，可能导致美欧经济出现第二次衰退，这将严重影响到我国的出口，国内出口型产业面临洗牌，继而影响我国以出口带动经济增长的模式。

②美国债务危机可能导致中国的房地产崩溃，进而银行坏账急剧增加，金融系统崩溃。

③面对欧美各国经济衰退的风险，中国货币政策也到了是否要调整的十字路口。一旦美国债务危机爆发，国际货币美元必然大幅贬值，人民币对美元升值，会造成人民币对内的大幅贬值，这将使中国国内产生通货膨胀。

积极影响：首先，人民币升值迫使中国改变现有的货币特别是汇率政策。另外经济政策也必须有所调整，在重视出口的同时，必须扩大内需，增加消费和对外投资。此外，在新利益架构下，可能有必要重构中国经济对外发展战略并加强中国在国际货币体系中的话语权。

3. 画图说明如何通过凯恩斯框架的*IS*－*LM*模型和蒙代尔－弗莱明模型分别推导出封闭经济和小型开放经济下的总需求曲线，并分别解释封闭经济和小型开放经济下价格总水平与总需求负相关的作用机制。（中央财大2014研）

答：(1)通过凯恩斯框架的*IS*－*LM*模型推导封闭经济下的总需求曲线。

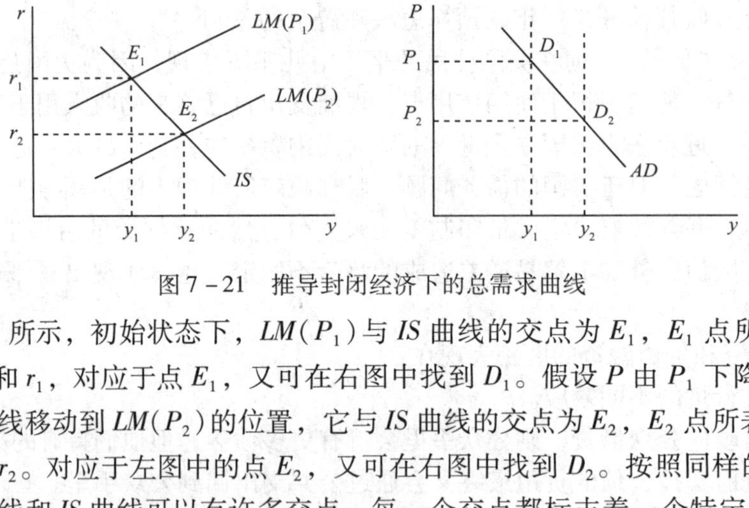

图7－21　推导封闭经济下的总需求曲线

如图7－21所示，初始状态下，$LM(P_1)$与*IS*曲线的交点为E_1，E_1点所表示的收入和利率顺次为y_1和r_1，对应于点E_1，又可在右图中找到D_1。假设P由P_1下降到P_2，由于P的下降，*LM*曲线移动到$LM(P_2)$的位置，它与*IS*曲线的交点为E_2，E_2点所表示的收入和利率顺次为y_2和r_2。对应于左图中的点E_2，又可在右图中找到D_2。按照同样的程序，随着P的变化，*LM*曲线和*IS*曲线可以有许多交点，每一个交点都标志着一个特定的y和r。于是就有许多P与y的组合，从而构成了图中的一系列点，把这些点连在一起所得到的曲线便是总需求曲线*AD*。

封闭经济下，价格总水平与总需求负相关的作用机制：在庇古的财富效应、凯恩斯利率效应的共同作用下，价格水平的变动会导致消费水平和投资水平从而导致收入水平反方向的变动，对应的总需求曲线向右下方倾斜。

(2)通过蒙代尔－弗莱明模型推导小型开放经济下的总需求曲线。

如图7－22所示，初始状态下，$LM^*(P_1)$与IS^*曲线的交点所表示的实际汇率和收入顺

次为 ε_1 和 y_1，对应于 AD 线上的点 (P_1, y_1)。当物价水平由 P_1 降至 P_2 时，由于较低的物价水平增加了实际货币余额，LM^* 曲线向右移动，导致实际汇率贬值和均衡收入水平提高，相应的可推导得出向右下方倾斜的小型开放经济的总需求曲线。

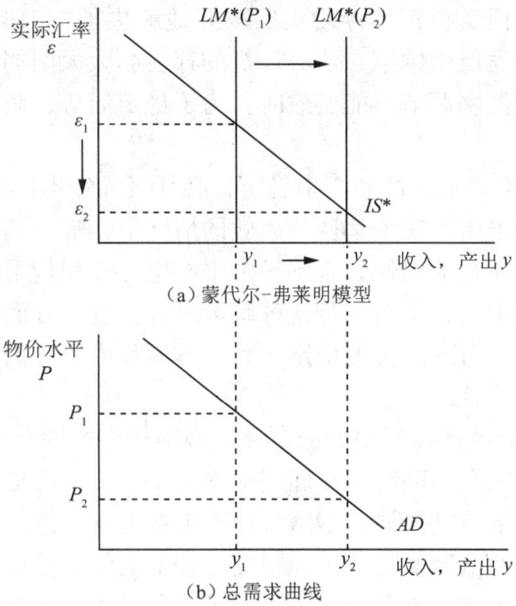

图 7－22　推导小型开放经济下的总需求曲线

小型开放经济下价格总水平与总需求负相关的作用机制：价格下降后使得实际汇率下降，净出口增加从而产出增加，表现在小型开放经济的总需求曲线上为产出量随着价格的下降而增加。

4. 在"三元悖论"中，在资本账户开放、汇率固定和货币政策独立三个方面，一个国家只能实现其中两个。请问为什么？（浙江财经大学 2021 研）

答：三元悖论也称三难选择，它是美国经济学家保罗·克鲁格曼就开放经济下的政策选择问题，在蒙代尔－弗莱明模型的基础上提出的，其含义是：本国货币政策的独立性、汇率的稳定性和资本的完全流动性不能同时实现，最多只能同时满足两个目标，而必须放弃另外一个目标。

本国货币政策的独立性是指一国执行宏观稳定政策进行反周期调节的能力，这里主要是指一国是否具有使用货币政策影响其产出和就业的能力；汇率的稳定性是指保护本国汇率免受投机性冲击、货币危机等的冲击，从而保持汇率稳定；资本的完全流动性即不限制短期资本的自由流动。三元悖论主要包括以下三种情况：①保持本国货币政策的独立性和资本的完全流动性，必须牺牲汇率的稳定性，实行浮动汇率制；②保持本国货币政策的独立性和汇率稳定，必须牺牲资本完全流动性，实行资本管制；③维持资本的完全流动性和汇率的稳定性，必须放弃本国货币政策的独立性。

三种选其中的两种是国际货币体系三元悖论的根本特性。根据三元悖论，在资本流动、货币政策的有效性和固定汇率制度三者之间只能进行以下三种选择：

(1)保持本国货币政策的独立性和资本的完全流动性，必须牺牲汇率的稳定性，实行浮动汇率制。实行浮动汇率制，发挥汇率的调节作用，实际上是以牺牲汇率的稳定为代价，来达到货币政策的独立性与资本的完全流动性。这是由于在资本完全流动的条件下，频繁出入的国内外资金带来了国际收支状况的不稳定，如果本国的货币当局不进行干预，亦即保持货币政策的独立性，那么本币汇率必然会随着资金供求的变化而发生频繁的波动。利用汇率调节将汇率调整到真实反映经济现实的水平，可以改善进出口收支，影响国际资本流动。虽然汇率调节自身具有缺陷，但实行汇率浮动确实较好地解决了“三难选择”。但对于发生金融危机的国家来说，特别是发展中国家，信心危机的存在会大大削弱汇率调节的作用，甚至起到了恶化危机的作用。当汇率调节不能奏效时，为了稳定局势，政府的最后选择是实行资本管制。

(2)保持本国货币政策的独立性和汇率稳定，必须牺牲资本的完全流动性，实行资本管制。在金融危机的严重冲击下，在汇率调节无效的情况下，唯一的选择是实行资本管制，实际上是政府以牺牲资本的完全流动性，来维护汇率的稳定性和货币政策的独立性。大多数经济不发达的国家，比如说中国，就是实行这种政策组合。这一方面是由于这些国家需要实行相对稳定的汇率制度来维持对外经济的稳定，另一方面是由于它们的监管能力较弱，无法对自由流动的资本进行有效的管理。

(3)维持资本的完全流动性和汇率的稳定性，必须放弃本国货币政策的独立性。根据蒙代尔－弗莱明模型，资本完全流动时，在固定汇率制度下，本国货币政策的任何变动都将被所引致的资本流动的变化抵消其效果，本国货币政策丧失自主性。在这种情况下，本国或者参加货币联盟，或者更为严格地实行货币局制度，基本上就很难根据本国经济情况来实施独立的货币政策对经济进行调整，最多是在发生投机冲击时，短期内被动地调整本国利率以维护固定汇率。可见，为实现资本的完全流动与汇率的稳定，本国经济将会付出放弃货币政策的巨大代价。

如果以三角形的三个顶点分别表示构建国际货币体系旨在实现的三个目标，那么每一条边均代表一类可能的国际货币体系安排。克鲁格曼将此三角形称作“永恒的三角形”（eternal triangle），其妙处在于它提供了一个一目了然地划分各种国际货币体系的方法，如图7－23所示。

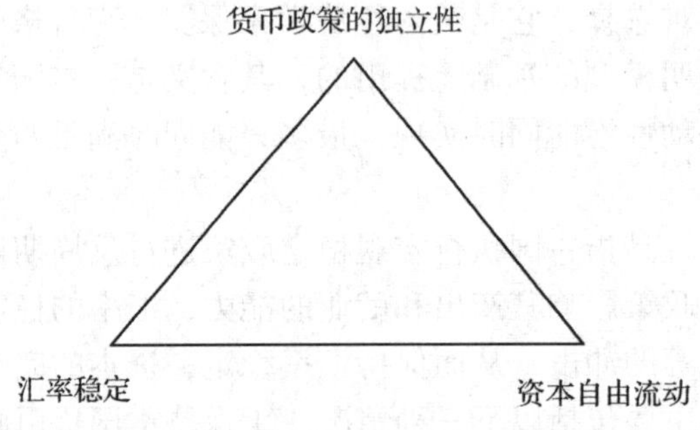

图7－23　三元悖论

事实上，在国际货币体系的发展过程中，三角形的三条边所代表的不同的国际货币体系安排都曾经在现实中实施过。比如，在1944年至1973年的布雷顿森林体系中，各国货币政策的独立性和汇率的稳定性得到实现，但资本流动受到严格限制。而1973年以后，布雷顿森林体系解体，各国汇率开始自由浮动，因此货币政策独立性和资本自由流动得以实现，但汇率稳定不复存在。今天的欧洲货币联盟、货币局制度和历史上的金本位制均选择汇率稳定和资本自由流动，牺牲本国货币政策独立性。而现今中国大陆则是选择汇率稳定和货币政策独立性，放弃资本自由流动，即只开放经常账户，不开放资本账户。

5. 假定与货币需求有关的物价水平包括进口产品的价格，而进口产品的价格取决于汇率。这就是说，货币市场可以表述为：$\frac{M}{P}=L(r, Y)$。这里，$P=\lambda P_d+(1-\lambda)P_f/e$。参数 P 是物价指数，λ 是国内产品的比例。假定国内产品价格 P_d 和用外国货币表示的外国产品的价格 P_f 是固定的。

(1) 假如我们根据 P_d 与 P_f 的给定值(而不是通常所用的 P)画出 LM 曲线。解释为什么在这个模型中这条曲线 LM 向右上方倾斜，而不是垂直的。

(2) 在这个模型中，在浮动汇率下，扩张性财政政策的影响是什么？请解释并与标准的蒙代尔－弗莱明模型进行对比。

(3) 假定政治不稳定提高了该国的政治风险贴水，从而使利率上升。在这个模型中，它对利率、物价水平和总收入的影响是什么？与标准的蒙代尔－弗莱明模型进行对比。(上海财大 2008 研)

答：(1) 更高的汇率使外国物品变得更便宜，就人们消费外国物品来说，与货币市场相关的物价水平 P 就会下降。更低的物价水平增加了实际货币余额的供给。为了保持货币市场的均衡，收入要相应提高以增加货币需求。因此，LM^* 曲线向右上方倾斜。

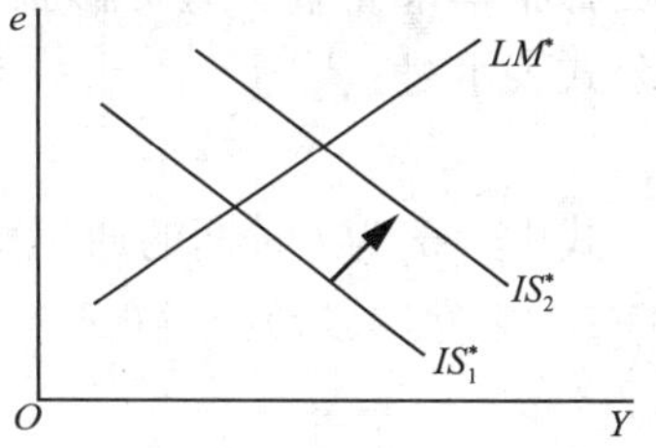

图 7－24　扩张性财政政策的影响

(2) 在标准的蒙代尔－弗莱明模型中，扩张性财政政策在浮动汇率下对产出没有影响。但是这种结论在这里是不成立的。如图 7－24 所示，减税或政府支出的增加使 IS^* 曲线右移，由于 LM^* 曲线是斜向上的，所以产出增加。

(3) 当该国的风险贴水提高时，利率上升。这使 IS^* 曲线向左移动，较高的利率减少了投资；同时，LM^* 曲线向右移动，因为较高的利率减少了货币需求。这两种移动同时导致了汇率的下降，汇率下降提高了进口物品的价格水平，从而总体物价水平上升。在货币供给 M 不变的情况下，物价水平 P 的上升意味着实际货币余额供给的减少，这部分抵消了 LM^* 曲线的右移。所以，汇率下降，物价水平升高，产出的变化不确定。这与标准模型中产出增加是不一样的。

第 8 章　通货膨胀与失业理论

8.1　考点难点归纳

考点一：通货膨胀

1. 通货膨胀的衡量

通货膨胀是指经济社会在一定时期价格水平持续和显著地上涨。通货膨胀的程度通常用通货膨胀率来衡量。通货膨胀率被定义为从一个时期到另一个时期价格水平变动的百分比，用公式表示是：

$$\pi_t = (P_t - P_{t-1}) / P_{t-1}$$

式中，π_t为 t 时期的通货膨胀率；P_t和 P_{t-1}分别为 t 时期和$(t-1)$时期的价格水平。

2. 通货膨胀的分类(见表 8 -1)

表 8 -1　通货膨胀的分类

分类依据	具体内容
价格上升的速度	①温和的通货膨胀，指每年物价上升的比例在 10% 以内； ②奔腾的通货膨胀，指年通货膨胀率在 10% 以上和 100% 以内； ③超级通货膨胀，指年通货膨胀率在 100% 以上
对价格影响的差别	①平衡的通货膨胀，即每种商品的价格都按相同比率上升； ②非平衡的通货膨胀，即各种商品价格上升的比例并不完全相同
人们的预期程度	①未预期到的通货膨胀，即价格上升的速度超出人们的预料，或者人们根本没有想到价格会上涨； ②预期到的通货膨胀，具有自我维持的特点，又称为惯性的通货膨胀

3. 通货膨胀的原因

(1)作为货币现象的通货膨胀：

货币数量论认为每一次通货膨胀背后都有货币供给的迅速增长。这一理论的出发点是如下所示的交换方程：$MV = Py$，即：货币供给量 × 货币流通速度(总支出) = 物价水平 × 实际收入(总收入)。

对上式取自然对数：$\ln M + \ln V = \ln P + \ln y$。

关于时间 t 求微分：

$$\frac{1}{M} \cdot \frac{dM}{dt} + \frac{1}{V} \cdot \frac{dV}{dt} = \frac{1}{P} \cdot \frac{dP}{dt} + \frac{1}{y} \cdot \frac{dy}{dt}$$

进一步变形：

$$\frac{1}{P} \cdot \frac{dP}{dt} = \frac{1}{M} \cdot \frac{dM}{dt} + \frac{1}{V} \cdot \frac{dV}{dt} - \frac{1}{y} \cdot \frac{dy}{dt}$$

即：通货膨胀率 = 货币增长率 + 货币流通速度变化率 - 产量增长率。

根据上式，通货膨胀来源于三个方面，即货币流通速度的变化、货币增长和产量增长。

由于货币流通速度变化很慢或者基本不发生变化，所以一般认为通货膨胀率等于货币增长率与产出增长率的差。

(2)需求拉动型通货膨胀：

需求拉动型通货膨胀是指由于总需求超过了总供给，拉开"膨胀性缺口"，造成物价水平的普遍而持续的上涨，即"过多的货币追求过少的商品"。总需求的过度增长可能源于消费需求、投资需求、政府需求、国外需求，也可能来自财政政策、货币政策、消费习惯的突然改变以及国际市场的需求变动等需求冲击。

(3)成本推动型通货膨胀：

成本推动型通货膨胀是指在没有超额需求的条件下，由于供给方面成本的提高所引起的价格水平的普遍持续上涨。成本推动仅仅是物价上涨的最初动因，政府为维持其就业和产出目标而采取的扩张性政策是价格水平维持上升的必要条件，因此成本推动型的通货膨胀也主要是一种货币现象。引起这种通货膨胀的根源在于市场的不完全竞争，即特定集团在经济中行使市场权力，一是工会要求较高的工资导致工资推动通货膨胀，二是垄断和寡头企业牟取高额利润导致的利润推动通货膨胀。

(4)混合型通货膨胀：

这是把总需求与总供给结合起来分析通货膨胀的原因，许多经济学家认为，通货膨胀的根源不是单一的总需求拉上或总供给推进，而是两者共同作用的结果。

(5)结构性通货膨胀：

结构性通货膨胀是指由于特定的经济制度、控制系统、信息系统和决策系统等结构性因素的变化而引起的通货膨胀。

生产率提高速度不同的两个部门的工资增长快慢也应当有区别。但是，生产率提高慢的部门要求工资增长向生产率提高快的部门看齐，结果使全社会工资增长速度超过生产率增长速度，因而引起通货膨胀。这种对比部门可分为：生产效率高的部门和生产效率低的部门；迅速发展的部门和渐趋衰落的部门；开放部门和非开放部门。

4. 通货膨胀的经济影响(见表8－2)

表8－2　通货膨胀的经济影响

经济影响	具体内容
再分配效应	①通货膨胀降低固定收入阶层的实际收入水平。即使就业工人的货币工资能与物价同比例增长，在累进所得税下，货币收入增加使人们进入更高的纳税等级。此外，税率的上升也会使工人的部分收入丧失。 ②通货膨胀对储蓄者不利。随着价格上涨，存款的实际价值或购买力就会降低。 ③通货膨胀还可以在债务人和债权人之间发生收入再分配的作用。具体地说，通货膨胀靠牺牲债权人的利益而使债务人获利；只要通货膨胀大于名义利率，实际利率就为负值
产出效应	在短期，需求拉动的通货膨胀可促进产出水平的提高；成本推动的通货膨胀却会导致产出水平的下降
对就业的影响	需求拉动的通货膨胀会刺激就业、减少失业；成本推动的通货膨胀在通常情况下会减少就业。但从长期来看，上述影响产量和就业的因素都会消失

超级通货膨胀(hyperinflation)导致经济崩溃。

5. 政府对通货膨胀的对策

(1)紧缩性的需求管理政策。对于消除通货膨胀，在政策上，可以通过实施紧缩性的财政政策和货币政策来实现。在方法上，可以采取激进主义政策(冷火鸡政策)和渐进主义政策：前者是政府通过突然性的、大规模的紧缩性的需求管理政策，以名义国民生产总值明显下降和失业率显著提高为代价，在短时间内，争取消除通货膨胀的政策；后者是指政策持续不断地紧缩总需求，在很长的时间内逐步消除通货膨胀的政策，其基本特征是较小的失业率和较长的时间。

(2)收入政策。它是指政府通过影响实际因素来达到抑制通货膨胀的目的，这些实际因素包括对工资和物价的控制、道德的劝说以及改变预期等。

6. 通货紧缩

通货紧缩是指在经济均衡的状况下，由于企业债务负担加重、货币供给锐减或银行信贷收缩等原因造成投资需求突然下降或泡沫破灭，居民财富萎缩造成消费需求突然剧减等原因而导致总需求下降，从而出现供给大于需求，物价下降的现象。通货紧缩的理论主要有4个，具体如表8-3所示。

表8-3 通货紧缩的理论

理论	具体内容
凯恩斯	当企业投资低落，经济衰退，特别在经济严重衰退时，企业家的利润预期非常之低，以至于任何正利率都显得太高，因此通过放松银根、降低利率的货币政策来抑制衰退，效果不会明显，只有通过增加政府开支来增加有效需求，才能有效抑制经济衰退
奥地利学派	通货紧缩并不是独立形成的，而是由促成经济萧条的生产结构失调所引起的，否则，通货紧缩就不会发生。因此通货紧缩是一种派生的过程
费雪	由于新发明、新产业的出现或新资源的开发等所导致的利润前景看好，企业因此过度投资，从而导致过度借债。债权人一旦注意到这种过度借债的危险，就会趋于债务清算，从而造成通货紧缩
货币主义	货币对于经济活动是重要的；货币存量的大幅度变动是一般价格水平大幅度变动的充分必要条件

考点二：失业

1. 失业的定义与失业率的测量

(1)失业的定义：

失业是指某个年龄以上，在考察期内没有工作，但有工作能力，并且正在寻找工作的人。

(2)失业率的测量：

不同的国家所采取的失业率的测量方法和口径不同。中国目前使用的是调查失业率这一指标。调查失业率是指通过劳动力调查或相关抽样调查推算得到的失业人口占全部劳动力(就业人口和失业人口之和)的百分比。

城镇失业登记制度作为失业测量的另一个有效途径和方法，过去很长一段时间以来在反映我国失业状况，为就业政策制定提供参考方面发挥了重要的作用。但由于其统计的是符合一定条件，且自愿主动前往就业服务机构进行登记的失业者，因此在我国快速发展变化的经济社会环境下越来越难以全面反映失业状况。

2. 自然失业率

自然失业率是指经济社会在正常情况下的失业率，它是劳动市场处于供求稳定状态的失业率，也是充分就业下的失业率。自然失业率是一个不会造成通货膨胀也不会造成通货紧缩的失业率状态，所以自然失业率也称非加速通货膨胀失业率。

劳动市场达到稳定状态的条件是：$fU=lE$。其中，l为离职率，f为就职率，U为失业人数，E 为就业人数。

假设 N 代表劳动力总数，则 $N=E+U$。失业率即为 U/N，则 $U/N=l/(l+f)$。

3. 失业的经济学解释

(1)古典失业理论：

古典经济学家始终认为，资本主义制度可以通过市场机制的自动调节解决各种矛盾，因此经济社会中不存在失业，充分就业是一个始终存在的倾向。针对自1825年第一次经济危机之后西方社会经常存在的大量失业现象，古典经济学家认为这些失业属于摩擦性失业和自愿失业的范畴，而不是真正的失业，只是生产过程中局部的、暂时的失调，而不是真正的对劳动力需求的不足，因而这些失业的存在并不能否认社会常态是充分就业。

(2)凯恩斯的失业理论：

凯恩斯认为除了摩擦性失业和自愿失业之外，社会还存在着大量的"非自愿失业"，其原因在于社会有效需求不足，故凯恩斯的失业理论也称之为有效需求不足失业论。凯恩斯经济学用有效需求不足理论来说明失业，并在此基础上提出解决失业问题的方法，即国家积极干预经济，以达到社会的"充分就业"。

4. 失业的原因(见表8-4)

表8-4　失业的原因

类型	概念	原因
摩擦性失业	指由于工作岗位和劳动力的匹配需要时间造成的暂时的失业	①不同行业和地区的需求构成的变动； ②企业间的劳动供求的变动
结构性失业	指由于劳动力的供给和需求不匹配所造成的失业，其特点是失业和职位空缺同时存在	工资刚性：指工资在确定之后不容易发生变动，即工资缺乏弹性。造成工资刚性的原因有：最低工资法、效率工资和工会的垄断力量
周期性失业	又称总需求不足失业，是指由于整体经济的支出和产出水平下降造成的失业	经济中的总需求下降

5. 失业的代价

在现实经济中，失业的危害很容易被人认识，可以肯定，失业率增加时几乎没有人能从中获益。因为失业率的上升意味着总产量会下降，人们的总实际收入会下降。

(1)对于个人来说，如果是自愿失业，则会给他带来闲暇的享受；但如果是非自愿失业，则会使他的收入减少，从而生活水平下降。

(2)对社会来说，失业增加了社会福利支出，造成财政困难；同时，失业率过高又会影响社会的安定，带来其他社会问题。

(3)从整个经济看，失业在经济上最大的损失就是实际国民收入的减少。曾任美国总统约翰逊首席经济顾问的美国经济学家阿瑟·奥肯(Arther·Okun)，研究了失业率变动对实际国民收入的影响，提出了奥肯定理(Okun's Law)。其主要内容是：失业率如果超过充分就业的界限(通常以4%的失业率为标准)时，失业率每降低1%，实际国民生产总值则增加2%；反之，失业率每增加1%，实际国民生产总值则减少2%。

考点三：菲利普斯曲线

菲利普斯曲线是菲利普斯根据现实统计资料所给出的反映货币工资变动率与失业率之间相互关系的曲线。

货币工资增长率与失业率，两者具有负相关的函数关系，即货币工资增长率越高的时候，失业率越低；失业率越高的时候，货币工资增长率越低。因此，菲利普斯曲线自左上方向右下方倾斜。由于工资成本是产品价格的重要构成部分，从而通货膨胀率与货币工资增长率之间存在相当稳定的正比例关系(两者差额为劳动生产率的增长率)，所以，通常可以用通货膨胀率替代货币工资率来描述菲利普斯曲线：通货膨胀率越高，失业率越低；反之则相反。菲利普斯曲线如图 8 - 1 所示。

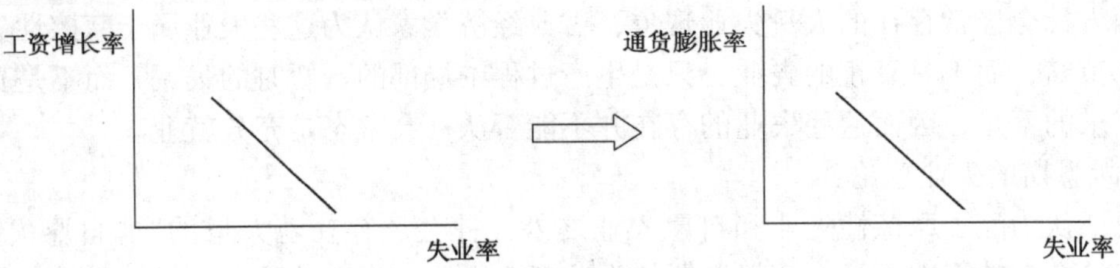

图 8 - 1　菲利普斯曲线

菲利普斯曲线既反映出通货膨胀与失业的替代关系，又可用于分析抑制通货膨胀的对策。在一定的时点上，政府可设置一个经济能够最大限度承受的通货膨胀与失业的界限，通过总需求管理政策把通货膨胀和失业都控制在此界限之内。当通货膨胀率过高时，可通过紧缩性的经济政策使失业率提高，以换取低通货膨胀率；当失业率过高时，采取扩张性的经济政策使通货膨胀率提高，以获得较低的失业率。

当通货膨胀成为一种持续性的长期现象时，人们对通货膨胀的预期就会使菲利普曲线向右上方移动，这意味着经济现在必须以更高的通货膨胀率才能换取一定的失业率。在长期，如果菲利普斯曲线不断向右移动，换取一定的失业率所需求的通货膨胀率就越来越高，最终菲利普斯曲线将成为一条垂直线，这就是长期的菲利普斯曲线。如果经济开始在一个自然失业率的水平下运行，长期菲利普斯曲线就是以自然失业率为出发点的一条垂线。长期菲利普斯曲线否认了短期的失业和通货膨胀之间的替代关系，由于长期无法消除自然失业率，任何政府试图以通货膨胀来消除自然失业率的努力，其结果都是暂时的。货币主义就持这种观点。

8.2　考研真题与典型题

一、名词解释

1. 通货膨胀(inflation)(南昌大学 2020 研；大连理工大学 2018 研；暨南大学 2017 研)

2. 消费价格指数(consumer price index，CPI)(中央财大 2015 研)

3. 菲利普斯曲线(Phillips curve)(华东师范大学 2022 研；华南理工大学 2022 研；广东外语外贸大学 2022、2017、2015 研；湘潭大学 2021 研；中央财经大学 2019 研；大连理工大学 2018 研；厦门大学 2018 研；四川大学 2018 研；东南大学 2017、2014 研；中南大学 2016 研；北师大 2016 研；中国社科院 2014 研)

4. 通货紧缩(财政部财科所 2016 研；中央财大 2016 研)

5. 结构性通货膨胀(东北财经大学 2022 研；对外经贸大学 2019 研；江西财经大学 2013 研)

6. 混合型通货膨胀

7. 通货膨胀税(武汉大学 2019、2014 研；复旦大学 2017 研；中南财大 2016 研；厦门大学 2015、2014 研)

8. 生产者价格指数(producer price index)

9．需求拉动型通货膨胀（东北财大 2015 研）

10．附加预期的菲利普斯曲线（暨南大学 2017 研；西北大学 2017 研；东北财大 2014 研；湖南大学 2014 研；中央财大 2011 研）

11．通货膨胀缺口与通货紧缩缺口（武汉大学 2002 研）

12．滞胀（中南财经政法大学 2019 研）

13．信用膨胀

14．通货膨胀产出效应

15．货币幻觉（monetary illusion）（东南大学 2022 研；中南财大 2018 研；南航 2015 研；华东理工大学 2015 研；对外经贸大学 2014 研；中央财大 2014 研）

16．结构性失业（广东外语外贸大学 2022 研；浙江工商大学 2021 研；中国海洋大学 2020 研；中国人民大学 2019、2017 研；中央财大 2018 研；南京大学 2017 研；湖南大学 2016 研；厦门大学 2014 研；财政部财科所 2012 研）

17．摩擦性失业（广东外语外贸大学 2022 研；中国人民大学 2021、2017 研；湘潭大学 2021 研；湖南大学 2017 研；四川大学 2016 研；浙江理工大学 2015 研；南京大学 2014、2011 研）

18．充分就业（湘潭大学 2019 研；湖南大学 2018 研；合肥工业大学 2017 研；财政部财科所 2016 研）

19．奥肯定律（南京财经大学 2022、2015 研；中国海洋大学 2020 研；中南财经政法大学 2020 研；广东外语外贸大学 2020 研；武汉大学 2019 研；山东大学 2017 研；中国社科院 2017 研；中山大学 2016 研；中央财大 2015 研；厦门大学 2013 研；西南大学 2012 研）

20．自然失业率（natural rate of unemployment）（湖南大学 2022 研；北京理工大学 2021 研；广西大学 2019 研；东北财大 2018 研；暨南大学 2017 研；西北大学 2017 研；北师大 2015 研；南航 2015 研；四川大学 2015 研；南京财经大学 2012 研）

21．非自愿失业（厦门大学 2009 研）

22．遗憾指数（对外经贸大学 2017 研）

23．周期性失业（广东财经大学 2022 研；南京大学 2019 研；四川大学 2018 研）

二、简答题

1．运用古典的货币数量理论，说明货币供给增加对通货膨胀的影响？并分析我国目前价格总水平的变化趋势。（华中科大 2012 研）

2．预期和未预期的通货膨胀的成本有哪些？（合肥工业大学 2017 研；厦门大学 2014 研）

3．简要解释短期菲利普斯曲线与长期菲利普斯曲线的区别。（中央财经大学 2019 研；山西财经大学 2016 研；人大 2015 研；中国海洋大学 2013 研）

4．简述“摩擦性失业”与“结构性失业”对经济产生的实际影响。（东南大学 2003 研）

5．媒体常说食品（或任何个别商品）的价格上涨是通货膨胀的原因。试用货币供给与需求决定物价水平的理论，来评论前述结论。（北大 2011 研）

6．通货膨胀是怎样形成的？对经济活动有什么影响？（中南财经政法大学 2019 研；深圳大学 2019 研；暨南大学 2017 研）

7．政府公开宣布控制通货膨胀预期的意义，通货膨胀如何自我维持。（人大 2010 研）

8．什么是“成本推进型”通货膨胀？（对外经贸大学 2003 研）

9．如何根据适应性预期和理性预期来解释菲利普斯曲线？

10．什么是菲利普斯曲线，它有哪几种类型，其各自的政策含义是什么？（华中科大

2016 研)

11. 简述需求拉动型通货膨胀的运行过程。(中国社科院 2017 研)

12. 简述通货膨胀目标制。

13. 需求拉动型通货膨胀、成本推动型通货膨胀与结构性通货膨胀的区别与联系。(中国人民大学 2019 研)

14. 完全竞争经济实现一般均衡是否意味着充分就业?政府使用扩张性财政政策和货币政策调控经济的方法是否正确?请说明理由。(清华大学 2011 研)

15. 对实际工资可能保持在使劳动供求均衡的水平之上的原因给出三种解释。(厦门大学 2008 研)

16. 在什么情况下降低通货膨胀而不引起经济衰退是可能的?(厦门大学 2007 研)

17. 通货膨胀如何影响居民的实际收入水平?居民应该怎样减少通货膨胀的影响?(西南财大 2011 研)

18. 在过去几年中,通货紧缩是宏观经济分析中频繁出现的术语。很多人认为通货紧缩与债务问题结合在一起,会严重抑制总需求的增长,进而加剧经济衰退的风险。请利用封闭条件下的 $IS-LM$ 模型回答如下问题。

(1)未预期到的通货紧缩是如何影响总需求的?

(2)预期到的通货紧缩是如何影响总需求的?(中国人民大学 2017 研)

19. 为什么货币融资和债务融资都会引起通货膨胀?(东北财经大学 2019 研)

20. 请解释菲利普斯曲线与短期总供给曲线之间的关系。(中国人民大学 2020 研;武汉大学 2019 研)

三、计算题

1. 假设经济由如下三个式子来描述:总需求状况为 $g_{yt}=g_{mt}-\pi_t$;菲利普斯曲线为 $\pi_t-\pi_{t-1}=-0.8(u_t-4\%)$;奥肯定律为 $u_t-u_{t-1}=-0.4(g_{yt}-3\%)$。其中 g_{yt} 为产出增长率,g_{mt} 为货币供给增长率,π_t 为通货膨胀率,u_t 为失业率。求:

(1)经济的自然失业率是多少?

(2)假设失业率等于自然失业率,通货膨胀率为 8%。产出增长率是多少?货币供给增长率是多少?

(3)假设政府要把通货膨胀率从第一年的 8% 降到第二年的 4%,求第二年的实际失业率并计算牺牲率。(南开大学 2011 研)

2. 假设一国的菲利普斯曲线为 $\pi=\pi^e-3(U-U_n)$,自然失业率 U_n 为 5%,对通货膨胀的预期为适应性预期,中央银行对下一年的通货膨胀目标为 2%。

(1)如果当前的通货膨胀率为 5%,那么中央银行为实现下一年的通货膨胀目标,能够引起的失业率是多少?

(2)如果中央银行在次年继续保持 2% 的通货膨胀目标,那么失业率将是多少?

(3)根据奥肯定律,计算降低通货膨胀的产出牺牲率。

(4)如果对通货膨胀的预期为理性预期,那么产出牺牲率为多少?(南开大学 2007 研)

3. 假定经济的菲利普斯曲线是:$\pi=\pi_{-1}-0.5(u-u^n)$,而且自然失业率是过去两年失业率的平均数:$u^n=0.5(u_{-1}+u_{-2})$。

(1)为什么自然失业率会取决于最近的失业率?

(2)假设央行遵循永久性地降低通货膨胀 1% 的政策,这种政策对一段时期中的失业率有什么影响?

(3)这个经济中的牺牲率是多少？请解释。

(4)这些方程式对通货膨胀与失业之间的短期和长期的取舍关系意味着什么?(人大2013研)

四、论述题

1. 论述凯恩斯的就业理论。你认为凯恩斯理论对中国经济是否具有指导或借鉴意义，并加以分析。(华中科大2002研)

2. 下图是中国2000年9月份至2011年9月份的通货膨胀和货币增长速度图。根据图形和你所知道的相关知识，回答下面问题。

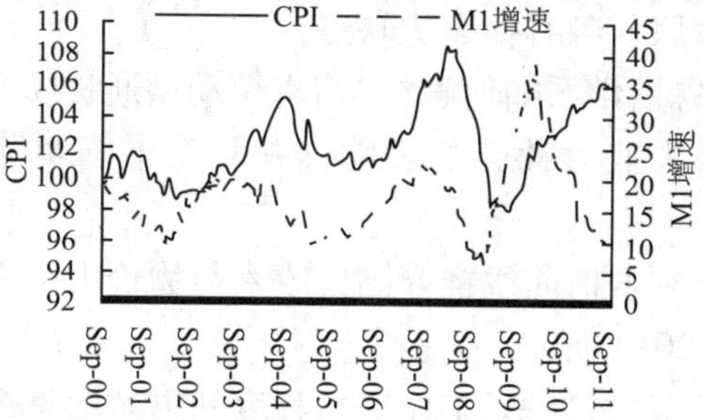

(1)画图揭示货币与通货膨胀之间的关系。

(2)中国通货膨胀、货币增速的走势与理论预期一致吗？给出你的判断及理由。

(3)从图形上，中国运用货币政策治理通货膨胀面临什么挑战？如果你是宏观经济管理当局，如何展望中国明年通货膨胀的走势？(中山大学2012研)

3. "平均通货膨胀目标制"是近年来经济学家讨论较多的一种新的货币政策框架。在这一政策框架下，货币政策不再像传统的通货膨胀目标制那样盯着特定时点上的通货膨胀水平，而是盯着一段时间内的平均通货膨胀水平。

(1)结合通货膨胀的形成机理以及货币政策的作用机制，分析传统的通货膨胀目标制的理论基础及其存在的缺陷。

(2)一些经济学家认为，基于欧美主要发达经济体2020年以来的宏观经济形势，平均通货膨胀目标制有利于对经济产生额外的刺激作用。请分析这一观点背后的基本逻辑。

(3)2020年8月美国宣布转向"平均通货膨胀目标制"，但是并未宣布计算平均通货膨胀的时间窗口长度。你认为这样会产生什么问题？为什么？(中国人民大学2022研)

4. 论述凯恩斯主义、货币主义及理性预期学派关于菲利普斯曲线的争论。(财政部财科所2016研)

5. 自然失业率由哪些部分构成？宏观经济政策所能调整的是哪一种失业？中国失业率的构成与发达国家失业率的构成有什么区别？(北航2005研)

6. 下图是美国1964~2010年间通货膨胀和失业率的散点图。根据图形和你所知道的相关知识，回答下面问题。

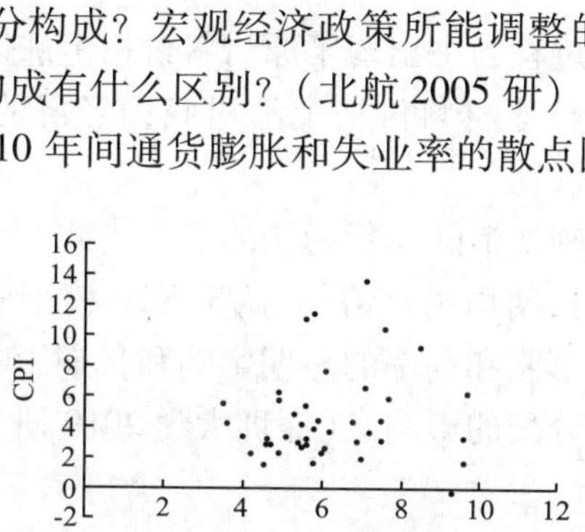

（1）根据 Phillips（1958），最初的 Phillips 曲线刻画的是工资增长速度与失业率之间的关系，而现在版的 Phillips 曲线刻画的往往是通货膨胀与预期通货膨胀、失业率之间的关系。请问最初版的 Phillips 曲线是如何演进到现在版的 Phillips 曲线？

（2）根据图形大致描述美国 2010 年的宏观经济形势。

（3）从图形上看，在 1964～2010 年间，美国通货膨胀与失业率走势符合 Phillips 曲线的理论预测吗？给出你的判断及理由。（中山大学 2012 研）

7. 试从菲利普斯曲线的发展过程阐述通货膨胀经济效应理论。

8. 治理通货膨胀的需求政策、收入政策、供给政策以及结构调整政策分别包括哪些内容？针对什么类型的通货膨胀？各有什么优缺点？

9. 试述货币主义和凯恩斯学派如何解释“需求拉动型通货膨胀”中总需求过大的原因。

10. 试述失业的类型及失业对社会的影响，并联系中国实际阐述相应的反失业政策。（东北财大 2006 研）

11. 根据附加预期的菲利普斯曲线推导国民收入与物价水平之间的关系，并说明滞胀现象的成因。（对外经贸大学 2013 研）

12. 劳动力市场上，员工的素质、工作努力程度和忠诚度是企业关心的重点之一。工人寻找工作（Job search）时，需要关于工作空位和机会的信息。政府的公共政策会影响劳动力市场和宏观经济状况。

（1）发展中国家和地区，城市用工者到农村招工时，往往优先考虑一些特定的村庄或社区（这些村落中往往有其通过很长时期建立的、相对可靠的招募网络）。对农村外出务工者而言，他们也往往倚重于当地的招工代理人员或已经在外务工的人员，获取就业机会。你对这种现象如何理解？请给出你的经济学直觉解释。

（2）即使在市场经济条件下，企业往往也会向其所雇用的工人支付高于劳动市场均衡水平的工资。你认为这对工人供给量、工人需求量和失业量会产生何种影响？

（3）如果政府管理的公共就业服务机构，向处在摩擦失业状态的工人提供就业信息和职业技能培训方面的恰当服务，你认为这对自然失业率可能会产生怎样的影响？

（4）请画图说明（3）中的自然失业率变化后，长期的菲利普斯曲线会发生怎样的变动？并画图说明，此时长期总供给曲线会发生怎样的变动？在总需求一定的情况下，物价水平和通货膨胀率将怎样变化？

（5）如果政府采取扩张性的货币政策，请依据菲利普斯曲线，说明这种政策的短期和长期影响。（人大 2006 研）

13. 当前，我国经济发展过程当中出现了原材料价格上涨以及由此导致的价格上涨的现象。如果这一假设成立，请分析原材料价格上涨对我国经济的影响；并提出相应的政策建议。（北大 2011 研）

14. 根据通货膨胀理论，阐述消除通货膨胀的主要措施。（人大 2017 研）

15. 假设当前经济正处于长期均衡，请结合 $IS-LM$ 模型和 $AS-AD$ 模型。讨论分析积极货币政策对产出水平、通货膨胀和利率的短期影响和长期影响。（中央财经大学 2019 研）

16. 论述通货膨胀对收入分配的影响。（深圳大学 2019 研）

8.3 考研真题与典型题详解

一、名词解释

1. 通货膨胀(inflation)(南昌大学2020研；大连理工大学2018研；暨南大学2017研)

答：当一个经济中的大多数商品和劳务的价格连续在一段时间内普遍上涨时，宏观经济学就称这个经济经历着通货膨胀。理解通货膨胀这个概念的关键在于：通货膨胀这个概念引入了时间维度，价格水平的变化是在一段时间内发生的；价格水平的变化在该时间段内是持续的；价格水平的变化是显著的。

宏观经济学用价格指数来描述整个经济中的价格水平。宏观经济学中常涉及的价格指数主要有GDP折算指数、消费价格指数和生产者价格指数。有了价格水平(价格指数)这一概念，就可以将通货膨胀更为精确地描述为经济社会在一定时期价格水平持续地和显著地上涨。通货膨胀的程度通常用通货膨胀率来衡量。

2. 消费价格指数(consumer price index ，CPI)(中央财大2015研)

答：消费价格指数也称零售物价指数和生活费用指数，是反映消费品(包括劳务)价格水平变动状况的一种价格指数，一般用加权平均法来编制。消费价格指数是用来衡量通货膨胀和通货紧缩程度的指标之一。它根据若干种主要日用消费品的零售价格以及服务费用而编制，用公式来表示即为：

$$\text{CPI} = \frac{\text{一组固定商品按当期价格计算的价值}}{\text{一组固定商品按基期价格计算的价值}} \times 100\%$$

消费价格指数的优点是能及时反映消费品供给与需求的对比关系，资料容易搜集，能够迅速直接地反映影响居民生活的价格趋势。其缺点是范围较窄，只包括社会最终产品中的居民消费品的这一部分，因而不足以说明全面的情况。例如，品质的改善可能带来一部分消费品价格而非商品劳务价格总水平的提高，但消费价格指数不能准确地表明这一点，因而有夸大物价上涨幅度的可能。

3. 菲利普斯曲线(Phillips curve)(华东师范大学2022研；华南理工大学2022研；广东外语外贸大学2022、2017、2015研；湘潭大学2021研；中央财经大学2019研；大连理工大学2018研；厦门大学2018研；四川大学2018研；东南大学2017、2014研；中南大学2016研；北师大2016研；中国社科院2014研)

答：菲利普斯曲线是说明失业率和货币工资变动率之间交替关系的一条曲线。它是由经济学家菲利普斯根据1861～1957年英国的失业率和货币工资变动率的经验统计资料提出来的，故称之为菲利普斯曲线。后来的学者用物价上涨率(即通货膨胀率)代替货币工资上涨率，以表示物价上涨率与失业率之间也有对应关系：物价上涨率增加时，失业率下降；物价上涨率下降时，失业率上升。这就是一般所说的经过改造后的菲利普斯曲线。菲利普斯曲线如图8－2所示。

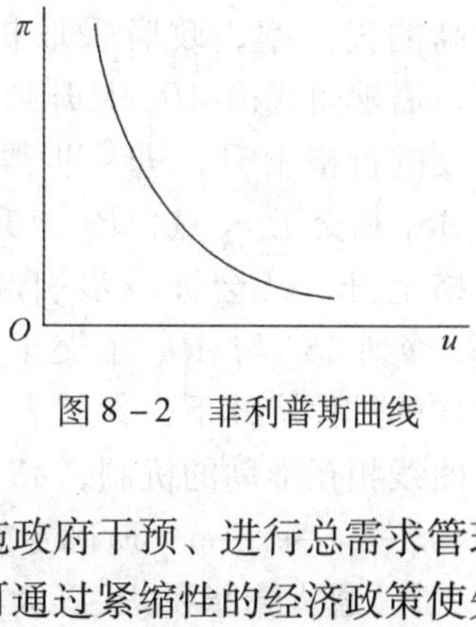

图8－2 菲利普斯曲线

菲利普斯曲线提供的失业率与通货膨胀率之间的关系为实施政府干预、进行总需求管理提供了一份可供选择的菜单。它意味着当通货膨胀率过高时，可通过紧缩性的经济政策使失业率提高，以换取低通货膨胀率；当失业率过高时，采取扩张性的经济政策使通货膨胀率提高，以获得较低的失业率。

对于菲利普斯曲线具体的形状，不同学派对此有不同的看法。普遍接受的观点是：在短期内，短期菲利普斯曲线向右下方倾斜，而长期菲利普斯曲线是一条垂直线，表明失业率与通货膨胀率之间不存在替换关系。

4．通货紧缩(财政部财科所 2016 研；中央财大 2016 研)

答：通货紧缩是指在经济均衡的状况下，由于企业债务负担加重、货币供给锐减或银行信贷收缩等原因造成投资需求突然下降或泡沫破灭，居民财富萎缩造成消费需求突然剧减等原因而导致总需求下降，从而出现供给大于需求，物价下降的现象。

5．结构性通货膨胀(东北财经大学 2022 研；对外经贸大学 2019 研；江西财经大学 2013 研)

答：结构性通货膨胀是指由于国民经济结构比例失调造成供求关系失调，从而引起物价的全面上涨。其表现是：一些经济部门因供不应求而出现物价上涨，另一些部门商品供过于求，但受成本和价格刚性的影响，其价格未有明显回落，从而导致总体价格水平上涨趋势。结构性通货膨胀又可分为三种：①部门差异通货膨胀，是由美国经济学家鲍莫尔提出的一个以不同劳动生产率增长率为核心的结构型通货膨胀模型；②资源供求失衡型通货膨胀，由英国经济学家希克斯提出；③传递型通货膨胀，由挪威经济学家奥克鲁斯特，瑞典经济学家埃德格兰等人提出。

6．混合型通货膨胀

答：混合型通货膨胀是指总需求增加与成本上升共同作用而带来的商品与劳务的货币价格总水平持续明显的上涨过程。它将总需求和总供给结合起来考虑，因为现实的通货膨胀往往是需求和供给相互作用的结果。图 8－3 描述了混合型通货膨胀是在政策干预经济的情况下，尤其是在凯恩斯主义盛行的年代，政府对成本推动型的通货膨胀进行需求干预治理的结果。当发生成本推进型的通货膨胀时，假定社会总需求不变，工资和物价会螺旋上升，失业增加，产量下降。政府此时采用扩张性的财政政策以扩大总需求，失业和产量会恢复到原来的水平，但物价会进一步上升，从而形成混合型通货膨胀。

如图 8－3 所示，假定最初由于生产领域的原因导致总成本上升，供给曲线 AS 由 AS_0 向左上方移到 AS_1，AS_1 与最初的需求曲线 AD_0 交于 e_1 点，价格水平由 P_0 上升到 P_1。为了遏制实际产出的减少和防止出现高的失业率，政府采取扩大投资和刺激需求的措施，需求曲线由 AD_0 上升到 AD_1，这样使原来由成本推动的价格上升，进一步得到需求拉上的支持，AD_1 与 AS_1 相交于 e_2 点，P_1 上升到 P_2。需求扩张拉动的价格上升，又会进一步引起成本上升，供给曲线由 AS_1 移到 AS_2 与 AD_1 相交于 e_3，此时价格水平为 P_3。这样的过程持续下去，就表现出一种由供给曲线与需求曲线相互推动的机制，AS 与 AD 分别向左上方和右上方移动，价格则沿着均衡点的轨迹 $e_0 \to e_1 \to e_2 \to e_3 \to e_4 \cdots$ 所确定的水平 P_0 到 P_1、P_2、P_3、$P_4 \cdots$ 呈“螺旋式”上升过程。

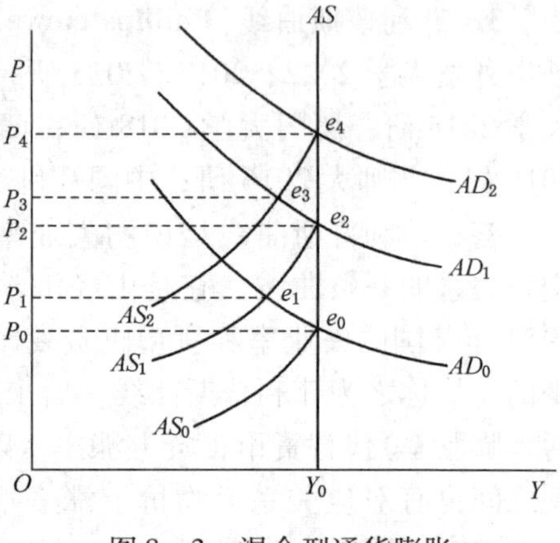

图 8－3　混合型通货膨胀

7．通货膨胀税(武汉大学 2019、2014 研；复旦大学 2017 研；中南财大 2016 研；厦门大学 2015、2014 研)

答：通货膨胀税是指通货膨胀引起的一部分货币购买力由资产持有者向货币发行者转移

的现象，这种转移犹如一种赋税，因而称之为通货膨胀税。通货膨胀税的计算公式是：$T=\frac{i}{1+i}M$。式中，T 为通货膨胀税，M 为一年中平均货币余额，i 为通货膨胀率，$\frac{i}{1+i}$为每一单位货币所丧失的购买力。

通货膨胀税的主要受益者是国家政府，政府在通货膨胀过程中，可以得到三方面的收益：①扩大货币供应量能直接增加其收入。②通过单位货币购买力的降低而减少未偿还国家债务的实际价值。③直接增加税收收入，因为通货膨胀会使企业和个人的收入在名义上增加，纳税等级自动上升，政府可获得更多的收入。

8. 生产者价格指数(producer price index)

答：生产者价格指数也称为出厂价格指数，是反映全部工业产品出厂价格水平的变动趋势和变动程度的重要指标。生产者价格指数的计算公式为：

$$I = \sum kW/\sum W$$

其中，k 代表产品的个体价格指数；W 为权数。编制该指数的具体步骤是：①选择代表产品，计算每种产品的平均价格；②计算这些产品的个体价格指数；③确定权数，一般用工业产品销售额作为权数；④将代表产品的个体价格指数和相应的权数，用加权算术平均公式进行计算，求得工业品生产者价格指数。

西方很多国家按月或按年编制工业品生产者价格指数，并编制总指数和按主要行业和其他类别编制分类指数。日本的工业品生产者价格指数，是由日本银行统计局编制的，选择的代表产品的范围是在国内生产并在国内销售的工业品，不包括非工业品，也不包括出口商品和进口商品；调查的价格，原则上是生产者在销售合同上的价格；不仅编制总的生产者价格指数，还编制 18 种基本类别的分类价格指数和按大企业和中小企业分类的价格指数。

9. 需求拉动型通货膨胀(东北财大 2015 研)

答：需求拉动型通货膨胀是指社会总需求超过社会总供给，从而导致的物价上涨。供给表现为市场上的商品和服务，而需求则表现为用于购买和支付的货币，因此这种通货膨胀又称为“过多的货币追求过少的商品”。以凯恩斯学派的需求拉动说来说明这种通货膨胀，凯恩斯认为货币变动对物价的影响是间接的，影响物价的因素除货币量外，还有成本单位和就业量等多种因素。货币数量的增加是否具有通货膨胀性，要视经济体系是否达到充分就业而定。如图 8－4 所示。

该图说明：①当社会存在大量闲置资源和失业时(Y_2 点之前)，总供给增加的能力很强，此时总需求的增加可以带来产出的上升而物价并不上涨；②在 Y_2 点和充分就业分界点 Y_F 之间，总需求的增加将会带来产出和物价水平的同时上升，凯恩斯称为“半通货膨胀”；③当达到充分就业后，由于各种资源已充分利用，供给无弹性，有效需求增加仅使单位成本随有效需求同比例上涨，此种情况，可称为“真正的通货膨胀”。

但事实上，通货膨胀既可以是在实现充分就业后，由总需求绝对增长引起，也可以是实现充分就业之前，由总需求较总供给在数量与速度上的相对增长引起。所以，后来的凯恩斯主义者修正指出，在实现充分就业之前，只要总需求的增长大于总供给的增长，从而物价的上升幅度不能为增加的总供给所吸收，便会出现物价水平的绝对上升，产生通货膨胀，如图 8－4 所示。

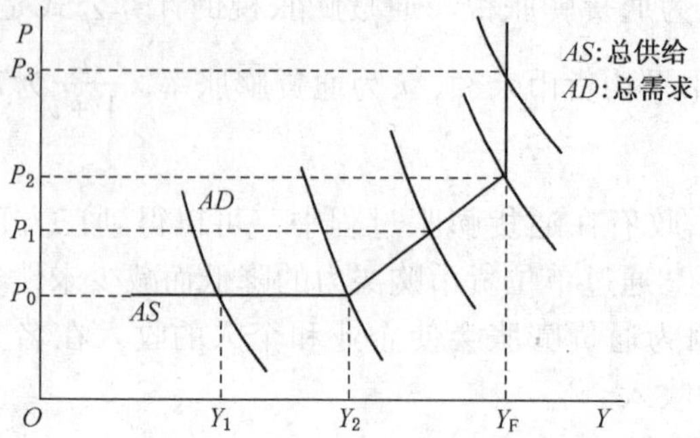

图 8 - 4　需求拉动型通货膨胀

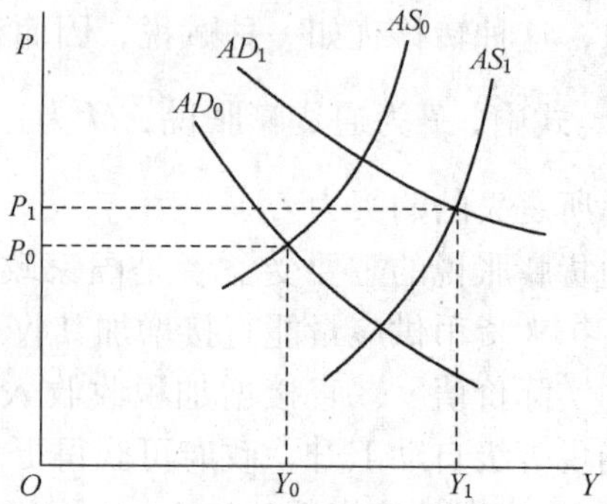

图 8 - 5　需求拉动型通货膨胀
（凯恩斯主义者修正）

在图 8 - 5 中，横轴代表总产出或国民收入 Y，纵轴代表物价水平 P，AS_0 代表总供给，AD_0 代表总需求，Y_0 代表生产总量，P_0 代表物价水平。

当社会总需求增加，即从 AD_0 移到 AD_1 时，生产总量由 Y_0 移到 Y_1，供给曲线由 AS_0 移到 AS_1，物价水平由 P_0 上升到 P_1。

10. 附加预期的菲利普斯曲线（暨南大学 2017 研；西北大学 2017 研；东北财大 2014 研；湖南大学 2014 研；中央财大 2011 研）

答：附加预期的菲利普斯曲线即短期菲利普斯曲线，就是人们预期通货膨胀率保持不变时，表示通货膨胀率与失业率之间关系的曲线，其典型的特征是存在着通货膨胀与失业的替代关系。附加预期的菲利普斯曲线方程为：

$$\pi = \pi^e - \varepsilon(u - u^*)$$

其中，π^e 为预期通货膨胀率，整理得 $\pi - \pi^e = -\varepsilon(u - u^*)$。可见，当实际通货膨胀率等于预期通货膨胀率时，失业率处于自然失业率状态。

11. 通货膨胀缺口与通货紧缩缺口（武汉大学 2002 研）

答：通货膨胀缺口是指实际总需求水平大于充分就业时的国民收入水平所形成的缺口。或者说，是指在充分就业经济中投资超过储蓄的差额，即社会总需求超过社会总供给的差额。在存在通货膨胀缺口的情况下，社会对商品和劳务需求的价值超过在充分就业条件下所能够生产的价值。由于经济已经处于充分就业状态，社会已没有可以扩大实际产出的闲置资源，不可能再增加实际产出，所以，当存在通货膨胀缺口时，经济将面临物价普遍上涨的压力。经济将在高于充分就业的名义收入水平上达到均衡。

通货紧缩缺口是指实际总需求水平低于充分就业时的国民收入水平所形成的缺口。在存在通货紧缩缺口的情况下，社会对商品和劳务需求的价值低于在充分就业条件下能够生产的价值。这意味着社会总需求不足，企业非意愿存货增加，厂商缩减现有生产水平，降低实际产出和就业水平，引起失业，最终在低于充分就业的水平上实现总需求总供给的均衡。所以，通货紧缩缺口意味着经济面临衰退的压力，资源闲置，收入下降，需要通过增加政府支出或其他扩张性政策鼓励私人投资，使社会实现充分就业。

12. 滞胀（中南财经政法大学 2019 研）

答：滞胀又称为萧条膨胀或膨胀衰退，是指经济生活中出现了生产停滞、失业增加和物价水平居高不下同时存在的现象，它是通货膨胀长期发展的结果。长期以来，资本主义国家经济一般表现为：物价上涨时期经济繁荣、失业率较低或下降，而经济衰退或萧条时期的特点则是物价下跌。西方经济学家据此认为，失业和通货膨胀不可能呈同方向发生。但是，自20世纪60年代末、70年代初以来，西方各主要资本主义国家出现了经济停滞或衰退、大量失业和严重通货膨胀以及物价持续上涨同时发生的情况，西方经济学家把这种经济现象称为滞胀。以弗里德曼为代表的货币主义者直接批判凯恩斯主义的通货膨胀政策，认为滞胀是长期实施通货膨胀政策的必然结果，以增加有效需求的办法来刺激经济，实质上是过度发行货币，而经济中的自然失业率是无法通过货币发行来消除的。

13. 信用膨胀

答：信用膨胀是指银行信用、商业信用、消费信用等信用活动过度扩张，超过了生产、流通的实际需要的一种现象。通常说的信用膨胀，主要指的是银行信贷的过度扩张。中央银行降低法定存款准备金率，降低利息率，商业银行扩大工商业贷款和消费贷款规模、扩大投资规模等都可以使银行信贷总量扩张。银行信用膨胀而增加的货币供应量，是推动物价上涨的货币力量。商业信用和消费信用的扩张，也相当于增加了市场的货币供应量。信用扩张的结果是货币供应超过实际需要。如果信用过度扩张，造成信用膨胀，就必然使货币供应大大超过需求，出现通货膨胀。

14. 通货膨胀产出效应

答：通货膨胀产出效应是指通货膨胀对整个经济体系中的生产和就业水平所产生的实际影响。通货膨胀对产出的正效应，即推动经济增长，通常需具备以下条件：①社会经济活动中有闲置资源的存在；②存在较强的“货币幻觉”；③通货膨胀必须是“温和的”。而这些条件往往是难以完全具备的。

15. 货币幻觉（monetary illusion）（东南大学2022研；中南财大2018研；南航2015研；华东理工大学2015研；对外经贸大学2014研；中央财大2014研）

答：货币幻觉亦称为“货币错觉”，是指人们忽视货币收入的真实购买力，而只注重名义价值的一种心理错觉。某些西方经济学家认为，工人极易陷入货币幻觉，即容易发觉货币工资增加与减少的变化，而较难察觉物价水平的升降变化；当物价与工资按同一比例提高时，他们会把货币工资的增加看成是实际工资的增加。短期内，货币幻觉对消费有影响。假定实际工资不变，货币工资与物价等比例上升，工人较强烈感到的是名义货币收入的增加，从而增加消费支出，使实际消费水平上升。反之，当货币工资与物价等比例下跌时，使实际消费水平下降。货币幻觉对投资也有影响，当利率下降小于通货膨胀率的下降幅度时，投资者可能因为名义利率下降，而大量借入资本投资；相反，投资者会减少投资。此外，个人所得税体制也会产生货币幻觉效果。因为税率和纳税都是以货币收入为依据的，如果货币收入和物价都下跌而实际收入不变，纳税人所属的纳税等级会相应降低，他们的实际税收负担也会下降。货币幻觉只能在通货膨胀的一定幅度内出现，当通货膨胀普遍化和加速后就不复存在。

16. 结构性失业（广东外语外贸大学2022研；浙江工商大学2021研；中国海洋大学2020研；中国人民大学2019、2017研；中央财大2018研；南京大学2017研；湖南大学2016研；厦门大学2014研；财政部财科所2012研）

答：结构性失业是指因经济结构的变化，劳动力的供给和需求在职业、技能、产业、地区分布等方面不协调所引起的失业。结构性失业包括两种情况：一是某些具有劳动力的工人，由于他们工作的产业进入萧条而失去工作机会，而他们不一定适应新工业部门的技术要求，因而一部分人找不到工作；二是由于地区经济发展不平衡，落后地区的剩余劳动力因地理位置的限制，不能迅速流动到发展迅速的地区，因而也有一部分劳动者失业。

根据凯恩斯的观点，结构性失业既有失业，也有职位空缺，两者并存，但不匹配。结构性失业经常被认为是摩擦性失业的极端形式，它不能通过扩大总需求予以解决。

在宏观经济学界，对结构性失业还存在另一种观点。新古典经济学派认为，通过劳动者相对工资的调整，可以反映出引起劳动力需求结构性失调的根本性需求变化，可以消除结构性失业，因而结构性失业不可能长期存在。他们还认为，自然失业率包含摩擦性和结构性因素。结构性因素来自劳动力和商品市场的特征以及社会和法律的障碍，因此他们认为，失业和空缺的并存与结构性失业无关。

17. 摩擦性失业（广东外语外贸大学 2022 研；中国人民大学 2021、2017 研；湘潭大学 2021 研；湖南大学 2017 研；四川大学 2016 研；浙江理工大学 2015 研；南京大学 2014、2011 研）

答：摩擦性失业是指劳动力市场运行机制不完善或者因为经济变动过程中的工作转换而产生的失业。摩擦性失业是劳动力在正常流动过程中所产生的失业。在一个动态经济中，各行业、各部门和各地区之间劳动需求的变动是经常发生的，即使在充分就业状态下，由于人们从学校毕业或搬到新城市而要寻找工作，总是会有一些人的周转，所以摩擦性失业的存在是正常的，摩擦性失业量的大小取决于劳动力流动性的大小和寻找工作所需要的时间。

18. 充分就业（湘潭大学 2019 研；湖南大学 2018 研；合肥工业大学 2017 研；财政部财科所 2016 研）

答：充分就业是指在一定的货币工资水平下所有愿意工作的人都可以得到工作的一种经济状况。充分就业是由凯恩斯在《通论》中提出的范畴，凯恩斯认为，充分就业是由有效需求决定的。如果有效需求不足，从而造成非自愿性失业，即社会不能实现充分就业。充分就业与某些失业现象的存在并不矛盾，如摩擦性失业和自愿性失业，这两种失业都是正常的。只有非自愿性失业消失，社会才算实现了充分就业。充分就业也可广义地理解为各种经济资源得到充分利用。

19. 奥肯定律（南京财经大学 2022、2015 研；中国海洋大学 2020 研；中南财经政法大学 2020 研；广东外语外贸大学 2020 研；武汉大学 2019 研；山东大学 2017 研；中国社科院 2017 研；中山大学 2016 研；中央财大 2015 研；厦门大学 2013 研；西南大学 2012 研）

答：奥肯定律是由美国经济学家奥肯于 1962 年提出的一种说明经济周期中产出变化与失业变化之间数量关系的理论。奥肯定律可用公式写为：

$$(y-y^*)/y^*=-a(u-u^*)$$

式中 y 代表现时的实际 GDP 的增长率，y^* 代表潜在 GDP 的增长率，u 代表现时的实际失业率，u^* 代表自然失业率，a 代表由现时的实际失业率相对于自然失业率的变动而引起的实际产出增长率对潜在产出增长率的变化系数。该式的含义为：当实际失业率相对于自然失业率上升时，实际产出增长率相对于潜在产出增长率下降，这时为经济周期的衰退阶段；当实际失业率相对于自然失业率下降时，实际产出增长率相对于潜在产出增长率上升，这时为经济周期的繁荣阶段。奥肯定律说明产出变动与失业变动之间存在着反向替代关系。奥肯定律提供了一种在经济增长率和失业率之间进行选择的“菜单”。它对于政府在制定宏观调控政策时把握潜在产出水平和实际产出水平以及把握实际失业率，具有重要意义。

20. 自然失业率（natural rate of unemployment）（湖南大学 2022 研；北京理工大学 2021 研；广西大学 2019 研；东北财大 2018 研；暨南大学 2017 研；西北大学 2017 研；北师

大2015研；南航2015研；四川大学2015研；南京财经大学2012研）

答：自然失业率又称"有保证的失业率"、"正常失业率"、"充分就业失业率"等，是指在没有货币因素干扰的情况下，让劳动力市场和商品市场自发供求力量起作用时，总供给和总需求处于均衡状态时的失业率。没有货币因素干扰指的是失业率的高低与通货膨胀的高低之间不存在替代关系。自然失业率是充分就业时仍然保持的失业水平。自然失业率决定于经济中的结构性和摩擦性的因素，取决于劳动力市场的组织状况、人口组成、失业者寻找工作的能力愿望、现有工作的类型、经济结构的变动、新加入劳动者队伍的人数等众多因素。任何把失业降低到自然失业率以下的企图都将造成加速的通货膨胀。任何时候都存在着与实际工资率结构相适应的自然失业率。自然失业率是弗里德曼对菲利普斯曲线发展的一种观点，他将长期的均衡失业率称为"自然失业率"，它可以和任何通货膨胀水平相对应，且不受其影响。

21. 非自愿失业（厦门大学2009研）

答：非自愿失业是指工人愿意接受现行货币工资水平而仍得不到工作。这一概念是由凯恩斯提出的。凯恩斯对非自愿失业的解释是，当所消费的商品的价格较之货币工资发生了轻微上涨，而此时愿意按现行的货币工资提供劳动的劳动力总供给仍然大于现在实际的就业量，那么就存在非自愿失业。非自愿失业从另一个方面讲，指有可能被总需求的提高所消除的那种失业。因为总需求的提高必将导致较高的物价和较低的实际工资。

22. 遗憾指数（对外经贸大学2017研）

答：遗憾指数又称痛苦指数，是指把通货膨胀率与失业率加在一起所计算出的指数。例如，通货膨胀率为5%，失业率为5%，则遗憾指数为10%。

遗憾指数说明人们对宏观经济状况的感觉，这个指数越大，人们会感觉到越遗憾或越痛苦，人们会对宏观经济状况越不满。一般来说，各个社会有一个临界点，在遗憾指数低于这个临界点时，社会是安定的，越过这个临界点则会引起各种社会问题。

23. 周期性失业（广东财经大学2022研；南京大学2019研；四川大学2018研）

答：周期性失业又称为总需求不足的失业，是由于经济的总需求下降而造成整体经济的支出和产出水平下降引起的短期性失业，它一般出现在经济周期的萧条阶段。周期性失业与经济的周期性波动是一致的，在复苏和繁荣阶段，各厂商生产扩张，劳动力需求增加，失业减少；在衰退阶段，经济萧条，各厂商纷纷压缩生产，劳动力需求减少，失业增加。周期性失业的负面影响有：

①失业会导致大量的人力资本流失。人力资本主要是指个人在接受教育培训时所掌握的各项技能的价值。

②较为严重的周期性失业还会导致社会的不稳定因素增多。

③失业还会给社会带来很大的负担。当失业问题较为严重时，整个社会的教育、医疗、养老服务的质量将会受到威胁。

二、简答题

1. 运用古典的货币数量理论，说明货币供给增加对通货膨胀的影响？并分析我国目前价格总水平的变化趋势。（华中科大2012研）

答：（1）古典的货币数量理论以费雪的货币数量论为代表，在费雪方程中：$MV = PY$。古典的货币数量理论认为货币的流通速度 V 是稳定的，因此在充分就业的条件下，M 的增加只会带来 P 的上升。因为古典货币理论认为投资和消费的水平与利率的高低无关，所以利率没有被考虑进货币需求之中。

根据古典的货币数量理论，在收入水平和货币流通速度稳定的情况下，货币供给的增加将导致通货膨胀率的上升，因此要维持物价的稳定，必须维持货币供给增加的稳定性。

(2)我国目前价格总水平维持稳步上升，消费物价指数不断攀升，并越来越影响我国经济的健康运行。物价水平的不断攀升与2008、2009年宽松的财政政策、货币政策有一定的关系。自2009年以来，货币发行数量的剧增，一定程度上导致2010、2011年物价水平的上涨。当然，随着不断的紧缩货币发行，紧缩性的货币政策和信贷政策能够在一定程度上控制物价水平的上涨，保持一个稳定的水平。

2. 预期和未预期的通货膨胀的成本有哪些？（合肥工业大学2017研；厦门大学2014研）

答：通货膨胀是指在一段时期内，一个经济中大多数商品和劳务的价格持续显著地上涨。通货膨胀给整个经济施加了两种类型的成本：预期到的通货膨胀成本和未预期到的通货膨胀成本。

(1)预期的通货膨胀的成本：

①鞋底成本。减少货币持有量的成本称为通货膨胀的皮鞋成本，当通货膨胀鼓励人们减少货币持有量时所浪费的资源，主要指牺牲的时间与便利。

②菜单成本。菜单成本是指发生通货膨胀时企业为改变销售商品的价格，需要给销售人员和客户提供新的价目表所花费的成本，它用来衡量高通货膨胀使得企业频繁变动物价的成本。

③相对价格变动与资源配置失误。市场经济依靠相对价格来配置稀缺资源，当通货膨胀扭曲了相对价格时，消费者的决策也被扭曲了，市场也就不能把资源配置到最好的用途中。同时，极度的通货膨胀可能导致市场的崩溃。

④税收扭曲。许多税则的条款没有考虑通货膨胀的影响。因此，通货膨胀会以法律制定者没有想到的方式改变个人及企业所得税负担。

⑤通货膨胀使价格频繁变动，会给人们生活带来不方便。

(2)未预期的通货膨胀的成本：

①不确定性的增加。对经济的当事人来说，未预期的通货膨胀会为决策增加不确定性，从而可能导致不正确的投资、储蓄和就业等决策，这些不正确的决策对经济当事人来说都是成本高昂的，导致经济效率降低。而且，大多数人不喜欢不确定性，因此，未预期到的通货膨胀波动往往会降低经济福利。

②不合意的财富的再分配。具体表现为：

a. 未预期到的通货膨胀任意地在个体之间进行财富再分配。以长期贷款为例，债务人向债权人支付的事后实际收益不同于双方所预期的。一方面，如果通货膨胀高于预期，债务人获益而债权人受损；另一方面，如果通货膨胀低于预期，债权人受益而债务人受损。

b. 通货膨胀不利于靠固定的货币收入维持生活的人。对于固定收入阶层来说，其收入是固定的货币数额，落后于上升的物价水平。其实际收入因通货膨胀而减少。比如未预期通胀会损害靠固定养老金生活的人的利益。养老金是延期支付的收入，所以，工人在本质上是向企业提供贷款：当通货膨胀高于预期时，工人受到损害。

c. 通货膨胀对储蓄者不利。随着价格的上涨，存款的实际价值或购买力就会降低，那些口袋中有闲置货币和存款在银行的人会受到沉重的打击。同样，像保险金、养老金以及其他固定价值的证券财产等，它们本来是作为防患未然和蓄资养老的，在通货膨胀中，其实际价值也会下降。

③相对价格变动性的增加。未预期到的通货膨胀有可能急剧增加相对价格的变动性，带来经济的低效率和资源的不当配置。

3. 简要解释短期菲利普斯曲线与长期菲利普斯曲线的区别。（中央财经大学 2019 研；山西财经大学 2016 研；人大 2015 研；中国海洋大学 2013 研）

答：菲利普斯曲线是菲利普斯根据现实统计资料所给出的反映货币工资变动率与失业率之间相互关系的曲线。短期菲利普斯曲线与长期菲利普斯曲线的区别主要体现在以下两个方面：

（1）形状不同。

短期菲利普斯曲线是表明在预期通货膨胀率低于实际发生的通货膨胀率的短期中，失业率与通货膨胀率之间存在替代关系的曲线。所以，短期菲利普斯曲线是向右下方倾斜的。关于短期内失业率和通货膨胀率之间会存在替代关系的原因，货币主义者认为，如果工资契约是在不存在通货膨胀预期的情况下订立的，那么，物价上涨会导致实际工资下降，因而厂商愿意扩大产量，增加就业。当工人们发现实际工资下降时，他们会要求增加货币工资，但货币工资的增长总是滞后于物价上涨。

长期菲利普斯曲线是一条位于"自然失业率"水平的垂直线，表明失业率与通货膨胀率之间不存在替代关系。一旦形成了通货膨胀预期，短期菲利普斯曲线就会上移，工人会要求足以补偿物价上涨的更高的名义工资，而雇主则不愿在这个工资水平上提供就业，最终，失业率又恢复到"自然失业率"水平。无论政府如何继续采取通胀政策，工人预期的调整必然带来短期菲利普斯曲线的进一步上移，结果长期内通货膨胀率和失业率之间并不存在稳定的替代关系。弗里德曼将长期的均衡失业率称为"自然失业率"，它可以和任何通货膨胀水平相对应，且不受其影响。因此，长期的菲利普斯曲线是一条垂直线，这实际上就是货币中性论的观点。

（2）政策含义不同。

短期菲利普斯曲线说明，在短期中引起通货膨胀率上升的扩张性财政与货币政策是可以起到减少失业的作用的，这就是宏观经济政策的短期有效性。在长期中，经济中能实现充分就业，失业率是自然失业率，因此，垂直的菲利普斯曲线表明，无论通货膨胀率如何变动，失业率总是固定在自然失业率的水平上，以引起通货膨胀为代价的扩张性财政政策与货币政策并不能减少失业，这就是宏观经济政策的长期无效性。

短期菲利普斯曲线不断右移，不但会形成垂直的长期菲利普斯曲线，甚至可能形成向右上方倾斜的正相关曲线。如果实际通货膨胀率为3%，而人们预期为5%，并以这一预期要求提高工资，则企业就会把雇工减到原先水平，甚至低于原先水平。这样就会产生通货膨胀与失业并发的"滞胀"局面。

4. 简述"摩擦性失业"与"结构性失业"对经济产生的实际影响。（东南大学 2003 研）

答：（1）摩擦性失业的含义参见名词解释第 17 题，结构性失业的含义参见名词解释第 16 题。

（2）在社会保障体系尚不健全的情况下，摩擦性失业率偏高对于经济增长会产生一些负面影响：①摩擦性失业率偏高会破坏就业工资的"棘轮效应"。棘轮效应指的是：一旦工资涨上去便很难再降下来，就像"棘轮"一样，只能前进、不能后退。在西方国家，它是一种可以被检验的、普遍存在的经验事实。但是，在摩擦性失业率偏高，且社会保障体系尚不健全的情况下，较大的生存压力所导致的劳动者与劳动者相互之间的恶性竞争会使工资水平下降。而工资水平下降会使本来就偏小的总消费水平进一步降低，从而使经济形势进一步恶化，而经济形势的恶化会使失业率进一步上升，这就进入了就业和经济形势的恶性循环。②当摩擦性失业率偏高，且社会保障体系尚不健全时，会增加失业者本身的不安全感。因此，失业者会进一步调整他的消费预算，使他的消费结构进一步趋于保守，并且，失业者本身的不安全感将会向在职群体产生一个传导的扩散效应，也会同时增加在职群体的不安全感（这对于尚未进入社会保障体系的在职群体表现尤为明显），进而增加社会整体的不安全感。社会整体的不安全感增加将会进一步使消费倾向下降，并且降低投资风险的承受能力，因此，这也会将经济形势引入恶性循环。

结构性失业对经济的实际影响主要表现在：①社会资源的大量浪费。一方面存在着有工作无人做，没有充分使用物力；另一方面又存在着有人无工作的情形，浪费大量人力。②减缓经济发展速度。企业开工不足，投资者会减少投资。③导致了“滞胀”的局面。由于存在劳动力市场的结构矛盾，经济生活中可能出现生产停滞、失业增加和物价水平居高不下同时存在的现象，即滞胀。

5. 媒体常说食品（或任何个别商品）的价格上涨是通货膨胀的原因。试用货币供给与需求决定物价水平的理论，来评论前述结论。（北大2011研）

答：（1）对名义货币的总需求由如下式子表示：

$$M^d = P \cdot L(Y,\ i)$$

其中，P 为物价水平，$L(Y,\ i)$ 为实际货币需求，它和国民收入 Y 同向变动，和利率水平 i 反向变动。

名义货币供给量 M^s 是一个给定的数量 M，货币市场均衡的条件为名义货币供给量等于名义货币需求量，即：

$$M^s = M^d = P \cdot L(Y,\ i)$$

上式说明两点：①当给定了名义货币供给量和实际货币需求量时，物价水平需要调整到一个水平，使得名义货币供给量等于名义货币需求量；②当名义货币供给量增加而实际货币需求量不变时，物价水平必然上升。

因此，根据货币供给与需求决定物价水平的理论不难得到这样一个结论：通货膨胀归根结底是由于货币供给量增加所致。这就是货币数量论的观点。

（2）显然媒体的说法是错误的，因为它只看到了问题的表面现象而没有触及问题的实质。食品（或任何个别商品）的价格上涨只是通货膨胀的一个表现形式而不是导致通货膨胀的原因，真正导致通货膨胀的原因是货币供给量的增加。

6. 通货膨胀是怎样形成的？对经济活动有什么影响？（中南财经政法大学2019研；深圳大学2019研；暨南大学2017研）

答：（1）按照西方经济学的解释，通货膨胀的主要原因有：需求拉动、成本推进、供求混合推进以及结构性等因素。

①需求拉动的通货膨胀。这是从总需求的角度来分析通货膨胀的原因，它是指商品市场在现有的价格水平下，经济的总需求水平超过总供给水平，导致的一般物价水平上升引起的通货膨胀。引起总需求过多的因素有两大类：一类被称为实际因素，如消费需求和投资需求扩大，政府支出增加、减税以及一国净出口增加等因素，这些因素都会使 IS 曲线向右移动，引起总需求曲线的向右移动，使经济在现有的价格水平下总需求超过总供给。另一类被称为

货币因素，即货币供给量的增加或实际货币需求的减少。这会使得 LM 曲线向右移动，也会导致总需求在现有价格水平下扩大。在经济的总供给没有达到充分就业的产出水平之前，总需求的增加在使价格水平上升的同时，也使总产出增加。随着经济接近充分就业产出水平，总需求再增加，产出也不会再增加，而只会导致价格水平的上升。

②成本推进的通货膨胀。这是从总供给的角度来分析通货膨胀的原因，它是指由于生产成本的提高而引起的一般物价水平的上升。供给就是生产，根据生产函数，生产取决于成本。因此，从总供给的角度看，引起通货膨胀的原因在于成本的增加。成本的增加意味着只有提高原有的价格水平才能达到原来的产出水平，即总供给曲线向左上方移动。在总需求不变的情况下，总供给曲线向左上方移动会使国民收入减少，价格水平上升。根据引起成本增加的原因不同，成本推进的通货膨胀可以分为工资成本推进的通货膨胀、利润推进的通货膨胀和进口成本推进的通货膨胀三种。

③供求混合推进的通货膨胀。这是把总需求与总供给结合起来分析通货膨胀的原因，许多经济学家认为，通货膨胀的根源不是单一的总需求拉上或总供给推进，而是两者共同作用的结果。

④结构性的通货膨胀。结构性通货膨胀是由于各经济部门劳动生产率的差异、劳动力市场的结构特征和各经济部门之间收入水平的攀比等引起的通货膨胀。

(2)通常，通货膨胀对经济活动的影响主要表现为以下两个方面：

①通货膨胀的再分配效应。a. 通货膨胀降低固定收入阶层的实际收入水平。即使就业工人的货币工资能与物价同比例增长，在累进所得税下，货币收入增加使人们进入更高的纳税等级。税率的上升也会使工人的部分收入丧失。b. 通货膨胀对储蓄者不利。随着价格上涨，存款的实际价值或购买力就会降低。c. 通货膨胀还可以在债务人和债权人之间发生收入再分配的作用。具体地说，通货膨胀靠牺牲债权人的利益而使债务人获利。只要通货膨胀率大于名义利率，实际利率就为负值。

②通货膨胀的产出效应。a. 在短期，需求拉动的通货膨胀可促进产出水平的提高；成本推动的通货膨胀却会导致产出水平的下降。b. 需求拉动的通货膨胀会刺激就业、减少失业；成本推动的通货膨胀在通常情况下，会减少就业。c. 超级通货膨胀(hyperinflation)导致经济崩溃。

但在长期，上述影响产量和就业的因素都会消失。

7. 政府公开宣布控制通货膨胀预期的意义，通货膨胀如何自我维持。(人大 2010 研)

答：(1)通货膨胀的自我维持：

通货膨胀的自我维持是指通货膨胀率会有不断持续下去的趋势，即价格水平上升不断持续。产生这种现象的原因在于，如果经济中大多数人都预期到同样的通货膨胀率，那么，这种对通货膨胀预期就会变成经济运行的现实。通货膨胀开始后，在需求拉动和成本推动的作用下，通货膨胀会自行持续下去。图 8-6 说明了通货膨胀的自我维持。

在图 8-6(a)中，经济初始时处于均衡点 E。假定出现总需求冲击，总需求曲线从 AD_0 移到 AD_1，这个移动使得价格从原来的 P_0 上升到 P_1。价格上升会引起工资提高，较高的工资使总供给曲线向上移动，表现在图 8-6(b)中，就是总供给曲线由 AS_1 移动到 AS_2。同时，更高的工资率意味着人们有更多的货币收入，导致更多的消费，从而使总需求进一步扩大，在图 8-6(b)中，总需求曲线由 AD_1 移动到 AD_2。新的总需求曲线 AD_2 与新的总供给曲线 AS_2 之间存在一个对商品的超额需求，导致价格进一步上涨，又引发了另一轮的工资的上

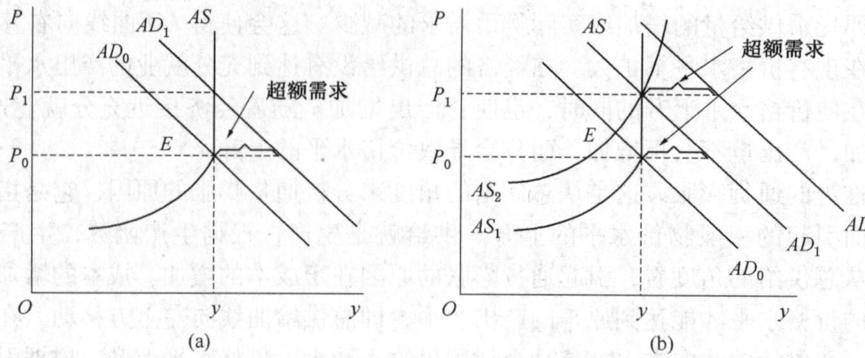

图 8-6　通货膨胀的自我维持

涨。这样，通货膨胀的压力在整个经济中具有不断循环下去的趋势。

(2)政府公开宣布控制通货膨胀预期的意义：

通货膨胀预期是指公众对后一段时期内可能发生的通货膨胀的事前估计。政府所宣布的将要执行的各种经济政策会影响或决定人们的预期。因此，当政府宣布控制通货膨胀的预期并且承诺可信时，如政府宣布将控制物价水平或增加有效供给时，就可以有效抑制需求的扩大和抢购风潮的发生，物价就能够保持稳定，通货膨胀也就不能自我维持下去。

8. 什么是“成本推进型”通货膨胀？(对外经贸大学 2003 研)

答：“成本推进型”通货膨胀是指在没有超额需求的条件下，由于供给方面成本的提高所引起的价格水平的普遍持续上涨。

在总需求曲线不变的情况下，包括工资推动通货膨胀和利润推动通货膨胀在内的成本推动通货膨胀，可以用图 8-7 来说明。图中，总需求是既定的，不发生变动，变动只出现在供给方面。当总供给曲线为 AS_1 时，这一总供给曲线和总需求曲线 AD 的交点 E_1 决定的总产量为 Y_1，价格水平为 P_1。当总供给曲线由于成本提高而移到 AS_2 时，总供给曲线与总需求曲线的交点 E_2 决定的总产量为 Y_2，价格为 P_2。这时，总产量比以前下降，而价格水平比以前上涨。当总供给曲线由于成本进一步提高而移动到 AS_3 时，总供给曲线和总需求曲线的交点 E_3 决定的总产量为 Y_3，价格水平为 P_3。这时的总产量进一步下降，而价格水平进一步上涨。

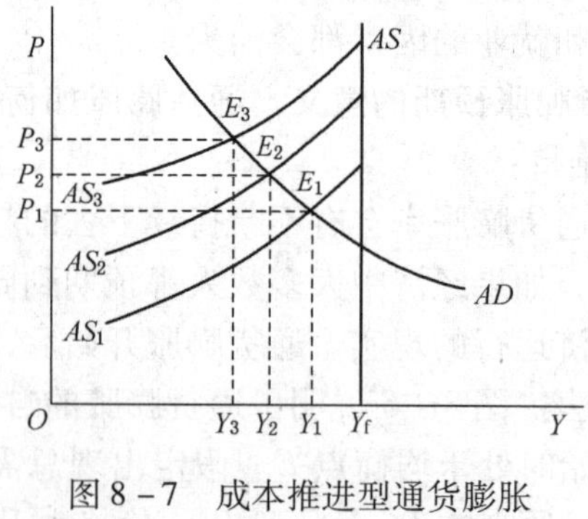

图 8-7　成本推进型通货膨胀

9. 如何根据适应性预期和理性预期来解释菲利普斯曲线？

答：菲利普斯曲线描述的是失业率与通货膨胀率之间在短期存在的一种负相关关系，即失业率上升，通货膨胀率下降；反之，通货膨胀率提高。

但菲利普斯曲线没有考虑到预期的因素。美国经济学家弗里德曼和费尔普斯根据适应性预期对这条曲线作了新的解释。他们认为，在短期内，当预期的通货膨胀率低于以后实际发生的通货膨胀率时，存在菲利普斯曲线所表示的失业率与通货膨胀率的关系。但在长期中人们要根据适应性预期来决定自己的行为，即人们可以根据过去预期的失误来修改对未来的预期。这样，当预期的通货膨胀率与实际的通货膨胀率一致时，失业与通货膨胀就不存在这种交替关系，从而长期菲利普斯曲线是一条垂直线。

理性预期学派进一步以理性预期为依据解释了菲利普斯曲线。他们认为，由于人们的预期是理性的，预期的通货膨胀率与以后实际发生的通货膨胀率总是一致的，不会出现短期内实际通货膨胀率大于预期通货膨胀率的情况，所以，无论在短期或长期中，菲利普斯曲线所表示的失业与通货膨胀的替代关系都不存在。

10. 什么是菲利普斯曲线，它有哪几种类型，其各自的政策含义是什么？（华中科大2016研）

答：（1）菲利普斯曲线的含义：

菲利普斯曲线是说明失业率和货币工资变动率之间交替关系的一条曲线。它是由英国经济学家菲利普斯根据1861～1957年英国的失业率和货币工资变动率的经验统计资料提出来的，故称之为菲利普斯曲线。西方经济学家认为，货币工资率的提高是引起通货膨胀的原因，即货币工资率的增加超过劳动生产率的增加，引起物价上涨，从而导致通货膨胀。所以，菲利普斯曲线又成为当代经济学家用以表示失业率和通货膨胀之间此消彼长、相互交替关系的曲线。如图8－8所示。

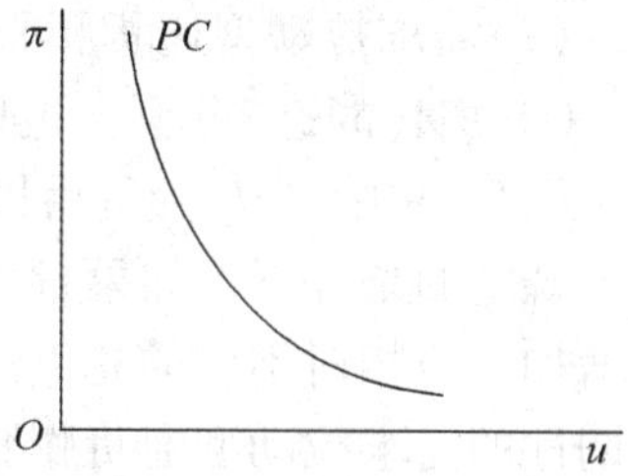

图8－8　菲利普斯曲线

图8－8中，横轴代表失业率u，纵轴代表通货膨胀率π，向右下方倾斜的曲线PC即为菲利普斯曲线。若设u^*代表自然失业率，则可以将简单形式的菲利普斯曲线表示为：$\pi = -\varepsilon(u-u^*)$。

（2）按经济中调整时间的长短，菲利普斯曲线可以分为短期菲利普斯曲线和长期菲利普斯曲线，两者有着不同的经济政策含义。

①短期的菲利普斯曲线。

短期菲利普斯曲线就是预期通货膨胀率保持不变时，表示通货膨胀率与失业率之间关系的曲线。弗里德曼指出，企业和工人关注的不是名义工资，而是实际工资。当劳资双方谈判新工资协议时，他们都会对新协议期的通货膨胀进行预期，并根据预期的通货膨胀相应地调整名义工资水平。根据这种说法，人们预期通货膨胀率越高，名义工资增加越快。由此，弗里德曼等人提出了短期菲利普斯曲线的概念。这里所说的“短期”，是指从预期到需要根据通货膨胀作出调整的时间间隔。

短期的菲利普斯曲线表明，在预期的通货膨胀率低于实际的通货膨胀率的短期中，失业率与通货膨胀率之间仍存在着替换关系。由此，向右下方倾斜的短期菲利普斯曲线的政策含义就是，在短期中引起通货膨胀率上升的扩张性财政与货币政策是可以起到减少失业的作用的。换句话说，调节总需求的宏观经济政策在短期是有效的。

②长期的菲利普斯曲线。

在长期中，工人将根据实际发生的情况不断调整自己的预期，工人预期的通货膨胀率与实际的通货膨胀率迟早会一致，这时工人会要求改变名义工资，以使实际工资不变，从而较高的通货膨胀就不会起到减少失业的作用。因此在以失业率为横坐标，通货膨胀率为纵坐标的坐标系中，长期菲利普斯曲线是一条垂直线，表明失业率与通货膨胀率之间不存在替换关系。而且，在长期中，经济社会能够实现充分就业，经济社会的失业率将处在自然失业率的水平。

长期菲利普斯曲线的政策含义是，从长期来看，政府运用扩张性政策不但不能降低失业率，还会使通货膨胀率不断上升。

11. 简述需求拉动型通货膨胀的运行过程。（中国社科院 2017 研）

答：(1)需求拉动型通货膨胀是指社会总需求超过社会总供给，从而导致物价上涨。供给表现为市场上的商品和服务，而需求表现为购买和支付的货币，因此这种通货膨胀又称为“过多的货币追求过少的商品”。

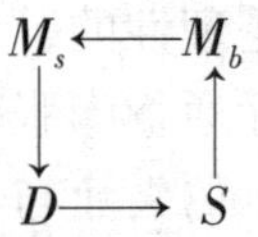

图 8－9　货币供给与商品供给

(2)需求拉动型通货膨胀的运行过程主要从两方面分析。

①短期(静态)分析。这里要分析的定量关系如图 8－9 所示。

图 8－9 中，M_s 为货币供应量，M_b 为货币的必要量，D 为总需求，S 为总供给。在总供给 S 既定的条件下，如果货币供给量 M_s 超过了货币必要量 M_b，那就意味着总需求 D 将迅速的增加，与相对不变的总供给 S 相比，D 处于过度增长的状态。这时，经济运行中开始出现短期性的需求拉动型通货膨胀，其膨胀的程度依货币供给量 M_s 超过货币必要量 M_b 的程度而定，这一过程如图 8－10 所示。DD 曲线为总需求曲线，SS 曲线为总供给曲线，FF 曲线表示既定商品供给量线(既定产量线)，R_{in} 表示通货膨胀率，e 表示不同水平的均衡点。

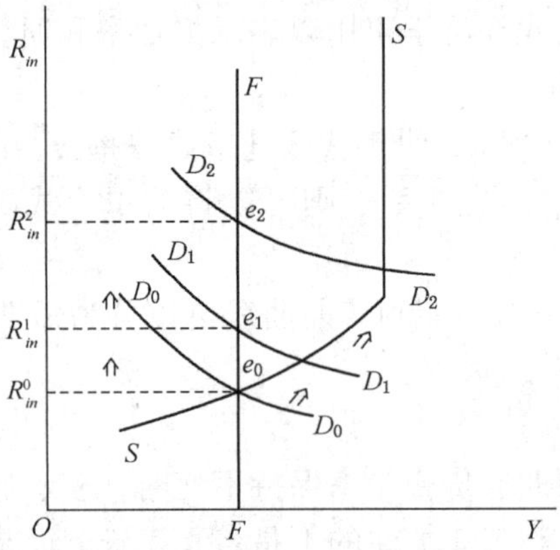

图 8－10　需求拉动型通货膨胀的运行过程：短期分析

②长期(动态)分析。这里要分析的定量关系是如图 8－11 所示的三角变量关系。

图 8－11 中，M_d 为货币需求量；Y^* 为预期经济增长目标，它是不确定的。

从理论上说，在增长极限内，Y^* 随着 M_s 的增加而增加，但不是同比例增加。随着 M_s 的增加，总需求增加，进而促使总供给的增加，同时，价格开始上涨。在离增长极限点较远时，M_s 增长率、Y^* 增长率以及 R_{in} 上涨率之间的关系是：$M_s > Y^* > R_{in}$，而且 Y^* 趋近于零增长。这时，需求拉动型通货膨胀表现得非常明显，非常典型。

图 8－11　货币供求与经济增长目标

由于在需求拉动型膨胀的初始阶段存在 $M_s > Y^* > R_{in}$ 这样一种关系，就给人们一种错觉，以为较多的货币供给能带来较大量的总产量。这种错觉，是需求拉动型通货膨胀得以不断恶化的重要诱因，上述运行过程如图 8－12 所示。

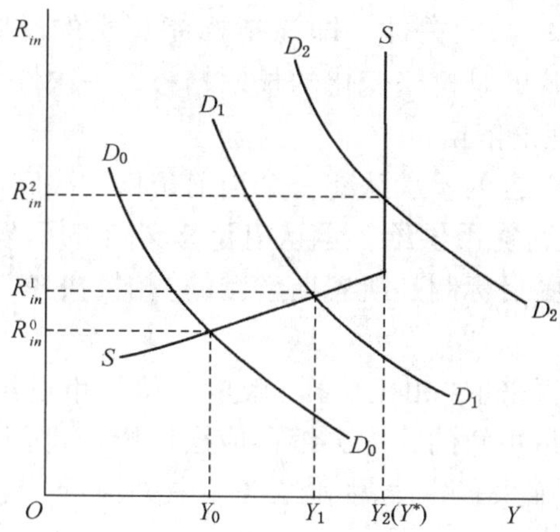

图 8－12　需求拉动型通货膨胀的运行过程：长期分析

12. 简述通货膨胀目标制。

答：(1)通货膨胀目标制的含义：

通货膨胀目标制是指货币当局事前向社会公众宣布年度物价上涨目标，并通过观察包括货币供应量、失业率、股票指数在内的一系列指标来定期分析经济态势和物价走势，做出适当的货币政策操作，确保实际物价上涨水平维持在公布的通货膨胀预期目标之内的做法。

通货膨胀目标制的具体操作方法是：如果预测实际通货膨胀率高于目标或目标区，则采取控制性的政策，以把可能高于目标的通货膨胀率降下来，使之落于目标之上；如果预测的取向相反，则可采取较为宽松的政策；如果通货膨胀预测在目标区之内或非常接近目标，货币政策倾向可保持不变。

这一新的政策框架特点是：①抑制通货膨胀成为中央银行唯一的政策目标，政策当局必须事先确定一个目标通货膨胀率并向全社会公布；②货币当局为实现这一目标做出相应的承诺，通货膨胀目标的实现与否成为评价货币政策绩效的首要标准。为此，中央银行享有充分的独立性；③新的政策改革使得货币政策的中介目标不再重要，中央银行的政策主要根据社会公众对通货膨胀的预期以及中央银行对通货膨胀的预测是否偏离公布的目标而定。

与利率和货币供应量等中介指标相比，其最大的优点是实现了规则性和灵活性的统一，从而克服了传统框架下单纯钉住某种特定金融变量的弊端。其优点具体包括：

①增加了政策透明度。公众可对货币政策目标、手段及政策调整依据有一个较为全面的了解，一方面有利于增加公众对货币政策的信心，另一方面也有利于公众对货币政策的业绩进行评估。

②赋予了中央银行最大的政策灵活性：a. 强调了反通胀，社会公众对单一金融变量的关注程度下降，使中央银行能在复杂多变的经济环境中综合运用多方面信息对本国经济作出较为准确的预测和判断，并在此基础上灵活运用多种货币政策工具对宏观经济进行调整；b. 在钉住通货膨胀的货币政策框架下，央行在物价指数和目标通货膨胀率的确定、反通货膨胀路径的选择等方面都发挥了主导作用。

③有利于解决通货膨胀难题。一方面货币当局树立起了一个良好的声誉，使社会公众相信中央银行不会在遭到外来冲击就放松银根，扩大货币供应；另一方面，货币当局在真正遇到严重外来冲击时可以适度调整货币政策，缓和对就业和经济增长的压力。

选择通货膨胀指标序列的原则：①可测性，即该指标的精确数据可以在较短时间得到，并且事后不需要太多的修正；②相关性，即该指标能真实的反映货币对商品价值的变化；③可控性，即该指标主要反映的是价格变化的长期趋势，一次性冲击应能有效地剔除。

(2)通货膨胀目标制的理论依据：

这个目标的理论依据是综合的。承认有一个当前条件所决定的基本通货膨胀率，对应于这个通胀率，可按“规则”控制货币供给；承认有诸多外在的引发通货膨胀因素，则应采取相机抉择的对策。即通货膨胀目标制是凯恩斯学派的“相机抉择”政策与货币学派的“单一规则”的统一。

凯恩斯学派赞成中央银行采取“相机抉择”政策，认为市场经济并无自动调节或稳定的取向，而且货币政策的时滞是短暂的，中央银行应会同财政部门依照具体经济情况的变动，运用不同工具和采取相应措施来稳定金融和经济。中央银行一旦认定目标，就要迅速采取行动。

而货币学派却主张应制定“单一规则”来代替“相机抉择”，即中央银行应长期一贯的维持一个固定的或稳定的货币量增长率，而不应运用各种权力和工具企图操纵或管制各种经济变量。货币主义相信市场机制的稳定力量，而由于时滞的存在和人为判断失误等因素，“相机抉择”货币政策往往不能稳定经济，反而成为经济不稳定的制造者。

13. 需求拉动型通货膨胀、成本推动型通货膨胀与结构性通货膨胀的区别与联系。（中国人民大学2019研）

答： 需求拉动型通货膨胀是指总需求超过总供给所引起的一般价格水平的持续显著上涨，又称为超额需求通货膨胀。

成本推动型通货膨胀是在没有超额需求的情况下，由于供给方面成本的提高所引起的一般价格水平持续显著地上涨，又称为成本通货膨胀或供给通货膨胀。它又可以分为工资推动通货膨胀及利润推动通货膨胀。

结构性通货膨胀是指由于国民经济结构比例失调造成供求关系失调，从而引起物价的全面上涨。

(1)需求拉动型通货膨胀、成本推动型通货膨胀与结构性通货膨胀的区别。

三者的区别主要表现在以下几个方面：

①造成通货膨胀的原因不同。需求拉动型通货膨胀产生的原因在于：在总产量达到一定产量后，当需求增加时，供给会增加一部分，但供给的增加会遇到生产过程中的瓶颈现象，即由于劳动力、原料、生产设备的不足使成本提高，从而引起价格上升。或者当产量达到最大，即为充分就业时的产量，当需求增加时，供给也不会增加，总需求增加只会引起价格的上涨。消费需求、投资需求或来自政府的需求、国外需求，都会导致需求拉动通货膨胀。成本推动型通货膨胀产生的原因在于：不完全竞争的劳动市场造成的过高工资所导致的一般价格水平的上涨，或者垄断企业和寡头企业利用市场势力谋取过高利润所导致的一般价格水平的上涨，前者因为工会的力量导致非市场化的工资，后者因为垄断导致非市场化的产品定价。结构性通货膨胀产生的原因在于：由于经济结构因素的变动，出现一般价格水平的持续上涨。由于生产部门的生产率提高的速度不同，两个部门的工资增长也应当有区别。但是，生产率提高慢的部门要求工资增长向生产率提高快的部门看齐，结果使全社会工资增长速度超过生产率增长速度，因而引起通货膨胀。

②对经济的影响效果不同。需求拉动型通货膨胀是由于需求的膨胀产生的，在总供给—总需求分析中，表现为总需求曲线向右移动，因此新的均衡点具有更高的物价水平和更高的

产出水平；成本推动型的通货膨胀是由于成本增加造成的，在总供给—总需求分析中，表现为总供给曲线左移，在新的均衡点具有更高的物价水平和更低的产出水平，即出现滞胀；而结构性通货膨胀对产出的影响比较复杂，可能导致产出增加、也可能减少、也可能不变。

(2)需求拉动型通货膨胀、成本推动型通货膨胀与结构性通货膨胀的联系。

三者都属于通货膨胀，因此都具有通货膨胀的一些基本特征，具体来说，三者的联系表现在以下几个方面：

①三者都造成物价上涨。无论是哪种类型的通货膨胀，都会造成一般物价持续的上涨，这是通货膨胀最根本的本质。

②三者都会产生一些相似的经济效应。由于物价的上涨，无论哪种通货膨胀都会产生资产结构调整效应及强制储蓄效应。同时都会给经济带来“菜单成本”之类的成本。

③三者是紧密联系的。在现实生活中，通货膨胀很少是单独由总需求、总供给或经济结构引起，往往是三者共同作用的结果，尤其是总需求和总供给相互作用结果。因此现实中很难将三者明确区分开来。

14. 完全竞争经济实现一般均衡是否意味着充分就业？政府使用扩张性财政政策和货币政策调控经济的方法是否正确？请说明理由。(清华大学2011研)

答：(1)一般均衡是指所有的市场(包括劳动市场)同时处于均衡的一种状态，此时各个市场商品的供给等于需求，整个市场的总供给等于总需求，市场处于出清状态。

(2)按照古典经济学理论，完全竞争市场实现一般均衡就意味着充分就业，即消除了“非自愿失业”，仅限于摩擦性失业和结构性失业。因为按照古典经济学理论，劳动市场的工资和价格具有伸缩性，实际工资可以调整到劳动供求相等的水平，从而使劳动市场处于平衡的状态，这种状态在宏观经济学里就被称为充分就业状态。平衡的劳动市场是一般均衡市场的组成部分，所以一般均衡就意味着充分就业。

(3)按照古典经济学理论，完全竞争市场处于一般均衡状态，政府不需要使用扩张性财政政策和货币政策调控经济，否则只能引起价格水平上涨，即通货膨胀对产出没有影响。如图8-13所示，市场处于一般均衡时，总供给曲线是一条垂直线，政府使用扩张性财政政策和货币政策会导致总需求曲线向右上方移动，结果价格水平提高但产出不变。

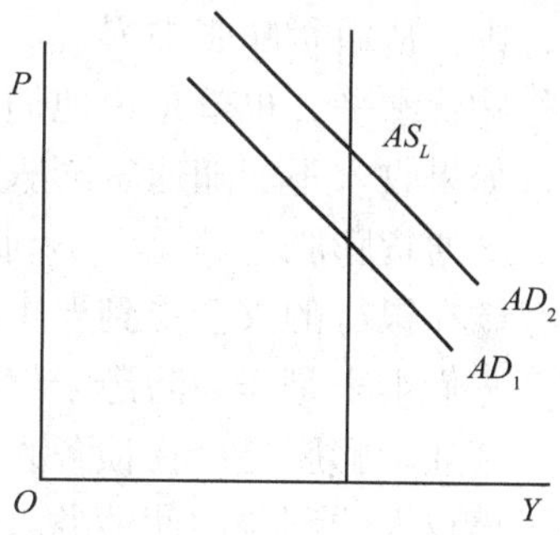

图8-13　完全竞争与充分就业

15. 对实际工资可能保持在使劳动供求均衡的水平之上的原因给出三种解释。(厦门大学2008研)

答：实际工资可能保持在使劳动供求均衡的水平之上，这种工资刚性可能有三种原因：最低工资法、工会的垄断力量以及效率工资。

(1)最低工资法。当政府阻止工资下降到均衡水平时，就造就了工资刚性。对大多数工人来说，这种最低工资没有约束性，因为他们赚到的工资远远高于最低水平。但对一些工人，特别是对不熟练的工人和缺乏经验的工人来说，最低工资使他们的工资提高到均衡水平之上。因此，最低工资减少了企业对劳动量的需求。

(2)工会的垄断力量。工会工人的工资并不是由供求均衡决定的，而是由工会领导人与企业经理之间的集体议价决定的。通常最终的协议把工资提高到均衡水平以上，并允许企业决定雇用多少工人。结果是所雇用的工人数量减少，就职率下降，而结构性失业增加。

(3)效率工资。由于企业向其工人支付高工资就能更有效地运行，所以，企业可能发现使工资高于供求均衡的水平是有利的。这种高于均衡工资的结果是降低了就职率，并增加了失业。

16. 在什么情况下降低通货膨胀而不引起经济衰退是可能的？（厦门大学2007研）

答：(1)附加预期的菲利普斯曲线认为，通货膨胀率 π 取决于三个因素：预期通货膨胀率 π^e、周期性失业（实际失业率 u 与自然失业率 u^* 的差额）和供给冲击 ε，即有 $\pi = \pi^e - \beta(u - u^*) + \varepsilon$。因此降低通货膨胀的一种方法是制造衰退，将失业率提高到自然失业率之上。然而，如果我们可以降低人们的通胀预期，就可以不用制造衰退来降低通货膨胀。

(2)根据理性预期理论，人们可以最好地利用所有可以获得的信息来预期未来，因此为了降低人们的通胀预期，首先，需要在人们形成预期前（例如，在他们制定工资合同或价格合同之前）宣布抑制通货膨胀的计划；其次，工人和企业必须相信这种宣布的计划，否则他们不会降低自己的通胀预期。如果这两条能够得到满足，这种宣布的计划就将立即使通货膨胀与失业之间的短期取舍关系向下移动，这就允许在不引起衰退的情况下降低通货膨胀。

17. 通货膨胀如何影响居民的实际收入水平？居民应该怎样减少通货膨胀的影响？（西南财大2011研）

答：(1)通货膨胀是指一个经济中的大多数商品和劳务的价格连续在一段时间内普遍上涨。通货膨胀意味着人们手中持有货币的购买力下降，从某种程度上来讲，是人们过去劳动成果的缩水。即通货膨胀会导致人们的实际收入水平发生变化，这就是通货膨胀的再分配效应，但是通货膨胀对不同经济主体的再分配效应是不同的。

①通货膨胀不利于靠固定货币收入维持生活的人，而那些收入能随着通货膨胀变动的人，则会从通货膨胀中得益。对于固定收入阶层来说，其收入是固定的货币数额，落后于上升的物价水平，也就是说他们获得货币收入的实际购买力下降，其实际收入因通货膨胀而减少，如果收入不能随通货膨胀率变动的话，他们的生活水平必然降低。

②通货膨胀对储蓄者不利。随着价格上涨，存款的购买力就会降低，那些持有闲置货币和存款在银行的人会受到严重打击，同样，像保险金、养老金以及其他固定价值的证券财产等，它们本来是作为防患未然和养老的，在通货膨胀中，其实际价值也会下降。

③通货膨胀还会在债务人和债权人之间产生收入再分配的作用。具体来说，通货膨胀牺牲了债权人的利益而使债务人得益。实际研究表明，第二次世界大战以来，西方国家政府从通货膨胀中获得了大量的再分配的财富，因此，有些西方经济学家认为，希望政府去努力制止通货膨胀是比较难的。

(2)为了减少通货膨胀的影响，居民应该尽量减少储蓄，增加一些抵御通货膨胀的投资，比如一些银行推出的和通货膨胀挂钩的投资品种，当然居民也可以增加一些实物投资，比如购买金银产品等。

18. 在过去几年中，通货紧缩是宏观经济分析中频繁出现的术语。很多人认为通货紧缩与债务问题结合在一起，会严重抑制总需求的增长，进而加剧经济衰退的风险。请利用封闭条件下的 *IS－LM* 模型回答如下问题。

(1)未预期到的通货紧缩是如何影响总需求的？

(2)预期到的通货紧缩是如何影响总需求的？（中国人民大学2017研）

答：(1)未预期到的通货紧缩会抑制总需求，分析如下：

未预期到的物价变动在债务人和债权人之间再分配财富，未预期到的通货紧缩使债权人变富而债务人变穷，这种财富再分配将影响在产品和服务上的支出，债务人支出减少而债权人支出增加。由于债务人的支出倾向高于债权人，所以债务人支出的减少大于债权人支出的增加，净效应是支出减少，*IS* 曲线紧缩性移动，国民收入减少，利率下降。

（2）预期到的通货紧缩也会抑制总需求，分析如下：

当企业预期到通货紧缩时，也就预期到对于任何给定的名义利率，实际利率上升，而这抑制了投资支出。投资的减少使 *IS* 曲线向左下方移动，收入减少。如图 8－14 所示，收入水平从 Y_1 下降为 Y_2，名义利率从 i_1 下降为 i_2，而实际利率从 r_1 上升为 r_2。

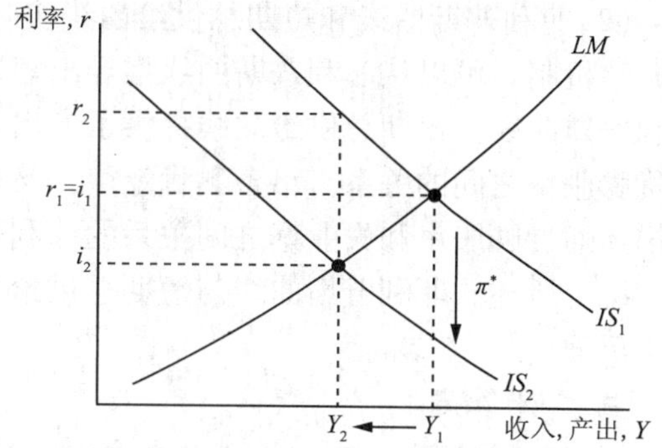

图 8－14　*IS*－*LM* 模型中可预期的通货紧缩的影响

19. 为什么货币融资和债务融资都会引起通货膨胀？（东北财经大学 2019 研）

答：（1）货币融资是指政府向中央银行借款，也就是依靠直接增加货币发行来弥补财政赤字，其实质就是把财政赤字货币化。中央银行在公开市场上购买政府向公众发行的债券，即中央银行在公开市场买进公债，货币供应量将增加，增加的货币正好等于政府要弥补财政赤字所需货币额，就是把财政赤字货币化。而根据货币数量方程式 $MV=PY$，在总产出 Y 和货币流通速度 V 保持稳定的情况下，财政赤字货币化使市场中货币供给增加从而引起通货膨胀。

（2）债务融资是指政府通过在债券市场向公众发行国债筹措资金以弥补财政赤字。因为通过债务融资弥补赤字，仅仅是部分货币从非政府部门手中转移到政府部门，所以债务融资一般不会导致增发货币的结果，避免了财政赤字货币化带来的通货膨胀。但如果财政赤字规模比较大，采取债务融资提高政府债务水平，这会增加经济发生资本外逃的风险。国际投资者认识到，政府总是可以简单地用拖欠来处理自己的债务，而且政府债务水平越高，政府拖欠债务的几率也越大。因此，随着政府债务的增加，国际投资者可能会担心拖欠，减少贷款数量。如果这种信心的丧失突然发生，结果就可能是资本外逃的典型症状：通货价值的大幅下跌，从而发生通货膨胀。

20. 请解释菲利普斯曲线与短期总供给曲线之间的关系。（中国人民大学 2020 研；武汉大学 2019 研）

答：（1）菲利普斯曲线和总供给曲线描述相似的关系并且可以用于分析相同的现象。菲利普斯曲线表示的是在一定通货膨胀预期下，通货膨胀率与失业率之间的关系；总供给曲线表示的是价格与产出之间的关系。

可以从菲利普斯曲线推导出短期总供给曲线，也可以从短期总供给曲线推导出菲利普斯曲线。以前者为例：

根据附加预期的菲利普斯曲线方程有：$\pi-\pi^e=-\varepsilon(u-u^*)$。

用 $P-P_{-1}$ 替代 π，P^e-P_{-1} 替代 π^e，这里 P 为当期价格水平，P_{-1} 为前一期价格水平，P^e 为预期价格水平，则上式变为：$P-P^e=-\varepsilon(u-u^*)$。

根据奥肯定律，有：$(y-y_f)/y_f=-\alpha(u-u^*)$。

两式消除 $(u-u^*)$ 后得：$P-P^e=(\varepsilon/\alpha)\times(y-y_f)/y_f$。

记 $\lambda=\alpha y_f/\varepsilon$，则上式可写为：$y=y_f+\lambda(P-P^e)$。

上式即为短期总供给曲线方程。

(2)菲利普斯曲线和短期总供给曲线实际上是同一枚硬币的两面，都反映了经济中的价格调整机制。可以从菲利普斯曲线推导出短期总供给曲线，也可以从短期总供给曲线推导出菲利普斯曲线。短期总供给曲线提供了产出和价格之间的关系，这可以通过变换得出产出和通货膨胀率之间的关系。结合奥肯定律，又可以得出产出和失业之间的关系，然后就可以得到描述通货膨胀率和失业率之间关系的菲利普斯曲线。

综上所述，菲利普斯曲线与短期总供给曲线均反映了经济中的价格机制，是同一枚硬币的正反面。

三、计算题

1. 假设经济由如下三个式子来描述：总需求状况为 $g_{yt}=g_{mt}-\pi_t$；菲利普斯曲线为 $\pi_t-\pi_{t-1}=-0.8(u_t-4\%)$；奥肯定律为 $u_t-u_{t-1}=-0.4(g_{yt}-3\%)$。其中 g_{yt} 为产出增长率，g_{mt} 为货币供给增长率，π_t 为通货膨胀率，u_t 为失业率。求：

(1)经济的自然失业率是多少？

(2)假设失业率等于自然失业率，通货膨胀率为8%。产出增长率是多少？货币供给增长率是多少？

(3)假设政府要把通货膨胀率从第一年的8%降到第二年的4%，求第二年的实际失业率并计算牺牲率。（南开大学2011研）

解：(1)自然失业率就是通货膨胀率不变的失业率，因此根据菲利普斯曲线 $\pi_t-\pi_{t-1}=-0.8(u_t-4\%)$ 易知经济的自然失业率是4%。

(2)当失业率等于自然失业率时，根据奥肯定律 $u_t-u_{t-1}=-0.4(g_{yt}-3\%)$ 易知产出增长率为3%。将 $\pi_t=8\%$，$g_{yt}=3\%$ 代入到 $g_{yt}=g_{mt}-\pi_t$ 中可得货币供给增长率 $g_{mt}=11\%$。

(3)将 $\pi_{t-1}=8\%$，$\pi_t=4\%$ 代入到菲利普斯曲线 $\pi_t-\pi_{t-1}=-0.8(u_t-4\%)$ 可得第二年的实际失业率为9%。将 $u_t=9\%$，$u_{t-1}=4\%$ 代入奥肯定律 $u_t-u_{t-1}=-0.4(g_{yt}-3\%)$ 可得第二年产出增长率为-9.5%。牺牲率指的是为了使通货膨胀率降低一个百分点而必须放弃的一年实际GDP的百分点数。这一年，通货膨胀率降低了4%（=8%-4%），产出下降了12.5%（=9.5%+3%），牺牲率为3.125（=12.5%÷4%）。

2. 假设一国的菲利普斯曲线为 $\pi=\pi^e-3(U-U_n)$，自然失业率 U_n 为5%，对通货膨胀的预期为适应性预期，中央银行对下一年的通货膨胀目标为2%。

(1)如果当前的通货膨胀率为5%，那么中央银行为实现下一年的通货膨胀目标，能够引起的失业率是多少？

(2)如果中央银行在次年继续保持2%的通货膨胀目标，那么失业率将是多少？

(3)根据奥肯定律，计算降低通货膨胀的产出牺牲率。

(4)如果对通货膨胀的预期为理性预期，那么产出牺牲率为多少？（南开大学2007研）

答：(1)由题知该国的预期为适应性预期，有 $\pi^e=\pi_{-1}=5\%$，$\pi=2\%$，$U_n=5\%$。

代入菲利普斯曲线 $\pi=\pi^e-3(U-U_n)$ 可得 $U=6\%$。

即如果当前的通货膨胀率为5%，那么中央银行为实现下一年的通货膨胀目标，能够引起的失业率是6%。

(2)如果中央银行在次年继续保持2%的通货膨胀目标，即有 $\pi=\pi^e=2\%$。

根据菲利普斯曲线 $\pi=\pi^e-3(U-U_n)$ 可得 $U=U_n=5\%$，即失业率为自然失业率。

(3)根据奥肯定律，失业率每高于自然失业率1个百分点，实际GDP将低于潜在GDP 2

个百分点。根据(1)中计算可得，降低3个百分点的通货膨胀率，将使失业率高于自然失业率1个百分点，因此实际GDP将低于潜在GDP 2个百分点，所以牺牲率为：2% ÷ 3% ≈0.67。

(4)如果对通货膨胀的预期为理性预期，那么产出牺牲率为零。分析如下：

理性预期表明 $\pi = \pi^e$，因而 $U = U_n$。无论通货膨胀如何变化，失业率一直处于自然失业率水平，即失业率恒定不变，从而产出不变，因此牺牲率为零。

3. 假定经济的菲利普斯曲线是：$\pi = \pi_{-1} - 0.5(u - u^n)$，而且自然失业率是过去两年失业率的平均数：$u^n = 0.5(u_{-1} + u_{-2})$。

(1)为什么自然失业率会取决于最近的失业率?

(2)假设央行遵循永久性地降低通货膨胀1%的政策，这种政策对一段时期中的失业率有什么影响?

(3)这个经济中的牺牲率是多少？请解释。

(4)这些方程式对通货膨胀与失业之间的短期和长期的取舍关系意味着什么?（人大2013研）

答：(1)在该模型中，自然失业率是过去两年中失业率的平均数，因此，如果衰退提高了某一年的失业率，那么自然失业率也会提高。这说明该模型表现出了滞后性：短期的周期性失业影响长期的自然失业率。之所以自然失业率会取决于最近的失业率，是因为：

①近期的失业率可能影响摩擦性失业的水平。失业工人失去工作技能而更难找到工作。而且，失业工人可能失去寻找工作的热情而不努力找工作。

②近期的失业率可能影响等待性失业的水平。如果在服务谈判中局内人比局外人更有发言权，那么局内人可能会提高工资水平，这样工作岗位就会变少。这种情况在工业企业和工会的谈判中很容易发生。

(2)中央银行永久性地降低通货膨胀1%的政策会使一段时间的失业率上升。由菲利普斯曲线知，在第一期 $\pi_1 - \pi_0 = 0.5(u_1 - u_1^n)$，这意味着通货膨胀率下降1%，失业率在自然失业率基础上上升2%。然而在下一个时期，由于周期性失业的提高，自然失业率也提高，新的自然失业率为 $u_2^n = 0.5(u_1 + u_0) = 0.5[(u_1^n + 2) + u_1^n] = u_1^n + 1$。因此，自然失业率上升1%。如果中央银行要把通货膨胀保持在新的水平上，那么第二期的失业率就应该等于新的自然失业率 u_2^n，因此 $u_2 = u_1^n + 1$。在以后的每个时期，失业率仍然要等于自然失业率。这个自然失业率绝不可能回到其最初水平。这点可以从下列的失业率得到：

$$u_3 = (1/2)u_2 + (1/2)u_1 = u_1^n + 1\frac{1}{2}$$

$$u_4 = (1/2)u_3 + (1/2)u_2 = u_1^n + 1\frac{1}{4}$$

$$u_5 = (1/2)u_4 + (1/2)u_3 = u_1^n + 1\frac{3}{8}$$

因此，若中央银行遵循永久性地降低通货膨胀1%的政策，则第一年失业率在自然失业率基础上上升2%，以后每年在自然失业率基础上上升1%或更高。

(3)这个经济的牺牲率是4。分析如下：如果失业率要在自然失业率的基础之上上升2%，则根据奥肯定律，GDP要损失4%，则牺牲率 =4%/1% =4。

(4)如果没有滞后作用，则通货膨胀和失业率之间只存在短期的取舍关系。滞后作用使得通货膨胀与失业率不仅存在短期取舍关系，还存在长期取舍关系：即若要降低通货膨胀，失业必须持续升高。

四、论述题

1. 论述凯恩斯的就业理论。你认为凯恩斯理论对中国经济是否具有指导或借鉴意义，并加以分析。（华中科大2002研）

答：凯恩斯的就业理论是以主张政府在非常时期干预国家经济，以政府公共投资拉动社会投资，扩大消费需求为突出特征的。这一理论不但在20世纪产生了巨大的理论和实践价值，而且对解决目前我国的就业问题仍有重要的借鉴意义。

1928年至1933年，发生了一场波及全球的经济大萧条。在这次严重的经济危机中，共有4000多万工人长期失业，社会经济几乎陷于瘫痪状态。恶性经济危机和恶性失业的现实，使得传统经济学"供求自动均衡，自动达到充分就业"的理论成为幻想，现实亟须一种新的理论来解释和帮助人们摆脱经济危机。正是在这种背景下，英国经济学家约翰·梅纳德·凯恩斯以古典经济理论叛逆者的姿态，提出了需求不足理论，主张以国家干预经济生活来摆脱失业带来的萧条。

由于凯恩斯所处时代西方主要发达国家的经济发展水平与我国目前的经济发展水平较为相似，所以他的有关产生失业原因的分析和解决失业问题的办法，对于正确认识我国目前失业状况和科学地制定应对之策，仍具有非常重要的启示。

凯恩斯的就业理论是整个现代经济学的经典，他的主要思想集中体现在其1936年发表的《就业、利息和货币通论》(简称《通论》)中。凯恩斯通过分析发现，在自由资本主义社会，并不是总能达到充分就业。由于有效需求的不足，实际就业量常常小于充分就业量，充分就业只是可能达到的各种就业水平的一个特例。

在总供给与总需求相交时，或者说当储蓄等于投资时的国民收入就是均衡的国民收入，这时的总需求就是有效需求。因此，国民收入的均衡点，不仅决定了国民收入的多少，而且决定了社会总就业量的大小，这样，国民收入的决定与就业量的决定就是一致的。但是，总供给价值与总需求价格一致时的总需求，即处于有效需求时，并不一定保证充分就业的实现，这种有效需求可能大于、等于或小于实现充分就业时的有效需求。同样，均衡的国民收入也并不一定等于充分就业时的国民收入，它可能小于或等于充分就业的国民收入，也可能大于充分就业的国民收入，存在过度需求。

当达到均衡的国民收入小于充分就业的国民收入时，就存在着"紧缩的缺口"。紧缩的缺口是指实际的有效需求与充分就业时的有效需求之间的差距。在社会上存在紧缩缺口时，社会上就存在失业。当实际的有效需求大于充分就业的有效需求时，必然存在一部分过度的需求，即存在着"膨胀的缺口"。膨胀的缺口也是实际的有效需求与充分就业的有效需求的差距。在社会上存在膨胀的缺口时，就会出现通货膨胀。

凯恩斯认为，在完全竞争的条件下，资本主义社会的正常情况不是充分就业的国民收入均衡，而是小于充分就业的国民收入均衡，这样就必然存在失业。造成失业的原因是"三个基本心理因素，即心理上的边际消费倾向，心理上的灵活偏好，以及心理上对资产未来收益之预期"。心理上的边际消费倾向是指人们心理上的消费支出增量同他们收入的增量的比率。凯恩斯认为，一般情况下，当人们的收入增加时，用于消费支出的总量虽然也会增加，但其在总收入中所占比重却是下降的。心理上的灵活偏好，是指人们手持货币，以便灵活应付各种用途支出的做法。凯恩斯认为，利息率是灵活偏好这一心理法则的重要组成要素，利息是对人们在一定时期内放弃灵活偏好的报酬。在一般情况下，当利息率高时，能引起人们储蓄；当利息率低时，则引起人们投资。但利息率的降低有一个最低限度，低于这一点时人们就不肯储蓄而宁可把货币留在手中。这时即使政府增加货币发行量，利息率也不会降低，从而进入"灵活偏好的陷阱"（liquidty trap）。处于灵活偏好陷阱时，因为利息率不再降低，人们的投资欲望就会受到遏制，就会导致社会有效需求不足。心理上对资产未来收益之预期，就是对利润率的预期。当投资增加以后，对生产资料需求量的增大，将会引起生产资料价格上涨，从而使可以预见的未来利润率下降。这就是说，在投资增加以后，虽然利润总金额增大，但由于生产资料涨价，产品价格下降，而使今后的利润率减少。利润率下降的这种趋势，反映在资本家心理上，就会使其减少投资，从而引起投资不足。

凯恩斯所分析的社会不能达到充分就业的原因，在于有效需求的不足，而有效需求的不足，又根源于"心理上的边际消费倾向、心理上的灵活偏好，以及心理上对资产未来收益之预期"三个因素。对此，凯恩斯从宏观的角度，提出了一套以国家干预、扩大需求为主要内容的改革措施。

(1)政府干预。凯恩斯认为，资本主义社会缺乏调节需求，使之达到充分就业的力量，而且社会越富足，消费倾向递减和投资下降就越严重，因而经济危机和失业现象就越严重。在这种情况下，只有由政府出面，采取干预经济的办法，通过税收、利率、政府投资等措施进行调节，才能消灭危机和失业。

(2)扩大消费需求。凯恩斯认为，国家要运用各种经济杠杆来扩大消费需求，其侧重点有两个：其一是增加消费乃至挥霍浪费，反对节俭和储蓄；其二是对所得进行再分配，通过征收各种所得税来缩小财富所得的过分悬殊，以促进消费，进而提高就业水平。

(3)扩大投资需求。凯恩斯认为，消费倾向是相对稳定、一时不易改变的，所以扩大投资就成为重点。对此，凯恩斯提出实行"全国范围的调节投资的计划"，该计划包括两个方面：其一是调节私人投资，即国家通过增加货币数量、降低借贷利息来刺激私人投资；其二是"投资社会化"，即由政府直接承办公共工程，弥补私人投资的不足，消除投资者的悲观心理，使经济自动复兴。凯恩斯强调，这种投资是一种能带来一系列相关部分的发展，从而形成国民收入总量翻倍增长和就业翻倍增长的投资，故只需投资量增加少许，就可达到充分就业。

(4)增加货币发行，压低利息和工资。通过增发货币和压低利息来刺激投资，从而增加就业机会。但是，在这种情况下，必然造成通货膨胀和物价上涨，并导致工人的实际工资下降。但在凯恩斯看来，在必要的情况下必须放弃传统的健全财政的原则，甚至实行赤字财政和有节制的温和的通货膨胀，只有这样，才能刺激投资，从而扩大就业。

凯恩斯的经济理论不但在理论界被誉为"凯恩斯革命"，而且对实际经济生活也产生了重大的影响。从20世纪40年代到70年代，凯恩斯学说一直是主要资本主义国家社会经济决策的理论依据。但是需要指出，凯恩斯学说也并非完美无缺。比如凯恩斯认为，当经济活动小于充分就业状态时，通货膨胀率应该为零，只有当经济活动大于充分就业时，才会出现通货膨胀。可20世纪70年代后西方国家出现滞胀的事实，却无情地否定了这一结论。因此，在学习借鉴凯恩斯的经济理论的同时，一定要结合我国的具体情况作出英明决策，以解决我国当前的失业问题。

2. 下图是中国2000年9月份至2011年9月份的通货膨胀和货币增长速度图。根据图形和你所知道的相关知识，回答下面问题。

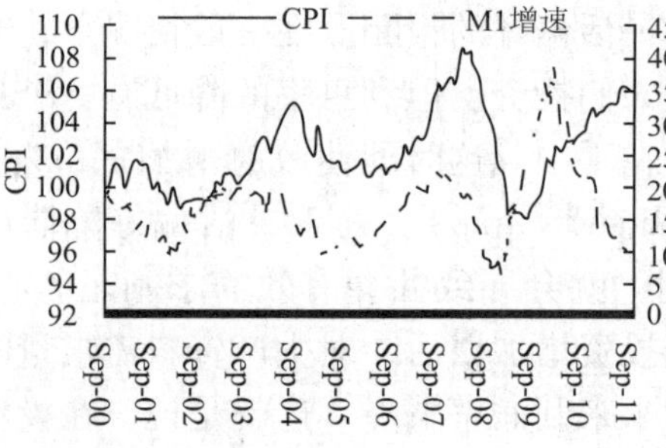

(1)画图揭示货币与通货膨胀之间的关系。

(2)中国通货膨胀、货币增速的走势与理论预期一致吗？给出你的判断及理由。

(3)从图形上，中国运用货币政策治理通货膨胀面临什么挑战？如果你是宏观经济管理当局，如何展望中国明年通货膨胀的走势？（中山大学2012研）

答：(1)货币增长速度与通货膨胀率之间的关系可以用图8－15来表示。

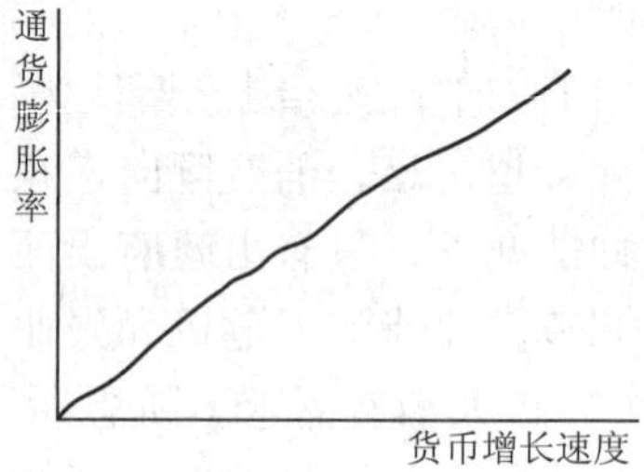

图8－15　通货膨胀率和货币增长速度

(2)CPI间接衡量通货膨胀率，M1增速可以近似表示货币的增长速度。观察给定的通货膨胀和货币增长速度图，发现CPI和M1增速近似成正比例关系，尤其是2004年9月至2008年9月之间，这种关系更为明显。但是从2010年开始，我国的M1增速呈下降趋势，然而CPI却持续上涨，这与理论预期不太一致。事实上，物价的上涨，除了货币因素之外，生产成本的上升等也是非常重要的因素。近年来，劳动力市场供求关系和劳动力工资上涨对中国物价水平的影响逐渐凸显，推动了物价的上涨。

(3)从图形中可知，近年来中国的通货膨胀不是由于国内货币供给增加或减少引起的。一方面，随着中国经济开放程度的不断加大，中国面临的输入性通胀的压力也越来越大。如果说通货膨胀是一种货币现象，那么由于我国选择了汇率政策钉住美元，而美联储在次贷危机爆发以来持续地降息，为我国通胀加剧埋下了短期的“伏笔”，因此，从图中看到，国内货币供给减少，但是CPI却持续走高。另一方面，成本推动型的通货膨胀。这又可以分两种情况来解释，其一，美元贬值引发国际能源价格上涨是中国无力左右的，而中国即使大力推进节能减排，石油进口价格的上涨以及其他替代能源进口价格(包括国内的替代能源，例如煤)上涨仍然是中国必须面对的现实。其二，国内粮食价格压力主要来自于相对于供应增长更快的需求，某些农产品的供给出现中断或者下降加剧了供需的矛盾。

根据相关情况，预期明年中国依然存在一定的通货膨胀。这是因为，短期来看，我国的汇率制度不会发生改变，仍然是有管理的浮动汇率制度，因此，只要美元贬值，那么国内就存在明显的输入性通胀压力；另外，由于粮食和能源引起的通货膨胀是全球性的和结构性的，短期内结构性的矛盾难以改观。不过，真实经济需求是决定通胀走势的根本要素。在经济减速的背景下，由于全社会总需求低于总供给，产出缺口持续存在，从而导致货币向通胀的传导渠道梗阻，即使是流动性泛滥也无法推动通胀压力上行。在这样的背景下，在包括产出缺口扩张、工业品产能过剩、食品通胀压力减弱等多重因素作用下，物价上行压力将见顶适度回落。

3．“平均通货膨胀目标制”是近年来经济学家讨论较多的一种新的货币政策框架。在这一政策框架下，货币政策不再像传统的通货膨胀目标制那样盯着特定时点上的通货膨胀水

平，而是盯着一段时间内的平均通货膨胀水平。

(1)结合通货膨胀的形成机理以及货币政策的作用机制，分析传统的通货膨胀目标制的理论基础及其存在的缺陷。

(2)一些经济学家认为，基于欧美主要发达经济体2020年以来的宏观经济形势，平均通货膨胀目标制有利于对经济产生额外的刺激作用。请分析这一观点背后的基本逻辑。

(3)2020年8月美国宣布转向“平均通货膨胀目标制”，但是并未宣布计算平均通货膨胀的时间窗口长度。你认为这样会产生什么问题？为什么？（中国人民大学2022研）

答：(1)传统通货膨胀目标制的理论基础是菲利普斯曲线(总供给模型)，即通货膨胀率与失业率在短期内反向变动，保持一定的通货膨胀率可以保证失业率维持稳定，从而保证实际产出稳定。

缺陷：传统的通货膨胀目标制盯住某一时点的通货膨胀水平而采取相适应的货币政策，但是货币政策存在时滞，所以会出现时间不一致性，从而难以实现盯住某一时点的通货膨胀率。

(2)2020年欧美主要发达经济体宏观经济形势相对较差，出现经济负增长，并且通货膨胀率水平低于平均通货膨胀率目标。因此根据菲利普斯曲线，在一段时间内提高通货膨胀率，实现更低失业率，有利于刺激经济增长。另一方面，实施平均通货膨胀目标制有利于提高通货膨胀预期，从而降低利率，促进实际产出增加。

(3)这将会导致“平均通货膨胀目标制”失效。

“平均通货膨胀目标制”盯住整个时段的平均通货膨胀率，关注的目标包括未来的和过去的通货膨胀率。鉴于当下美国经济增长迟滞，未宣布窗口长度将使得民众关于通货膨胀预期持续提高，即持续高于其宣布的通货膨胀率，因此其盯住平均通货膨胀的目标失效。另一方面，未宣布计算平均通货膨胀的时间窗口长度，将削弱中央银行的信用，其宣布政策影响预期的作用减弱。

4. 论述凯恩斯主义、货币主义及理性预期学派关于菲利普斯曲线的争论。（财政部财科所2016研）

答：(1)凯恩斯主义关于菲利普斯曲线的观点：

凯恩斯主义认为失业率与通货膨胀率之间存在着替换关系，即失业率高，则通货膨胀率低；失业率低，则通货膨胀率高。

菲利普斯曲线是凯恩斯主义经济政策分析的基石。凯恩斯主义认为，在一定的时点上，政府可设置一个经济能够最大限度承受的通货膨胀与失业的界限，通过总需求管理政策把通货膨胀和失业都控制在此界限之内。当通货膨胀率过高时，可通过紧缩性的经济政策使失业率提高，以换取低通货膨胀率；当失业率过高时，采取扩张性的经济政策使通货膨胀率提高，以获得较低的失业率。

(2)货币主义关于菲利普斯曲线的观点：

货币主义认为菲利普斯曲线分析中忽略了影响工资变动的一个重要因素：工人对通货膨胀的预期，提出了短期菲利普斯曲线。货币主义认为，在短期内，失业率与通货膨胀率之间的替换关系依然存在，但长期中，持续的通货膨胀随时随地都是一种货币现象，是由于货币数量的增长超过总产量的增长所引起的。所以，在长期有可能通货膨胀与失业并存。

(3)理性预期学派关于菲利普斯曲线的观点：

理性预期学派认为若人们的关于实际通货膨胀率高于或低于预期通货膨胀率的经验使得

他们倾向于提高或降低通货膨胀预期，那么，产量和就业的自然水平便只是同一种稳定的通货膨胀率相一致的水平。产量和就业水平高于其自然水平，包含着预期的和实际的通货膨胀率的稳定的增长。相反，预期的和实际的通货膨胀率下降，则需要一萧条时期，这时的产量和就业水平低于其自然水平。这样，自然率假说便意味着，货币政策和财政政策不会使产量永久地高于其自然水平，或失业率永久地低于其自然水平。

简而言之，对于菲利普斯曲线具体的形状，不同学派对此有不同的看法。普遍接受的观点是：在短期内，短期菲利普斯曲线向右下方倾斜，而长期菲利普斯曲线是一条垂直线，表明失业率与通货膨胀率之间不存在替换关系。

5. 自然失业率由哪些部分构成？宏观经济政策所能调整的是哪一种失业？中国失业率的构成与发达国家失业率的构成有什么区别？（北航 2005 研）

答：（1）自然失业率是指充分就业下的失业率。自然失业率的存在与劳动力市场和商品市场的实际结构性特征有关，也与市场信息的不完全性、寻找工作的成本和劳动力转移的成本有关。自然失业率为摩擦性失业率与结构性失业率加总之和。

摩擦性失业是指劳动力在正常流动过程中所产生的失业。在一个动态经济中，各行业、各部门和各地区之间劳动需求的变动是经常发生的，即使在充分就业状态下，由于人们从学校毕业或搬到新城市而要寻找工作，总是会有一些人的周转，所以摩擦性失业的存在也是正常的。摩擦性失业量的大小取决于劳动力流动性的大小和寻找工作所需要的时间。

结构性失业是在劳动力的供求不一致时产生的失业。供求之所以会出现不一致是因为对某种劳动的需求增加，而对另一种劳动的需求减少，与此同时，供给没有迅速做出调整。因此，当某些部门相对于其他部门出现增长时，可以经常看到各种职业或地区之间劳动力供求的不平衡。这种情况下，往往“失业与空位”并存，即一方面存在着有工作无人做的“空位”，而另一方面又存在着有人无工作的“失业”，这是劳动力市场的结构特点造成的。

（2）宏观经济政策能够调整的主要是结构性失业和周期性失业，其中财政政策和货币政策调整总需求，从而调整周期性失业，供给政策调整结构性失业。

总需求不足的失业就是周期性失业，这是一种非自然失业。根据凯恩斯的分析，就业水平取决于国民收入水平，而国民收入水平又取决于总需求。通过财政政策和货币政策的作用，可以调整社会总需求水平，从而调整周期性失业。比如扩张性的财政政策和货币政策提高总需求，从而减少周期性失业。

总供给政策可以调整国民经济结构，从而调整结构性失业。政府可以对失业者进行公共筹资的再培训，从而能使工人更容易地从衰退的行业转移到新兴的行业。同时政府还对各个产业和地区进行宏观调控，使各个产业和地区平稳发展，避免产生大波动从而减小更大范围的结构性失业的可能性。如果技术进步和产业结构变化的幅度和速度较快，就可能比较经常和较大幅度地引发自然失业。政府也可以通过增加劳动力的流动性来缓解结构性失业。

（3）中国失业率构成与发达国家失业率构成的区别：

中国的劳动市场供求结构比较特殊。在高级复杂劳动市场上，高级人才比较稀缺；在中级劳动市场上，存在着结构性失业；在低级劳动市场上，存在着总体上供给过多，但在有些局部地区却严重缺乏。这就造成了我国的失业率构成与发达国家明显不同。

①我国的失业率中周期性的失业率所占比例不大，而发达国家的周期性的失业率的比例相对来说比较大。

②我国的结构性失业比较严重，而发达国家由于各种政策使结构性失业相对来说不太

严重。

③由于我国经济的快速发展使摩擦性失业的现象比较多，因为有能力的工人相对稀缺，他们面临的选择比较多。而发达国家的经济比较稳定，工人的选择机会相对来说比较小。

④我国的隐性失业比较严重。在农村和城镇存在大量的隐性失业者，他们大部分属于低级劳动者，因此缺乏竞争力，可能名义上不是失业者，可实际上全是失业者。

总之，就处于转轨过程中的中国经济来说，劳动力市场条件乃至整个经济体制都处于不断变化之中。特别是近年来产业结构变动速度加快，劳动力市场改革力度加大，都会导致自然失业率的提高。总体来说，中国经济具有较高的并且继续升高的自然失业率，表明单纯依靠宏观反周期政策不能完全消除或缓解失业现象，扩大就业和治理失业要求综合一系列政策手段。而英美等发达国家的自然失业率相对来说比较低，他们对付失业的办法相对来说可以比较单一。

6. 下图是美国 1964 ~ 2010 年间通货膨胀和失业率的散点图。根据图形和你所知道的相关知识，回答下面问题。

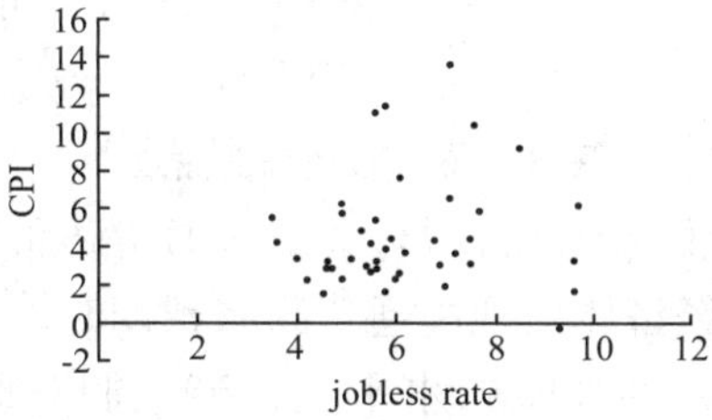

(1) 根据 Phillips(1958)，最初的 Phillips 曲线刻画的是工资增长速度与失业率之间的关系，而现在版的 Phillips 曲线刻画的往往是通货膨胀与预期通货膨胀、失业率之间的关系。请问最初版的 Phillips 曲线是如何演进到现在版的 Phillips 曲线？

(2) 根据图形大致描述美国 2010 年的宏观经济形势。

(3) 从图形上看，在 1964 ~ 2010 年间，美国通货膨胀与失业率走势符合 Phillips 曲线的理论预测吗？给出你的判断及理由。(中山大学 2012 研)

答：(1) Phillips 曲线的演进过程：

经济学家菲利普斯于 1958 年在《经济学》杂志发表论文《1861 ~ 1957 年间英国货币工资变化与失业之间的关系》，论文中详细说明一种基本关系：货币工资增长率与失业率存在着权衡取舍关系。

后凯恩斯主义代表萨缪尔森等人利用美国的经济资料进行类似的研究，但用物价上涨率(即通货膨胀率)代替货币工资上涨率，得出的菲利普斯曲线方程为 $\pi = -\varepsilon(u-u^*)$，以表示物价上涨率与失业率之间也有对应关系：物价上涨率增加时，失业率下降；物价上涨率下降时，失业率上升。这就是一般所说的经过改造后的菲利普斯曲线。

20 世纪 60 年代后期，一些国家出现了通货膨胀率和失业率同时上升的滞胀现象。弗里德曼和菲利普斯认为，通货膨胀和失业之间不存在长期权衡取舍关系。简单菲利普斯曲线最大的问题在于忽略了预期到的或预料到的通货膨胀。事实上，失业并非取决于通货膨胀水平，而是取决于超过预期通货膨胀之上的过度通货膨胀。附加预期的菲利普斯曲线方程可以表述为：

$$\pi = \pi^e - \varepsilon(u-u^*)$$

(2)2010 年 9 月 20 日，美国国家经济研究局经济周期确定委员会发布公告，美国经济在2009年6月到达谷底，这个谷底标志着从2007年12月开始的经济衰退已经终结，新一轮的经济扩张正在开始。2010年美国经济至今增长仍持续稳固，但增速较慢。消费和出口的反弹对于经济的提振作用较为明显。与此同时，美国失业率仍然偏高，房地产市场没有出现明显好转迹象，宽松措施对经济的刺激作用有限。

(3)从图形上看，在1964~2010年间，美国通货膨胀与失业率走势符合Phillips曲线的理论预测。

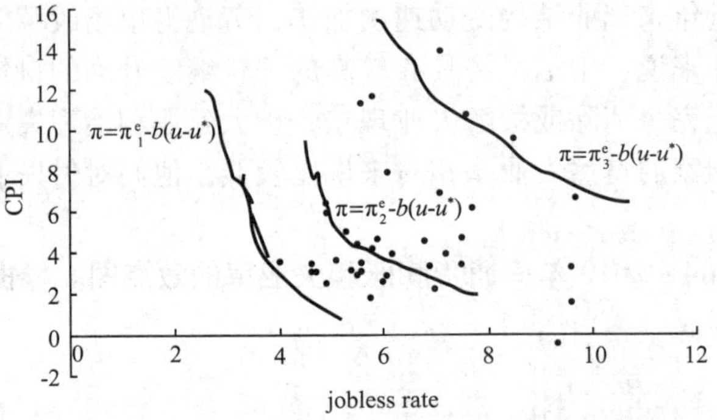

图8－16　菲利普斯曲线

如图8－16所示，通过对散点图进行拟合，引入通货膨胀预期之后，通货膨胀与失业率之间的权衡关系依然存在。当经济体出现高通货膨胀预期时，对应的短期菲利普斯曲线在高位。假定美国的自然失业率保持在6%的水平上，当人们对通货膨胀预期比较低时(比如π_1^e)，美国的通货膨胀与失业率就为$\pi=\pi_1^e-b(u-u^*)$对应的菲利普斯曲线所刻画，反之，当人们对通货膨胀的预期比较高时(比如π_3^e)，美国的通货膨胀与失业率就为$\pi=\pi_3^e-b(u-u^*)$对应的菲利普斯曲线所刻画。这表明，菲利普斯曲线的具体位置，将随着人们对通货膨胀预期的变化而变化，从而能够较好地刻画美国1964~2010年间的通货膨胀率和失业率之间的关系。

7．试从菲利普斯曲线的发展过程阐述通货膨胀经济效应理论。

答：菲利普斯曲线是表示失业率与通货膨胀率的关系的一种曲线。通货膨胀效应是指通货膨胀对社会经济生活各方面所产生的影响，主要包括：①经济增长效应；②收入分配效应；③财富分配效应。在西方经济学界，对通货膨胀与经济增长的关系一直争论不休。观点大致有三：一是"促进论"，认为适度的通货膨胀对经济增长是有益的，能起促进作用；二是"促退论"，认为通货膨胀必然会阻碍经济增长和导致低效率；三是"中性论"，认为人们对通货膨胀的预期最终会中和它对经济的各种效应。

第一阶段的菲利普斯曲线是新西兰经济学菲利普斯(A. W. Philips)在1958年提出的。通过分析，菲利普斯发现在失业率和货币工资上升之间存在着较稳定的替代关系，但它只是统计研究的结果，并无理论上的依据。1960年，加拿大经济学家利普赛(R. G. Lipsey)进一步验证了菲利普斯的研究结论，并通过对劳动力市场的供求情况分析，为菲利普斯曲线提供了理论上的诠释。利普赛认为货币工资增长率与劳动力的超额需求之间存在线性正相关关系，同时劳动力的超额需求越大，寻找工作越容易，失业率就越低。这就得到了表示货币工资增长率和失业率呈反向关系的第一阶段的菲利普斯曲线。假定劳动力在国民收入分配中的比例保持不变，按照成本加成定价的原则，工资上涨率可以由物价上涨率代替，就得到了通常所说的表示物价上涨率与失业率呈反向关系的菲利普斯曲线，如图8－17所示。

“促进论”者认为，西方社会中较为普遍存在的一个问题是有效需求不足，因此，要刺激经济增长就要增加财政支出，增加货币供应量，实行扩张性政策，刺激投资与消费，增加有效需求。在1968年之前，菲利普斯曲线不仅在理论上被普遍接受，成为促进论的依据，政府还利用这种关系进行相机抉择，制定和执行相应的经济政策，以使通货膨胀率和失业率都被控制在可以接受的限度内。

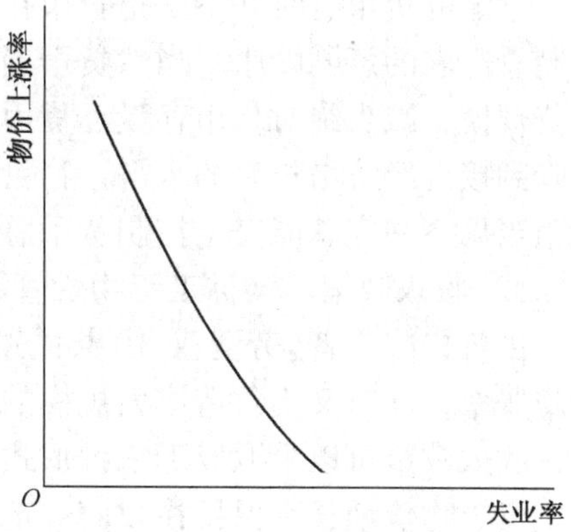

图8－17　菲利普斯曲线

第二阶段的菲利普斯曲线出现在20世纪60年代中后期。此时，一些国家通货膨胀与失业同时上升，“滞胀”现象与菲利普斯曲线相背离，同时菲利普斯曲线在理论上也受到了尖锐的批评。弗里德曼认为，菲利普斯曲线的最大弱点是采用名义工资率来代替通货膨胀率，并由此推断通货膨胀与失业率之间具有稳定的替代关系，但这仅是短期内通货膨胀尚未被人们预期时的情况。一旦形成了通货膨胀预期，短期菲利普斯曲线就会上移，工人会要求足以补偿物价上涨的更高的名义工资，而雇主则不愿在这个工资水平上提供就业，最终，失业率又恢复到“自然失业率”水平。因此，无论政府如何继续采取膨胀政策，工人预期的调整必然带来短期菲利普斯曲线的进一步上移，结果长期内通货膨胀率和失业率之间并不存在稳定的替代关系。弗里德曼将长期的均衡失业率称为“自然失业率”，它可以和任何通货膨胀水平相对应，且不受其影响。因此，长期的菲利普斯曲线是一条垂直线，这实际上就是中性论的观点。

第三阶段的菲利普斯曲线也是由弗里德曼提出，他认为可能存在长期内向右上方倾斜的菲利普斯曲线，并认为高度的和变化剧烈的通货膨胀，也可能会提高自然失业率。其理由是：①在通货膨胀不可预测地加剧的情况下，工人可能会因不满意实际工资降低而停止工作；②通货膨胀本身的反复不定，会降低市场信号的功能，从而降低生产效率；③由于物价不断波动而引起政府干预，也很可能加深经济功能的失调而提高自然失业率。此时，菲利普斯曲线支持“促退论”。

总之，第一阶段的菲利普斯曲线支持通货膨胀的“促进论”，第二阶段的菲利普斯曲线基本上支持“中性论”，第三阶段的菲利普斯曲线显然是“促退论”的最好说明。

8. 治理通货膨胀的需求政策、收入政策、供给政策以及结构调整政策分别包括哪些内容？针对什么类型的通货膨胀？各有什么优缺点？

答：通货膨胀对一国社会经济的发展会带来明显的破坏作用，因此，尽管各国遭遇的通货膨胀成因不同，各国对通货膨胀的判别标准及承受能力不同，但都有制止通货膨胀的要求，并且都从各国的实际情况出发，提出了各种治理通货膨胀的对策，主要包括需求政策、收入政策、供给政策及结构调整政策。

(1)需求政策。主要针对总需求过度膨胀引起的通货膨胀，通过紧缩需求能取得明显的效果。减少总需求的途径主要有紧缩财政和紧缩货币两种措施。

紧缩财政方面的措施：①削减政府支出；②限制公共事业投资和公共福利支出；③增加赋税，以抑制私人企业投资和个人消费支出。紧缩的财政政策优点是当紧缩较大时，通胀会得到迅速抑制。但是，财政支出具有很大的刚性：教育、国防、社会福利的削减都是阻力重重；增加赋税更会遭到公众的强烈反对。

紧缩的货币有时并不是指货币存量的绝对减少，而只是减缓货币供应量的增长速度，以遏制总需求的急剧膨胀。当然货币当局也可以采用传统的中央银行三大政策工具，限制银行信贷规模，减少绝对货币存量。货币学派更注重货币政策的作用，认为只有将货币增长率最终降到接近经济增长率的水平，物价才可能大体稳定下来。但是紧缩的货币政策的缺点在于货币当局不一定总能完全控制货币总量及其增长速度。

(2)收入政策。又称工资物价管制政策，是指政府制定的一套关于物价和工资的行为准则，由价格决定者(劳资双方)共同遵守，其目的在于限制物价和工资的上涨率，以降低通货膨胀率，同时又不致造成大规模的失业。收入政策主要针对成本推进型的通货膨胀。

收入政策可以采取以下三种形式：①以指导性为主的限制。②以税收为手段的限制。如果工资、物价增长率保持在政府规定的幅度之内，就以减税作为奖励；否则，就以增税作为惩罚。③强制性限制，即政府颁布法定对工资和物价实行管制，甚至实行暂时冻结。

收入政策的优点是：在成本推进的工资—物价“螺旋式”上升出现时，能用较小的代价加以遏制，又不造成大规模失业。其缺点在于：①如果是指导性政策或税收政策，其效果如何取决于劳资双方与政府能否通力协作。②强制性收入政策妨碍市场机制对资源的有效配置，因为市场是通过价格信号来指导生产和要素流动的，如果禁止价格上涨，也就等于取消了资源转移的动力。③如果价格管制时没有采取相应的紧缩需求的措施，公开的通货膨胀就会转变为隐蔽型的，一旦重新放开价格，通货膨胀就会以更大的力量爆发出来。

在许多工资合同中，有“生活费用调整”条款，规定根据生活费用变动情况自动调整工资水平，即工资“指数化”。工资指数化的优点是：一是有利于抑制通货膨胀。当通货膨胀率低于合同条款的规定时，不会引起实际工资的提高，也不会造成就业的减少和产出的下降；二是可以消除由通货膨胀率预测的失误而引起的效率损失。但是，指数化也存在问题。例如由于劳动生产率增长速度下降或其他类似石油危机的供给方面的冲击，产出下降，这就要求国民收入中工资的份额必须下降。但是由于指数化保护了工人的实际工资，其他经济单位为维护自身利益，也提高价格，结果引起价格水平螺旋上升，加剧通货膨胀。而且，“指数化”有很高的技术要求，可行性差。

(3)供给政策。以拉弗(A · Laffer)为首的供给学派认为，通货膨胀是与供给紧密联系在一起的。而供给不足，需求相对过剩又是引起通货膨胀的主要原因；货币量过多也是相对于商品供给过少而言的。因此，供给政策主要是针对有效供给不足，需求相对过剩造成的通货膨胀。而治理通货膨胀的关键是在于增加生产和供给。增加生产意味着经济增长，这样就可以避免单纯依靠紧缩总需求引起衰退的负面效应。

要增加生产和供给，最关键的措施就是减税。减税可以提高人们的储蓄和投资的能力与积极性。同时配合以其他政策措施：一是削减政府开支增长幅度，争取平衡预算，消灭财政赤字，并缓解对私人部门的挤出效应；二是限制货币增长率，稳定物价，排除对市场机制的干扰，保证人们储蓄与投资的实际效益，增强其信心与预期的乐观性。

供给学说强调了一向被忽视的供给方面因素，认为治理通货膨胀，特别是滞胀，根本的出路在于增加供给，有其积极意义。但过分夸大了减税对增加供给的刺激作用。从实际情况看，效果并不明显。

改善劳动市场结构的人力资本政策也是供给政策之一，主要包括：对劳动者进行再就业的训练；提供有关劳动力市场的信息，减少对就业和转业的限制，指导和协助失业人员寻找工作；优先发展劳动密集型和技术熟练要求程度较低的部门以扩大就业；由政府直接雇用私人企业不愿意雇用的非熟练工人，使他们得到训练和培养，提高就业能力。

(4)结构调整政策。主要是针对结构型通货膨胀，使各产业部门之间保持一定的比例，从而避免某些产品(特别是某些关键性产品，如食品、原材料等)供求结构失调而导致物价上涨。

具体地，可以实行微观财政、货币政策，影响需求和供给的结构。微观财政政策包括税收结构政策和公共支出结构政策。税收结构政策指在保证一定的税收总量的前提下，调节各种税率和实行范围；公共支出结构政策则指在一定的财政支出总量前提下，调节政府支出的项目和各种项目的数额。降低财政支出中转移支付的比重，增加公共工程等投资性支出，可以扩大就业，增加产出和降低通货膨胀率。微观货币政策包括利息率结构和信贷结构政策，旨在通过各种利息率的调整，以及通过各种信贷限额和信贷条件的变动来影响存款和贷款的结构和总额，提高资金使用率，鼓励资金流向生产部门，遏制消费资金的扩张。

总之，结构调整政策优点是：强调了供给中的结构因素；缺点是：缺乏总量上的压缩。

9．试述货币主义和凯恩斯学派如何解释“需求拉动型通货膨胀”中总需求过大的原因。

答：(1)需求拉动型通货膨胀，是从总需求的角度来分析通货膨胀的成因，认为通货膨胀是由于社会再生产过程中社会总需求过度增长，超过了既定价格水平下商品和劳务的供给，而引起的货币贬值，物价总水平持续显著上涨。

(2)“需求拉动型通货膨胀”中总需求过大的原因，有两种解释：

①货币主义的解释。费雪在其《货币的购买力》一书中提出了著名的货币数量论“交易方程式”。费雪认为货币数量的多少决定着物价水平的高低，在货币流通速度和商品与劳务的总量不变的情况下，货币数量的变动会使物价同比例变动。弗里德曼的新货币数量说基本上肯定了这一结论。弗里德曼把通货膨胀定义为：名义社会总需求的增长超过社会总供给的增长而引起的物价水平的上涨。同时指出，名义社会总需求的增长有两种可能的原因：一是货币数量的增加，二是流通速度的加快。而经常性的通货膨胀不可能纯粹由货币流通速度的加快引起，即使发生恶性通货膨胀的时期，货币流通速度会加快，通货膨胀过程的起点仍然是货币数量的扩张。实证研究结果证明，从长远看，国民收入流通速度的下降不可能抵消货币数量的增加对名义社会总需求及物价水平的影响。所以需求拉动型通货膨胀中总需求的扩大是货币数量扩张的表现和必然结果。

②凯恩斯学派的解释。如果说货币数量说是强调货币因素对总需求的影响的话，那么凯恩斯学派则是强调实际因素对总需求的影响。凯恩斯本人认为，当经济中实现了充分就业后，表明资源已经得到充分利用，这时如果总需求继续增加，而国民收入已无法增加，就会导致价格总水平的上升，引起通货膨胀。与货币数量说不同，凯恩斯认为货币量的变动首先是通过灵活偏好规律(即指在货币供给一定时，利息率由货币需求状况决定)影响利息率，进而影响投资需求和消费需求，最后间接地影响物价水平的变动。他指出，当货币供应量增加后，利息率就降低，消费、投资和政府开支就会受到刺激，从而有效需求会增加。有效需求的增加，一方面会促使产量与就业增加，另一方面则会促使物价上涨。一旦有效需求的增加使产量达到充分就业产量水平，之后过度的需求就会带来通货膨胀(见图8－18)。凯恩斯的通货膨胀论强调了通货膨胀与失业不会并存。但事实上，通货膨胀既可以是在实现充分就业后，由总需求绝对增长引起，也可以是在实现充分就业前，由总需求较总供给在数量上与速度上的相对增长引起。所以，后来的凯恩斯主义者修正指出，在实现充分就业前，只要总需求大于总供给的增长，从而物价的上升幅度不能为增加的总供给所吸收，便会使物价水平

绝对上升，产生通货膨胀(见图8－19)。

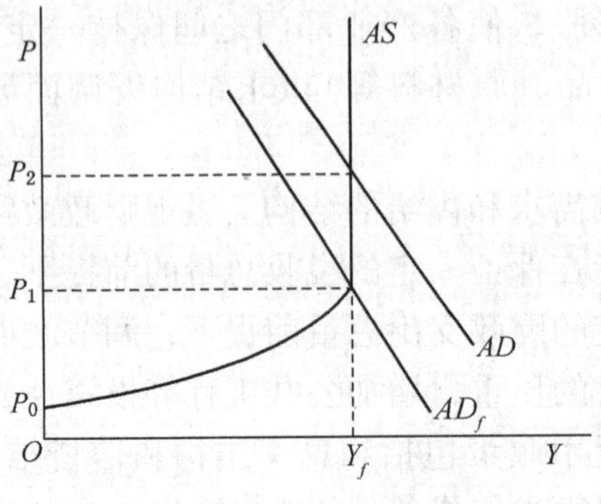

图8－18　需求拉动型通货膨胀

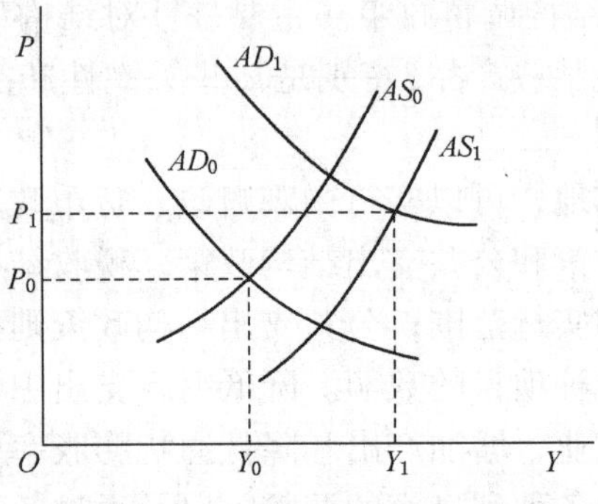

图8－19　需求拉动型通货膨胀

在图8－18中，横轴代表总产出或国民收入(Y)，纵轴代表物价水平(P)，AS代表总供给，AD代表总需求，充分就业时的生产总量是Y_f，物价水平是P_1，P_0表示未达到充分就业时的物价。由于社会总需求的增加，总需求曲线从AD_f移到AD的位置，这时的生产量仍然是Y_f，但物价水平都从P_1上升到P_2。

在图8－19中，横轴代表总产出或国民收入(Y)，纵轴代表物价水平(P)，AS代表总供给，AD代表总需求。当社会总需求增加，总需求曲线从AD_0移到AD_1的位置，供给曲线由AS_0移到AS_1，生产总量由Y_0增加到Y_1，物价水平由P_0上升至P_1。

总之，货币学派货币数量学说是强调货币因素对总需求的影响，凯恩斯主义则是强调实际因素对总需求的影响。但凯恩斯主义和货币主义学派都是从总需求的角度来分析通货膨胀的成因，认为通货膨胀是由于社会再生产过程中社会总需求过度增长，超过了既定价格水平下商品和劳务的供给，而引起的货币贬值，物价总水平上涨。

10. 试述失业的类型及失业对社会的影响，并联系中国实际阐述相应的反失业政策。(东北财大2006研)

答：(1)失业是指劳动力市场上劳动供给大于劳动需求，从而使劳动大军中的一部分没有工作而在寻找工作的现象。

失业可以划分为自然性失业和经济性失业，充分性就业是指不存在经济性失业的就业状态。具体来说，失业可以分为：

①摩擦性失业。摩擦性失业是指由于劳动力市场运行机制不完善或因为经济变动过程中的工作转换而产生的失业。它被看作是一种求职性失业，即一方面存在空缺职位，另一方面存在着与此数量相对应的寻找工作的失业者。

②季节性失业。季节性失业是指某些行业中由于工作的季节性而产生的失业。在需求淡季时，就会存在失业。季节性失业也被看作一种“正常”的失业。

③周期性失业。周期性失业是指经济周期中的衰退或萧条阶段因需求下降而造成的失业。它对各行业的影响是不同的，一般来讲，需求的收入弹性越大的行业，周期性失业的影响越严重。

④需求不足型失业。需求不足型失业是指由于经济的有效需求水平过低而不足以为每一个愿意按现行工资率就业的人提供就业机会而产生的失业。

需求不足型失业可以分为两种，一种是周期性失业，一种是增长不足型失业。周期性失业是需求的短期下降造成的，而增长不足型则属于需求跟不上劳动力的增加和劳动生产率的提高。

⑤结构性失业。结构性失业是指在经济发展过程中，随着需求结构的变化和技术进步，产业结构会处于不断变化之中，从而使劳动力供给和对劳动力需求在职业、技能、产业、地区分布等方面不一致所引起的失业。

⑥自愿性失业和非自愿性失业。自愿性失业是指工人所要求得到的实际工资超过了其边际生产率，或在现行的工作条件下能够就业，但不愿接受此工作条件而未被雇用所造成的失业。与此对应的是非自愿性失业，指具有劳动能力并愿意按现行工资率就业，但由于有效需求不足而得不到工作造成的失业。

（2）就整个社会而言，失业意味着人力资源的浪费，如果一个社会达到充分就业，就意味着对生产资源的充分利用，全社会的国民收入会达到潜在的国民收入水平。对失业的个人来说，失业意味着生活水平的下降和心理上的痛苦。另外，失业也是一个严重的社会问题，失业本身可以造成除国内生产总值减少以外的社会代价。可以从以下方面分析失业的代价：

①失业造成的产量损失。失业会造成资源的浪费，带来经济上的严重损失。因为本期可利用的劳动力资源不能延续到下一期使用，所以本期可利用的劳动力资源的闲置是永久性的浪费。

②失业的社会成本。失业所带来的另一重大成本是失业者及其家庭所面临的个人损失或心理上的打击。

③失业对分配的影响。失业成本的承担不平衡，失业具有重大的分配后果。根据失业持续时间可以将失业分为短期失业和长期失业，不同类型的失业造成的成本很不相同。

（3）我国目前存在的失业情况复杂。但综合起来看，我国现存失业种类主要有以下几个方面：①每年新增待就业人口的居高不下、劳动力供给过多情况下的自然性失业；②“招工难”和“就业难”并存、“冗员”和“缺员”并存，存在着严重的结构性失业；③存在严重的隐性失业。

对于当前的失业状况，可借鉴西方的失业理论并结合我国的实际情况，运用如下具体措施解决当前我国巨大的就业压力：

①改变劳动力供给状况减少失业。失业的存在首先表现为劳动力供给总量大于需求总量，另外就是劳动力的结构与需求不相称。其治理方法包括以下几方面内容：控制和减少劳动力的供给，延长每个劳动者接受教育年限、控制人口的增长；为失业者或易受失业威胁的劳动者提供帮助，比如可通过大力培育劳动力市场，为劳动力要素供求双方提供信息，通过政策和舆论手段，使全社会关心失业职工；广泛开展职业培训，提高劳动者的素质，使劳动力供给与需求相适应。

②提高经济活动水平，扩大就业岗位。寻找多元化经济增长点，提高经济活动水平，既是治理失业的战略选择，也是使经济持续协调健康发展的有力保证。可采取的措施主要是：a. 通过直接增加政府投资刺激经济增长。一方面通过扩大财政支出搞建设项目；另一方面通过银行贷款投资建设项目。但后者容易导致通货膨胀，应严格控制其规模和比例。b. 通过民间投资，刺激经济的增长。民间投资是指资金所有者用自有资金上项目买股票债券等。国家应鼓励民间投资，尤其是鼓励支持失业人员自筹资金兴办实业，创办个体私营合伙企业，广开就业渠道。c. 通过大量吸引外资刺激经济增长。为了使我国的劳动力资源得到有效利用，使其优化配置，应充分利用国内外两种资源，开拓两个市场。

③建立适度的失业保障体制。根据自然失业理论，就业水平是由一个国家的经济活动水

平所决定的。从现代发达市场经济国家的发展进程中不难发现，充分的社会保障起到了社会“减震器”的作用，缓解了社会矛盾，保证了市场的正常运行。建立多层次完善的社会保障体系将是一段时期内我国经济体制改革和社会发展与稳定的重要任务，也是规避风险、减少社会震荡、实现社会公平和共同富裕的重要制度保证。

所以，在解决失业问题时不仅需要采取常用的宏观经济政策，还需要社会和文化各方面政策的配套。目前我国推行的再就业工程是以政府劳动部门为主推动的，在治理城市失业方面具有特别重要的意义。从长期看，控制人口增长和加强劳动力培养，是从根本上解决失业问题的战略性措施。

11. 根据附加预期的菲利普斯曲线推导国民收入与物价水平之间的关系，并说明滞胀现象的成因。（对外经贸大学2013研）

答：（1）附加预期的菲利普斯曲线为$\pi-\pi^e=-\varepsilon(u-u^*)$，用$P-P_{-1}$代替$\pi$，用$P^e-P_{-1}$代替$\pi^e$，这里$P$为当期价格水平，$P_{-1}$为前一期价格水平，$P^e$为预期价格水平。则上式变为：

$$P-P^e=-\varepsilon(u-u^*)$$

另一方面，根据奥肯定律，有：$\frac{y-y_f}{y_f}=-\alpha(u-u^*)$。

将上式代入到式$P-P^e=-\varepsilon(u-u^*)$，替换掉$(u-u^*)$后得：$P-P^e=\frac{\varepsilon}{\alpha}(\frac{y-y_f}{y_f})$。

记$\gamma=\frac{ay_f}{\varepsilon}$，则上式可写为：$y=y_f+\gamma(P-P^e)$，此即为国民收入与物价水平之间的关系。

（2）滞胀又称为萧条膨胀或膨胀衰退，是指经济生活中生产停滞、失业增加和物价水平居高不下同时存在的现象，它是通货膨胀长期发展的结果。

根据原始的菲利普斯曲线，通货膨胀与失业率之间存在此消彼长的权衡关系，不可能出现高失业率与高通货膨胀率并存的滞胀现象。引入通胀预期后，很容易揭示滞胀的形成机制：当人们预期通货膨胀较高时，经济体将出现高通货膨胀预期的短期菲利普斯曲线，如图8－20中的最右上方的那条短期菲利普斯曲线。这时，通货膨胀与失业率之间的权衡关系依然存在，如果将实际通货膨胀率控制在低于人们预期的水平以下（实际通货膨胀的绝对水平仍然较高），那么实际失业率将超过自然失业率，保持在较高的水平上，如图8－20中的s点。

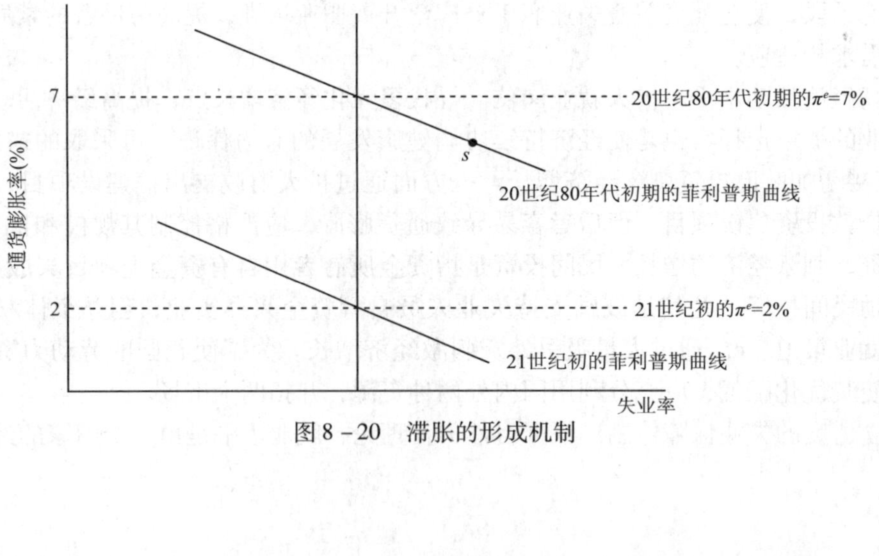

图8－20　滞胀的形成机制

12. 劳动力市场上，员工的素质、工作努力程度和忠诚度是企业关心的重点之一。工人寻找工作(Job search)时，需要关于工作空位和机会的信息。政府的公共政策会影响劳动力市场和宏观经济状况。

(1)发展中国家和地区，城市用工者到农村招工时，往往优先考虑一些特定的村庄或社区(这些村落中往往有其通过很长时期建立的、相对可靠的招募网络)。对农村外出务工者而言，他们也往往倚重于当地的招工代理人员或已经在外务工的人员，获取就业机会。你对这种现象如何理解？请给出你的经济学直觉解释。

(2)即使在市场经济条件下，企业往往也会向其所雇用的工人支付高于劳动市场均衡水平的工资。你认为这对工人供给量、工人需求量和失业量会产生何种影响？

(3)如果政府管理的公共就业服务机构，向处在摩擦失业状态的工人提供就业信息和职业技能培训方面的恰当服务，你认为这对自然失业率可能会产生怎样的影响？

(4)请画图说明(3)中的自然失业率变化后，长期的菲利普斯曲线会发生怎样的变动？并画图说明，此时长期总供给曲线会发生怎样的变动？在总需求一定的情况下，物价水平和通货膨胀率将怎样变化？

(5)如果政府采取扩张性的货币政策，请依据菲利普斯曲线，说明这种政策的短期和长期影响。(人大2006研)

答：(1)在发展中国家和地区，对于城市用工者而言，信息是非对称的，他们不可能充分掌握农民工的足够信息，到农村招工时，往往优先考虑一些特定的村庄或社区，这是因为来自这些地区的工人通过自己的勤劳工作，已经在用工单位树立了一定的信誉度，用工单位对来自该地区的工人较为放心，而且由于当地有许多工人在外务工，会对当地的农民产生一定的"示范效应"，有助于当地农民提高自身的素质。

对农村外出务工者而言，他们也往往倚重于当地的招工代理人员或已经在外务工的人员，获取就业机会，这是因为当地信息交流不畅通，政府往往不能够提供相关的信息服务，而通过已经在外务工人员获取信息，较为可靠，而且可以相互照应。

(2)企业往往会向其所雇用的工人支付高于劳动市场均衡水平的工资，这会造成劳动力市场供过于求的状况，从而出现失业。工资高于均衡水平，劳动的供给会增加，而需求会减少，从而产生失业问题。如图8－21所示，高于市场均衡的工资，将使劳动力市场出现L_2-L_1的失业。

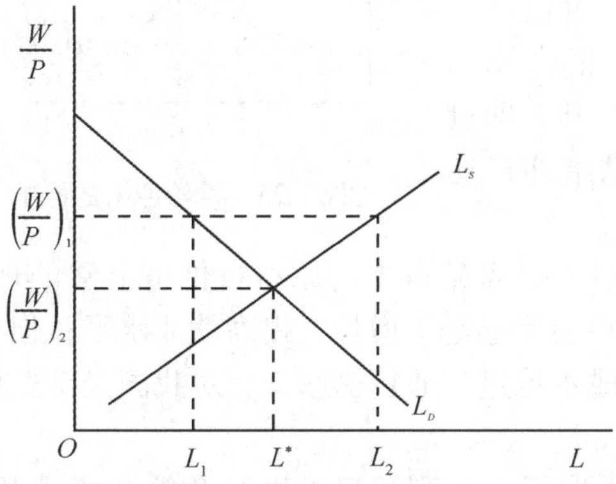

图8－21　高工资导致劳动力市场供过于求

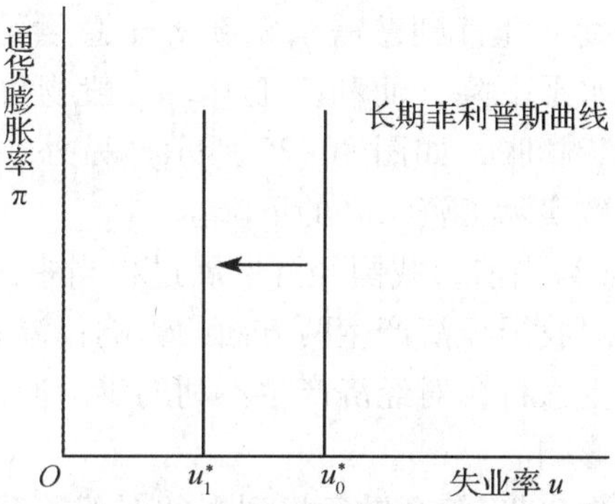

图8－22　自然失业率下降，长期菲利普斯曲线左移

(3)如果政府管理的公共就业服务机构，向处在摩擦性失业状态的工人提供就业信息和

职业技能培训方面的恰当服务，这种做法有可能会降低自然失业率。职业技能培训，提高了处于摩擦性失业状态的工人的素质，使他们能够更好的适应多变的劳动力市场的需要；信息服务，将使失业工人尽快找到适合自己的新岗位，这些都将有效地降低自然失业率。

(4)自然失业率降低以后，长期的菲利普斯曲线将向左移动，如图8－22所示。长期的总供给曲线将向右移动，在总需求一定的情况下，物价水平将下降，通货膨胀率将降低，如图8－23所示。

(5)如果政府采取扩张性的货币政策，在短期内在通货膨胀上升的同时，失业率将下降，经济中的产出将增加，如图8－24所示，经济将沿着短期菲利普斯曲线运行到A点。在长期内，随着通货膨胀的上升，人们将调整其通货膨胀预期，短期菲利普斯曲线将上移，失业率恢复到自然失业率水平，产出恢复到原来的充分就业水平，但是通货膨胀率却上升了，如图8－24所示，经济将运行到B点。

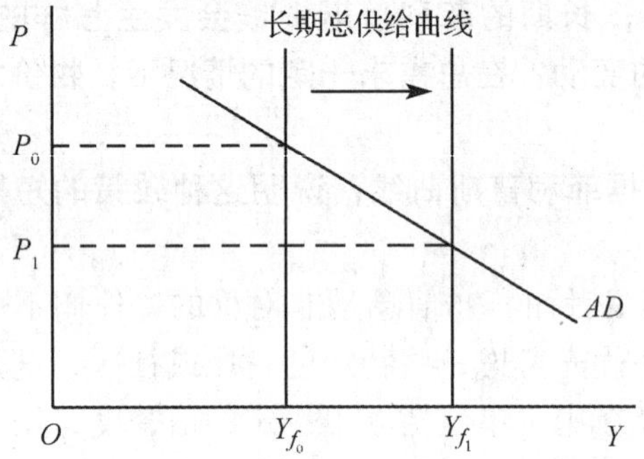

图8－23　自然失业率下降，总供给曲线右移，物价下降

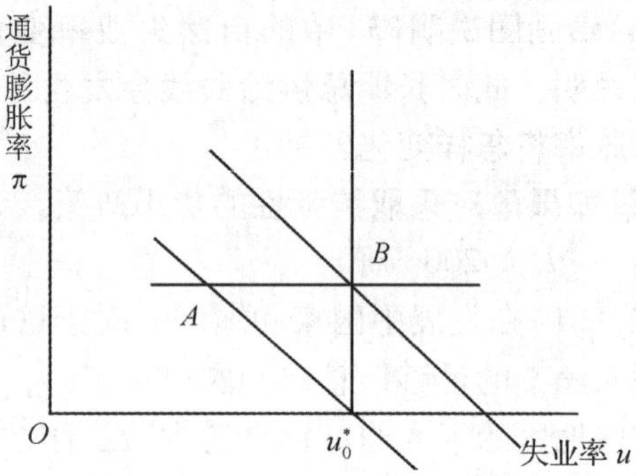

图8－24　扩张性货币政策的短期和长期影响

13. 当前，我国经济发展过程当中出现了原材料价格上涨以及由此导致的价格上涨的现象。如果这一假设成立，请分析原材料价格上涨对我国经济的影响；并提出相应的政策建议。(北大2011研)

答：(1)根据宏观经济学理论，原材料价格上涨会对总供给造成不利的冲击，导致总供给曲线向左上方移动，产出水平下降，造成经济在原有的价格水平下总需求超过总供给。只要总供给不随价格水平的变化而调整，价格水平就持续上升直到总需求重新等于总供给。结果，总产出与就业水平下降，而利率上升，一般物价也普遍上升，即造成通货膨胀，如图8－25所示。另外，不利的供给冲击还会导致实际工资水平的下降。

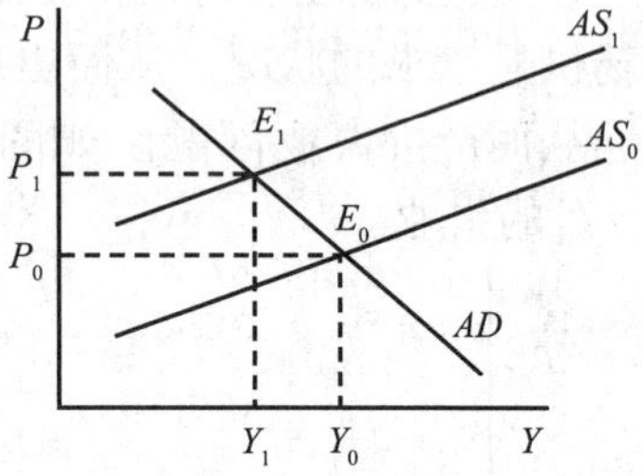

图8－25　供给冲击的影响

(2)当前，我国经济发展过程当中出现了包括大宗商品在内的原材料价格上涨的现象，这将对我国经济产生两方面的影响：温和的上涨将会促进经济增长，提高就业水平；但是剧烈的上涨将会对经济产生不利的供给冲击，导致成本推进型通货膨胀，会对我国经济造成不利的影响。

在2008年金融危机到来的时候，我国果断采取了一系列积极的财政政策和货币政策，有效地遏制了物价持续下跌的趋势，经济率先恢复了高速增长的趋势，而包括美国在内的发达国家也采取相应的扩张性的财政政策和货币政策，但随之而来的就是原材料价格的上涨，

这种上涨既有国内需求拉动的因素，也有国际上因美元贬值而推动的因素。从目前看价格上涨幅度还算是温和的、健康的，但是要预防快速上涨和恶性上涨，因为一旦形成快速上涨的趋势，则必然导致物价全面快速上涨，形成成本推进型的恶性通货膨胀，造成经济出现类似美国20世纪70年代“滞胀”的可怕后果。

(3)为此建议政府密切关注原材料价格走势，采取必要的财政政策和货币政策让总供给曲线向右下方移动控制价格的过快上涨，比如采取税收政策鼓励进口低价的原材料，采取准备金和利率政策来调节货币供给，防止流动性泛滥等，必要时甚至采取行政手段直接规定原材料价格的上限。

14. 根据通货膨胀理论，阐述消除通货膨胀的主要措施。(人大2017研)

答：(1)通货膨胀是宏观经济运行中出现的价格总水平的持续上涨的一种经济现象。对通货膨胀的成因有多种解释，主要有货币数量论、总供给总需求以及经济结构方面的解释。货币数量论的解释：通货膨胀的原因在于货币供给的迅速增长。总供给、总需求方面的解释：①需求拉动的通货膨胀，指总需求增加所引起的一般价格水平的持续、显著的上涨，消费需求、投资需求、政府需求和国外需求的增加都会对社会总需求的增加产生影响，在总供给曲线既定的条件下，总需求增加即总需求曲线向右上方移动，导致价格总水平上涨。②成本推动的通货膨胀，是指由于供给成本的提高而引起的一般价格水平持续和显著的上涨。成本推动主要包括工资和利润推动。无论是工资还是利润，如果超过价格总水平的上涨速度，则会对商品和劳务价格的进一步上涨形成压力。经济结构方面的解释：在没有需求拉动和成本推动的情况下，只是由于经济结构因素的变动，也会出现一般价格水平的持续上升。

(2)既然明确了引起通货膨胀的原因，那么就应该采取相应的措施来消除通货膨胀。主要措施有：

①控制总需求。消除通货膨胀首先是控制总需求，实行紧缩政策。紧缩型政策是迄今为止运用得最多最有效的政策措施，其主要内容包括紧缩型财政政策、紧缩型货币政策以及紧缩型收入政策。

a. 紧缩型财政政策。紧缩型财政政策主要是通过削减财政支出和增加税收的办法来消除通货膨胀。削减财政支出的目的是通过限制支出而减少政府的需求，从而缩减总需求。其措施主要有：减少国家基本建设和投资支出，限制公共事业投资；削减政府各部门的经费支出；减少社会福利支出等。增加税收主要是增加企业和个人的税负。增税以后，企业和个人的收入减少，从而降低投资水平和消费水平。

b. 紧缩型货币政策。紧缩型货币政策又称为“抽紧银根”。通货膨胀的直接原因是货币供应量过多，因此要消除通货膨胀，中央银行可以通过减少流通中货币供应量的办法来实现。具体措施包括：通过公开市场业务出售政府债券，回笼货币，减少经济体系中的货币存量；提高利率，比如提高再贴现率、贴现率、法定准备金率、银行存贷款利率等，利率的上升促使人们更多地去储蓄从而使消费需求减少，利率上升也增加了投资成本，从而抑制了投资需求；直接控制信贷规模。

c. 紧缩型收入政策。紧缩型财政政策和紧缩型货币政策对付需求拉动型通货膨胀比较有效，但是副作用是容易导致就业和产出的下降，于是紧缩型收入政策就成了消除通货膨胀的重要手段，而且紧缩型收入政策对付成本拉动型通货膨胀比较有效。其主要内容是采取强制性的手段，限制提高工资和获取垄断利润，抑制成本的提高，从而控制物价的上涨。具体来说包括两点：工资管制和利润管制。工资管制的办法主要有四种。第一，道义规劝和指导，即政府制定出一个工资增长的指导线，供企业参考，但政府只能规劝、建议，不能直接干预。第二，协商解决，即在政府干预下使工会和企业就工资问题达成协议。第三，开征工资税，对增加工资过多的企业征收特别税款。第四，冻结工资，即政府强制性地将全社会工资或增长率固定，不能随便上涨。利润管制，指政府以强制手段对可能获得暴利的企业利润实行限制措施。利润管制的办法有管制利润率、对超额利润征收较高的所得税等。此外，有的国家还通过制定一些法规限制垄断利润，以及对公用事业产品直接实行价格管制等。

②增加供给。造成通货膨胀的原因是社会的总需求大于总供给，治理通货膨胀一方面要通过紧缩型政策减少总需求，另一方面要增加总供给。主要措施有：减税以提高劳动者的工作意愿和劳动生产率，增加企业的投资愿望，从而带动总供给的增加；减少政府对企业的限制，让企业更好地扩大商品供给；鼓励企业采用新技术、更新设备和调整产业结构。

③调整经济结构。由于引起通货膨胀的一个原因是经济结构的失调，所以治理通货膨胀的一个方案是调整经济结构，各产业部门之间保持一定比例，避免某些产品如粮食、原材料等供求因结构失调而推动物价上涨。

④其他反通货膨胀措施，包括：

a. 强制性的行政干预。这种措施主要为一些经济不太发达的国家所采用。其内容主要有：强制性停建一些工程项目，整顿市场流通，实行部分商品的经营垄断，实行消费品的凭票供应等。

b. 保持经济低速增长。由于经济的高速增长往往伴随着通货膨胀，近些年来，各国政府面临两种选择：或保持较高的经济增长速度，但同时保持较高的通货膨胀率；或降低经济增长速度，甚至以经济的衰退来压低通货膨胀率。不少发达国家往往选择后者。

15. 假设当前经济正处于长期均衡，请结合 *IS* – *LM* 模型和 *AS* – *AD* 模型。讨论分析积极货币政策对产出水平、通货膨胀和利率的短期影响和长期影响。（中央财经大学 2019 研）

答：（1）结合 *IS* – *LM* 模型分析：

在短期中，中央银行采取扩张性的货币政策，增加了货币供给，这将使 *LM* 曲线右移，引起了利率的降低和产出的增加，如图 8 – 26 所示，经济的均衡点从 *A* 变为 *B*，利率由均衡利率下降到 r_1，并且收入由均衡收入增加到 Y_1。而利率降低将导致投资增加，收入的增加将导致居民的可支配收入增加，最终导致消费增加。

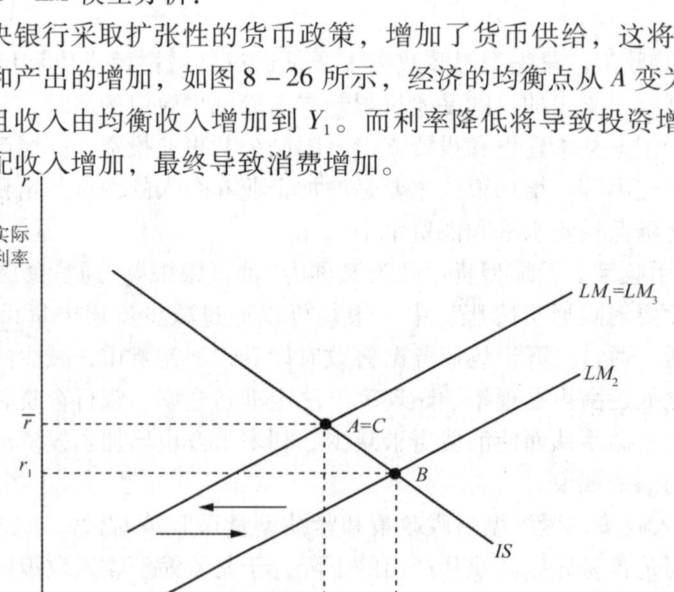

图 8 – 26 *IS* – *LM* 模型

在长期中，由于短期均衡的产出水平超过了长期均衡的产出水平，最终产品和劳务的高需求拉动物价水平上升，从而导致实际货币余额减少，*LM* 曲线左移，如图 8 – 26 所示。利率水平上升，投资减少。价格继续上涨直到经济恢复到初始的位置 *A*。此时，利率回到最初的均衡水平 $\bar{r}$，国民收入回到 $\overline{Y}$，投资和消费也回到原来的水平。因此，从长期来看，货币供给增加对经济中的实际变量没有影响，这也就是货币中性。

(2)结合 *AD* – *AS* 模型分析：

在短期，货币供给的增加会使 *AD* 曲线右移，导致价格和产出都增加(如图中 *B* 点)，造成通货膨胀。如图 8 – 27 所示。

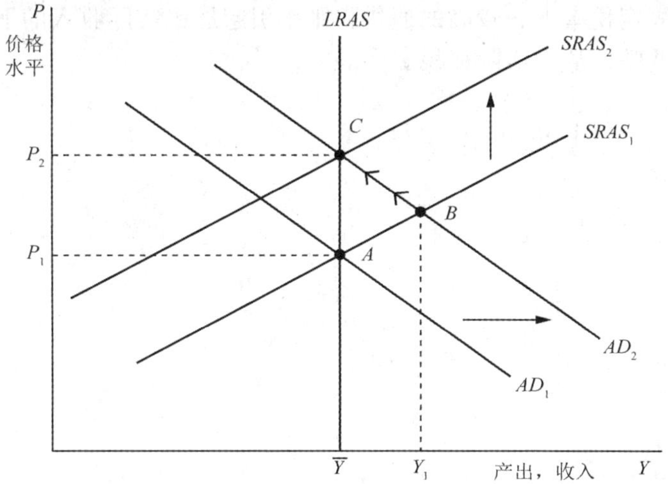

图 8 – 27　*AD* – *AS* 模型

而在长期中，由于通货膨胀预期会上升，使短期总供给曲线 *SRAS* 上移，结果是产出回到自然水平和更高的价格(如图中 *C* 点)，此时价格水平为 P_2，通货膨胀更加严重。

16. 论述通货膨胀对收入分配的影响。(深圳大学 2019 研)

答：通货膨胀对收入分配的影响表现为：

(1)通货膨胀不利于靠固定的货币收入维持生活的人。对于固定收入阶层来说，其收入是固定的货币数额，落后于上升的物价水平。其实际收入因通货膨胀而减少，他们的每一元收入的购买力将随价格的上升而下降。固定收入阶层中最为明显的就是那些领取救济金、退休金的人，那些工薪阶层、公务员以及靠福利和其他转移支付维持生活的人，他们在相当长的时间内所获得的收入是不变的。

相反，那些靠变动收入维持生活的人，则会从通货膨胀中得益，这些人的货币收入会走在价格水平和生活费用上涨之前。例如，在扩张的行业中工作并有强大的工会支持的工人就是这样。他们的工资合同中订立有工资随生活费用的上涨而提高的条款，或是有强有力的工会代表他们进行谈判，在每个新合同中都能得到大幅度的工资增长。那些从利润中得到收入的企业主也能从通货膨胀中获利，如果产品价格比资源价格上升得快，则企业的收益将比它的成本增长得快。

(2)通货膨胀对储蓄者不利。随着价格的上涨，存款的实际价值或购买力就会降低，那些口袋中有闲置货币和存款在银行的人受到沉重的打击。同样，像保险金、养老金以及其他固定价值的证券财产等，它们本来是作为防患未然和蓄资养老的，在通货膨胀中，其实际价值也会下降。

(3)通货膨胀还可以导致债务人和债权人之间发生收入再分配的作用。具体来说，通货膨胀靠牺牲债权人的利益而使债务人获利。假如甲向乙借款1万元，一年后归还，而这段时间内价格水平上升一倍，那么一年后甲归还给乙的1万元相当于借时的一半。这里假定借贷双方没有预期到通货膨胀的影响。但是，一旦预期到通货膨胀，则上述的再分配就会改变。如果借贷的名义利率为10%，而通货膨胀率为20%，则实际利率为-10%。实际利率为名义利率和通货膨胀率的差额，若名义利率为10%，通货膨胀率为5%，则实际利率为5%。只要通货膨胀率大于名义利率，则实际利率就是负值。

(4)通货膨胀会造成税收扭曲，从而影响社会财富的再分配。税率一般不会随通货膨胀的变化而变化，在固定税率下，较高的通货膨胀率引起居民实际收入的下降，但税收并没有根据实际收入进行调整，从而实际征税更多。

第9章　经济增长理论

9.1　考点难点归纳

经济增长理论研究国民经济长期发展的问题，其发展主要经过了三个阶段：哈罗德—多马模型、新古典经济增长模型和内生增长模型。

经济增长理论中，基本的模型为哈罗德—多马模型，而哈罗德—多马模型的不稳定性为考查的重点。经济增长理论属于西方经济学中较难的部分，有些名牌大学的考研题非常难，报考这类大学的考生需要对其做深入的分析和理解。

考点一：经济增长的含义和源泉

在宏观经济学中，经济增长通常被定义为产量的增加。具体理解有两层含义：①经济增长是指一个经济体所产生的物质产品和劳务在一个相当长时期内的持续增长，即经济总产量的增长；②经济增长是按平均人口计算的实际产出的持续增长，即人均产量的增长。

作为经济增长源泉的最主要的因素是：劳动数量增加和质量提高(即人力资本的增长)、资本存量的增加和技术进步(是广义概念，包括采用新技术、新产品、先进管理手段以及资源配置的高效率等)。

增长率的分解式为：$G_Y = G_A + \alpha G_L + \beta G_K$，式中，$G_Y$为产出的增长率；$G_A$为技术进步增长率；$G_L$和$G_K$分别为劳动和资本的增长率；$\alpha$和$\beta$为参数，分别是劳动和资本的产出弹性。

考点二：哈罗德—多马模型

1. 模型的假设前提

(1)全社会只生产一种产品。

(2)储蓄S是国民收入Y的函数，即$S=sY$(s代表这个社会的储蓄比例，即储蓄在国民收入中所占的份额)。

(3)生产过程中只使用两种生产要素，即劳动L和资本K。

(4)不存在技术进步，也不存在资本折旧问题。

(5)劳动力按照一个固定不变的比率增长。

(6)生产规模报酬不变，即生产任何一单位产品所需要的资本和劳动的数量都是固定不变的。

(7)不存在货币部门，且价格水平不变。

2. 模型的基本方程

哈罗德模型的基本方程为：$G=\Delta Y/Y=s/v$。式中，G表示国民收入增长率$\Delta Y/Y$(即经济增长率)，s表示储蓄率S/Y，v表示边际资本—产量比率$\Delta K/\Delta Y$(假定边际资本—产量比率等于资本—产量比率K/Y)，且$v=I/\Delta Y$。方程表明，要实现均衡的经济增长，国民收入增长率就必须等于社会储蓄倾向与资本产量比二者之比。

多马模型的基本方程为：$G=\Delta I/I=s\cdot\delta$。式中，$\Delta I/I$为投资增长率，即为哈罗德模型中的经济增长率；$\delta$表示资本生产率$\Delta Y/I$，即哈罗德模型中$v$的倒数。多马模型与哈罗德模型的区别在于多马模型用资本生产率表示资本—产量比率，且G表示投资增长率，故：$G=$

$s/v = s \cdot \delta$。

3. 实际增长率、有保证的增长率和自然增长率

(1)实际增长率 G_A:

"实际增长率"是指在一定储蓄比例之下由资本的实际变化量与国民收入的实际变化量的比率 v 导出的国民收入增长率，用 G_A 表示，其公式为：$G_A = s/v$。

(2)有保证的增长率 G_W:

"有保证的增长率"是指与企业家意愿中所需求的资本—产量比率 v_r 相适应的国民收入增长率，即指能满足投资等于储蓄的稳定的增长率。其公式为：

$$G_W = s_d/v_r$$

式中，s_d 为合意的储蓄率(假设既定)，v_r 为企业家意愿中所需要的资本—产量比率。这一公式表明，当既定的合意储蓄率(符合居民意愿储蓄需求)和合意资本—产量比率(符合企业家意愿投资需求)所决定的增长率是有保证的增长率时，经济可以实现稳定的增长。在此增长率下，企业家预期的投资需求恰好等于本期的储蓄供给。

(3)自然增长率 G_N:

动态分析中实现充分就业条件下均衡增长的要求为：

$$G_A = G_W = s/v = s_d/v_r = n = G_N$$

式中，G_A 是由有效需求决定的实际增长率，G_W 是 s_d 除以 v_r 所得的有保证的增长率，n 是一国的人口增长率，G_N 是指人口增加和技术进步所容许的增长率，即自然增长率。

①在分析经济短期波动原因时，哈罗德提出了实际增长率的概念。若 $G_A = G_W$，实际投资率将等于合意的储蓄率进而实现经济的稳定增长；若 $G_A < G_W$，实际投资率将低于合意的储蓄率而引起经济收缩；若 $G_A > G_W$，实际投资率将高于合意的储蓄率而导致经济扩张。经济波动是由于这两者总是不一致而引起的。

②在分析经济长期波动原因时，哈罗德提出了自然增长率的概念，即自然增长率是人口增长与技术进步所允许达到的长期的最大增长率(用 G_N 表示)。其公式为：

$$G_N = s_0/v_r$$

式中，s_0 表示一定制度下最适宜的储蓄率，v_r 表示预期的资本—产量比率。若 $G_W = G_N$，表明社会的所有劳动能力和生产设备在既定的技术水平下得到充分利用；若 $G_W < G_N$，表明储蓄和投资的增长率低于人口增长和技术进步所容许程度而出现长期繁荣趋势；若 $G_W > G_N$，表明储蓄和投资的增长率超过人口增长和技术进步所容许程度而出现长期停滞趋势。

4. 均衡增长路径的存在性问题和稳定性问题

哈罗德模型需要解决这两个问题：第一个问题是，经济沿着均衡途径增长的可能性是否存在，或者就具体的经济活动来说，是否存在一条均衡增长途径。这个问题又被称为"存在性问题"。第二个问题是，经济活动一旦偏离了均衡增长途径，其本身是否能够自动地趋向于均衡增长途径，这个问题又被称为"稳定性问题"。

(1)存在性问题。哈罗德认为，实现充分就业均衡增长的可能性是存在的。但另一方面，由于储蓄比例，实际资本—产量比和劳动力增长率分别是由各不相同的若干因素独立地决定的，因此，除非偶然的巧合，这种充分就业的均衡增长是不会出现的。于是，哈罗德认为，虽然 $G_N = G_A = G_W$ 这种理想的充分就业均衡增长途径是存在的，但是，一般说来，实现充分就业均衡增长的可能性是极小的，也就是说，在一般情况下，经济很难按照均衡增长途径增长。

(2)稳定性问题。根据达到均衡增长要求的公式变形 $G_A \cdot v = G_W \cdot v_r = s$，经济活动一旦偏离了均衡增长途径，即实际增长率与有保证的增长率之间一旦发生了偏差，经济活动不仅不能自我纠正，而且还会产生更大的偏离。具体分析过程如下：

如果 G_A 大于(或小于) G_W，那么 v 就会小于(或大于) v_r，企业的固定资产和存货就会少于(或多于)企业家所需要的数量，进而促进企业家增加(或减少)订货，增加(或减少)投资，从而使实际产量水平进一步提高(或降低)，最终使实际增长率 G_A 与有保证的增长率 G_W 之间出现更大的缺口，经济发展不是连续上升，就是连续下降，呈现出剧烈波动的状态。

考点三：新古典增长模型

1. 基本假定

(1)经济由一个生产一种既可投资也可消费的商品的部门组成。

(2)该经济是一个封闭经济，不考虑国际贸易和政府部门。

(3)生产具有规模报酬不变的特点。

(4)该经济的技术进步、人口增长及资本折旧的速度都由外生因素决定。

(5)社会储蓄函数：$S = sY$，其中，s 表示储蓄率。

2. 基本方程

(1)不考虑技术进步和劳动力增长率：

假定经济中的折旧率为 δ，则新古典增长模型的基本方程为：$\Delta k = sy - \delta k$。式中，k 为人均资本，s 为储蓄率。δk 是对经济中折旧的弥补，Δk 是人均资本的增加。sy 为社会的人均储蓄，δk 是对经济中资本折旧弥补，称为资本广化(即意味着为每一个新生的工人提供平均数量的资本存量)；Δk 为人均资本的增加，称为资本深化(即意味着每个工人占有的资本存量上升)。因而新古典增长模型的基本方程又可表述为：资本深化 = 人均储蓄 - 资本广化。

(2)考虑劳动力增长率：

新古典增长模型的基本方程为：$\Delta k = sy - (n + \delta)k$。式中，$k$ 为人均资本，s 为储蓄率，y 为人均产量[$y = f(k)$]，n 为劳动力的增长率，δ 为资本的折旧率。该模型也可以表述为：资本深化 = 人均储蓄 - 资本广化。

(3)考虑技术进步：

新古典增长模型的基本方程为：$\Delta k = sy - (g + n + \delta)k$。式中，$k$ 为人均资本，s 为储蓄率，y 为人均产量[$y = f(k)$]，n 为劳动力的增长率，δ 为资本的折旧率，g 为技术进步率。该模型也可以表述为：资本深化 = 人均储蓄 - 资本广化。

3. 稳态分析

(1)稳态指的是一种长期均衡状态。在稳态时，人均资本达到均衡值并维持在均衡水平不变；在忽略了技术变化的条件下，人均产量也达到稳定状态，即 k 和 y 达到一个持久性的水平。

(2)当经济达到稳态时，人均资本和人均产出都达到了稳定的状态，即不存在资本深化 $\Delta k = 0$。在稳态情况下，三种模型的增长率如表 9-1 所示。

表 9-1　新古典增长模型的增长率

	模型 1	模型 2	模型 3
人均资本	0	0	g

续表

	模型1	模型2	模型3
人均产出	0	0	g
总资本	0	n	$g+n$
总产出	0	n	$g+n$

4. 储蓄率、人口增长率及技术进步率对产量增长的影响

(1)储蓄率增加对产量增长的影响：

储蓄率的增加不能影响到稳态增长率(因为这一增长率是独立于储蓄率的)，但确实能提高收入的稳态水平。

(2)人口增长率对产量增长的影响：

①人口增长率的提高降低了人均资本的稳态水平，进而降低了人均产量的稳态水平；

②人口增长率的提高增加了总产量的稳态增长率。(即要达到稳态，需维持较高的稳态增长率，否则无法保证稳态。)

(3)技术进步率对产量增长的影响：

①技术进步率的增加提高了人均资本的稳态水平，进而提高了人均产量的稳态水平；

②技术进步率的上升增加了总产量的稳态增长率。

5. 资本黄金分割律

资本黄金分割律是指当一个经济中的人均消费水平达到最大时对应的人均资本水平。

因此，资本黄金分割律问题可以转化成：

$$\max\{f(k)-sy\}$$

而当经济达到稳态时，有 $sy=\delta k$ 或 $sy=(n+\delta)k$ 或 $sy=(g+n+\delta)k$。

所以资本黄金律水平的条件为：$MPK=\delta$ 或 $MPK=n+\delta$ 或 $MPK=g+n+\delta$。

考点四：新经济增长理论

新经济增长理论是指用规模收益递增和内生技术进步来说明一国长期经济增长和各国增长率差异而展开的研究成果的总称。新经济增长理论最重要的特征是试图使增长率内生化，因而又称为内生增长理论。

新古典增长理论的缺陷：稳态增长率的外生化是新古典增长理论最主要的缺陷(此类模型无法对劳动力增长率和技术进步率做出解释)。此外，该理论关于经济中的生产函数具有规模报酬不变的性质的假定往往与事实不符。而其对在稳态时经济增长与储蓄率应是无关联的预言出现经验性的偏差(数据明显显示，各国的储蓄率与增长是正相关)。

新经济增长理论模型有两种基本类型(完全竞争条件下)：

(1)外部性条件下的内生增长模型。此类模型采用马歇尔提出的外部经济分析法研究经济增长问题。模型假定总量生产函数呈现规模收益递增的特征，造成规模收益递增的原因在于技术产生的溢出效应。

该类模型主要包括：罗默的知识溢出模型(1986)、卢卡斯的人力资本溢出模型(1988)、巴罗的公共产品模型和拥挤模型、克鲁格曼—卢卡斯—扬的边干边学模型、斯托齐的边干边学模型。其中，罗默模型和卢卡斯模型最具代表性，关于这两个模型，希望读者参考相关教材掌握它。

(2)凸性增长模型。此类模型的思路是在总量生产函数规模收益不变，即凸性生产技术

的假设下说明经济实现内生增长的可能性。生产技术具有凸性是指如果有两种生产方法能生产相同的产量，那么这两种方法的加权平均也至少能生产同样的产出量。

该类模型主要包括：*AK* 模型、琼斯—真野惠里模型、雷贝洛模型、金—雷贝洛模型、拉德尤等人的模型。其中，比较重要的是琼斯—真野惠里模型和雷贝洛模型。对于 *AK* 模型希望读者参考相关教材掌握。

考点五：经济增长的因素分析

1. 丹尼森的经济增长因素分析

丹尼森把影响经济增长的因素归结为六个：①劳动；②资本存量的规模；③资源配置情况；④规模经济；⑤知识进展；⑥其他影响单位投入产量的因素。其中，知识进展是发达国家最重要的增长因素(相对而言)。这里知识进展含义广泛，包括技术知识、管理知识的进步和由于采用新的知识而产生的关于结构和设备更为有效的设计，还包括从国内外有组织的研究、个别研究人员和发明家，或者简单的观察和经验中得来的知识。丹尼森认为，技术知识和管理知识的重要性是相同的，不能只重视前者而忽视后者。

2. 库兹涅茨的经济增长因素分析

(1)库兹涅茨分析的经济增长因素有三个：①知识存量的增加；②劳动生产率的提高；③结构方面的变化。库兹涅茨把知识力量因素和生产因素与结构因素联系起来，以强调结构因素对经济增长的重要影响，这是他与丹尼森分析的不同之处，同时也是一个重要贡献。

(2)"倒 U 字假说"又称库兹涅茨曲线，是指在经济未充分发展的阶段，收入分配将随同经济发展而趋于不平等；其后，经历收入分配暂时无大变化的时期；当到达经济充分发展阶段时，收入分配将趋于平等。如果用横轴表示经济发展的某些指标(通常为人均产值)，纵轴表示收入分配不平等程度的指标，则这一假说揭示的关系呈倒 U 字形。

考点六：经济周期

经济周期又称商业循环，是指经济活动沿着经济发展的总体趋势所经历的有规律的扩张和收缩。经济周期大致经历四个阶段：繁荣、衰退、萧条和复苏。

1. 类型

(1)长周期又称长波(即康德拉季耶夫周期)，平均 50 年左右为一个周期。

(2)中周期又称中波(即朱格拉周期)，平均 8 到 10 年为一个周期。

(3)短周期又称短波(即基钦周期)，平均 40 个月为一个周期。

2. 理论

经济周期理论大致分为凯恩斯主义和非凯恩斯主义经济周期理论。其中，非凯恩斯主义的经济周期理论主要有：①消费不足论；②投资过度论；③货币信用过度论；④创新理论；⑤心理理论；⑥太阳黑子理论；⑦政治周期理论。

考点七：乘数—加速数模型

1. 乘数原理和加速数原理

(1)乘数原理：说明投资变动对收入变动的影响，投资数量的增长会通过乘数作用使收入增加，进而刺激消费，并进一步促进投资以更快的速度增长，从而产生循环放大效应；反之亦然。

(2)加速数原理：说明收入变动或消费需求的变动引起投资变动的理论。其含义包括：①投资并不是产量(或收入)的绝对量的函数，而是产量变动率的函数。即投资变动取决于产量的变动率，若产量的增加逐期保持不变(产量变动率为零)，则投资总额也不变。②投资率变动的幅度大于产量(或收入)的变动率，产量的微小变化会引起投资率较大幅度的变化。③若要保持增长率不至于下降，产量必须持续按一定比率增长。因为一旦产量的增长率变缓，投资增长率就会停止或下降。即使产量并非绝对地下降，而只是相对地放缓了增长速度，也可能引起投资缩减。④加速数与乘数一样都从两个方向发生作用。即当产量增加时，投资的增长是加速的；当产量停止增长或减少时，投资的减少也是加速的。⑤要使加速原理发挥正常作用，只有在过剩生产能力全部消除时才能实现。

(3)由萨缪尔森所提出的乘数—加速数模型的基本方程如下：

$$\begin{cases} Y_t = C_t + I_t + G_t & \text{产品市场的均衡公式} \\ C_t = \beta Y_{t-1},\ 0<\beta<1 & \text{简单的消费函数} \\ I_t = I_0 + V(C_t - C_{t-1}),\ V>0 & \text{加速原理} \end{cases}$$

式中，V为加速数K/Y(即资本—产量比率，一定时期每生产单位货币产量所需求的资本存量的货币额。注意，K代表一定时期的资本存量，Y代表一定时期的平均产量水平)，β为边际消费倾向$\Delta C/\Delta K$，Y_t为现期收入，Y_{t-1}为前期收入，G_t为现期政府购买，I_t为现期投资，I_0为自发投资(指由出口、技术、政府政策等外生因素的变动所引起的投资)，$V(C_t - C_{t-1})$为引致投资(指由收入或消费的变动所引起的投资)。

由乘数—加速数模型的基本方程合并可以得到经济周期波动的描述方程(为一阶差分方程)：$Y_t = \beta Y_{t-1} + I_0 + V(C_t - C_{t-1})$。

2. 基本思想

乘数—加速数模型描述了乘数和加速数交互作用导致经济周期变化的过程。投资影响收入和消费(乘数作用)；反过来，收入和消费又影响投资(加速数作用)。

9.2 考研真题与典型题

一、名词解释

1. 加速原理(东北财经大学2019研)

2. 资本深化(capital deepening)(安徽大学2022研；东南大学2018研；中南财大2013研)

3. 经济周期(中南财大2021、2020研；东北大学2016研；山东大学2015研；中央财大2014研)

4. 内含型经济增长(首都经贸大学2003研)

5. 经济增长(广西民族大学2021研)

6. 哈罗德—多马模型(Harrod-Domar model)(武汉理工大学2009研；中国海洋大学2001研)

7. 人力资本(中山大学2009研；北师大2007研)

8. 新古典增长模型

9. 实际经济周期理论(中山大学2014研；武汉大学2011研)

10. 乘数—加速数模型(四川大学2018研；北师大2015研；兰州大学2014研)

11. 均衡经济增长率(上海外国语大学2005研)

12. 索洛剩余(Solow residual)(南京大学2021研；北京理工大学2021研；中国人民大学2019研；对外经贸大学2019研；南航2015研)

二、简答题

1. 根据现代国民收入理论，假如其他条件不变，储蓄的变化将对国民收入产生什么影响？根据现代经济增长理论(哈罗德—多马模型)，假如其他条件不变，储蓄率的变化将对国民收入增长率产生什么影响？这两个结论有矛盾吗？如何解释这个“矛盾”？(北师大2006研)

2. 简要评价哈罗德—多马经济增长模型。(中国地质大学2019研；中国青年政治学院2014研)

3. 简述引起生产率增长的因素。(北京工业大学2005研)

4. 为什么说哈罗德—多马模型的均衡条件类似于刀刃上的平衡？(上海财大2001研)

5. 简述乘数—加速数模型的基本内容。(武汉大学2014研)

6. 简要评价新古典经济增长模型。(西安交大2006研；中国政法大学2003研)

7. 简述罗默与卢卡斯新经济增长理论的基本内容。(北京工商大学2003研)

8. 简述库兹涅茨的倒U字假说。

9. 简述非凯恩斯主义经济周期理论要点。

10. 简述乘数原理与加速原理的联系与区别。(中南财大2012研)

11. 简述哈罗德模型和新古典模型的基本假设前提的异同。

12. 简述实际经济周期理论。(西北大学2017研；华中科大2016研；中央财大2015研)

13. 什么是新古典模型的基本公式，它有什么涵义？(北京理工大学2008研)

14. 请结合新古典增长理论的公式和图形分析“计划生育”的经济意义。(提示：可以从经济稳态时人均资本存量和人口增长率之间关系，人均资本存量与技术进步率之间关系等等角度展开分析)(东北财大2011研)

15. 试简析投资波动剧烈的原因。

16. 从与新古典增长理论对比角度，陈述内生增长理论的“内生性”体现在哪里。(东北财大2011研)

17. 熊彼特对经济周期有哪些论述？(南京大学2004研)

18. 比较分析凯恩斯学派、新古典学派以及实际经济周期学派对经济周期的解释及政策建议。(厦门大学2009研)

19. 内生经济增长模型与新古典增长模型有何不同？(暨南大学2011研)

20. 影响经济增长的根本因素？(中央财经大学2019研)

三、计算题

1. 已知资本增长率 $g_k=2\%$，劳动增长率 $g_l=0.8\%$，产出增长率 $g_y=3.1\%$，资本的国民收入份额 $\alpha=0.25$，在这些条件下，技术进步对经济增长的贡献为多少？(中央财大2017研)

2. 假设某经济体人均生产函数为 $y=k^{1/2}$。如果储蓄率为0.28，人口增长率为0.01，技术进步率为0.02，折旧率为0.04。请回答以下问题：

(1)经济达到稳态时，人均资本和人均产量是多少？

(2)如果资本存量是产出的2.5倍，资本的国民收入份额是0.3，该经济是否实现了资本的黄金律水平？如果没有，应采取什么政策？(中国海洋大学2020研)

3. 假定是规模报酬固定的柯布—道格拉斯生产函数，资本增长率为4%，劳动增长率为2%，实际产出的增长率为5%，全要素生产率的增长率为2.4%，请问：

(1)该生产函数的形式是什么？

(2)假定一项减税政策使劳动供给增长1%，实际产出增长如何变动？

(3)假设资本的国民收入份额下降一半，生产函数仍是规模报酬不变的，资本和劳动增长率仍为4%和2%，实际产出增长率为4%，求此时的全要素生产率是多少?(中山大学2013研)

4. 在新古典增长模型中，集约化生产函数为 $y=f(k)=2k-0.5k^2$，人均储蓄率为0.3，设人口增长率为3%，求：

(1)使经济均衡增长的 k 值；

(2)黄金分割律所要求的人均资本量。(暨南大学2015研；中南财大2015研)

5. 假设一个经济体中的总量生产函数为 $Y_t=A_tf(L_t, K_t)$。其中 Y_t、L_t、K_t 顺次代表 t 时期的总产量、投入的劳动数量和资本量，A_t 代表 t 时期的技术状况。试推导经济增长率关于技术进步率、劳动和资本增长率的分解式，并指出其对增长问题的意义。(人大2006研)

6. 对于CES效用函数和 AK 生产函数，同时，假设经济的初始资本存量为 $k(0)$。回答下面的问题：(1)求出内生的经济增长率，同时，给出内生经济增长的条件；(2)求出初始的消费水平和投资率。(武汉大学2001研)

7. 对于有人口增长与技术进步的索洛模型：$Y=F(K, L\times E)$，其中，总劳动 L 的增长率为 n，劳动效率 E 的增长率为 g。

证明：

(1)资本—产出比率是不变的。

(2)资本和劳动各自赚取了一个经济收入中的不变份额。

(3)资本总收入和劳动总收入都会按人口增长率加技术进步率 $(n+g)$ 的速率增长。(人大2012研)

8. 索洛模型中，假设某国的生产函数 $Y=0.6K^{0.5}L^{0.5}$，劳动增长率 $(n)=0.09$，储蓄率 $(s)=0.4$，折旧率 $(\delta)=0.11$，试求：

(1)长期稳态下的人均资本和人均产出?

(2)长期稳态下的人均产出增长率和总产出增长率?

(3)目前的储蓄率符合黄金规则水平吗?若不符合，偏高或偏低?

(4)储蓄率为何值，才能达到黄金规则水平?(中央财经大学2018研)

9. 假定总量生产函数为 $Y=(K)^{\frac{1}{2}}(L)^{\frac{1}{2}}$。如果储蓄率为28%，人口增长率为1%，折旧率为6%。利用新古典增长模型，回答如下问题：

(1)请计算稳态下的人均水平。

(2)与黄金律水平相比，28%的储蓄率是过高，还是过低?

(3)在向黄金律水平调整的过程中，人均消费、人均投资和人均产出的动态变化特征。(人大2016研)

10. 假设 y 表示人均有效劳动的产出，k 表示人均有效劳动的资本，考虑由以下生产函数的索洛增长模型描述了一个经济：

$$y=\sqrt{k}$$

(1)解出 y 作为 s(储蓄率)、n(人口增长率)、g(技术进步速度)和 δ(折旧率)的函数时，达到稳定状态时的值。

(2)假设一个发达国家的储蓄率为28%，人口增长率为每年1%；一个不发达国家的储蓄率为10%，人口增长率为每年4%。而在这两个国家中，$g=0.02$，$\delta=0.04$。求出每个国

家稳定状态的 y 值。

(3)对于生产函数为 $y=\sqrt{k}$ 的经济体，黄金律时的储蓄率是多少？（中央财经大学 2018 研）

11. 在不包含技术进步的索洛模型中，假设生产函数为 $F(K, L)=AK^{\alpha}L^{1-\alpha}(A>0, 0<\alpha<1)$，人口增长率为 n，储蓄率为 s，资本折旧率为 δ。定义 $k=K/L$ 表示人均资本，$y=Y/L$ 表示人均产出。请回答以下问题：

(1)推导出人均资本积累的动态方程；

(2)计算出黄金律的资本存量 k_{gold}^{*} 以及相应的储蓄率 s_{gold}；

(3)在上述索洛模型中引入税收政策，假设政府对收入征税，税率为 τ(为简化起见，这里不考虑税收的具体用途)，重新计算黄金律的资本存量 k_{gold}^{*} 以及相应的储蓄率 s_{gold}。（中央财大 2014 研）

12. 假设在初始稳定经济中，资本收入占 GDP 的份额为 30%，产出的平均增长速度为每年 3%，折旧率每年 5%，资本产出比率为 2，生产函数为规模报酬不变的柯布—道格拉斯生产函数。回答：

(1)在初始稳定状态，储蓄率应该是多少？资本的边际产量是多少？

(2)假设公共政策提高了储蓄率，从而使经济达到了资本的黄金律水平，在黄金律稳定状态，资本的边际产量将是多少？比较黄金律稳定状态的资本边际产量和初始稳定状态的资本边际产量并解释。

(3)在黄金律稳定状态，资本产出比率将是多少？

(4)要达到黄金律稳定状态，储蓄率必须是多少？（上海交大 2011 研）

13. 考虑一个具有如下生产函数的经济体：$Y=AK^{0.4}L^{0.6}$，其中 K 为资本，L 为劳动：

(1)假设 $A=1$，计算人均生产函数。

(2)假设每年折旧率 δ 为 5%，考虑简单的索洛增长模型，稳态时 $c=f(k^{*})-\delta k^{*}$，求出人均资本存量的黄金律以及黄金律水平下的人均产量水平，人均投资水平，人均消费水平。

(3)在一般化(A 不等于常数)的生产函数中，你认为 A 可能包含哪些影响经济长期增长的因素，这些因素是否可能与资本 K 或劳动 L 相关？（人大 2015 研）

14. 在经济增长模型中，假设经济中的总产量生产函数 $Y=K^{0.5}L^{0.5}$，储蓄率为 0.4，劳动力的增长率为 0.02，资本的折旧率为 0.03，求解下面问题：

(1)稳定的 y^{*}、k^{*}、c^{*} 是多少？

(2)经济黄金律水平的资本存量是多少？

(3)什么样的储蓄率可以使得经济实现黄金律的资本存量？（中央财经大学 2019 研）

15. 考虑包含技术进步的新古典经济增长模型。经济的总量生产函数为：

$$Y(t)=K(t)^{\alpha}[A(t)L(t)]^{1-\alpha}$$

资本和知识积累方程为：

$$\dot{K}(t)=\frac{\mathrm{d}K(t)}{\mathrm{d}t}=sY(t)$$

$$\dot{A}(t)=\frac{\mathrm{d}A(t)}{\mathrm{d}t}=Y(t)^{\varphi}$$

其中：s 为储蓄率，$\varphi\in(0, 1)$，人口增长率为 n。回答下列问题。

(1)请给出知识积累方程的经济学解释。

(2)将资本和知识积累的增长率 $g_K(t)=\frac{\dot{K}(t)}{K(t)}$和 $g_A(t)=\frac{\dot{A}(t)}{A(t)}$表示为 $A(t)$，$K(t)$和 $L(t)$的函数。

(3)经济存在资本和知识积累增长率为常数的稳态吗？如果存在，请计算出资本和知识积累的稳态增长率。

(4)储蓄率如何影响稳态人均产出增长率？(中国人民大学 2019 研)

16. 增长核算。

假设总产出 $Y_t=A_tK_t^{\alpha}L_t^{1-\alpha}$，其中 t 为时间，A_t为全要素生产率，K_t为资本，L_t为劳动，$0<\alpha<1$ 为参数。

(1)请将总产出的增长分解为全要素生产率、资本和劳动三部分的增长之和。

(2)请将人均产出的增长分解为全要素生产率和人均资本两部分的增长之和。(中山大学 2018 研)

17. 在两部门内生增长模型中，$Y=F(K,(1-u)LE)=K^{\alpha}((1-u)LE)^{1-\alpha}$，$\Delta E/E=g(u)$和 $\Delta k=sf(k)-(\delta+n+g(u))k$。$Y$是总产出。$K$是总资本存量，$L$是总人口，$E$是劳动效率。$k$是人均有效劳动的资本存量，$s$是储蓄率，$u$是研究部门劳动投入的一部分，$n$是人口增长率，$\delta$是折旧率，$g(u)$是劳动效率 E 的增长率。

(1)给定 u，假设经济初始处于稳态，如果自然灾害造成资本存量减半，但是人员没有损失，经济从短期向长期的稳态转移会是怎样的？

(2)从稳态出发，哪些政策变化可以暂时提高经济增长率？哪些政策变化可以永久提高经济增长率？

(3)给定 u，黄金储蓄率 $s^*(u)$是多少？u 上升，$s^*(u)$会怎样变化？(上海财经大学 2020 研)

18. (1)什么是经济增长？怎么从数据中预测经济增长？

(2)假设一国有以下生产函数：$Y=AK^{0.5}L^{0.5}$，其中 K 为资本；L 为劳工；A 为生产效率，该国所有国民都参与生产，从这个函数来看，该国经济增长的动力是什么？

(3)假设 $A=1$ 并保持不变；$L=100$ 并保持不变；该国现在资本量为 900。该国居民储蓄率为 0.3，也就是设他们消费收入的 70%，把剩下的 30% 存入银行；银行再把居民存款贷款给企业积累资本；假设资本消耗为 5%，也就是每年 5% 的已有资本被消耗掉。如前所述，请问该国经济在增长吗？增长率是多少？增长动力是什么？

(4)(3)部分的增长可持续吗？如果能，能持续到什么时候？

(5)根据索洛增长理论，永久性增长的动力是什么？(清华大学 2015 研)

19. 在包含技术进步的新古典经济增长模型中，生产函数为劳动增进型柯布—道格拉斯形式：$Y=F(K,AL)=K^{\alpha}(AL)^{1-\alpha}$，资本积累方程式为 $\Delta K=I-\delta K=sY-\delta K$，其中 Y 是经济中的总产出，K 为物质资本存量，L 为人口数量，A 为技术水平，I 为物质资本投资，α 为外生给定的常数，s、δ 分别为外生给定的储蓄率和资本折旧率。假设经济中的人口增长率 $\frac{\Delta L}{L}=n$，技术进步率$\frac{\Delta A}{A}=g$，n 和 g 外生给定。

(1)推导人均有效资本 $k=\frac{K}{AL}$的动态积累方程 Δk(关于 k 和外生参数的函数)。

(2)稳态时($\Delta k=0$)，分别计算人均产出($\frac{Y}{L}$)增长率、人均资本($\frac{K}{L}$)增长率、资本—产出比($\frac{K}{Y}$)、资本边际产出(MP_K)、资本收入占总收入比重($\frac{MP_K \cdot K}{Y}$)。(中央财大 2012 研)

20．某国宏观生产函数为 $Y=AK^{0.5}L^{0.5}$，Y、A、K、L 分别代表产出总量、技术水平、资本总量、劳动总量；资本变动遵循 $\Delta K=I-dK$，ΔK、I、d 分别代表资本增加量、投资、折旧率。假设该国的人口均为劳动力且零增长，技术水平、折旧率和储蓄率(s)都保持不变。

(1)请求出该国的人均生产函数。

(2)请写出该国经济实现稳态增长时，人均收入(y)、人均资本(k)和人均消费(c)的表达式。

(3)令折旧率为 5%，请分别计算储蓄率为 10%、技术水平为 2，和储蓄率为 20%、技术水平为 4 的两种情况下，经济实现稳态增长时的人均收入和人均消费；并讨论是否达到了最高人均消费水平。(对外经济贸易大学 2021 研)

四、论述题

1．实际经济周期模型(RBC)作为一个重要的新古典宏观经济学模型，请论述：

(1)与其他经济学的模型相区别，RBC 理论的倡导者认为经济周期发生的源泉是什么？

(2)他们的假说在什么地方有吸引力？

(3)你认为他们的缺点在什么地方？(东北财大 2013 研)

2．在新古典增长模型中，人口增长对经济有哪些影响？结合我国人口现状，说明我国实现经济发展转型升级的必要性和迫切性。(北邮 2013 研)

3．在不考虑人口增长和技术进步的索洛模型中，假设经济最初处于非黄金规则稳定状态水平，并且人均资本存量 K 高于黄金规则水平 K^g。为了实现向黄金规则水平变化，储蓄率该如何调整？如果储蓄率调整的时刻为 t，自此以后人均产出、消费和投资将会如何变化，在下图中画出各变量的变化轨迹，并阐明其原因。(人大 2011 研)

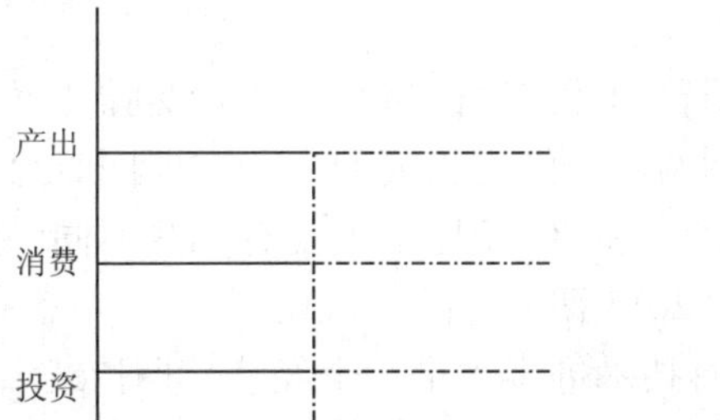

4．试论西方学者关于经济增长因素分析的主要内容和观点。你认为其中有哪些可供我们注意和借鉴？(中南财大 2002 研)

5．根据新古典增长理论：

(1)怎样衡量各种投入对增长的贡献？

(2)“转变增长方式”的含义是什么？

(3)怎样转变增长方式？(南京大学 2006 研)

6．试运用乘数—加速数模型来解释经济的周期波动。(山东财经大学 2013 研)

7．如何解释目前世界经济中有些国家很贫困而有些国家却很富裕？贫困的国家是否有

希望赶上富裕的国家？要求用相关的经济增长理论并结合中国实际来说明。（厦门大学 2009 研）

8. 下图是世界上几个经济体过去 200 年间的增长纪录，其中纵轴和横轴分别是按 1990 年美元度量的人均收入和时间。根据图形和你所知道的相关知识，回答下面问题。

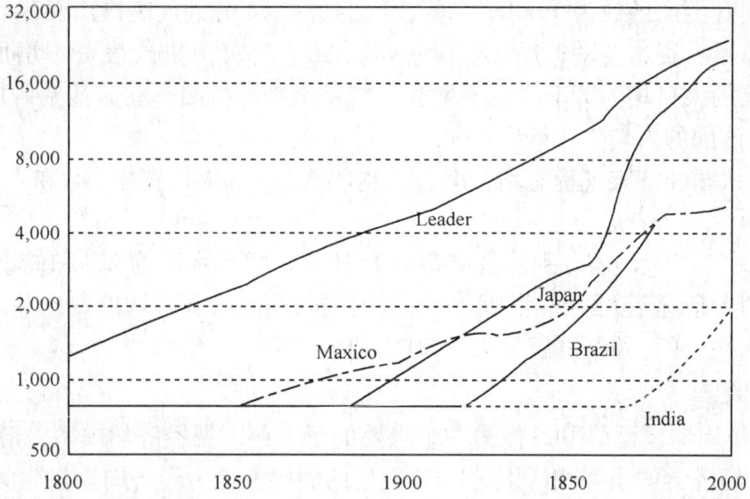

(1) 在过去 200 年里，一些发达经济体为什么一直存在人均意义上的经济增长？结合你所知道的相关知识，给出理论上的解释。

(2) 在过去 200 年里，一些经济体先后开始了人均意义上的经济增长。这意味着在世界范围内存在趋同吗？给出你的判断及理由。

(3) 在过去 200 年里，一些经济体一直存在经济增长，而一些经济体却一直没有经济增长。结合你所知道的相关知识，对这种现象给出理论上的解释。（中山大学 2012 研）

9. 以下问题涉及新古典和新增长模型，请回答。

(1) 在 Solow 图中，如果内生化人口，经济体还是存在唯一均衡点吗？均衡点稳定吗？请画图说明。

(2) 利用你所画的图说明贫困性陷阱的概念。如何摆脱贫困性陷阱。

(3) 把内生化的人口放到两部门的增长模型中，亦即同时存在新古典生产函数和新增长生产函数，此时经济体的均衡点和(1)相比，主要有哪些不同？这个模型对现实的解释能力更强吗？为什么？（中山大学 2013 研）

10. 索洛模型认为，只有技术进步才是一个经济长期持续增长的源泉。请问为了提高一国经济的劳动生产率，最终提高一国的国民收入，有哪两条途径？（南京大学 2019 研）

11. 从经济增长角度分析为什么我国要支持和发展科技创新和产业优化。（哈尔滨工业大学 2020 研）

12. 根据经济增长理论，分析如何实现 2035 年人均收入水平达到中等发达国家水平，比现在翻一番。（西南政法大学 2021 研）

9.3 考研真题与典型题详解

一、名词解释

1. 加速原理（东北财经大学 2019 研）

答：加速原理是指收入变动或消费需求的变动引起投资变动的理论。当满足不存在闲置未用的过剩生产能力和资本—产出比不变两个假定前提时，产品需求增加引致产品生产扩大，为了增加产量，就要求增加资本存量，要求有新的投资。也就是说，收入或消费需求的变动导致投资的数倍变动。加速原理含义包括：

①投资并不是产量(或收入)的绝对量的函数，而是产量变动率的函数。即投资变动取决于产量的变动率，若产量的增加逐期保持不变(产量变动率为零)，则投资总额也不变。

②投资率变动的幅度大于产量(或收入)的变动率，产量的微小变化会引起投资率较大幅度的变化。

③若要保持增长率不至于下降，产量必须持续按一定比率增长。因为一旦产量的增长率变缓，投资增长率就会停止或下降。即使产量并非绝对地下降，而只是相对地放缓了增长速度，也可能引起投资缩减。

④加速数与乘数一样都从两个方向发生作用。即当产量增加时，投资的增长是加速的；当产量停止增长或减少时，投资的减少也是加速的。

⑤要使加速原理发挥正常作用，只有在过剩生产能力全部消除时才能实现。

2. 资本深化(capital deepening)(安徽大学2022研；东南大学2018研；中南财大2013研)

答：资本深化与“资本广化”相对而言，是指以超过劳动力增长的速度积累资本。在经济发展过程中，人口以一定的比率增长，但是资本积累的速度更快。这种变化的结果，是人均占有资本量增加，即资本—劳动比率上升。资本广化与资本深化一般是同时进行的，难分彼此。资本深化一般意味着在经济增长过程中存在着技术进步。纯粹的资本广化则没有什么技术进步。

3. 经济周期(中南财大2021、2020研；东北大学2016研；山东大学2015研；中央财大2014研)

答：经济周期又称经济波动或国民收入波动，是指总体经济活动的扩张和收缩交替反复出现的过程。现代经济学中关于经济周期的论述一般是指经济增长率的上升和下降的交替过程，而不是经济总量的增加和减少。一个完整的经济周期包括繁荣、衰退、萧条、复苏(也可以称为扩张、持平、收缩、复苏)四个阶段。在繁荣阶段，经济活动全面扩张，不断达到新的高峰；在衰退阶段，经济短时间保持均衡后出现紧缩的趋势；在萧条阶段，经济出现急剧的收缩和下降，很快从活动量的最高点下降到最低点；在复苏阶段，经济从最低点恢复并逐渐上升到先前的活动量高度，进入繁荣。衡量经济周期处于什么阶段，主要依据国民生产总值、工业生产指数、就业和收入、价格指数、利息率等综合经济活动指标的波动。经济周期的类型按照其频率、幅度、持续时间的不同，可以划分为短周期、中周期、长周期三类。对经济周期的形成原因有很多解释，其中比较有影响的主要是纯货币理论、投资过度论、消费不足论、资本边际效率崩溃论、资本存量调整论和创新论。

4. 内含型经济增长(首都经贸大学2003研)

答：内含型经济增长又称内生经济增长。与新古典增长理论不同，内生增长理论用规模收益递增和内生技术进步来说明一个国家长期经济增长和各国增长率差异。其重要特征就是试图使增长率内生化。根据其依赖的基本假定条件的差异可以将内生增长理论分为完全竞争条件下的内生增长模型和垄断竞争条件下的内生增长模型。按照完全竞争条件下的内生增长模型，使稳定增长率内生化的两条基本途径就是：①将技术进步率内生化；②如果可以被积累的生产要素有固定报酬，那么可以通过某种方式使稳态增长率被要素的积累所影响。

5. 经济增长(广西民族大学 2021 研)

答：经济增长是指一个经济社会的实际产量(或实际收入)的长期增加，即按不变价格水平所测定的充分就业产量的增加。通常以国民生产总值 GNP(或人均国民生产总值)的增加来测度，GNP 的增长描述了一国整体生产能力的扩增，人均国民生产总值的增长表示了物质生活水平的改善。经济增长理论主要研究发达国家国民经济长期发展理论的问题，其发展主要经历了哈罗德—多马模型、新古典经济增长模型和内生增长模型三个阶段。

(1)哈罗德—多马模型。凯恩斯的投资理论认为，增加投资可以增加社会有效需求，解决非自愿性失业，但他只是做出了比较静态的短期分析。哈罗德与多马在此基础上，将凯恩斯的储蓄—投资理论动态化、长期化，提出了关于一国经济增长率的经济增长模型。该模型的基本公式为：

$$\text{经济增长率}=\frac{\text{储蓄率}}{\text{资本产出比}}$$

这一模型概括性描述了一国经济增长的决定因素，认为经济增长率取决于储蓄率和资本产出比率。但这一模型忽视了投资预期这一经济增长的重要影响因素，因而不能解决经济中因投资预期未实现而导致的问题。

哈罗德经济增长模型有如下基本假定：①社会只生产一种产品；②社会生产只使用资本 K 与劳动 L 两种生产要素；③在经济增长过程中资本—劳动比率保持不变，从而资本—产出比也保持不变；④不存在技术进步，规模报酬不变；⑤资本存量没有折旧。

哈罗德经济增长理论的基本方程是 $G=\frac{\Delta Y}{Y}=\frac{s}{v}$，该模型的基本经济含义是，要实现均衡的经济增长，国民收入增长率 G 就必须等于社会储蓄率 s 与资本—产出比 v 之比。

(2)新古典经济增长理论。它讨论了资本增长率$\frac{\Delta K}{K}$、劳动力增长率$\frac{\Delta L}{L}$以及储蓄倾向 s 变动对经济增长的影响。新古典经济增长模型认为，假定不存在技术进步($\frac{\Delta A}{A}=0$)；劳动增长率$\frac{\Delta L}{L}$与人口增长率 n 一致且保持不变($\frac{\Delta L}{L}=n$)，要使人均收入不变，就必须保持人均资本量不变，也就是说，在人口增长条件下，维持人均收入不下降，资本增长率等于人口增长率，便达到了经济的稳定状态。

新古典经济增长模型包括几个基本假设条件：①全社会只有一种产品；②劳动与资本可以相互替代，即资本—产出比可以变动；③资本或劳动的边际生产力递减，但规模报酬不变；④完全竞争市场，工资率和利润率分别等于劳动与资本的边际生产力。

(3)内生经济增长理论。与新古典增长理论不同，内生增长理论用规模收益递增和内生技术进步来说明一个国家长期经济增长和各国增长率差异。其重要特征就是试图使增长率内生化。根据其依赖的基本假定条件的差异可以将内生增长理论分为完全竞争条件下的内生增长模型和垄断竞争条件下的内生增长模型。按照完全竞争条件下的内生增长模型，使稳定增长率内生化的两条基本途径就是：①将技术进步率内生化；②如果可以被积累的生产要素有固定报酬，那么可以通过某种方式使稳态增长率被要素的积累所影响。

6. 哈罗德—多马模型(Harrod-Domar model)(武汉理工大学 2009 研；中国海洋大学 2001 研)

答：参见简答题第 2 题。

7. 人力资本(中山大学2009研；北师大2007研)

答：人力资本是指通过对人的教育、培训、实践经验、迁移、保健等方面的投资而获得的知识和技能的积累。这一概念的提出，对于从新的角度解释经济增长的原因起了关键性的作用，它已成为现代经济学的一个重要概念。至20世纪80年代，对人力资本在经济增长中的作用机制的研究，已与新增长理论密不可分。人力资本具有六大特点：①需要有前期投入，是前期投资的结果；②能够使生产率提高；③能带来预期收益；④人力资本是对人的投资，其所获得的知识和技能是存在于人的身体之内的；⑤通过人的有效劳动创造的价值体现出来，失去劳动能力或不能劳动的人也就失去了人力资本；⑥遵循谁投资谁受益的原则，人力资本收益应该按投资比例分配给个人、集体和国家。

8. 新古典增长模型

答：新古典增长模型是由美国经济学家索洛提出的国民经济增长模型。模型假设：经济只由一个部门组成，储蓄等于投资，社会储蓄是储蓄率与收入的乘积；劳动力以一个不变的比率增长；人均产出(y)仅是人均资本(k)的函数；生产的规模报酬不变并且不存在技术进步。模型的基本公式是：$\Delta k = sy - (n+\delta)k$，式中，$\Delta k$是资本存量的增加；$s$是储蓄率，表示储蓄占收入的比重；$y$是人均产量(人均收入)；$n$是劳动力的增长率；$\delta$是折旧率；$k$是人均资本。公式表明资本深化(人均资本的增加量)=人均储蓄-资本广化(一部分储蓄用于装备新劳动力，一部分用来折旧)。新古典增长模型认为，经济稳定增长的条件是人均资本增量(Δk)=0。若$\Delta k<0$，则说明人均储蓄不足以满足新增劳动力的人均资本，生产收缩，人均储蓄减少，Δk渐趋于零，经济实现稳定增长；反过来讲，$\Delta k>0$时，经济也会自动地克服波动，实现长期稳定的增长。

9. 实际经济周期理论(中山大学2014研；武汉大学2011研)

答：实际经济周期理论与新古典增长理论一脉相承，是以微观经济主体的偏好、技术、禀赋等假设为基础，通过完全竞争和市场出清实现一般均衡，因生产函数会受到随机技术冲击等实际因素的影响，从而经济会呈现出周期与波动的现象。经济周期所产生的产出波动不是实际GDP对潜在GDP的背离，而是潜在GDP本身的变动。

实际经济周期理论把经济波动看作主要由持续的实际(供给方)冲击引起，而不是由未预见的货币(需求方)冲击引起的。这些实际冲击的中心涉及在技术进步速度方面庞大而任意的波动。技术进步的速度导致了相对价格的波动，理性的经济行为人通过改变他们的劳动供给和消费对波动作出最优的反应。实际经济周期理论认为，供给面而不是需求面冲击是导致经济周期的根本原因，如技术进步引起的生产率冲击，能源价格上升的冲击等。宏观经济会受到一些实际因素的冲击，明显的两个例子是石油危机和农业歉收，还有诸如战争、人口增减、技术革新等。因此，该理论认为经济的波动是随机的，不可预测的。实际经济周期理论认为其中最常见、最值得分析的是技术的冲击，而且技术冲击是经济波动的动力之源，而总需求冲击如货币供给的变动即使在短期，也是中性的，因此不是经济周期波动的根源。

10. 乘数—加速数模型(四川大学2018研；北师大2015研；兰州大学2014研)

答：乘数—加速数模型又称“汉森—萨缪尔森模型”。参见简答题第5题。

11. 均衡经济增长率(上海外国语大学2005研)

答：均衡经济增长率是指实际增长率、有保证的增长率和自然增长率相等时的经济增长率。在哈罗德—多马模型中，要实现充分就业的均衡增长，就必须满足：$G_A = G_W = \frac{s}{v} = \frac{s_d}{v_r} =$

$n = G_N$，其中，G_A 为实际增长率，G_W 为有保证的增长率，n 为一国的人口增长率。这一等式表明了实现充分就业均衡增长的必要条件。哈罗德把符合上述条件的增长率称为“自然增长率”，认为是社会所能达到的最大的、“最适宜的”增长率，用 G_N 来表示，显然，$G_N = n$。在现实经济活动中，$\frac{s}{v} = \frac{s_d}{v_r} = n$ 这种情况是有可能出现的，因此哈罗德认为，在资本主义条件下，实现充分就业均衡增长的可能性是存在的。但另一方面，由于储蓄比例，实际资本—产量比和劳动力增长率分别是由各不相同的若干因素独立地决定的，因此，除非偶然的巧合，这种充分就业的均衡增长是不会出现的。于是，哈罗德认为，虽然 $G_A = G_W = G_N$，这种理想的充分就业均衡经济增长率是存在的，但是，一般说来，实现充分就业均衡增长的可能性是极小的。也就是说，在一般情况下，经济很难按照均衡增长途径增长。

12. 索洛剩余(Solow residual)(南京大学 2021 研；北京理工大学 2021 研；中国人民大学 2019 研；对外经贸大学 2019 研；南航 2015 研)

答：索洛剩余又称索洛残差，是指不能为投入要素变化所解释的经济增长率。具体而言，索洛剩余是指在剥离资本和劳动对经济增长贡献后的剩余部分。一般认为剩余部分是技术进步对经济增长的贡献部分。在发达国家制度比较稳定，除去资本和劳动贡献后确实主要是技术进步对经济增长的贡献；而在发展中国家，很大一部分正在经历了制度变革和经济自由化的过程，显然制度进步会对经济增长有重大的促进作用，这样计算出来的“索洛剩余”不但包括了技术进步对经济增长的贡献，也包括了经济制度的改变(改革使市场经济建立，降低交易费用)对经济的贡献。索洛剩余用公式可以表示为：$\frac{\Delta A}{A} = \frac{\Delta Y}{Y} - s_K\frac{\Delta K}{K} - s_L\frac{\Delta L}{L}$。其中，$\frac{\Delta A}{A}$为索洛剩余，$\frac{\Delta Y}{Y}$为总产出增长率，$\frac{\Delta K}{K}$、$\frac{\Delta L}{L}$分别为资本和劳动的增长率，$s_K$、$s_L$ 分别为资本和劳动在总产出中的份额。

二、简答题

1. 根据现代国民收入理论，假如其他条件不变，储蓄的变化将对国民收入产生什么影响？根据现代经济增长理论(哈罗德—多马模型)，假如其他条件不变，储蓄率的变化将对国民收入增长率产生什么影响？这两个结论有矛盾吗？如何解释这个“矛盾”？(北师大 2006 研)

答：(1)根据现代国民收入理论(凯恩斯的国民收入决定理论)，在其他条件不变的情况下，如果储蓄增加，则居民的可支配收入将减少，居民用于消费的支出将减少，从而一国经济的总需求将减少，一国经济将出现有效需求不足，一国经济中的总产出也将减少。因此，储蓄的增加将导致国民收入的减少。

(2)根据现代经济增长理论(哈罗德—多马模型)，一国经济的增长率为：$G = \frac{\Delta Y}{Y} = \frac{s}{v}$，其中 G 表示一国国民收入的增长率($\Delta Y/Y$)，s 表示储蓄率(S/Y)，v 表示边际资本产量比率($\Delta K/\Delta Y$)。从哈罗德—多马模型可见，储蓄率水平的提高，将提高一国国民收入的增长率，储蓄率的降低将降低一国国民收入的增长率。

(3)(1)和(2)中的两个结论看似矛盾，其实并不矛盾。(1)和(2)中两个理论分析储蓄对国民收入影响的时间长短不同：现代国民收入理论主要是从短期来考虑一国储蓄水平对一国国民收入的影响。在短期内，储蓄的增加将会造成可支配收入的减少，消费水平的降低，总需求的不足，一国国民收入的下降。但是在长期内，一国的较高的储蓄水平，会增加一国经济中的资本存量，从而提高经济的长期增长率。而现代经济增长理论(哈罗德—多马模型)主要是从较长的时期内考虑了储蓄对一国资本存量的影响以及对一国国民收入的长期影响。因此，从不同的时间范围来理解以上两个结论，两者其实是并不矛盾的。

2．简要评价哈罗德—多马经济增长模型。(中国地质大学2019研；中国青年政治学院2014研)

答：(1)哈罗德—多马经济增长模型是英国经济学家哈罗德和美国经济学家多马于1948年分别提出的关于经济增长的分析模型的统称。该模型主要研究在保持充分就业的条件下，储蓄和投资的增长与收入增长之间的关系。

(2)假设前提包括：①全社会只生产一种产品；②储蓄S是国民收入Y的函数，即$S=sY$(s代表这个社会的储蓄比例，即储蓄在国民收入中所占有的份额)；③生产过程中只使用两种生产要素，即劳动L和资本K；④不存在技术进步，也不存在资本折旧问题；⑤劳动力按照一个固定不变的比率增长；⑥生产规模报酬不变，即生产任何一单位产品所需要的资本和劳动的数量都是固定不变的；⑦不存在货币部门，且价格水平不变。

哈罗德模型的基本方程为：$G=\frac{\Delta Y}{Y}=\frac{s}{v}$，式中$G$表示国民收入增长率$\Delta Y/Y$(即经济增长率)，$s$表示储蓄率$S/Y$，$v$表示边际资本—产量比率$\Delta K/\Delta Y$(假定边际资本—产量比率等于资本—产量比率$K/Y$)，且$v=I/\Delta Y$。方程表明，要实现均衡的经济增长，国民收入增长率就必须等于社会储蓄倾向与资本产量比二者之比。

多马模型的基本方程为：$G=\Delta I/I=s\cdot\delta$，式中$\Delta I/I$为投资增长率，即为哈罗德模型中的经济增长率；$\delta$表示资本生产率$\Delta Y/I$，即哈罗德模型中$v$的倒数。多马模型与哈罗德模型的区别在于多马是用资本生产率表示资本—产量的比率，且G表示投资增长率。二者的公式尽管其表达内容各异，但实际上是一回事，可以用一个统一的公式表达为：

$$G=\frac{s}{v}=s\cdot\delta$$

(3)哈罗德—多马经济增长模型以凯恩斯理论中关于储蓄—投资分析的理论为基础，即经济增长的均衡能否实现，取决于储蓄率和资本—产出系数的高低，并且要求社会上每一时期的储蓄额必须等于和全部转化为投资。这样，为实现一定的经济增长率可以采取不同的方法。例如，既可以提高或降低资本—产量比率，也可以提高储蓄率与增加投资等等。

(4)哈罗德—多马模型在西方经济学关于经济增长的模型分析中有着特别重要的影响，是新古典学派、新剑桥学派分析经济增长模型的出发点。但这一模型忽视了投资预期这一经济增长的重要影响因素，因而不能解决经济中因投资预期未实现而导致的问题。

注意四个要点：①哈罗德—多马模型的提出人；②分别说明哈罗德的模型公式和多马的模型公式；③哈罗德—多马模型的理论基础，即以凯恩斯理论为基础；④哈罗德—多马模型对西方经济学的影响。

3．简述引起生产率增长的因素。(北京工业大学2005研)

答：生产率的增长是经济增长的主要因素。经济增长是劳动力增加和生产率增长的一个函数。换言之，除非增加在生产过程中工作的人数，即增加劳动力，或者工人使用相同数量的投入(譬如时间和资金)生产更多产品和劳务，否则经济就不会增长。生产率增长将是未来经济增长率的、远远超过其它要素的决定性因素。引起生产率增长的因素主要有以下几个：

(1)知识存量的增长。

知识进展包括的范围很广，它包括技术知识、管理知识的进步和由于采用新的知识而产生的结构和设备的更有效的设计在内，还包括从国内的和国外的有组织的研究、个别研究人员和发明家，或者简单的观察和经验中得来的知识。

随着社会的发展和进步，人类社会迅速增加了技术知识和社会知识的存量，当这种存量被利用的时候，它就成为现代经济高比率的总量增长和迅速的结构变化的源泉。但知识本身不是直接生产力，由知识转化为现实的生产力要经过科学发现、发明、革新、改良等一系列中间环节。在知识的转化过程中需要有一系列中介因素，这些中介因素包括：对物质资本和劳动力的训练进行大量的投资；企业家要有能力克服一系列从未遇到的障碍；知识的使用者要对技术是否适宜运用作出准确的判断等。在这些中介因素作用下，经过一系列知识的转化过程，知识最终会变为现实的生产力，从而推动了生产率的增长。

(2)劳动力质量的提高。

劳动或人力资源包括一国投入的劳动数量和劳动的质量。从劳动投入的数量来说，劳动投入量受到劳动人口、劳动时间等因素的影响。一般来说，就业人数越大，劳动的投入量就越大，但是在其它条件不变的情况下，单纯就业人数的增加，至多只能增加一国的产出总数，而无法提高人均国民产出。劳动的质量包括劳动者各方面的能力，如掌握的知识，具体的技能、体力，个人的追求、价值取向等等，在现代世界中，劳动的质量比劳动的数量更为重要，劳动力质量的提高可以提高生产率，从而促进经济增长。

(3)结构变化。

库兹涅茨认为，发达的资本主义国家在它们增长的历史过程中，经济结构转变迅速。从部门来看，先是从农业活动转向于非农业活动，后又从工业活动转移到服务性行业；从生产单位的平均规模来看，是从家庭企业或独资企业发展到全国性，甚至跨国性的大公司；从劳动力在农业和非农业生产部门的分配来看，以前要把农业劳动力降低 50 个百分点，需要经过许多世纪的时间，现在在一个世纪中，农业劳动力占全部劳动的百分比减少了 30 个到 40 个百分点则是由于迅速的结构变化。库兹涅茨强调，发达国家经济增长时期的总体增长率和生产结构的转变速度都比它们在现代化以前高得多。库兹涅茨把知识力量因素和生产因素与结构因素相联系起来，以强调结构因素对生产率和经济增长的影响。

(4)资本积累。

资本包括各种机器设备、生产性建筑物、道路等各种基础设施、存货(包括原材料存货、在制品、成品、零部件存货等等)。从工业革命以来，资本数量的增加成为推动经济增长的重要因素，高储蓄率往往成为经济增长的重要原因。同时，资本也是多种多样的，高效、先进的资本品的出现和普遍使用既是经济增长的体现，也是提高生产率和实现经济增长的手段。

对于发展中国家而言，资本存量是制约经济增长发展的一种重要因素。虽然我国具有高储蓄的优点，但从人均水平看，我国的资本存量还是很低，这就要求我国首先是继续发扬高储蓄的优点，为资本的积累提供好的基础；其次要注重资本投资的效率，尽量使少量的资本产生较高的收益。

(5)技术进步。

在土地、劳动、资本、技术四种要素中，技术是最重要的要素。原因在于，相对于其它三种要素而言，技术进步既不会受到总量上的限制，也不会出现边际报酬递减的情况。土地、劳动、资本要素都受到存量的限制，同时具有边际报酬递减现象，这就决定了这些要素的增加对经济增长效应是递减的。根据新古典经济增长模型，在没有技术进步的情况下，经济增长会收敛于均衡路径上，而原因在于要素的边际报酬递减。这里的技术进步是广义的，包括科学技术、管理水平、企业家精神等方面。技术进步最终体现在新生产要素的采用、生产过程的改进和新产品或新劳动的引入等。技术进步不会产生边际报酬递减的现象，同时知识储存量可以由人类创造出来，这就决定了技术不存在存量上的限制。

(6)制度创新。

改革开放的不断深入，市场经济体制的建立与完善是保持宏观经济持续稳定快速增长的根本保证。近年来我国的经济体制改革不断取得新的进展，特别是成功加入 WTO 为我国继续深化改革，实现与国际接轨创造了非常有利的环境。与此同时，党中央一直积极倡导的创新意识正在普遍为企业界和全社会所接受，技术进步的作用正在日趋明显。这些制度方面的改进和完善将进一步促进我国生产率的增长和经济的全面发展。

4. 为什么说哈罗德—多马模型的均衡条件类似于刀刃上的平衡?（上海财大 2001 研）

答：(1)哈罗德—多马模型。参见简答题第 2 题。

(2)由于实际增长是许多各不相同的决策者的预期、决策和失误等多种因素作用的结果，因此人们没有理由期望经济活动在实际中长期持久地按照“有保证的增长率”增长下去。同时，还应该考虑就业水平这一因素，说明实际增长率与劳动力增长率二者之间的关系。要实现劳动力的充分就业，国民收入的增长率必须等于劳动力的增长率。简言之，按照哈罗德的说法，首先，国民收入要实现均衡增长就必须等于 G_W。其次，要实现充分就业的均衡增长，就必须满足：

$$G_A = G_W = s/v = s_d/v_r = n = G_N$$

这一等式表明了实现充分就业均衡增长的条件。如果上式所表明的条件得到满足，那么经济活动就会按照 $s/v = s_d/v_r = n$ 这一比率增长。在实现经济活动中，$s/v = s_d/v_r = n$ 这种情况是有可能出现的，因此哈罗德认为，实现充分就业均衡增长的可能性是存在的。但另一方面，由于储蓄比例，实际资本—产量比和劳动力增长率分别是由各不相同的若干因素独立地决定的，因此，除非偶然的巧合，这种充分就业的均衡增长是不会出现的。于是，哈罗德认为，虽然 $G_N = G_A = G_W$ 这种理想的充分就业均衡增长途径是存在的，但是，一般说来，实现充分就业均衡增长的可能性是极小的，也就是说，在一般情况下，经济很难按照均衡增长途径增长。

(3)这一均衡条件极不稳定，如同刀刃上的平衡。如果 G_A 大于(或小于)G_W，那么 v 就会小于(或大于)v_r。也就是说，一旦实际增长率大于(或小于)有保证的增长率，企业的固定资产和存货就会少于(或多于)企业家所需要的数量。这种情况促使企业家增加(或减少)订货，增加(或减少)投资，从而使实际产量水平进一步提高(或降低)，使实际增长率 G_A 与有保证的增长率 G_W 之间出现更大的缺口。因此，实际增长率与有保证的增长率之间一旦发生了偏差，经济活动不仅不能自我纠正，而且还会产生更大的偏离。

综上所述，哈罗德—多马模型的均衡条件是极不稳定的，类似于刀刃上的平衡。

5. 简述乘数—加速数模型的基本内容。（武汉大学 2014 研）

答：乘数—加速数模型又称“汉森—萨缪尔森模型”。乘数原理说明投资的变动可以引起国民收入的加倍变动，加速数原理表述了随着国民收入的变动，投资的加速增加的现象。

乘数—加速数模型将两者结合起来用以解释在国民收入中，投资、消费和收入的相互影响、相互加速，进而解释了经济中扩张与衰退的交替并形成经济周期的现象。

(1)由萨缪尔森所提出的乘数—加速数模型的基本方程如下：

$$\begin{cases} Y_t = C_t + I_t + G_t & \text{产品市场的均衡公式} \\ C_t = \beta Y_{t-1},\ 0<\beta<1 & \text{简单的消费函数} \\ I_t = I_0 + V(C_t - C_{t-1}),\ V>0 & \text{加速原理} \end{cases}$$

式中，V 为加速数 K/Y(即资本—产量比率，一定时期每生产单位货币产量所需求的资本存量的货币额。注意，K 代表一定时期的资本存量，Y 代表一定时期的平均产量水平)，β 为边际消费倾向 $\Delta C/\Delta K$，Y_t为现期收入，Y_{t-1}为前期收入，G_t为现期政府购买，I_t为现期投资，I_0为自发投资(指由出口、技术、政府政策等外生因素的变动所引起的投资)，$V(C_t - C_{t-1})$为引致投资(指由收入或消费的变动所引起的投资)。

由乘数—加速数模型的基本方程合并可以得到经济周期波动的描述方程(为一阶差分方程)：$Y_t = \beta Y_{t-1} + I_0 + V(C_t - C_{t-1})$。

(2)基本思想：

乘数—加速数模型描述了乘数和加速数交互作用导致经济周期变化的过程。投资影响收入和消费(乘数作用)；反过来，收入和消费又影响投资(加速数作用)。

6. 简要评价新古典经济增长模型。(西安交大 2006 研；中国政法大学 2003 研)

答：(1)新古典增长模型的内容：

新古典增长理论放弃了哈罗德—多马模型中关于资本和劳动不可替代的假设，它的假设前提是：①全社会只生产一种产品；②储蓄函数为 $S = sY$，s 是作为参数的储蓄率，且 $0 < s < 1$；③不存在技术进步，也不存在资本折旧；④生产的规模报酬不变；⑤劳动力按一个不变的比率 n 增长。

索洛推导出新古典增长模型的基本方程为：$sf(k) = \dot{k} + nk$，其中，$k = K/L$ = 资本与劳动力之比，即每一个劳动力所能分摊到的(或按人口平均的)资本设备；$\dot{k} = \mathrm{d}k/\mathrm{d}t$ = 每单位时间 k 的增加量，即每单位时间按人口平均的资本增加量；$f(k) = y = Y/L$ = 每个劳动力的平均生产量，即按人口平均的产量；s 为储蓄比例，n 为人口增长率。

这一基本方程式说明，一社会的人均储蓄可以被用于两个部分：一部分为人均资本的增加 $\dot{k}$，即为每一个人配备更多的资本设备，这被称为资本的深化。另一部分是为每一增加的人口配备每人平均应得的资本设备 nk，这被称为资本的广化。大致来说，其意思就是：在一个社会全部产品中减去被消费掉的部分(C)以后，剩下来的便是储蓄；在投资等于储蓄的条件下，整个社会的储蓄可以被用于两个部分：一部分用于给每个人增添更多的资本设备(即资本深化)，另一部分则为新生的每一人口提供平均数量的资本设备(即资本的广化)。

(2)新古典增长理论的四个关键性结论：

①稳态中的产量增长率是外生的。在上面的模型中为 n，它独立于储蓄率 s。

②尽管储蓄率的增加没有影响到稳态增长率，但是通过增加资本—产量比率，它确实提高了收入的稳态水平。

③产量的稳态增长率保持外生。人均收入的稳态增长率取决于技术进步率，总产量的稳定增长率是技术进步率与人口增长率之和。

④如果两个国家有着相同的人口增长率、相同的储蓄率和相同的生产函数，那么它们最终会达到相同的收入水平。如果两个国家之间有着不同的储蓄率，那么它们会在稳态中达到不同的收入水平，但如果它们的技术进步率和人口增长率相同，那么它们的稳定增长率也将相同。

(3)新古典增长模型提出四个产量增长率的等式：

①不存在技术进步条件下的总产量增长率($\frac{\Delta Y}{Y}$)等式，即：$\frac{\Delta Y}{Y}=b\cdot\frac{\Delta K}{K}+(1-b)\frac{\Delta L}{L}$；

②不存在技术进步下的人均产量增长率($\frac{\Delta Y}{Y}-\frac{\Delta L}{L}$)等式，即：$\frac{\Delta Y}{Y}-\frac{\Delta L}{L}=b\left(\frac{\Delta K}{K}-\frac{\Delta L}{L}\right)$；

③在技术进步条件下的总产量增长率($\frac{\Delta Y}{Y}$)等式，即：$\frac{\Delta Y}{Y}=\frac{\Delta A}{A}+b\cdot\frac{\Delta K}{K}+(1-b)\frac{\Delta L}{L}$；

④存在技术进步条件下的人均产量增长率($\frac{\Delta Y}{Y}-\frac{\Delta L}{L}$)等式，即：$\frac{\Delta Y}{Y}-\frac{\Delta L}{L}=\frac{\Delta A}{A}+b\left(\frac{\Delta K}{K}-\frac{\Delta L}{L}\right)$。

以上等式中，Y、K、L、b分别表示产量、资本、劳动、资本收入在总收入中的比例。

(4)新古典增长模型的经济意义是，劳动力的增长、资本存量的增长和科学技术的进步对产量的增长产生直接影响。

7. 简述罗默与卢卡斯新经济增长理论的基本内容。(北京工商大学2003研)

答：20世纪80年代，罗默、卢卡斯等人将人力资本概念引入经济增长理论，认为知识和人力资本是经济增长的发动机。在微观上，人们对知识或人力资本的投资是为了使投资者个人或家庭取得更高的收入。在宏观上，知识和人力资本则具有外部效应，即个人或厂商的人力资本积累会对其他人或厂商的生产率增长作出贡献。

“人力资本”的内涵极为广泛，它不仅包括劳动力数量及其平均技术水平，还包括花费在教育、技能、健康、知识的改善，新技术新产品创新能力等方面开支所形成的“资本”。这种“资本”之所以被称为“人力资本”，是因为无法将该资本和它的所有者分离。人力资本同样会给个人及社会带来收益。

罗默在其模型中，假定代表性厂商的生产函数有三种投入：资本、工厂自己的生产知识、社会所拥有的知识。当各个厂商作决策时，是将社会拥有的知识作为给定量，考虑如何利用资本和自己的生产知识去达到利润最大化。不过，个别厂商的知识不可能永远保持为商业秘密，这些知识会不断地成为社会所拥有的知识。正是这种知识和人力资本的外部效应，会使社会的生产率提高，经济增长持续，也就是说，人力资本是经济“内生性”增长的动力。

与罗默不同，卢卡斯强调产出依赖于行业的平均技术水平，人力资本的外部作用表现在行业的平均技术水平上，而不是社会的人力资本积累。在卢卡斯的模型中，人力资本对产出水平发生影响，而人力资本增长率取决于行业平均技术水平(平均人力资本存量)加上本期内对人力资本的投入。人力资本作为生产要素，会有效提高经济中的实际投入，使产出水平上升。单个经济单位人力资本水平的提高，在对其产出作出贡献的同时，也提高了社会平均人力资本水平，促进社会的经济运行效率。

8. 简述库兹涅茨的倒U字假说。

答：(1)倒U字假说，又称库兹涅茨曲线。库兹涅茨认为在经济未充分发展的阶段，收入分配将随同经济发展而趋于不平等；其后，经历收入分配暂时无大变化的时期，到达经济充分发展的阶段，收入分配将趋于平等。如果用横轴表示经济发展的某些指标(通常为人均产值)，纵轴表示收入分配不平等程度的指标，则这一假说揭示的关系呈倒U字形，因而被命名为倒U字假说。

库兹涅茨对收入分配不平等的长期趋势假设为：在前工业文明向工业文明过渡的经济增长早期阶段迅速扩大，尔后是短暂的稳定，然后在增长的后期阶段逐渐缩小。

(2)倒U字假说背后的决定因素是人们普遍关心和探讨的问题。库兹涅茨认为使分配不公平的力量包括：①储蓄集中于高收入者手里；②增长与工业化和城市化变动同步，而工业中的收入不平等高于传统农业中的不平等；③工业化中的集中性趋势也会造成很大的不平等；④政府对工业的援助导致城乡的不平等。同样减少不公平的力量有：①国家通过立法等手段，如救济法、累进税、财产税等可以在一定程度上消除不平等；②技术创新会导致产业或企业发展的兴衰变化，原有利益分配格局发生变化，会降低收入分配不平等；③人口变动，如人们会从低收入部门向高收入部门转移，导致收入差别减小，这种劳动力流动具有“搅拌”作用，缓解收入不公；④对发展中国家，很多人设想所谓的“滴漏效应”，即在经济增长过程中，分配的利益会自上而下地产生滴漏，导致收入分配的差距收缩。

(3)在库兹涅茨提出假说以后，很多经济学家沿着这一主题进行了多方面的探讨，包括以下几个方面：①增长过程的说明，包括人口迁徙、产业结构转型、生产的社会关系、所有权、社会阶级、殖民地和政府作用等多个议题；②发达国家经验对发展中国家的适用性，因为库兹涅茨的假说是基于发达国家的经验，他本人认为：“今天欠发达国家的增长起点在很多方面都与现在的发达国家在进入现代经济增长前夕的境况有很大不同”(1973)，就以资源和人口迁徙角度上看，发达国家在其现代化过程中以世界范围内的资源为其发展的动力，以世界范围内的地域为其人口迁徙的地方，如瑞典农村劳动力的转移不是随着工业化过程转移到城市，而是绝大部分的人口迁徙到了美国，这些都是后发国家所不可能的；③不公平变动的政治后果。

9. 简述非凯恩斯主义经济周期理论要点。

答：在西方经济学家看来，在众多的非凯恩斯主义的经济周期理论中，比较有名的有以下七种理论：

(1)消费不足论。该理论认为衰退的原因在于收入中用于储蓄的部分过多，用于消费的部分不足。储蓄过多和消费不足，又是由于收入分配过于不均等造成的；同可以投资的数量相比，富人得到了过多的收入。如果收入分配均等一些，储蓄就不会过多，消费也就不会不足。

(2)投资过度理论。该理论认为衰退的原因不是投资太少，而是投资过多。投资过多是指生产资本品(和耐用品)部门的发展超过了生产消费部门的发展。经济扩张时，资本品(和耐用品)增长速度比消费品快，经济衰退时，资本品(和耐用品)下降速度也比消费品快。资本品(和耐用品)投资的波动造成了整个经济波动。

(3)货币信用过度论。该理论把经济周期看作一种货币现象，认为经济波动是银行货币和信用波动的结果。按照这一理论，银行货币和信用的扩张导致利率下降，从而引起投资增加，走向繁荣；反之，银行货币和信用的紧缩导致利率上升，从而引起投资减少，走向衰退。

(4)创新理论。该理论认为创新是经济周期波动的主要原因。技术革新和发明不是均匀、连续的过程，而是有它的高潮和低潮，因而导致经济上升和下降，形成经济周期。

(5)心理理论。该理论认为经济周期波动的原因在于公众心理反应的周期变化。这种理论用心理上的乐观预期和悲观预期的交替说明繁荣和萧条的交替：人们对前途抱乐观态度时，投资和生产增加，经济走向繁荣；人们对前途抱悲观态度时，投资和生产下降，经济走向衰退。

(6)太阳黑子理论。该理论认为太阳黑子周期性地造成恶劣的气候，使农业收成不好，影响了工商业，从而使整个经济周期性地出现衰退。

(7)政治周期理论。该理论认为政府交替执行扩张性政策和紧缩性政策的结果，造成了扩张和衰退的交替出现。政府企图保持经济稳定，实际上却在制造不稳定。为了实现充分就业，政府实行扩张性财政政策和货币政策，但是，在政治上，财政赤字和通货膨胀会遭到公众反对。于是，政府又不得不转而实行紧缩性政策，也就是人为地制造经济衰退。这是政府干预经济所造成的新型的经济周期，其原因在于充分就业和价格水平稳定之间存在着矛盾。

10. 简述乘数原理与加速原理的联系与区别。(中南财大 2012 研)

答：(1)在凯恩斯国民收入决定理论中，乘数原理考察投资的变动对收入水平的影响程度。投资乘数指收入变化与引起该收入变化的投资变化的比率。投资乘数的大小与消费增量在收入增量中的比例(即边际消费倾向)有关。边际消费倾向越大，投资引起的连锁反应越大，收入增加得越多，乘数就越大。同样，投资支出的减少，会引起收入以数倍减少。

加速原理则考察收入或消费需求的变动反过来又怎样影响投资的变动。其内容是：收入的增加会引起对消费品需求的增加，而消费品要靠资本品生产出来，因而消费增加又会引起对资本需求的增加，从而必将引起投资的增加。生产一定数量产品需要的资本越多，即资本—产出比率越高，则收入变动对投资变动影响越大，因此，一定技术条件下的资本—产出比率被称为加速系数。同样，加速作用也是双向的。

(2)乘数原理和加速原理从不同角度说明了投资与收入、消费之间的相互作用。只有把两者结合起来，才能全面地、准确地考察收入、消费与投资三者之间的关系，并从中找出经济依靠自身的因素发生周期性波动的原因。乘数原理和加速原理不同的是，投资的乘数作用是投资的增长(下降)导致收入的数倍增长(下降)，而投资的加速作用则是收入或消费需求的增长(下降)导致投资的数倍增长(下降)。

11. 简述哈罗德模型和新古典模型的基本假设前提的异同。

答：(1)哈罗德模型：

哈罗德模型是在凯恩斯的有效需求理论基础上发展而来的。哈罗德模型采用的是长期化和动态化的分析方法。长期化是把人口、资本和技术等因素看作变量，而不再假定为不变量，动态化是指把经济活动看作是时间上有连续性的活动，重点研究充分就业下经济稳定增长的条件。

哈罗德模型的基本假设前提是：①全社会只生产一种产品；②储蓄倾向不变，储蓄由收入水平决定；③社会生产中只有劳动和资本两种要素，两种要素的比例不变；④技术水平不变，资本—产量比不变；⑤生产规模报酬不变。

哈罗德模型主要有三个理论观点：①经济稳定增长的条件；②经济短期波动的原因，包括实际增长率低于有保证的增长率和实际增长率高于有保证的增长率两种情况；③经济长期波动的原因，包括有保证的增长率高于自然增长率和有保证的增长率低于自然增长率两种情况。

(2)新古典模型：

新古典增长模型是由美国经济学家索洛提出的。模型假设：①社会经济只有两个部门，储蓄等于投资，社会储蓄是储蓄率与收入的乘积；②劳动力以一个不变的比率增长；③人均产出(y)仅是人均资本(k)的函数；④生产的规模报酬不变并且不存在技术进步。其基本公式是：$\Delta k = sy - (n + \delta)k$。$\Delta k$ 是资本存量的增加；s 是储蓄率，表示储蓄占收入的比重；y 是人均产量(人均收入)；n 是劳动力的增长率；δ 是折旧率；k 是人均资本。公式表明资本深化(人均资本的增加量)＝人均储蓄－资本广化(一部分储蓄用于装备新劳动力，一部分用来折旧)。经济稳定增长的条件是人均资本增量 $\Delta k = 0$。若 $\Delta k < 0$，则说明人均储蓄不足以满足新增劳动力的人均资本，生产收缩，人均储蓄减少，Δk 渐趋于零，经济实现稳定增长。反过来讲，$\Delta k > 0$ 时，经济也会自动地克服波动，实现长期稳定的增长。这就是新古典增长模型。

(3)哈罗德模型和新古典模型的基本假设前提的异同：

①相同点：a. 全社会只生产一种产品；b. 生产中只有劳动和资本两种生产要素；c. 规模收益不变。

②不同点：a. 哈罗德模型假设资本和技术不能相互替代，新古典增长模型假设两者可以相互替代；b. 哈罗德模型假设资本—产量比不变，新古典增长模型假设资本—产量比可变。

12. 简述实际经济周期理论。(西北大学2017研；华中科大2016研；中央财大2015研)

答：实际经济周期理论是新古典宏观经济学的代表性理论之一。自20世纪80年代以来，新古典宏观经济学试图用实际因素解释宏观经济波动。实际经济周期理论认为经济波动之源是技术冲击，分析了波动传导以及货币与产出的关系。

(1)技术变革是引起经济波动的实际因素中至关重要的一个：

实际经济周期理论认为，引起经济波动的实际因素很多，其中技术是一个重要的因素。按照实际经济周期理论，在人口和劳动力固定的情况下，一个经济中所产生的实际收入便取决于技术和资本存量，从而总量生产函数可以表示为 $y = zf(K)$，其中，y 为实际收入，K 为资本存量，z 为技术状况。于是生产中的技术变动便反映在 z 值的变动上，z 值的变动表现为生产函数的变动。由此可知，技术变动能够引起产出、消费、投资及就业等实际变量的波动。实际经济周期理论认为，技术的冲击具有持续的影响，产出的波动是持续的。技术的随机冲击是负的，经济从较低的水平开始增长；技术的随机冲击是正的，经济从较高的水平上开始增长。产出的变化是永久的，而不是如同自然率假设认定的任何产出的波动都是对自然率水平的暂时偏离。工资和价格的弹性不是使经济回到自然率水平，而是使经济回到稳定增长的路径。值得注意的是，技术变动主要影响供给，所以实际经济周期理论等价于供给周期理论。

(2)波动的传导：

经济的周期变动是经济中所有部门共同变动的综合体现。技术变动同时对经济的各个部门产生冲击是不常见的。整个经济应该存在一个传导机制，它通常发生在某一个特定的部门内，被称为部门性波动源，然后，这个部门的技术变化能够传导到整个经济中去。如果一个部门出现了技术变革，如机械工业出现了机器人，那么，跟随其后，诸如食品制造业、汽车生产企业等从该项技术创新中获利的部门和企业将向生产机器人的企业订货。引起对机器人需求的增长，生产机器人的企业增加，生产扩张，从而部门的冲击引起了整个经济的波动。

(3)货币与实际变量：

实际经济周期理论认为，即使在短期内货币也是中性的。名义货币量的变化不能引起产出和就业等实际变量的变化。实际经济周期理论的代表人物基德兰德和普雷斯科特在其模型中引入货币和银行系统，得出了产出决定货币的结论。该模型阐明两点：一是内部货币(银行系统的存款)与产出的关系比外部货币(基础货币)更密切，产出运动引起内部货币变化；二是价格运动主要与外部货币有关，与内部货币关系不大。

新古典宏观经济学的实际经济周期理论认为，宏观经济经常受到一些实际因素的冲击，如石油危机和农业歉收，还有诸如战争、人口增减、技术革新等等。虽然冲击的具体原因很多，但是它们引起经济波动的途径是有限的，要么使人们的偏好发生变动，要么改变技术状况(生产率)，或者使可利用的资源发生变动等。

13. 什么是新古典模型的基本公式，它有什么涵义？(北京理工大学2008研)

答：新古典模型的基本公式是 $sf(k)=\Delta k+nk$，式中 $k=K/L$，表示资本与劳动之比，即按人口平均的资本设备；Δk 为一年中按人口平均的资本增量；n 为人口增长率；s 为储蓄率；$f(k)=Y/L$，表示每个劳动力的平均产量或人均收入，那么，相应的 $sf(k)$ 指人均储蓄。

公式表明，一个社会的人均储蓄被用于两个部分：一部分为人均资本的增加 Δk，即为每个人配备更多的资本设备，这可称为资本的深化；另一部分为每一个增加的人口配备的资本设备 nk，这可以称为资本的广化。在新古典增长模型中，稳定增长的条件为人均资本不发生变化，或者说每人使用的资本不变，这就要使人均储蓄正好等于资本的广化，在公式中就是 $\Delta k=0$，$sf(k)=nk$。

14. 请结合新古典增长理论的公式和图形分析“计划生育”的经济意义。(提示：可以从经济稳态时人均资本存量和人口增长率之间关系，人均资本存量与技术进步率之间关系等等角度展开分析)(东北财大2011研)

答：在新古典增长模型中，人口增长速度 n 是给定的。下面分析，假定人口增长速度发生变化后，稳定状态的人均资本与劳动收入将会发生怎样的变化。

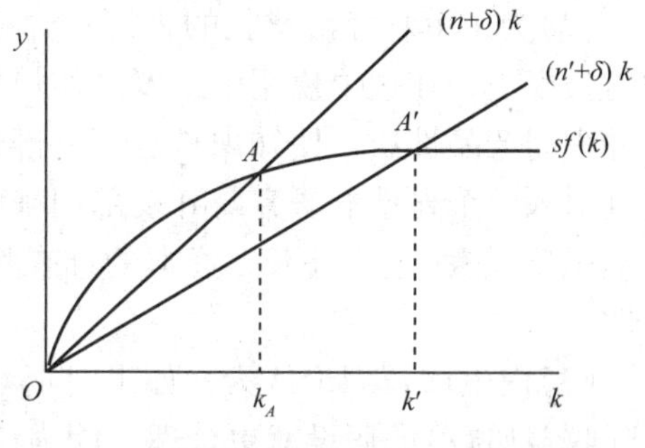

图9－1　人口增长速度下降与长期增长

假定在初始状态，人均资本与人均产出已经达到了稳定状态，如图9－1中的 A 点所示。假设经济活动主体实施计划生育，一次性地把人口增长率从 n 永久地降到 n'。从图9－1可以看出，人口增长率从 n 下降到 n'，意味着对任何人均资本存量，尽管投资没有变化，但人口对资本存量的“稀释”作用下降了。因此，$(n+\delta)k$ 向下旋转到 $(n'+\delta)k$，这时人均资本 k 会不断增加，直到经济体最终达到新的稳定，即图9－1中的 A' 点所对应的 k'。

比较图9－1中的新旧稳定状态 A 点和 A' 点可知，人均资本提高了，从 k_A 提高到 k'；相应的，人均收入水平也提高了。经济体达到新的稳定状态后，经济体的增长速度还是为零，这意味着人口增长速度的变化并不会影响到经济体的长期增长速度。

通过以上分析，可以得出以下结论：

(1)人口增长率是决定稳定状态人均资本的关键因素：人口增长越慢，经济体的人均资本存量就越大，人均收入(产出)水平就越高；反之，人均资本就越少，人均收入就越低。

(2)控制人口增长可以带来短期经济增长，但并不能够带来长期经济增长。

15. 试简析投资波动剧烈的原因。

答：从经济学的角度来看，投资波动剧烈的原因主要有：加速原理、厂商预期的不确定性和投资时间的灵活性。

(1)加速原理。这一理论假设投资只和产量变动有关，即在一个时期内资本存量调整到意愿资本存量水平(并假设意愿的资本—产出比率 a 为常数)与资本的使用成本无关，而只和产量变化成比例，则有 $I_t = K_t - K_{t-1} = K_t^* - K_{t-1}^* = aY_t - aY_{t-1} = a(Y_t - Y_{t-1})$。这一式子表明，当期投资 I_t 取决于产出的变动 $(Y_t - Y_{t-1})$ 和资本—产出比率 a，a 称为加速系数。由于 $a > 1$，所以，投资变动大于产出变动。

(2)厂商预期的不确定性。这是由凯恩斯提出的，他用"本能冲动"这个词来说明投资者的乐观和悲观情绪。厂商的预期受其情绪影响而易变动，预期无实在的根据，故投资者作出决策所依据的基础是不可靠的，这样，投资也极易变动。

(3)投资时间的灵活性。投资是在长期中进行的，投资的具体时期则易于变动。比如企业要进行投资时，经济正处于衰退，企业无法肯定衰退会在何时结束，从而就会把投资延期，等到经济开始复苏时再投资，从而导致在经济复苏时可能会出现投资过多的现象，这样，投资时间的灵活性就加剧了投资波动。

16. 从与新古典增长理论对比角度，陈述内生增长理论的"内生性"体现在哪里。(东北财大 2011 研)

答：(1)新古典增长理论将长期增长归因于技术进步，但对于技术进步的来源并未分析，而是作为既定的假设，即经济增长外生化。索洛模型的一个重要结论是长期经济增长率由技术进步的速率 g 唯一的决定。因此，按照索洛模型的逻辑，所得出的结论是以假定增长来建立增长模型。

(2)为了解释经济增长的来源，弥补索洛模型的缺陷，罗默提出了一个具有外溢性知识的增长模型，在这个模型中，罗默假设技术进步是通过投资的外在性来实现的，由于知识的这种中间产品性质，使知识具有了外部性，因而整个经济中生产的规模报酬递增。罗默更是通过引入一个显性的研究与开发部门来解释技术进步的内生性来源。卢卡斯则通过引进人力资本积累因素(主要是人力资本的外在性与人力资本生产中的正反馈)来解释经济增长的内生性。

(3)内生增长理论认为，如果对资本 K 作出更广义的解释，资本边际收益不变(而不是边际收益递减)的假设就更合理。因为认为知识具有边际收益递减的性质是不合理的，如果接受知识是一种资本的观点，那么，假设资本边际收益不变的内生增长模型就更合理地描述了长期经济增长。而新古典增长模型并没有把人力资本知识等视为资本，故认定资本具有边际收益递减的规律。

17. 熊彼特对经济周期有哪些论述？(南京大学 2004 研)

答：(1)熊彼特是当代著名的美籍奥地利经济学家，他的经济周期理论的主要内容有：

①经济周期通常是指在资本主义制度条件下，一些经济数据依时间的变化而发生波动性变化。熊彼特定义说："从统计上来说，'周期'这个术语含有两个意思：a. 历史时间上的(与理论时间相区别)经济数量价值的连续并不表现为单调的增或减，而是表现为这些价值本身或其一阶或二阶导数重复出现；b. 在每一个这种时间系列中，这些'波动'都不是独立发生的，而相互间总是表现出有着短暂的或较长的联系。"这个定义强调了经济数据的波动性，以及各个波动之间的联系性。

②熊彼特在应用“创新”概念来说明商业社会内生的周期现象时，提出了一个只包括上升和下降期两阶段的单纯模型。熊彼特认为，创新活动之所以只能造成周期波动而不是经济的持续繁荣，是因为创新活动的特征之一是它的不连续性，它是集中在一个时期，时断时续地出现的。因此，一次创新造成的下降就不能被下一次创新造成的上升所抵消，于是经济生活就呈现出周期波动。

③上述经济周期的单纯模式只包括上升和下降两个阶段。在这个单纯模式中，抽象掉了创新所诱发的各种从属现象。熊彼特认为这种从属现象将大大加强周期的振幅，并把这种诱发出来的各种从属现象的综合称为“从属波”。熊彼特建立了关于经济周期的四阶段模式，该模式把经济周期分为繁荣、衰退、萧条和复苏四个阶段。

④熊彼特指出，不同的创新活动，所需要的时间可能是不同的，对经济的影响范围和程度也不同。同时，创新的进行也不是连续平稳的，一次成功的创新活动会在一定时间里引起一个创新的群集，即引起一连串的创新活动。因此，资本主义经济所实际表现出来的周期运动，实际上是若干个时间跨度各不相同的周期相互叠加的结果。

⑤在用创新活动说明资本主义经济周期的同时，熊彼特对于各种倾向于用货币因素、用信贷的扩张收缩说明周期的理论，表示了不同的意见：a. 他把银行和货币管理看作是导致经济变化的外部因素，并认为单纯用外部因素来解释周期是不够的；b. 他认为单纯用投资和信贷的变动来解释周期，将导致错误的政策主张；c. 他并不否认投资和信贷这些与货币密切相关的因素在周期中起的作用，但倾向于把它们和从属波联系在一起。

(2)熊彼特的经济周期理论最大的特色是强调创新活动所起的作用。

这样经济周期就不像他以前以及他同时代的另外一些经济学家所认为的那样，是资本主义罪恶的表现，或自发势力造成的不必要的痉挛；而是经济进步在资本主义条件下的必然表现形式。同时，熊彼特并没有否认其他外部因素，如货币政策等人为因素对周期的影响作用。实际上他指出了造成资本主义经济周期震动的两个震源，内生震源——创新活动，外生震源——各种外部因素。其中一部分外部因素，主要是与信贷、投机等相联系的投资活动以从属波的形式影响着经济周期。他并未提出任何政策建议，但从他的分析中，我们可以判断，他可能承认人为的政策干预会有助于缓解或消除来自外生源的影响，但除非禁止创新活动，否则来自内生源的震动将不可能被任何人为政策加以消除。

18. 比较分析凯恩斯学派、新古典学派以及实际经济周期学派对经济周期的解释及政策建议。(厦门大学2009研)

答：(1)凯恩斯学派与乘数—加速数模型：

凯恩斯主义者的经济周期理论是以凯恩斯的就业理论为基础发展起来的一种经济周期理论。汉森和萨缪尔森在国民收入决定模型的基础上引入时间因素，建立了乘数—加速数模型来解释经济周期波动的原因。

按照乘数—加速数模型，产量(或收入)与投资之间的相互作用、相互影响，造成了经济的剧烈波动。凯恩斯主义认为经济周期表明市场调节的不完善性。在短期中，如果仅仅依靠市场调节，出现周期性波动就是必然的。根据乘数—加速数模型，只要政府对经济进行必要的干预，就可以改变或缓和经济活动，如采取适当政策刺激投资，鼓励提高劳动生产率等措施，就可克服或缓和经济萧条。

(2)新古典学派：

以弗里德曼为代表的货币主义和新古典经济学家认为，引起经济波动的重大干扰来自政府，尤其是货币政策。新古典主义强调预期和未预期的货币政策变动对经济的不同影响。当货币供给增加或减少被预期到时，货币政策无效。相反，如果货币供给增加或减少未被预期到，人们不改变经济行为，实际工资、价格水平就不会保持不变，因而产出也会发生变化，引起经济波动。然而，这种情况只在短期存在，因为长期内人们迟早会认识到货币供应量增加，经济回到自然率水平。因此，政府的干预引起了经济波动。

(3)实际经济周期理论：

实际经济周期理论，简称RBC理论，是新古典宏观经济学的代表性理论，是20世纪80年代新古典宏观经济学家提出的一种新的经济周期理论模型。

实际经济周期理论的核心思想是：市场机制本身是完善的，在长期或短期中都可以自发地使经济实现充分就业的均衡。导致经济周期的根源主要是以技术冲击为代表的真实因素，经济波动是理性预期经济主体对技术冲击所引起的变动作出最佳反应来调整劳动供给和消费的帕累托最优调整结果，经济周期的任何时期都处于均衡经济状态，政府没有必要干预经济，而且干预反而会造成人们福利水平的降低。

19. 内生经济增长模型与新古典增长模型有何不同?(暨南大学2011研)

答: 内生经济增长理论也称为新经济增长理论，是继新古典经济增长理论之后的又一经济增长理论，产生于20世纪80年代后期与90年代初期，代表人物有罗默、卢卡斯和阿罗等经济学家。新古典经济增长理论是美国经济学家索洛提出的，产生于20世纪50年代后期与整个60年代。

内生经济增长理论和新古典经济增长理论的主要区别有以下三个：

(1)假设条件不同。新古典经济增长理论假设资本边际收益递减，而内生经济增长理论则假设资本边际收益不变。这是内生经济增长理论和新古典经济增长理论的关键区别。另外，新古典经济增长理论假设技术是外生的，而内生经济增长理论则认为技术和资本一样，是“内生”的。

(2)储蓄率变动对经济增长的影响不同。在索洛模型中，储蓄引起暂时增长，但资本收益递减最终迫使经济达到稳定状态，在这一稳定状态下经济增长只取决于外生技术进步。相反，在内生增长模型中，储蓄和投资可以导致经济持续增长。

(3)结论不同。内生经济增长理论的结论是经济增长率是内生的，即促使经济增长的因素是模型内决定的，储蓄和投资会引起经济的长期增长。新古典经济增长理论的结论则是经济增长取决于外生的技术进步，而储蓄只会导致经济的暂时增长，资本边际收益递减最终使经济增长只取决于外生技术进步。

20. 影响经济增长的根本因素?(中央财经大学2019研)

答: (1)经济增长的含义：

在宏观经济学中，经济增长通常被定义为产量的增加。根据经济增长理论，经济增长有以下两层含义：①经济增长指一个经济社会的实际产量(或实际收入)的长期增加，即按不变价格水平所测定的充分就业产量的增加，一般不涉及经济结构的变化。②经济增长指按人口平均计算的实际产出(即人均实际产出)的持续增加。

(2)影响经济增长的因素：

影响经济增长的因素包括生产要素的增加和技术水平的进步，其中生产要素包括土地、劳动和资本等。

①土地。土地或自然资源是经济增长的基础，在现实中，有些国家的有些产业主要是建

立在丰裕的自然资源基础之上。

②劳动。劳动或人力资源包括一国投入的劳动数量和劳动的质量。在现代世界中，劳动的质量比劳动的数量更为重要，劳动力质量的提高可以促进经济增长。

③资本。资本包括各种机器设备、生产性建筑物、道路、存货等。高效、先进的资本品的出现和普遍使用既是经济增长的体现，也是实现经济增长的手段。

④技术进步。这里的技术进步是广义的，包括科学技术、管理水平、企业家精神等方面，技术进步最终体现在新生产要素的采用、生产过程的改进和新产品或新劳动的引入等方面上。

(3)影响经济增长的根本因素：

在宏观经济学中，经济增长一般用人均产出来衡量，因此影响人均产出的根本因素就是影响经济增长的根本因素。

考虑技术进步时，新古典增长模型的稳态条件是 $sy=(n+\delta+g)k$。其中，k 为按有效劳动平均的人均资本，y 为按有效劳动平均的人均产量，s 为储蓄率，n 为人口增长率，δ 为折旧率，g 为技术进步率。表 9－2 说明了考虑技术进步时，新古典增长模型的稳态增长率。此时，人均产出的增长率等于技术增长率，与储蓄率和人口增长率无关。

因此，从长期来看，影响经济增长的根本因素是技术进步。

表 9－2　考虑技术进步时，新古典增长模型的稳态增长率

变量	稳态增长率
按有效劳动平均的资本	0
按有效劳动平均的产量	0
人均产出	g
总产出	$n+g$

三、计算题

1. 已知资本增长率 $g_k=2\%$，劳动增长率 $g_l=0.8\%$，产出增长率 $g_y=3.1\%$，资本的国民收入份额 $\alpha=0.25$，在这些条件下，技术进步对经济增长的贡献为多少？（中央财大 2017 研）

解：根据经济增长核算方程：

$$g_y=g_A+\alpha g_k+(1-\alpha)g_l$$

代入数据有：

$$3.1\%=g_A+0.25\times2\%+(1-0.25)\times0.8\%$$

解得 $g_A=2\%$，即技术进步对经济增长的贡献为 2%。

2. 假设某经济体人均生产函数为 $y=k^{1/2}$。如果储蓄率为 0.28，人口增长率为 0.01，技术进步率为 0.02，折旧率为 0.04。请回答以下问题：

(1)经济达到稳态时，人均资本和人均产量是多少？

(2)如果资本存量是产出的 2.5 倍，资本的国民收入份额是 0.3，该经济是否实现了资本的黄金律水平？如果没有，应采取什么政策？（中国海洋大学 2020 研）

解：(1)当经济达到稳态时：$sy=(n+g+\delta)k$，代入数值得 $0.28k^{1/2}=0.07k$，解得：人均资本 $k=16$。

则：人均产量 $y=k^{1/2}=4$。

(2)经济实现资本的黄金律水平的条件为：$MPK=n+g+\delta=0.07$。

根据生产函数可知，$MPK\times K=\alpha Y$，$MPK=\alpha Y/K=0.3/2.5=0.12>0.07$。

因此，该经济未实现资本的黄金律水平，此时的资本边际产量偏高，需要增加人均资本 k 才能实现资本的黄金律水平。

3．假定是规模报酬固定的柯布—道格拉斯生产函数，资本增长率为4%，劳动增长率为2%，实际产出的增长率为5%，全要素生产率的增长率为2.4%，请问：

(1)该生产函数的形式是什么？

(2)假定一项减税政策使劳动供给增长1%，实际产出增长如何变动？

(3)假设资本的国民收入份额下降一半，生产函数仍是规模报酬不变的，资本和劳动增长率仍为4%和2%，实际产出增长率为4%，求此时的全要素生产率是多少？（中山大学2013研）

解：(1)增长核算公式为：$\Delta Y/Y=\Delta A/A+\alpha\cdot\Delta K/K+\beta\cdot\Delta L/L$，代入数据可得：

$$5\%=2.4\%+\alpha\cdot4\%+\beta\cdot2\%$$

化简可得：$\beta=1.3-2\alpha$。

规模报酬固定，则有 $\alpha+\beta=1$，解得：$\alpha=0.3$，$\beta=0.7$。

生产函数的形式为：$Y=AK^{0.3}L^{0.7}$。

(2)劳动供给增长1%，则实际产出增长变动为：$0.7\times1\%=0.7\%$。

(3)由资本的国民收入份额下降一半，可知 $\alpha=0.15$。因为生产函数仍是规模报酬不变的，所以 $\alpha+\beta=1$，求得 $\beta=0.85$。此时增长核算公式为：

$$4\%=\Delta A/A+0.15\times4\%+0.85\times2\%$$

解得：$\Delta A/A=1.7\%$。

4．在新古典增长模型中，集约化生产函数为 $y=f(k)=2k-0.5k^2$，人均储蓄率为0.3，设人口增长率为3%，求：

(1)使经济均衡增长的 k 值；

(2)黄金分割律所要求的人均资本量。（暨南大学2015研；中南财大2015研）

解：(1)经济均衡增长时，$sy=(n+\delta)k=nk$(假设折旧 δ 为0)。

将 $s=0.3$，$n=3\%$ 代入得：$0.3\times(2k-0.5k^2)=0.03k$，化简得：$20k-5k^2=k$。

解得：$k=3.8$。

(2)按黄金分割律要求，对每个人的资本量的选择应使得资本的边际产品等于劳动的增长率，即 $f'(k)=n$。

于是有：$2-k=0.03$，可得：$k=1.97$。

5．假设一个经济体中的总量生产函数为 $Y_t=A_tf(L_t,K_t)$。其中 Y_t、L_t、K_t 顺次代表 t 时期的总产量、投入的劳动数量和资本量，A_t 代表 t 时期的技术状况。试推导经济增长率关于技术进步率、劳动和资本增长率的分解式，并指出其对增长问题的意义。（人大2006研）

解：增长率分解式为 $G_Y=G_A+\alpha G_L+\beta G_K$。推导过程如下：

已知总量生产函数为 $Y_t=A_tf(L_t,K_t)$　　①

对①式求全微分，可得：

$$\frac{\mathrm{d}Y_t}{\mathrm{d}t}=\frac{\mathrm{d}A_t}{\mathrm{d}t}f(L_t,K_t)+A_t\frac{\partial f}{\partial L_t}\cdot\frac{\mathrm{d}L_t}{\mathrm{d}t}+A_t\frac{\partial f}{\partial K_t}\cdot\frac{\mathrm{d}K_t}{\mathrm{d}t}$$

在上式两端除以 Y_t，并且定义参数 $\alpha=\partial Y_t/\partial L_t\cdot L_t/Y_t$ 为劳动的产出弹性，参数 $\beta=\partial Y_t/$

$\partial K_t \cdot K_t/Y_t$ 为资本的产出弹性，则有：

$$\frac{\mathrm{d}Y_t/\mathrm{d}t}{Y_t} = \frac{\mathrm{d}A_t/\mathrm{d}t}{A_t} + \alpha\frac{\mathrm{d}L_t/\mathrm{d}t}{L_t} + \beta\frac{\mathrm{d}K_t/\mathrm{d}t}{K_t} \quad ②$$

②式就是增长率的分解式。它的左端为产出的增长率，右端第一项为技术进步增长率，第二、三项为参数与劳动、资本投入量的增长率的乘积。

方程②式在实际应用时，由于原始资料中 Y、L、K 均是离散的数据，所以，在时间间隔 Δt 较小时，可以用差分方程来近似代替②式：

$$\frac{\Delta Y_t/\Delta t}{Y_t} = \frac{\Delta A_t/\Delta t}{A_t} + \alpha\frac{\Delta L_t/\Delta t}{L_t} + \beta\frac{\Delta K_t/\Delta t}{K_t} \quad ③$$

为了使方程的形式更加简练，可记：

$$G_Y = \frac{\Delta Y_t/\Delta t}{Y_t}, G_A = \frac{\Delta A_t/\Delta t}{A_t}, G_L = \frac{\Delta L_t/\Delta t}{L_t}, G_K = \frac{\Delta K_t/\Delta t}{K_t}$$

则③化为④式：

$$G_Y = G_A + \alpha G_L + \beta G_K \quad ④$$

④式即增长率的分解式。

上式的意义是，产出的增长率是由资本和劳动的增长率以及技术进步带来的。由于 G_Y、G_K、G_L 的数据可以从历史资料的分析中得到，因此，在用适当的方法估计参数 α 和 β 之后，便可以把技术进步增长率 G_A 作为"余值"计算出来，即有：

$$G_A = G_Y - (\alpha G_L + \beta G_K)$$

此外，从分解式④可以看到，当参数 α 和 β 都小于1时，要想提高产出增长率，技术水平的提高最为有效，这也是为教育投资的政策提供了理论说明。

6. 对于 CES 效用函数和 *AK* 生产函数，同时，假设经济的初始资本存量为 $k(0)$。回答下面的问题：(1)求出内生的经济增长率，同时，给出内生经济增长的条件；(2)求出初始的消费水平和投资率。（武汉大学 2001 研）

解：CES 的效用函数：$U(C) = \dfrac{C^{1-\theta}}{1-\theta}$；

AK 生产函数：$Y = AK$。

(1) K 的变动量为：

$$\dot{K} = sY - \delta K = sAK - \delta K$$

由 $k = \dfrac{K}{AN}$，得：

$$g_k = \frac{\dot{k}}{k} = \frac{\dot{K}}{K} - \frac{\dot{A}}{A} - \frac{\dot{N}}{N} = (sA - \delta) - 0 - n$$
$$= sA - (n + \delta)$$

内生经济增长的条件是：$\dot{A} = 0$。

(2) 由 $g_k = 0$ 得 $s = \dfrac{n+\delta}{A}$，即为投资率。

初始的消费水平为：$C(0) = (1-s)k(0) = \dfrac{A-n-\delta}{A}k(0)$。

7. 对于有人口增长与技术进步的索洛模型：$Y=F(K, L\times E)$，其中，总劳动 L 的增长率为 n，劳动效率 E 的增长率为 g。

证明：

(1)资本—产出比率是不变的。

(2)资本和劳动各自赚取了一个经济收入中的不变份额。

(3)资本总收入和劳动总收入都会按人口增长率加技术进步率($n+g$)的速率增长。（人大2012研）

解：(1)在稳定状态下有 $sy=(\delta+n+g)k$，这意味着 $k/y=s/(\delta+n+g)$，因为 s、δ、n 和 g 都是固定的，所以 k/y 也是固定的。由于 $\frac{k}{y}=\frac{\frac{K}{L\times E}}{\frac{Y}{L\times E}}=\frac{K}{Y}$，所以在稳态下，资本—产出比率是不变的。

(2)资本赚得的份额即资本回报 $=MP_K\times(K/Y)$，由(1)可知稳态时 K/Y 是固定的。而 MP_K 是 k 的函数，而 k 在稳定状态时是不变的，所以 MP_K 也是确定不变的。因此，资本回报 $MP_K\times(K/Y)$ 是不变的。劳动的收入份额 $=1-$ 资本的收入份额。因此，既然资本收入份额不变，劳动的收入份额也不变。

(3)在稳态，总收入按人口增长率加上技术进步率($n+g$)增长。由(2)可知劳动和资本的收入份额是不变的。既然份额不变，而总收入按 $n+g$ 速率增长，那么资本和劳动的收入也按 $n+g$ 的速率增长。

8. 索洛模型中，假设某国的生产函数 $Y=0.6K^{0.5}L^{0.5}$，劳动增长率(n)$=0.09$，储蓄率(s)$=0.4$，折旧率(δ)$=0.11$，试求：

(1)长期稳态下的人均资本和人均产出？

(2)长期稳态下的人均产出增长率和总产出增长率？

(3)目前的储蓄率符合黄金规则水平吗？若不符合，偏高或偏低？

(4)储蓄率为何值，才能达到黄金规则水平？（中央财经大学2018研）

解：(1)由题设可知，人均生产函数为：$y=0.6k^{0.5}$，其中 k 为人均资本存量。

该国的人均投资：$i=sy=0.4\times0.6k^{0.5}=0.24k^{0.5}$。

该国的资本增量为：$\Delta k=i-(n+\delta)k=0.24k^{0.5}-0.2k$。

长期稳态下，资本存量保持不变即资本增量为零：$\Delta k=0.24k^{0.5}-0.2k=0$。

解得：$k^*=1.44$，$y^*=0.72$，即长期稳态下人均资本为1.44，人均产出为0.72。

(2)长期稳态下的人均资本增量 $\Delta k=0$，所以人均产出增长率为0。

长期稳态下的总产出增长率 = 劳动增长率 = 0.09。

(3)人均消费函数为：$c=y-i=y-sy$。

因为稳态下有：$\Delta k=sy-(n+\delta)k=0$，即：$sy=(n+\delta)k$。

所以稳态下的人均消费函数为：$c=y-(n+\delta)k=0.6k^{0.5}-0.2k$。

黄金规则要求稳态下的人均消费最大化，即：$\mathrm{d}c/\mathrm{d}k=0.3k^{-0.5}-0.2=0$。

解得：$k_{gold}^*=2.25$，所以黄金储蓄率为 $s_{gold}^*=0.5>s(s=0.4)$，即目前的储蓄率低于黄金规则水平。

(4)由(3)可知，当储蓄率为0.5时才能达到黄金规则水平。

9. 假定总量生产函数为 $Y=(K)^{\frac{1}{2}}(L)^{\frac{1}{2}}$。如果储蓄率为28%，人口增长率为1%，折旧率为6%。利用新古典增长模型，回答如下问题：

(1)请计算稳态下的人均水平。

(2)与黄金律水平相比，28%的储蓄率是过高，还是过低？

(3)在向黄金律水平调整的过程中，人均消费、人均投资和人均产出的动态变化特征。(人大2016研)

解：(1)设人口增长率为n，储蓄率为s，折旧率为δ，稳态经济下有：$sf(k)=(n+\delta)k$。

由所给的总量生产函数，求得人均生产函数为：

$$y=f(k)=\frac{Y}{L}=\frac{(K)^{\frac{1}{2}}(L)^{\frac{1}{2}}}{L}=\sqrt{\frac{K}{L}}=k^{\frac{1}{2}}$$

已知储蓄率为28%，人口增长率为1%，折旧率为6%，将其代入稳定条件，有 $28\%f(k)=(1\%+6\%)k$，解得：$k=16$。因此人均产出 $y=k^{\frac{1}{2}}=4$。

(2)资本的黄金律水平应满足的经济学条件是：$f'(k_{gold})=n+\delta$。

把人均生产函数，人口增长率和折旧率代入上式，可以得到：$k=\frac{2500}{49}$，$y=\frac{50}{7}$。

将 $k=\frac{2500}{49}$，$y=\frac{50}{7}$，$n=1\%$，$\delta=6\%$ 代入 $sf(k)=(n+\delta)k$，可以得到 $s_1=50\%$。

由于 $28\%<50\%$，所以，与黄金律水平相比，28%的储蓄率过低。

(3)在向黄金律水平调整的过程中，储蓄率将增加。储蓄率增加将导致消费的立即减少和投资的等量增加。在一段时间内，随着资本存量的增加，人均产出、消费和投资同时增加。经济的调整过程如图9-2所示。

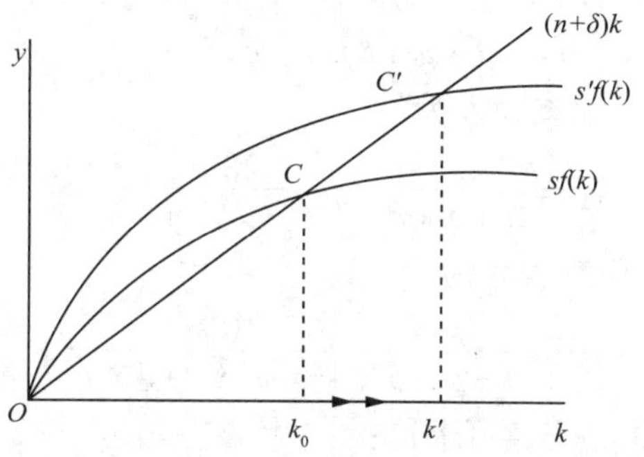

图9-2　储蓄率增加的影响

图中，经济最初位于C点的稳态。现在假定储蓄上升了，从s增加到s'，这使储蓄曲线上移至$s'f(k)$的位置。这时新的稳态为C'，比较C点和C'点，可知储蓄率的增加提高了稳态的人均资本和人均产出。

初始稳定状态的资本为16，黄金律水平要求的资本为$\frac{2500}{49}$，因此向黄金律水平的调整过程是经济从资本少于黄金律水平开始的调整过程。

图9-3表示，当经济从资本少于黄金律水平开始，并且储蓄率提高时，随着时间的推移，人均产出、消费和投资发生了变动。储蓄率的提高(在时间t_0)导致了消费的立即减少和投资的等量增加。在一段时间内，随着资本存量的增加，人均产出、消费和投资同时增加。由于经济以资本少于黄金律为开始，新的稳定状态比初始稳定状态的消费水平高。

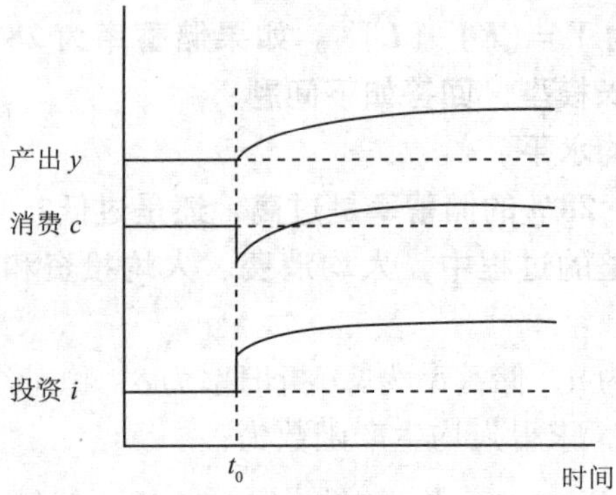

图 9-3　人均产出、消费和投资随时间变化的轨迹

10. 假设 y 表示人均有效劳动的产出，k 表示人均有效劳动的资本，考虑由以下生产函数的索洛增长模型描述了一个经济：

$$y=\sqrt{k}$$

(1)解出 y 作为 s(储蓄率)、n(人口增长率)、g(技术进步速度)和 δ(折旧率)的函数时，达到稳定状态时的值。

(2)假设一个发达国家的储蓄率为28%，人口增长率为每年1%；一个不发达国家的储蓄率为10%，人口增长率为每年4%。而在这两个国家中，$g=0.02$，$\delta=0.04$。求出每个国家稳定状态的 y 值。

(3)对于生产函数为 $y=\sqrt{k}$ 的经济体，黄金律时的储蓄率是多少？(中央财经大学2018研)

解：(1)根据索洛增长模型，当经济达到稳态时，满足条件：$sy=(n+g+\delta)k$，因为 $y=k^{1/2}$，所以可以解出 $k^*=[s/(n+g+\delta)]^2$。

所以稳态人均收入为：$y^*=s/(n+g+\delta)$。

(2)对于发达国家而言，稳态收入为：

$$y_1^*=\frac{s}{n+g+\delta}=\frac{28\%}{1\%+2\%+4\%}=4$$

对于不发达国家而言，稳态收入为：

$$y_2^*=\frac{s}{n+g+\delta}=\frac{10\%}{4\%+2\%+4\%}=1$$

(3)黄金律时 $MPK=n+g+\delta$，可求得：

$$k^*=\frac{1}{4(n+g+\delta)^2}$$

由

$$s\sqrt{k^*}=(n+g+\delta)k^*$$

可得 $s=50\%$。即黄金律时的储蓄率为50%。

11. 在不包含技术进步的索洛模型中，假设生产函数为 $F(K,L)=AK^{\alpha}L^{1-\alpha}$($A>0$，$0<\alpha<1$)，人口增长率为 n，储蓄率为 s，资本折旧率为 δ。定义 $k=K/L$ 表示人均资本，$y=Y/L$ 表示人均产出。请回答以下问题：

(1)推导出人均资本积累的动态方程；

(2)计算出黄金律的资本存量 k_{gold}^* 以及相应的储蓄率 s_{gold}；

(3)在上述索洛模型中引入税收政策，假设政府对收入征税，税率为 τ(为简化起见，这

里不考虑税收的具体用途），重新计算黄金律的资本存量 k_{gold}^* 以及相应的储蓄率 s_{gold}。（中央财大 2014 研）

解：（1）由生产函数为 $Y=F(K,\ L)=AK^{\alpha}L^{1-\alpha}$ 可得人均生产函数为 $y=f(k)=Ak^{\alpha}$。人均资本积累的动态方程推导如下：

将公式 $\dot{K}=I-\delta K=S-\delta K=sY-\delta K$ 两边同除以 L，可得：

$$\frac{\dot{K}}{L}=\frac{sY}{L}-\frac{\delta K}{L}=sAk^{\alpha}-\delta k$$

又由 $k=\dfrac{K}{L}$，对该式关于时间变量求导，经运算可得：

$$\Delta k=\frac{\dot{K}}{L}-\frac{\dot{L}}{L}\times\frac{K}{L}=\frac{\dot{K}}{L}-nk$$

所以 $\dfrac{\dot{K}}{L}=\Delta k+nk$，将其代入 $\dfrac{\dot{K}}{L}=sAk^{\alpha}-\delta k$ 中可得：

$$\Delta k=sAk^{\alpha}-(n+\delta)k$$

（2）稳态的消费可表示为：

$$c=Ak^{\alpha}-(n+\delta)k$$

黄金律的资本存量 k_{gold}^* 应满足：

$$\frac{\mathrm{d}c}{\mathrm{d}k}=\alpha Ak^{\alpha-1}-(n+\delta)=0$$

解得：$k_{gold}^*=\sqrt[\alpha-1]{\dfrac{n+\delta}{\alpha A}}$。

黄金律资本存量对应的储蓄率 $s_{gold}=\dfrac{(n+\delta)k}{Ak^{\alpha}}=\alpha$。

（3）征税后，稳态的消费可表示为：

$$c=(1-\tau)Ak^{\alpha}-(n+\delta)k$$

黄金律的资本存量 k_{gold}^* 应满足：

$$\frac{\mathrm{d}c}{\mathrm{d}k}=\alpha(1-\tau)Ak^{\alpha-1}-(n+\delta)=0$$

解得：$k_{gold}^*=\sqrt[\alpha-1]{\dfrac{n+\delta}{\alpha(1-\tau)A}}$。

黄金律资本存量对应的储蓄率 $s_{gold}=\dfrac{(n+\delta)k}{Ak^{\alpha}}=\alpha(1-\tau)$。

12. 假设在初始稳定经济中，资本收入占 GDP 的份额为 30%，产出的平均增长速度为每年 3%，折旧率每年 5%，资本产出比率为 2，生产函数为规模报酬不变的柯布—道格拉斯生产函数。回答：

（1）在初始稳定状态，储蓄率应该是多少？资本的边际产量是多少？

（2）假设公共政策提高了储蓄率，从而使经济达到了资本的黄金律水平，在黄金律稳定状态，资本的边际产量将是多少？比较黄金律稳定状态的资本边际产量和初始稳定状态的资本边际产量并解释。

（3）在黄金律稳定状态，资本产出比率将是多少？

(4)要达到黄金律稳定状态，储蓄率必须是多少？（上海交大 2011 研）

解：规模报酬不变的柯布—道格拉斯生产函数的人均形式可以表示为 $y=k^{\alpha}$，α 表示资本收入占总收入即 GDP 的份额，这里 $\alpha=0.3$，因此生产函数为 $y=k^{0.3}$。稳态时的产出增长率为 3%，因此有 $(n+g)=0.03$。折旧率 $\delta=0.05$，资本产出比 $K/Y=2$。因为 $k/y=[K/(L\times E)]/[Y/(L\times E)]=K/Y$，所以 $k/y=2$。

(1)从稳态条件 $sy=(\delta+n+g)k$ 得：

$$s=(\delta+n+g)(k/y)$$

将已知各值代入得：

$$s=(0.05+0.03)\times 2=0.16$$

所以，初始稳定状态的储蓄率应该是 16%。

对于柯布—道格拉斯生产函数，资本所占收入份额可以写成 $\alpha=MP_K(K/Y)$，即：

$$MP_K=\alpha/(K/Y)$$

将上面各值代入即得资本的边际产量：

$$MP_K=0.3/2=0.15$$

(2)在黄金律稳定状态时 $MP_K=\delta+n+g$。将上面各值代入即得：

$$MP_K=0.08$$

即在黄金律稳定状态时资本的边际产量为 8%，而初始稳态时资本的边际产量为 15%。所以，要想从初始稳态出发达到黄金律稳态水平，必须提高 k 值。

(3)对于柯布—道格拉斯生产函数，资本所占收入份额可以写成 $\alpha=MP_K(K/Y)$，等式变换得：

$$K/Y=\alpha/MP_K$$

上面已经求得了黄金律稳定状态时资本的边际产量为 8%，因此黄金律稳定状态时的资本产出比为：

$$K/Y=0.3/0.08=3.75$$

(4)在稳态时有：

$$s=(\delta+n+g)(k/y)$$

$k/y=K/Y=3.75$，把该值和其他各值代入上式，可得：

$$s=(0.05+0.03)\times 3.75=0.3$$

也就是说，为了达到黄金律稳态，储蓄率必须从 16% 提高到 30%。

13. 考虑一个具有如下生产函数的经济体：$Y=AK^{0.4}L^{0.6}$，其中 K 为资本，L 为劳动：

(1)假设 $A=1$，计算人均生产函数。

(2)假设每年折旧率 δ 为 5%，考虑简单的索洛增长模型，稳态时 $c=f(k^*)-\delta k^*$，求出人均资本存量的黄金律以及黄金律水平下的人均产量水平，人均投资水平，人均消费水平。

(3)在一般化(A 不等于常数)的生产函数中，你认为 A 可能包含哪些影响经济长期增长的因素，这些因素是否可能与资本 K 或劳动 L 相关？（人大 2015 研）

解：(1) $A=1$ 时，$Y=AK^{0.4}L^{0.6}=K^{0.4}L^{0.6}$，令人均产出为 $y=\dfrac{Y}{L}$，人均资本为 $k=\dfrac{K}{L}$，则人均生产函数为 $y=\dfrac{Y}{L}=\dfrac{K^{0.4}L^{0.6}}{L}=(\dfrac{K}{L})^{0.4}=k^{0.4}$。

(2)根据索洛增长模型的基本方程 $\dot{k}=sf(k)-(n+\delta)k$，及简单的索洛增长模型中人口增长率 $n=0$ 可得：稳态时 $\dot{k}=sf(k)-(n+\delta)k=sk^{0.4}-(0+0.05)k=0$，即 $s=0.05k^{0.6}$。

资本的黄金律水平是指稳定状态人均消费最大化所对应的人均资本水平。当经济达到黄金律水平时，需要满足 $MP_K=n+\delta$，即 $f'(k)=\delta$，$0.4k^{-0.6}=0.05$，解得：人均资本存量的黄金律水平 $k^*=32$。

此时，人均产量水平为 $y^*=f(32)=32^{0.4}=4$；

人均储蓄率为 $s^*=0.05k^{*0.6}=0.4$，人均投资水平为 $s^*y^*=0.4\times4=1.6$；

人均消费水平为 $c^*=f(k^*)-\delta k^*=4-0.05\times32=2.4$。

(3)这里的 A 就是被称为全要素生产率的现期技术水平，$\frac{\Delta A}{A}$一般被称作索洛余量或索洛残余，是用来解释经济增长中扣除劳动和资本要素投入的剩余部分的贡献。索洛残余用公式可以表示为：

$$\frac{\Delta A}{A}=\frac{\Delta Y}{Y}-\alpha\times\frac{\Delta K}{K}-(1-\alpha)\times\frac{\Delta L}{L}$$

式中，$\frac{\Delta Y}{Y}$为总产出增长率，$\frac{\Delta L}{L}$为劳动的增长率，$\frac{\Delta K}{K}$为资本的增长率，α 和$(1-\alpha)$分别表示资本份额和劳动份额，$\frac{\Delta A}{A}$为索洛残余。

被解释为广义的技术进步对经济的贡献 A，既包括科技进步，也包括人力资源素质的提升、管理水平的进步及其它对经济具有正外部性的贡献因素。其中劳动者素质提高、资本管理水平及效率的提高与 L、K 有关。

14. 在经济增长模型中，假设经济中的总产量生产函数 $Y=K^{0.5}L^{0.5}$，储蓄率为 0.4，劳动力的增长率为 0.02，资本的折旧率为 0.03，求解下面问题：

(1)稳定的 y^*、k^*、c^* 是多少？

(2)经济黄金律水平的资本存量是多少？

(3)什么样的储蓄率可以使得经济实现黄金律的资本存量？（中央财经大学 2019 研）

解：(1)人均生产函数为 $y=Y/L=k^{0.5}$，k 为人均资本。

稳态下，人均资本增量 Δk 满足：$\Delta k=sy-(\delta+n)k=0$；

因此，有：$0.4k^{0.5}=(0.03+0.02)k$；

解得：$k^*=64$，$y^*=8$，$c^*=(1-s)y^*=4.8$。

(2)消费达到黄金稳态水平时，有 $MP_K=0.5k^{-0.5}=\delta+n=0.05$，解得 $k_g^*=100$。

(3)由黄金律稳态时 $sy-(\delta+n)k=0$ 可得此时的储蓄率为 $s=0.05k^{0.5}=50\%=0.5$。

15. 考虑包含技术进步的新古典经济增长模型。经济的总量生产函数为：

$$Y(t)=K(t)^{\alpha}[A(t)L(t)]^{1-\alpha}$$

资本和知识积累方程为：

$$\dot{K}(t)=\frac{dK(t)}{dt}=sY(t)$$

$$\dot{A}(t)=\frac{dA(t)}{dt}=Y(t)^{\varphi}$$

其中：s 为储蓄率，$\varphi\in(0,1)$，人口增长率为 n。回答下列问题。

(1)请给出知识积累方程的经济学解释。

(2)将资本和知识积累的增长率 $g_K(t)=\frac{\dot{K}(t)}{K(t)}$ 和 $g_A(t)=\frac{\dot{A}(t)}{A(t)}$ 表示为 $A(t)$，$K(t)$ 和 $L(t)$ 的函数。

(3)经济存在资本和知识积累增长率为常数的稳态吗？如果存在，请计算出资本和知识积累的稳态增长率。

(4)储蓄率如何影响稳态人均产出增长率？(中国人民大学 2019 研)

解：(1)知识积累方程为：

$$\dot{A}(t)=\frac{dA(t)}{dt}=Y(t)^{\varphi}$$

方程中，$\dot{A}(t)$是技术状态(知识水平)的进步速率，$A(t)$是技术状态(知识水平)，$Y(t)$是总产出，指数 $\varphi\in(0,1)$。知识积累方程表明技术状态(知识水平)的进步速率是总产出的增函数，当 φ 固定不变时，总产出越大，技术状态(知识水平)的进步速率越大。这是因为随着时间的推移，一国的产出越高，对科技、教育、医疗等方面的资本和劳动力资源投入越多，技术进步速率也就越大。

(2)将资本积累方程和总量生产函数代入资本积累的增长率，可得：

$$g_K(t)=\frac{\dot{K}(t)}{K(t)}=\frac{sY(t)}{K(t)}=\frac{sK(t)^{\alpha}[A(t)L(t)]^{1-\alpha}}{K(t)}=s\left[\frac{K(t)}{A(t)L(t)}\right]^{\alpha-1}$$

将知识积累方程和总量生产函数代入知识积累的增长率，可得：

$$g_A(t)=\frac{\dot{A}(t)}{A(t)}=\frac{Y(t)^{\varphi}}{A(t)}=\frac{\{K(t)^{\alpha}[A(t)L(t)]^{1-\alpha}\}^{\varphi}}{A(t)}=\left[\frac{K(t)}{A(t)L(t)}\right]^{\alpha\varphi}\frac{A(t)^{\varphi}L(t)^{\varphi}}{A(t)}$$

(3)设按有效劳动平均的产出为 $y(t)=\frac{Y(t)}{A(t)L(t)}$，按有效劳动平均的资本存量为 $k(t)=\frac{K(t)}{A(t)L(t)}$，则经济的总量生产函数可写成：

$$Y(t)=K(t)^{\alpha}[A(t)L(t)]^{1-\alpha}=A(t)L(t)\left[\frac{K(t)}{A(t)L(t)}\right]^{\alpha}$$

$$\Rightarrow\frac{Y(t)}{A(t)L(t)}=\left[\frac{K(t)}{A(t)L(t)}\right]^{\alpha}$$

$$\Rightarrow y(t)=k(t)^{\alpha}$$

稳态时，按有效劳动平均的资本存量 $k(t)$ 为常数，其增长率为零。

资本积累的增长率为：

$$g_K(t)=s\left[\frac{K(t)}{A(t)L(t)}\right]^{\alpha-1}=sk(t)^{\alpha-1}$$

故经济存在资本积累增长率为常数的稳态；此时资本积累的稳态增长率为 $sk(t)^{\alpha-1}$。

知识积累的增长率为：

$$g_A(t)=\left[\frac{K(t)}{A(t)L(t)}\right]^{\alpha\varphi}\frac{A(t)^{\varphi}L(t)^{\varphi}}{A(t)}=k(t)^{\alpha\varphi}\frac{A(t)^{\varphi}L(t)^{\varphi}}{A(t)}$$

故经济不存在知识积累增长率为常数的稳态。

(4)稳态时，按有效劳动平均的产出 $y(t)=\frac{Y(t)}{A(t)L(t)}$ 为常数，其增长率为零。则稳态人

均产出 $y(t)^{*}=\frac{Y(t)}{L(t)}$ 的增长率等于知识积累的增长率：

$$g_A(t)=k(t)^{\alpha\varphi}\frac{A(t)^{\varphi}L(t)^{\varphi}}{A(t)}$$

当其他条件不变时，储蓄率提高使稳态人均资本存量提高，初始提高速度很快，然后逐渐放缓，直至初始提高速度降为零，经济实现人均资本存量更高的新的稳态，进而使稳态人均产出的增长率(即知识积累的增长率)提高，初始提高速度很快，然后逐渐放缓，直至经济实现人均产出的增长率更高的新的稳态。需要注意的是，因为经济不存在知识积累增长率为常数的稳态，所以经济也不存在人均产出增长率为常数的稳态。

16. 增长核算。

假设总产出 $Y_t=A_tK_t^{\alpha}L_t^{1-\alpha}$，其中 t 为时间，A_t 为全要素生产率，K_t 为资本，L_t 为劳动，$0<\alpha<1$ 为参数。

(1)请将总产出的增长分解为全要素生产率、资本和劳动三部分的增长之和。

(2)请将人均产出的增长分解为全要素生产率和人均资本两部分的增长之和。(中山大学2018研)

解：(1)设全要素生产率 A_t、资本 K_t、劳动 L_t 的增长率分别为 g、i、n，即：

$$\frac{1}{A_t}\cdot\frac{\mathrm{d}A_t}{\mathrm{d}t}=g$$

$$\frac{1}{K_t}\cdot\frac{\mathrm{d}K_t}{\mathrm{d}t}=i$$

$$\frac{1}{L_t}\cdot\frac{\mathrm{d}L_t}{\mathrm{d}t}=n$$

则总产出增长率为：

$$\begin{aligned}\frac{1}{Y_t}\cdot\frac{\mathrm{d}Y_t}{\mathrm{d}t}&=\frac{K_t^{\alpha}L_t^{1-\alpha}\frac{\mathrm{d}A_t}{\mathrm{d}t}+A_tL_t^{1-\alpha}\alpha K_t^{\alpha-1}\frac{\mathrm{d}K_t}{\mathrm{d}t}+A_tK_t^{\alpha}(1-\alpha)L_t^{-\alpha}\frac{\mathrm{d}L_t}{\mathrm{d}t}}{A_tK_t^{\alpha}L_t^{1-\alpha}}\\&=\frac{1}{A_t}\cdot\frac{\mathrm{d}A_t}{\mathrm{d}t}+\alpha\cdot\frac{1}{K_t}\cdot\frac{\mathrm{d}K_t}{\mathrm{d}t}+(1-\alpha)\cdot\frac{1}{L_t}\cdot\frac{\mathrm{d}L_t}{\mathrm{d}t}\\&=g+\alpha i+(1-\alpha)n\end{aligned}$$

即在总产出的增长中，全要素生产率增长率为 g、资本增长率为 αi、劳动增长率为 $(1-\alpha)n$。

(2)设人均产出 $y_t=Y_t/L_t$，人均资本 $k_t=K_t/L_t$，且人均资本增长率为 j。则人均产出 $y_t=Y_t/L_t=A_tK_t^{\alpha}L_t^{1-\alpha}/L_t=A_t(K_t/L_t)^{\alpha}=A_tk_t^{\alpha}$，人均产出增长率为：

$$\begin{aligned}\frac{1}{y_t}\cdot\frac{\mathrm{d}y_t}{\mathrm{d}t}&=\frac{1}{A_t}\cdot\frac{\mathrm{d}A_t}{\mathrm{d}t}+\alpha\frac{1}{k_t}\cdot\frac{\mathrm{d}k_t}{\mathrm{d}t}\\&=g+\alpha j\end{aligned}$$

即在人均产出的增长中，全要素生产率增长率为 g，人均资本增长率为 αj。

17. 在两部门内生增长模型中，$Y=F(K,(1-u)LE)=K^{\alpha}((1-u)LE)^{1-\alpha}$，$\Delta E/E=g(u)$ 和 $\Delta k=sf(k)-(\delta+n+g(u))k$。$Y$ 是总产出。K 是总资本存量，L 是总人口，E 是劳动效率。k 是人均有效劳动的资本存量，s 是储蓄率，u 是研究部门劳动投入的一部分，n 是人口增长率，δ 是折旧率，$g(u)$ 是劳动效率 E 的增长率。

(1)给定 u，假设经济初始处于稳态，如果自然灾害造成资本存量减半，但是人员没有损失，经济从短期向长期的稳态转移会是怎样的？

(2)从稳态出发，哪些政策变化可以暂时提高经济增长率？哪些政策变化可以永久提高经济增长率？

(3)给定 u，黄金储蓄率 $s^*(u)$ 是多少？u 上升，$s^*(u)$ 会怎样变化？（上海财经大学2020研）

解：(1)自然灾害之后，人均资本存量减半，所以经济会向长期的稳态转移，表现为人均储蓄大于资本的广化，从而资本深化，即人均资本不断增加，直到达到稳态的人均资本。

(2)稳态时，总体经济增长率为 $n+g(u)$，所以提高人口增长率的政策和促进劳动效率增长的政策都会促使经济的永久增长，如放开计划生育、加大教育投入和大力鼓励创新等政策。

(3)当经济达到黄金律水平时，有 $MP_K=\delta+n+g(u)$，即 $\alpha(1-u)^{1-\alpha}k^{\alpha-1}=\delta+n+g(u)$。

所以 $s=(\delta+n+g(u))k/f(k)=\alpha(1-u)^{1-\alpha}$。

所以随着 u 的上升，黄金储蓄率水平降低。

18. (1)什么是经济增长？怎么从数据中预测经济增长？

(2)假设一国有以下生产函数：$Y=AK^{0.5}L^{0.5}$，其中 K 为资本；L 为劳工；A 为生产效率，该国所有国民都参与生产，从这个函数来看，该国经济增长的动力是什么？

(3)假设 $A=1$ 并保持不变；$L=100$ 并保持不变；该国现在资本量为900。该国居民储蓄率为0.3，也就是设他们消费收入的70%，把剩下的30%存入银行；银行再把居民存款贷款给企业积累资本；假设资本消耗为5%，也就是每年5%的已有资本被消耗掉。如前所述，请问该国经济在增长吗？增长率是多少？增长动力是什么？

(4)(3)部分的增长可持续吗？如果能，能持续到什么时候？

(5)根据索洛增长理论，永久性增长的动力是什么？（清华大学2015研）

解：(1)在宏观经济学中，经济增长通常被定义为产量的增加。具体理解，经济增长有以下两层含义：经济增长是指一个经济体所生产的物质产品和劳务在一个相当长的时期内持续增加，即实际总产出的持续增长；经济增长可以从两个层面来理解，一是指实际国民经济总产出的持续增长，还可以指按人口平均计算的实际产出(人均实际产出)的持续增加。

若用 Y_t 表示 t 时期的总产量，Y_{t-1} 表示 $(t-1)$ 期的总产量，则总产量意义下的增长率可表示为：

$$G_t=\frac{Y_t-Y_{t-1}}{Y_{t-1}}$$

若用 y_t 表示 t 时期的人均产量，y_{t-1} 表示 $(t-1)$ 期的人均产量，则人均产量意义下的增长率可表示为：

$$g_t=\frac{y_t-y_{t-1}}{y_{t-1}}$$

经济增长率的高低体现了一个国家或一个地区在一定时期内产出的增长速度，也是衡量一个国家或地区总体经济实力增长速度的标志。

人均总产出增长率的高低则体现了经济效率的高低。

预测经济增长主要是根据以往的各年的经济增长速度，依据经济增长的相关理论如增长核算模型，估计模型中的参数，然后根据模型预测。

(2)设总产出、资本、劳动力以及技术的增长率分别为 $g_y=\frac{\Delta Y}{Y}$、$k=\frac{\Delta K}{K}$、$n=\frac{\Delta L}{L}$、$\alpha=\frac{\Delta A}{A}$，则由生产函数 $Y=AK^{0.5}L^{0.5}$ 可知 $\frac{\Delta Y}{Y}=\frac{\Delta A}{A}+0.5\frac{\Delta K}{K}+0.5\frac{\Delta L}{L}$，即 $g_y=\alpha+0.5k+0.5n$。

由该国所有国民都参与生产，可知短期内 $n=0$；短期内生产效率也不可能有较大的提高，因为生产效率是由技术决定的，而技术在短期内很难有大的突破。因此，短期内该国经济增长的动力是资本的增长。

在长期，由 $g_y=\alpha+0.5k+0.5n$ 可知生产效率对经济增长的贡献是最大的，因此，该国经济增长的动力是生产效率的提高。

(3)设人均产量 $y=\frac{Y}{L}$，人均资本 $k=\frac{K}{L}$，则生产函数 $Y=AK^{0.5}L^{0.5}$ 可以表示为人均形式：$y=Ak^{0.5}$。

由新古典增长模型的基本方程 $\dot{k}=sf(k)-(n+g+\delta)k$，及 $n=0$、$g=0$、$s=0.3$、$\delta=0.05$、$k=\frac{K}{L}=9$，可得：人均资本的增长率为 $\dot{k}=0.3k^{0.5}-0.05k=0.3\times9^{0.5}-0.05\times9=0.45$。

由 $y=Ak^{0.5}$ 可得：人均产出的增长率为 $\dot{y}=0.5\dot{k}=0.225$。

又由 $L=100$ 保持不变可知：产出的增长率为 $g_y=0.225$。

因此，该经济在增长，增长率为 0.225，增长动力为资本的增加。

(4)(3)中的增长是可持续的，只要 $\dot{k}>0$，人均储蓄大于资本消耗所必需的数量，经济不断增长。

这种增长状态能够持续到 $\dot{k}=0.3k^{0.5}-0.05k=0$ 即 $k=36$，人均储蓄正好满足资本消耗的需要，不再有任何的积累，此时经济处于稳态，即包括资本存量和产出在内的有关内生变量的增长速度将不会随时间的推移而变化的一种状态。

(5)根据索洛增长理论，永久性增长的动力是技术进步。这是因为在索洛模型中，有：①如果储蓄率高，经济的资本存量就会大，相应的稳定状态的产出水平就会高，但这只是暂时的。随着时间的推移，经济总是会趋向收敛于稳定状态下的均衡经济增长率。②人口增长率的增加，会使得总产出的增长率提高，但降低了人均资本的稳态水平，从而降低了人均产出的稳态水平。③技术进步不仅能够提高人均产出的增长率，而且能够保持总产出的长期增长。

19. 在包含技术进步的新古典经济增长模型中，生产函数为劳动增进型柯布—道格拉斯形式：$Y=F(K,AL)=K^{\alpha}(AL)^{1-\alpha}$，资本积累方程式为 $\Delta K=I-\delta K=sY-\delta K$，其中 Y 是经济中的总产出，K 为物质资本存量，L 为人口数量，A 为技术水平，I 为物质资本投资，α 为外生给定的常数，s、δ 分别为外生给定的储蓄率和资本折旧率。假设经济中的人口增长率 $\frac{\Delta L}{L}=n$，技术进步率 $\frac{\Delta A}{A}=g$，n 和 g 外生给定。

(1)推导人均有效资本 $k=\frac{K}{AL}$ 的动态积累方程 Δk(关于 k 和外生参数的函数)。

(2)稳态时($\Delta k=0$)，分别计算人均产出($\frac{Y}{L}$)增长率、人均资本($\frac{K}{L}$)增长率、资本—产

出比($\frac{K}{Y}$)、资本边际产出(MP_K)、资本收入占总收入比重($\frac{MP_K \cdot K}{Y}$)。(中央财大2012研)

解:(1)由 $k=\frac{K}{AL}$ 可得:

$$\ln k=\ln K-\ln A-\ln L$$

推导得出:

$$\begin{aligned}\frac{\Delta k}{k}&=\frac{\Delta K}{K}-\frac{\Delta A}{A}-\frac{\Delta L}{L}\\&=\frac{sY-\delta K}{K}-g-n\\&=s\cdot\frac{K^{\alpha}(AL)^{1-\alpha}}{K}-\delta-g-n\\&=s\cdot k^{\alpha-1}-(\delta+g+n)\end{aligned}$$

因此,有:$\Delta k=sk^{\alpha}-(\delta+g+n)k$。

(2)稳态时,$\Delta k=0$,即 $sk^{\alpha}-(\delta+g+n)k=0\Rightarrow s\cdot k^{\alpha-1}=(n+g+\delta)$,由 $Y=F(K,AL)=K^{\alpha}(AL)^{1-\alpha}$ 可得:

$$\ln Y=\alpha\ln K+(1-\alpha)\ln A+(1-\alpha)\ln L\Rightarrow\frac{\Delta Y}{Y}=\alpha\cdot\frac{\Delta K}{K}+(1-\alpha)\cdot\frac{\Delta A}{A}+(1-\alpha)\cdot\frac{\Delta L}{L}$$

而 $\frac{\Delta K}{K}=\frac{sY-\delta K}{K}=s\cdot\frac{K^{\alpha}(AL)^{1-\alpha}}{K}-\delta=s\cdot k^{\alpha-1}-\delta$

①令人均产出为 $y=\frac{Y}{L}$,则:

$$\ln y=\ln Y-\ln L$$

因此,人均产出增长率为:

$$\begin{aligned}\frac{\Delta y}{y}&=\frac{\Delta Y}{Y}-\frac{\Delta L}{L}\\&=\alpha\cdot\frac{\Delta K}{K}+(1-\alpha)\cdot\frac{\Delta A}{A}+(1-\alpha)\cdot\frac{\Delta L}{L}-\frac{\Delta L}{L}\\&=\alpha\cdot sk^{\alpha-1}-\alpha\delta+(1-\alpha)\cdot g-\alpha n\\&=\alpha\cdot(n+g+\delta)+g-\alpha\delta-\alpha g-\alpha n\\&=g\end{aligned}$$

②令人均资本为 $m=\frac{K}{L}$,则:

$$\ln m=\ln K-\ln L$$

因此,人均资本增长率为:

$$\begin{aligned}\frac{\Delta m}{m}&=\frac{\Delta K}{K}-\frac{\Delta L}{L}\\&=s\cdot k^{\alpha-1}-\delta-n\\&=n+g+\delta-\delta-n\\&=g\end{aligned}$$

③资本产出比 $\frac{K}{Y}=\frac{K}{K^{\alpha}(AL)^{1-\alpha}}=k^{1-\alpha}=\frac{s}{n+g+\delta}$。

④资本边际产出 $MP_K = \alpha \cdot K^{\alpha-1} \cdot (AL)^{1-\alpha} = \alpha \cdot \left(\frac{K}{AL}\right)^{\alpha-1} = \frac{\alpha \cdot (n+g+\delta)}{s}$。

⑤资本收入占总收入比重 $\frac{MP_K \cdot K}{Y} = \frac{K}{Y} \cdot MP_K = \frac{s}{n+g+\delta} \cdot \frac{\alpha \cdot (n+g+\delta)}{s} = \alpha$。

20. 某国宏观生产函数为 $Y = AK^{0.5}L^{0.5}$，Y、A、K、L 分别代表产出总量、技术水平、资本总量、劳动总量；资本变动遵循 $\Delta K = I - dK$，ΔK、I、d 分别代表资本增加量、投资、折旧率。假设该国的人口均为劳动力且零增长，技术水平、折旧率和储蓄率(s)都保持不变。

(1)请求出该国的人均生产函数。

(2)请写出该国经济实现稳态增长时，人均收入(y)、人均资本(k)和人均消费(c)的表达式。

(3)令折旧率为5%，请分别计算储蓄率为10%、技术水平为2，和储蓄率为20%、技术水平为4的两种情况下，经济实现稳态增长时的人均收入和人均消费；并讨论是否达到了最高人均消费水平。(对外经济贸易大学2021研)

解：(1)由宏观生产函数为 $Y = AK^{0.5}L^{0.5}$ 可知，人均生产函数 $y = Y/L = A(K/L)^{0.5} = Ak^{0.5}$。

(2)资本变动 $\Delta K = I - dK = sY - dK = sAK^{0.5}L^{0.5} - dK$，则资本变动率 $\Delta K/K = sA(K/L)^{-0.5} - d = sAk^{-0.5} - d$。

由于人口增长率为0，即 $\Delta k/k = \Delta K/K = sAk^{-0.5} - d$。因此，人均资本变化 $\Delta k = sAk^{0.5} - dk$。

当经济实现稳态增长时，$\Delta k = 0$，即 $sAk^{0.5} - dk = 0$，解得 $k = s^2A^2/d^2$。

因此，人均收入 $y = Ak^{0.5} = sA^2/d$，人均消费 $c = (1-s)y = (1-s)sA^2/d$。

(3)在经济达到稳态时，$\Delta k = sAk^{0.5} - dk = sy - dk = 0$，即 $sy = dk$。

人均消费 $c = (1-s)y = y - dk = Ak^{0.5} - dk$。

当人均消费达到最大时，$\partial c/\partial k = 0.5Ak^{-0.5} - d = 0$，即 $k = 0.25A^2/d^2$。

①折旧率为5%，储蓄率为10%，技术水平为2：

人均资本 $k = s^2A^2/d^2 = (10\% \times 2 \div 5\%)^2 = 16$，人均收入 $y = sA^2/d = 10\% \times 2^2 \div 5\% = 8$，人均消费 $c = (1-s)y = (1-10\%) \times 8 = 7.2$。

人均消费最大化的人均资本为 $k = 0.25A^2/d^2 = 0.25 \times (2/5\%)^2 = 400$。

②折旧率为5%，储蓄率为20%，技术水平为4：

人均资本 $k = s^2A^2/d^2 = (20\% \times 4 \div 5\%)^2 = 256$，人均收入 $y = sA^2/d = 20\% \times 4^2 \div 5\% = 64$，人均消费 $c = (1-s)y = (1-20\%) \times 64 = 51.2$。

人均消费最大化的人均资本为 $k = 0.25A^2/d^2 = 0.25 \times (4/5\%)^2 = 1600$。

因此，这两种情况均未达到最高人均消费水平。

四、论述题

1. 实际经济周期模型(RBC)作为一个重要的新古典宏观经济学模型，请论述：

(1)与其他经济学的模型相区别，RBC理论的倡导者认为经济周期发生的源泉是什么？

(2)他们的假说在什么地方有吸引力？

(3)你认为他们的缺点在什么地方？(东北财大2013研)

答：(1)实际经济周期模型由基德兰德和普雷斯科特等人提出。在基德兰德和普雷斯科特的模型中，经济波动的原因是技术冲击或生产率冲击，波动的传播机制是劳动者的闲暇跨时替代。

在实际经济周期理论家看来，诱发经济波动的最重要的冲击是生产率冲击或供给冲击和政府支出冲击。生产率冲击的例子有技术创新、新的生产方法的出现、气候变化、自然灾害等，生产率冲击会改变既定投入量所生产的产出量。

经济波动按照下列方式产生：假定存在一个正向的技术冲击（如技术创新或新的生产方法的发明），这种冲击由于劳动生产率提高会形成对劳动的需求增加和产量增加，从而提高现行的实际工资水平。

在冲击发生时，单个的经济当事人必须确定这种冲击究竟是暂时性的还是长久性的，即经济当事人面临着一个信号筛选问题。如果劳动者估计这种冲击是暂时性的，那么，他会认为与未来的实际工资相比，现在的实际工资较高，这会引起劳动者用劳动替代闲暇，从而刺激劳动者在现期提供更多的劳动，由此导致现期产量增加，经济于是处于上升阶段。这样，如果闲暇的跨时替代效应较大的话，即使微小的生产率冲击也会导致相对较大的产出效应。

如果劳动者估计这种冲击是长久性的，生产者将愿意进行新的资本投资以便将来扩大生产。由于从投资增加到资本存量增加再到产量增加需要一定的时间周期，因此，产量会在初始冲击发生后的相当长时间内继续增加，直至冲击的影响消失。在这个过程中，如果不存在进一步的技术冲击，生产者迟早会发现，与保持稳定状态的增长所需要的资本相比，他们持有的资本存量太多了。一旦生产者发现了这一点，为了实现利润最大化，他们必将降低投资率，直到资本折旧使经济恢复到稳定增长路径。在投资率下降的过程中，就业和产量相应发生波动。

（2）同传统的宏观经济学相比，实际经济周期模型的假说的吸引力在于，实际经济周期模型保持了微观经济学与宏观经济学很好的一致性，正是在这一点上它动摇了凯恩斯主义的统治地位，开拓了西方学者研究宏观经济学的新思路，使宏观经济学建立在坚实的微观经济学基础之上。

实际经济周期理论提出了关于总产量的动态随机一般均衡模型，将一般均衡理论应用到经济周期的研究之中，这就为现代宏观经济学一直寻找的自身所建立的微观基础做出了贡献。该理论对使用不同的分析工具来分别研究增长和波动的传统方法提出了挑战。

在20世纪80年代以前，传统的方法是把产出波动解释为围绕着一个不断上升的长期趋势的短期波动，这种波动最初是由总需求冲击引起的，当冲击对产出的影响最终消失时，经济最终会回到它的趋势增长率上；而经济的长期增长趋势是由资源数量、劳动者的积极性和技术等实际因素决定的。

与传统的观点相反，实际经济周期学家研究成果说明，观察到的产出的波动实际上是增长趋势自身的波动，而不是短期产出围绕着长期增长趋势波动。由于技术变化引起的对生产率增长的冲击是经常性的并且是随机的、不稳定的，所以伴随着随机行走的产出轨迹表现出经济周期的特征。因此，增长趋势和周期波动来自同样的根源，即对技术（生产率）的冲击。通过把经济增长理论和经济波动理论整合到一起，实际的经济周期理论改变了现代经济周期理论的研究方向：一方面，淡化了增长趋势和周期波动之间的区别，从而打破了宏观经济学中的短期分析和长期分析的二分法；另一方面，使宏观经济学家的注意力由经济的需求一方再度回到供给一方。

（3）实际经济周期模型的缺陷在于：

①实际经济周期理论模型的构造存在很大的缺陷，他们既没有考虑政府部门的作用，也

完全忽略了货币对经济的影响，即认为货币即使在短期内也是中性的。这两点都脱离了实际情形，使其对经济周期的解释力大打折扣。

②该理论认为经济的衰退和萧条就意味着技术的退步。然而，按照一般观念，技术变迁似乎是一种不可逆转的东西，现实中很少能收集到显示两者相互依存的确切证据。

③实际经济周期理论普遍地使用了代表性主体分析经济的总量问题，它利用一个其选择与大量分散个体的总体选择相同的代表性主体研究技术或实际冲击对亿万个个体关于消费和闲暇的偏好和劳动供给决策的影响。但在这一过程中，它忽视了宏观经济分析中固有的加总问题，从而使其理论的说服力大打折扣。

但是应当值得肯定的是，这些缺陷并不影响实际经济周期理论作为现代宏观经济学的主要进展之一，而对经济学未来发展所带来的深远意义。

2. 在新古典增长模型中，人口增长对经济有哪些影响？结合我国人口现状，说明我国实现经济发展转型升级的必要性和迫切性。（北邮 2013 研）

答：（1）新古典增长模型中人口增长对经济的影响：

新古典增长理论认为，当人口增长率上升，总产量的稳态增长率也上升，人口增加对人均资本和人均产量的增长率都不产生影响。

图 9－4 中，经济最初位于 A 点的稳态均衡。现在假定人口增长率从 n 增加到 n'，则图 9－4 中的 $(n+\delta)k$ 线便移动到 $(n'+\delta)k$ 线，这时，新的稳态均衡为 A' 点。比较 A' 点与 A 点可知，人口增长率的增加降低了人均资本的稳态水平（从原来的 k_A 减少到 k'），进而降低了人均产量的稳态水平。这是从新古典增长理论得出的一个重要结论。

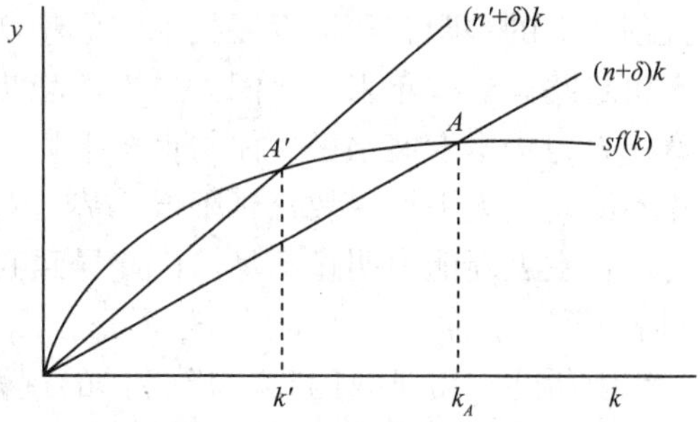

图 9－4　人口增长对经济的影响

对人口增长进行比较静态分析的另一个重要结论是，人口增长率的上升增加了总产量的稳态增长率。这是因为 A' 点和 A 点都是稳态均衡点，稳态意味着：$\frac{\Delta Y}{Y}=\frac{\Delta N}{N}=\frac{\Delta K}{K}=n$，但人口增长对人均资本和人均产出的增长率都不产生影响。

（2）我国经济发展转型升级的必要性和迫切性：

根据我国人口现状，我国实现经济发展转型升级的必要性和迫切性体现在以下几个方面：

①依靠劳动力数量扩张推动经济增长的基础开始动摇。2003 年来，15～59 岁劳动年龄人口年均增长量开始下降，劳动力数量转向有限剩余，沿海经济发达地区出现“民工荒”现象，2011 年，这一问题呈现全国蔓延之势。“十二五”时期，劳动年龄人口绝对规模将达峰值，此后缓慢下降，劳动力供给形势出现划时代的变化，普通劳动力成本上升不可避免。随着上世纪 50 年代第一次出生高峰时期的出生人口相继进入老年，第一次老年人口增长高峰即将到来，人口抚养比将在 30 余年持续下降后，于 2013 年前后转为上升，传统“人口红利”趋于减弱。

②劳动力转移对经济增长的贡献逐步减弱。随着市场经济体制的确立和户籍制度改革的推进，大量剩余劳动力从农业和农村转移到非农产业和城镇，人口城镇化率不断提高。国际

经验表明，人口城镇化从30%提高到70%是一个快速发展时期，但越过50%的拐点后，其增速减缓。随着农业与非农业部门边际生产率差距缩小、农村人口转移趋缓，我国劳动力进一步转移对经济增长的作用下降。同时，现行人口管理制度在很大程度上仍然建立在城乡、地区分隔的户籍制度基础之上，流动人口可以离开土地但不能融入城镇，阻碍了劳动力的有效配置；农民工难以享受均等化的公共服务，直接影响内需的扩大和人力资本的积累；城乡区域间人口收入差距难以缩小，社会风险不断积累、社会矛盾日益凸显，影响社会和谐稳定。

③人口资源环境约束对经济发展的压力增大。人口众多、人均资源占有量较少、生态环境容量相对不足仍然是我国的基本国情，对经济发展的压力是长期、巨大、刚性的。我国人均主要资源量综合排名世界第120位，资源环境对十几亿人口的支撑已很困难。温室气体人均排放水平与世界大体持平，但排放总量居世界前列，节能减排任务十分艰巨。随着人口总量继续增长，人均收入和人们生活水平不断提高，人与自然的矛盾将全面激化，资源环境对经济高速增长的支撑能力日益减弱。

④以人力资本为核心要素的国家竞争优势尚未形成。从根本上讲，由科技创新带来的生产率提高是经济增长的可持续源泉；在人力资本存量上赶超，进而在模仿学习的基础上缩小科技创新上的差距，积极发展技术密集型产业，培育国家竞争优势，是后发国家跨越式发展的必由之路。近些年来，我国人口素质稳步提高，全面普及九年义务教育，基本扫除青壮年文盲，人力资本发展水平大体与世界平均水平相当。但是，与发达国家相比，我国人口素质总体不高，成人平均受教育年限低，势必对未来劳动力人口素质产生不容忽视的负面影响；同时，自主创新能力明显不足。由此导致我国长期处于国际产业分工链低端，经济发展的后劲明显不足。

综上所述，由于我国“人口红利”的逐渐消失，人口资源环境约束的压力增大，人力资本的劣势，严重制约着我国经济的进一步发展，因此必须加快实现我国经济发展的转型升级。

3. 在不考虑人口增长和技术进步的索洛模型中，假设经济最初处于非黄金规则稳定状态水平，并且人均资本存量 K 高于黄金规则水平 K^g。为了实现向黄金规则水平变化，储蓄率该如何调整？如果储蓄率调整的时刻为 t，自此以后人均产出、消费和投资将会如何变化，在下图中画出各变量的变化轨迹，并阐明其原因。（人大2011研）

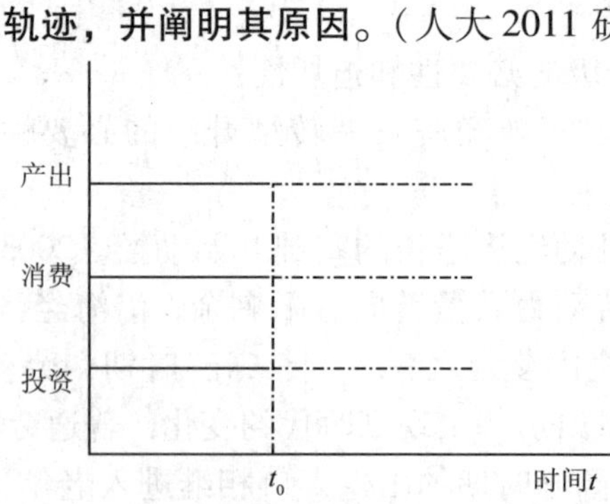

答：(1)在人均资本存量 K 高于黄金规则水平 K^g 时，为了实现向黄金规则水平变化，根据新古典经济增长模型，可以通过消费掉一部分资本使人均资本下降到黄金规则的水平，为此政府应该下调储蓄率。如果储蓄率调整的时刻为 t_0，自此以后人均产出、投资均下降，但消费会上升，最后到时刻 t_1 时人均产出、投资达到一个较低的新稳态水平(或者达到较低

的黄金规则水平），而消费则达到一个较高的新稳态水平。图9－5是各自的变化轨迹。

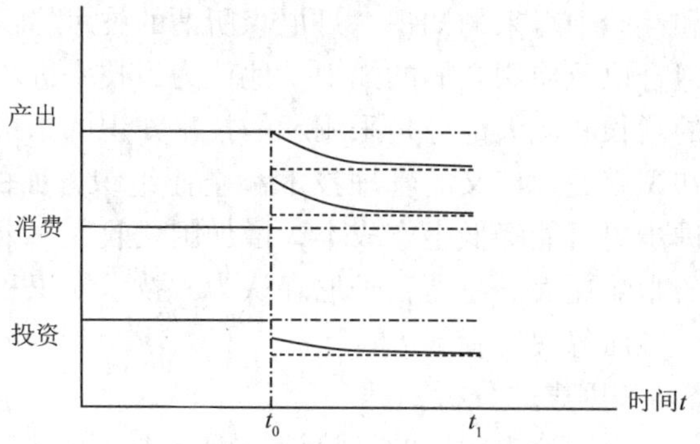

图9－5　资本过多时降低储蓄率的影响

（2）之所以各变量的轨迹如图9－5所示，原因分析如下：

索洛模型的基本方程为：

$$\dot{k}=sf(k)-\delta k$$

其中，k表示人均资本存量，s表示储蓄率，δ表示折旧率，$f(k)$表示生产函数，人均产出率为$y=f(k)$，人均消费率为$c=(1-s)f(k)$。

现在考虑储蓄率一次性下降（$s\to s'$，$s>s'$）。此时，在时点t_0处，资本存量不变，故产出水平不变，但消费上升为$c'=(1-s')f(k)$，总投资由$sf(k)$下降至$s'f(k)$，净投资从0下降为负数。但是，随着人均资本存量趋于黄金规则水平，人均消费稳定下来，对于另外两个变量人均收入和人均投资而言也是如此，一开始有一个脉冲式的减少，但是减少速度越来越慢，最后随着人均资本存量趋于黄金规则水平，两个变量也稳定于其黄金规则水平。

4．试论西方学者关于经济增长因素分析的主要内容和观点。你认为其中有哪些可供我们注意和借鉴？（中南财大2002研）

答：经济增长是一个复杂的经济和社会现象。影响经济增长的因素很多，正确地认识和估计这些因素增长的贡献，对于理解和认识现实的经济增长和制定促进经济增长的政策都是至关重要的。因此，经济增长因素分析就成为现代经济增长理论的重要研究部分，很多西方学者都投入到这一研究中来。下面介绍两位美国经济学家丹尼森和库兹涅茨对经济增长因素的分析。

（1）丹尼森对经济增长因素的分析：

①丹尼森把经济增长因素分为两大类：生产要素投入量和生产要素生产率。关于生产要素投入量，丹尼森把经济增长看成是劳动、资本和土地投入的结果，其中土地可以看成是不变的，其它两个则是可变的。关于要素生产率，丹尼森把它看成是产量与投入量之比，即单位投入量的产出量。要素生产率主要取决于资源配置状况、规模经济和知识进展。具体而言，丹尼森把影响经济增长的因素归结为六个：劳动；资本存量的规模；资源配置状况；规模经济；知识进展；其他影响单位投入产量的因素。

②丹尼森进行经济增长因素分析的目的，就是通过量的测定，把产量增长率按照各个增长因素所作的贡献，分配到各个增长因素上去，分配的结果用来比较长期经济增长中各个因素的相对重要性。

③丹尼森的结论是，知识进展是发达资本主义国家最重要的增长因素。丹尼森所说的知识进展包括的范围很广，它包括技术知识、管理知识的进步和由于采用新的知识而产生的结

构和设备的更有效的设计在内，还包括从国内的和国外的有组织的研究、个别研究人员和发明家，或者简单的观察和经验中得来的知识。丹尼森所谓的技术知识是，关于物品的具体性质和如何具体地制造、组合以及使用它们的知识。他认为，技术进步对经济增长的贡献是明显的，但是只把生产率的增长看成大部分是采用新的技术知识的结果则是错误的。他强调管理知识的重要性。管理知识就是，广义的管理技术和企业组织方面的知识。在丹尼森看来，管理和组织知识方面的进步更可能降低生产成本，增加国民收入，因此它对国民收入的贡献比对改善产品物理特性的影响更大。总之，丹尼森认为，技术知识和管理知识进步的重要性是相同的，不能只重视前者而忽视后者。

(2)库兹涅茨对经济增长因素的分析：

库兹涅茨对经济增长因素的分析运用的是统计分析方法，通过对国民产值及其组成部分的长期估量、分析与研究各国经济增长的比较，从各国经济增长的差异中探索影响经济增长的因素。他认为经济增长的因素主要是知识存量的增加、劳动生产率的提高和结构方面的变化。

①知识存量的增长。库兹涅茨认为，随着社会的发展和进步，人类社会迅速增加了技术知识和社会知识的存量，当这种存量被利用的时候，它就成为现代经济高比率的总量增长和迅速的结构变化的源泉。但知识本身不是直接生产力，由知识转化为现实的生产力要经过科学发现、发明、革新、改良等一系列中间环节。在知识的转化过程中需要有一系列中介因素，这些中介因素是：对物质资本和劳动力的训练进行大量的投资；企业家要有能力克服一系列从未遇到的障碍；知识的使用者要对技术是否适宜运用作出准确的判断等。在这些中介因素作用下，经过一系列知识的转化过程，知识最终会变为现实的生产力。

②劳动生产率的提高。库兹涅茨认为，现代经济增长的特征是人均产值的高增长率。为了弄清什么是导致人均产值的高增长率的主要因素，库兹涅茨对劳动投入和资本投入对经济增长的贡献进行了长期分析。他得出的结论是，以人均产值高增长率为特征的现代经济增长的主要原因是劳动生产率的提高。

③结构变化。库兹涅茨认为，发达的资本主义国家在它们经济增长的历史过程中，经济结构转变迅速。从部门来看，先是从农业活动转向于非农业活动，后又从工业活动转移到服务性行业。从生产单位的平均规模来看，是从家庭企业或独资企业发展到全国性，甚至跨国性的大公司。从劳动力在农业和非农业生产部门的分配来看，以前要把农业劳动力降低50个百分点，需要经过许多世纪的时间，现在在一个世纪中，农业劳动力占全部劳动的百分比减少了30个到40个百分点则是由于迅速的结构变化。库兹涅茨强调，发达国家经济增长时期的总体增长率和生产结构的转变速度都比它们在现代化以前高得多。库兹涅茨把知识力量因素和生产因素与结构因素相联系起来，以强调结构因素对经济增长的影响。制造业结构不能满足现代经济增长对它提出的要求，需求结构变化缓慢、消费水平低，不能形成对经济增长的强有力刺激。

(3)西方学者关于经济增长因素分析借鉴之处：

丹尼森和库兹涅茨对经济增长因素的分析，在一定程度上描述了资本主义经济发展的事实，因而为研究西方经济提供了可供参考的资料。它对社会经济问题采取综合分析的方法，对我们也有一定的启示，特别是它强调了知识进步在经济增长中的重要作用，对于我们认识现代化生产的特点，尤其是对于发展中国家制定正确的经济发展战略，都具有重要的借鉴意义。

5. 根据新古典增长理论：

(1)怎样衡量各种投入对增长的贡献？

(2)“转变增长方式”的含义是什么？

(3)怎样转变增长方式？（南京大学2006研）

答：(1)根据新古典增长理论，$\frac{\Delta Y}{Y}=\alpha\left(\frac{\Delta K}{K}\right)+\beta\left(\frac{\Delta L}{L}\right)+\frac{\Delta A}{A}$，其中$\frac{\Delta Y}{Y}$为总产出增长率，$\frac{\Delta K}{K}$为资本增长率，$\frac{\Delta L}{L}$为劳动增长率，$\frac{\Delta A}{A}$为技术进步率，$\alpha$为资本的产出弹性，$\beta$为劳动的产出弹性。

因此，资本投入对增长的贡献可以用$\alpha\frac{\Delta K}{K}$来表示，劳动对增长的贡献可以用$\beta\frac{\Delta L}{L}$来表示，技术进步对增长的贡献可以用$\frac{\Delta A}{A}$来表示。

(2)根据新古典的经济增长核算公式，“转变增长方式”的含义是改变传统的倚重于资本和劳动的高投入的经济增长方式，转为依靠技术进步来促进经济的发展，利用现代技术提升传统产业的生产效率和生产能力，更好地促进经济节约、快速发展。由增长核算公式可见，资本和劳动投入对经济增长所产生的作用取决于其投入增长率乘以其产出弹性，而技术进步对经济增长的作用更大，技术进步1%，能引起产出增长1%。因此，转变增长方式主要就是改变传统高投入的经济增长模式，充分利用现代科技实现集约型的经济增长。

(3)转变经济增长方式的措施主要有：

①要把节约资源作为基本国策，加快建设资源节约型和环境友好型社会，发展循环经济，高效利用资源，保护生态环境，促进经济发展与人口、资源、环境相协调。

②要切实走新型工业化道路，走生产发展、生活宽裕、生态良好的文明发展道路，努力实现节约发展、清洁发展、安全发展和可持续发展。为了实现加快经济增长方式转变的目标，要抓住以下重要环节：要转变观念，坚持科学发展、要全面理解发展的内涵，正确处理经济发展与经济增长的关系，坚持以人为本、全面协调、可持续的科学发展观。

③要大力调整产业结构，尤其要大力发展能耗低、需求大的现代服务业，提高先进制造业的比重，通过结构调整，构建增长方式转变的物质基础；要努力提高科技水平，大力推广和普及先进适用技术，加快运用高新技术特别是信息技术改造传统产业；要增强科技的自主创新能力，大力发展具有自主知识产权的关键技术和核心技术，形成转变增长方式强有力的技术支撑；要加快改革引发粗放型增长的体制和机制，加快转变政府职能，深化财税和金融体制改革，建立反映资源稀缺程度的价格机制，加快完善相应的法律和法规，把企业投资、生产行为和政府行为“逼入”科学发展的轨道。

6. 试运用乘数—加速数模型来解释经济的周期波动。（山东财经大学2013研）

答：按照乘数—加速数模型，在乘数作用下，投资变动会导致收入的多倍变动；而在加速数作用下，收入变动又会引起投资的多倍变动。正是这种双重作用引起了经济的周期波动。

假设由于新发明的出现使投资的数量增加。投资数量的增加会通过乘数作用引起收入多倍增加。假定边际消费倾向既定，当收入增加时，人们会购买更多的物品，从而使整个社会的物品销售量增加。通过加速数的作用，销售量的增加会促进投资以更快的速度增长，而投资的增长又使国民收入增长，从而销售量再次上升。如此循环往复，国民收入不断增大，于是，社会便处于经济周期的扩张阶段。

然而，社会资源是有限的，收入的增长会遇到资源的界限。此时，经济达到峰顶，收入不再增长，销售量也不再增长。根据加速原理，这意味着净投资量下降为零。由于投资的下降，收入减少，从而销售量也减少。又根据加速原理，这使得投资进一步减少，而投资的减少又使国民收入进一步下降。如此循环往复，国民收入会持续下降。这样，社会便处于经济周期的衰退阶段。

收入的持续下降使社会最终达到经济周期的谷底。这时，总投资将为零。部分企业感到有必要更新设备，进行重置投资。这样，随着投资的增加，收入又开始上升。上升的国民收入通过加速数的作用又一次使经济进入扩张阶段。于是，一次新的经济周期又开始了。

7. 如何解释目前世界经济中有些国家很贫困而有些国家却很富裕？贫困的国家是否有希望赶上富裕的国家？要求用相关的经济增长理论并结合中国实际来说明。（厦门大学 2009 研）

答：索洛模型认为，在发展条件相似（如储蓄率、人口增长速度以及受教育程度等）的贫穷经济体与富裕经济体之间的差距大约每年缩小 2%，经过若干年，贫穷经济体将会赶上富裕经济体，从而在人均产出方面达到平等，这被称之为经济增长的条件趋同或收敛。

假定不存在技术进步的索洛模型认为影响一个经济体收入水平的因素包括：初始资源禀赋（包括初始资本存量 K_0 与初始劳动力 L_0，即初始人均资本存量 k_0）、人口增长速度 n、储蓄率 s 以及资本折旧率 δ 等。经济体间能否最终实现趋同，取决于经济体间最初在什么方面是不一样的，下面分两种情况讨论：

（1）两个经济体唯一的差异是初始资源禀赋不同，记初始人均资本存量分别为 k_0^i 和 k_0^j，且 $k_0^i > k_0^j$，即经济体 i 的初始人均资本存量大于经济体 j。相应的，两个经济体的人均收入的初始水平也存在差距，$y_0^i > y_0^j$。由于两个经济体的其他条件都相同，根据索洛模型基本方程，它们最终都会达到相同的稳定状态。如图 9－6 所示，两个经济体只是初始人均资本存量不同（经济体 j 的 k_0^j 更加靠近原点），具有相同的储蓄曲线 $sf(k)$ 和资本折旧线 $(n+\delta)k$，因此在稳态时，两个经济体的人均资本存量 k^* 和人均收入 y^* 是相同的。因此，当经济体只存在初始禀赋差异而其他条件相同时，贫穷经济体最终能够赶上富裕经济体，这也是“二战”后西方发达国家发生的经济增长趋同现象。

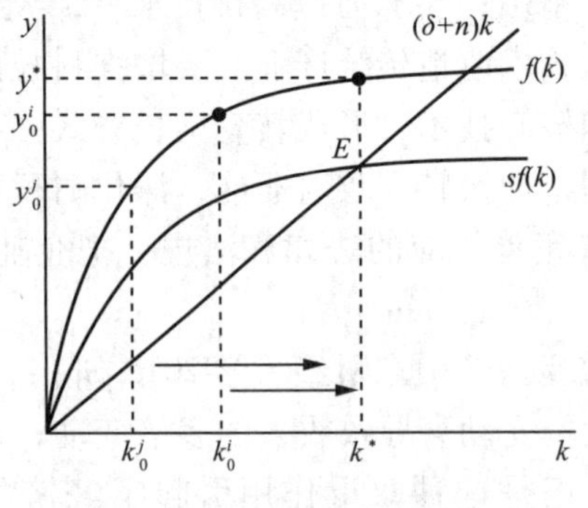

图 9－6　经济体间的趋同，只有初始禀赋差异

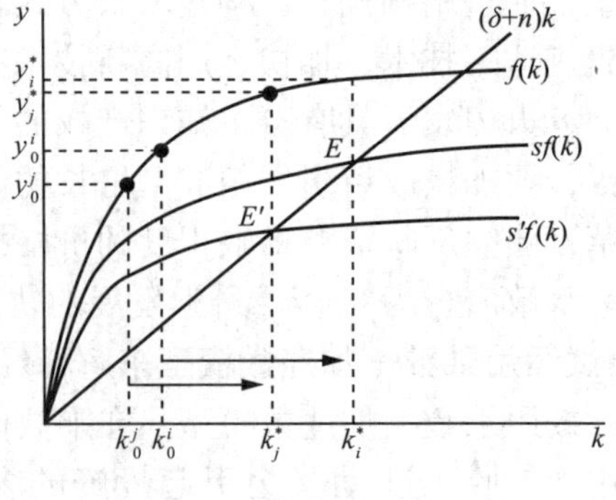

图 9－7　经济体的趋同，存在初始禀赋和储蓄率差异

（2）两个经济体不仅存在初始资源禀赋的差异，还存在其他差异，比如储蓄率之间的差异。假定初始人均资本存量分别为 k_0^i 和 k_0^j，且 $k_0^i > k_0^j$；储蓄率也分别为 s 和 s'，且 $s > s'$。这表明，经济体 i 不仅拥有更高的初始人均资本存量，而且有更好的储蓄率。如图 9－7 所

示，经济体 j 的 k_0^j 更加靠近原点。在初始时刻，$k_0^i > k_0^j$ 意味着经济体 i 收入水平也更高，即 $y_0^i > y_0^j$。随着时间的推移，两个经济体都会到达各自的稳定状态，由于它们的储蓄率不同，在图 9－7 中，表现为拥有不同的储蓄率线，进而它们的稳定状态不再相同，尽管资本折旧线是相同的。因此，两个经济体的最终收入分别为 y_i^* 和 y_j^*，且 $y_i^* > y_j^*$。这表明，当两个经济体在储蓄率方面存在差异时，贫穷经济体最终将无法赶上富裕经济体。

(3)在全球范围内，不存在任何趋同的证据。这是因为，各个经济体之间的发展条件相差比较大，存在不同的稳定状态，中国经济增长的现实情况也比较吻合索洛模型的上述观点。典型事实①：改革开放以来，中国各省区 GDP 都快速增长，但增长中呈现显著差异；典型事实②：从全球范围看，中国的快速增长以及增长的差距都令人瞩目；典型事实③：中国目前并不存在落后省区赶超发达省区的趋势。

8. 下图是世界上几个经济体过去 200 年间的增长纪录，其中纵轴和横轴分别是按 1990 年美元度量的人均收入和时间。根据图形和你所知道的相关知识，回答下面问题。

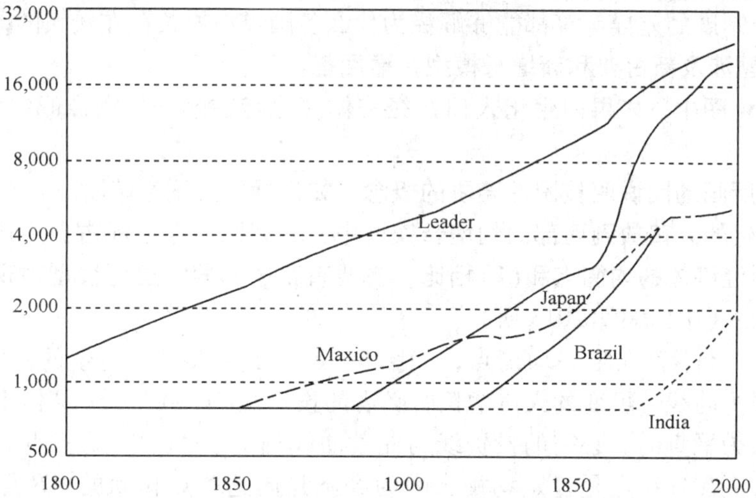

(1)在过去 200 年里，一些发达经济体为什么一直存在人均意义上的经济增长？结合你所知道的相关知识，给出理论上的解释。

(2)在过去 200 年里，一些经济体先后开始了人均意义上的经济增长。这意味着在世界范围内存在趋同吗？给出你的判断及理由。

(3)在过去 200 年里，一些经济体一直存在经济增长，而一些经济体却一直没有经济增长。结合你所知道的相关知识，对这种现象给出理论上的解释。(中山大学 2012 研)

答：(1)基本的索洛模型表明，资本积累本身并不能解释持续的经济增长：高储蓄率只能导致暂时的高增长，但经济最终达到一个稳态，此时人均资本保持不变。人均意义上的经济增长来源于技术进步，因此应该从技术进步的角度来考察经济增长。在人类历史的大部分时间，经济更多的体现为总产出的增长，更具体来说是人口的增长。在 18 世纪末期和 19 世纪初期，即工业革命时期，劳动生产率增长停滞的状况发生了根本的变化，开始出现了真正意义上的技术进步，经济增长开始起步。

(2)全球范围内不存在落后经济体赶超发达经济体的趋势，不存在世界范围的趋同。统计研究发现，就 1960～1985 年间 100 多个经济体的实际情况来看，并不存在落后经济体赶超发达经济体的趋势。索洛模型对趋同是否会发生做出了清楚的预测。根据该模型，两个经济体是否趋同取决于初始差异。如果两国仅资本存量不同，则可预期两个经济体将趋同，有着较少资本存量的较穷经济体自然将增长得更快，以达到稳定状态。但是，如果两个经济体有着不同的稳定状态，也许是由于这些经济体有着不同的储蓄率，那么就不应当预期它们会趋同。相反，每一个经济体将达到它自己的稳定状态。

最近的实证研究得出的结论为：世界上的各经济体显示出有条件的趋同，即它们看来向其本身的稳定状态趋同，其稳定状态则由储蓄、人口增长和人力资本决定。

当然，如果把注意力限制在经济发展环境比较相似的一组国家或地区，那么就可能发现趋同现象。比如，20 世纪 80、90 年代，亚洲新兴国家经济的快速发展，就表明在一定程度上存在着趋同的可能。

(3) 在过去 200 年里，一些经济体一直存在经济增长，而一些经济体却一直没有经济增长，其原因是多方面的。经济增长的影响因素多种多样，除了必要的要素投入，如劳动力、资本等硬投入要素外，还有制度变迁、文化等软因素。经济增长并不是由某一因素就能决定，不同区域、历史背景、文化氛围、资源禀赋等都会导致经济增长上的差异。各国资源禀赋的差异、社会制度的差异等等都能够解释为什么各国经济增长存在较大的差异。

9. 以下问题涉及新古典和新增长模型，请回答。

(1) 在 Solow 图中，如果内生化人口，经济体还是存在唯一均衡点吗？均衡点稳定吗？请画图说明。

(2) 利用你所画的图说明贫困性陷阱的概念。如何摆脱贫困性陷阱。

(3) 把内生化的人口放到两部门的增长模型中，亦即同时存在新古典生产函数和新增长生产函数，此时经济体的均衡点和 (1) 相比，主要有哪些不同？这个模型对现实的解释能力更强吗？为什么？（中山大学 2013 研）

答： (1) 经济体不存在唯一均衡点，如图 9－8 所示。人口是内生的，则 n 不再固定，投资必需线就成为曲线。可变的人口增长所必需的投资线 $[n(y)+d]k$ 缓慢上升，然后急剧上升，并最终成为平直的。必需的投资线与储蓄曲线相交于 A、B、C 三点。箭头表示向稳态移动的方向。A 点与 C 点是稳定均衡，因为经济是向这些点移动的。B 点则是不稳定均衡，因为经济趋向于离开 B 点。

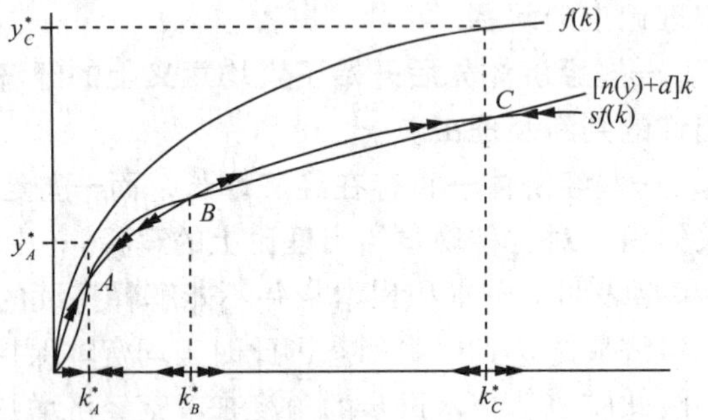

图 9－8　贫困陷阱

(2) 如图 9－8 所示，A 点是一个有着高人口增长与低收入的贫困陷阱。摆脱贫困陷阱的两种方法：

①国家安排一个“大推进”，使收入越过 B 点，经济自身将完成向高收入的 C 点移动的其余路程。

②将储蓄曲线上移，或将必需的投资曲线下移，使它们不在 A、B 点处相交，就能有效地消除贫困陷阱。其中，提高生产率或提高储蓄率都能使储蓄曲线上升。人口控制政策可降

低必需的投资线。

(3)对一个两部门增长模型，添加一个可变的人口增长率后，可以得知必需的投资线为曲线，生产函数在刚开始有一个递减的边际资本产出，然后边际资本产出为常数。如图9－9所示，储蓄函数的形状与生产函数类似。

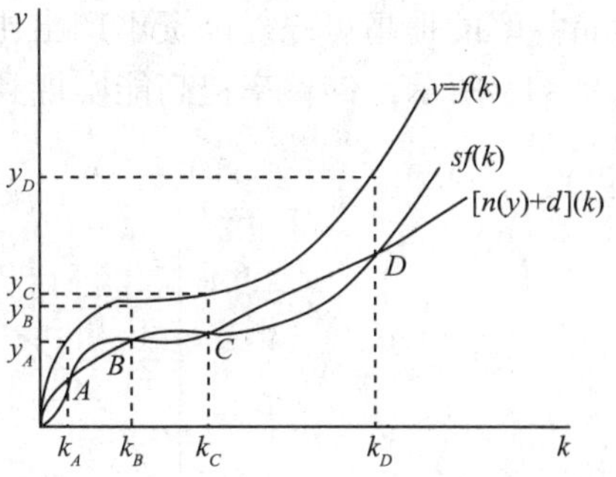

图9－9　两部门增长模型在添加一个可变的人口增长率后的情形

储蓄函数与投资需求有四个交点。均衡点 A 是一个稳定的低收入稳态均衡点。任何背离此点的经济将最终调整到相同的稳态产出水平和资本产出比，即会回到此点。均衡点 B 是一个非稳定的低收入的均衡点。任何背离此点的经济将不会回到原均衡点。如果资本—劳动比率下降则会到达低收入稳态均衡点 A，反之如果资本—劳动比率上升则会到达较高收入稳态均衡点 C。均衡点 C 是一个稳定的中等收入稳态均衡点。任何背离此点的经济将最终调整到相同的稳态产出水平和资本产出比，即会回到此点。均衡点 D 是一个非稳定的高收入均衡点。任何背离此点的经济将不会回到原均衡点。如果资本—劳动比下降则会到达中等收入稳态均衡点 C，反之如果资本—劳动比率上升则会持续地发展。在任一均衡点上人均产出达到稳定状态，保持不变，但总产量的增长率与劳动力增长率相等。

此模型既可以对无增长国家与高增长国家并存的世界作出解释，也可以解释贫困陷阱的原因和解决方法，对现实具有更强的解释力。

10. 索洛模型认为，只有技术进步才是一个经济长期持续增长的源泉。请问为了提高一国经济的劳动生产率，最终提高一国的国民收入，有哪两条途径？(南京大学2019研)

答：(1)考虑技术进步的索洛模型：

考虑技术进步时，索洛模型的稳态条件是 $sy=(n+\delta+x)k$。其中，k 为按有效劳动平均的人均资本，y 为按有效劳动平均的人均产量，s 为储蓄率，n 为人口增长率，δ 为折旧率，x 为技术进步率。图9－10的纵轴表示人均资本的增长率，$\frac{sf(\hat{k})}{\hat{k}}$是一条向下倾斜的曲线，可以理解为实际投资所带来的平均资本增长率，此时$(n+\delta+x)$与人均资本无关，表示资本的消耗速度。从图中可以看出，无论初始的人均资本处于什么水平，经济最终都要向 $\hat{k}^*$ 收敛。

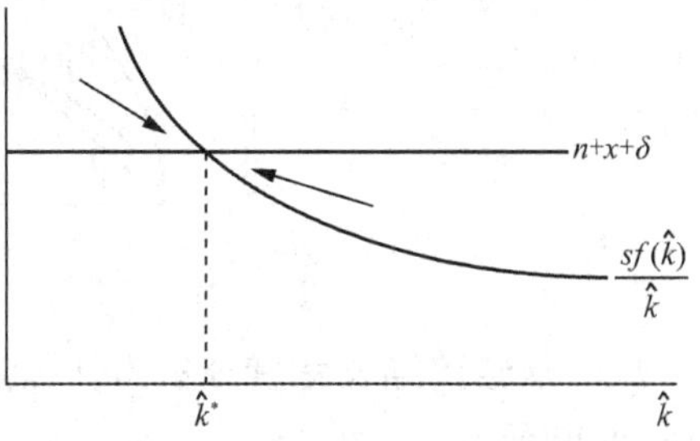

图9－10　考虑技术进步的稳态

在考虑技术进步的条件下，由于人均产出和总产出分别以 x 和$(n+x)$的速率增长。索洛模型表明，只有技术进步是一个经济长期持续增长的源泉，能够推动产出和生活水平的不断上升。提高储蓄率只能实现在到达稳态之前的短期增长而不是长期持续的高增长——长期均衡增长率与储蓄率无关，而人口增长对人均意义上的增长是没有意义的。

(2)提高劳动生产率的两个途径：

将技术进步因素纳入分析框架，为了提高一国经济的劳动生产率，并最终提高一国的国民收入，可以有两条途径：

①提高储蓄率。提高储蓄率虽然不可以提高经济增长率，但是可以提高潜在的产出，因

为储蓄率的提高可以提高资本产出比，资本产出比的增加将会带动投资，增加潜在产出。如图 9－11 所示，储蓄率提高能实现到达稳态之前的短期增长。

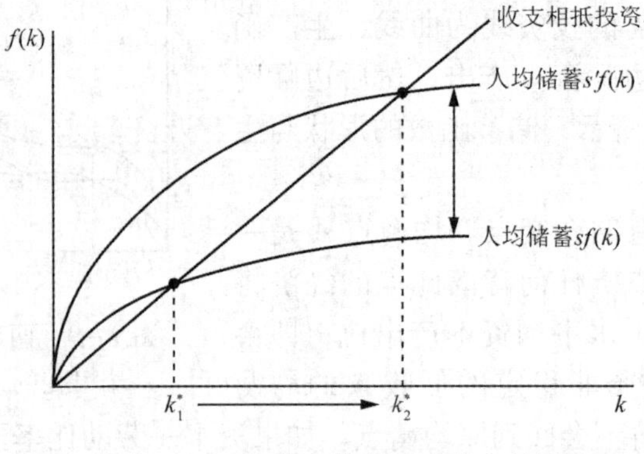

图 9－11　储蓄率的变动对稳态的影响

②采用新技术，即提高整个 $f(k)$ 曲线。这意味着改变生产函数和使用新技术，在一定的人均资本下提高劳动生产率。如图 9－12 所示，当人均产出函数为 $f(k)$ 时，人均储蓄为 $sf(k)$，此时的稳态人均资本为 k^*。当人均生产函数提高为 $f'(k)$ 时，人均储蓄为 $sf'(k)$，此时的稳态人均资本为 $k^{*\prime}$。由此可见，提高整个 $f(k)$ 曲线时，会增加人均资本，那么也就会增加潜在的 GDP 水平。稳态时的经济增长率提高。

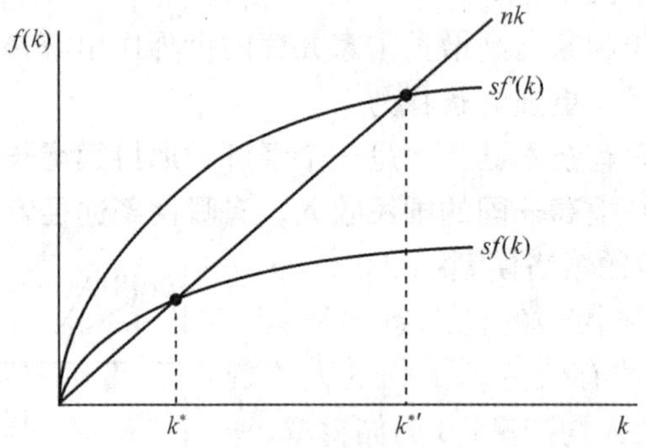

图 9－12　提高 $f(k)$ 曲线对稳态的影响

11．从经济增长角度分析为什么我国要支持和发展科技创新和产业优化。（哈尔滨工业大学 2020 研）

答：经济增长通常是指在一个较长的时间跨度上，一个国家人均产出（或人均收入）水平的持续增加。

（1）科技创新：

①索洛的经济增长模型的主要结论是：在其他外生变量相同的条件下，人均资本低的经济有更快的人均资本的提高，人均收入低的经济有更高的增长率；人均产出（Y/L）的增长来源于人均资本存量和技术进步，但只有技术进步才能够导致人均产出的永久性增长。索洛模型认为，当外生的技术以固定比率增长时，经济将在平衡增长路径上增长，而当外生技术水平固定不变时，经济将趋于停滞，投资仅能补偿固定资产折旧和装备新工人，技术进步是经济增长的主要动力。所以我国要鼓励科技创新。

②科技创新对经济增长的作用：在科学技术日新月异的今天，新技术不断涌现，信息技术、生物技术、材料技术等在这个科技时期的地位越来越重要，对经济、社会以及人们的生活方式产生了重大影响。在我国，科学技术对经济发展的影响主要体现在：

a. 促进了产业结构的升级。

b. 信息技术将在经济发展中起到巨大的作用。信息技术在我国的发展和发达国家相比虽然还处于起步阶段，但是用信息技术装备国民经济各个部门将带来生产率的大幅度提高已成为不争的事实。

c. 科学技术将成为可持续发展的主要手段。要实现可持续发展，仅仅对环境污染进行控制是不够的，必须在能源、运输、制造业、建筑业和农业技术等方面进行全面彻底的变革。这就要求大力发展新技术，开发新能源，发展绿色科技等。

(2)产业优化：

①索洛增长模型表明的基本含义是：人均资本拥有量的变化率取决于人均储蓄率和按照既定的资本劳动比配备每一新增长人口所需资本量之间的差额。所以，促进经济增长要增加劳动力的投入。劳动力投入的调整可以优化就业结构，改善人口规模和结构，从而促进产业结构的升级。在经济发展初期，人口增长迅速，经济中劳动的作用主要表现为劳动力数量的增加。在经济发展到一定阶段后，劳动力质量起主要作用，而劳动力质量的提高主要源于人力资本投资。因此，劳动力投入可以促进产业结构升级。

②产业优化对经济增长的作用：

现代经济增长本质上是以产业结构变动为核心的。经济增长的本质就是产业优化。

产业结构代表着一国的经济发展水平，是制约各国经济增长的主要因素之一，因此产业优化能够有效促进经济增长。产业结构的优化升级要求产业发展向更高水平演进，提升产业的技术水平，提高产出质量，促进产业结构合理化，引导生产要素向更高效率部门流动，提升资源配置效率与生产效率；同时在产业结构优化调整的进程中，产业集聚产生的规模报酬递增效应可进一步提升福利水平，由此形成的新产业结构也将为经济高质量发展提供新的发展动力。

具体地看，更好培育产业结构优化的新动力，需要加强大数据、云计算、人工智能、物联网等技术在产业中的普及应用，以技术为纽带，同步推进产业结构合理化进程，促进产业内部技术改造与产业之间联动发展，在结构布局中还应形成以培育商业新模式、产业新业态倒逼传统产业组织运营方式革新的反馈机制。对于研发活动最为密集但尚属发展短板的高技术制造业和知识密集型服务业，应集合内部研发、外部引进、扩大开放与优化资源配置，多措并举增强和提升产业发展的动力和水平。

12. 根据经济增长理论，分析如何实现2035年人均收入水平达到中等发达国家水平，比现在翻一番。(西南政法大学2021研)

答：(1)当前，中国已步入高质量发展阶段，经济规模的较快增长与人均GDP水平的不断提升是一个国家持续发展以及迈向现代化的重要基础，在2020～2035年中国迈向社会主义现代化强国的关键时期，必须保证一定的经济增长速度。

(2)经济增长理论是研究解释经济增长规律和影响制约因素的理论，其中经济增长是指根据通胀调整后的产出水平的提高。经济增长理论将经济增长的动力归为资本、有效劳动力、人力资本以及全要素生产率(TFP)。为实现翻一番的目标，首先要有足够的资本投资，其次要有足够的有效劳动力和教育投入，最后要有较高的TFP。

①资本存量方面，固定资产投资增速或将继续保持稳中有降的趋势，我国要提高投资效率，提升资本质量。经济增长理论指出，随着资本存量逐步收敛至稳态水平，资本积累的增速会相应地不断放缓；从中国经济实际情况来看，消费占GDP比重上升、投资占GDP比重

下降也是未来的发展趋势；此外，房地产投资和基建投资也将受到制约。虽然高投资发展模式难以持续，但中国可以通过提高投资效率，提升资本质量，进一步增强资本对经济增长的拉动作用。具体而言：一要保持房地产市场的平稳发展；二要避免大规模基建，财政政策以减税降费为主；三要进一步完善政府部门权责清单，激发投资积极性。

②劳动力供给方面，人口老龄化不断加速，2020～2035 年中国的劳动适龄人口（15～64 岁）数量将继续呈现下降态势，而且降幅将持续扩大，要多措并举延缓其负面影响。第一，延迟退休，扩大劳动力规模；第二，发展人工智能，以机器人代替部分劳动力；第三，深化户籍和土地等制度改革，促进人口流动以优化劳动力供给结构。

③人力资本积累方面，近年来中国人力资本增速放缓，需要加强公共教育支出，特别是对农村地区教育和职业教育的投入；需要推进人力资本要素市场化配置，提升人力资本增长速度，加快质量型人口红利的释放。

④全要素生产率（TFP）方面，增长理论表明，持续增长只能来自技术的持续改进；从现实来看，2016 年以来中国 TFP 增速开始呈现回升势头。我国需要通过市场化改革促进资源配置效率提升与技术进步。一方面，要推动资金、土地与劳动等要素市场的市场化改革，从而提高资源配置效率；另一方面，要增强市场主体创新动力，激励企业从事创新活动，进而提高 TFP 增速及其对中国经济增长的贡献率。

第10章　新古典宏观经济学与新凯恩斯主义经济学

10.1　考点难点归纳

西方宏观经济学是由三个理论发展而来的，具体包括：新古典宏观经济学、新凯恩斯主义经济学和新增长理论。而新古典宏观经济学的理论可以追溯到20世纪50年代美国的货币主义学派，其代表人物是美国经济学家米尔顿·弗里德曼。

考点一：货币主义

1. 货币主义的理论基础

货币主义的基本理论为新货币数量论和自然率假说。货币主义的基本主张之一是货币数量论，它是关于货币数量变化决定价格水平变化的理论。

(1)货币数量论的相关内容如表10－1所示：

表10－1　货币数量论

理论	具体内容
传统货币数量论	传统货币数量论包括费雪方程(即交易方程：$PY=MV$ 和 $MV=PT$，后一种形式已经不太流行)和剑桥方程(即庇古的 $M=kY=kPy$)，两者的实质是一致的。货币数量与价格水平之间存在着直接的因果数量关系，物价水平的高低，取决于货币数量的多少，二者呈正向关系。它们被认为是早已存在于西方经济学的“货币数量论”的现代表达形式。二者的不同之处在于：交易方程强调货币的交易媒介的作用，而剑桥方程则强调对货币的需求方面
凯恩斯理论	凯恩斯以灵活偏好为基础提出方程：$M/P=L(y, r)=L_1(y)+L_2(r)$，式中，$L$ 为对货币的总需求；L_1 为对货币的交易需求和预防需求；L_2 为对货币的投机需求；r 为利息率；P 为价格水平；特别是其中的货币投机需求发展了庇古的思想观点。但是它忽略了人们对财富的持有量也是决定货币需求的重要因素
新货币数量论	弗里德曼根据自己的方程建立了新货币数量论，他强调新货币数量论与传统货币数量论的差别在于，传统货币数量论把货币流通速度 V(或者 $1/k$)当作一个由制度决定的常数，而新货币数量论认为稳定的不是 V，而是决定 V 值的函数，V 只不过是稳定的外在表现而已。V 在长期是一个不变的量，在短期可以做出轻微的变化

(2)自然率假说：

自然率主要是指自然失业率，即充分就业下的失业率。自然率假说是指，在没有货币因素干扰的情况下，让劳动力市场和商品市场的自发供求力量发挥作用时所应有的处于均衡状态的失业率，这种失业率是稳定的、独立于通货膨胀率的，只要没有货币干扰，实际失业率总是以这种自然失业率为轴心而上下波动。政府在短期内可以通过高通货膨胀率来使失业率低于自然率水平。但从长期来看，失业率与通货膨胀率是没有必然联系的，自然率将是必然存在的，从而政府试图通过高通货膨胀以实现高就业率的经济政策将会失效。

2. 货币主义的主要观点及政策主张

(1)主要观点：①货币供给对名义收入具有决定作用；②长期中，货币数量主要影响价格以及其他用货币表示的量(如货币工资)，而不影响就业和实际国民收入；③短期可以改变实际变量；④私人经济具有自身稳定性。

(2)政策主张：①反对凯恩斯的财政政策；②反对"斟酌使用"(根据情况变化而制定和执行)的货币政策；③主张单一规则的货币政策，尽力避免国家干预。

考点二：新古典宏观经济学

1. 新古典宏观经济学的基本假设

传统凯恩斯主义不能够解释20世纪70年代的滞胀，于是促进了货币主义和理性预期的发展，形成以卢卡斯为首的新古典经济学派。其四个假设条件如下：

(1)个体利益最大化。

(2)理性预期。即在有效利用一切信息的前提下，对经济变量做出的在长期中平均说来是最为准确的，而又与所使用的经济理论、模型相一致的预期。理性预期包含三个含义：①做出经济决策的经济主体是有理性的；②为做出正确决策，经济主体会在做出预期时力图获得一切有关的信息；③经济主体在预期时不会犯系统错误。

(3)市场出清。即劳动力市场上的工资和产品市场上的价格都具有充分的灵活性，可以根据供给情况迅速进行调整。所以劳动力市场和产品市场都不会存在超额供给。

(4)自然率假说。

2. 新古典宏观经济学的观点

(1)宏观政策无效论。其原因在于理性预期。货币主义仅仅反对凯恩斯主义的财政政策，而新古典宏观经济学则更进一步。

(2)适应性预期错误论。其原因是人们进行预期时不但要根据过去的事实，还要考虑将来的变化。

(3)反对凯恩斯主义的"斟酌使用"的或者对经济运行进行"微调"的政策。这个观点的理论基础是"卢卡斯批判"。

3. 附加预期变量的总供给曲线和新古典模型

新古典宏观经济学在建立自己的经济模型时引入了附加预期变量的总供给曲线。而总需求曲线 AD 的变化可以由意料之中的因素(如政府的财政货币政策和其他经济政策)和意料之外的因素(如自然灾害)，以及介于两者之间的因素(如外汇波动等)引起。对于意料之外的因素所造成的价格和产量的波动，理性预期学派认为，国家是不能使用经济政策来使之稳定的。由于意料之外的因素无法事先得知，所以参加经济活动的人，包括国家的经济管理人员在内，事先都不知道这些因素的存在，更谈不到理解这些因素的作用。理性预期学派的最终结论是，在任何情况下，宏观经济政策都是无效的。

4. 实际经济周期理论

实际经济周期理论认为，市场机制本身是完善的，在长期或短期中都可以自发地使经济实现充分就业的均衡；经济周期源于经营体系之外的一些真实因素，如技术进步的冲击，而不是市场机制的不完善；实际经济周期理论否定了把经济分为长期与短期的说法，经济周期本身就是经济趋势或者潜在的或充分就业的国内生产总值的变动，并不存在与长期趋势不同的短期经济背离。

实际经济周期理论假定实际(供给)冲击从根源上导致了经济波动，这些冲击包括新生产技术、新产品、恶劣天气、战争、原材料新来源以及原材料价格变化等。经济遭受了不利的供给冲击会使生产函数曲线发生向下的移动，而如果经济受到了有利的供给冲击会使生产函数曲线发生向上的移动。

5. 新古典宏观经济学对财政政策的分析

(1)公债非中性理论：

凯恩斯主义经济学家不仅把公债作为弥补财政赤字的一个重要手段，而且也认为公债是政府实施财政政策的一个重要工具。为此，他们还提出了"公债哲学"，其要点是：①公债的债务人是国家，债权人是公众。国家与公众的根本利益是一致的，政府欠公众的债也就是自己欠自己的债。②政府的政权是稳定的，这就保证了债务的偿还是有保证的，不会引起信用危机。③公债不会对子孙后代构成负担，因为发行公债可以促使资本更多地形成，加快经济增长的速度，从而使子孙后代在偿付公债的负担之后，还能得到更多的财富和消费。由此，凯恩斯主义经济学家把用公债来弥补由于增加支出而造成的政府预算赤字这一办法看作是经济萧条时期刺激总需求的重要途径。总之，在凯恩斯主义经济学家看来，公债的效果是非中性的，即是有益处的。

(2)李嘉图等价定理：

李嘉图在《政治经济学及赋税原理》一书中表达了这样一种推测：在某些条件下，政府无论用债券还是用税收筹资，其效果是等价的或相同的。西方学者把它称为"李嘉图等价定理"。

新古典宏观经济学不但认为货币政策不能改变产出增长的长期路径，而且认为用公债弥补政府赤字或减税的办法刺激经济都无济于事，因而公债的效果是中性的，即不会带来益处。巴罗认为，不管公债负担落在当代人身上还是后代人身上，李嘉图等价定理仍是成立的。

考点三：新凯恩斯主义

1. 新凯恩斯主义形成的理论背景

(1)客观条件：原凯恩斯主义在理论上存在缺陷，加上新古典宏观经济学对现实问题的解释效微力乏。

(2)理论创新：①假设工资黏性和价格黏性，代替原凯恩斯主义中的工资刚性和价格刚性；②假设工资黏性、价格黏性和非市场出清，代替新古典宏观经济学假设的工资伸缩性、价格伸缩性和市场出清，并联系宏观经济问题，建立起有微观基础的新凯恩斯主义宏观经济学。

2. 工资黏性和价格黏性的理由

(1)工资黏性的理由：

①合同的长期性。

②合同分批到期的性质。

③效率工资论。效率工资是指满足效率对工资的弹性为1时的工资，即工资增加1%，效率也提高1%时候的工资。为了刺激工人的积极性，厂商愿意支付高于平均工资的效率工资。

④长期劳动合同论。认为长期劳动合同对厂商和对工人都是有利的，可降低谈判成本，减少罢工次数，而这种劳动合同排除了工资适应条件变化而迅速调整的可能性。

(2)价格黏性的理由：

①市场的不完全。

②工资的黏性。

③菜单成本：厂商改变价格需要重新印刷它的产品价格表，向客户解释原因等等措施都

会带来费用和成本，类似于饭馆改变价格重新制作菜单一样，如果价格变化很多，成本会增加，顾客可能也不满意。

④价格分批变动的性质。

3．新凯恩斯模型和对经济波动的解释

把新凯恩斯主义和新古典经济学的劳动市场的情况加以比较，可以看到，前者的劳动市场处于不出清的状态，供求之间存在着差距；后者的劳动市场中，存在着出清的状态，这种不出清和出清的差别也应该存在于二者的其他市场。新凯恩斯主义对宏观经济波动的考察是用总需求曲线和总供给曲线（新凯恩斯主义的短期总供给曲线）并结合长期劳动合同的交错性质来说明的。

新凯恩斯主义在政策主张方面所持有的观点是，由于价格和工资的黏性，经济在遭受到总需求冲击后（例如导致经济衰退），从一个非充分就业的均衡状态恢复到充分就业的均衡状态，是一个缓慢的过程。因此用政策来刺激总需求是必要的，不能等待工资和价格向下的压力带来经济恢复，因为这是一个长期的痛苦的过程。

10.2　考研真题与典型题

一、名词解释

1．黏性工资（sticky wage）（社科院 2014 研；中国青年政治学院 2013 研）

2．货币非中性（中山大学 2015 研）

3．货币工资刚性（电子科技大学 2006 研；武汉大学 2002 研）

4．适应性预期（adaptive expectation）（南京大学 2022、2016 研；中央财大 2018 研；东北财大 2017 研；西安交大 2016 研；兰州大学 2015 研；社科院 2015 研）

5．理性预期（南京大学 2021 研；中国海洋大学 2021 研；中国人民大学 2019 研；西安交通大学 2019 研；东南大学 2018 研；中南财大 2018 研；武汉大学 2017 研；兰州大学 2017 研；东北财大 2016 研；华中科大 2016 研；上海大学 2015 研；广东外语外贸大学 2015 研；山东大学 2014、2013 研；中央财大 2012 研）

6．自然率假说（natural rate hypothesis）（东北财大 2021、2012 研）

7．菜单成本（menu costs）（华科大 2022 研；东北财大 2014 研；南航 2014 研；北大 2011 研）

8．李嘉图等价定理（中央财经大学 2022 研；东南大学 2017 研；北理工 2016 研；对外经贸大学 2015 研；北师大 2013 研；人行研究生部 2011 研；中山大学 2010 研）

9．长期劳动合同论

10．货币中性（monetary neutrality）（厦门大学 2022、2015 研；中南财大 2017 研；复旦大学 2016 研）

11．庇古效应（中央财大 2015 研）

12．凯恩斯定律

13．卢卡斯批评（兰州大学 2014 研；中央财大 2013 研；西安交大 2006 研）

14．效率工资（浙江工商大学 2019 研）

15．价格黏性（中央财经大学 2019 研）

二、简答题

1．按照新凯恩斯学派的分析，价格为什么呈黏性？它对国民收入和价格水平的均衡有什么影响？（北师大 2002 研）

2. 请用黏性价格理论说明为什么总供给曲线的斜率为正。(中央财大 2014 研)

3. 写出适应性预期的定义式，根据定义式分析适应性预期的优缺点。(北大 2005 研)

4. 费雪方程式与剑桥方程式的主要差异何在?

5. 说明新凯恩斯主义关于工资刚性的主要理论。(北京大学 2017 研)

6. 简述理性预期学派的基本观点。(中南财大 2003 研)

7. 请说明李嘉图等价定理，并分析李嘉图等价的前提条件。(南开大学 2006 研)

8. 简述新古典宏观经济学与新凯恩斯主义宏观经济学的分歧，并加以评价。(南开大学 2016 研；山东大学 2012 研；人大 2012 研)

9. 简述新古典宏观经济学的假设条件。(武汉大学 2012 研)

10. 简述新古典宏观经济学的"政策无效论"。

11. 简要评述凯恩斯主义与货币主义在货币政策主张上的差异。

12. 弗里德曼认为影响人们持有货币的因素，来自于哪些方面?

13. 试比较货币主义与凯恩斯主义关于通货膨胀的观点。

14. 新凯恩斯主义和原凯恩斯主义在非市场出清假设问题上有什么差别?

15. 怎样理解凯恩斯的"有效需求"概念? 假如某年的总供给大于总需求，同时存在失业，国民收入和就业将发生什么变化? 凯恩斯认为应采取何种对策? (电子科技大学 2004 博)

16. 假定价格如实际经济周期理论所描述具有完全伸缩性，另外产出波动如 RBC 中完全由技术冲击引起。

(1) 假定央行保持货币供给不变，当产出波动时，物价水平如何变化?

(2) 假定央行通过调整货币供给以保证物价水平稳定，请问随产出波动，货币供给如何变化?

(3) 经济学家观察到，货币供给与产出呈正相关，请问是否可以用这一现象作为反对实际经济周期模型的证据，认为产出波动源自货币供给? (上海财大 2011 研)

17. 现代宏观经济学认为，短期的总供给曲线是向右上方倾斜的，但对于这一形状的总供给曲线的形成原因，却存在着多种解释，请叙述从不完全信息角度给出的一种可能解释。(中国人民大学 2016 研)

18. 货币经济周期理论与实际经济周期(RBC)对经济波动的根源和传导机制的看法有什么不同? (中国人民大学 2017 研)

19. 简述凯恩斯的货币需求理论和弗里德曼的新货币数量理论。(东北财经大学 2019 研)

三、计算题

1. 假设附有理性预期的总供给函数为 $Y^s = Y_f + 200(P - P_e)$，总需求函数为 $Y^d = 1000 + G + 20M_s/P$，充分就业的国民收入为 $Y_f = 4000$，P_e 和 P 分别为人们对物价的预期和实际的物价水平。

(1) 如果经济已处于充分就业状态，近期不会有政策变化的预期，名义货币供给 $M_s = 1000$，政府购买 $G = 1000$，实际的物价水平是多少?

(2) 如果中央银行宣布名义货币供给增加 1000，且言行一致，产量水平和实际价格水平将为多少?

(3) 如果中央银行公开宣布增加名义货币供应 1000，实际却增加了 5000，产量水平和实际价格水平是多少? (中央财大 2010 研)

2. 假设货币周转速度保持为常数 5，实际产出值为 1000，价格水平为 2。

(1)经济在均衡状态时，货币的名义数量和实际数量是多少？

(2)货币周转速度保持不变，实际产出年增长率为3%，通胀增长率为3%，货币名义增长率应为多少？为什么？(中国海洋大学2021研)

四、论述题

1. 请推导新古典主义短期总供给曲线，并说明其为何向右上方倾斜。(人大2010研)

2. 凯恩斯主义、货币主义和新古典宏观经济学认为货币供给增加的长短期影响有什么不同？(南开大学2011研；人大2011研)

3. 试述理性预期学派对凯恩斯主义理论与政策的评判。(北京交通大学2002研)

4. 20世纪30年代以前的传统货币数量说的核心内容是什么？它为何在20世纪30代遭到批判？什么是现代货币数量说？

5. 理性预期学派是如何否定凯恩斯主义理论的？

6. 请回答下面有关货币与经济运行的问题。

关于经济周期的经验研究发现真实产出与基础货币、真实产出与M_1之间存在正相关，而真实产出与一般价格水平之间存在负相关。

(1)在价格信息完全条件下，如何从内生货币的角度解释宏观经济周期波动中货币量和真实产出、一般价格水平和真实产出的关系？

(2)在价格信息不完全条件下市场出清模型中，未预期到的央行货币扩张是如何影响实际利率、产出、工作和投资的？(北大2015研)

7. 试述西方货币需求理论发展的内在逻辑。

8. 如何从弗里德曼的货币需求函数得出名义收入受货币数量决定的货币数量观点？

9. 经济学家提出了几种理论来解释说明短期总供给曲线向右上方倾斜？这些理论又是怎样解释说明短期总供给曲线向右上方倾斜的？(深圳大学2007研)

10. 古典学派、凯恩斯主义、新古典宏观经济学和新凯恩斯主义的总供给曲线存在怎样的差异？由此导致的政策含义是什么？(财政部财政科学研究所2014研)

11. 什么是“卢卡斯批判”，卢卡斯批判的主要观点对宏观经济政策制定有什么影响？(中央财经大学2019研)

12. 什么是“货币数量论”，货币数量论中关于价格决定的观点是否适用于当前的宏观经济？(中央财经大学2019研)

10.3 考研真题与典型题详解

一、名词解释

1. 黏性工资(sticky wage)(社科院2014研；中国青年政治学院2013研)

答：黏性工资是指不能迅速地反映劳动力市场供求的变动，只能缓慢地根据劳动力市场状况改变而调整的工资。工人的名义工资通常不能随着经济条件的变化而迅速调整，在短期内表现为“迟钝的”或“黏性的”。黏性工资模型即阐述黏性名义工资对总供给影响的模型。该模型假设劳动力的需求数量决定就业，以及工人和企业根据目标实际工资和对价格水平的预期来确定名义工资水平。当名义工资是黏性的时候，价格水平提高会降低实际工资，促使企业多雇佣劳动力，从而生产出更多的产品，总供给增加，所以短期总供给曲线是向上倾斜的。新凯恩斯学派提出工资黏性的理由：①合同的长期性；②合同分批到期的性质；③效率工资论；④长期劳动合同论。新凯恩斯主义学派黏性工资论认为，无论是通过合同制还是理性预期机制来稳定工资水平，都会导致通货膨胀和失业并存，因此有必要对工资制度进行改革，努力降低劳动力成本，刺激企业生产和用人的积极性，这就要求建立完整而有效的劳动力市场，工资完全由劳动力市场的供求和劳动者提供劳动的质和量来决定，工资是调节劳动力资源配置和流动的唯一手段。

2. 货币非中性(中山大学 2015 研)

答：货币非中性与货币中性论相对，是关于货币在经济中的作用问题的一种理论，指名义货币供给量的变动能够引起相对价格和利率的变动，从而引起消费或投资方式的变化，进而改变经济中的实际变量。这是因为，从短期来看，价格不可能立即随货币数量的变动而同比例的变动。相反，各类价格会以不同的速率对某种货币变化做出反应，进而影响相对价格体系并对就业和产出产生影响。更为重要的是，价格水平的变化会造成实际收入在债权人和债务人之间分配的变化。价格的骤然下跌会导致债务人的大批破产，对国民经济产生有害的影响。短期货币非中性是凯恩斯主义货币理论的一个基本特点，这一特点产生于下述论断：在经济中存在大量失业的状况下，价格并不随货币数量的增加而同比例上涨，由此而造成的实际货币数量的增加将导致利率下跌，并因此使投资和国民收入水平增长。短期货币非中性也是现代货币主义者的基本信条，M·弗里德曼指出：在短期内，如 5～10 年间，货币变动会主要影响产出；另一方面，在几十年内，货币增长率则主要影响价格。

3. 货币工资刚性(电子科技大学 2006 研；武汉大学 2002 研)

答：货币工资刚性是指货币工资不随劳动需求和供给变化而迅速做出相应调整，特别是当劳动需求量低于供给量时，货币工资只能上升而不能下降，从而呈现出一种向下的刚性的现象，是新凯恩斯主义短期总供给曲线的两个基本假设之一。工资刚性的原因之一是由于在西方国家里有大量工会存在的情况下，追求利益最大化的厂商和工人都希望通过谈判签订长期劳动合同，以便预先规定厂商和工人的未来行为，工资因此会在一个合同生效期固定不变，合同到期后也不一定能得到迅速调整；另一个原因是因为存在风险与不确定性，使企业不敢轻易调整工资，而宁愿接受生产数量的变动；第三个原因是在不完全竞争市场上，企业面临一条折弯的劳动供给曲线，降低工资可能会使人才流向其他企业。工资刚性是从供给方面对失业的一个基本解释，当价格水平较低时，实际工资较高，这样会形成劳动供给大于劳动需求；由于工资能上不能下，这种状况将持续下去，这就是产生失业的原因。

4. 适应性预期(adaptive expectation)(南京大学 2022、2016 研；中央财大 2018 研；东北财大 2017 研；西安交大 2016 研；兰州大学 2015 研；社科院 2015 研)

答：适应性预期是现代经济学中的预期概念之一。预期是指从事经济活动的私人经济在对当前的行动做出决定之前，对将来的经济形势或经济变量(主要指价格波动)所作的预测。预期分为适应性预期和理性预期，其中适应性预期是指根据以前的预期误差来修正以后预期的方式。“适应性预期”这一术语由菲利普·卡甘于 20 世纪 50 年代在一篇讨论恶性通货膨胀的文章中提出。由于它比较适用于当时的经济形势，因而很快在宏观经济学中得到了应用。适应性预期模型中的预期变量依赖于该变量的历史信息。

适应性预期在物价较为稳定的时期能较好地反映经济现实，西方国家的经济在二十世纪五六十年代正好如此，因此适应性预期非常广泛地流行了起来。适应性预期后来受到新古典宏观经济学的批判，认为它缺乏微观经济学基础。适应性预期的权数分布是既定的几何级数，没有利用与被测变量相关的其他变量，对经济预期方程的确定基本上是随意的，没有合理的经济解释。因此新古典宏观经济学派的“理性预期”逐渐取代了“适应性预期”。

5. 理性预期(南京大学2021研；中国海洋大学2021研；中国人民大学2019研；西安交通大学2019研；东南大学2018研；中南财大2018研；武汉大学2017研；兰州大学2017研；东北财大2016研；华中科大2016研；上海大学2015研；广东外语外贸大学2015研；山东大学2014、2013研；中央财大2012研)

答：理性预期又称合理预期，是现代经济学中的预期概念之一，指人们在有效利用一切信息的前提下，对经济变量做出的在长期中平均说来最为准确的，而又与所使用的经济理论、模型相一致的预期。由约翰·穆思在其《合理预期和价格变动理论》(1961年)一文中首先提出，它的含义有三个：首先，做出经济决策的经济主体是有理性的；其次，经济决策为正确决策，经济主体会在做出预期时力图获得一切有关的信息；最后，经济主体在预期时候不会犯系统错误。即使犯错误，他也会及时有效地进行修正，使其在长期而言保持正确。理性预期是新古典宏观经济理论的重要假设之一(其余三个为个体利益最大、市场出清和自然率)，是新古典宏观经济理论攻击凯恩斯主义的重要武器。

6. 自然率假说(natural rate hypothesis)(东北财大2021、2012研)

答：自然率假说是卢卡斯在"自然失业率"的基础上，提出的一种关于就业、产出、物价等经济变量存在着一种由政府政策支配的实际因素(如生产、技术等)决定的自然水平的理论假说。自然率主要指自然失业率。根据自然率假说，任何一个资本主义社会都存在一个自然失业率，其大小取决于社会的技术水平、资源数量和文化传统。长期而言，经济总是趋向于自然失业率；尽管短期内，经济政策能够使得实际失业率不同于自然失业率。它是货币主义的重要理论基础，也是新古典主义的重要基本假设。"自然率"的存在使货币政策的作用只有在造成非预期的通货膨胀时才能奏效。"自然率假说"从理论上论述了政策作用的有限性，为理性预期学说确立了重要的理论前提。

7. 菜单成本(menu costs)(华科大2022研；东北财大2014研；南航2014研；北大2011研)

答：菜单成本是企业为改变销售商品的价格，需要给销售人员和客户提供新的价目表所花费的成本，类似于饭馆改变价格重新制作菜单的成本。它是新凯恩斯主义为反击新古典主义的批判并证明其所主张的价格刚性的重要理由。关于菜单成本能否引起价格的短期黏性，经济学家们的观点是不一致的。一部分经济学家认为，菜单成本通常非常小，不可能对经济产生巨大影响。另一部分经济学家却认为，菜单成本虽然很小，但由于总需求外部性的存在，会导致名义价格出现黏性，从而对整个经济产生巨大影响，甚至引起周期性波动。

8. 李嘉图等价定理(中央财经大学2022研；东南大学2017研；北理工2016研；对外经贸大学2015研；北师大2013研；人行研究生部2011研；中山大学2010研)

答：李嘉图等价定理是英国经济学家李嘉图提出，并由新古典主义学者巴罗根据理性预期重新进行论述的一种理论。该理论认为，在政府支出一定的情况下，政府采取征税或发行公债来为政府筹措资金，其效应是相同的。该定理若成立，须具备许多前提条件：①无论是用税收还是用公债融资，初始时期的政府支出不变；②初始时期发行的公债必须用以后时期课征的税收收入偿还；③资本市场是完全的，即不存在流动性约束，而且个人与政府的借贷利率是相同的；④个人对现在和将来的收入具有理性预期；⑤个人作为现行纳税人和将来的潜在纳税人，其行为就好像能永远生存下去一样；⑥个人能完全预见包含在公债发行中的将来时期的纳税义务；⑦征收的是总税额，并且减税及税负下降是均等地落在每一个消费者身上，每个消费者具有相同的边际消费倾向；⑧公债持有者的数额与未来纳税额的负担是对称的。根据这一定理，政府因减税措施而增发的公债会被人们作为未来潜在的税收考虑到整个预算约束中去，在不存在流动性约束的情况下，公债和潜在税收的现值是相等的。这样，变化前后两种预算约束本质上是一致的，从而不会影响人们的消费和投资。该理论反击了凯恩斯主义所提出的公债是非中性的，即公债对宏观经济是有益处的观点。但实际上，该定理成立前提条件太苛刻，现实经济很难满足。

9. 长期劳动合同论

答：长期劳动合同论是新凯恩斯主义者用来解释名义工资黏性的一种理论。据解释，在西方国家中，诸如汽车、钢铁、建筑等许多行业是高度工会化的，而像服装、饮食等行业主要是非工会化的。在工资模式上，非工会化行业的工人常常效仿工会化的行业。在工会化的行业中，劳资双方一般签订为期三年或不同期限的劳动合同。这就造成了每三年谈判一次工资的周期。但是，不同厂商或行业的合同的谈判和签订不是同步的，一般是错开的。影响工资谈判的因素有预期的劳动生产率、产出增长率、通货膨胀率、失业率和其他可比工人的工资等。劳资双方对这些因素都要进行调查研究，因而谈判要花费成本。罢工则给劳资双方带来的损失会更大。而长期劳动合同对厂商和对工人都是有利的，可以降低谈判成本，减少罢工次数。所以，追求最大化的厂商和工人都愿意通过谈判签订为期几年的长期劳动合同，以便预先规定厂商和工人的未来行为。结果不但合同期内工资固定，而且合同到期后，工资也将受到期工资固定的影响，而不能迅速充分地调整，从而排除了适应条件变化而迅速调整工资的可能性。

10. 货币中性(monetary neutrality)(厦门大学2022、2015研；中南财大2017研；复旦大学2016研)

答：货币中性是指名义货币数量的变化不会改变产品市场原有均衡状态和国民收入的结构，仅引起产品市场各种商品的绝对价格水平的同比变动的一种经济效应。当货币是中性时，货币供给的增加引致货币需求的增加，货币市场在新的供求均衡点上达到均衡，货币市场均衡的改变只引起物价总水平的变化，不改变商品的相对价格，也不影响产品市场的均衡，不影响实际国民收入中消费与储蓄、投资与消费的比例关系。此时，货币经济类似于物物交易经济。这一观点从根本上否定了规则的货币政策对经济周期的调节作用；并认为只有对未被预期到的通货膨胀采取适当的货币政策才可以提高实际经济水平。

11. 庇古效应(中央财大2015研)

答：庇古效应是宏观经济学中利率传导机制的一种，描述了消费和物价水平之间相互关系。庇古效应又称货币实际余额效应，是指在货币工资和物价变动的情况下，通过货币实际购买力的变动而引起的消费、储蓄的变动，从而引起收入的变动。庇古认为，衡量一个人的财富是看他的财富的实际价值而非名义价值。当存在小于充分就业均衡的情况下，由于货币工资、价格具有充分伸缩性，失业使货币工资下降，进而引起价格下降。价格下降使人们持有的货币财富的实际价值提高，使用于消费的部分增加，用于储蓄的部分减少。

作为凯恩斯模型的一种补充，解决了凯恩斯效应在流动性陷阱和投资缺乏利率弹性两种情况下不起作用的难题，从而论证了在价格和工资可以自由升降的情况下，经济能够自动恢复到均衡状态，并将凯恩斯学派模型中低于充分就业的非均衡归因于价格刚性。

12. 凯恩斯定律

答：凯恩斯定律是指英国经济学家凯恩斯于20世纪30年代提出的需求能创造出自己的供给，因此政府应采取措施刺激需求以稳定经济的论点。这是凯恩斯根据对总供给和总需求之间关系的分析，为推行其国家干预经济的政策而提出的与萨伊定律截然相反的论点。凯恩斯认为，仅靠自由机制是无法保证经济稳定增长，达到充分就业的，必须加强国家干预。据此他提出，在需求出现不足(有效需求不足)时，应当由政府采取措施来刺激需求，而总需求随着投资的增加，可使收入增加，消费也将增加，经济就可以稳定地增长，以至达到充分就业，使生产(供给)增加。这一论点被凯恩斯的追随者们奉为定律，因此称为凯恩斯定律。随着凯恩斯主义的流行，萨伊定律在西方经济学中日渐销声匿迹。但随着资本主义经济的发展，进入70年代以后，西方国家经济中出现了严重的滞胀局面，凯恩斯主义越来越无能为力，凯恩斯定律日渐失去地位。

13. 卢卡斯批评(兰州大学2014研；中央财大2013研；西安交大2006研)

答：卢卡斯批评又称卢卡斯批判，是卢卡斯提出的一种认为传统政策分析没有充分考虑到政策变动对人们预期影响的观点。卢卡斯在《计量经济学的政策评价：一个批判》一文中指出，由于人们在对将来的事态做出预期时，不但要考虑过去，还要估计现在的事件对将来的影响，并且根据他们所得到的结果而改变他们的行为。这就是说，他们要估计当前的经济政策对将来事态的影响，并且按照估计的影响采取对策，即改变他们的行为，以便取得最大的利益。行为的改变会使经济模型的参数发生变化，而参数的变化又是难以衡量的。因此，经济学者用经济模型很难评价经济政策的效果。

14. 效率工资(浙江工商大学2019研)

答：效率工资是指企业为了提高工人生产率而支付的高于均衡水平的工资。根据效率工资理论，如果工资高于均衡水平，企业的经营会更具效率。因此，即使存在超额劳动供给，企业保持高工资也是有利的。效率工资理论有以下四种：

①工人健康，这种效率工资理论强调工资和工人健康之间的联系。工资高的工人因其饮食的营养更丰富，所以更健康、有更高生产率。企业会发现，支付高工资并且有更加健康、生产率更高的工人，比支付低工资从而有不健康、生产率低的工人更有利。这种效率工资理论可用于解释欠发达国家的失业，但并不适用于美国这类富裕国家的失业，因为在美国这类富裕国家，大多数工人的均衡工资都远远超出保证其充足饮食所需要的水平。

②工人流动率，这种效率工资理论强调工资与工人流动率之间的联系。工人离职的频率取决于他们面临的一整套激励机制，包括离职的利益和留下的利益。企业向工人支付的工资越高，通常选择离职的工人就越少。因此，企业可以通过支付高工资来降低其工人的流动率。企业关心工人流动率的原因是企业雇用并培训新工人是有成本的。而且，即使在经过培训之后，新雇用的工人的生产率也不如有经验的工人高。

③工人素质，这种效率工资理论强调工资和工人素质之间的联系。由于信息不对称，企业无法准确测定申请者的素质，当一个企业支付了高工资时，它就吸引了更好的工人来申请这份工作，从而提高了其劳动力的素质。

④工人努力程度，这种效率工资理论强调工资和工人努力程度之间的联系。企业支付高于均衡水平的工资，高工资使工人更渴望保持他们的工作，从而给予工人付出最大努力的激励。如果工资在使供求均衡的水平上，工人就没有什么理由去努力工作，因为即使他们被解雇他们也能很快找到一份支付同样工资的工作。因此，企业把工资提高到均衡水平以上，可以激励工人不要逃避责任。

15. 价格黏性(中央财经大学2019研)

答：价格黏性是指价格可以调整，但调整十分缓慢，需耗费相当的时日。价格黏性又分为名义价格黏性和实际价格黏性。新凯恩斯主义从不完全竞争的市场出发，试图解释经济中的名义价格黏性，其中较有影响的是菜单成本理论。这一理论认为，经济中的垄断厂商是价格的决定者，能够选择价格，而菜单成本的存在阻滞了厂商迅速地调整产品价格，所以，价格有黏性。实际价格黏性是指各类产品之间的相对价格比有黏性。实际价格黏性论包括厂商信誉论、需求非对称性论、投入产出表理论、寡头市场和价格黏性论。价格是否有黏性的问题可以转换为市场能否出清的问题，即市场机制是否有效的问题。价格有弹性时，市场出清；价格有黏性时，市场不能出清，此时市场机制失灵，只有政府干预才能纠正市场失效。

二、简答题

1. 按照新凯恩斯学派的分析，价格为什么呈黏性？它对国民收入和价格水平的均衡有什么影响？（北师大2002研）

答：价格黏性是指经济变动中名义价格调整缓慢的倾向。

(1)新凯恩斯主义认为价格之所以有黏性，原因主要有：①市场的不完全，存在垄断竞争。凯恩斯主义者认为在完全竞争市场上不存在价格黏性，但实体经济中完全竞争市场只占有很小的部分，非完全竞争是市场的主体，在这种市场上，企业可以决定自己产品的价格，当变动其产品价格的时候需要付出一定的成本，因而导致了短期内价格无法立即做出调整，出现价格黏性。②菜单成本。厂商改变价格需要重新印刷它的产品价格表，向客户解释原因等等措施都会带来费用和成本，类似于饭馆改变价格重新制作菜单一样，如果价格变化很多，成本会增加，顾客可能也不满意，这就使企业不会轻易变动其成本，造成价格黏性。③协调失灵。当一个社会无法取得一个可行的、所有人都认可的结果时，社会就出现了协调失灵。因为一个经济单位要改变自己的价格时，不仅要考虑自己的决策还要看其他相关经济主体的决策，因为他们的收益状况是相互关联的，如果在协调和谈判过程中不能达成一致，就会延缓价格调整，同样也会造成价格黏性。④有效劳动需求影响。在一定的技术水平、一定的需求水平和一定的工人工作的努力程度下，一个经济单位要改变自己的价格，就要相应地改变劳动的投入数量以改变价格，因为有工会等劳工组织、劳动协议书的存在，企业不可能随时对劳动投入进行调整，工资也存在黏性，所以也发生价格不能及时调整的后果，出现价格黏性。

(2)对国民收入和价格水平的均衡的影响：

新凯恩斯主义学家认为在长期里，价格经过充分地调整之后，经济会处于一个均衡的状态，此时劳动力市场、商品市场和资本市场都处在均衡中，但是在短期内，由于价格的黏性，整体经济会偏离一般均衡，使价格高于或低于均衡时的水平，总需求大于或者小于供给，国民收入出现短期波动。

2. 请用黏性价格理论说明为什么总供给曲线的斜率为正。（中央财大2014研）

答：黏性价格模型强调了企业不能迅速地根据需求变动调整它们索取的价格。由于长期合约，或调整成本过高，企业不能及时调整价格，对应的总供给曲线的斜率为正，向右上方倾斜。

企业合意的价格 p 取决于两个宏观经济变量：①物价总水平 P。物价总水平越高，企业定价越高。②总收入水平。总收入越高，需求越大，企业定价越高。

假设有两种类型的企业，一些企业的价格有伸缩性，另一些企业的价格是黏性的，它们根据预期的经济状况事先确定自己的价格。

(1)价格有伸缩性的企业定价公式为：$p = P + a(Y - \overline{Y})$，其中，$a$ 为合意价格对总产出

变动 $Y-\overline{Y}$ 的反应程度。该式说明合意价格 p 取决于物价总水平 P 与总产出变动 $Y-\overline{Y}$。

(2)价格黏性企业的定价公式为：$p=EP+a(EY-E\overline{Y})$，式中，E 代表一个变量的预期值。假设企业预期产出处于其自然率水平，从而 $a(EY-E\overline{Y})=0$，那么，该类企业的定价公式为：$p=EP$，即具有价格黏性的企业根据自己对其他企业收取价格的预期设定自己的价格。

(3)加权决定两种企业并存时的价格水平：$P=sEP+(1-s)[P+a(Y-\overline{Y})]$。其中，$s$ 为价格黏性企业所占比例，$1-s$ 为价格有伸缩性企业的比例。整理得总供给曲线的方程式：$Y=\overline{Y}+\alpha(P-EP)$，式中 $\alpha=\dfrac{s}{(1-s)a}$。

当产出水平增加时，需求增加，价格有伸缩性的企业将提高价格。因此，实际价格水平与预期价格水平和产出水平正向相关。

3. 写出适应性预期的定义式，根据定义式分析适应性预期的优缺点。(北大 2005 研)

答：适应性预期(Adaptive expectations)，指人们在对未来会发生的预期是基于过去(历史)的。例如，如果过去的通货膨胀是高的，那么人们就会预期它在将来仍然会高。

在通货膨胀研究中，适应性预期可以用下面的式子来描述：

$$P^e=P^e_{-1}+\lambda(P-P^e_{-1}),\ \lambda\in[0,\ 1]$$

$$\text{或}\ P^e=(1-\lambda)\sum_{0}^{j}(\lambda_j P_j),\quad j=0,1,\cdots,\infty$$

这里用 P^e 表示当前对于下一年的通货膨胀的预期，P^e_{-1} 表示在上一期对于当前的预期，P 为当前真实的通货膨胀率，P_j 为过去 j 年的真实通胀率。因此，当前的预期通胀反映了所有过去通胀的加权平均，这里的权重随着年数越往前(j 越大)而变得越来越小。

适应性预期的优缺点：适应性预期在物价较为稳定的时期能较好的反映经济现实。但适应性预期遭到新古典宏观经济学派的批判，认为它缺乏微观经济基础。适应性预期的权数分布是既定的几何级数，没有利用与被测变量相关的其他变量，对经济预期的方程基本上是随意的，没有合理的经济解释。

4. 费雪方程式与剑桥方程式的主要差异何在?

答：(1)20 世纪初，美国耶鲁大学教授欧文·费雪提出了交易方程式，也被称之为费雪方程式。这一方程式在货币需求理论研究的发展进程中是一个重要环节。

费雪认为，假设 M 是一定时期内流通货币的平均数量，V 为货币流通速度，P 为各类商品价格的加权平均数，T 为各类商品的交易数量，则有：$MV=PT$ 或 $P=\dfrac{MV}{T}$。从这个方程看，P 的取值取决于 M、V、T 这三个变量的相互作用。不过费雪分析，在这三个经济变量中，M 是一个由模型之外的因素所决定的外生变量；V 由于制度性因素在短期内不变，因而可视为常数；交易数量 T 对产出量通常保持固定的比例，也是大体稳定的；因此，只有 P 和 M 的关系最重要，所以 P 的值特别取决于 M 数量的变化。费雪虽然更多地注意了 M 对 P 的影响，但是反过来，从这一方程式中也能导出一定价格水平之下的名义货币需求量。也就是说，由于 $MV=PT$，则 $M=\dfrac{PT}{V}=\dfrac{1}{V}PT$。这说明，从货币的交易媒介功能考察，全社会一定时期一定价格水平下的总交易量与所需要的名义货币量具有一定的比例关系，这个比例是 $\dfrac{1}{V}$。费雪方程式没有考虑微观主体动机对货币需求的影响，许多经济学家认为这是一个缺陷。

以马歇尔和庇古为代表的剑桥学派，在研究货币需求问题时，重视微观主体的行为。他们认为，处于经济体系中的个人对货币的需求，实质是选择以怎样的方式保持自己资产的问题。决定人们持有货币多少的，有个人的财富水平、名义收入、利率变动，以及持有货币可能拥有的便利等诸多因素。但是，在其他因素不变的情况下，对每个人来说，名义货币需求与名义收入水平之间保持着一个较稳定的比例关系；对整个经济体系来说，也是如此。因此有：$M_d = kPY$，式中，Y 代表实际总收入，P 代表价格水平，k 表示以货币形式拥有的财富占名义总收入的比例，M_d 为名义货币需求，则该式就是有名的剑桥方程式。

(2)比较费雪方程式和剑桥方程式，前者为 $M = \frac{1}{V}PT$，后者为 $M = kPY$。假若把费雪方程式中的 T 代替成等同于剑桥方程式中的 Y，即用交易商品量等同于收入量，再把 V 视作既代表交易货币的流通次数，又代表与收入水平对应的流通速度，即 $\frac{1}{V} = k$，就容易产生这样的看法：费雪方程式和剑桥方程式是两个意义大体相同的模型。

(3)实际上，两个方程式存在显著的差异，主要有以下几点：

①对货币需求分析的侧重点不同。费雪方程式强调的是货币的交易手段功能，而剑桥方程式侧重货币作为一种资产的功能。

②费雪方程式把货币需求和支出流量联系在一起，重视货币支出的数量和速度，而剑桥方程式则是从用货币形式拥有资产存量的角度考虑货币需求，重视这个存量占收入的比例。所以对费雪方程式也有人称之为现金交易说，而剑桥方程式则称为现金余额说。

③两个方程式所强调的货币需求决定因素有所不同。费雪方程式用货币数量的变动来解释价格，反过来，在交易商品量给定和价格水平给定时，也能在既定的货币流通速度下得出一定的货币需求结论。而剑桥方程式则是从微观进行分析的产物。出于种种经济考虑，人们对于拥有货币存在满足程度的问题：拥有货币要付出代价，比如不能带来收益的特点，就是对拥有货币数量的制约。这就是说，微观主体要在两相比较中决定货币需求。显然，剑桥方程式中的货币需求决定因素多于费雪方程式，特别是利率的作用已成为不容忽视的因素之一。

5．说明新凯恩斯主义关于工资刚性的主要理论。(北京大学 2017 研)

答：工资刚性是指认为工资只能上不能下的一种理论，是新凯恩斯主义短期总供给曲线的两个基本假设之一。

工资具有刚性的原因有：①由于在西方国家里有大量工会存在的情况下，追求利润最大化的厂商和工人都希望通过谈判签订长期劳动合同，以便预先规定厂商和工人的未来行为，工资因此会在一个合同生效期固定不变，合同到期后也不一定能得到迅速调整；②因为存在风险与不确定性，使企业不敢轻易调整工资，而宁愿接受生产数量的变动；③在不完全竞争市场上，企业面临一条折弯的劳动供给曲线，降低工资可能会使人才流向其他企业。工资刚性是产生失业的原因之一。

新凯恩斯主义解释工资刚性的各种理论有：

(1)最低工资限制。

政府制定的最低工资法律使企业不能降低工资。最低工资限制使非熟练工人特别是青年工人丧失了就业机会。

(2)工会集体谈判。

工资刚性的另一来源是工会的垄断力量。工会工人的工资不是由劳动力市场的供求均衡而是由工会的谈判力量决定的。工资谈判的最后协议往往规定了高于市场均衡水平的工资，而让企业去决定所雇佣工人的人数。通过工会谈判而得到的高工资还将进一步推高非工会组织工人的工资。

(3)效率工资理论。

效率工资理论主张高工资将导致高效率。效率工资理论可分为四种：第一种效率工资理论认为，高工资有助于提高和保持企业的整体素质；第二种效率工资理论强调，高工资有助于调动工人的工作积极性；第三种效率工资理论主张，高工资有助于保持企业工人的稳定性；最后，在发展中国家高工资有助于改善工人的健康状况，从而提高劳动生产率。总之，效率工资理论认为，支付高于均衡水平的工资对企业本身有利，而这又造成劳动力市场工人因等待而失业的现象。

(4)隐含契约理论。

隐含契约理论认为，工人和企业之间隐含契约实质上是一种保险合同。假定工人是风险厌恶(risk aversion)的，而企业是风险中立的，追求效用最大化的工人和追求利润最大化的企业将达成一种互利隐含契约。可以证明，根据这一契约，在经济繁荣时期，企业付给工人的工资低于市场出清时的工资(这相当于工人给企业付保险费)；在萧条时期，企业付给工人的工资高于市场出清时的工资，但一部分工人将在得到失业救济和闲暇的情况下被解雇(这相当于企业付给工人保险金)。于是隐含契约理论便推导出一条平缓的劳动供给曲线，从而解释了为什么会有实际工资刚性。

6. 简述理性预期学派的基本观点。(中南财大2003研)

答：理性预期学派是作为凯恩斯主义的对立物而出现的，始于20世纪60年代初，在70年代中期形成。由于这个学派的理论观点和政策主张与货币学派有密切联系或相近，因此又称它为激进的货币主义，或新古典宏观经济学，其主要代表人物有：卢卡斯、托马斯·萨金特、罗伯特·J·巴罗和尼尔·华莱士等。

(1)理性预期学派阐述其观点的两个依据：①理性预期假说。②自然率的假说。

(2)理性预期学派的理论观点：

①界定经济当事人的理性预期，并应用于建立宏观经济模型；

②利用附加预期的劳动供给曲线说明国民收入的决定；

③货币的非预料到的变动引起国民收入的变动，但同时也形成经济周期；

④从微观经济基础上彻底否定凯恩斯主义理论的有效性；

⑤利用理性预期假设和自然率假说否定凯恩斯主义宏观经济政策的有效性。

(3)理性预期学派的政策主张：

①主张实行自由主义的经济政策，反对国家干预经济，反对凯恩斯主义的财政政策和货币政策；

②主张政府制定并公布长期不变的原则，形成公众的稳定预期，同时政府还要管理货币储备、政府开支、总的价格水平或通货膨胀率等，使之稳定在一定水平上；

③改善和刺激劳动供给，降低自然失业率。

7. 请说明李嘉图等价定理，并分析李嘉图等价的前提条件。(南开大学2006研)

答：(1)李嘉图等价的含义：

李嘉图等价是英国经济学家李嘉图提出的一种理论。该理论认为，在政府支出一定的情况下，政府采取征税或发行公债来为政府筹措资金，其效应是相同的。巴罗具体阐述了这一定理：在特定条件(例如，完善的资本市场，一次总付税，代际利他等)下，如果公众是理性预期的，对于发行债券或增加税收，政府不论采用哪种融资方式，都不会对经济的运行产生影响。这是因为，政府发行债券融资造成的赤字会引起未来税收上升，这种上升一定会被具有完全理性的居民预期到，居民为了不使后代税负过重必然相应地调整目前的消费。简言之，居民不会将政府发行公债融资这样的财政扩张看作是幸运的意外收获，他们宁愿将一部分收入储蓄起来以支付未来的税收负担，因此消费需求不会上升，更不会出现消费支出的乘数效应。同时，居民增加的这些储蓄都购买了债券，使得债券需求的上升刚好等于债券供给的增加，货币需求不变，所以对利率也没有影响。

李嘉图等价具有很强的政策含义，如果人人都认识到他们的纳税量只是被推迟了，那么，政府借款而增加的任何支出都将被私人储蓄的等额增加所抵消，结果，既不存在消费扩张，也没有收入增加的乘数效应，因此，政府用减税的办法或用举债支出的办法来刺激经济的财政政策是无效的。

(2)李嘉图等价定理成立的前提条件：

李嘉图等价定理若成立，需具备以下前提条件：①无论是用税收还是用公债融资，初始时期的政府支出不变；②初始时期发行的公债必须用以后时期课征的税收收入偿还；③资本市场是完全的，即不存在流动性约束，而且个人与政府的借贷利率是相同的；④个人对现在和将来的收入具有理性预期；⑤个人作为现行纳税人和将来的潜在纳税人，其行为就好像能永远生存下去一样；⑥个人能完全预见包含在公债发行中的将来时期的纳税义务；⑦征收的是总税额，并且减税及税赋下降是均等地落在每一个消费者身上，每个消费者具有相同的边际消费倾向；⑧公债持有者的数量与未来纳税额的负担是对称的。

8. 简述新古典宏观经济学与新凯恩斯主义宏观经济学的分歧，并加以评价。(南开大学 2016 研；山东大学 2012 研；人大 2012 研)

答：新古典宏观经济学和新凯恩斯主义经济学是目前西方宏观经济学中两个较有影响的理论流派。两者的主要分歧在于：

(1)在基本假设方面，新古典宏观经济学与新凯恩斯主义经济学最明显的分歧是，前者坚持市场出清假设，而后者则坚持非市场出清假设。新古典宏观经济学家认为，工资和价格具有充分的伸缩性，可以迅速调整，通过工资和价格的不断调整，使供给量与需求量相等，市场连续地处于均衡之中，即连续出清。因此，新古典宏观经济学把表示供给量和需求量相等的均衡看作经常可以得到的情形。与此相反，新凯恩斯主义则认为，当经济出现需求扰动时，工资和价格不能迅速调整到使市场出清，缓慢的工资和价格调整使经济回到实际产量等于正常产量的状态需要一个很长的过程，例如需要几年的时间，而在这一过程中，经济处于供求不等的非均衡状态。

(2)在解释经济波动方面，新古典宏观经济学与新凯恩斯主义经济学的分歧是，前者试图用实际因素从供给扰动方面解释宏观经济波动，后者则用货币因素从需求方面解释宏观经济波动。在新古典宏观经济学看来，引起经济波动的实际因素很多，其中技术是一个重要的因素。在人口和劳动力固定的情况下，一个经济社会中所生产的实际收入便取决于技术和资本存量。换句话说，这时总量生产函数取决于表示技术状况的变量 z 和资本存量 k，即 $y=zf(k)$。如果假定资本折旧率为 δ，则在所考察时期的期末，经济中的可供利用资源为当期的产量加上没有折旧的资本存量，即总资源函数为：$zf(k)+(1-\delta)k$。假定总资源只有两个用途：消费和积累，如果由于技术进步，使 z 值增加，则生产函数和总资源函数向上移动，则原有的资本存量、产量和总资源都会相应地增加，从而使下期的消费和资本积累也相应地增加。如果经济社会选择新的资本存量，则资本存量的增加又会使实际收入进一步增加。如果没有进一步的技术变化，则经济随着总资源的增加，会扩张直至达到新的状态上。这便是新古典宏观经济学对经济波动的解释。

新凯恩斯主义对宏观经济波动的解释较为复杂。其基本思路如下：首先，新凯恩斯主义为了与非市场出清的假设相一致，建立了解释工资和价格黏性的各种理论，其中包括长期劳动合同论等；其次，新凯恩斯主义导出了短期总供给曲线；最后，利用短期总供给曲线，新凯恩斯主义通过考察经济遭受总需求冲击后恢复到正常状态的过程，说明经济经历了一次波动(衰退或高涨状态)。

(3)在政策主张上，新凯恩斯主义认为，由于价格和工资的黏性，经济在遭受到总需求冲击之后，从一个非充分就业的均衡恢复到充分就业均衡状态是一个缓慢的过程，因而刺激总需求是必要的。所以，为了避免较长时期的非充分就业持续出现，凯恩斯主义的需求政策仍然是有效力的。新古典主义宏观经济学中一个不变的主题是反对政府干预。早期的理性预期学派就曾断言，由于人们的合理预期，规则的政策对产量变动是无效的。因而，为了避免因政策的突然变动引起的经济波动，政府应按稳定的政策规则行事。

9. 简述新古典宏观经济学的假设条件。(武汉大学 2012 研)

答：20 世纪 70 年代的滞胀导致传统凯恩斯主义不能够进行解释，于是促进了货币主义和理性预期的发展，形成以卢卡斯为首的新古典宏观经济学派。

新古典宏观经济学的基本假设：

(1)个体利益最大化。个体利益最大化指的是每一个从事经济活动的人所采取的经济行为都是力图以自己的最小经济代价去获得自己的最大经济利益。微观经济学表明，个体行为的一个最基本的假设是个体利益最大化。新古典宏观经济学认为，宏观经济现象是个体经济行为的后果。例如，一个社会的总消费量是个体消费量的总和。这就是说，宏观经济理论必须具有微观经济理论的基础，特别是要符合利益最大化的基本假设条件。

(2)理性预期。理性预期是指在有效利用一切信息的前提下，对经济变量做出的在长期中平均来说最为准确的，而又与所使用的经济理论、模型等相一致的预期。包含 3 个含义：①做出经济决策的经济主体是有理性的；②做出的决策为正确决策，经济主体会在做出预期时力图获得一切有关的信息；③经济主体在预期时不会犯系统错误，即使犯系统错误，也会及时有效地进行修正，使得在长期而言保持正确。

(3)市场出清。即劳动力市场上的工资和产品市场上的价格都具有充分的灵活性，可以根据供给情况迅速进行调整，所以劳动力市场和产品市场都不会存在超额供给。

(4)自然率假说。参见名词解释第 6 题。

10. 简述新古典宏观经济学的“政策无效论”。

答：(1)新古典宏观经济学的理论渊源是货币主义。以弗里德曼为首的货币主义者反对凯恩斯主义的财政政策。在弗里德曼看来，以需求管理为宗旨的财政政策最终都是通过货币量的扩张和收缩来实现其经济调节作用的，而由于扩张性财政政策的“挤出效应”，私人投资会随着政府支出的增加而减少，其后果往往为用非生产性的投资去代替生产性的投资，从而影响劳动生产率的改善。此外，过度的政府开支也会带来通货膨胀，因此，财政政策不但无效，反而对经济有害。

(2)新古典主义经济学家R·巴罗根据当年(1817年)大卫·李嘉图的一个猜测，认为政府用公债筹资和用增加税收筹资可能对经济的影响是一样的，因为人们会认识到政府还债还是要用增加税收来解决，因此他们会把相当于未来增加税收的一部分财富储蓄起来。尽管李嘉图自己并不认为上述猜测在现实中行得通，但巴罗认为，按理性行事的人们确实是如此行事的，就是政府还债的更高赋税可能部分会落到后代人身上，但人们都是关心后代的，因此还是会为后代着想而增加储蓄以应付还债。这就是所谓的巴罗李嘉图等价定理。根据这一定理，政府借债只是公民纳税被推迟而已，故不会刺激消费。因此政府用发行公债实施赤字财政的政策是无效的。

(3)新古典宏观经济学派相信并且依赖于至少四个假设条件，即：个体利益最大化、理性预期、市场出清和自然率假说。按照新古典宏观经济模型，波动的根源是货币冲击，而这种冲击一般是由中央银行的货币政策引起的。根据新古典宏观经济模型，货币冲击首先影响到一般价格水平，经济人得经过一段时间才能看清楚这种变化不是相对价格变化而是总需求变化，在这段时期里货币冲击的确能够影响产出。但是理性预期的经济当事人能够利用有关货币政策规则的知识，很快形成对未来价格的正确预期，纠正错误的产量决策，使社会总产量恢复到自然率水平。这就是说，只要货币当局的政策具有系统性，它就不能改变产出增长的长期路径。如果要长期影响产量，货币当局只能随机地改变货币政策，不让经济当事人掌握其规律，其代价是产出的剧烈波动。

新古典宏观经济学的观点是：第一，能预期到的货币供给的变化将只改变价格水平，而对实际产量和就业没有影响；第二，只有未预期到的货币供给的变化才影响实际产量。因此，如果货币供给是由政府依照一些“已知”的规则决定的，那么即使在短期，政府也不可能通过系统性货币政策影响产量和就业，因为这可能被当事人预期到。政府可能通过反馈规则(例如，对失业和产出变化的反应)来决定货币供给。同样，众所周知的反馈政策规则引起的货币增长率的变化也会被当事人预期到，这使反馈政策规则失效，只有对货币规则的未被预期的偏离才影响产量。换句话说，宏观经济政策要想有效，必须具有欺骗性质。但是，按照新古典宏观经济学的说法，具有理性预期的当事人不会在长期中系统地和持续地犯认识上的错误，因此，宏观经济政策的有效性值得怀疑。

11. 简要评述凯恩斯主义与货币主义在货币政策主张上的差异。

答：凯恩斯主义与货币主义的假设和观点不同，因而在货币政策主张上存在差异。货币主义的政策主张是：反对凯恩斯的财政政策；反对“斟酌使用”(根据情况变化而制定和执行)的货币政策；主张单一规则的货币政策，尽力避免国家干预，例如宣布一个长期不变的货币增长率。

(1)关于财政政策和货币政策的争论：

凯恩斯主义重视财政政策，它从两个方面论述货币政策无效：一方面是流动性陷阱，另一方面是投资利率弹性。而货币主义认为凯恩斯主义的财政政策是无效的，尤其是在没有相应的货币政策的配合下，而且由于政府支出可能对私人投资产生“挤出”效应，更降低了整个经济的增长能力。

(2)关于货币政策传导机制和中介目标的选择的争论：

凯恩斯主义：$M \rightarrow r \rightarrow I \rightarrow Y$，通过$r$传导，因此凯恩斯主义以利率作为传导中介目标。

货币主义：$M \rightarrow Y$，货币政策不需要通过r传导，因此货币主义以货币供应量作为传导中介目标。

(3)凯恩斯主义采取相机抉择，货币主义采取单一抉择：

凯恩斯主义采取相机抉择，即政府进行需求管理时根据市场情况和各项调节措施的特点，机动灵活地采取一种或几种措施，使财政政策和货币政策相互搭配。而货币主义采取单一货币规则，即排除利息率、信贷流量、自由准备金等因素，而以一定的货币存量作为唯一支配因素的货币政策，公开宣布长期采用一个固定不变的货币供应增长率，并且只要货币供应量增长率同国民生产总值增长率相适应，通货膨胀就会被抑制。

12. 弗里德曼认为影响人们持有货币的因素，来自于哪些方面?

答：1956 年，弗里德曼发表了《货币数量论的重新表述》一文，奠定了现代货币数量说的基础。弗里德曼认为，货币数量论不是关于产量、货币收入或物价问题的理论，而是关于货币需求的理论。因此，现代货币数量论研究的是影响人们持有货币量的因素，这些因素主要包括：

(1)总财富。弗里德曼把货币看作人们持有财富的一种形式，个人所持有的货币量受其总财富限制。总财富包括人力财富和非人力财富，其中包括通过个人的生产或挣钱能力获得的收入，即“恒常收入”。“恒常收入”是指人们在较长时期内所能取得的平均收入，它区别于带有偶然性的临时性收入，是一种比较稳定的收入。由于“恒常收入”易于计算，且具有稳定性，因而可以避免临时性收入受偶然因素影响而使货币需求函数出现不稳定的现象。

(2)财富构成。财富构成指人力财富与非人力财富的比例。人力财富是指个人在将来获得收入的能力，即人的生产能力，又称为人力资本。非人力财富即物质资本，指生产资料及其他物质财富。人力财富要转化为现实的非人力财富，会受到劳动力市场的供求状况等因素的制约，所以在转化过程中，人们必须持有一定量的货币，以应付交易等需要。这一货币量的多少，取决于人力财富与非人力财富的比例。在就业困难时，人力财富所占比例较大，所需持有的货币也较多。

(3)货币和其他资产的预期收益。人们持有多少货币，在很大程度上取决于货币与其他资产收益大小的比较。在一般情况下，货币收益为零，而其他资产均有收益，其他资产收益率提高，则货币需求将减少，反之则相反。

(4)影响货币需求的其他因素。人们对货币的“嗜好”程度也会影响货币需求，如果人们把货币看成是“必需品”，那么货币需求对收入的弹性等于 1 或小于 1；如果人们把货币看作“奢侈品”，则货币需求对收入的弹性就会大于 1。此外，人们对未来经济稳定性预期也会影响货币需求。

在以上分析的基础上，弗里德曼提出了如下货币需求函数：

$$M = f\left\{P, r_b, r_e, \frac{1}{P}\cdot\frac{\mathrm{d}P}{\mathrm{d}t}, w, Y, u\right\}$$

式中，M 表示名义货币需求量；P 表示价格水平；r_b 表示债券的预期收益率；r_e 表示股票的预期收益率；$\frac{1}{P}\cdot\frac{\mathrm{d}P}{\mathrm{d}t}$表示物价水平的预期变动率；$w$ 表示人力财富与非人力财富的比率；Y 表示货币收入；u 为其他随机因素。

弗里德曼认为，上述货币需求函数是 P 和 Y 的一阶齐次函数，若 P 和 Y 发生变化，则货币需求也将同比例变化。将函数两边同时除以 P，则得到实际货币需求函数：

$$\frac{M}{P} = f\left\{r_b,\ r_e,\ \frac{1}{P}\cdot\frac{\mathrm{d}P}{\mathrm{d}t},\ w,\ \frac{Y}{P},\ u\right\}$$

从该式中可看出，对实际货币余额的需求由实际变量决定，而不受名义价值的影响，如果在上式两边同时除以 Y，则可得到：

$$\frac{M}{Y}=f\left\{r_b,r_e,\frac{1}{P}\cdot\frac{\mathrm{d}P}{\mathrm{d}t},w,\frac{P}{Y},u\right\}=\frac{1}{V\left\{r_b,r_e,\frac{1}{P}\cdot\frac{\mathrm{d}P}{\mathrm{d}t},w,\frac{P}{Y},u\right\}}$$

即

$$Y=V\left\{r_b,r_e,\frac{1}{P}\cdot\frac{\mathrm{d}P}{\mathrm{d}t},w,\frac{P}{Y},u\right\}\cdot M$$

其中，V 是货币的收入流通速度，此式与剑桥学派的现金余额方程式 $M=kPY$ 十分相似。

弗里德曼对现代货币数量说的表述及其所提出的货币需求函数是对西方货币需求理论的重大贡献。首先，在弗里德曼的货币需求函数中，货币被视为一种资产，而不仅仅是交换媒介。因此，货币需求理论就成了资本理论或财富理论中的一个组成部分；其次，弗里德曼确立了预期因素在货币需求理论中的地位。弗里德曼认为，根据瓦尔拉斯的一般均衡理论，价格变动率，市场利率和其他资产的收益率都可以通过一定的方法来预测。弗里德曼的这些观点为后来的理性预期学派开辟了发展的途径，同时也使理论具有较大的政策意义；再次，弗里德曼利用计量经济学的方法对有关货币需求的一些因素，如利率、收入等进行了实证研究，这一方面为货币需求研究提供了新的方法，另一方面也使货币需求研究的结果成为制定货币政策的重要依据。

13. 试比较货币主义与凯恩斯主义关于通货膨胀的观点。

答：(1)货币主义从货币数量说和自然率出发，认为虽然是随机地变动，例如通货膨胀会使经济出现短期波动，但是经济本身具有长期均衡的趋势。凯恩斯主义从市场非出清和价格工资刚性假设出发，认为通货膨胀等经济现象是必然的。

(2)对于菲利普斯曲线(通货膨胀率与失业率的替换效果)的不同态度，货币主义认为短期有效，长期无效。理性预期学派把理性预期概念和自然失业率结合起来，认为菲利普斯曲线不论在短期或在长期均不存在，这样政府采取的对通货膨胀和失业的相机抉择的政策就是无效的。凯恩斯主义却认为有效。

(3)政策主张的不同。货币主义反对凯恩斯的财政政策，反对“斟酌使用”(根据情况变化而制定和执行)的货币政策，而主张单一规则的货币政策，尽力避免国家干预。理性预期学派主张实行自由主义的经济政策，反对国家干预经济，反对凯恩斯主义的财政政策和货币政策。而凯恩斯主义与理性预期学派完全相反。

(4)货币主义认为通货膨胀终究是一种货币现象，对实际经济没有影响。凯恩斯主义则没有这种观点。

14. 新凯恩斯主义和原凯恩斯主义在非市场出清假设问题上有什么差别?

答：尽管新凯恩斯主义和原凯恩斯主义都坚持市场非出清的假设，但两者的市场非出清理论存在着重大的差别，主要在于：

(1)原凯恩斯主义市场非出清模型假定名义工资刚性；而新凯恩斯主义市场非出清模型假定工资和价格有黏性，即工资和价格不是不能调整，但是调整是缓慢的。

(2)原凯恩斯主义市场非出清理论缺乏微观基础，没有阐明为什么价格和工资具有刚性；新凯恩斯主义模型则增加了原凯恩斯主义模型所忽略的两个假定(经济人利益最大化假定和理性预期假设），从微观经济学基础上阐明了劳动力市场非出清理论。

15. 怎样理解凯恩斯的“有效需求”概念？假如某年的总供给大于总需求，同时存在失业，国民收入和就业将发生什么变化？凯恩斯认为应采取何种对策？（电子科技大学2004博）

答：（1）凯恩斯所讲的有效需求，是指社会上商品总供给价格与总需求价格达到均衡时的总需求。

（2）当总需求价格大于总供给价格时，即一定的就业量下预期收益会超过导致这一就业量所必须的收益时，企业会扩大生产，增雇工人；相反，则会缩减生产，减少雇员。只有当总供给价格等于总需求价格时，企业才能获得最大的预期利润，达到均衡状态，这时的总需求就是有效需求。因此，假定某年的总供给大于总需求，同时存在失业，表明有效需求不足，于是失业会上升，国民收入会下降。凯恩斯认为，这时需要由政府用膨胀总需求的财政政策和货币政策对经济加以干预，以降低失业率，提高国民收入水平。

16. 假定价格如实际经济周期理论所描述具有完全伸缩性，另外产出波动如RBC中完全由技术冲击引起。

（1）假定央行保持货币供给不变，当产出波动时，物价水平如何变化？

（2）假定央行通过调整货币供给以保证物价水平稳定，请问随产出波动，货币供给如何变化？

（3）经济学家观察到，货币供给与产出呈正相关，请问是否可以用这一现象作为反对实际经济周期模型的证据，认为产出波动源自货币供给？（上海财大2011研）

答：实际经济周期理论假定物价具有完全的伸缩性，所以货币不具有实际影响，物价会随货币调整使货币市场保持均衡。这意味着实际总供给和总需求决定利率和产量，物价则自由调整以保证货币市场出清。

（1）当产量增加时，实际货币余额需求会上升。如果央行保持货币供给不变，则物价必须下降以使货币市场保持均衡。反之，当产量减少时，实际货币余额需求会下降。如果央行保持货币供给不变，则物价必须上升以使货币市场保持均衡。所以，物价与产量反方向变动。

（2）假如央行通过调整货币供给以保证物价水平稳定，则当产量增加时，实际货币余额需求会上升，为使物价保持稳定，央行必须增加货币供给。反之，当产量减少时，实际货币余额需求会下降，为使物价保持稳定，央行必须减少货币供给。所以，物价与货币供给同方向变动。

（3）货币供给与产出呈正相关并不能否定实际经济周期模型。如果央行执行（2）中的政策稳定物价，即使货币对产量没有任何影响，也将观察到货币与产量密切相关，只不过这一相关性来自于货币当局对产量波动的内生反应而已，并非货币供给影响到了产出。

17. 现代宏观经济学认为，短期的总供给曲线是向右上方倾斜的，但对于这一形状的总供给曲线的形成原因，却存在着多种解释，请叙述从不完全信息角度给出的一种可能解释。（中国人民大学2016研）

答：不完全信息是指市场参与者不拥有某种经济环境状态的全部知识。而不完全信息经济比完全信息经济更加具有现实性。

（1）在生产过程中，存在着企业和工人之间的信息不对称。当名义工资因价格上涨而提高时，由于工人具有“货币幻觉”，工人错误地相信他们的实际工资已经提高，而愿意提供更多的工作。这样，在短期内，名义工资的增加将伴随着更高的产出和更少的失业，因此，产品的供给量将会上升。而根据工资黏性，名义工资的调整慢于劳动供求的变化。所以当物价上升时，工人的实际工资减少，厂商的利润增加，会使厂商扩大生产规模，直到产品的边际利润等于多雇佣工人的边际劳动成本，从而使就业增加，总供给增加；反之，总供给减少。

(2)在生产过程中，存在着企业之间的信息不对称。当物价水平下降时，实际上是各种物品与劳务价格都下降，但企业会更关注自己的产品，没有看到其他产品的价格下降，而只觉得自己的产品价格下降了，得出市场供大于求的悲观判断，从而减少生产，引起总供给减少；当物价水平上升时，企业也会没有看到其他产品的价格上升，而误以为只有自己的产品价格上升了，作出市场供小于求的乐观判断，从而就增加生产，引起总供给增加。当物价水平变动时，企业产生的这些错觉会使物价水平与总供给同方向变动。

(3)在生产过程中，也存在着企业和市场的信息不对称。由于价格存在黏性，企业调整价格存在菜单成本，短期中价格的调整不能随着总需求的变动而迅速变化。所以当物价上升时，企业产品的相对价格下降，销售增加，生产增加，总供给增加；反之，总供给减少。

根据以上原因可以得出，由于实际中存在着各种不完全信息的情况，导致短期总供给与物价水平同方向变动，即短期总供给曲线向右上方倾斜。

18. 货币经济周期理论与实际经济周期(RBC)对经济波动的根源和传导机制的看法有什么不同?（中国人民大学2017研）

答：(1)货币经济周期理论：

卢卡斯等人的货币经济周期理论从不完全信息出发论证了货币政策无效。该论述的中心内容是，预期到的货币供给的变化只影响价格水平，而不影响产量；只有未被预期到的货币供给才影响产量。因此，货币经济周期理论认为货币因素是经济波动的根源，且未预期到的货币供给冲击引起了经济波动。

货币经济周期理论认为经济波动的传导机制是由于市场分割而造成的信息障碍，即经济当事人是有限理性的，他们的经验和技术通常是不足的，而经济交易又是复杂多变的，因此，当事人总是不能得到预期变量的完整和全部信息，而且当事人之间的信息往往是不对称的。这种信息障碍也是造成货币非中性的源泉。

(2)实际经济周期理论：

实际经济周期理论是新古典宏观经济学的代表性理论之一。实际经济周期理论把经济波动看作主要由持续的实际(供给方)冲击引起，而不是由未预见的货币(需求方)冲击引起的。实际经济周期理论认为，供给面而不是需求面冲击是导致经济周期的根本原因，如技术进步引起的生产率冲击，能源价格上升的冲击等。宏观经济会受到一些实际因素的冲击，明显的两个例子是石油危机和农业歉收，还有诸如战争、人口增减、技术革新等。因此，该理论认为经济的波动是随机的，不可预测的。实际经济周期理论认为其中最常见、最值得分析的是技术的冲击，而且技术冲击是经济波动的动力之源，而总需求冲击如货币供给的变动即使在短期，也是中性的，因此不是经济周期波动的根源。

实际经济周期理论认为经济波动的传导机制是劳动供给的跨时期替代，即在不同时期配置工作时间的意愿。人们在不同时期中劳动投入的比率是由各时期的相对工资决定的，减少相对工资较少的时期的劳动量而增加相对工资较高的时期的劳动量，从而在工作总量不变的情况下获得更多收入，但这并不意味着劳动供给对工资的永久性变动很敏感。因此，如果技术冲击是暂时的，使得当期的实际工资暂时地高于标准，那么劳动者将以工作替代闲暇，提供更多的劳动，从而产出和就业均上升，而在预期实际工资较低的未来减少工作。因此，实际工资的变动会带来较大的供给变化。这样，通过跨时劳动替代对外来冲击形成了经济波动。

19. 简述凯恩斯的货币需求理论和弗里德曼的新货币数量理论。（东北财经大学 2019 研）

答：(1)凯恩斯的货币需求理论：

凯恩斯将人们保持货币的动机分为交易动机、预防动机和投机动机三类，其中交易动机货币需求是为了日常交易而产生的持有货币的愿望，它是收入的稳定函数；预防动机的货币需求是人们为了应付紧急情况而持有的一定数量的货币，它也由收入决定。这两种货币需求合二为一，可以写成 $L_1=L_1(Y)=kY$。投机动机的货币需求是人们根据对市场利率变化的预测，为获利而持有的货币，它是利率的减函数，并有 $L_2=L_2(r)=-hr$。所以货币需求可以表示为：$L=kY-hr$。凯恩斯的货币需求理论在分析方法上对传统货币理论的突破，主要表现在它把货币总需求划分为出于各种动机的货币需求。

(2)弗里德曼的现代货币数量理论：

弗里德曼认为，人们对货币的需求受三类因素的影响：收入财富的变化、持有货币的机会成本和持有货币给人们带来的效用。据此，弗里德曼提出个人财富持有者的货币需求函数：

$$M_d=f\left(P,\ r_b,\ r_e,\ \frac{1}{P}\cdot\frac{\mathrm{d}P}{\mathrm{d}t},\ w,\ Y,\ u\right)$$

弗里德曼认为，物价水平和名义收入的变动是由人们实际持有的货币数量即货币供给量的变动引起的。货币流通速度就长期而言是稳定的，只有在短期内，才随着经济的波动而波动。

新货币数量论与传统货币数量论的差别在于，传统货币数量论把货币流通速度当作由制度决定了的一个常数，而新货币数量论认为稳定的不是 V，而是决定 V 值的函数，V 只不过是稳定的外在表现而已。V 在长期是一个不变的量，在短期可以做出轻微的变化。正是因为货币流通速度短期可以轻微的变化，因此短期货币非中性。

(3)虽然凯恩斯和弗里德曼都是从资产选择的角度来讨论货币需求，但弗里德曼的现代货币数量论与凯恩斯的货币需求理论有着明显的不同，主要表现在以下几点：

①凯恩斯所考虑的仅仅是货币和生息资产之间的选择，而弗里德曼所考虑的资产选择范围则要广得多，它不仅包括货币、债券，还包括股票和实物资产。

②弗里德曼没有像凯恩斯那样把货币的预期报酬率视为零，而是把它当作一个会随着其他资产预期报酬率的变化而变化的量。

③凯恩斯认为货币需求受未来利率不确定性的影响，因而不稳定。而弗里德曼认为，货币需求量是稳定的，是可以预测的。货币需求函数是相当稳定的，这是弗里德曼货币需求函数的主要特点。弗里德曼十分强调实际货币需求，而非名义货币需求。在他看来，实际货币需求主要取决于作为财富代表的恒久性收入。由于作为财富代表的恒久性收入在长期内取决于真实生产因素的状况（如人口、生产技术水平、资源利用等），其变动是相对稳定的。因此，货币需求与其决定变量之间存在着稳定的函数关系，而不会发生难以预料的急剧变化。

④二者强调的侧重点不同。凯恩斯的货币需求理论非常重视利率的主导作用。凯恩斯认为，利率的变动会直接影响到就业和国民收入的变动，最终必然影响货币需求量。而弗里德曼则强调恒久性收入对货币需求的重要影响，认为利率对货币需求的影响是微不足道的。

由于上述的分析，导致凯恩斯主义与货币主义在货币政策传导变量上产生分歧，凯恩斯主义认为应是利率，而货币主义则坚持认为是货币供应量。

三、计算题

1. 假设附有理性预期的总供给函数为 $Y^s = Y_f + 200(P - P_e)$，总需求函数为 $Y^d = 1000 + G + 20M_s/P$，充分就业的国民收入为 $Y_f = 4000$，P_e 和 P 分别为人们对物价的预期和实际的物价水平。

(1) 如果经济已处于充分就业状态，近期不会有政策变化的预期，名义货币供给 $M_s = 1000$，政府购买 $G = 1000$，实际的物价水平是多少？

(2) 如果中央银行宣布名义货币供给增加1000，且言行一致，产量水平和实际价格水平将为多少？

(3) 如果中央银行公开宣布增加名义货币供应1000，实际却增加了5000，产量水平和实际价格水平是多少？（中央财大2010研）

解：(1) 根据题意，近期内政策预期不变化，经济处于充分就业状态，因此有：

$$4000 = 1000 + 1000 + 20 \times \frac{1000}{P}$$

解得：$P = 10$。

(2) 货币供给增加1000是中央银行宣布的，且言行一致，因此，$P = P_e$，产量仍是 $Y_f = 4000$。这时的价格为：

$$4000 = 1000 + 1000 + 20 \times \frac{2000}{P}$$

解得：$P = 20$。

(3) 中央银行宣布增加货币供给1000，因此这时的 $P_e = 20$，但实际增加了5000。因此附有理性预期的供给函数为：

$$Y^s = 4000 + 200(P - 20) = 200P$$

总需求为：$Y = 1000 + 1000 + 20 \times \dfrac{6000}{P}$。

令总需求等于总供给：$200P = 1000 + 1000 + 20 \times \dfrac{6000}{P}$。

解得：$P = 30$，$Y = 6000$。

2. 假设货币周转速度保持为常数5，实际产出值为1000，价格水平为2。

(1) 经济在均衡状态时，货币的名义数量和实际数量是多少？

(2) 货币周转速度保持不变，实际产出年增长率为3%，通胀增长率为3%，货币名义增长率应为多少？为什么？（中国海洋大学2021研）

解：(1) 货币数量方程为：$MV = Py$，其中，M 为名义货币供给量，V 为货币流通速度，P 为价格水平，y 为实际收入水平。

货币的名义数量为：$M = 1000 \times 2/5 = 400$。

货币的实际数量为：$M/P = 400/2 = 200$。

(2) 根据货币数量方程 $MV = Py$，得 $\pi = \hat{m} - \hat{y} + \hat{v}$。其中，$\pi$ 为通货膨胀率；$\hat{m}$ 为货币名义增长率；$\hat{y}$ 为产出增长率；$\hat{v}$ 为货币流通速度变化率。

已知 $\hat{v} = 0$，$\hat{y} = 3\%$，$\pi = 3\%$，因此货币名义增长率 $\hat{m} = 6\%$。

四、论述题

1. 请推导新古典主义短期总供给曲线，并说明其为何向右上方倾斜。（人大2010研）

答： 20世纪70年代的滞胀导致传统凯恩斯主义不能够进行解释，于是促进了货币主义和理性预期的发展，形成了以卢卡斯为首的新古典经济学派。新古典主义短期总供给曲线的推导如下：

假设一个典型的企业 i 的供给函数为：

$$y_i = h(P_i - P) + y_i^* \quad ①$$

其中，y_i 是企业的产量，P_i 是其产品的价格，P 为反映市场价格总状况的总价格水平，y_i^* 是企业潜在的或正常的产量，$h>0$。在以 P_i 为纵坐标，y_i 为横坐标的坐标系中，①式表示为一条正斜率的供给曲线。在实际中，企业并不知道价格水平 P，而只能对其加以估计，用 P^e 表示企业对价格总水平 P 的估计，则①式变为：

$$y_i = h(P_i - P^e) + y_i^* \quad ②$$

企业对价格总水平的估计可按下述方程来进行：

$$P^e = \hat{P} + b(P_i - \hat{P}) \quad ③$$

其中，$\hat{P}$ 表示社会上有关机构预测并公布的价格预测值，b 为企业根据其经验对预测值 $\hat{P}$ 的调整系数。将③式代入②式并整理，可得：$y_i = h(1-b)(P_i - \hat{P}) + y_i^*$，整个经济的总供给曲线是通过对所有典型企业的供给曲线加总得到的。设整个经济的生产由 n 个像企业 i 的企业生产组成，则经济的总供给函数变为：

$$y = nh(1-b)(P - \hat{P}) + y^* \quad ④$$

④式就是新古典主义短期总供给曲线，其中 y 为总产出，P 为总价格水平，y^* 为经济的潜在产量，将④式中的参数 $nh(1-b)$ 用字母 λ 表示，新古典主义短期总供给曲线可改写为：

$$y = y^* + \lambda(P - \hat{P})$$

式中，参数 $\lambda>0$，$\hat{P}$ 为公众对价格的预期。

新古典主义短期总供给曲线向右上方倾斜的主要原因是其前提假设中的理性预期和自然率假说，当市场中的价格水平 $P=\hat{P}$ 时，总供给等于自然率的水平；当现实价格水平超过预期的价格水平时（即 $P>\hat{P}$），产出就会增加到自然率水平之上。

2. 凯恩斯主义、货币主义和新古典宏观经济学认为货币供给增加的长短期影响有什么不同？（南开大学2011研；人大2011研）

答：（1）凯恩斯主义认为，短期内货币供给增加会导致货币供给曲线右移，从而导致利率下降，而利率下降将会导致投资增加，投资增加将会导致国民收入提高，因此短期货币供给增加有效。但长期而言，当利率降到很低水平时，持有货币的利息损失很小，而持有债券的风险很大，因此人们手中出于投机动机而持有的货币变得很大甚至无限大，经济陷入“流动性陷阱”（又称凯恩斯陷阱）状态，此时货币需求曲线从而 LM 曲线呈现水平状，此时如果政府增加货币供给量，则利率不会再下降，于是想通过增加货币供给使利率下降从而增加投资和国民收入的想法就不可能实现，因而货币政策无效。

（2）货币主义认为，在短期中，货币供给量可以影响实际变量如就业量和实际国民收入。因为根据费雪的交易方程 $Py=MV$，如果货币流通速度 V 以及物价水平 P 在短期内不发生变化的话，增加货币供给 M 是可以增加实际国民收入 y 的。在长期中，增加货币的作用主要在于影响物价水平以及其他用货币表示的量如货币工资等，而不能影响就业量和实际国民收入。根据货币主义的自然率假说，就业量和实际国民收入是技术水平、资源数量等非货币因素所决定，因此交易方程中的 y 和 M 无关，而 V 在长期又是一个不变的常数，因此增加货币供给只能导致价格水平上升，从而导致通货膨胀。

(3)新古典宏观经济学认为，增加货币供给无论在短期还是在长期都是无效的。根据新古典宏观经济模型，假如货币当局宣布打算提高货币供给，理性的当事人在形成他们的预期时会考虑这个信息并完全预见到货币供给的提高对一般价格水平的影响，结果，产量和就业会停留在自然率水平上不动。当货币工资在一个向上的价格预期下提高时，总需求曲线向右移动的效果就被总供给曲线向左移动所抵消。这样，经济停留在垂直的长期供给曲线上，因此即使在短期，产量和就业也没有变化，即货币是中性的。

3．试述理性预期学派对凯恩斯主义理论与政策的评判。(北京交通大学 2002 研)

答：理性预期学派是作为凯恩斯主义的对立物而出现的，始于 20 世纪 60 年代初，在 70 年代中期形成。由于这个学派的理论观点和政策主张与货币学派有密切联系或相近，因此又称它为激进的货币主义，或新古典宏观经济学，其主要代表人物有：卢卡斯、托马斯·萨金特、罗伯特·J·巴罗和尼尔·华莱士等。

(1)理性预期学派阐述其观点的两个依据：①理性预期假说。经济学中的预期是经济主体对经济变量在未来的变动方向和变动幅度的一种事前估计，预期作为经济主体活动的特征，支配着他们的现实行为，也是经济现在与未来联系的纽带。在理性预期之前，已经有了静态预期、外推型预期、适应性预期等预期假说。但它们都有一个共同的缺点，即人们只凭过去的经验对未来作判断，而把当前可用的信息及知识排除在预期形成机制之外，理性预期则更注重预期和现实行为结果的一致。理性预期是在充分利用信息和知识的前提下，对经济变量作出的预期，按照理性预期行为的结果必须和预期的结果相一致。②自然率假说。理性预期学派赞同货币主义的自然率假说，进一步指出就业量大于或小于自然率的幅度取决于实际通货膨胀率和预期通货膨胀率之间的差距，当然，就业量大于自然率的状态只可能在短期内存在，在长期中，由于厂商和工人发现物价上涨所造成的错觉后，一切又将恢复原状。政策制定者想要其政策有效，就必须通过对两个通胀率的差额的影响来造成人们的幻觉，也就是说，宏观经济政策想要有效，必须具有欺骗性质。

(2)理性预期学派对凯恩斯主义理论的评判。理性预期学派的主要观点如下：①宏观经济政策是无效的，因为宏观经济政策的有效性是以对厂商和工人的暂时欺骗而维持的，但人们会从上当中吸取教训，逐步使他们的预期更接近于准确，则宏观经济政策在长期内必然是无效的。②凯恩斯主义经济理论是错误的，因为它考虑的模型里所使用的是“适应性预期”，这意味着人们只运用过去的经验而不是全部有关将来的信息来谋取最大化利益，而且在凯恩斯主义理论体系存在着同一类型的人(如劳动者)有不同的函数或方程，行为不一致的人不是理性人。凯恩斯主义中的以上两点都违背了理性人的假设，而且凯恩斯主义在评价政策成败时，往往以总量的增长作为政策优劣的标准。而个人是自己利益的最好看守者，因此评价一项政策，应该从微观的角度来考虑。凯恩斯主义的评价标准没有考虑到有的社会成员可能会有的福利损失。

理性预期学派的观点可以用新古典模型来说明。新古典宏观经济学在建立自己的经济模型的时候引入了附加预期变量的总供给曲线，且认为总需求曲线 AD 的变化可以由意料之中的因素(如政府的财政货币政策和其他经济政策)、意料之外的因素(如自然灾害),以及介于两者之间的因素(如外汇波动等)引起。对于意料之外的因素所造成的价格和产量的波动,理性预期学派认为,国家是不能使用经济政策来使之稳定的。由于意料之外的因素无法事先得知,所以参加经济活动的人,包括国家的经济管理人员在内,事先都不知道这些因素的存在,更谈不到理解这些因素的作用。理性预期学派的最终结论是,在任何情况下,宏观经济政策都是无效的。

(3)理性预期学派对凯恩斯主义政策的评判。理性预期学派的政策主张为:①主张实行自由主义的经济政策,反对国家干预经济,反对凯恩斯主义的财政政策和货币政策。②主张政府制定并公布长期不变的原则,形成公众的稳定预期,同时政府还要管理货币储备、政府开支、总的价格水平或通货膨胀率等,使之稳定在一定水平上。③改善和刺激劳动供给,降低自然失业率。

4. 20世纪30年代以前的传统货币数量说的核心内容是什么?它为何在20世纪30代遭到批判?什么是现代货币数量说?

答:(1)20世纪30年代以前的传统货币数量说的核心内容是:货币数量和价格水平之间存在一个直接的比例关系。货币数量说是在传统的古典理论中,表示这种直接比例关系的,其方法主要有两种:一是交易方程式,一是剑桥方程式。

①交易方程式。20世纪初,美国耶鲁大学教授欧文·费雪提出了交易方程式,也被称为费雪方程式。这一方程式在货币需求理论研究的发展进程中是一个重要环节。

费雪认为,假设M是一定时期内流通货币的平均数量,V为货币流通速度,P为各类商品价格的加权平均数,T为各类商品的交易数量,则有:$MV=PT$或$P=\frac{MV}{T}$,从这个方程看,P的取值取决于M、V、T这三个变量的相互作用。不过费雪分析,在这三个经济变量中,M是一个由模型之外的因素所决定的外生变量;V由于制度性因素在短期内不变,因而可视为常数;交易量T对产出通常保持固定的比例,也是大体稳定的。因此,只有P和M的关系最重要,所以P的值特别是取决于M数量的变化。费雪虽然更多地注意了M对P的影响,但是反过来,从这一方程式中也能导出一定价格水平之下的名义货币需求量。也就是说,由于$MV=PT$,则$M=\frac{PT}{V}=\frac{1}{V}PT$,这说明,仅从货币的交易媒介功能考察,全社会一定时期一定价格水平下的总交易量与所需要的名义货币量具有一定的比例关系,这个比例是$\frac{1}{V}$。费雪方程式没有考虑微观主体动机对货币需求的影响,许多经济学家认为这是一个缺陷。

②剑桥方程式。以马歇尔和庇古为代表的剑桥学派,在研究货币需求问题时,重视微观主体的行为。他们认为,处于经济体系中的个人对货币的需求,实质是选择以怎样的方式保持自己资产的问题。决定人们持有货币多少的,有个人的财富水平、利率变动,以及持有货币可能拥有的便利等诸多因素。但是,在其他因素不变的情况下,对每个人来说,名义货币需求与名义收入水平之间保持着一个较稳定的比例关系;对整个经济体系来说,也是如此。因此有$M_d=kPY$,式中,Y代表总收入,P代表价格水平,k表示以货币形式拥有的财富占名义总收入的比例,M_d为名义货币需求,这就是有名的剑桥方程式。比较费雪方程式和剑桥方程式,前者为$M=\frac{1}{V}PT$,后者为$M_d=kPY$,假若把费雪方程式中的T代替成等同于剑

桥方程式中的 Y，即用交易商品量等同于收入量，再把 V 视作既代表交易货币的流通次数，又代表与收入水平对应的流通速度，即 $\frac{1}{V}=k$，就容易产生这样的看法：费雪方程式和剑桥方程式是两个意义大体相同的模型。

③实际上，两个方程式存在着显著的差异。主要有以下几点：

第一，对货币需求分析的侧重点不同。费雪方程式强调的是货币的交易手段功能，而剑桥方程式则重视货币作为一种资产的功能。

第二，费雪方程式把货币需求和支出流量联系在一起，重视货币支出的数量和速度，而剑桥方程式则是从用货币形式拥有资产存量的角度考虑货币需求，重视这个存量占收入的比例。所以对费雪方程式也有人称之为现金交易说，而剑桥方程式则称为现金余额说。

第三，两个方程式所强调的货币需求决定因素有所不同。费雪方程式用货币数量的变动来解释价格，反过来，在交易商品量和价格水平给定时，也能在既定的货币流通速度下得出一定的货币需求结论。而剑桥方程式则是从微观进行分析的产物。出于种种经济考虑，人们对于拥有货币有个满足程度的问题：拥有货币要付出代价，比如不能带来收益的特点又是对拥有货币数量的制约。这就是说，微观主体要在两相比较中决定货币需求。显然，剑桥方程式中的货币需求决定因素多于费雪方程式，特别是利率的作用已成为不容忽视的因素之一。

(2)但 1929～1933 年的经济大萧条动摇了传统的货币数量理论，在这期间，货币的供给和价格的同时下降虽然看起来接近货币数量论，但货币流通速度大大下降了，而不是稳定不变；实际产量也大大下降了，而不是保持在充分就业水平上，这些事实需要用新理论来解释，凯恩斯的理论便应运而生了。J·M·凯恩斯在 1936 年出版了《就业、利息和货币通论》，标志着独树一帜的学说的形成。凯恩斯对货币需求理论的突出贡献是关于货币需求动机分析。他认为，货币的交易需求和预防需求主要取决于收入，而投机需求取决于利率，因此，凯恩斯的货币需求函数可用下式表示：

$$M=\frac{M_d}{P}=L_1(Y)+L_2(r)$$

假定 $L_1(Y)=kY$，$L_2(r)=A-hr$，则 $L=L_1+L_2=kY+A-hr$。

这里，L 表示货币需求，k 表示产量或收入中为交易所需的货币份额，$h=\frac{\Delta L_2}{\Delta r}=\frac{dL_2}{dr}$说明每当利率变动一个百分点时，货币需求变动多少。假定用 $M=\frac{M_d}{P}=L$ 表示实际货币需求，则 $M=\frac{M_d}{P}=kY+A-hr$ 或 $M_d=(kY+A-hr)P$，这就是名义货币需求函数表达式，即凯恩斯的货币需求函数，可用图 10－1 来表示。

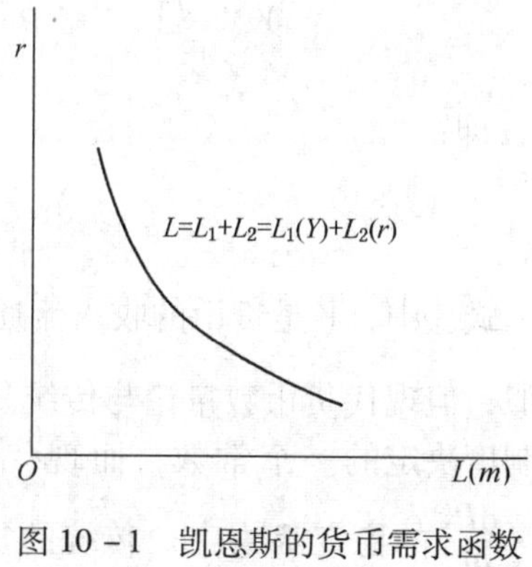

图 10－1　凯恩斯的货币需求函数

(3)从 20 世纪 50 年代末期开始，西方经济的主要问题已不再是大规模的经济萧条，而是通货膨胀问题。以失业为研究中心的凯恩斯理论无法解释这些问题，于是，货币主义代表人物弗里德曼(Milton Friedman)在传统货币数量论的基础上，提出了现代货币数量论，1956 年，弗里德曼发表了《货币数量说的重新表述》一文，奠定了现代货币数量论的基础。他认为，货币数量论不是关于产量、货币收入或物价问题的理论，而是关于货币需求的理论。因此，现代货币数量论研究的是影响人们持有货币量的因素：

①总财富。弗里德曼把货币看作是人们持有财富的一种形式，个人所持有的货币量受其总财富限制。总财富包括人力财富和非人力财富。由于总财富难以计算，因此他提出用“恒久性收入”代替这一概念，由于“恒久性收入”易于计算且具有稳定性，因而可以避免货币需求函数出现不稳定的现象。

②财富构成，即指人力财富和非人力财富的比例。人力财富是指个人在将来获得收入的能力，即人的生产能力，又称为人力资本；非人力财富即物质资本。人力财富转化为现实的非人力财富，会受到劳动力市场供求等因素的制约，所以在转化过程中，人们必须有一定量的货币，以应付交易等需要，这一货币量的多少，取决于人力财富和非人力财富的比例。

③货币和其他资产的预期收益。人们持有多少货币，在很大程度上取决于货币和其他资产收益大小的比较，在一般情况下，货币收益为零，而其他资产均有收益，其他资产收益率很高，则货币需求将减少，反之则相反。

④影响货币需求的其他因素。人们对货币的“嗜好”程度也会影响货币需求，如果把货币看成是“必需品”，那么货币需求对收入的弹性为1或小于1；如果把货币看成是“奢侈品”，则货币需求对收入的弹性就会大于1。此外，人们对未来经济稳定性预期也会影响货币需求。

在以上分析基础上，弗里德曼提出了货币需求函数：

$$M_d = f\left\{P, r_b, r_e, \frac{1}{P}\cdot\frac{\mathrm{d}P}{\mathrm{d}t}, w, Y, u\right\} \quad ①$$

式中，M 表示名义货币需求量；P 表示价格水平；r_b 表示债券的预期收益率；r_e 表示股票的预期收益率；$\frac{1}{P}\cdot\frac{\mathrm{d}P}{\mathrm{d}t}$ 表示物价水平的预期变动率；w 表示人力财富与非人力财富的比率；Y 表示货币收入；u 为其他随机因素。

弗里德曼认为，上述货币需求函数是 P 和 Y 的一阶齐次函数，若 P 和 Y 发生变化，则货币需求也将同比例变化。将函数①两边除以 P，则得到实际货币需求函数：

$$\frac{M_d}{P} = f\left\{r_b, r_e, \frac{1}{P}\cdot\frac{\mathrm{d}P}{\mathrm{d}t}, w, \frac{Y}{P}, u\right\} \quad ②$$

从上式可看出，对实际货币余额的需求由实际变量决定，而不受名义价值的影响。

如果在①两边除以 Y，则可得到：

$$\frac{M_d}{Y} = f\left\{r_b, r_e, \frac{1}{P}\cdot\frac{\mathrm{d}P}{\mathrm{d}t}, w, \frac{P}{Y}, u\right\} = \frac{1}{V\left\{r_b, r_e, \frac{1}{P}\cdot\frac{\mathrm{d}P}{\mathrm{d}t}, w, \frac{P}{Y}, u\right\}}$$

即：

$$Y = V\left\{r_b, r_e, \frac{1}{P}\cdot\frac{\mathrm{d}P}{\mathrm{d}t}, w, \frac{P}{Y}, u\right\}\cdot M \quad ③$$

式③中，V 是货币的收入流通速度，式③与剑桥方程式 $M = kPY$ 或交易方程式 $M = \frac{1}{V}PT$ 相似，但现代货币数量论与传统货币数量论是有区别的：a. 传统货币数量论把 V 或 k 当作由制度决定的一个常数，而现代货币数量论把 V 看作是几个可观察到的变量（如 r_b，r_e，$\frac{1}{P}\cdot\frac{\mathrm{d}P}{\mathrm{d}t}$）的稳定函数；b. 传统的货币数量论方程式中的 Y 为现期收入水平，而现代货币数

量论方程式中的 Y 为持久性收入；c. 传统货币数量论认为货币数量增加会使物价同比例上涨，但现代货币数量论认为，货币数量增加在短期内既可以使物价上升，又可以使产量上升，只有在长期内会全部表现为物价水平上升。

5. 理性预期学派是如何否定凯恩斯主义理论的？

答：宏观经济理论研究总量问题，但总量是个量的总和，因而，微观经济活动在宏观领域的体现必须与微观行为相一致，即从整个理论体系上来看，宏观总量关系必须存在相应的微观基础。正是在微观基础问题上，理性预期学派给予凯恩斯主义理论以致命的打击。

理性预期学派认为，作为宏观经济学微观基础的最基本的行为假设是理性行为假设。然而，凯恩斯主义理论至少在三个方面违背了这一假设，从而导致凯恩斯主义理论难以成立。

(1)不合理性的预期。理性预期学派认为，由于人们的预期会影响人们的行为，从而影响宏观经济数量，所以宏观经济理论必须把人们的预期考虑在内。然而，在凯恩斯主义理论模型中，虽然也考虑了人们的预期，但是这种预期是“适应性预期”，这就是意味着，凯恩斯主义理论中的经济当事人只使用过去的信息来决定未来的行为。由于合乎理性的人在将来的情况改变时必然会利用一切信息来谋取最大的利益，所以使用“适应性预期”的凯恩斯主义经济模型不能说明利用有关信息来谋取最大利益的理性人的经济行为，所以，凯恩斯主义经济模型不能成立。

(2)不能保证个人行为协调一致。理性预期学派认为，在凯恩斯主义理论涉及到同一经济当事人行为的不同地方，经济当事人的行为假设并不能协调一致。例如，在消费函数中，劳动者之所以进行储蓄是企图得到将来的消费；而在劳动的供给函数中，他们仅被认为是在现有的收入与闲暇之间进行选择。这就是说，劳动者在消费函数中考虑到将来，而在劳动供给函数中只想到现在。这样，在两个函数中，劳动者具有不同的行为，而凯恩斯理论又提不出理由来证明这种不同行为是协调一致的。

(3)宏观经济政策目标未必是个人的最优目标。理性预期学派认为，一项经济政策是否成功，必须从微观经济学的角度来考察该政策是否能增加社会成员的福利。因此，不能根据凯恩斯主义的宏观经济目标而判断经济政策的成败。例如，凯恩斯主义者往往把能否增加社会生产总量作为判别经济政策优劣的标准，然而，社会成员可能因此承受通货膨胀和环境污染的痛苦，那么，这种增加究竟是对社会有益还是有害就很难说了。因此，理性预期学派认为，人为制造判断标准是不可靠的。

在指出了凯恩斯主义理论的错误之后，理性预期学派通过理性预期对自然率假设进行了重新解释，从而彻底否定了凯恩斯主义经济政策的有效性。理性预期学派认为，资本主义很难把就业量维持在大于或小于充分就业水平，其原因在于：

①就业量大于或小于自然率的幅度取决于实际通货膨胀率和预期通货膨胀率之间的差距。如果前者大于后者，就业量大于自然率；如果前者小于后者，就业量小于自然率；如果二者相等，就业量等于自然率，即处于萨伊定律所说的供求相等的均衡水平。

②既然就业量的变动(大于或小于自然率)取决于实际和预期通货膨胀率之间的差额，那么，旨在改变就业量的宏观经济政策，不论是财政政策还是货币政策都必须通过它们对两个膨胀率之间的差额的影响才能发生作用，而影响差额的目的又在于造成经营者的幻觉，使他们错误地把价格的变动看成是对自己商品的需求改变的信息。既然如此，有效的政策必须通过它对两个膨胀率的差额的影响来造成幻觉，使人们具有错误的看法，否则，经营者产量和劳动供给量不会改变，从而就业量也不会改变。因此，宏观经济政策要想有效，必须具有

“欺骗”的性质。然而理性预期学派认为，人们会充分利用一切信息来改正他们对事物的错误认识，从而，他们虽然可以偶然犯有认识上的错误，然而在长期中却不会系统地和持续地如此。既然宏观经济政策的有效性取决于它是否能使人们在认识上犯有错误，即造成预期和实际通货膨胀率的差距，那么，由于人们不会系统地持续地犯有认识上的错误，所以宏观经济政策是无效的。

综上所述，理性预期学派重新肯定了传统经济学形式的萨伊定律，并且根据传统的微观经济学对凯恩斯主义作了全面否定：不仅凯恩斯主义的政策无效，而且凯恩斯主义的整个理论体系也不能成立。

6. 请回答下面有关货币与经济运行的问题。

关于经济周期的经验研究发现真实产出与基础货币、真实产出与 M_1 之间存在正相关，而真实产出与一般价格水平之间存在负相关。

(1)在价格信息完全条件下，如何从内生货币的角度解释宏观经济周期波动中货币量和真实产出、一般价格水平和真实产出的关系?

(2)在价格信息不完全条件下市场出清模型中，未预期到的央行货币扩张是如何影响实际利率、产出、工作和投资的?（北大2015研）

答：(1)内生货币是指货币存量是由实际产出、利率以及物价水平等经济变量的变动决定的。价格信息完全意味着经济中的任何变化都能被经济当事人完全预期到，即对通货膨胀预期和实际通货膨胀非常接近甚至完全相等。如果央行采取扩张性的货币政策，货币供给量增加，根据理性预期假说，理性的经济当事人他们是理性的、不会犯系统性风险的错误，在形成他们的预期时会考虑到该信息并完全预见到货币供给对一般价格水平的影响，结果，产出和就业会停留在自然失业率的水平上不发生任何变动，货币供给增加引起的效果的一般价格水平的上升。用货币数量论和总供给方程式作以下分析：

由货币数量方程式 $M\bar{V}=PY$ 可知：

M 变动的百分比 + V 变动的百分比 = P 变动的百分比 + Y 变动的百分比

货币流通速度 $V=\bar{V}$ 不变，即 V 变动的百分比 =0，而在短期内，P 变动的百分比 =0，此时，货币供给量 M 的增加会引起实际产出 Y 的增加。

再由总供给方程式 $Y=\bar{Y}+\theta(P-P^e)$，可知：当 $P=P^e$ 时，$Y=\bar{Y}$，即预期物价水平与实际价格水平相等时，实际产出将达到充分就业时的产出水平。

(2)价格信息不完全意味着未预期到的央行货币扩张首先影响到一般价格水平，经济当事人得经过一段时间才能看清楚这种变化不是相对价格变化而是一般价格水平变化，在短期内未预期到的货币扩张的确能够影响产出。但是理性预期的经济当事人能够利用有关货币政策规则的知识，很快形成对未来价格的正确预期，纠正错误的产量决策，使社会总产量恢复到充分就业时的产出水平。

如图10-2所示，经济起初在 A 点处运行，该点是总需求曲线 AD_0、总供给曲线 $SRAS_0$ 和 $LRAS$ 三条线的交点。在 A 点，价格水平 P_0 被完全预见到，产出和就业在其长期均衡的水平上，市场处于出清状态。假设央行实行未预期到的货币扩张政策，LM 曲线向右移动，利率下降；在价格信息不完全的条件下，厂商和工人把一般价格水平上升的结果错误地当作相对价格的上升，他们作出的反应是增加投资、提高产量和增加劳动供给，从而总需求曲线将从 AD_0 移动到 AD_1，在 B 点与 $SRAS_0$ 相交。此时经济的产量为 y_1，它偏离了产出的自然率水平，这被认为是当事人预期误差的结果。按照新古典宏观经济学的理性预期假设，一旦

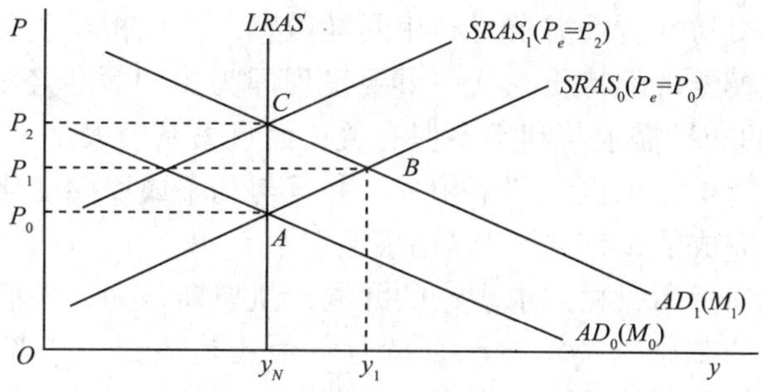

图 10－2　未预期到的货币扩张政策的效果

当事人充分调整了他们的价格预期，总供给曲线就会从 $SRAS_0$ 向左移动到 $SRAS_1$，与 AD_1 在 C 点相交，产出恢复到潜在产出水平，价格上升，劳动供求不变。

7．试述西方货币需求理论发展的内在逻辑。

答：西方货币需求理论沿着货币持有动机和货币需求决定因素这一脉络，经历了传统货币数量学说、凯恩斯学派货币需求理论和货币学派货币需求理论的主流沿革。

(1)传统的货币数量说。传统的货币数量分为早期货币数量说和近代货币数量说。由现金交易说和现金余额说组成的近代货币数量理论对货币需求理论的影响更为深远。

现金交易说是由美国经济学家费雪提出的，在《货币的购买力》一书中，费雪提出了交易方程式，即：

$$MV = PT \text{ 或 } P = \frac{MV}{T}$$

这一方程式表明，物价水平 P 的变动与流通中的货币量 M 的变动和货币流通速度 V 的变动成正比，而与商品交易量 T 的变动成反比。一般认为，费雪方程式的错误主要表现在三个方面：把货币只当成一种交换媒介，混同了金属货币与纸币在决定物价中的不同作用，假定货币流通速度和商品交易量在长期内不受货币量变动的影响。

现金余额说是由剑桥派经济学家马歇尔・庇古等人创立的。他们从个人资产选择的角度分析决定货币需求的因素，并提出了如下的剑桥方程式：$M = kPY$。

根据古典学派的假设，Y 在短期内不变，如果 k 也不变，则 P 与 M 作同方向、同比例的变动。不过剑桥方程式本身又预示着对其结论的否定，因为各种资产的收益率和人们的预期等影响 k 的变化，无论在短期内还是在长期内它都不是常数，所以不可能固定不变，P 与 M 的变动幅度也不可能完全一致。

(2)凯恩斯的货币需求理论。凯恩斯将人们保持货币的动机分为交易动机、预防动机和投机动机这三类，其中交易动机的货币需求为收入稳定的函数。预防动机的货币需求则是指人们为了应付紧急情况而持有一定数量的货币，这一货币需求的大小也主要由收入的多少决定。可把这两种货币需求函数合二为一以 $M_1 = L_1(Y)$ 表示，其中 M_1 代表为满足交易动机和预防动机而持有的货币量，Y 代表收入水平，L_1 代表 M_1 与 Y 之间的函数关系。投机动机的货币需求是当前利率水平的减函数。若以 M_2 代表满足投机动机而持有的货币量，r 代表市场利率，L_2 代表 M_2 与 r 之间的函数关系，就有 $M_2 = L_2(r)$。所以货币需求函数总公式为：$M = M_1 + M_2 = L_1(Y) + L_2(r)$。凯恩斯的货币需求理论在分析方法上对传统货币理论的突破，主要表现在它把货币总需求划分为出于各种动机的货币需求。

(3)对凯恩斯货币需求理论的发展。20 世纪 50 年代以后，一些凯恩斯学派深入研究和扩展了凯恩斯的货币需求理论。

①他们发现即使是交易性货币需求对利率同样敏感，而且相对于交易数值而言，货币的交易性需求也呈现出规模经济的特质。这一重要发现即为美国著名经济学家鲍莫尔的“平方根定律”。他认为货币的交易需求与利率不但有关，而且关系极大。

②他们发现预防性货币需求也与利率相关，并且与利率成反向变化。这方面的模型化工作是由惠伦等经济学家完成的，创立了“惠伦模型”。

③他们觉察到凯恩斯货币投机需求理论的漏洞，凯恩斯认为，人们对未来利率变化的预计是自信的，并在自信的基础上决定自己是持有货币还是债券，二者择其一而不是两者兼有。然而实际情况却与凯恩斯的理论不吻合，投资者对自己的预计是犹豫不定的，一般人都是既持有货币又持有债券。托宾的“资产选择理论”对凯恩斯的货币投机性需求予以发展。

④新剑桥学派对凯恩斯的货币需求动机理论加以发展，他们提出了货币需求的三类动机：a. 商业性动机。由商业性动机引起的货币需求与收入密切相关；b. 投机性动机。由投机性动机引起的货币需求与收入关系不大，而与金融市场关系密切；c. 公共权利动机。这是因政府的赤字财政政策和膨胀性货币政策所产生的扩张性货币需求动机。如果政府把这些额外的流通货币投向商业性流通，那么，受冲击的将是商品市场的价格；如果政府把这些额外的流通货币主要投向金融性流通，金融市场将受到冲击。因此这类动机对经济的影响取决于政府如何分配这些额外货币。

(4)弗里德曼的现代货币数量理论。弗里德曼认为，与消费者对商品的选择一样，人们对货币的需求同样受这三类因素的影响：收入财富的变化；持有货币的机会成本；持有货币给人们带来的效用。据此，弗里德曼列出个人财富持有者的货币需求函数：

$$M/P = f\left(y, w, r_m, r_b, r_e, \frac{1}{P}\cdot\frac{\mathrm{d}P}{\mathrm{d}t}, u\right)$$

弗里德曼认为，货币需求函数最主要的特点是该函数的稳定性，其动向是可以预测的。明确货币需求函数的稳定性，对分析整个经济社会中的其他重要因素意义重大。这是由于其他重要因素，如货币收入或价格水平都是货币需求函数和货币供给函数相互作用的结果。论证并强调货币需求函数具有稳定性，其目的在于说明货币对总体经济的影响主要来自货币供应方面。因此，稳定的货币需求函数成为货币学派理论及收入政策的理论基础和分析依据。

8. 如何从弗里德曼的货币需求函数得出名义收入受货币数量决定的货币数量观点？

答：(1)1956年，货币主义学派的代表人物弗里德曼(Milton Friedman)发表了《货币数量说的重新表述》一文，把货币需求从财富所有者的资产选择行为加以考察，并得出以货币这种资产形式持有财富的意愿主要受以下几个因素的影响：总财富、财富构成、持有货币的预期报酬率、其他资产的预期报酬率、其他因素，比如财富持有者的特殊偏好，人们对未来经济稳定性的预期等。其中在这些决定因素之中，弗里德曼以持久性收入这一概念代替总财富，强调持久性收入对货币需求的重要影响作用是弗里德曼货币需求理论的一个特点。通过以上的因素分析，弗里德曼得出货币需求函数：

$$\frac{M_d}{P} = f\left\{Y_p, w, r_m, r_b, r_e, \frac{1}{P}\cdot\frac{\mathrm{d}P}{\mathrm{d}t}, u\right\}$$

其中，$\frac{M_d}{P}$表示实际货币需求；Y_p 表示持久性收入，代表总财富；w 表示非人力财富占总财富的比例；r_m 表示货币的预期名义报酬率；r_b 表示债券的预期名义报酬率；r_e 表示股票的预期名义报酬率；$\frac{1}{P}\cdot\frac{\mathrm{d}P}{\mathrm{d}t}$表示物价的预期变动率；$u$ 表示其他影响因素。Y_p，r_m 与货币需求成正向关系；w，r_b，r_e，$\frac{1}{P}\cdot\frac{dP}{dt}$与货币需求成反向关系。

(2)弗里德曼通过货币需求函数得出名义收入受货币数量决定的货币数量论观点，其基本思路如下：

①弗里德曼的货币需求函数暗含着这样的结论，那就是货币需求对利率并不敏感。这是因为，利率的变动往往是和货币的预期报酬率同向变化的。当利率上升时，银行可以从贷款中获得较高的收益，所以就会希望吸收更多的存款来发放贷款。存款利率不受限制时，银行将通过提高存款利率来做到这一点；当存款利率受到限制时，银行就会通过提供更完善的服务来竞争存款。无论采取哪种方式，都意味着货币(M_1 或 M_2)的预期报酬率提高了。由于影响货币需求的是货币和其他资产之间相对预期报酬率的高低，所以当货币的预期报酬率与其他资产的预期报酬率同向变化时，货币需求将相对保持不变。

弗里德曼认为，事实上，货币和其他资产的预期报酬率往往是同向变化的，所以影响货币需求的主要因素实际上只是恒久性收入，即：

$$\frac{M_d}{P}=f(Y_p)$$

这意味着货币需求是稳定的，因为恒久性收入的变化是缓慢的，不像利率那样经常上下波动。

②弗里德曼认为，货币需求函数本身是相当稳定的，它不会发生大幅度的位移(事实上，在弗里德曼的货币需求函数中，也难看出使货币需求函数发生位移的潜在因素)。这就意味着，货币需求与其影响因素之间的关系是稳定的，利用过去数据估计出来的货币需求函数经验公式可以估计未来的货币需求，这一点也与凯恩斯的理论有很大不同。在凯恩斯看来，货币需求函数将因人们对安全利率看法的改变而发生位移。

由上面两点便可直接导出以下结论，即货币流通速度是稳定的，可预测的。这是因为，在货币市场均衡的条件下，货币需求等于货币供给，由交易方程式就可知：

$$V=\frac{Y}{M_d/P}=\frac{Y}{f(Y_p)}$$

从上式可以看出只要货币需求是稳定的、可以预测的，那么货币流通速度就是稳定的、可以预测的。只要货币流通速度是稳定的、可以预测的，那么当货币供给发生变化时，把货币流通速度的预测值代入交易方程式，就可以估计出名义国民收入的变动。因此货币供给是决定名义收入的主要因素，这一货币数量论观点仍然能够成立的。弗里德曼把他的理论称为名义收入货币理论。

③当然，名义收入货币理论与传统的货币数量论有两点明显的不同：第一，货币流通速度不再被假定为一个固定的常数，而被认为是一个稳定的、可以预测的变量。第二，它放弃了传统货币数量论所认为的经济持续处于充分就业水平，从而当货币供给变化时，实际国民收入不变、价格与货币供给同比例变化的观点，而认为在短期内，实际国民收入也将随货币数量的变化而有所变化，因而货币供给的变动究竟在多大程度上引起实际国民收入的变动，以及在多大程度上引起价格水平的变动，要视其他条件而定。显然，从这两点不同可以看出，名义收入货币理论在传统货币数量论的某些观点上有所改进。但是，它们在一些基本的立场上却是一致的，那就是它们都强调货币存量对名义国民收入的重要影响。更重要的是，它们都认为，经济自身存在着向充分就业水平收敛的内在趋势。

9. 经济学家提出了几种理论来解释说明短期总供给曲线向右上方倾斜？这些理论又是怎样解释说明短期总供给曲线向右上方倾斜的？（深圳大学 2007 研）

答：(1)经济学家提出了三种理论来解释说明短期总供给曲线向右上方倾斜：黏性工资模型、不完全信息模型和黏性价格模型。这三种总供给模型，用来解释短期总供给曲线向右上方倾斜的原因是市场不完全性。第一个模型假设名义工资是黏性的；第二个模型假设有关价格的信息是不完全的；第三个模型假设价格是黏性的。虽然假设不同，但这些模型并不是互相排斥的，因为世界可以包含所有这三种市场不完全性，而且，所有这些市场不完全性都可能有助于短期总供给行为的形成。

(2)这些理论的共同之处在于，都得出同一个总供给函数，即：

$$Y=\overline{Y}+\partial(P-P^e)$$

并且三种理论都得出，产出与自然率的背离是和物价水平与预期物价水平的背离相关的。如果物价水平高于预期的物价水平，产出大于其自然率；如果物价水平低于预期的物价水平，产出小于其自然率。

①黏性工资模型：

在黏性工资模型中，假设劳动市场失灵，名义工资具有黏性，不能随劳动的供求状况立即调整。未预期到的物价水平上涨不会立即影响名义工资，而实际工资(W/P)下降，更低的实际工资使企业雇佣更多劳动力，从而导致产出增加。如图 10－3 所示。图(a)表示劳动需求曲线。由于名义工资 W 是黏住不变的，物价水平从 P_1 上升到 P_2，使实际工资从(W/P_1)下降到(W/P_2)，较低的实际工资使劳动需求量从 L_1 上升到 L_2。图(b)表示生产函数。劳动量从 L_1 上升到 L_2，使产出从 Y_1 增加到 Y_2。图(c)表示概括了物价水平与产出之间这种关系的总供给曲线。物价水平从 P_1 上升到 P_2，使产出从 Y_1 增加到 Y_2。

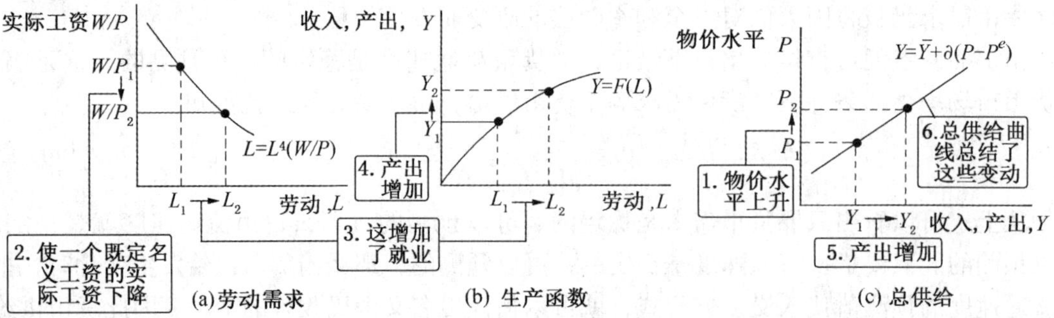

图 10－3　黏性工资模型

②不完全信息模型：

不完全信息模型假设由于不完全信息，生产者有时混淆了物价总水平的变动和相对价格水平的变动。如果一个生产者观察到其产品的名义价格变动，甚至仅仅是因为一般价格水平变动，他却将之归因于相对价格的变动。这种混淆影响了供给多少的决策，而这就引起了物价水平与产出之间在短期的正相关关系。

③黏性价格模型：

在黏性价格模型中，所有企业都有一个取决于整体价格水平 P 以及总需求水平($Y-\overline{Y}$)的合意价格 p，将之写为 $p=P+\alpha(Y-\overline{Y})$。此外假设有两种类型的企业，一些企业（所占企业百分比为 $1-s$）的价格有伸缩性，它们总是根据上式来确定其价格；另一些企业（所占企业百分比为 s）的价格是黏性的，它们根据自己预期的经济状况事先宣布自己的价格。假设这些黏性价格企业希望产出以自然率增长，即 $Y^e-\overline{Y^e}=0$，那么它们根据预期来确定价格：$P=P^e$。这样，总物价水平就是：$P=sP^e+(1-s)[P+\alpha(Y-\overline{Y})]$，整理得，$P=P^e+[\alpha(1-s)/s](Y-\overline{Y})$。令 $\partial=s/[(1-s)\alpha]$，得到总供给方程为：

$$Y=\overline{Y}+\partial(P-P^e),\ \partial>0$$

10．古典学派、凯恩斯主义、新古典宏观经济学和新凯恩斯主义的总供给曲线存在怎样的差异？由此导致的政策含义是什么？（财政部财政科学研究所 2014 研）

答：(1)古典学派、凯恩斯主义、新古典宏观经济学和新凯恩斯主义的总供给曲线的差异：

①研究期限不同。

古典总供给曲线是一种长期总供给曲线，而凯恩斯模型的总供给曲线是一种短期总供给曲线，是依据凯恩斯的货币工资的下降具有刚性的假设条件而得出的。新古典宏观经济学和新凯恩斯主义总供给曲线则把短期和长期结合到一起得出自己的总供给曲线。

②总供给曲线的形状不同。

古典总供给曲线为一条垂直线；凯恩斯主义总供给曲线是一条水平线；新古典宏观经济学不但认为长期内总供给曲线是垂直的，而且在短期内总供给曲线也是垂直的；新凯恩斯主义认为供给曲线在短期内是向右上方倾斜的，而在长期内则是与纵轴垂直的。

③各自的解释不同。

古典学派认为，在长期中，根据西方经济学，经济的就业水平并不随着价格的变动而变动，而是总处于充分就业的状态，此时，总供给曲线为一条垂直线，即古典的总供给曲线。其原因在于工资的充分弹性或劳动市场的充分竞争性：劳动市场的充分竞争性保证了劳动市场经常处于均衡位置即充分就业；劳动的供求主要受实际工资的影响。在名义工资既定时，价格变动将引起实际工资变动，从而导致劳动市场非均衡(或劳动供大于求、或劳动求大于供)。由于充分竞争性，非均衡将导致名义工资变动，直至重新回到均衡位置。

凯恩斯模型的总供给曲线是一种短期总供给曲线，是依据凯恩斯的货币工资的下降具有刚性的假设条件而得出的。这个假设条件的含义是：工人们会对货币工资的下降进行抵抗，但却欢迎货币工资的上升，因此，货币工资只能上升，不能下降。另一方面，由于工人们具有货币幻觉，即只看到货币的票面值而不注意货币的实际购买力，所以他们会抵抗价格水平在不变的情况下的货币工资的下降，但却不会抵抗货币工资不变下的价格水平的提高。这两种情况都会造成实际工资的下降，但由于工人们具有货币幻觉，工人们会对相同的后果采取迥然不同的态度。总之，在工资具有的下降刚性的条件下，凯恩斯主义总供给曲线水平的意义是在达到充分就业国民收入以前，经济社会大致能以不变的价格水平提供任何数量的国民收入。因为，在严重的萧条状态时，存在着大量闲置不用的劳动力和资本设备，所以当整个社会的生产量或国民收入增长时，价格水平和货币工资会大致保持不变。因此，总供给曲线是一条水平线，一直持续到充分就业为止。

新古典宏观经济学从理性预期和自然率的假说出发，不但认为长期内总供给曲线是垂直的，而且在短期内总供给曲线也是垂直的。无论是劳动市场上的工资还是产品市场上的价格都具有充分的灵活性，因此市场总是处于出清状态，货币政策即使在短期内也是无效的。

新凯恩斯主义沿袭凯恩斯主义的传统，同时又弥补了凯恩斯主义理论的不足。在短期内，当经济出现需求扰动时，工资和价格并不能迅速调整到使得市场出清，经济可以处于非充分就业均衡；而在长期，经济将调整到充分就业状态。因此供给曲线在短期内是向右上方倾斜的，而在长期内则是与纵轴垂直的。

④蕴含的政策效果不同。

古典模型中，除非总供给曲线发生变动，否则财政政策和货币政策只会带来价格上涨，没有任何效果。凯恩斯模型则与古典模型正好相反。新古典宏观经济学认为货币政策即使在短期内也是无效的，而新凯恩斯主义主张政府要在一定程度上实行干预。

(2)各自的政策含义：

古典学派认为：投资等于储蓄，总供给恒等于总需求，因此，国家没有必要对宏观经济进行干预。

凯恩斯主义认为：由于工资和价格的刚性和其他的原因，投资未必常等于充分就业状态中的储蓄，总供给未必经常等于总需求。为了稳定宏观经济的运行，国家必须执行干预经济的财政政策和货币政策，并主张实行斟酌使用的财政政策。

新古典宏观经济学认为：无论劳动市场上的工资和产品市场上的价格都具有充分的灵活性，因此市场总是处于出清状态，货币政策即使在短期内也是无效的。

新凯恩斯主义的主要政策主张：①由于价格和工资的黏性，因此经济在遭受到总需求变动的冲击后，从一个非充分就业的均衡状态恢复到充分就业的均衡状态，是一个缓慢的过程，因此旨在刺激总需求的措施是必要的；②政府关心整个社会的福利情况，而公众只关心个体的利益，两者之间往往存在冲突，需要妥善处理和协调。

11. 什么是“卢卡斯批判”，卢卡斯批判的主要观点对宏观经济政策制定有什么影响？(中央财经大学2019研)

答：(1)卢卡斯批判的含义：

①卢卡斯批判是一种认为传统政策分析没有充分考虑到政策变动对人们预期影响的观点。卢卡斯指出，由于人们在对将来的事态做出预期时，不但要考虑过去，还要估计现在的事件对将来的影响，并且根据他们所得到的结果来改变他们的行为。这就是说，他们要估计当前的经济政策对将来事态的影响，并且按照估计的影响来采取行动，以便取得最大的利益。

②卢卡斯强调了人们如何形成未来预期的问题。预期在经济中起着至关重要的作用，因为预期影响着各种经济行为。例如，家庭根据对未来收入的预期决定消费多少，企业根据对未来盈利的预期决定投资多少。这些预期取决于许多因素，包括政府所实行的经济政策。因此，当决策者估算任何一种政策变动的效应时，他们需要知道人们的预期会对政策变动作出什么反应。卢卡斯认为，传统的政策评估方法——比如依靠标准宏观经济计量模型的方法——并没有充分考虑到政策对预期的这种影响。

③卢卡斯批判给出了两个教训：狭义的教训是评价不同政策的经济学家需要考虑政策如何影响预期，从而影响行为；广义的教训是政策评估是困难的，人们行为的改变会使经济模型的参数发生变化，而参数的变化又是难以衡量的，因此经济学者用经济模型很难评价经济政策的效果。

(2)卢卡斯批判的主要观点对宏观经济政策制定的影响：

①宏观经济政策无效性。宏观经济政策无效性意味着，要想使政策有效，它们就必须要有欺骗性，即使人们得不到有关政策的真实信息。然而，这一点在现实中往往做不到。货币主义仅仅反对凯恩斯的财政政策，而新古典宏观经济学则更进一步，反对一切宏观经济政策。

②适应性预期错误论。适应性预期是指人们仅仅根据过去的信息而预测未来，它用以前的预期误差来修正以后预期。卢卡斯认为，适应性预期是错误的，其原因是人们进行预期的时候不但要根据过去的事实，还要考虑将来的变化。

③反对凯恩斯主义的"斟酌使用"的或者对经济运行进行"微调"的政策。卢卡斯在《计量经济学的政策评价：一个批判》一文中指出，人们在对将来的事态做出预期时，不但要考虑过去，还要顾及现在的事件对将来的影响，并且根据他们所得到的结果而改变他们的行为。在政策建议方面，新古典宏观经济学者并没有提出他们的主张，这与古典经济学不主张国家干预经济的观点是一脉相承的。

12. 什么是"货币数量论"，货币数量论中关于价格决定的观点是否适用于当前的宏观经济？（中央财经大学 2019 研）

答：（1）货币数量论的含义：

货币数量论是一种用流通中的货币数量的变动来说明商品价格变动的货币理论。该理论认为：假定其他因素不变，商品价格水平涨落与货币数量成正比，货币价值的高低与货币数量的多少成反比。

货币数量论用数量方程式作为分析工具。数量方程式：$MV=PT$，式中，M 为流通中的货币数量，V 为货币的流通速度，P 为一般物价水平，T 为社会总交易额。如果用 Y 表示实际 GDP，则 PY 是名义 GDP，那么数量方程式变成 $MV=PY$。

货币数量论假设货币流通速度 V 不变，那么货币数量 M 的变动必然引起名义 GDP 的同比例变动。货币数量论进一步认为生产要素和生产函数共同决定实际 GDP，这样货币数量论意味着，物价水平和货币供给同比例变动，也即货币增长率决定通货膨胀率。

（2）货币数量论中关于价格决定的观点不适用于当前的宏观经济形势。

我国目前的通货膨胀是由需求和供给两个方面的原因共同造成的。这跟以前的通货膨胀有所不同。我国以前的通货膨胀多数为需求拉动型的，现在，随着企业生产成本的上升，我国的通货膨胀中成本推动的作用越来越大。

需求拉动通货膨胀又称超额需求通货膨胀，是指总需求超过总供给所引起的一般价格水平的持续显著的上涨。需求拉动通货膨胀理论把通货膨胀解释为"过多的货币追求过少的商品"。我国目前存在严重的产能过剩。"产能过剩"是从供给来说的，从需求来看就是所谓的"有效需求不足"，即公众的基本消费需求快达到饱和，边际消费倾向已经很低，随着公众手中货币的增加，公众并不大量增加消费，而是增加储蓄，而储蓄就是对各种资产的需求。其结果，资产价格首先上涨，而商品价格由于产能过剩的存在不涨或小幅上涨。随着资产价格的上涨，资产的预期收益率逐步下降，过剩的流动性会逐步流入商品市场，导致商品价格上涨，但由于人们的消费需求不足，因此消费需求增加的幅度远小于资产需求的增加幅度，从而商品价格的上涨幅度要远小于资产价格的上涨幅度。

成本推动通货膨胀又称成本通货膨胀或供给通货膨胀，是指在没有超额需求的情况下由于供给方面成本的提高所引起的一般价格水平持续和显著的上涨。成本推动通货膨胀理论把推动通货膨胀的成本因素归结为工资和利润两个方面，所以，成本推动通货膨胀理论又分为两种，即工资推动通货膨胀理论和利润推动通货膨胀理论。

首先，工资成本上升在某种意义上说就是经济发展的主要目的之一。经济发展的目的就是提高居民生活水平，而居民生活水平又取决于其收入水平，而居民收入的大部分是工资收入，因此，要提高人民群众的生活水平，就必须提高工资，这对于企业来说就意味着工资成本的上升。因此，工资成本的提高本身对经济就有了两面性：一方面，工资提高是发展经济的目的，另一方面，工资提高又增加了企业的生产成本，给企业生产和宏观调控提出了新的问题。

其次，随着中国经济的发展和经济规模的扩大，中国对原材料、能源等自然资源的需求也大幅度增长，中国对国外资源的依存度也迅速提高。这导致资源价格的上升，也提高了企业的生产成本。随着节能减排在全世界逐步得到认可，以及我国经济面临的资源压力，我国政府对节能减排也越来越重视，相应的要求和标准也越来越高，为了满足这种要求，企业就得增加人力、物力，这就客观上进一步加大了企业的生产成本。随着我国居民收入水平和生活水平的提高，我国居民对生活质量也越来越重视，因而对环境保护、生产安全、食品安全、生活的舒适度等方面的要求也越来越高，而满足这些要求也需要增加投入，这就客观上使得生产成本上升，加大了物价上涨的压力。

第 11 章　当代西方经济学流派

11.1　考点难点归纳

考点一：当代西方经济学流派概述

1. 流派的划分

对现代西方经济学的流派做出准确的划分是比较复杂的。通常以基本的理论观点、分析方法和政策主张作为划分经济学流派的主要依据。不过，学派的代表人物、师承关系以及地域范围也在一个流派的思想体系的形成过程中起到重要的作用。当代西方经济学流派的划分具体可参见图 11－1。

- 当代西方经济学流派
  - 当代凯恩斯学派
    - 新古典综合派：新古典理论与凯恩斯经济学的大综合
    - 新剑桥学派：收入分配是经济研究中最重要的问题
    - 新凯恩斯主义学派：工资价格黏性与市场不能自发出清
  - 当代自由主义学派
    - 货币主义学派：自然率假说与单一货币政策规则
    - 理性预期学派：理性预期假说和宏观经济政策的无效
    - 供给学派：过高的税率效果适得其反和强调减税
    - 公共选择学派：用经济人假设进行政治学分析
    - 新制度主义学派：借鉴新古典的方法对制度进行分析

图 11－1　当代西方经济学流派

2. 现代西方主流经济学流派的渊源

当代西方经济学是在不断的演进和分化过程中发展起来的。19 世纪 90 年代，马歇尔把约翰·穆勒的古典经济理论和边际学派等一些学派的供求论、效用论、生产费用论等理论进一步综合成一个新的体系，形成了西方经济学的正统——“新古典学派”。然而 20 世纪 30 年代大危机的爆发，使得新古典学派所构造的以均衡价格为理论基础的，自由竞争能够实现资源的最优配置的信条不再令人信服。1936 年凯恩斯出版了《通论》，在理论、方法和政策三个方面都提出了有别于新古典学派的主张，新古典学派的主流地位受到了严重的挑战。在第二次世界大战以后，凯恩斯经济学成为西方经济学的新正统。但是凯恩斯主义在一统天下几十年以后，遇到了它无法解释的“滞胀”现象，再加上一些西方国家长期推行凯恩斯主义的经济政策带来的严重的副作用也逐渐暴露出来，从而使得凯恩斯主义陷入了空前的危机。

从 20 世纪 60、70 年代以来，西方经济学围绕凯恩斯主义所进行的讨论已经演变为各种流派，它们或者补充和发展凯恩斯经济学，或者对凯恩斯经济学持有异议，或者反对“凯恩斯革命”。总之，当代西方经济学主要分为两大派：当代凯恩斯主义学派和当代自由主义学派。当代凯恩斯主义学派中，最有影响的两支力量是新古典综合学派和新剑桥学派。此外，在 20 世纪 80 年代初又出现了新凯恩斯主义经济学，或称为非均衡分析学派。

由于理论和政策的缺陷，新古典综合派受到来自货币学派、供给学派和理性预期学派等非主流经济学派的责难。按时间顺序排列，在 20 世纪 60 年代出现了反对“凯恩斯革命”的货币主义。20 世纪 70 年代中期以后，美国一批经济学家把“理性预期假说”结合到货币主义理论中，形成了理性预期学派，并进一步发展，理性预期学派也被称为新古典宏观经济学派。20世纪70年代末至80年代初，又出现了供给学派，并且盛极一时。此外，在自由主义阵营中具有影响的还有公共选择学派和新制度主义学派。

考点二：当代凯恩斯主义学派

1. 新古典综合派

新古典综合派又称现代主流经济学，是20世纪40、50年代开始形成的一个西方经济学流派。该流派的主要特点是综合新古典的微观经济学和凯恩斯的宏观经济学。主要代表人物有：萨缪尔森、托宾、索洛和希克斯等。

(1)理论观点：

①接受以个体分析为主的新古典的微观经济理论和凯恩斯的宏观经济理论，认为现代经济是一个混合经济体系。在这一体系中，以最大化为目标的私人部门受市场机制的调节，因而传统的微观经济学对解释私人部门的经济行为仍然起作用；而公共部门的行为受到政府的调节，因而需要由国民收入决定理论和宏观经济政策理论加以说明。

②在微观领域，市场需求来源于消费者的效用满足，厂商对利润最大化的追求形成市场供给；生产要素的需求来源于厂商的引致需求，它取决于要素的边际生产力。

③在宏观领域，以收入与支出相等决定均衡国民收入的凯恩斯理论被推广到包含财政政策和货币政策分析的 *IS* – *LM* 模型之中，使得凯恩斯理论既适用于萧条时期，又适用于繁荣时期。

④利用新古典经济增长模型论证资本主义的长期稳定性。

⑤利用菲利普斯曲线来说明通货膨胀和失业的交替关系，在20世纪70年代以后，又引入市场不完全理论来解释“滞胀”现象。

(2)政策主张：

新古典综合派以自己的理论为依据，提出了宏观经济政策以实现经济增长为主，同时兼顾充分就业、物价稳定、国际收支平衡等目标。随着经济发展形势的变化，在各个时期他们的政策方向也有所不同。

(3)衰落的原因：

新古典综合派目前还能勉强维持其正统地位，但已经日渐衰微。简单地说，导致新古典综合派衰落的原因在于如下几方面：

①不能解释也不能解决“滞胀”问题。

②西方国家战后普遍存在劳动生产率增长缓慢的问题，但是新古典综合派的理论里总是将影响劳动生产率的因素看成是系统的外生变量，也就谈不上如何解决该问题。

③新古典综合派认为，发达国家经济萧条的原因是有效需求不足，因此十分鼓励消费，结果导致了储蓄率偏低，从而影响了资本的形成，这也是影响发达国家经济增长的因素之一。

2. 新剑桥学派

新剑桥学派又称凯恩斯左派，是20世纪50年代在对凯恩斯的理论的解释过程中形成的一个西方经济学流派。新剑桥学派是以英国剑桥大学为主要阵地而形成的，他们以凯恩斯的正统传人自居，与师承一脉的新古典综合派存在着理论上的尖锐对立，认为新古典综合派折中性的大综合是对凯恩斯理论的背叛。由于新古典综合派又称为“美国剑桥学派”，所以新剑桥学派与新古典综合派的纷争又被称为“两个剑桥之争”。该流派的特点是强调凯恩斯理论的反新古典的成分，注重收入分配对国民收入决定的影响。主要代表人物有：罗宾逊、卡尔多、斯拉法、帕西内蒂等。

(1)理论观点：

①注重历史和规范的分析方法，反对静止的均衡分析。

②批判新古典综合派在均衡体系中分析投资对收入的决定作用，主张以非均衡的思路重新解释凯恩斯所强调的投资对收入，从而对消费和储蓄的决定作用。

③坚持以商品生产商品的价值理论，反对新古典综合派的效用价值论。

④批判新古典综合派的边际生产力分配论，指出其循环论证的错误所在。强调所有权以及历史因素对收入分配格局的决定作用，指出了利润和工资的对立。

⑤建立经济增长模型，分析不同集团的积累率差异对增长率的影响，并指出在既定的收入下，增长率对分配的比例产生影响：增长率提高，利润所占比例增加。

⑥提出了以收入分配来完善社会制度的改良主义政策。

(2)政策主张：

新剑桥学派以自己的收入分配和经济增长理论为依据，认为资本主义社会的根本缺陷在于收入分配失调，因此他们主张政府的经济政策应重点解决社会收入分配不公问题，实现收入的均等化，反对新古典综合派片面地以经济增长作为宏观经济政策的主要目标，同时也反对实行工资和物价的管制。他们的主张如下：

①以合理的税收政策消灭私人财产过分集中的趋向，抑制食利者阶层的增长。

②补助低收入家庭，缓解贫富不均。

③发展民用部门和服务部门；用财政预算盈余去购买公司股票，增加政府控制经济的实力。

④实行投资管制，合理调整就业结构和方向；实行进口管制，发展出口商品的生产；为失业者提供更多的就业和培训的机会。

3. 新凯恩斯主义

新凯恩斯主义是20世纪80年代末在凯恩斯主义理论基础上发展起来的，代表当今西方经济学动态的一个流派。这一流派沿袭凯恩斯主义的传统，同时又弥补了凯恩斯主义理论的不足。其主要代表人物有：曼昆、萨默斯、布兰查德、罗泰姆·伯格、斯蒂格利茨等。

(1)理论观点：

①当经济出现需求扰动时，工资和价格并不能迅速调整到使得市场出清，经济可以处于非充分就业均衡，而在长期经济将调整到充分就业状态。

②利用菜单成本论、长期合同论、隐含合同论、不对称信息论、内部人—外部人理论、效率工资论等来说明货币工资黏性。

③在出现货币工资黏性的条件下，总需求的变动会引起非自愿失业，从而出现经济周期。

④为了加速经济向充分就业的调整，政府应采取需求管理政策。

(2)政策主张：

①由于价格和工资的黏性，经济在遭受到总需求变动的冲击后，从一个非充分就业的均衡状态恢复到充分就业的均衡状态，是一个缓慢的过程，因此旨在刺激总需求的措施是必要的。

②政府关心整个社会的福利情况，而公众只关心个体的利益，两者之间往往存在冲突，需要妥善处理和协调。

考点三：当代自由主义学派

1. 货币学派

货币学派在20世纪50年代出现于美国，于70年代蓬勃兴起，是当代自由主义阵营中最有影响的学派。它由美国芝加哥大学教授米尔顿·弗里德曼所领导和创立，并以芝加哥大学为主要阵地，因此又称为芝加哥学派。在西方经济学界，这个学派可以说是反对凯恩斯主义最有力的，其主要代表人物是：弗里德曼、沃尔特斯、莱德勒、帕金和弗里希等。

(1)理论观点：

①现代货币数量论，以新的方式论证交易方程。

②提出自然率假说，以适应性预期说明长期的菲利普斯曲线趋向于垂直。

③在需求管理上，反对相机抉择的财政政策，主张单一的货币规则；在治理通货膨胀和收入分配不公问题时，主张采取收入政策。

④崇尚经济自由。

(2)政策主张：

货币主义的政策核心是单一政策。具体而言，又有如下几点：

①货币主义认为凯恩斯主义的财政政策是无效的，尤其是在没有相应的货币政策的配合下，而且由于政府支出可能对私人投资产生"挤出"效应，更降低了整个经济的增长能力。

②反对逆经济风向而动，即斟酌使用的货币政策。由于经济政策的时滞效应，逆经济风向而动不仅起不到熨平经济周期的作用，反而会造成加剧经济波动的后果。

③为了有效控制货币总量，应该取消贴现率和法定准备金率制度，只保留公开市场业务，但必须规定一个固定的货币年增长率来作为业务活动的约束条件。按平均国民收入的增长率来规定一个长期不变的货币增长率，并公之于众，是货币政策的唯一最佳选择。

④实行负所得税和降低失业率的政策，有利于提高低收入者工作的积极性。

⑤提倡浮动汇率制，反对固定汇率制，认为后者会加剧世界性的通货膨胀，可能会引起国际金融动荡。

2. 理性预期学派

理性预期学派是作为凯恩斯主义的对立物而出现的，始于20世纪60年代初，在20世纪70年代中期形成。由于这个学派的理论观点和政策主张与货币学派有密切联系或相近，因此又称它为激进的货币主义，或新古典宏观经济学，其主要代表人物有：卢卡斯、托马斯·萨金特、罗伯特·J·巴罗和尼尔·华莱士等。

理性预期学派阐述其观点的两个依据：①理性预期假说；②自然率假说。

(1)理论观点：

①界定经济当事人的理性预期，并应用于建立宏观经济模型。

②利用附加预期的劳动供给曲线说明国民收入的决定。

③货币的非预料到的变动引起国民收入的变动，同时也形成经济周期。

④从微观经济基础上彻底否定凯恩斯主义理论的有效性。

⑤利用理性预期假说和自然率假说否定凯恩斯主义宏观经济政策的有效性。

(2)政策主张：

①主张实行自由主义的经济政策，反对国家干预经济，反对凯恩斯主义的财政政策和货币政策。

②主张政府制定并公布长期不变的原则，形成公众的稳定预期，同时政府还是要管理货

币储备、政府开支、总的价格水平或通货膨胀率等，使之稳定在一定水平上。

③改善和刺激劳动供给，降低自然失业率。

3. 供给学派

供给学派是20世纪80年代初在美国兴起的并红极一时的西方经济学流派。该流派的理论特点是强调供给效应，反对凯恩斯需求管理政策。主要代表人物有：蒙代尔、费尔德斯坦、拉弗、罗伯茨、吉尔德等。

(1)理论观点：

①否定凯恩斯有效需求理论，主张恢复萨伊定律。

②反对高额的边际税率，力主减税、增加供给。

③主张减少政府干预，减少政府财政支出，加强市场调节。

④认为应在刺激供给的同时，实行限制性货币政策。

(2)政策主张：

①减税。

②削减社会福利支出。

③稳定币值，恢复金本位制。

④减少政府的管制，让企业更好的按市场经济原则行动。

4. 公共选择学派

公共选择学派是美国20世纪60年代以后逐渐兴起的一个资产阶级新自由主义经济学派，因其主要阵地在弗吉尼亚州，故又称弗吉尼亚学派。公共选择理论的主要特征是用经济学的方法来研究广泛的非市场决策的问题，在政治学与经济学之间架起了一座新的桥梁。

公共选择理论源于公共财政理论、公债理论以及国家学说。公共选择学派研究的主要问题有国家理论、投票规则、投票者行为、政党政治学、官员政治等，公共选择的方法仍然是经济学的方法。像经济学一样，公共选择的基本行为假设是：人是一个自利的、理性的、追求效用最大化的人。公共选择理论认为，人类社会由两个市场组成：一个是经济市场；另一个是政治市场。公共选择试图用经济学的方法和基本假设来统一分析人的行为，试图建立一种严谨的、原理式的政府一般理论，试图用新古典经济理论对政治市场进行分析，并试图通过分析政府有关的政治活动，使人们对政府产生怀疑，进而使人们相信要缩小政府活动的范围。

根据方法和主要理论观点上的差别，公共选择理论可以划分为三个主要学派，即罗切斯特学派、芝加哥学派和弗吉尼亚学派，具体如表11-1所示。

表11-1 公共选择理论的三个主要学派

学派	代表人物	特点
罗切斯特学派	赖克	①坚持用数理方法。 ②坚持把实证的政治理论与伦理学区分开来
芝加哥学派	贝克尔、斯蒂格勒	①自由主义色彩最为明显。 ②不主张向政府提供政策建议以及政府干预
弗吉尼亚学派	布坎南、塔洛克	①强调方法论上的个人主义。他们认为个人是社会秩序的基本组成单位，只有个人才做出选择和行动，集体本身既不选择也不行动，社会选择仅仅是个人做出的选择和采取的行动的结果。 ②强调宪法政治经济学。他们提出了政府失灵的观点，认为解决政府失灵的办法在于宪法改革

5．新制度主义学派

新制度主义学派是20世纪60年代兴起的，它有别于以美国学者加尔布雷思为首的新制度学派，是经济自由主义思潮中的一支主要力量，其代表人物有：诺斯、科斯、威廉姆森、德姆塞茨、阿尔钦等。

新制度主义学派对新古典经济学的修正与发展：①主张采用经济人行为的有限理性假定；②主张采用机会主义行为倾向的假定；③主张引入制度因素分析；④引进交易成本的概念。

(1)新制度主义经济学中的产权学派：

产权学派产生于20世纪60年代的美国，专门研究产权的变化和约束对经济后果的影响，以便寻求各种与最高经济效率相适应的产权界定和制度。关于产权安排与资源配置的效率的问题，产权学派用了科斯第一定理(即交易成本为零的情况)和科斯第二定理(即交易成本为正的情况)来考察，尤其是经常运用科斯第二定理。根据这两个定理，只要在产权清晰界定，交易成本为零，并能满足其他一些条件的情况下，经济的外部性问题可以通过产权的交易和重组加以解决。

(2)交易成本经济学派：

交易成本经济学派始于20世纪30年代。交易成本理论是用制度比较的方法研究经济组织制度的理论，其基本思路是，围绕交易成本的节约这一核心问题，把交易作为分析的基本单位，找出区分不同交易的特征性因素——资产专用性、不确定性和交易频率，然后分析何种交易应当采取何种体制组织，如市场、企业、政府或其他中间形式来协调。交易成本经济学的理论与方法在很多领域得到了较好的运用。

(3)委托—代理理论：

委托—代理理论既是组织制度理论的发展，也是信息经济学涉及的重要问题，主要研究信息不对称条件下的委托代理问题，即委托人和代理人之间的缔约问题。委托人通过契约将某些经济决策权授予代理人，来代表自己进行谋利的经济活动，但是代理人也有自己的利益。当双方利益不一致时，如何借助于契约或者制度来约束或激励代理人为委托人的利益行事，或者至少不损害委托人的利益，这就是委托—代理理论所致力研究的问题。当然代理活动需要付出一定的成本，代理成本一般包括制定、管理和实施这类契约的全部费用。委托—代理理论中的“委托人—代理人”模型引入了信息不对称、逆向选择和道德风险等情况。在该模型中，设计对代理人进行激励的机制有一个核心问题，那就是怎样诱导代理人去努力实现委托人的利润最大化目标。

(4)新经济史学派的制度变迁理论：

新经济史学派中的制度变迁理论是对新制度主义学派理论与方法加以应用和扩展的又一个重要方面，他们通过对新古典经济学的假定进行修订，并围绕制度、制度结构和制度变迁的主轴，构造了一套以制度理论为核心，超越纯经济领域的经济史研究的独特框架，把产权、国家和意识形态作为影响历史进程的三个基本因素，引入到历史研究中去。

11.2　考研真题与典型题

一、名词解释

1．供给学派(兰州大学2016研；中山大学2010研)

2．拉弗曲线(Laffer curve)(天津大学2020研；北京林业大学2018研；北京大学2015

研；云南大学 2013 研）

3. 新剑桥学派

4. 芝加哥学派

5. 货币主义（华东理工大学 2006 研）

6. 萨伊定律（Say's law）（浙江工商大学 2021 研；中央财大 2017 研；东南大学 2017 研；武汉大学 2014 研）

7. 新制度学派

8. 年度预算平衡论（annually balanced budget theory）

二、简答题

1. 试说明新古典综合派衰落的原因。

2. 凯恩斯和弗里德曼都注意到了货币流通速度的顺周期性，分别用他们的理论解释这一现象。（清华大学 2005 研）

3. 凯恩斯主义的减税与供给学派的减税有什么本质区别？（清华大学 2011 研）

三、论述题

1. 简述“健全财政”和“补偿财政”两者思想原则的差异。（南京大学 2007 研）

2. 简述货币主义的基本观点和政策主张。（南航 2015 研）

3. 试阐述理性预期学派经济学的主要思想及政策主张，并评价其经济思想对我国宏观调控有何启发？（北邮 2012 研）

4. 现代货币主义关于货币需求分析的主要特点何在？

5. 试比较当代西方经济学家货币需求理论观点。

6. 试论述自凯恩斯以来，宏观经济学是如何考虑预期因素的？（南开大学 2006 研）

7. 简述供给学派的主要观点及其对中国供给侧结构性改革的借鉴意义。（华南理工大学 2018 研）

8. 试比较和分析货币主义和凯恩斯主义的异同。

9. 宏观经济政策争论的主要问题有哪些？你持赞成的观点还是反对的观点？（北师大 2005 研）

11.3 考研真题与典型题详解

一、名词解释

1. 供给学派（兰州大学 2016 研；中山大学 2010 研）

答：供给学派是 20 世纪 80 年代初在美国兴起的西方经济学流派之一，主要代表人物有蒙代尔、费尔德斯坦、拉弗、罗伯茨、吉尔德等。该流派的理论特点是强调供给效应，反对凯恩斯需求管理政策。其主要理论观点是：①否定凯恩斯有效需求理论，主张恢复萨伊定律；②反对高额的边际税率，力主减税、增加供给；③主张减少政府干预，减少政府财政支出，加强市场调节；④认为应在刺激供给的同时，实行限制性货币政策。其政策主张是：①减税；②削减社会福利支出；③稳定币值，恢复金本位制；④减少政府的管制，让企业更好的按市场经济原则运行。

2. 拉弗曲线（Laffer curve）（天津大学 2020 研；北京林业大学 2018 研；北京大学 2015 研；云南大学 2013 研）

答：拉弗曲线是指反映税收与税率之间关系的曲线，由供给学派主要代表之一的拉弗提出。拉弗认为，在增加生产的各种刺激中，最主要的是税收，税收的多少与税率之间存在着一种函数关系，它可以用直角坐标曲线表示，即拉弗曲线。图的横轴代表税收收入，纵轴代表税率。

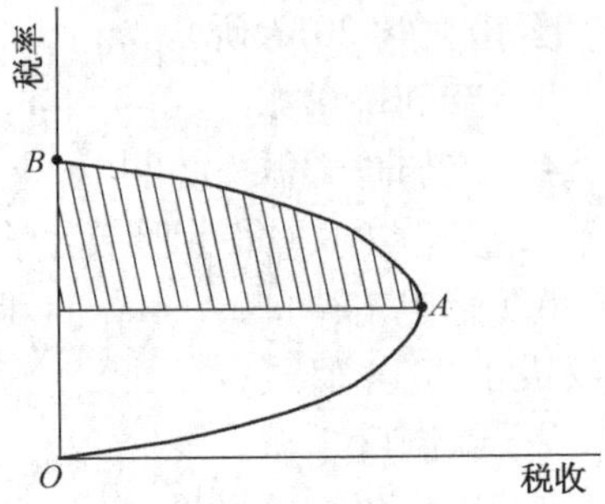

图 11－2　拉弗曲线

如图 11－2 所示，*O* 点税率为 0%，税收收入为零；*B* 点税率为 100%，税收收入也为零；在此税率区间，税收变化量呈 *OAB* 形，即为拉弗曲线。图中的阴影为课税“禁区”。“拉弗曲线”的中心意思是，税率存在一个最佳点，高于和低于最佳点都会减少税收收入。更应引起注意的是，税率过高将会扼杀税源的正常增长，因而更应尽量避免。由于拉弗曲线是在 1974 年 12 月的一次午餐会上，拉弗向福特政府的助手切尼讲述其减税理论时在餐桌上画出来的，所以又称之为“餐桌曲线”。

3. 新剑桥学派

答：新剑桥学派又称凯恩斯左派，是 20 世纪 50 年代在对凯恩斯的理论的解释过程中形成的一个西方经济学流派。主要代表人物有：罗宾逊、卡尔多、斯拉法、帕西内蒂等。新剑桥学派是以英国剑桥大学为主要阵地而形成的，他们以凯恩斯的正统传人自居，与师承一脉的新古典综合派存在着理论上的尖锐对立，认为新古典综合派折中性的大综合是对凯恩斯理论的背叛。由于新古典综合派又称为“美国剑桥学派”，所以新剑桥学派与新古典综合派的纷争又被称为“两个剑桥之争”。该流派的特点是强调凯恩斯理论的反新古典的成分，注重收入分配对国民收入决定的影响。

新剑桥学派主要的理论观点包括：①注重历史的和规范的分析方法，反对静止的均衡分析；②批判新古典综合派在均衡体系中分析投资对收入的决定作用，主张以非均衡的思路重新解释凯恩斯所强调的投资对收入，从而对消费和储蓄的决定作用；③坚持以商品生产商品的价值理论，反对新古典综合派的效用价值论；④批判新古典综合派的边际生产力分配论，指出其循环论证的错误所在，强调所有权以及历史因素对收入分配格局的决定作用，指出了利润和工资的对立；⑤建立经济增长模型，分析不同集团的积累率差异对增长率的影响，并指出在既定的收入下，增长率对分配的比例产生影响：增长率提高，利润所占比例增加；⑥提出了以收入分配来完善社会制度的改良主义政策。

新剑桥学派的政策主张如下：①以合理的税收政策消灭私人财产过分集中的趋向，抑制食利者阶层的增长；②补助低收入家庭，缓解贫富不均；③发展民用部门和服务部门；用财政预算盈余去购买公司股票，增加政府控制经济的实力；④实行投资管制，合理调整就业结构和方向；实行进口管制，发展出口商品的生产；为失业者提供更多的就业和培训的机会。

4. 芝加哥学派

答：芝加哥学派是由在美国芝加哥大学任教并推崇经济自由主义的经济学家为主体形成的现代西方经济学流派。该学派形成于 20 世纪 20 年代，主要代表人物有劳夫林、奈特、西蒙斯等。第二次世界大战后，哈耶克、斯蒂格勒、弗里德曼是其主要追随者。其中，弗里德曼在芝加哥学派经济学传统的基础上创立了货币学派。

芝加哥学派在经济理论上具有两个传统：一是重视货币理论的研究；二是坚持经济自由主义思想，反对政府直接干预市场经济活动。芝加哥学派始终认为货币在经济活动中起着重要的作用，乃至起着决定性的作用。他们认为，急剧变动的货币流通速度是物价水平波动的最主要的原因。芝加哥学派维护自由主义传统，在政策主张上，芝加哥学派认为政府只是有限度地从事一些积极活动，维持一个稳健的货币制度和良好的竞争环境，以利于自由竞争的经济顺利地运行。芝加哥学派通常被认为是新自由主义的一个派别。

5. 货币主义(华东理工大学 2006 研)

答：货币主义又称为货币学派，是 20 世纪 50 年代后期在美国出现的一个学派，弗里德曼是该学派的公认代表，此外还有英国的沃尔特斯、帕金和弗里希等。货币主义的基本命题是：货币最重要，货币的推动力是说明产量、就业和价格变化的最主要因素；货币供给量的变动是货币推动力的最可靠的度量标准；货币当局的行为支配着货币量的变动，从而通货膨胀、经济萧条或经济增长都可以而且应当唯一地通过货币当局对货币来加以调节。货币主义的基本理论是新货币数量论和自然率假说。货币主义认为，货币数量是解释价格水平涨落的基本因素。货币主义否定凯恩斯主义财政政策的有效性，反对相机抉择的货币政策，主张单一货币规则。

6. 萨伊定律(Say's law)(浙江工商大学 2021 研；中央财大 2017 研；东南大学 2017 研；武汉大学 2014 研)

答：萨伊定律又称“萨伊市场定律”。萨伊是 18 世纪末 19 世纪初法国著名的经济学家，他于 1803 年在《政治经济学概论》中提出了供给会自动创造需求的观点。他认为，商品的买卖实际上只是商品和商品的交换；在交换中，货币只是在一瞬间起了媒介作用，卖主得到了货币，马上又会购买商品，所以卖主同时也就是买主，供给者就是需求者；一种产品的生产给其他产品开辟了销路，供给会创造自己的需求，不论产量如何增加，产品都不会出现过剩，至多只有暂时的积压，社会上商品的总供给和总需求一定是相等的。这就是著名的萨伊定律。“萨伊定律”的根本错误是把资本流通和简单商品的流通相等同，又把简单商品的流通和物品之间的交易相等同，忽视了存在于简单商品流通和资本流通之间的各种矛盾冲突。

7. 新制度学派

答：新制度学派是当代西方经济学中的一个重要流派。它是制度经济学发展的第三个阶段，其基本特征也是强调运用结构分析或制度分析方法来说明社会经济现实及其发展趋势。它形成于 20 世纪 50 年代，主要代表人物有：加尔布雷思、博尔丁、格鲁奇、缪尔达尔、甘别尔等。

在理论观点上，新制度学派否定均衡论、和谐论，认为资本主义各种弊端的根源在于制度结构的不协调。加尔布雷思和缪尔达尔分别用著名的二元结构体系和循环累积因果原理来解释。新制度学派据此提出了运用国家力量进行社会结构改革的政策主张，即通过改革资本主义不完善的制度结构来达到社会各阶层权力和收入分配均等化的政策目标。新制度学派还宣扬技术决定论，认为科技的不断进步和发展不仅会使社会权力从资本家手中转移到技术专家手中，而且必然会使资本主义和社会主义趋同。

新制度学派从其基本理论上来看是非科学的，但他们所倡导的结构分析法或制度分析法却被广泛运用于研究发展中国家的现实经济问题，具有一定的影响和较为深远的意义。

8. 年度预算平衡论(annually balanced budget theory)

答：年度预算平衡论是指认为每个财政年度的收支都要保持基本平衡的理论，是“健全财政”理论的核心内容。在自由资本主义时期，这种理论是占统治地位的理财思想。以亚当·斯密为代表的一批古典经济学家，反对国家对经济进行干预，推崇自由竞争，主张限制国家的活动范围。他们认为，一般情况下，国家财政收支应该保持平衡。

年度预算平衡理论主张实行严格的年度预算平衡，其基本理由如下：政府对私人部门发行公债会造成原本在私人经济部门的投资资金被政府所花费；政府的支出是非生产性的，政府的赤字支出是一种巨大的浪费从而减缓私人部门的发展；政府的赤字支出会造成物价上涨、通货膨胀，影响人民的生活；年度预算平衡是控制政府支出增长的有效手段。但政府实行年度预算平衡，将会加大经济的波动幅度，使经济更加不稳定。在现行累进税率制度下，经济繁荣导致税收收入自动增加，在年度预算平衡政策下，财政支出必随之增加，从而要增加通货膨胀压力；相反，经济衰退将导致税收收入自动减少，在年度预算平衡政策下，财政支出也必须相应减少，从而是加重经济萎缩。此外，由于某些制度上的障碍，年度预算平衡政策也可能无法实现。

二、简答题

1. 试说明新古典综合派衰落的原因。

答： 新古典综合派是西方宏观经济学的正统，自第二次世界大战后兴盛达20余年，在20世纪60年代中期以后，它开始衰落。从经济理论方面来看，导致新古典综合派衰落至少有以下三方面原因：

(1) 不能解释滞胀问题。20世纪70年代中期以来，西方主要资本主义国家在通货膨胀率居高不下的同时，失业率上升，即出现滞胀现象。从新古典综合派对宏观经济波动的解释的三条曲线图形来看，滞胀现象与新古典综合派的理论发生了明显的冲突。按照新古典综合派所信奉的菲利普斯曲线，只有当总需求大于总供给时，通货膨胀率的数值才会为正，即存在着通货膨胀。在总供给大于总需求时，通货膨胀率的数值只能是负值，即价格下降，从而不可能存在着通货膨胀。因此，根据菲利普斯曲线，失业和通货膨胀不可能同时并存。这显然违背滞胀的事实。

(2) 新古典综合派不但不能在理论上说明滞胀现象，而且对解决这一困难也束手无策。根据新古典综合派的理论，如果存在过度繁荣，从而通货膨胀加剧，那么政府应该采取紧缩性的财政政策和货币政策，减少总需求。然而，同样依据它的理论，紧缩性政策所造成总需求降低的直接结果是减少就业，从而失业率增加。同样，为了降低失业率，政府应该增加总需求。但总需求的增加将导致通货膨胀的加剧。这意味着，治理失业和通货膨胀的政策选择处于两难的境地：消除“滞”的政策将导致“胀”的加剧，而降低“胀”会使得“滞”更加严重。由此可见，滞胀问题将是新古典综合派难以克服的困难。

(3) 导致新古典综合派失败的另一个原因是劳动生产率问题。第二次世界大战后，美国、英国、加拿大等国普遍存在劳动生产率增长缓慢的问题。对于这一经济现象，需要在理论上加以说明，并提出相应的对策。然而，在新古典综合派的理论中，影响劳动生产率的因素经常被看成经济系统的外生变量而被假定为已知。所以，有关劳动生产率的论述很少，更谈不上对此提出相应的政策措施。

2. 凯恩斯和弗里德曼都注意到了货币流通速度的顺周期性，分别用他们的理论解释这一现象。（清华大学2005研）

答： 从交易方程式 $MV = PT$ 可以知道，货币流通速度和货币需求实际上是一个问题的两个方面。如果货币需求是稳定的、可以预测的，货币流通速度也是稳定的；但是在经验研究中，由于货币流通速度是比较直观的、容易得到的（即等于名义国民收入除以平均货币存量），所以往往被反过来用于说明货币需求对利率的敏感性以及货币需求函数的稳定性。

(1) 凯恩斯主义者对货币流通速度顺周期变动的解释：

从各国的货币流通数据中大致可以看出这样一个规律，那就是经济繁荣时，货币流通速度上升；在经济萧条时，货币流通速度则是要么增长率放慢，要么绝对地下降。也就是说，货币流通速度往往是顺周期变动的。这一现象和凯恩斯主义的观点是相吻合的。按照凯恩斯主义的观点，货币需求和利率是成反向变动的，而利率的变动往往又是顺周期的，也就是说利率在经济繁荣时上升，衰退时下降，受此影响，货币需求在繁荣时期会趋于下降，在衰退时期会趋于上升。而根据交易方程式，货币需求又是和货币流通速度成反向关系的，因此货币流通速度会表现出顺周期变动的特征。

(2)货币主义者对货币流通速度顺周期变动的解释：

弗里德曼的货币需求理论也能够对货币流通速度的顺周期波动提供合理的解释。他的解释是这样的：由于货币的需求是由恒久性收入决定的，而在繁荣时期，恒久性收入的增长相对慢于现期收入的增长，因而货币需求的增长相对慢于国民收入的增长，货币流通速度也就上升或加快上升；在衰退时期，恒久性收入的下降慢于现期收入的下降，因而货币需求的下降也相对慢于国民收入的下降，货币流通速度就下降或增长放慢。这样，货币流通速度就表现出顺周期的特征。

(3)两种解释的比较：

由以上分析可知，凯恩斯主义和货币主义都认为货币流通速度是顺周期变动的。但是从长期的资料来看，货币流通速度稳定的观点受到一定的挑战。实际情况表明，将货币流通速度视为一个随时间缓慢变化的量是缺乏依据的，将它视为一个常数更是不科学的，特别是在一个经济高速发展或剧烈波动的时期，货币流通速度会有较大的波动。由此看来，像费雪那样将货币流通速度看成是一个由制度因素决定的外生变量，并据以估计货币需求的方法是不正确的。必须将货币流通速度视为人们行为的结果，也就是说，必须用人们的货币需求来解释货币流通速度，而不是用货币流通速度来解释货币需求。

3. 凯恩斯主义的减税与供给学派的减税有什么本质区别？（清华大学2011研）

答：虽然在政策建议上，凯恩斯主义和供给学派都主张减税，但是二者有本质的区别。

(1)凯恩斯主义是站在总需求的角度主张减税的。凯恩斯主义认为有效需求不足导致了经济萧条，而刺激总需求的最有力、最直接的手段就是财政政策，其中减税就是财政政策手段之一。

(2)供给学派则是站在总供给角度主张减税的。供给学派认为不是需求决定供给，而是供给能够创造需求，而刺激供给的主要手段是降低税率，因为累进税制的高税率政策会严重挫伤企业主的经营积极性，使储蓄率和投资率下降，劳动者工作热情低落，从而使生产和就业停滞，并由此导致“滞胀”。只有大幅度减税以增加个人收入和企业利润，进而促进储蓄和投资，刺激工作和经营积极性，才能使生产率提高。

三、论述题

1. 简述“健全财政”和“补偿财政”两者思想原则的差异。（南京大学2007研）

答：(1)在凯恩斯以前，西方资本主义国家传统的财政思想是“健全财政”的财政思想，它反映了自由放任经济的财政政策主张。“健全财政”的思想原则是：

①量入为出，收支平衡。政府的财政不以赚钱为目的，不应该出现赤字，应该每年都保持预算的平衡；同时政府尽量减少预算，支出要节俭，并严格控制其用途。

②少征税。私人企业是国民经济的基础，赋税过重会抑制厂商和个人的积极性，对整个国民经济的发展反而不利。

③少发公债。一切欠债都是罪恶，公债尤其如此，它是子孙后代的一种负担。

(2)20世纪30年代爆发的资本主义世界经济危机打破了传统经济理论的理想境界。凯恩斯提出了“有效需求不足的理论”，认为经济危机和严重失业是有效需求不足引起的。他主张只有通过政府对经济的干预和调节作用才能弥补有效需求不足，进而才能挽救危机，维持和保证充分就业。在政府的干预和调节措施中，凯恩斯把财政政策放在首位，针对传统的“健全财政”的思想，提出了“补偿财政”的思想。

“补偿财政”思想的主要原则是：在经济繁荣时期，为避免通货膨胀，必须增加税收，减少财政支出，以控制过度的有效需求；反之，在经济萧条时，必须增加财政支出，减少税收，以提高有效需求，刺激经济繁荣。从整个经济周期的过程看，预算上可以达到平衡，为了达到这一总过程的平衡，每年的财政预算不必保持平衡，繁荣时期的财政盈余可以弥补萧条时期的财政赤字。

2. 简述货币主义的基本观点和政策主张。(南航2015研)

答：货币主义又称为货币学派，是20世纪50年代后期在美国出现的一个学派，弗里德曼是该学派的公认代表。

(1)货币主义的基本命题：①货币最要紧，货币的推动力是说明产量、就业和价格变化的最主要因素；②货币供给量的变动是货币推动力的最可靠的度量标准；③货币当局的行为支配着货币量的变动，从而通货膨胀、经济萧条或经济增长都可以而且应当唯一地通过货币当局对货币来加以调节。货币主义的基本理论是新货币数量论和自然率假说。

(2)货币主义的基本观点：①货币供给量对名义国民收入具有决定性的影响。这一观点的理论基础是新货币数量论。根据新货币数量论可以推出如下公式：$MV=PY$。式中，PY为名义国民收入；M为货币供给量。弗里德曼对于公式中的V的见解是：V在短期中仅仅可以轻微的波动，而在长期中又是不变的数量。根据该公式，显然M的变动是影响PY的决定性因素。②在长期中，货币数量的作用主要在于影响价格以及其他用货币表示的量(如货币工资)等，而不能影响就业量和实际国民收入。根据自然率假说，就业量(从而实际国民收入)是技术水平、风俗习惯、资源数量等非货币因素所决定的量，所以公式中的Y与M无关。③在短期中，货币供给量可以影响实际变量，如就业量和实际国民收入。根据新货币数量论，V在短期中可以具有轻微变动；而自然率假说则宣称，货币政策所导致的通货膨胀在短期内可以增加就业量和实际国民收入。这两个理论基础都支持货币在短期中影响实际变量的说法。④资本主义的私营部分所固有的特点是这一部分运行的稳定性。国家的经济政策使它的稳定性遭到破坏。弗里德曼作为现代货币主义和新自由主义的代表人物，认为资本主义经济运行是稳定的，市场机制是经济稳定运行的基础。因此，他反对凯恩斯主义的宏观经济政策，认为国家干预破坏了市场经济机制的稳定运行。

(3)货币主义的政策核心是单一政策。具体说是：第一，凯恩斯主义的财政政策是无效的，尤其是在没有相应的货币政策的配合下，而且由于政府支出可能对私人投资产生“挤出”效应，更降低了整个经济的增长能力；第二，反对逆经济风向而动，即斟酌使用的货币政策；第三，为了有效控制货币总量，应该取消贴现率和法定准备率制度，只保留公开市场业务，但必须规定一个固定的货币年增长率来作为业务活动的约束条件；第四，实行负所得税和降低失业率的政策，有利于提高低收入者工作的积极性；第五，提倡浮动汇率制，反对固定汇率制，认为后者会加剧世界性的通货膨胀，有损货币增值国家的利益，可能会引起国际金融动荡。

弗里德曼建议的唯一政策便是货币供给量每年按固定的比例增长，其中固定的比例等于实际国民收入增长率加上通货膨胀率。可以看到，政策的目的在于使货币供给量不要限制国民收入的自然的增长。货币主义者主张的这一政策常被称为单一的政策规则。

(4)货币主义反对政府干预，鼓吹经济自由主义，这在国家垄断资本主义已经高度发达的西方国家是根本行不通的，资本主义进入到垄断阶段后的20世纪30年代大危机已经证明了这一点。第二次世界大战后几十年来，国家干预经济已成为主要西方国家的基本国策。货币主义的单一政策规则虽然是错误的，但是在它的论点中，至少有一个是值得借鉴的，那就是：政策产生全部效果的时间滞后。在我国，发现经济运行中的问题，制定对策和实际推行政策都同样地需要时间。因此，政策全部效果的时间滞后肯定存在，我国经济工作者在制定政策时，必须把效果时间滞后的因素考虑在内。

3. 试阐述理性预期学派经济学的主要思想及政策主张，并评价其经济思想对我国宏观调控有何启发？(北邮2012研)

答：(1)理性预期学派思想的核心便是人们对未来预期的绝对理性，其基本观点是：人们在经济活动中，根据过去价格变化的资料，在进入市场之前就对价格做出预期，这样，他们的决策是有根据的。主要包括两个方面的内容：①假定消费者花费其收入的行动准则是效用最大化，而生产者的行动准则是利润最大化；②“完全预期”假设，即假设任何经济行为主体进行当前决策时考虑了过去以及未来的所有信息，其所预料的未来情况，总是完全准确无误地符合未来实际发生的情况。

(2)理性预期学派政策主张的核心就是反对国家干预经济，主要表现在以下两个方面：

①政府应制定长期不变的政策规定，消除政策规则的任意变动性。理性预期学派坚持古典经济学的信条，认为过多的政府干预只能引起经济的混乱，为保持经济繁荣，唯一有效的办法就是尽量减少政府对经济生活的干预，充分发挥市场调节的作用，因为“市场比任何模型都聪明”，它始终是使各种生产资源得以合理配置和充分就业的有效机制。理性预期学派坚持认为，政府的作用只是为私人经济活动提供一个稳定的可以使人们充分了解的良好环境。因此，“我们需要的是稳定的政策，而不是积极行动主义政策。”卢卡斯认为，政府干预越少，经济效率也就越高。

②政府政策目标必须注意长期性和稳定性，并且着力解决通货膨胀问题，政府的决策不能对一国经济的产量、就业和其他实际变量产生影响，但可以对一般物价水平等名义变量产生具有规划性的效果。因此，政府应该把最理想的一般物价水平作为唯一的政策目标。通过果断的政策措施制止通货膨胀，而不应该是同时解决通货膨胀和失业。卢卡斯认为，政府为了制止通货膨胀，应该制定并公布一些永久不变的政策，并一直坚持下去而不轻易变动，经济主体就会逐渐信赖这些政策，而不会因为政府政策的频繁干预而产生持续性的膨胀预期。一般物价水平就会趋于稳定，而失业不会增加，生产不会下降，经济将不会出现急剧的变动。

(3)对我国宏观调控的启发：

①应该充分考虑并正确引导微观主体的理性预期。公众的理性预期是不断提高我国宏观经济政策效果的一个前提条件。中央银行要提高货币政策调控的有效性，就要准确地公布通货膨胀指标和失业率，利用信息优势，通过舆论导向，准确披露决策相关信息，加大宣传力度，及时引导经济主体的预期，正确引导公众预期，让公众及时了解这种政策目标的变化，增强其信心。

②构建社会主义宏观经济学的微观基础。理性预期学派揭示了凯恩斯宏观经济学缺乏微观基础，以及违背理性人假定的根本性缺陷。我国在改革开放以及建设社会主义市场经济的过程中，对社会主义宏观经济缺乏必要的微观分析基础在不同程度上始终存在着。这个问题不解决，必然会影响到缺乏坚实微观分析基础的宏观经济学及宏观经济政策的正确性和科学性，从而必然制约我国经济理论的发展。因此，可以在理论研究和制定政策时，批判地借鉴吸收理性预期学派的一些思想方法，积极构建我国社会主义宏观经济学的微观基础。

③政府的政策应具有长期性，以期提供一个稳定的经济环境。政策的制定与实施，原则上是为了使微观经济个体顺利地从事经济活动，充分实现自身利益的最大化，从而稳定经济，促进经济增长。所以，政府的政策要想得到各种经济成员的积极配合，使各项经济政策取得预期的效果，还必须“以民为本”，取信于民，避免“朝令夕改”。理性预期学派的政策思想以及我国以前的一些经济教训都十分清楚的表明，经济稳定运行必须以全社会微观经济主体的行为稳定为基础，而行为稳定有赖于其预期的稳定，预期的稳定则与政府政策的稳定性、有效性及权威性密切相关。

4. 现代货币主义关于货币需求分析的主要特点何在?

答：(1)现代货币主义是一个与凯恩斯学派直接对立的西方经济学流派。它的代表人物是弗里德曼(Milton Friedman)。他基本上承袭了传统货币数量论的长期结论，即非常看重货币数量与物价水平之间的联系；同时也接受了剑桥学派和凯恩斯以微观主体行为作为分析起点和把货币看作是受到利率影响的一种资产的观点。

(2)强调恒久性收入对货币需求的影响作用是现代货币主义需求理论的一个重要特点。

①对于货币需求的决定，现代货币主义的典型公式是：

$$\frac{M_d}{P}=f(Y,w,r_m,r_b,r_e,\frac{1}{P}\cdot\frac{\mathrm{d}P}{\mathrm{d}t},u)$$

式中，M_d/P 为实际货币需求；Y 为恒久性收入，可以理解为预期平均长期收入，它与货币需求的关系是正相关关系；w 为非人力财富占个人总财富的比率或者财产的收入在总收入中所占的比率，它与货币需求成负相关关系；r_m 为货币预期收益；r_b 为固定收益的债券利率；r_e 为非固定收益的证券利率；$\frac{1}{P}\cdot\frac{\mathrm{d}P}{\mathrm{d}t}$为预期物价变动率；$u$ 为其他影响货币需求的变量。其中，r_m，r_b，r_e，$\frac{1}{P}\cdot\frac{\mathrm{d}P}{\mathrm{d}t}$这四个变量在货币需求分析当中被统称为机会成本变量，从它们的相互关系中能衡量出持有货币的潜在收益或损失。如物价变动率越高，其他条件不变，货币需求越小。在其他条件不变时，货币以外的其他资产如债券、证券收益率越高，货币需求量越小。另外，u 反映主观偏好、风俗及客观技术与制度等因素的综合变量，它可能从不同方向上影响货币需求。

②弗里德曼认为，货币需求分析中的四种资产，货币、债券、股票和非人力财富的总和即人们持有的财富总额，其数值大致可以用恒久性收入 Y 作为代表性指标。由于恒久性收入的波动幅度比现期收入小得多，且货币流通速度(恒久性收入除以货币存量)也相对稳定，货币需求因而也是比较稳定的。

5. 试比较当代西方经济学家货币需求理论观点。

答：在货币需求理论的研究上，沿着货币持有动机和货币需求决定因素这一脉络，当代西方货币需求理论主要包括：凯恩斯的货币需求理论、新古典综合学派及新剑桥学派对凯恩斯货币需求的发展理论、货币学派的货币需求理论。

(1)凯恩斯的货币需求理论:

英国著名经济学家约翰·梅纳德·凯恩斯(J. M. Keynes)在货币需求理论的突出贡献是关于货币需求动机的分析。凯恩斯将人们持有货币的动机分为三类，即交易动机、预防动机和投机动机，相应地把货币需求分为交易性货币需求、预防性货币需求和投机性货币需求。他认为前两个货币需求取决于收入的大小，为收入的递增函数。若以 M 代表满足交易动机和预防动机而持有的货币量，以 L_1 代表由交易动机和预防动机所引起的函数关系，以 Y 代表收入，则:

$$M_1 = L_1(Y)$$

同时，由于收入是相对稳定和可以预计的，所以 M_1 也是相对稳定的。而投机需求是由微观主体对利率水平的估计来决定的，由于人们心理变化的无理性，人们对预期利率的估计值也各不相同，因而投机性的货币需求极不稳定，继而导致市场利率的波动，影响企业家的实际投资。若以 M_2 代表为满足投机动机而持有的货币量，以 L_2 代表由投机引起的货币需求的函数关系，r 代表利率水平，则:

$$M_2 = L_2(r)$$

由于利率的变动导致企业家实际投资的变动，从而使投资需求不足，再加上由边际消费倾向递减规律引起的消费需求不足，致使整个社会有效需求不足，从而推导出采取赤字政策和膨胀性货币政策刺激投资增加、促进经济增长的结论。

(2)现代凯恩斯主义在基本承袭凯恩斯对货币需求分析的基础上，对其进行了扩充和完善。

①新古典综合学派对凯恩斯货币需求理论的扩展:

a. 他们发现即使是交易性货币需求对利率同样敏感，而且相对于交易数值而言，货币的交易性需求也呈现出规模经济的特质。这一重要发现即为美国著名经济学家鲍莫尔的“平方根定律”。他认为，货币的交易需求与利率不但有关，而且关系极大。

b. 他们发现预防性货币需求也与利率相关，并且与利率成反向变化。这方面的模型化工作是由惠伦等经济学家完成的，创立了“惠伦模型”。

c. 他们觉察到凯恩斯货币投机需求理论的漏洞，凯恩斯认为，人们对未来利率变化的预计是自信的，并在自信的基础上决定自己是持有货币还是债券，二者择其一而不是两者兼有。然而实际情况却与凯恩斯的理论不吻合，投资者对自己的预计是犹豫不定的，一般人都是既持有货币又持有债券。托宾的“资产选择理论”对凯恩斯的货币投机性需求予以发展。

②新剑桥学派对凯恩斯的货币需求动机理论加以发展:

新剑桥学派提出了货币需求的三类动机：a. 商业性动机。由商业性动机引起的货币需求与收入密切相关。b. 投机性动机。由投机性动机引起的货币需求与收入关系不大，而与金融市场关系密切。c. 公共权利动机。

新剑桥学派划分这三种动机的原因是：政府的赤字财政政策和膨胀性货币政策所产生的扩张性货币需求动机。如果政府把这些额外的流通货币投向商业性流通，那么，受冲击的将是商品市场的价格；如果政府把这些额外的流通货币主要投向金融性流通，金融市场将受到冲击。因此这类动机对经济的影响取决于政府如何分配这些政策所创造的额外货币。

新剑桥学派特别强调公共权利动机引起的货币需求对经济的影响，认为这部分货币的投向非常重要，如投向生产领域则促进生产增加，投向消费领域则会迫使商品价格上升，而投向金融市场则使利率出现变动。

(3)货币学派的货币需求理论：

以弗里德曼为首的货币学派的货币需求理论也称为现代数量论。货币学派从消费者选择理论出发，承认人们持有货币的事实，并对各种情况下人们所愿持有多少货币的决定因素进行仔细分析。认为人们需要货币由三个因素决定：收入、机会成本和效用。

(4)当代西方经济学家货币需求理论观点的比较：

在货币需求理论的研究上，当代西方经济学家的观点相去甚远。

①凯恩斯把对货币需求分为交易动机、预防动机和投机动机，相应的把货币需求分为交易需求、预防需求和投机需求。他认为前两个货币需求取决于人们的收入，并且是相对稳定的；而投机需求是由流动性偏好决定的，由于人们心理变化的无理性决定了投机需求极不稳定，继而导致市场利率的波动影响企业家的实际投资，从而使投资需求不足，再加上边际消费倾向递减规律引起的消费需求不足，致使整个社会有效需求不足，从而推导出采取赤字财政和膨胀性货币政策刺激投资增加，促进经济增长的结论。

②现代凯恩斯主义两大学派在基本承袭凯恩斯对货币需求分析的基础上，对其进行了完善和扩展。

新古典综合学派对凯恩斯货币需求理论进行了扩展。鲍莫尔的平方根定律认为交易需求和预防需求也是不稳定的，同样对利率的反应很敏感。托宾是把凯恩斯投机需求理论具体化，以风险因素为中心分析了利率和风险对货币需求的影响。惠伦也发展了凯恩斯的预防动机的货币需求，认为利率对其也有影响。

新剑桥学派把货币需求动机扩展为七类，并归纳为商业性动机、投机性动机和公共权利动机。特别强调公共权利动机引起的货币需求对经济的影响。

③货币学派的货币需求理论与凯恩斯主义有很大区别。以弗里德曼为首的货币学派从资产选择理论出发，认为货币需求由三个因素决定：收入、机会成本和效用；它又把这三个因素加以分解，进行分析。货币学派接受了凯恩斯的货币是一种资产的思想，也采纳了相同的需求动机和影响因素的分析方法，但是他们把凯恩斯货币需求理论中决定货币需求的重要因素——收入，改变为恒久性收入，以取代即期收入，这就更加拉平了本来不大的即期收入的波动性，也就使得货币需求函数变得更具有稳定性。既然货币需求是稳定的，中央银行也就能客观地、准确地制定货币供应增长率目标，实行稳定的货币政策。

6. 试论述自凯恩斯以来，宏观经济学是如何考虑预期因素的？(南开大学 2006 研)

答：在经济理论中，预期是指从事经济活动的人，在进行某项经济活动之前，对未来的经济形势及其变化(主要是市场供求关系和价格)作出一定的估计和判断，例如，企业在制定产销计划时，必须估计市场将来的行情变化，以避免可能造成的经济损失或白白错过盈利的机会。

(1)根据穆思的看法，在理性预期概念产生之前，经济理论研究中所涉及到的预期理论，按照经济学家们设想的预期形成机制，可以分为以下三种类型：

①静态预期。静态预期理论假定经济活动主体(企业或个人)完全按照过去已经发生过的情况来估计或判断未来的经济形势。在传统的蛛网理论中，生产者必须对未来上市时的产品价格进行预期，以决定其供给数量，蛛网理论假定，生产者通常都以当前的市场价格作为对下一时期市场价格的预期，这即是静态预期。若以 P_t 表示第 t 期的实际价格水平，P_{t-1} 表示第 t 期的前一个时期的实际价格水平，$\overline{P}_t$ 表示在 $t-1$ 期所预期的第 t 期的价格水平，则静

态预期模型为：$\overline{P}_t = P_{t-1}$。由此可见，“静态的预期形成最为单纯，它把前期的实际价格完全当成现期的预期价格”。

②非理性预期，或称外插型预期。非理性预期是凯恩斯在《通论》中提出来的。凯恩斯认为，资本主义社会中，经济形势是变化莫测的，前景是无从确知的，因而人们的预期是缺乏可靠基础的，是非理性的，容易发生突然而剧烈的变化。当投资者情绪乐观时，乐观的预期导致投资激增，经济扩张；反之，当投资者情绪悲观时，悲观的预期使“资本边际效率”突然崩溃，投资萎缩，经济衰退。以 α 表示预期中的调整系数，P_{t-2}为第 $t-1$ 期前一时期的实际价格水平，非理性预期的模型为$\overline{P}_t = P_{t-1} + \alpha(P_{t-1} - P_{t-2})$。根据这一模型可以分析出，如果 α 等于零，该模型则转化为静态预期模型。假定市场实际价格从 $t-2$ 时期到 $t-1$ 时期是上涨了，即 $P_{t-1} > P_{t-2}$，根据非理性预期理论，乐观的人会预期价格上涨趋势将会持续下去（$\alpha = 1$），悲观的人则预期价格上涨趋势将不会持续，反而会大幅度下降（$\alpha = -1$）。

概括地说，非理性预期理论有三个特征：a. 预期的形成缺乏可靠的基础，因而易受情绪支配；b. 预期被作为一个外生变量来对待，从而被排除在模型的分析范围之外，即“把预期主要看作外部变数，因而同任何模式中的现行变数无关”；c. 预期不受有关经济变量与政策变量的影响。

③适应性预期。适应性预期最初是由菲利普·卡甘在1956年发表的《超通货膨胀的货币动态理论》一文中提出来的，后由弗里德曼在分析通货膨胀和“自然失业率”时加以运用和推广。以 β 表示适应性预期的调整系数，而且 $0 < \beta < 1$，适应性预期的模型可以写为：

$$P_t = P_{t-1} + \beta(P_{t-1} - \overline{P}_{t-1})$$

适应性预期形成的一个特点，就是考虑到前期实际价格（P_{t-1}）与预期价格（$\overline{P}_{t-1}$）的差距，进行现期的价格预期，形成反馈型预期机制。

适应性预期理论强调，经济活动主体的预期并不是独立于其他经济变量之外的某种心理状态，而是以他们过去的经验和客观的经济活动变化为基础的，人们可以利用过去的预期误差来修正他们现在的预期。由于在适应性预期理论中，人们只能处于被动的地位，只是随客观经济的变化和政府经济政策的变化来调整自己的预期。因此，这一预期理论遭到一些经济学家的批评，并由此产生了理性预期理论。

（2）理性预期理论：

理性预期，“它假定单个经济单位在形成预期时使用了一切有关的、可以获得的信息，并且对这些信息进行理智的整理。”在这一基础上，经济主体对经济变化的预期是有充分根据的和明智的，它在很大程度上是可以实现的，并且不会轻易为经济主体所改变的。正如穆思所指出的：“由于预期是对未来事件有根据的预测，所以它们与有关的经济理论的预测本质上是一样的。”这种预期称为合理的预期。

理性预期理论有两个显著的特点：

①人们对经济未来变化的理性预期总是尽可能最有效地利用现在的所有可以被利用的信息，而不是仅仅依靠过去的经验和经济的变化；而且，在用理性预期来代替适应性预期的结构里，模型中的经济主体会注意到政策的变化。经济主体将改变他们的决策，以便充分利用一项新的政策产生出来的任何有利机会。理性预期理论并不认为每个经济主体的预期都是完全正确的和与客观情况一致的预期，而是说这些经济主体的预期（主观的后果的概率分布）与经济理论的预测（客观的后果的概率分布）是趋向一致的。

②理性预期理论并不排除现实经济生活中的不确定因素，也不排斥不确定因素的随机变

化会干扰人们预期的形成，使人们的预期值偏离其预测变量的实际值，但是，它强调一旦人们发现错误就会立即做出正确反应，纠正预期中的失误。因此，人们在预测未来时决不会犯系统的错误。

7. 简述供给学派的主要观点及其对中国供给侧结构性改革的借鉴意义。（华南理工大学2018研）

答：（1）供给学派的主要观点：

供给学派是20世纪80年代初在美国兴起的并红极一时的西方经济学流派。该流派的理论特点是强调供给效应，反对凯恩斯需求管理政策。

①供给学派的主要理论观点是：

a. 否定凯恩斯有效需求理论，主张恢复萨伊定律。

b. 反对高额的边际税率，力主减税、增加供给。

c. 主张减少政府干预，减少政府财政支出，加强市场调节。

d. 认为应在刺激供给的同时，实行限制性货币政策。

②供给学派的政策主张是：

a. 减税。

b. 削减社会福利支出。

c. 稳定币值，恢复金本位制。

d. 减少政府的管制，让企业更好的按市场经济原则行动。

（2）供给侧结构性改革：

目前，我国存在严重的供需关系结构性失衡。“供需错位”已成为阻挡中国经济持续增长的最大路障：一方面，过剩产能已成为制约中国经济转型的一大包袱；另一方面，中国的供给体系与需求侧严重不配套，总体上是中低端产品过剩，高端产品供给不足。此外，中国的供给侧低效率，无法供给出合意的需求。因此，强调供给侧改革，就是要从生产、供给端入手，调整供给结构，为真正启动内需，打造经济发展新动力寻求路径。供给侧结构性改革，是从提高供给质量出发，用改革的办法推进结构调整，矫正要素配置扭曲，扩大有效供给。需求侧改革主要有投资、消费、出口三驾马车，供给侧改革则有劳动力、土地、资本、制度创造、创新等要素。

中国经济持续高速增长，成功步入中等收入国家行列。但随着人口红利衰减、“中等收入陷阱”风险累积、国际经济格局深刻调整等一系列内因与外因的作用，经济发展正进入“新常态”——2015年以来，我国经济进入了一个新阶段，主要经济指标之间的联动性出现背离，经济增长持续下行与CPI持续低位运行，居民收入有所增加而企业利润率下降，消费上升而投资下降，等等。因此，为适应这种变化，在正视传统的需求管理还有一定优化提升空间的同时，迫切需要改善供给侧环境、优化供给侧机制，通过改革制度供给，大力激发微观经济主体活力，增强我国经济长期稳定发展的新动力。

（3）供给学派的主要观点对中国供给侧结构性改革的借鉴意义：

①减少政府干预，加强市场调节。

深化经济体制改革，处理好政府和市场的关系，使市场在资源配置中起决定性作用，同时更好地发挥政府作用。具体表现在深入推进“简政放权、放管结合、优化服务”的行政审批制度改革，以管住、管好政府这只“看得见的手”。通过严格规范政府的行权方式，做到廉洁、高效、透明、公正、公开，一方面优化合法经营、公平竞争、高度法治的市场环境，另一方面也要加强政府对市场的监管和规范，增加公共产品和公共服务的提供。

②逐步推进各项减税政策，减轻企业税收负担。

根据供给学派的观点，累进税制的高税率政策会严重挫伤企业主的经营积极性，使储蓄率和投资率下降，劳动者工作热情低落，从而使生产和就业停滞，并由此导致“滞胀”。只有大幅度减税以增加个人收入和企业利润，进而促进储蓄和投资，刺激工作和经营积极性，才能使生产率提高。供给侧改革通过降低边际税率，减轻企业，尤其是中小企业的税收负担，使企业有资金进行技术研发，设备更新，员工培训，从而提高产品和服务质量。

8．试比较和分析货币主义和凯恩斯主义的异同。

答：凯恩斯主义认为控制经济波动最有效的手段是财政政策，货币政策使用的主要目标在于控制利率。由于长期执行财政政策，并且在相当长的时期内压低利息刺激投资，使得西方国家在提高国民收入的努力中，忽视了货币数量的增加所造成的通货膨胀。货币主义试图从理论上对凯恩斯主义进行批判，说明货币数量在长期中对价格水平有着直接的影响，并且是影响总需求变动的主要原因。从政策上，货币主义反对凯恩斯主义斟酌使用的经济政策，主张使用稳定货币供给的经济政策：单一的政策规则。

(1)凯恩斯的货币理论和古典的货币数量理论的主要区别在于古典货币数量论认为价格水平决定于货币数量；反之，货币数量变动的后果是价格水平的变动而非国民收入的变动。而凯恩斯的货币理论则认为在非充分就业的情况下，货币数量的变动可以导致实际国民收入的变动，主要理由是货币数量的变动可以导致利率的变动，进而影响投资的变动，并最终导致国民收入的变动。货币主义在古典货币理论假设和包含金融市场的情况下重新得到同古典货币理论相似的观点：从长期的观点讲，货币数量增加的最终结果是价格水平的变化而非实际国民收入的变动。另一方面货币主义也承认在短期内货币数量的变动可能导致国民收入的变动。

货币主义认为货币的需求函数是稳定的(在给定的货币国民收入的条件下，或在给定的 P 及 Y 的条件下)；而凯恩斯理论则认为货币需求函数是不稳定的(在给定的 P、Y 的条件下，由于金融市场内货币需求随利率而变动，从而货币需求是不稳定的)。这种观点差异的另一种表达方式是，凯恩斯主义认为货币的收入流通速度(V)在长期和短期内都会变动，从而货币供给 M 在长期和短期内都可以影响实际国民收入；货币主义则认为货币的收入流通速度在短期内是可以变动的，而长期中是稳定的，从而货币数量的增加虽然在短期内可能导致实际国民收入的增加，从而最终的结果仍然是导致价格水平的上涨。

(2)在造成经济波动的原因上两者有相同之处也有差异之处。无论是货币主义还是凯恩斯主义都认为需求的变动是造成经济波动的主要原因，从而应该从需求管理上控制经济波动。但是两者在造成需求变动的原因上有所差别。

凯恩斯主义认为：总需求(总支出)中的投资是极不稳定的支出，容易受到种种因素的影响(如利润的预期、利息、收入)而发生波动。政府的财政行为是抵消私人部门投资波动最直接有效的方式，从而财政政策是控制国民收入变动的最有效的方式。另外，由于私人部门的投资是利率的函数，政府的货币供给行为可以改变利率并间接地影响私人部门的投资，所以货币政策在一定条件下也可稳定投资。货币主义则认为：由于货币需求函数是稳定的，货币的总支出或总需求(P、Y)取决于货币供给或信用水平，从而货币供给或信用的变动是造成总需求变动的主要原因，从而货币政策是稳定总需求最有效最直接的方法。

(3)货币主义认为利率的变动对投资的影响较大，从而 IS 曲线趋于一条水平线；相反

$L(r)$受利率的影响较小，从而LM曲线趋于一条垂直线。相反，凯恩斯主义则认为投资受利息的影响不大，而$L(r)$受利率的影响大，从而IS曲线趋于一条垂直线，LM曲线趋于一条水平线。货币主义认为财政政策控制总需求效果不大，而货币政策效果明显；凯恩斯主义则认为货币政策控制总需求的效果不大，而财政政策效果明显，两种理论试图从IS及LM曲线的特性上进一步论证各自的政策主张。

(4)凯恩斯主义主张政府干预经济的经济政策，最基本的理由是资本主义经济本身无法自行达到均衡的充分就业状态。而货币主义则提出自然率假说，试图重新肯定资本主义经济制度有其内在的稳定性及自行达到充分就业状态的能力，从而主张政府不干预的经济政策，并指出凯恩斯的经济政策不仅没有控制经济波动，却可能是造成经济波动的原因之一，因为经济政策具有滞后效应。上述分歧使得货币主义提出的经济政策是使货币供给保持稳定，并在稳定中有所增长。增长的比例等于实际国民收入的增长率加上通货膨胀率。其目的是使货币供给量不要限制国民收入的自然增长。

9．宏观经济政策争论的主要问题有哪些？你持赞成的观点还是反对的观点？（北师大2005研）

答：(1)宏观经济政策争论的主要问题：

凯恩斯主义经济学的主要目的在于提供政策建议。随着凯恩斯主义正统地位的崩溃，关于它对调节经济的运行提供了必需的理论证明和分析工具的神话也被揭穿，随之而来的是一场关于稳定政策的持久而激烈的争论。这场争论主要围绕两个问题展开：第一，决策者是否应当对经济周期做出反应，财政与货币政策在稳定经济中应当起到积极作用，还是起消极作用；第二，决策者应该根据经济状况自由地运用他们的相机抉择，还是应该承诺遵循一些固定的政策规则。第一个问题涉及宏观经济政策的必要性，第二个问题关乎宏观经济政策的行动方式，但二者都与宏观经济政策的有效性密切相关。

①积极与消极政策之争。

对于宏观经济政策应当是积极的还是消极的回答，首先取决于对于经济稳定性的理解。对许多经济学家来说，经济是内在不稳定的，他们认为，经济时常遭受总需求和总供给的冲击，除非决策者运用财政与货币政策稳定经济，否则这些冲击会导致萧条、失业和通货膨胀等无效率的波动。一种流行的看法是，宏观经济政策应当“逆风向而动”，即经济萧条时刺激经济，经济过热时则放慢经济。

但像弗里德曼这样的一些经济学家认为，经济本来就是稳定的。政府运用政策工具调节经济的努力与其说是让经济在正确的轨道上运行，倒不如说这种努力反倒经常成为经济出轨的原因。因此，决策者不要试图去调节经济。相反，他们必须承认自身的能力有限。实际上，只要决策者对经济的运行听之任之，经济自然也就稳定了。

假如已有的知识和经验表明将财政与货币政策运用于防止衰退或过热是可能和必要的，那么，为什么又不让政府将宏观经济政策用于稳定经济呢？对于这一问题，消极政策的支持者主要有以下三种看法：

第一，经济的周期性波动是经济系统具有自我调节能力的反映，它对经济增长可能具有积极的意义。很多经济学家，从马克思到凯恩斯到斯蒂格利茨，都将经济波动归因于市场的失败。很多政府和私人组织也做过很多努力，试图通过经济政策来校正这种“市场失败”。但这些努力并没有改变经济波动有规律发生的基本特征。经济波动、高分工水平和高生产率并存的现象说明有周期性经济波动的动力机制很可能比非周期性的动力机制更为有效。

第二，与宏观经济政策相关的冗长而多变的时滞，使稳定经济的努力很可能以破坏稳定而结束。假如政策所能产生的效应能够瞬时发生，那么保持经济的稳定将是容易的。但在实施稳定政策的过程中，往往面临内在时滞和外在时滞的困扰。内在时滞源于决策者首先要认识到冲击已经发生，之后实施适当的政策所需的时间。外在时滞是政策对经济发生作用所需的时间。由于改变财政支出或税收的提议通常要经过缓慢而繁琐的立法过程，因此财政政策的内在时滞较长，这使其经常成为一种不准确的稳定经济工具。相比之下，货币政策的变动由中央银行独立做出，其内在时滞很短。不过，货币政策有相当长的外在时滞：它通过调整货币供应量改变利率，利率又影响投资来发生作用，而许多企业是提前很长时间做出投资决策的。据估计，货币政策要在半年之后才会影响到经济活动。这些时滞的存在，使得积极政策的结果很可能是经济过热时刺激了经济，或者是经济过冷时抑制了经济。成功的稳定政策几无可能。

第三，未来经济状况的难以预期，削弱了决策者适时实施有效的宏观经济政策的能力。由于政策效应的发生面临相关的时滞问题，因此，成功的稳定政策要求有准确预期未来经济状况的能力。假如无法预测到未来的半年或一年内经济将走向繁荣或是趋于衰退，就不能肯定到底是要实行扩张性的还是要实行紧缩性的宏观经济政策。为了分析和预测宏观经济的运行，许多机构设计了反映经济波动的数据系列（即主导经济指标），还有许多组织借助于宏观经济计量模型。不幸的是，迄今为止，许多最严重的经济事件看来是不可预测的。尽管对于决策者来说，除了依靠经济预测之外别无选择，但是，这些预测往往会有很大的偏差。

②规则与相机抉择之争。

宏观经济政策争论的另一焦点是规则与相机抉择之争。这一问题的争论不同于对积极与消极政策的争论。按规则实施的政策，可以是消极的，也可以是积极的。比如，消极的政策规则可以规定货币供应量按每年3%的速度稳定增长，而积极的政策规则可以规定：

$$货币增长率=3\%+(失业率-6\%)$$

在这种规则下，假如失业率为6%，货币供应量按3%增长；而当失业率每超过6%的1个百分点，货币供应量就多增长1个百分点。这样，在经济衰退时，这一规则要求通过提高货币增长来刺激经济；而当经济繁荣时，则要求通过降低货币增长来抑制经济。

相机抉择政策的支持者认为，相机抉择能够让决策者在对各种无法预期的情况做出反应时更为灵活。而那些主张按规则行事的经济学家则认为，政策过程是不可靠的。如果政治家是无能的或机会主义的，那就不应该让他们相机抉择地运用有力的宏观经济政策工具。

一些经济学家认为，宏观经济是复杂的，身为决策者的政治家在做出判断时通常并不具备宏观经济学的相关知识。这种无知使其无法辨别那些表面上看来能够解决复杂问题而实际上却是错误的政策建议。其结果是，相机抉择政策经常被一些特殊利益集团所操控，进而沦为这些利益集团谋取自身利益的工具。此外，政治家还会为政治目的而使用经济政策。如果选民根据大选时的经济状况投票，政治家就要在大选前实施政策刺激经济，以使大选时的经济良好；当选后则抑制经济，以降低通货膨胀；然后在下一次大选接近时为降低失业率而刺激经济。这种为选举利益而调节经济的行为，是引发产出和就业波动的原因之一。

在宏观经济中，存在许多动态不一致性的情形。比如在实施货币政策时，根据菲利普斯曲线，只有当通货膨胀未被预期到时，相对于正的通货膨胀才会有总失业的减少。而被完全预期到的通货膨胀会通过较高的名义工资和名义价格表现出来，它对实际经济活动不会有显著的影响。因此，中央银行希望每个人都有低通货膨胀的预期。为此，它预先宣布低通货膨胀是货币政策的首要目标。然而，这一承诺本身是不可信的，因为相机抉择的中央银行存在着为减少失业而实施扩张性货币政策的激励。一旦这一点被认识到，人们从一开始就不会相信中央银行的承诺。在此情形下，扩张性的货币政策将无法达到提高产出、降低失业的效果。关于政策动态不一致性问题分析所得到的结论是，取消决策者的相机抉择，并且用可信的单一规则来取代，有时更能实现经济政策的目标。

(2)个人持赞成的观点，理由如下：

有关宏观经济政策的积极与消极、规则与相机抉择的争论仍在继续，目前大概唯一能够确定的是，对于宏观经济政策的任何一种观点都没有简单而绝对的支持。不过，虽然这场争论的结局还不明朗，甚至还有人对这场争论的实际意义表示怀疑，但不可否认的是，这场争论不仅大大加深了人们对于宏观经济运行机理的理解，而且极大激发了人们对宏观经济政策必要性和有效性问题的思考，从而直接推进并深刻影响着西方国家的宏观经济政策实践及其变革。具体表现在以下四个方面：

第一，在经济的复杂性和不确定性面前，人类认知的有限性问题愈益为人们所体会和认同。尽管没有哪个政府因笃信“经济是内在稳定的”的观念、或者因笃信理性预期学派的“政策无效性”的观点而全然放弃对宏观经济的政策干预，但认为政府的相机抉择行动总能收到预期效果的观念，也不再牢不可破。从财政政策看，随着1970年代初期“滞胀”局面的出现和凯恩斯主义经济正统地位的坍塌，为扩大需求、提高产出而增加赤字的功能财政思想已然随风而去，取而代之的是年度平衡预算思想的回归。从货币政策看，在货币主义学派和理性预期学派的影响下，人们基本上已经认同，货币政策在长期中无法影响到产出、投资、消费等实际经济变量，而且也不存在长期的菲利普斯曲线。而货币政策在短期内的有效性以及短期菲利普斯曲线的存在性问题，则仍然存在较大的分歧。

第二，按规则行事的做法变得普遍，原先盛行的完全的相机抉择转向有约束的相机抉择。从货币政策看，相机抉择优于单一规则的看法十分流行。但Barro和Gordon证明，在相机抉择下，产出没有系统性提高，而社会却承受了较高的通货膨胀。这一结论改变了长期的规则与相机抉择之争。从财政政策看，平衡预算规则再度回归，其典型表现是1980年代里根政府和1990年代克林顿政府极力倡导的预算平衡计划，尤其是后者，曾于1998~2001年成功实现了从巨额财政赤字向财政盈余的逆转。

第三，一些对经济波动具有自动稳定功能的财政政策受到青睐。就累进的个人所得税政策而言，无需税法的任何变动，它就能够在经济进入衰退时减少税收，因为个人和企业收入的减少使他们的缴税减少。对失业保障和社会救助政策来说，当经济进入衰退时政府的转移支付就自动增加，因为更多的人得到了补贴。可见，这些财政政策能够在没有任何时滞的情况下，起到熨平经济波动的作用。随着相机抉择政策的重要性的减弱，这些被称为“自动稳定器”的财政政策受到决策者的关注。

第四，从宏观经济决策所依赖的计量方法基础看，卢卡斯认为，传统政策评价方法所依靠的(后来被称为)经典的宏观计量方法，存在着一个致命的缺陷：它没有能够充分反映人们基于对未来的预期而对自身行为所做的调整，从而无法反映人们的预期对政策变动所产生的效应。这一强有力的“卢卡斯批判”导致了对经典计量方法的大量反思，促使人们不断改进已有的宏观计量与预测方法。